광화 문

K-PARTY

이용원 씀

(주)커뮤니케이션열림

광화문 K-PARTY

초판 1쇄 발행 ┃ 2024년 6월 21일

지은이 ┃ 이용원
교정/교열 ┃ 에스더 박
표지디자인 ┃ 박철영
편집디자인 ┃ 하정은

펴낸이 ┃ 박철영
펴낸곳 ┃ (주) 커뮤니케이션열림
신고번호 ┃ 제2018-00033 호(최초 신고일 2006년 12월 8일)
주소 ┃ 인천광역시 서구 가람로 14 요진코아텍 730호
전화 ┃ 032-563-1966 **팩스** ┃ 032-561-1966
E-mail ┃ nmetalstic@naver.com
인쇄/제본 ┃ (주)DCT

ISBN ┃ 978-89-93849-06-6

값 30,000원

광화문

K-PARTY

자유민주주의 최후의 보루_ 광화문 대광장을 점령한 K파티 기적

지금 대한민국의 자유민주주의가 매우 위태롭습니다.

위험한 적들이 대한민국 모든 영토를 거의 다 차지하고 대한민국헌법과, 헌법이 보장하는 자유시민들의 자유과 인권을 유린하고 있기 때문입니다.

그런데 여기에 적들과 맞서 싸우는 대한민국 자유민주주의 위대한 자유전사들이 있습니다.

바로 K 파티입니다.

K 파티 대장 이용원, 부대장 애국가맘은, 350 여 자유전사들과 함께, 적들과의 목숨 건 치열한 전투를 벌였고, 그 결과, 지난 2017. 11. 4. 대한민국 자유민주주의의 최후의 보루인 광화문 대광장을 점령하였습니다.

그리고 그 때부터 2024. 6. 1. 현재까지 단 하루도 빠지지 않고, '광화문 대광장'을 피와 눈물로 지켜오고 있습니다.

〈광화문 중심대광장〉이 어떤 곳입니까.

자유대한민국 국부 이승만 대통령께서 우리 자유시민들에게 선물로 준 곳입니다.

이곳에 모여, 노래하며 자유민주주의를 기리고, 자유민주주의를 위해 싸우라고 이승만 대통령이 우리에게 물려준 "자유의 유산"입니다.

지금 대한민국의 다른 모든 영토가 적들의 차지가 되었음에도 불구하고 우리가, 승리는 확신하는 이유는, K 파티 자유전사들이, 목숨걸고, 광화문 대광장을 지금까지 굳게 지키고 있기 때문입니다.

우리는 광화문대광장을 교두보로 하여, K파티 자유전사들과 함께 잃어버린 자유대한민국을 반드시 되찾아 올 것입니다.

우리가 K파티 자유전사들과 함께 자유대한민국을 회복하는 그 날, 이곳 광화문에, 그리고 평양에, 그리고 백두산 천지에는 "자유의 종"이 울려퍼질 것입니다.

지금도 광화문대광장 사수를 위해 싸우고 있는 K파티 자유전사들에게 모든 자유시민들과 함께 뜨거운 지지와 동지애를 보냅니다.

자유대한민국 만세!

변호사 이명규

전. 서울중앙지검 검사
전. 삼성중공업 법무실장
현. 진격의 변호사들 대표
현. 법무법인 파라클레투스 대표변호사

무너진 나라를 바로 세우는 K-Party의 시민혁명

이승만 건국대통령이 자유민주주의를 천명하는 제헌헌법과 함께 대한민국이 출발한지 약 80년에 이르고 있습니다. 그러나 이승만 건국대통령 당시의 대한민국과 지금의 대한민국이 과연 같을까. 우리는 진지한 의문을 갖습니다.

사실, 대한민국은 대한민국이라는 국호를 사용하면서도 수 차례 반자유, 반헌법 세력에 의하여 자유민주주의의 빛을 잃어가고 있습니다. 대한민국 발전에 있어 군인 엘리트 정권의 반공을 기치로 내건 대한민국의 눈부신 발전상, 극적인 자유권의 신장이라는 성과를 부정하기 위하여, 너나 할 것 없이 '민주화운동'이라는 이름으로 대한민국의 정통성을 짓밟고 있습니다. 헌법에 따라 선출한 대통령을 '적폐'라 매도하며 국민주권을 스스로 부정하고 대한민국의 정통성은 또다시 유린 당하였습니다. 이들 반자유, 반헌법세력은 '선거'라는 민주적 절차마저도 사유화하며 자유민주주의 대한민국이 아닌 다른 국가 건설을 완성해 나아가고 있습니다.

이 자들은 대한민국에 기생하여 세력화했기 때문에, 대한민국을 부정하는 자신들이 권력을 잡고도 스스로를 혁명이라 칭하지 못합니다. 그저 대한민국 헌법상 그 정당성이나 정체성을 도저히 찾을 길 없는 '민주화운동'을 주창하며 반대정치세력의 숙청으로 다른 국가를 건설해 갈 뿐입니다. 대한민국이라는 국호를 쓰고 있을 뿐, 건국이념은 말살된지 오래이고, 심지어 대한민국 건국과 계승발전 자체를 모두 훼손하며 완전한 대한민국 파괴를 이루어 가는, 그들 입장에서의 혁명, 대한민국에게는 반란을 지속하고 있는 것입니다.

그러나, 이들의 반란과업은 결코 성공할 수 없을 것입니다. K-Party의 자유시민들이 대한민국 헌법수호의 이름으로, 자유민주주의의 기치 아래 불굴의 투쟁을 지속하고 있기 때문입니다. K-Party의 8년간의 300차 집회, 이후에도 지속될 자유시민혁명이 그 존재로서 자유대한민국이 살아있다는 것을 증명하고 있습니다. 반대한민국, 반헌법세력은 K-Party에 참여하는 자유시민의 혁명을 저지하기 위하여 수없는 탄압을 가하여 왔지만, 대한민국 헌법은 이들의 탄압을 허용하지 않았고, K-Party는 300차 집회를 통하여 이를 증명하여 왔습니다.

앞으로도, 탄압은 지속될 것입니다. 자유민주주의 헌법수호보다 정치세력수호에 매몰되어 버린 대중들로부터 거세게 지탄받을 수도 있습니다. 그러나, K-Party가 지금껏 그러했듯, K-Party의 시민혁명은 무너진 자유민주대한 재건의 움직임으로 대한민국의 정통성을 바로세우는 혁명을 완성할 것입니다.

탄압과 시련 속에서, 자유민주주의 수호, 대한민국 재건을 위하여 헌신하는 K-Party 이용원 대표님과 함께 참여하는 대한민국 국민들께 진심으로 감사드리며 깊은 존경의 말씀을 드립니다. 자유대한민국의 계속은 K-Party가 증명해 갈 것입니다. 끝없이 응원합니다.

변호사 **유승수**

전. 삼성전자 인사팀
현. K파티 자유임시정부 공동대표
현. 중앙대학교 법학전문대학원 겸임교수

- 광야에 길을 만드시고 사막에 강을 흐르게 하시는 하나님의 역사하심을 보게 되는 K-Party -

먼저 광화문 중심대광장의 K-Party와 서울시의회 앞 시위를 지켜주시고 연전연승케 하시는 하나님께 감사와 영광을 돌립니다.

햇수로 5년이 되어가는 서울시의회 앞 투쟁이 시작된 것은 바로 K-Party의 이용원 대표님의 끊임없는 진실된 애국의 외침 때문이었습니다.

우연히 K-Party 현장을 지나가다가 국민의례 때, 애국가는 반자유세력이 가장 싫어하는 노래이자 그들을 무찌를수 있는 무기라는 이야기를 듣게 되었고, 애국가의 진정한 의미를 되새기게 되었습니다.

그리고는 그 당시 5살, 6살이었던 정이, 정아에게 애국가를 4절까지 가르쳤고 2020년 2월 서울시의회 앞에서 총선에서 투표를 잘하자는 1인시위를 시작하며 아이들과 함께 애국가를 힘차게 불렀습니다.

그때가 바로 "엄마가 미안해 애국가를 불렀는데 아동학대라고 신고하는 나라에서 살게해서"로 시위주제가 나오게 된 사건, 아동학대 신고가 들어왔던 날이었습니다.

이 어이없는 신고가 K-Party 이용원 대표님의 외침이 맞다는 반증이었다는 것을 깨닫게 됩니다.

K-Party가 300차가 넘는 끊기지 않는 집회 속에서 건국대통령 이승만 대통령님처럼 하나님만 바라보고 기도하며 광화문 중심대광장에 뿌린 자유수호의 음성 전단지는 100만장이 넘는데 제가 K-Party를 통해 애국심과 행동하는 양심이 성장한 것처럼 선한 영향력이 있음을 보고 듣고 느끼게 됩니다.

    2020년 새해를 맞았을 쯤 대한민국에는 중공우한폐렴으로 전역에 집회중지 행정명령이 시행되었습니다. 그러나 이용원 대표님께서는 간절히 하나님께 기도했고 1인문화제의 지혜를 하나님께 응답받은 후 기적처럼 합법적으로 집회를 이어갈수 있었습니다. 좌우 통틀어 집회가 끊기지 않은 유일한 단체였습니다.

    또한 광화문 재개장을 위해 K-Party 집회장소인 세종문화회관 중앙계단 앞 인도에 땅을 파는 공사가 시작되어 집회장소가 없어진 상황이었는데 이용원 대표님께서는 계단 위의 좁지만 평평한장소에서 아래에서 봤을 때 공중에서 진행하는것처럼 보이는 형태의 집회를 끊기지 않고 진행하셨습니다. 이때 첫째 정이가 "엄마 이용원 대표님은 계단이 없으면 비행기를 타고 날아서라도 집회를 진행하실것 같아요"라고 말해서 한바탕 웃었던 기억이 떠오릅니다.

    위의 두가지 상황도 참으로 대단하다고 생각했지만 진짜 위기는 광화문광장이 재개장 되면서 광장이 아닌 공원으로 운영하는 행태로 서울시가 행정을 하였고 무지막지한 협박과 집회 방해가 들어왔습니다.

    이용원대표님께서 하시던 방법대로 하나님께 기도하며 지혜를 구했고 "중심대광장" 법률을 찾게 해주셨습니다.

    유승수 변호사님께서 중심대광장은 집회를 할 수 있는 곳임을 법적으로 투쟁할수 있도록 힘을 합쳐주셨고 지금까지도 중심대광장에서 집회를 신고하고 진행하는 유일한 단체는 K-Party 하나 뿐입니다.

    이렇게 할수 있었던 이유는 끌려가고 감옥에 갇히고 죽더라도 하나님의 부르심으로 나오게 된 광화문 중심대광장을 진실의 소리로 지키겠다는 이용원 대표님의 굳건한 믿음과 애국심이 있었기에 가능했습니다.

    마지막으로 지난 2023년 가을 촛불행동 3000마리가 광화문을 다시 탈환하겠다며 광장 내의 K-Party의 집회 현장에 난입했을때 집단 폭력 행사 등으로 정말 목숨을 잃을수도 있는 현장에서 이용원 대표님을 중심으로 한명도 흐트림없이 더욱 결기를 가지고 태극기와 집회장소를 지켰고 승리를 했습니다.

3,000대 12의 질 수밖에 없을 것 같은 상황이었지만 하나님께서는 승리케 하셨고 지금도 광화문 중심대광장에는 자유우파의 소리가 울리고 있습니다.

위에 나열한 큰 사건들 외에도 K-Party의 한걸음 한걸음이 광야에 길을 사막에 강을 흐르게 하시는 하나님의 역사하심의 현장이었습니다.

그 자세한 내용이 기록된 K-Party 300차의 기록이 책으로 발간되어 매우 기쁘며 하나님의 도우심에 다시한번 감사와 영광을 돌립니다.

대한민국 인내왕! 이용원 대표님의 눈물의 기도와 애쓰심이 하나님을 경외하는 자유대한민국으로 가는 발걸음이 되고 있음에 감사하며, 저 또한 함께 기도하며 나아가겠습니다.

K-Party 화이팅!!!

애국맘 **오인실**

현. 프레스카투 대표
현. K파티 부대표
현. 서울시의회 앞 집회 주최 및 진행자
현. 세이프 뉴스 네트워크 대표

[K파티 문화행사 규칙 및 에티켓 안내]

광화문에서 개최되는 K파티 행사는 청년들이 중심이 되어 행사를 준비하고 진행하지만, 청소년, 청년, 어르신 모두에게 열려있는 화합과 소통의 장입니다.

다만, K파티 문화제의 원활한 진행과 발생 가능한 여러가지 문제들을 예방하기 위해, 아래의 규칙을 지켜주시길 부탁드립니다.

- 행사 시작 전 가지고 오신 소지품 등은 지정한 장소에 보관해주시길 바랍니다. 행사 종료까지 가지고 오신 개인 소지품 등으로 문화행사의 취지나 청년중심 행사의 정신을 퇴색시키는 일이 없도록 해주시길 부탁드리겠습니다.

- 행사장소에 음주한 상태로 오시는 분은 참여하실 수 없으며, 행사장 내에서 흡연이나 과도한 고성방가나 욕설을 하시는 분이 계셔도 즉각 퇴장조치 하도록 하겠습니다.

- 집회가 아닌 문화행사인 점을 존중해주시고, 참여하시는 분들께서는 문제발생과 사고를 예방하기 위해 반드시 집행부의 지휘와 인솔에 따라주시길 부탁드립니다.

- 행사 질서유지를 위한 자원봉사 안전요원을 모집합니다. 관심 있으신 분들께서는 청년들이 만들어가는 행사의 원활하고 안전한 진행을 위해 함께 해주시길 부탁드립니다.

- 청년들이 중심이 되어 새롭고 변화된 모습의 문화행사임을 배려해주시고, K파티 문화제를 위한 참여가 아닌, 특정 단체의 홍보나 개별 홍보를 위한 목적의 참여는 자제해주시고, 이를 위한 발언과 연설 등은 제한하도록 하겠습니다.

- 저희 K파티는 나라사랑하시는 여러분들과 많은 아이디어를 나누고, 존중하며 배려하는 문화의 장으로 함께 만들어가길 소망합니다.

청년중심 정치개혁공동체 K파티
대표 **이 용 원** 배상

글을 시작하며

2017년 현재, 대한민국의 정치·경제 상황은 한 치 앞을 내다볼 수 없는 상황이다. 청년 실업률은 날이 갈수록 증가하고, 산업화 이후 대한민국의 시장경제는 과거의 영광을 뒤로 한 채 그 성장동력을 처절하게 잃어가고 있다.

특히 한미동맹의 근간인 국가안보는 파괴될 수도 있는 위험한 상황에 놓여 있고, 한반도를 둘러싼 4대 강국들은 "자국우선주의노선"으로 동북아 및 국제정세를 긴장시키고 있다.또한 현 정부는 북한의 핵을 머리에 이고 있는 상황에서도 '대화'와 '평화'라는 공허한 외침만을 지속하고 있다.입법, 사법, 행정, 언론, 시민사회 대부분이 편향된 정치노선으로 기울어진 운동장을 형성하고 있고, 반문명주의, 포퓰리즘으로 대한민국은 국민소득 3만불의 언저리에서 길을 잃고 헤매고 있다.

이에 K-파티는 청년정치주권을 되찾고자, 청년정치문화운동을 전개하고자 한다.K-파티는 대한민국 수호와 잘못된 정책, 세금낭비로 인한 미래세대의 과부담 방지, 허위왜곡을 동원한 거짓 선동 바로잡기 등을 목적으로 하는 청년들의 공동체 운동이다.

우리는 건국대통령의 건국이념을 계승하며, 한강의 기적이라는 경제성장을 이루어낸 경제대통령의 보국이념을 이어받아, 애국애민정신으로 대한민국의 국익과 국민의 안위를 최우선으로 하는 우파적 가치를 담은 모든 활동을 전개해 나가고자 한다.

우리는 전쟁의 잿더미에서 다시 일어나, 위대한 경제강국을 만들어 낸, 선배 세대들의 저력을 이어 받은 자랑스러운 대한민국의 청년들이다.이제 우리 국민들이 경제침체, 안보위협 등으로부터 안전하게 지낼 수 있는 강한 대한민국을 만들어야 한다. 그 위대한 성전에 우리 K-파티 청년들이 앞장 설 것이다.

2017년 11월 4일
청년중심 정치개혁공동체 K-파티

2023년 3월 18일 **제300차**

300회를 맞이한 지난 토요일에는 준비 때부터, 종북 좌파 노조들이 주한미군 철수와 한미동맹 파괴 등을 외치며 K파티 현장을 지나가며 300회 축하를 해주더니, 다시 한번 촛불 선동세력들이 행진하며 광화문 광장 앞을 지나가길래, 300회 축하를 하러 온 화답으로 지난주처럼 중앙계단 위에서 스피커를 켠 뒤, 살인마 역적 문재인 사형! 리재명 구속!을 외치자, 소금이 뿌려진 미꾸라지같이 열폭을 하고 발광을 하는 모습에 그저 웃음만 나왔습니다.

변함없이 엎드려 기도로 시작한 300회를 맞이하며, 지난 7년간의 자유수호 투쟁을 회상하면서 깨달은 것이 있었습니다.

절대자 하나님께서 지켜주시고 이끌어주시며, 하나님의 기도하는 사람들과 용사들을 보내주셔서 함께 싸우며 역사하심 가운데 우리를 쓰지 않으셨다면, 다른 여러 단체처럼 1년도 못 가서 사라지거나, 3, 4년 가다가 끊기고 변질되어 역사의 부끄러운 자들로 남겨지게 될 수도 있었겠다는 확신이 들었습니다.

7년 전 11월 K파티 창립 후 광화문 광장에 첫걸음을 내딛는 광장탈환의 첫 시작 때부터 함께 해주신 새청단 이지현 대표님과 정지훈 리더님께 다시 한번 감사의 말씀을 드립니다.

이날 대표기도로 300회를 축하해주신 야베스 축복방송 이귀영 장로님과 화웨이 퇴출 집회 리더로 섬기시는 빡싱현장방송 유해천 장로님의 축하 말씀을 시작으로, 7년 동안 함께 해오신 유튜브 대표님들과 300회 축하를 위해 일정을 마다하고 오신 대표님들의 지난 7년간의 소감 등을 듣는 시간을 가졌습니다.

광화문 광장 K파티와 함께 중국 공산당과 인민군의 앞잡이 개노릇하는 화웨이 장비를 대기업 통신사에서 제거하고 중공 스파이들을 척결을 위해 4년째 투쟁을 함께 해오고 계시는 백년대계TV 백승헌 대표님과 종창아재TV 이종창 대표님과 무지개소년TV 대표님의 축하 말씀과 소감을 들으며, 지난 화웨이 퇴출 반중집회가 올바르고 정의로운 길을 가고 있음을 다시금 확인할 수 있었습니다.

추우나 더우나 비가 오나 눈이 내리나 늘 변함없이 함께 투쟁을 해오시고, 300회를 맞이하여 많은 분의 의견과 추천을 모아서 K파티의 부대표를 요청드렸고, 쉽지 않은 상황에서도 승낙을 해주신 애국가맘님의 축하 말씀과 하나님께 영광 돌리는 찬양까지 정말 감사합니다.

보이지 않는 곳에서 물심양면으로 K파티와 참여하신 용사님들과 회원님들을 섬기시며, 베풀어오신 운영자님들인 황엄마님과 하이손님과 CQ님께서 준비해오신 300차 축하 태극기 떡케익으로 모두 나와서 축하를 하고, 준비해주신 축하떡과 음료를 나누며 이날도 귀하게 섬겨주심을 진심으로 감사드립니다.

축하 꽃바구니를 보내주신 자유세상방송TV 이은태 대표님과 늦은 시간까지 늘 함께 투쟁을 해오신 아다미방송TV 김향순 대표님, 그리고 각자의 맡은 자리에서 바쁘게 일을 하고 계시지만, 마음은 늘 K파티와 함께 한다는 오랜 동지님인 공정방송 이상구 대표님과 곽은경TV 곽대표님, 그리고 정희일 진실방송 대표님, 백TV 백정혁 대표님, 애국희수TV 이희수 대표님, 치료로 함께 하지는 못했지만, 방송으로 축하해주신 슬픈보스 전성재 대표님의 귀하고 힘나는 격려의 말씀 또한, 정말 감사합니다.

300회가 끝이 아닌 시작임을 자유를 사랑하고 대한민국을 지키기 위해 탄핵 정변과 같은 북괴의 적화야욕과 중공의 속국화를 반대하고 저항하며 투쟁해오신, 박근혜 대통령님과 K파티 용사님들과 변질되지 않으신 많은 애국국민들께서는 같은 뜻과 생각으로 자유수호투쟁이 계속될 것임을 잘 알고 계십니다.

하나님의 은혜와 축복 가운데 함께 기도해주시고, 필사즉생의 각오로 같이 싸워주시고 계신 여러분 덕분에 K파티는 대한민국 탄핵 정변과 반역의 역사 가운데 진실과 정의를 지키기 위한 자유 국민의 투쟁 기록으로 계속 이어가게 될 것입니다.

자유는 피와 땀과 눈물과 목숨으로 지켜지는 것이고, 이승만 건국 대통령님의 건국정신과 박정희 부국대통령님의 부국강병정신을 이어오신 우리 선배 어르신들의 뜻을 이어받아, 변함없는 우리가 미래세대의 주역인 다음 세대에게 이 귀한 가치와 자유대한민국을 잘 전해야 하는 책임과 의무를 다할 때까지, 엎드려 기도하며 할 수 있는 모든 일과 역할에 최선을 다하겠습니다.

300회를 축하해주시고 함께 해주신, 모든 용사님들과 나라 사랑하는 국민 진심으로 감사드립니다!

"하나님께서 한 사람을 쓰시면, 눈앞에 만 명과 상대해도 넉넉히 승리하게 하십니다."

지난 토요일 광화문 광장은 2주 연속 종북 친명 개딸 촛불 좌빨들의 행진이 광화문 광장을 지나갔습니다.

수십만 명이 왔다고 거짓말하지만, 현장에서 직접 눈으로 본 저들의 초라하고 어두운 행세는 그저 영혼 없는 노예들과 좀비들의 음침한 행진일 뿐이었습니다.

지지난주에는 K파티가 시작하는 도중 행진을 하다가 리재명 구속! 리재명 깜빵! 구호에 어쩔 줄 몰라 허둥지둥 앞만 보고 빠르게 도망가던 저 거짓의 촛불들이, 지난 토요일은 잔머리로 꾀를 써서 저희가 7년째 지키고 있는 광화문 광장에서 리재명 구속! 깜빵!을 외치는 구호를 듣지 않기 위해 시간을 30분 앞당겨, 저희가 시작하는 7시 전으로 광화문 광장을 통과하려고 했었습니다.

그러나, 5시 전부터 행사를 준비하고 있던 저는 촛불 좀비떼들이 광화문 광장을 지나가려는 소리가 저 멀리에서 들리기 시작하자, 대형 스피커를 들고 10m 높이의 계단 중앙에 올라가 저들의 진입에 맞춰 리재명 구속! 리재명 깜빵! 문재인 사형! 을 30분이 넘도록 저 좀비들의 가늘고 길게 보이려고 한 행진이 다 사라질 때까지, 목청껏 힘차게 구호를 외치자 발작버튼을 누른 듯 발악하면서도 부들부들거리며 제가 외치는 구호를 들을 수밖에 없는 십자가를 마주치듯, 좀비들에게는 고통의 시간일 수밖에 없었습니다.

이렇게 통쾌하고 속 시원하게 촛불 좀비떼와 맞서서 1명의 하나님께 기도하는 사람이 눈앞에 1만 명의 세력을 넉넉히 상대하도록 허락하시고, 승리를 이끌어주신 하나님께 감사와 영광을 올립니다.

빛과 생명에 반대되는 어둠과 죽음의 세력에게는 공통점이 있습니다.

악마와 마귀에게 영혼을 판 지옥으로 떨어질 수밖에 없는 어둠과 죽음의 세력과 그들과 손잡은 자의 주변에는 죽음과 부정과 악행이 늘 함께 따라다니고, 악마와 마귀가 기뻐하는 사망과 슬픔이 생길 수밖에 없음을, 늘 저 사망과 어둠의 악한 세력과 맞서 싸우는 빛과 생명의 세력과 하나님께 기도하는 믿음의 사람들은 너무나도 잘 알고 있습니다.

리재명 주변에서 이어지는 극단적인 선택으로 수명의 안타까운 목숨이 사라지고, 거짓과 왜곡으로 선동하고 속이려 하지만, 마귀와 악의 세력과 손잡은 저들에게는 시간의 차이일 뿐 영원한 비명과 고통으로 가득한 지옥의 문이 활짝 열린 채 저 자와 추종세력들을 기다리고 있을 뿐입니다.

진실을 덮고 정의를 외면하며, 자유대한민국을 적화시키고 속국화시키려던 탄핵정변의 역적들과 주범들이 없었다면, 3월 10일의 애국열사들님의 안타까운 죽음도, 대한민국의 상징인 태극기를 들고 저항하시다가 유명을 달리하신 애국자님들의 희생도 없었을 것입니다.

3월 10일 6주기를 맞이하여, 1만의 촛불 좀비떼와 상대하며, 대한민국 여론과 민심의 중심인 광화문 광장에서 애국열사들님들의 고귀한 희생을 추모할 수 있게 허락하신 절대자 하나님께 영광과 존귀와 감사의 기도를 올리며, 앞으로도 변함없이 자유대한민국을 지키기 위해 저희 K파티 용사들은 반역과 배신과 변질 없이, 엎드려 기도하고 힘차게 나아가며 승리하겠습니다!

반가운 모습으로 300차 광화문 광장 K파티에서 뵙겠습니다!

2023년 3월 4일 **제298차**

봄을 알리는 상쾌한 봄바람이 불던 지난 토요일도 좌우를 통틀어 유일하게, 집회 등을 목적으로 조성된 중심 대광장인 광화문 광장에서 변질되지 않고 초심을 지켜나가고 계시는 많은 애국용사님들과 함께, 기도로 시작하고 자유수호의 열정과 의지를 광장에 발언과 구호와 퍼포먼스로 신나고 힘차게 표현하며, 하나님의 은혜로 참 감사하게 잘 마칠 수 있었습니다.

참으로 웃기고도 씁쓸한 일들이 예정된 순서대로 일어나고 있음을 느낍니다.

더부룩한 반민주당에서는 친 리재명 집단들이 역적 반역자 1위가 문재인이고, 문재인을 포함한 7적들이 리재명을 구속시키고 당대표를 끌어내리려고 한다면서 당내 친문재인 집단과 친리낙연 집단을 역적으로 몰아가며 갈등을 극대화시키는 꼴을 보니, 저기도 조만간 천벌을 받을 것 같다는 생각이 들었습니다.

또한,, 탄핵으로 흥한 놈들이 탄핵으로 망한다는 자업자득 인과응보의 귀결을, 자기들끼리 피터지게 싸우면서 배가 가라앉고 있는 줄도, 다 같이 물에 빠져 죽는 짓들을 하는 줄도 모르고 서로 총질하면서 배에 구멍들을 내고 있습니다.

또 한 쪽에서는 5월의 정신을 헌법에 새기자는 술독에 빠진 자를 물고 빨며, 탄핵역적들이 가득 모인 탄핵정변 완성정당에서 서로 탄핵의 주범이니, 니가 더 탄핵에 앞장섰니 마니 하면서 또 내가 더 좌파스럽고 종북스럽고 종중스럽다며, 우파의 껍데기를 쓴 김대중과 김영삼을 추종하고, 박정희 대통령과 이승만 대통령을 비하하는 가짜 보수 좌파들이 좌빨경연 전당대회에서 서로에게 칼질을 하는 웃픈 일들이 벌어지고 있었습니다.

인과응보와 사필귀정….. 참으로 무서운 뜻이 담긴 말입니다.

시간의 차이일 뿐, 북괴와 동조하거나 지령을 받아 자유대한민국의 적화를 시도하는 자들과 중공의 개가 되거나 앞잡이가 되어 속국화를 시도하는 자들과 박영수와 윤석열 등의 사냥개들을 불러와서 북괴와 중공이 가장 기뻐하며 박수를 쳤던, 사기탄핵정변으로 아무런 죄가 없는 박근혜 대통령님을 옥에 가두고, 자유우파정권을 무너뜨리는데 앞장을 선 탄핵역적 반역세력들은 반드시 천벌을 받게 될 것이고, 매국노 이완용보다 더한 역적으로 역사의 기록에 남겨질 것이며 후세에 대대손손 손가락질 받는 자들로 남겨지게 될 것이며, 억울하게 여러 많은 애국자의 목숨을 앗아간 그 죄악으로 지옥에서 영원히 벌을 받고 비명을 지르게 될 것입니다.

앞으로도 변함없이 K파티는 하나님만 바라보고, 엎드려 기도하며, 자유대한민국을 지켜내기 위해 힘차고 담대히 나아가며 승리하겠습니다!

2023년 3월 1일 **제297차 3.1절 특집**

지난 104주년 3.1절은 좌파와 우파 통틀어, 어느 단체도 집회도 대한민국의 여론과 민심의 중심인 광화문 광장 내에는 단 한 발자국도 들어오지 못한 채, 서울독재시장 오세훈의 광장 내 집회금지에 벌벌 떨면서 광장 밖 언저리에서 윤석열 만세와 윤찬양을 하며 버스 시간이 되자 다 사라져버리는 안타깝고 씁쓸한 집회를 위한 집회, 가식으로 보여주기의 집회들만 가득한 상태에서도, 여전히 광화문 광장을 자유수호의 광장으로 7년째 변함없이 그 자리를 지키고 있는 K파티가 모두가 떠난 곳에서 마지막 휘날레 집회로 하나님의 보우하심 가운데 승리하고 잘 마칠 수 있었습니다.

이날은 특별히 귀하고 중요한 우파에서 유일하게 반일선동과 거짓 위안부 사기극을 밝히고 거짓선동을 깨트리고 계시는 연사분을 모셨는데, 바로 국사 교과서 연구소 김병헌 소장님이셨습니다.

김소장님께서 반일선동과 사기와 거짓이 난무한 위안부단체들에 대한 진실을 따끔하게 발언을 하기 시작하자, 작심하고 방해하기 위해 술을 마시고 집회의 현장으로 쳐들어온 자가 삿대질을 하며, 욕설에 단어 한마디도 꺼내지 않은 "이 새끼들이 유관순을 비하했다!"를 계속 반복하며 합법적으로 신고되었고, 집시법에 의해 집회와 표현의 자유를 막으면 집회방해죄로 처벌받는다고 수차례 말해도 아랑곳하지 않은 채, 집회의 플라스틱 안전라인 안으로 강제로 들어와서 드러누워 집회를 중단시킨 채, 집회를 방해할 목적으로 계속 버티다가 주변 경찰이 달려와서 나오라고 하자, 누워있다가 일어나서 계속 집회를 방해하기에 경찰에 신고했고 집회방해죄로 고발을 하기로 했습니다.

역사의 과거는 잊어서는 안 되지만, 좌파들과 반자유세력들이 세뇌 선동하는 패배의식, 개돼지와 노예스러운 반발 등의 부정적 선동과 잘못된 인식에서 벗어나, 일본보다 더 앞서나가고 승리하며, 심지어는 이끌어나가는 삼성의 전자와 반도체산업처럼, 현대의 전기차처럼 선진강국 대한민국이 되어 큰 형과 같이, 일본을 돌봐주고 이끌어주며 한미일 동맹으로 중공과 북괴에 맞서 합력하여 선을 이루는 승리하는 3.1절 정신을 우리가 이제는 만들어 나가야 한다며 발언을 하고, 퍼포먼스로 마무리를 지었습니다.

누구보다도 독립에 앞장서고 그 결실로 대한민국 건국을 이루어 낸, 이승만 건국대통령을 3.1절에서 지우는 공석열을 보며, 저것도 오래 못가서 지워지고 사라지겠구나 하는 생각도 들었습니다.

앞으로도 저희 K파티는 대한민국을 부정하거나 비하하는 북괴 추종세력과 중공 추종세력인 대한민국 파괴세력과 맞서 끝까지 진실을 밝히고 정의가 승리하는 대한민국 건설세력의 후예가 되어, 하나님의 은혜와 축복으로 시작된 자유대한민국을 지켜나가겠습니다!

자유독립만세!

2023년 2월 25일 **제296차**

지난 토요일은 너무나도 조용할 정도로 주변의 좌우 집회도 사라진 저녁의 광화문 광장에서 엎드려 기도하고 성경 말씀으로 296번째 집회를 시작했습니다.

좌파들의 본성은 진실과 정의가 아닌, 대부분 거짓선동과 불의왜곡으로부터 시작되기에 늘 과정과 끝이 좋지 않은 경우가 많고, 도중에 거짓과 위선과 불법이 밝혀져도 모르쇠 뻔뻔하게 역겨운 언행을 보이는 것이 그들의 행태이기에 이번에도 김봉현에게 불법적인 돈과 금품을 받아먹은 민주당 국개들이 뒤늦게 기소된 소식과 민주당 내부에서 반명과 친명의 불꽃 튀는 물밑싸움에 결국은 기득권인 문재인과 리낙연 세력들이 총선 공천권을 잡기 위해 당권을 빼앗을 것이라고 발언하며, 민생경제와 안보는 외면한 채 정말 추악하고 더러운 정쟁을 벌이는 좌파정당들과 좌의 2중대를 자처하는 국암 사기탄핵정변에 가담한 국가반역세력들의 모습에 국민들의 피눈물은 더욱 흐를 수밖에 없게 될 것입니다.

민생은 내팽개쳐둔 채, 술이나 퍼마시면서 5월의 정신을 헌법에 넣겠다는 자, 북의 지령으로 경찰서를 습격해 학살한 남로당 폭도들의 제주 4.3을 합법적 민주화 운동으로 만들기 위한 순서를 가도록 놔두는 자, 남로당 역적의 군대 내 무장 학살로 시작된 여순반란을 국가행사로 졸개들을 보내어 기념하는 자가 어떻게 우파이며 보수를 대표할 수 있는지, 거기에 편승해서 윤만세를 부르며 콩고물 하나 똥가루 하나 주워먹으려는 빨충들과 만세족들까지, 훗날 미래세대의 주역인 아이들에게 부끄러운 어른들로 남겨지게 될 것 같아 참으로 안타깝고 씁쓸하기만 합니다.

그럼에도 99%가 선동되거나 거짓에 줄 서서 변질되고 반역하고 배신에 동조하더라도, 누군가는 자유대한민국의 적화를 막고 속국화를 막아내며, 진실을 밝히고 정의가 승리할 때까지 싸우고 지켜내야 하기에 앞으로도 K파티가 7년간 변함없이 이어온 모든 집회의 중심인 광화문 광장에서 힘차게 투쟁하며, 기도로 승리하겠습니다!

2023년 2월 18일 **제295차**

어느덧 체감온도 영하 20도 아래로 내려갈 정도로 추웠던 엄동설한의 날씨는 언제 있었느냐는 것처럼, 만물이 소생하는 봄이 오는 것을 알리는 포근한 날씨와 시원한 광장의 바람이 참으로 상쾌하게 느껴졌던 지난 토요일도, 종북 거짓 촛불들은 대한민국의 여론과 민심의 중심인 광화문 광장에는 감히 한 발자국도 들이지 못했습니다.

변함없이 295번째 K파티도 하나님께 엎드려 기도로 시작하고, 강하고 담대한 K파티 용사님들과 함께 자유수호를 외치며, 하나님의 은혜로 잘 진행하며 감사히 마칠 수 있었습니다.

작년 이맘때쯤 박근혜 대통령님께서 나오실 것이고, 나오시면 바로 수행원들과 함께 국립현충원으로 이동하셔서 박정희 대통령님 내외분 묘소에 참배를 하실 것이라고 꿈에서도 나왔고 거의 정확하게 예측을 했었는데, 작년에 박근혜 대통령님께서 건강을 어느 정도 회복하시고 올해 봄이 지나면 국민을 만나시고 활동을 시작하실 것이라고도 말씀을 드렸었는데, 이 예측 또한, 맞아가고 있습니다.

박근혜 대통령님께서 1년 정도의 치료와 회복의 시기를 거쳐 부상과 디스크도 어느 정도 나으셔서 따뜻한 봄 이후로 활동을 하실 것이라는 신문기사가 나서 참으로 반갑고 기쁜 한 주였습니다.

사기탄핵 완성정당에서의 사기탄핵 주동자와 옹호자와 덮고 가자는 자와 인정한다는 자가 서로 누가 사탄파 탄핵정변의 주범인지 실력을 다투듯 추악하고 지저분하며 급도 안 되는 자들끼리 자화자찬을 하는 전당대회 참가자들도 박대통령께서 곧 활동하실 것이란 소식에 당황했는지, 탄핵에 대해 누가 주범이고 책임이 크냐는 등의 이슈가 나올 정도로 앞으로 지금은 중범죄와 역적죄에 대한 불안함과 걱정으로 총선을 앞둔 정국은 여야 모두 박대통령님 정도의 영향력을 가진 자들이 전무하기에 앞으로의 정국의 중심에는 다시금 박대통령님께서 계실 수밖에 없고 국민의 여론과 민심도 불의와 거짓만 보여주는 현 권력자들과 정치꾼들이 아닌, 박대통령님과 새로운 세력을 부르게 될 것입니다.

제주 4.3이 지난주 이슈였는데, 북에서 김정일과 김정은을 모신 고위직에 있다가 탈북한 태영호씨가 제주 4.3이 김일성의 지시로 북괴가 개입했다는 발언은 틀릴 수가 없는 것이, 태영호 등 많은 고위직 탈북자들의 증언에서 5.18과 4.3은 혁명열사릉에 묻힌 영웅대접을 받는 자들도 적지 않고, 북에서 살아오면서 선전 드라마나 방송으로 제작되어 학습 교육용으로도 활용되어왔으며, 북괴 3대 세습 독재체재상 수괴가 지시하지 않은 것들은 해서도 안 되며 하지도 않는다는 태영호의 주장처럼, 북괴가 4.3에 개입되었다는 것은 탈북 고위관료의 증언 자체가 증거일 수밖에 없기 때문입니다.

다만, 같은 논리와 근거로 봤을 때 5.18에 대해서는 침묵을 하는 태영호의 증언은 4.3만 언급해서 이슈를 만든 뒤, 최고위원에 당선될 목적과 의도로 이 시기에 이와 같은 발언을 한 것으로밖에 보이지 않기에 태영호씨는 진정성을 인정받기 위해서는 똑같은 논리와 근거로 5.18에 대해서도 증언을 해야만 기회주의적인 지금까지의 언행에 비춰 볼 때 어느 정도 신뢰가 가게 될 것이지만, 저는 결코, 저 자가 5.18의 진실과 북에서 겪은 여러 증언은 하지 않을 것이라는 생각이 듭니다.

지금 북에서는 핵돼지 김정은 역적의 천인공노할 악행으로 북의 주민들 가운데 아사자가 대량으로 발생할 정도로 심각하고 상태가 좋지 않으며, 언제라도 트리거가 당겨지면 북한 괴뢰정권의 붕괴는 시간문제일 뿐입니다.

그렇게 되면, 제주 4.3도 여순 반란도 5.18도, 최근의 탄핵정변도, 북괴의 개입 여부에 대한 진실이 붕괴한 북괴에 보관되었던 여러 기밀문서와 증거들로 인해 반드시 진실이 밝혀질 것이고, 좌우 정치권과 행정부와 사법부와 각각 층에 숨어있던 북의 간첩들과 종북 추종세력들의 명단과 반역행위들도 시간의 차이일 뿐, 반드시 밝혀지고 역사의 심판과 헌법에 따른 엄벌과 역적행위에 대한 기록 또한, 대대손손 남겨지게 될 것입니다.

이런 진실이 밝혀지고 정의가 승리하는 시간이 점점 다가오자, 자신들의 목을 조여오듯 대한민국 내부의 숨은 간첩들과 반역자들은 더욱 초조해하며 지금도 보이고 있는 발악의 정도가 앞으로도 더욱 심해지겠지만, 결국 이 악하고 마귀와 손잡은 자들의 결말은 천벌을 받고 지옥의 불 속으로 떨어지는 것밖에 없습니다.

초심을 잃지 않고 7년을 변함없이 이어오며, 자유수호와 대한민국의 적화와 속국화를 막기 위한 대국민 운동과 투쟁을 이어오고 있는 K파티는 앞으로도 미래세대의 주역인 우리 아이들에게 부끄럽지 않은 선배와 부모가 되고, 올바르고 정의로운 자유 대한민국을 전해주기 위해, 기도하며 할 수 있는 모든 일과 역할에 최선을 다하겠습니다!

2023년 2월 11일 **제294차**

지난 토요일은 봄내음이 느껴질 정도로 체감온도 영하 20도 아래의 얼마 전 광화문 K파티 문화제에 비하면 따뜻하다고 느껴질 정도로 감사한 환경 가운데 잘 준비하고 마칠 수 있었습니다.

대한민국 여론과 민심의 중심인 광화문 광장에는 단 한 발자국도 감히 딛지 못한 채, 저 아래 남대문에서 징징거리며 명분도 대의도 없이 점차 세력도 빠지고 분열하는 거짓촛불 좌빨들의 모습을 보며, 지난 탄핵정변 때 광화문 광장을 점령해서 여론과 원동력을 얻은 반역의 거짓촛불 때와는 전혀 다른, 지금은 안쓰러울 정도로 빌빌거리는 저 악하고 거짓된 자들의 도화선이자, 촛불의 성지라고 저자들이 말했던, 바로 그곳 광화문 광장 중앙계단과 광장을 7년째 하나님께서 지켜주시고, 이끌어주시며 역사하시고 계시기에 저희 K파티가 지켜오고 있음을 늘 감사하게 생각하며, 주님께 감사의 기도를 드리고 있습니다.

국민의 여론과 민심이 부글부글 끓고 있음을 권력자와 그 주변 졸개들만 눈과 귀가 가려져 모르는지, 잠시 40%대로 올랐던 여론조사도 다시금 30%도 깨어질 만큼 급속히 추락하고 있음에도, 윤석열 한동훈 이원석의 검찰 카르텔 마피아 세력들의 박영수, 김수남 등의 50억 클럽의 의혹 리스트속의 선배들 봐주기와 콩과 일가족 봐주기를 눈에 보일 정도로 덮고 봐주고 있는 사악하고 불공정한 검찰의 수사행태가, 곽상도와 아들의 50억 뇌물 의혹에 대해 무죄를 내리고, 향후 김건희 최은순의 주가조작 관련 범죄에 대한 면죄부를 주기 위해, 도이치모터스 주가조작의 주범인 권씨를 금융범죄에서 5년 안팎의 실형이 나오는 중범죄를 저지르고도, 금융권에서조차 말도 안된다는 솜방망이 처벌인 집행유예를 받도록, 콩의 눈치를 보며 수사를 제대로 하지 않은 검찰의 구역질나는 악행을 보면서 최악의 불경기에 굶주림으로 빵하나 절도해도 심하면 구속시키는 부정 검찰의 형평성 없는 유권무죄 무권유죄의 행태를 보며, 주인인 국민들은 검찰의 개같은 모습에 분노하고 있습니다.

설상가상으로 권력의 충견 노릇을 하는 검찰과 앞서거니 경쟁을 하듯, 법원 또한, 문재인 김명수 조국의 개가 되어, 징역이 선고된 조씨가 감옥에도 가지 않도록 판결을 내리고, 수십억을 신고도 등록도 하지 않은 계좌로 유용하고 일부 개인 계좌로 착복한 혐의로 검찰로부터 5년 구형을 받은 윤씨는 벌금만 받는 솜방망이 판결을 내리는 등 서로 봐주기로 충성 경쟁하는 듯한 사법카르텔의 불공정한 내로남불 행태를 추악한 냄새를 풍기며 적나라하게 보이고 있습니다.

　이런 추악하고 썩은 법원과 검찰의 카르텔이 자신들의 식구들과 선후배들은 봐주면서 지난 탄핵정변에서는 아무런 죄도 없는 현직 대통령과 2백 명이 넘는 자유애국인사들과 공직자들을 감옥에 가두고, 문재앙 종북정권을 만들어 내는 데에 결정적인 국가반역죄를 저지른 역적들이, 지금도 아주 당당히 뻔뻔하게 거짓과 선동 속에서 부와 권세를 누리며 살아가고 있는 것이, 지금 대한민국의 안타깝고 화가 나는 현실입니다.

　그럼에도, 대다수가 불의한 거짓된 권력에 줄을 서서 꿀을 빨고, 땅바닥에 떨어진 콩고물을 핥으며, 곁불을 쬐면서 윤빨충과 윤만세족들이 되어, 국가와 국민과 자신들 스스로 속이고 변질되며 사기를 치고 있음에도, 누군가는 대한민국 미래세대의 주역인 우리 아이들에게 부끄럽지 않은 선배와 부모가 되어야 하기에 저희 K파티는 끝까지 변절자나 배신자나 반역자의 쉽고 따뜻하며 편한 넓은 길을 가지 않고, 어렵고 추우며 힘든 좁은 길을 변함없이 묵묵히 걸어가며, 인간과 우상과 마귀를 추종하지 않고 하나님만 바라보며, 기도로 끝까지 힘차고 담대하게 나아가겠습니다!

2023년 2월 4일 제293차

지난 토요일은 이태원에서 진을 치던 일당들이, 기습적으로 광화문 광장 내에 불법 분향소와 천막 등을 치기 위해, 전날 밤부터 밤새 계속 광화문 광장을 점령하기 위해 침입 시도가 있었고, 경찰은 광화문 광장 전체를 철제펜스를 두르고 진입 시도를 밤새 막았습니다.

이로 인해 합법적으로 집회를 신고한 K파티 집회 장소까지 철제펜스로 가려져, 정당한 집회의 진행 등 여러 가지로 방해를 입었으나, 전날부터 기도와 함께 잘 준비했고 주님의 은혜 가운데 방해를 극복하고 잘 마칠 수 있었습니다.

법은 만인 앞에 평등하고 올바르고 정의롭게 집행되어야 하지만, 대한민국은 권력을 가진 자들과 떼를 지어 억지와 불법을 저지르는 자들 앞에서는 제대로 이행되고 지켜지기는커녕, 한없이 약해지고 불평등하며 불공정해지고 있습니다.

온갖 악하고 나쁜 범죄행위를 저질러 징역 2년의 실형을 선고받고도, 감옥에 들어가지 않는 말도 안 되는 부조리한 현실 속에서 진상규명을 위한 특별위원회가 있을 정도로 아직 결론도 나지 않은 광주의 사태를, 표현의 자유와 학자의 양심에 따른 주장을 했다고 80이 넘은 노인을 옥에 가두는 형평성 없는 법집행의 불공정한 행위가 너무나도 당연하게 일어나고 있으며, 실세 권력의 배우자와 장모는 재판에서 금융범죄 중에서도 가장 악질적인 주가조작 중범죄에 가담한 혐의가 검사와 증인과 피고의 진술이 나오고 있음에도, 덮어버리고 검찰도 경찰도 모르쇠로 일관하며, 법의 공정성과 형평성이 깨어지고 있는 지금의 현실에서 과연 미래의 대한민국을 이끌고 가야 할 주역인 우리의 아이들에게, 불의와 거짓과 떼법이 활개를 치는 지금의 유권무죄, 무권유죄 대한민국을 말하는 것이 얼마나 부끄러운지, 점점 밝혀지는 탄핵정변의 사기와 거짓과 선동에 의해 역적들이 우파정권을 무너뜨렸을 뿐만 아니라, 현직 대통령을 탄핵시켜 5년 가까이 옥에 가둔, 이런 불의와 거짓이 난무하는 지금의 현실을 어느 누가 당당하고 떳떳하게 말할 수 있는지, 참으로 안타깝고 쓸쓸하기만 합니다.

북괴 공작원의 지령을 받아, 산하 간첩조직을 만들고 새끼까지 치듯 지역 간첩들을 포섭했으며, 다시 북괴 공작원에게 소개해 간첩활동을 확장하고도, 또 그런 간첩행위를 알고도 덮어주며 5년간 뻔뻔하게 거짓대통령과 반역국정원장 등을 해온, 역적들을 사형은커녕 구속도 안 하는 이런 정권이, 중공의 눈치를 보면서 화웨이 장비도 제거 못하고, 공자학원 폐쇄도 안 시키며, 중공 비밀경찰에 대한 수사와 체포, 그리고 처벌은커녕, 아예 침묵으로 합법적인 중공 스파이 활동을 묵인해오고 있을 뿐만 아니라, 종북 간첩 수괴들의 심기를 건들지 않으려는 듯 행세하는 탄핵정변의 주범들인 공과 그 졸개들은, 만일 이승만 건국대통령님과 박정희 부국대통령님께서 계셨다면, 모조리 이적죄와 반역죄로 사형을 당하거나, 평생을 감옥에 있어도 모자랄 자들일 것인데, 불의와 거짓이 판을 치는 지금의 대한민국에서는 오히려 권세를 쥐고, 목을 뻣뻣하게 든 채 국민을 개돼지와 노예처럼 혹세무민하며 부리고 있습니다.

그럼에도, 동토의 땅과 한파의 겨울이 영원할 것 같아도, 봄의 따뜻하고 생기가 넘치는 기운에 서서히 녹아 없어지고 사라지듯, 저 악한 역적들과 매국노들은 오래가지 않아 자손대대로 천벌을 받고, 역사의 대역죄인으로 남겨지게 될 것입니다.

서서히 균열이 생기고, 덮어두고 숨겨두고 있었던 권력의 추악한 비리와 측근 범죄들, 그리고 콩거니를 둘러싼 경악할 스캔들과 사고들이 올해와 내년 사이에 일어나게 될 것입니다.

절대자이신 하나님께서 마귀와 우상을 숭배했던 아합과 이세벨을 개들과 새들이 그 시신을 뜯어먹게 만드는 최후를 만드신 것처럼, 하나님의 순리를 거역하고 혹세무민으로 대한민국의 올바른 갈 길을, 어둠과 악으로 틀어버리고 추락시키고 있는 자들에 대한 심판을 국민은 반드시 보게 될 것입니다.

앞으로도 저희 K파티는 불의와 거짓에 맞서 초심을 잃지 않고, 변함없이 자유대한민국을 지키고 종북 종중 반역자들 매국노들 스파이들과 맞서 싸우며, 정의가 승리하고 진실이 밝혀질 때까지, 엎드려 하나님께 기도하고 투쟁하며, 힘차게 정진하겠습니다!

2023년 1월 28일 **제292차**

지난 토요일도 해가 지고 밤이 되자 광화문 광장의 칼바람과 한파의 날씨는 흡사 냉동실 속에 있는 느낌이 들 정도로 추웠지만, 구국과 자유수호의 일념으로 함께 투쟁을 위해 모인 K파티 용사님들과 유튜브 대표님들의 열정에 하나님의 보우하심으로 292번째 광화문 문화제도 잘 마칠 수 있었습니다.

1월의 K파티 자유수호 유공자로 선정되신 야베스 축복방송 이귀영 장로님의 귀한 기도도 너무나도 은혜로웠고, 2월 2일 박근혜 대통령님 생신을 앞두고 대한민국 여론과 민심의 중심인 이곳 광화문 광장에서 생신 축하 노래와 구호를 힘차게 외쳤습니다.

아무런 죄도 없이, 탄핵정변의 주범들인 사탄파 62적과 박영수 윤석열 한동훈 특검 일당들에 의해 억울하게 5년 가까이 옥에 갇히셨다가, 자유의 몸이 되신 박대통령님의 생신을 정말 많은 분께서 2일 대구로 내려가셔서 사저 앞에서 생신축하를 드린다고 하니 참으로 기뻤습니다.

문재인 정권 5년 동안 자유대한민국을 간첩들의 천국으로, 대한민국을 무너뜨리고 적화시키려는 악마 같은 자들이 거리거리를 활개 치며 역적짓과 간첩행위를 하도록 놔두고 방관했을 뿐만 아니라, 기무사를 해체하고 국정원 대공기능을 무력화시킨, 간첩의 수괴 중의 수괴 문재인은 사형을 당해야만 할 것이며, 그 졸개들도 모조리 감옥에 가두어, 다시는 널리 북괴를 이롭게 하고 적을 위하는 반역정권이 들어서지 못하도록 해야만 합니다.

더욱 강한 국가보안법을 만들어 북괴 추종 간첩들과 중공 추종 스파이들을 소탕하여, 인도네시아처럼 공산주의 언행만 하더라도 십수 년의 징역형으로 처벌하는 것처럼, 대한민국에서도 이 매국노 반역자들이 뿌리내릴 수 없도록 더욱 엄벌로 다스려야만 할 것입니다.

김건희의 또 다른 주가조작에 관여한 혐의가 재판 중 검사와 증인 등의 진술로 법정에서 드러났다고 하는데, 허위사실이라면 검찰은 해당 국개와 관련 검사를 수사하면 되는데 왜 침묵하는지, 그렇게도 틈만 나면 고소와 소송을 밥 먹듯 하는 한동훈과 졸개들은 왜 이런 의혹은 제대로 수사도 안 하면서 결론도 나지 않은 논쟁을 학술적 주장을 표현했다고 지박사님을 감옥에 넣고 형집행정지로 풀어주지도 않고 있습니다.

문재인과 리재명 등의 고소 때문에 구속된 우파인사를 검사가 옥에 더 가두기 위해 추가 기소를 하도록 방관하면서도, 제주 4.3 사태를 민주화 유공자로 만들려는 방향으로 지시하고, 중공인들을 이롭게 하는 이민청이나 추진을 강력하게 하는 한동훈과 5.18정신을 헌법에 새기겠다는 공석열은 결코, 우파라고 생각할 수가 없습니다.

김건희 또한, 도이치모터스와 우리 기술 주가조작에 관여 안 했으면 당당히 조사받으면 될 일인데, 유권무죄, 무권유죄로 국민들이 분노하도록, 수사기관은 수사도 제대로 안 할 뿐만 아니라, 김건희 최은순은 권력으로 이리저리 피해가고 있지만, 결국, 시간이 지나고 권력의 힘이 빠지면 호랑이 등에 탄 저 사악한 자들은 떨어지고 추락해서 그 끝은 감옥이며, 추하고 비참한 결론을 맞이하게 될 것입니다.

좌우를 떠나 만인 앞에 법은 평등해야하며, 주권자인 국민의 알권리를 위해서 검찰이 못하면 특검을 해서라도, 리재명 관련 모든 범죄의혹과 문재인 관련 역적 행위와 범죄의혹과 공을 둘러싼 권력비리 범죄 의혹과 김건희 최은순의 여러 범죄의혹들을 엄정하게 제대로 수사해야 합니다.

앞으로도 저희 K파티는 서슬 퍼런 권력의 눈치 따위는 보지 않고, 국민을 섬기라고 부여한 권력을 측근 비리와 매국 역적 행위와 자신들의 사리사욕을 위해 악용한 자들이 반드시 엄벌을 받고 역사의 중범죄인으로 남겨지도록, 오직 절대자 하나님만 바라보고 기도하며 힘차게 싸워 승리하겠습니다!

2023년 1월 21일 **제291차**

체감온도 영하 20도 가까이 얼어붙은 혹한의 날씨와 설명절 연휴로 인해, 저희 광화앞광장 K파티와 서울시의회 앞 애국맘님 집회 등 단 세 곳에서만 집회가 개최할 정도로 악조건의 상황에서도, 대한민국의 여론과 민심의 중심인 광화문 광장을 자유우파의 광장으로 지키고, 자유대한민국의 적화와 속국화를 막아내기 위해, 건강과 목숨을 걸고 함께 투쟁해주신 K파티 용사님들과 유튜브 대표님들께 감사드리며, 여러 가지 방해와 공격 속에서도 늘 지켜주시고, 승리를 허락하신 주님께 감사의 기도를 드렸습니다.

"반공 민주 정신에 투철한 애국 애족이 우리의 삶의 길이며, 자유 세계의 이상을 실현하는 기반이다"

55년 전 국민교육헌장을 선포하신 박정희 대통령께서 이 시대의 적화되고 있는 대한민국의 상황을 예견하신 듯 지금의 현실을 정확히 꿰뚫어 보셨습니다.

"나라의 근본을 부정하는 세력이 거리거리를 활보하며 북한체제를 찬양하며 선동하는 일만은 반드시 막아낼 것입니다. 자유민주 체제를 지켜내느냐 무너지고 마느냐의 문제입니다. 정권은 유한하지만, 대한민국은 영원히 발전해 가야 합니다."

14년 전 국가보안법 폐지 반대 투쟁 연설에서 지금의 대한민국 현실을 예견하신 박근혜 대통령님의 말씀입니다.

지금 대한민국은 북괴를 추종하고 널리 이롭게 했던 수괴 문재인도 구속하지 않는 자들이, 대한민국의 헌법에 5.18정신을 새겨놓겠다고 하며, 졸개들을 시켜 제주 폭동을 합법화시키고 민주화 유공자로 만드는 작업을 진행할 뿐만 아니라, 국군 내부에 침투한 남조선로동당 간첩들이 수 없는 국군을 총살하고, 공무원들과 경찰들 그리고, 그들의 가족들까지 무참하게 살해한 여순반란사건까지, 정부 행사로 총리 장관들을 보내어 공식화시켜준 자들이 권력을 쥐고 있으며, 사기탄핵의 역적들로 가득 찬 보수정당의 당대표로 나오려는 자들도 5.18정신을 헌법에 새기자고, 요즘 세상에 간첩이 어디있냐는 정신없는 자들이 목소리를 높이고 판을 치고 있습니다.

종북 간첩들은 문재인 5년 동안 손발이 묶인 국정원을 비웃으며, 도심 거리거리를 활개 치며 동남아에서 북괴 공작원을 만나 김정은에게 충성맹세를 하고 북괴 노동당에 가입하며, 암호문과 기기를 받고 해독법과 공작원 교육까지 받으면서 북으로부터 공작자금을 받아 국내에서 전국적인 간첩조직을 만들도록 놔두고 있었습니다.

이런 정권과 좌우 정치권의 매국 역적 정치꾼들은 결코, 오래가지 못할 것이며, 아합왕과 이세벨에게 내린 최후와 수백 명의 거짓 선지자들이 처단된 결말처럼 하나님께 진노의 천벌을 받게 될 것입니다.

앞으로도 저희 K파티와 믿음의 용사들은 불의와 거짓에 결코, 타협하지 않고, 정의와 진실이 밝혀지고 승리할 때까지, 하나님만 바라보며 엎드려 기도하고 힘차게 투쟁하며 나아가겠습니다!

2023년 1월 14일 **제290차**

다른 어떤 지역의 집회 장소보다 몇 도는 더 춥게 만드는 광화문 광장의 칼바람과 한파 속에서도, 지난 290차 K파티 광화문 광장수호 자유수호 문화제를 하나님의 지켜주심 가운데 많은 기도의 용사님들과 현장의 K파티 동지님들과 유튜브 대표님들과 함께 잘 마칠 수 있었습니다.

10주가 넘게 꽁무니도 보이지 않게 숨고 도망친 서울시 5세훈과 졸개들은 이날도 어디 갔는지 찾아도 찾을 수가 없었고, 매주 현장에서 술에 취해 지나가다가 시비를 거는 음주마귀들과 허위신고로 집회를 방해하려는 종북마귀들만 보였다가 도망치고 사라질 뿐, 누구도 광화문 광장의 K파티를 막거나 중단시킬 수 없었습니다.

지난 10월 첫 K파티 자유수호유공자로 선정되신 백년대계TV 백대표님에 이어, 11월에는 정지훈 동지님이 선정되셨고, 12월 K파티 자유수호유공자로는 빡싱현장방송 유대표님이 선정되셔서 이날 소정의 상금과 함께 K파티를 대표해 감사의 말씀을 전했습니다.

일본 강점기와 6.25에 이어 탄핵정변 이후의 반역자 배신자 부역자들과 이에 추종하는 변절자나 거짓 선동꾼들과 사기꾼들과는 달리, 끝까지 불의와 거짓에 맞서 초심을 잃지 않고 오랜 시간 힘들고 어려운 상황들을 감내하며, 지금도 정의와 진실을 위해 투쟁하시는 이런 귀한 분들이 계시기에 K파티는 함께 싸우며 승리를 해오고 있음을 진심으로 감사드립니다.

중공의 횡포가 날로 늘어가는데도 윤석열 정부와 정치권에서 중공의 눈치를 보며 이 사악한 공산세력에 붙어 기생충처럼 정치생명, 사리사욕 유지와 이권을 챙기기 위한 여, 야의 기득권 친중 내각제개헌 세력들이 입을 맞춘 듯, 대한민국을 가장 크게 위협하고 언제든 전국 통신 단절사태와 개인정보 유출 대란과 사이버 공격을 일으켜 대한민국을 마비시키고, 국민의 생명을 앗아갈 수 있는 중공 최대의 스파이 화웨이 장비가 장악한 통신 3사를 통해, 심각한 보이스피싱과 해킹범죄, 정보유출 사태가 연이어 발생하고 있음에도, 윤석열과 졸개들 그리고 정치권에서는 누구도 미국처럼, 유럽의 여러 선진국처럼 화웨이 장비를 제거하라고 말 한마디 못하고, 화웨이 관련 수사도 지시하지 않으며, 침묵하는 자들이 대한민국의 정권과 정치세력이 되어, 친중 속국으로 대한민국을 만들어 가고 있습니다.

공자학원 폐쇄도 명령하지 못하고, 중공 비밀경찰 의혹을 받는 친중 스파이 세력들이 적반하장으로 떵떵거리고 목소리를 높여도 찍소리 한 번 못한 채, 제대로 된 수사도 지시 내리지 않고, 그렇게 잘 하는 압수수색도, 불법센터 폐쇄와 관련자 구속과 처별도 감히 중공의 눈치를 보며 하지 못하는 윤석열과 한동훈은 친중으로밖에 보이지 않으며, 중공을 81%나 싫어하며 세계 1위 혐중 반중 정서를 지닌 우리 국민을 무시해오고 있습니다.

게다가 재작년부터 K파티 현장에서 말씀드린 것처럼, 민노총 지도부와 간부들이 종북세력들에 의해 장악이 되었고, 여러 분야에서 심지어 국회와 정당에서도 간첩혐의가 있는 자들과 공작원에게 포섭된 간첩들이 나올 것이라고 계속 여러 차례 반복해서 알렸고, 앞으로도 예상밖에 분야에서 북괴 추종하는 자생간첩과 포섭된 간첩들이 나오게 될 것이라고도 말씀을 드렸습니다.

미국이 여야를 초월해서 국익을 위해 중공에 뇌물을 받았거나 중공에게 포섭되었거나, 미인계와 돈에 목줄을 잡힌 정치권과 정부기관 공무원들과 기타 공공기관 관련자들을 조사하는 중공특별 조사위원회가 만장일치로 합의되고 통과되는 것을 보면서 우리도 대한민국의 썩어빠진 정권과 정부와 국회 전체를 조사하는 친중 스파이 매국행위 특별조사위원회를 반드시 만들어서 다시는 이런 매국노들과 반역자들과 국가역적들이 정권과 정부와 국회에서 얼씬 못하도록, 시간이 걸리더라도 반드시 저희 K파티가 실현해서 이런 사악한 자들이 역사의 기록으로 남고, 인과응보로 일벌백계가 이루어질 수 있도록 변함없이 투쟁하고 행동으로 힘차게 실천하겠습니다!

자유대한민국 지키자!

2023년 1월 7일 제289차

영하의 한파에 중공발 최악의 미세먼지까지 가득한 날씨에도 지난 22년 마지막 송년 집회에 이어, 새해 첫 광화문 K파티 문화제도 기도의 동역자분들과 광화문 현장에서 투쟁해주신 용사님들과 함께 잘 진행하고 마칠 수 있었습니다.

대한민국이 세계 1등을 차지한 소식이 있었는데, 바로 중공에 대한 반감과 비호감도 등 부정적인 인식이 전 세계 1등인 81%로 전 국민의 대다수가 중공을 싫어하고, 중공이 저지른 여러 짓거리와 국민에게 지금도 피해를 주고 있는 사건들에 대해 국민의 분노가 치솟고 있음을 위 반중정서의 결과만 봐도 알 수 있습니다.

그럼에도 윤석열과 권영세 외교부는 온 국민이 경악한 중공 비밀경찰 사건에 대해서도, 중공의 눈치를 보며 엄정한 수사와 스파이 기관 폐쇄와 관련자 구속과 처벌에 대해 한 마디도 못하자, 오히려 중공 쪽에서 거만하게 적반하장으로 떵떵거리고 소리를 높이고 있습니다.

자유와 인권과 민주를 늘 간판으로 걸고 외치는 민주당 국개들과 인간들은 중공 앞에만 서면 눈치 보고 나약해지는지, 당 차원의 강력한 진상조사와 중공 관련자 처벌을 촉구하는 반중 기자회견도 비판의 목소리도 하지 못한 채, 중공의 인권과 자유와 민주화에는 꿀 먹은 벙어리처럼 침묵하고 있습니다.

중공 화조센터 수괴이자 간첩혐의를 받는 왕씨와 전 부인 등이 중공으로부터 식당을 개업할 때 30억 원을 받았다는 말을 들었다는 왕씨 부부의 오랜 지인의 폭로가 있었고, 일반 중식당이라면 중국 공산당 정부로부터 그런 수십억의 돈을 받지 못했을 것을 누구라도 알 수 있습니다.

국민이 싫어하고 반대하는 중공에 대해 국개들은 친중단체까지 만들면서 중공을 물고 빠는 작태가 지금의 암울한 현실이기도 합니다.

게다가 캄보디아에서 북괴 공작원에게 암호 장비 등을 받고, 지난 수 년 동안 북괴의 지령을 받아 대한민국을 해치려고 한, 정당과 노조 등에 침투한 북한 간첩 조직이 국정원에 적발되어 대대적인 수사를 진행하고 있으며, 이 와중에도 더욱 그 수가 늘어난 전국적인 지하 간첩 세력들이 밝혀지고 있어, 국민적 충격을 주고 있습니다.

    자유대한민국의 국익을 위하고 국민의 안위를 가장 중시해야 하는 정부와 국회가 중공 비밀경찰 OCSC간첩의혹 사건과 북괴의 지령을 받은 의혹으로 수사를 받는 자주통일민중전위 사건 등 대한민국을 무너뜨리려는 역적 사건들에 대해 침묵하거나 눈치를 본다면 이 자들은 역사의 심판을 받아야 할 친북 친중 매국노들에 불과한 사리사욕에 가득 찬 좌우의 정치꾼들일 뿐이며, 천벌을 받고 국가의 죄인으로 남겨져야 하는 것들입니다.

    자유대한민국 수호와 멸북(북괴 김정은 괴뢰집단)과 멸중(중국 공산당 시진핑 세력)을 변함없이 외치며, 7년째 투쟁을 이어온 저희 K파티는 새해에는 더욱 힘차게, 저 사악한 반대한민국세력과 추종하는 역적 매국노들과 맞서 기도와 행동으로 투쟁하고 승리하며 당당히 나아가겠습니다!

2022년 12월 31일 **제288차**

2022년의 마지막 광화문 광장에서의 K파티 송년 문화제도 수만 명의 국민이 지나가는 가운데, 자유대한민국 수호를 위한 발언과 함성의 외침으로, 한파의 날씨에도 잘 마칠 수 있었고, 한해 마무리를 잘 할 수 있었음을 하나님께 감사의 기도를 올렸습니다.

영국의 신임총리처럼, 한마디에 영국 전역의 공자학원을 폐쇄할 수 있는 자리에 있는 윤석열은 공자학원을 폐쇄하질 못하고, 중공의 눈치를 보며, 미국처럼 전 세계에서 중공 스파이 혐의를 받는 화웨이 장비를 제거하지 못하며, 중공의 불법 비밀경찰에 대해 몇주가 지난 지금까지도, 발각된 다른 나라들과는 다르게 현재도 강력한 수사와 단호한 폐쇄와 엄중한 처벌을 시키지 못하는 윤석열을, 국민들은 중공의 눈치를 보는 자로 친중 하는 자로 볼 수밖에 없을 것입니다.

중공 비밀경찰서 의혹에 대해 정치권에서 꿀 먹은 벙어리처럼 침묵하고, 얼마나 친중활동을 지금까지 해왔는지와 중공 스파이들에게 미인계나 돈으로 목줄이 잡힌 자들이 정치권뿐 아니라, 언론 방송 등 각 분야에서 널리 중공을 이롭게 해오며, 자신들의 사리사욕을 위해 대한민국의 국익과 안보를 해치고, 국민의 안위를 위협하게 만드는 중공의 앞잡이들과 매국노들을, 시간이 걸리더라도 반드시 처단하고, 간첩죄로 처벌을 받도록 해야만 할 것입니다.

이런 상황에서도 국민이 싫어하는 중공에 잘 보이려는 짓들을 여전히 저지르는 정치꾼들이 있습니다.

국개들이 자신들도 부끄러운지 12월에 조용히 한중의원연맹 창립한 걸로 말들이 많은데, 친중 매국노 여야 정치꾼임을 커밍아웃하는 것인지 정말 이해불가 입니다.

국민의 81%가 전 세계 1위로 중공을 싫어하는데, 반대로 정치꾼들의 십중팔구는 자유민주주의도 없고, 공산당 1당독재의 우리와 같은 자유로운 국회도 없는 그런 자유도 민주도 인권도 없는 중공에게 잘 보이겠다고 줄 서겠다는 자들이, 널리 중공을 물고 빨며 이롭게 하겠다고밖에 보이지 않는 친중인 한중의원연맹 참여 국개의원들의 명단을 광화문 광장에서 널리 알렸습니다.

참여자들을 보면 사탄파와 친중내각제개헌론자들이 가득한데, 심지어는 보수정당이라는 국짐에서도 이런 친중단체에 참여한 국개들이 35명이나 있는 것을 보고, 경악을 금치 못했습니다.

이 자들에게 묻습니다.

중공이 자유민주주의 국가인가?

중공이 국가와 군대 위에 공산당이 있는 1당 독재인데, 민주적 의회가 있는가?

중공에 우리와 같은 여야의 다당제국회가 있는가?

중공에는 계급으로 공산독재를 하는데, 중공의 눈치를 보며 다음 총선을 위해 대한 민국의 국익을 내버리고, 국민의 안위를 포기한 친중 앞잡이들 부역자들로 보이는 중공에 줄 선 자들이, 당당히 명단에 올린 매국 반역 부역 친중으로밖에 볼 수 없는 친중정치단체 아닌가?

이런 자들이 다시는 대한민국에서 활개를 치지 못하도록 혼내주시길 국민 여러분께 부탁드립니다.

2023년부터 확장해서 활동을 시작하는 저희 K파티의 중공스파이 척결운동을 통해, 국민의 81%가 싫어하는 중공과 맞서 끝까지 중공의 속국화를 막고, 미래세대의 주역인 우리 아이들에게 강하고 안전하며 자랑스러운 자유대한민국을 전해주기 위해 할 수 있는 모든 일과 역할에 최선을 다하겠습니다!

2022년 12월 24일 **제287차**

성탄절 이브였던 지난 토요일 광화문 광장에서의 K파티의 자유수호집회는 엄동설한의 날씨였음에도 수만 명의 시민이 지나가거나 지켜보면서 저희 K파티의 힘차고 정의로운 외침을 널리 알릴 수 있었던 귀하고 감사한 시간이었습니다.

지난 10월 1일 맥주캔과 얼음이 든 커피잔을 집회 현장으로 던지고, 아이들을 위협하며 수차례 욕설까지 했던 집회방해자들을 고소한 사건이, 경찰에서 집시법위반 집회방해죄의 혐의가 있는 것으로 판단이 되어 검찰로 넘어갔습니다.

저희 K파티는 합법적인 집회를 방해한 자들과 집회를 목적으로 만들어진 중심 대광장인 광화문 광장에서 서울독재시 5세훈과 공무원들이 불법을 저지른 행위에 대해 끝까지 민형사상 책임을 물어 다시는 헌법에 보장된 합법적인 집회를 방해할 수 없도록, 끝까지 정의와 진실의 투쟁을 이어나갈 것입니다.

또 하나의 기쁜 소식인 유승수 변호사님과 이명규 변호사님 등의 애국 변호사님들께서 공석열의 상왕 평산 문재앙 수용소 앞에서 투쟁하시다가 체포되어 구속된, 깡통투사 최영일님을 전격 석방시키신 승리의 소식을 광화문 광장에서 전하고, 기쁜 마음으로 모두 함께 축하했습니다.

주식에서 많은 재산을 투자한 서민들의 돈을 갈취하는 범죄이자, 금융 분야에서 가장 악랄하고 무거운 죄로 여겨지고 엄한 처벌을 받는 주가조작 범죄를 주도한 도이치모터스 권오수 회장이 징역 8년을 구형받았고, 관련 사건의 재판 중 점점 드러나는 최은순과 김건희의 주가조작 범죄 개입과 관련 증거들이 늘어나고 있음에도, 공권무죄라는 불법적인 권력 남용을 계속 악용하는 저 악하고 나쁜 자들은 시간이 지나면 반드시 천벌을 받고, 합당한 죄값을 치르게 될 것입니다.

최근에는 당대표 출마도 사실상 금지당하고, 천공 녹취록 유출을 통해 대선주자도 팽당한 걸로 보이는 한 또는 졸개 검사들을 통해 도이치모터스 주가조작 사건 관련, 최은순과 김건희의 개입과 관여를 재판 과정을 통해 조금씩 슬슬 나오게 만드는 것 같은 느낌마저 들며, 간접적으로 나 목줄 쥐고 있다. 나 토사구팽시켰다간, 너희들도 골로간다, 이런 생각이 들 정도로 사건이 재판을 통해 드러나고 있습니다.

중공의 비밀경찰서로 지목된 식당인, 강남 잠실 한강 위의 중식당 동방명주가 12월 말일로 장사 접고 폐업한다는 주요언론의 보도가 있었는데, 서울에서도 저 식당만 있는 게 아니고, 경기도에도 인천에도 중공 위장 불법공안센터가 중공특송, 무역회사 등 지부 형태로 지역마다 여러 곳에서 암약하고 있으며, 유학생들과 조선족 등 중공인들을 감시하고 사찰하며 위협하고 있음에도, 윤석열은 잠실의 저 한 곳만 찾다 마는 식으로 끝낼 가능성이 큰데, 만일 중공의 눈치를 보다가 적당히 덮고 모르쇠 지나가면, 본인이 친중이자 중공의 눈치를 보는 하수인임을 자인하는 꼴이 될 것입니다.

한국 내 중공 공안 치안 스파이센터 중, 가장 암약하는 세력 중 가장 큰 곳이, 장비 하나하나가 스파이 역할을 하는 화웨이 장비를 공급하는 화웨이 코리아인데, 윤석열이 화웨이 코리아를 조사하거나 화웨이 장비를 퇴출시킬 수 있을 것 같습니까?

영국의 신임총리가 취임 후, 즉시 영국 내 공자학원 폐쇄를 명령한 것처럼, 윤석열은 왜 중공의 앞잡이 스파이 기관으로, 전 세계가 문제를 제기하는 공자학원을 왜 폐쇄하라는 명령을 내리지 못하는 것일까요?

중공의 눈치를 보며 대한민국의 국익을 해치고, 국민의 안위를 위협하는 친중 앞잡이, 또는 매국노 짓거리를 하는 권력자는 결코, 중공 화웨이 장비도 공자학원도 불법 경찰센터도, 퇴출시키거나 폐쇄시키거나 처벌할 수 없을 것인데, 윤석열이 지금 그런 행태를 보입니다.

지난 6년간 광화문 광장에서 대한민국의 국익과 국민의 안위를 지키기 위해 천멸 중공과 시진핑 퇴진을 외치고, 지난 3년간 화웨이 장비를 쓰는 친중 대기업 통신사들 앞에서 화웨이 장비 퇴줄 투쟁을 이어왔던 저희 K파티는 앞으로도 변함없이 자유대한민국을 지키고 국민의 주권을 수호하기 위해 중국 공산당과 친중 졸개 역적들과 맞서 기도와 행동으로 끝까지 투쟁하고 승리하겠습니다!

2022년 한 해도 정말 수고 많으셨습니다.

새해에도 넘치는 하나님의 은혜와 축복이, 하시는 모든 일과 가정에 가득하시길 기도합니다!

체감온도 영하 15도의 한파에 얼음조각과 같은 광화문의 매서운 칼바람이 불었던 이 날, 입이 얼어서 진행하면서 발음도 잘 안 될 정도였고, 좌좀 국가전복세력들도 한 마리 보이지 않을 정도의 한파의 날씨였지만, 변함없이 광화문 광장을 수호하고 있는 K파티 용사님들과 한마음 한뜻으로 하나님께 기도하며, 286번째 광화문 광장 투쟁도 잘 마칠 수 있었습니다.

만일 역적 문재인이 5.18정신을 헌법에 넣겠다고 했다면 타도를 외치고 난리가 났을 윤만세족들은 윤석열이 그렇게 하자, 물고 빨고 지지하였고, 문재인이 제주 4.3사건을 합법화시키고 민주화유공자로 만들려고 작업했다면, 구속하라고 야단법석을 쳤을 윤만세족들은 윤석열 졸개가 그렇게 하자 박수를 치면서 응원하였으며, 문재인이 여순반란 사건을 국가행사로 총리와 장관을 보냈다면, 간첩 문재인을 사형시키라고 광장에 튀어나왔을 윤만세족들은 윤석열 정권이 그렇게 하자, 음 그럴 수도 있지라면서 내란선동 사기탄핵정변의 주범을 찬양하고 추종하며 옹호하는 변절자와 배신자 그리고 국가와 국민에게 반역하는 자들이 되어버렸습니다.

"공권무죄" 금융범죄의 최악이라고 여겨지는 주가조작의 주범인 도이치모터스 회장이 징역 8년을 구형받고, 김건희를 제외한 가담자들 모두 징역에 벌금과 추징금을 구형받았음에도, 제대로 된 조사도 기소도 하지 않은 채 공의 눈치만 보고 있는 수사세력의 행태에서 국민들은 분노를 하고 있으며, 아무리 막으려고 해도 권력은 시간이 지날수록 추락하고 김건희 범죄 의혹은 반드시 밝혀지고 천벌을 받게 될 것입니다.

지난주 천공이라는 놈의 녹취록에서 윤석열을 석열이, 석열이가로 부르며, 내가 시키면 윤석열은 다 한다는 천공의 망언에 평소의 즉각 대응과 고발조치와는 전혀 다르게 어떠한 언행도 하지 않으며 공거니와 천공의 눈치를 보며 침묵하는 대통령실을 보며, 저 녹취가 사실로 밝혀지면 무속과 귀신과 악에 의한 국정농단이 자행됐고, 국가반역죄로 최대 사형까지 받아야 하는 대역죄와 중범죄를 저지르게 된 것인데, 거짓과 불의에 눈감는 윤만세족들과 민주좌파 땡삼이의 후예들이 장악한 당에서는 어떠한 언급도 하지 않는 비열하고도 악독한 짓을 저지르고 있습니다.

좌우를 떠나 법은 만인 앞에서 평등해야 하고, 잘못을 저지르고 불법을 자행한다면 엄중히 그 책임을 묻고 심판을 해야함에도 불구하고, 한 줌도 안 되는 소멸 기간이 남은 하찮은 권력에 빌붙어 소신과 정의와 진실을 걷어 차버리는 자들은, 사녀들과 후손들에게 고개를 못 드는 반역자 변절자 배신자들의 추종자들로 남게 될 것입니다.

반역 배신 변절의 쉽고 넓은 길을 보수라는 자들의 대다수가 염치없이 가고 있지만, 그럼에도 누군가는 권력의 우상과 거짓 선지자가 아닌, 절대자 하나님을 바라보고 엎드려 기도하며 아무도 가려고 하지 않는 춥고 배고프며 어렵고 힘든 고난의 좁은 길을 반드시 나아가야 하기에 저희 K파티는 극소수의 기도하는 용사님들과 함께, 하나님 안에서 초심을 잃지 않고 변함없이, 자유수호의 길을 묵묵히 힘차게 투쟁하고 승리하며 나아갈 것입니다!

2022년 12월 10일 **제285차**

영하의 날씨에 칼바람이 부는 광화문 광장에서 9주째 쳐들어오겠다던 5세훈과 서울시 공무원들과 정신승리하는 좌빨 촛불들도, 추워서 도망가거나 사라지고 보이지 않았던, 한파 속의 지난 토요일 저녁 광화문 K파티도, 하나님의 은혜와 보우하심으로 넉넉히 승리할 수 있었습니다.

바로 전날인 2016년 12월 9일은 박근혜 대통령께서 좌우의 정치적 살인 공모로 사탄 반역자들이 국회에서 탄핵정변을 일으켜, 탄핵소추가 불법으로 가결된 지 6년이 되는 날이었습니다.

그리고 이승복 어린이가 북괴의 무장공비들에 의해, 처참하게 살해를 당한 지 54년이 되는 날이기도 했습니다.

작년만 하더라도 아스팔트의 대다수 집회에서 위 두 사건에 대해 언급하고, 이런 만행을 저지른 자들에 대해서 규탄을 하거나 절대 잊지 말자는 외침들이 있었으나, 올해는 윤석열의 눈치를 보고 윤정권의 성공을 기원한다며, 불법 사기탄핵이 가결된 날에 대해서도, 반공의 상징인 이승복 어린이의 안타까운 죽음에도, 한마디 언급도 없이 조용히 사라지고 변질된 씁쓸한 집회의 현장의 모습에서 실망과 안타까움을 느낄 수밖에 없었습니다.

앞으로도 결코, 덮일 수 없고, 반드시 밝혀져야 할 국가적인 문제는 박 대통령 탄핵에 대한 절차와 수사·재판 등이 정당하지 못했다는 점이며, 박대통령 탄핵은 일단 대통령의 직무부터 정지시켜 놓은 다음, 그 후에 탄핵 사유를 찾아 나서고, 뇌물죄로 끼워 맞춰 감옥에 가두는 무법의 광란이자, 반역정변인 내란 역모였음이 드러나고 있습니다.

그 중심에는 특검 박영수와 특검팀장인 윤석열, 한동훈 검사가 있었고, 좌파촛불 반역세력들에게 동조한 사탄세력 62적이 있었습니다.

그런 자들이 지금 연이어 권력을 주고받으며 대한민국을 북괴를 위해 서서히 적화시키거나, 중공의 속국으로 만들기 위한 내각제개헌 등을 시도하고, 5.18정신을 헌법에 새기자거나, 남로당의 제주 4.3 사건과 여순반란 폭동까지 합리화시키며, 자유대한민국을 무너뜨리고 있습니다.

자유와 민주, 인권을 외치면서 정작 북괴와 중공에서 일어나고 있는 자유와 민주의 박탈과 탄압은 모르쇠로 일관하고, 인권은 더더욱 침묵하는 거짓과 위선의 종북 종중 좌파세력과 정치권은 말할 필요도 없고, 지금 권력을 쥐고 있는 윤석열과 여권에서조차 중공의 눈치를 보며, 중공 일대일로와 통일선전 전술의 선봉이자 행동책 역할을 하는 중공 화웨이 장비조차도 제거 명령을 못 내리고, 공자학원조차도 폐쇄하지 못하는 무력한 친중 공정권이, 전 세계뿐만 아니라, 국내 언론과 방송에서도 대서특필되기 시작한, 중공의 불법 경찰 공안센터가 2016년 2월부터 대한민국에서도 활동하기 시작했으며, 제가 직접 2018년부터 2020년까지 3년간 8차례 겪은 미행, 사찰, 공격시도 등의 불법과 주권침해 범죄행위를 저지른 이런 중공의 불법센터를 조사하고, 폐쇄하며 관계자들을 처벌하는 일들을 기대하는 것은 스스로 탄핵정변의 주범임을 실토하고, 처벌을 받겠다고 하는 것만큼 불가능한 일임에도, 반중을 외치고, 천멸중공을 외치며 널리 중공을 이롭게 하거나 중공의 눈치를 보는 윤석열을 지지하며 물고 빠는 자들과 눈물 흘리며 탄핵무효를 외친 자들이 탄핵정변의 주범을 찬양하고, 추종하는 윤만세족이 되어 날뛰고 있는 이중성과 변태성은 정말 역겹기만 합니다.

그럼에도 누군가는 멸망으로 가는 쉬운 길인 변절과 반역과 배신의 넓고 큰 길이 아닌 춥고 배고프지만, 진리와 정의로 가는 좁고 협착한 길을 묵묵히 걸어가야 하기에 저희 K파티와 소수의 변함없는 용사님들은 끝까지 자유수호와 정의실현을 위해, 거짓과 불의에 맞서 투쟁하고 엎드려 기도하며, 힘차게 나아가겠습니다!

2022년 12월 3일 제284차

겨울의 시작을 알리듯 체감온도 영하 6도를 가리키는 날씨 정보보다도 더욱 매서운 칼바람이 부는 광화문 광장은 정말 추웠습니다.

그럼에도 변함없이 함께 광화문 광장을 지켜오고 계시는 K파티 동지님들과 유튜브 대표님들은 한파 속에서도 뜨거운 열기로 끝까지 함께 해주셨습니다.

이날도 K파티가 불법을 저지르는 단체라며, 탄압하고 집회를 방해하기 위해 쳐들어오겠던 5세훈의 서울독재시 공무원들은 숨어서 보고 있는지, 8주째 보이지도 않은 채 비겁하고 무책임한 행태를 보여오고 있습니다.

서울지하철노조의 파업협박에 하루 만에 굴복하고, 거의 모든 조건을 다 들어주면서 백기투항한 오세훈은, 6년째 광화문 광장을 지켜온 K파티를 탄압하고 있는 위장우파이자, 널리 좌파들을 이롭게 하며 사기탄핵을 찬성하는 사탄파 반역자일 뿐입니다.

지난 한 주 동안 널리 북괴를 이롭게 만들고 대한민국을 어렵게 만든, 반역수괴 문재인 정권 관련 기분 좋은 소식들이 연이어 나와 광화문 광장에서 힘차게 문재인과 졸개들 구속! 사형을 외쳤습니다.

문재인이 서해 사건 내가 승인했다고 실토, 스스로 자백을 했으며, 도를 넘었다는 헛소리를 하면서 본인이 저지른 종북 반역 중범죄 행위에 대한 반성도 없이 적반하장의 망언을 했습니다.

이런 천인공노할 역적은 반드시 역사의 심판대에 세워 천벌을 받게 하고, 졸개들과 함께 국가를 반역하고 국민을 죽인 대역적으로 기록되어야만 할 것입니다.

서해 공무원 피살 사건 당시 문재인 정부의 외교안보사령탑이었던 서훈 전 청와대 국가안보실장(사진)이 3일 구속되었고, 국익을 해치고 국민 혈세를 낭비한 원전폐쇄 의혹의 주범들인 김수현 전 수석과 문미옥 전 비서관에 대한 압수수색이 있었으며, 자녀입시 비리와 부산시 경제부시장의 감찰 무마 의혹 혐의 등에서 조국은 징역 5년을 구형받고, 백원우는 징역 2년을 박형철은 징역 1년 6개월을 구형받은 소식과 김학의 불법 출금 수사 무마 범죄혐의로 징역 2년을 구형받은 이성윤 전 중앙지검장의 사필귀정과 같은 기분 좋은 소식들을 광화문 광장에서 널리 알렸습니다.

결국, 시간의 문제일 뿐 서슬 퍼런 불법과 횡포로 가득했던 권력이 끝나고 나니 문재인도 리재명도 그 졸개들도 처벌을 받거나 수사를 받고 인과응보로 역사의 죄인으로 남겨지는 것을 보며, 자유우파정권을 무너뜨려 문재인 지옥의 5년을 만들고 죄 없는 박근혜 대통령님을 5년 가까이 옥에 가둔, 사기탄핵 반역정변의 수괴인 공석열과 그 일당들도 사기탄핵 세력들과 함께 시간이 지난 뒤 권력이 다하게 될 것이고, 반드시 반역죄와 중범죄들이 밝히게 될 것이며 엄벌을 받은 뒤 역사의 대역죄인으로 남겨지게 될 것이 명백함을 문정권의 사례를 통해 눈으로 보면서 저 사탄세력들도 이처럼 벌을 받고 피눈물을 흘리는 때가 몇 년도 가지 않아 도래하게 될 것이 확실하게 보입니다.

하나님께서는 저들이 저지른 모든 죄악과 중범죄들을 다 알고 계시며, 지켜보시다가 하나님의 때에 하나님의 방법으로 하나님께서 심판하시고 천벌을 내리실 것이기에 우리는 하나님을 경외하고 엎드려 기도하며 주님 안에서 합력하여 선을 이루기 위해 노력해야만 할 것입니다.

자유를 지키고 진실을 밝히며 정의가 승리하는 그날까지 힘차게 기도하고 투쟁하며 승리합시다!

2022년 11월 26일 **제283차**

겨울이 다가옴을 알려주는 광화문 광장의 매서운 칼바람 속에서도, 지난 토요일 283번째 문화제는 변함없이 함께 해주시는 스탭 동지님들과 애국 활동가분들 그리고 유튜브 대표님들 덕분에 잘 마칠 수 있었습니다.

지난 23일 수요일은 북괴가 6.25 남침 사변 이후, 최초로 대한민국 영토를 공격한 연평도 포격 사건이 발생, 이로 인해 청년 장병인 해병용사 2명과 국민 2명이 유명을 달리한 슬프고 안타까운 날이었습니다.

저희 K파티는 광화문 광장에서 나라를 지키다가 우리를 대신해서 돌아가신 연평도 포격 도발의 전사자들을 추모하고 그 뜻을 기리는 시간을 가졌습니다.

이날도 7주째 서울시 공무원들은 보이지 않았고 도망을 간 상태로 광화문 광장은 텅 비어 있었으며, 용산으로의 행진이 막혔는지 오랜만에 거짓 촛불세력들의 행진이 광화문 광장 도로를 지나가기에 마주 보고 저 거짓의 좀비들에게 리재명 구속! 문재인 구속!을 외치며 부들부들거리는 저들을 신나게 상대해주었습니다.

160석이 훌쩍 넘는 더불당 국개들이 특검도 제대로 못 하는 이유가 민주당 내부의 과반이 넘는 친문세력과 친리재명 반문세력들과의 갈등과 세력싸움 때문이고, 총선 전으로 분당까지도 계획하고 있다는 이야기들이 더불당 내부에서 나오고 있습니다.

민주당 내에 이화영, 김용, 정진상의 구속에 이어 리재명이 구속되면 그 이후를 생각하는 것들이 많아, 반리재명 친문계 국개들 2/3 이상 모아서 신당창당 후 총선준비 하려고 하며, 창당이 여의치 않으면 당내에서 친문 당대표를 세워 리재명계 공천학살 시키려고 준비를 한다고 합니다.

결국, 탄핵정변의 주범들은 좌에서도 우에서도 서로가 서로를 죽이는 세력싸움이 벌어지며, 인과응보로 스스로의 무덤을 파고 있음이 참으로 우스울 따름입니다.

검찰은 리재명을 구속하려 할 것이고, 좌경화된 법원은 리재명을 풀어주려고 할 것인데, 여론을 상당히 살피다가 구속을 안 하거나 시키더라도 얼마 가지 않아 풀어주는 쪽으로 기울 듯합니다.

"탄핵으로 흥한 자 탄핵으로 망한다."

광화문 광장에 펼쳐진 K파티의 LED 빔의 홍보 문구 중 하나입니다.

죄 없는 사람을 음해하고 선동하며 감옥에 가둔 탄핵정변의 좌,우 역적들은 자신이 사필귀정의 결과로 순차적으로 자리에서 내려오고 감옥에 가거나 죽음을 맞이할 수밖에 없음을, 오랜 기간도 지나기 전에 우리 눈으로 보게 될 것 같습니다.

모함과 음해와 사기로 무고한 대통령을 옥에 가두고 죽이려 한 악마 같은 좌우의 국가반역 탄핵정변의 역적들은 시간의 차이일 뿐 반드시 천벌을 받고 이완용보다 더한 매국노 대역 죄인으로 역사에 기록될 것이며, 자손 대대로 고개를 들지 못하며 부끄럽게 살아가게 될 것입니다.

하나님은 지금도 역사하고 계시며, 거짓된 군중과 집단이 아닌, 앞으로도 하나님만 바라보고, 엎드려 기도하며 나아가는 한 사람 한 사람을 쓰실 것입니다.

변함없이 저희 K파티는 초심을 잃지 않고, 자유대한민국을 지켜내기 위해 기도하고 담대히 나아가겠습니다!

2022년 11월 19일 제282차

지난 토요일 282번째 K파티 문화제도 6주째 쳐들어오겠다던 무능하고 무책임한 서울시 공무원들은 코빼기도 보이지 않았고, 저희 K파티 용사님들과 함께 자유의 함성과 희망의 목소리가 울려 퍼지는 광장축제를 잘 마칠 수 있었습니다.

권력을 쥔 지도자나 권력자가 그릇이 안 되어 자신의 자리를 감당하지 못하거나, 또는 특정 원인으로 억지로 자리에 앉은 자들은 자신들의 그릇과 육체적 정신적 건강상태가 그 자리를 견디지 못해서 결국 건강악화와 스트레스로 병을 얻고 그만두거나, 심하면 병이 악화하여 죽는 경우가 동서고금을 막론하고 있었습니다.

광화문 광장에서도 발언했지만, 윤석열이 술을 끊지 못하고 그릇이 작아 감당도 안 되는 스트레스와 화병으로 계속 악순환이 이어진다면 이 자는 술로 인해 쓰러지거나 일을 못 하게 되는 사건이 내년에 발생할 수 있을 것입니다.

미국도 한국도 되지 말아야 할 자들이 지도자로 부당하게 또는 억지로 되어 국가와 국민만 더욱 힘들어지고 있는데, 내년에 만약 치매와 건강악화로 문제가 되는 바이든과 알콜중독 수준이라는 술통 윤석열이 자신의 건강관리를 못 해서 아프다면? 그래서 직무를 수행할 수가 없게 되면 어떻게 될까요?

미국은 바이든 대신 카말라 해리스가 대통령의 권한을 이어받을 것이고, 대한민국은 내년의 총리가 지금 있는 자일지 또는 누구일지는 모르겠지만 대통령 권한대행 체제로 가게 될 것입니다.

지금도 윤석열은 눈이 술과 화병과 스트레스로 충혈되어있고, 심혈관 위장관 계통이 상당히 안 좋을 것이라는 말들을 저뿐만 아니라, 의학 관련 전문가들도 적지 않게 하는 말입니다.

국정 동력이 제동을 당할 수밖에 없고 중공에 돈을 먹은 정치꾼들과 공직자들을 조사하겠다며 사실상 바이든의 아들 헌터 바이든을 타깃으로 잡은 연방하원의 조사계획도 바이든의 건강과 스트레스를 악화시켜 치맥과 여러 가지 신체기능 저하로 내년에 카말라로 바꾸고 차기 대선에서 바이든 대신 새로운 후보를 낼 것이라는 말들이 미국 민주당 내에서도 나오고 있습니다.

내년에 무슨 일이 일어나는지는 변절하거나 배신하지 않고 각자의 역할과 자리에서 최선을 다하며 지켜보면, 여러 흐름에 따른 결과를 보게 될 것입니다.

5세훈 서울독재시장과 서울시 공무원들 집회방해죄 등으로 고소 및 고소인 조사를 지난주중에 마치고 왔습니다.

이 사악한 불법을 저지르고 있는 5세훈의 서울독재시 공무원들은 증거인멸을 위해 서로 말을 맞추고, 추가적인 불법행위를 저지르고 있다는 이야기가 내부에서 들려왔습니다.

광화문 광장은 국토계획법에 따른 집회 등을 목적으로 국가가 만든 중심 대광장임을 없애기 위해, 불법도 저지르면서 끝까지 사죄도 반성도 없는 서울시민들을 종으로 여기며 자신들이 주인으로 착각하고 횡포를 부리고 있는 5세훈과 서울시 공무원들은 반드시 천벌을 받게 될 것입니다.

지난주, 수 년간의 고생과 죽을 고통을 겪으시며 부당하고 억울한 옥살이를 하셨던 김기춘 대통령실장께서 11월 16일 김기춘 실장 세월호 사고 보고 조작 혐의에 대해 최종적으로 무죄를 받으셨습니다.

그런 이 분의 죽을 만큼의 고통과 아픔과 명예를 앗아간 천인공노할 중범죄를 저지른 자들이 누구인지는 모두가 다 알고 있습니다. 이런 사기와 거짓으로 박근혜 대통령과 김기춘 실장 등 수백 명의 우파 공직자들을 억울하게 가두고 죄를 뒤집어씌운, 당시 수사책임자는 윤석열 중앙지검장, 한동훈 차장검사 등이었습니다. 이런 천인공노할 악한 자들도 반드시 책임을 물어 이보다 더한 형벌을 받게 해야 법치의 회복이 될 것이며, 변패보수의 사탄파 역적놈들뿐만 아니라 문재인과 리재명 등 사기탄핵의 좌빨 주범들 또한, 반드시 합당한 엄벌을 받고, 대대손손 역적으로 역사에 남겨져야 대한민국의 정의와 진실이 살아나게 될 것입니다.

이어서 이화영 김용 정진상 구속이 되었다는 소식을 알리며, 위 리재명 핵심측근들은 쌍방울 경기도 대북송금 게이트와 화천대유 등 중범죄 비리 사건에 연루된 자들이므로 반드시 엄벌을 받아야 하고, 리재명도 대북송금 게이트로 국가반역죄로 수사받고 구속되어, 천벌을 받아야 한다고 K파티 용사님들과 함께 광화문 광장에서 힘차게 리재명 문재인 구속!을 외쳤습니다.

또한, 문재인 친중 좌파독재정권에서 꿀빨던 친중 통신 3사, 돈만 벌고 5G 투자 안해 결국은 정부에 의해 5G 주파수 대역을 박탈당한 소식을 알렸습니다.

통신사들이 비싼 5G 요금제는 열심히 팔아 국민으로부터 돈은 수조 원 챙겼으면서 정작 통신망은 투자를 안 해온 사기행각이 만천하에 드러나게 되었습니다.

국민의 돈을 5G 요금제로 더 뜯어내고 사기 친, 통신 3사 대표자들 모두 구속되고 엄벌을 받아야만 할 것인데, 아마도 친중 매국노 문재인에 이어 중국 공산당과 인민군의 앞잡이와 개노릇을 하는 화웨이 장비도 제거 못 하고, 지금도 중공의 눈치를 보는 윤석열 정권은 대기업 통신사들을 어떻게든 봐주기 위해, 회장과 대표이사 등의 최종 범죄자들과 사기를 저지를 책임자들에 대한 구속은커녕, 엄벌도 내리지 못하고 눈치만 보다가 넘어갈 것입니다.

이런 대기업 통신사 3사의 횡포와 사기를 야단치고 견제하며 책임을 묻기 위해 저희 K파티는 4년째 통신사 앞에서 통신주권 되찾기 집회와 투쟁을 하는 것입니다.

앞으로도 저희 K파티는 대한민국의 여론과 민심의 중심인 광화문 광장을 권력의 억압과 횡포로부터 지켜내고, 정부가 눈치 보거나 하지 않는 국가의 안보와 국민의 주권을 지킬 수 있는 일들을 변함없이 투쟁하고, 초심을 잃지 않으며, 오직 하나님만 바라보면서 기도로 힘차게 나아가겠습니다!

자유대한민국 지켜냅시다!

경제파탄 헌법파괴 탄핵정변 주범 반역 독재 문 틱 궁 구속

"K파티 집회를 방해하고 회원분들께 폭력을 행사하면 지구 끝까지 쫓아가 응징하고 대가를 받게 합니다. K파티 건들면 타 죽습니다. 그러니 덤비지 마세요!"

지난 토요일 281번째 K파티 문화제는 시작부터 끝까지 여름 장마철이나 태풍 속에서 볼 수 있는 폭우의 가을비가 시원하게 내렸습니다.

그럼에도 변함없이 좌우의 구별 없이 죄지은 자들과 잘못을 저지르고도 반성도 뉘우침도 없는 탄핵정변의 주범들과 역적들 그리고 권력을 악용하고 민생을 도탄에 빠지게 만든 악한 자들을 야단치고, 진실을 외치며 잘못들을 지적했습니다.

우리 쪽이라고 잘못한 범죄와 악행을 덮어주거나 눈감아주거나 비호해서는 결코, 안되며, 죄와 벌은 권력의 유무를 떠나 법 앞에서 평등해야 하며, 권력이 있다고 범죄혐의에 대한 수사를 덮거나 무마해서도 안 되고, 권력이 없는 국민을 감옥에 가두고 억울하게 횡포를 부려서 죄를 만들어도 안 될 것입니다.

지금 대한민국은 헌법에 따른 법치국가가 아닌, 무권유죄 유권무죄가 성립되는 정의롭지 못한 국가로 변질 퇴색되어가고 있으며, 이런 불의는 문재인 정권 5년부터 지금까지 이어지고 있습니다.

집회가 싫고 마음에 안 든다며 헌법과 법률을 무시한 채, 합법적인 집회신고와 절차에 따라 집회를 6년째 이어온 저희 K파티를 불법을 저지르는 자들이 모인 불법단체로 칭하고, 자신들의 불법조례로 경찰을 속여 집회까지 막으려 했던 5세훈 서울독재시장과 관련 공무원들은 법적인 책임을 져야만 할 것입니다.

광화문 광장은 1952년 이승만 건국 대통령님께서 만드신 후, 일반광장 중 집회 등을 목적으로 하는 중심 대광장으로 조성이 되어 지금까지 이어져 왔으며, 이걸 끝까지 숨기고 사실상 광화문 광장에서 집회를 못 하도록 만든, 이 악한 자들을 저와 유승수변호사님과 K파티는 끝까지 투쟁하고, 저들의 죄악을 밝혀 천벌을 받도록 할 것입니다.

또한, 저희 K파티를 건들고 집회를 방해하며 여성 동지님들께 폭행을 저질렀던 자가 검찰에 기소된 후 1심, 2심 재판에 이어 대법원에서 지난주에 최종적으로 판결이 확정되어 벌금 4백만 원의 처벌을 받게 되었습니다.

그리고 1심 확정과 동시에 K파티 현장에서 폭행을 저지른 죄질이 나쁜 이 자에 대해 유승수 변호사님께서 민사 손해배상 소송을 걸었고, 대법원 확정판결에 이어 손해배상금 수백만 원을 배상하라는 승소판결까지 받게 되었습니다.

다 내려놓고 비우며, 엎드려 기도로 하나님만 바라보고 나아가는 저희 K파티는 어떤 두려움도 없으며, 대적하는 자들은 반드시 맞서 싸워 승리해왔고, 앞으로도 초심을 잃지 않고 기도로 나아가며, 불의와 거짓의 악한 세력과 맞서 힘차게 투쟁하고 승리할 것입니다.

광화문 광장 수호! 자유대한민국 수호!

2022년 11월 5일 **제280차**

K파티 창립 5주년

280번째 광화문 광장 K파티 문화제와 창립 5주년을 축하해주시고, 기도로 함께 해주신 여러분께 진심으로 감사드립니다.

아직도 광장수호와 자유대한민국 수호라는 전투를 이어가고 있기에 5주년 행사는 생략하고 내년 300회 때 기쁜 소식과 함께 축하하기로 했고, 이날 현장에 참여하신 K파티 동지님들께서 박수로 5주년을 축하해주셨습니다.

4주째 저희가 불법을 저지르는 단체라며, 아주 끝을 볼 태세로 쳐들어오겠다고 허풍을 치고 있는 5세훈의 서울독재시 공무원들은 이날도 꼬리를 내렸고, 6시 정도까지 광화문 광장에 남아있던 서울시 관계자들도 K파티가 시작하자, 한 명도 찾아볼 수 없을 정도로 사라져버렸습니다.

광화문 광장이 집회 등을 목적으로 국가가 만든 중심 대광장인데, 왜 서울시는 답도 못한 채 회피하고 도망가기에 바쁜지, 이에 관해 물어보고 상위법에 반하는 불법 조례로 집회를 방해하는 것에 대한 책임을 지게 하려고 했는데, K파티 현장에는 나타나지도 못하는 비겁하고 무능한 서울독재시의 5세훈과 공무원들은, 주인인 국민이자 서울시민들을 권력의 횡포로 괴롭힌 죄에 대해 반드시 법적인 책임을 지고 처벌 또한, 받아야 할 것입니다.

지난 이태원 압사 사고는 지난 문재인 정권부터 현 정권까지 이어진, 공권력을 민생치안과 질서유지가 아닌 집회와 시위에 집중하고, 권력을 지키기 위한 도구로 사용해온 여러 문제가 동시에 폭발하고 일어난 인재였을 뿐만 아니라, 지자체인 서울시와 용산구청의 무기력하고 무능하며 무책임한 탁상행정과 위법행위를 저질렀거나 눈감고 모른 척한 잘못이 매우 큰, 결코, 일어나서는 안 될 안타까운 대형 사고였습니다.

게다가 기존의 6m나 되는 사고현장의 골목을 3.6m로 줄여 인원의 병목현상을 만들고, 큰 사고의 원인이 될 수밖에 없는 해밀턴호텔이 9년째 불법개조와 위법건축물을 만든 것을 방기하고 과태료만 부과한 채 철거조치 조차도 하지 않은 전직 용산구청장들과 현직 용산구청장의 책임도 상당히 크며, 이에 대한 수사는 반드시 이루어져야 할 것입니다.

경호처와 101경비단을 제외한 공거니 부부의 서초부터 용산까지의 경비, 통제, 질서유지로 수백 명의 경찰 경비인력이 사용되고, 5천 시간이 넘는 추가근무시간으로 거의 실신 직전이라는 경찰들의 호소가 있을 정도로, 가장 큰 원인과 심각한 문제는 멀쩡한 청와대 폐쇄로 분산된 대통령 집무실과 서초 거주지, 그리고 텅 빈 관저의 경찰 인력 배치와 용산경찰서 인력 증원을 무시하고, 남은 경찰 인력마저도 집회 시위 인근 질서유지 등에 사용하고 있었기에 사고 당일에도 20명의 기동제대를 배치하기로 한 것도, 서울시청과 용산에서의 대규모 집회와 행진 등의 질서유지와 통제로 인한 경력 부족을 핑계로 이태원 사고현장 인근에 배치하지 못했다는 점에서 이날 대규모 집회와 행진 등을 주도했던 수만 명의 민주노총과 촛불집회의 세력들 또한,, 이 사고의 책임에서 자유로울 수는 없을 것입니다.

이 와중에도 사고현장에 깔려 죽을 수도 있었던 30명의 국민을 구한 분들이 주한 미군이었고, 이 3명의 귀한 헌신과 노력이 수십 명의 생명을 구할 수 있었다는 감사한 소식과 9일이 넘게 봉화 탄광에 갇혀있던 2명의 광부의 기쁜 생환 소식을, 슬픔과 공포 그리고 자극적인 내용을 알리며 상업성에만 치중한 언론과 방송에서는 부족할 정도로 적게 다루었지만, 긍정적이고 희망적인 소식이 슬프고 우울했던 국민의 마음에 단비처럼 적셔주고 있음을 감사하게 생각했습니다.

자유대한민국을 부정하고 북괴에 의해 적화통일이 되길 바라거나, 중공에 의해 속국화되어 나라 전체가 어둠의 영과 부정과 슬픔과 악에 의해 지배받기를 바라는 악마의 세력들과 종북 종중 반자유세력들과 맞서서 만 5년을 투쟁해온 K파티는 앞으로도 변함없이 초심을 잃지 않고, 저 사악한 세력과 맞서 승리하며 기도로 힘차게 나아가겠습니다!

2022년 10월 29일 **제279차**

3주 연속 서울독재시장 5세훈과 공무원들은 경찰을 통해, 광화문 광장의 불법행위를 저지르고 있는 저희 K파티를 끝장내기 위해 오겠다고 협박처럼 들리는 내용을 전했으나, 이날도 불법조례로 집회 방해를 해오고 있는 5세훈의 공무원들은 코빼기도 보이지 않고 사라진 채, 자신들의 불법행위와 집회 방해 범죄가 현장에서 신고되고 검거될까 봐 나타나지 않았습니다.

이날은 K파티 활동에 동참해오며 귀한 역할과 섬김으로 크게 기여하신 K파티 자유수호유공자 첫 수상자를 발표했으며, 보이지 않는 곳에서 묵묵히 애국자님들을 돕고 섬기며, 변함없이 올바른 구국투쟁을 이어오신 백년대계TV 백대표님께서 선정이 되셨습니다.

K파티의 많은 회원님이 수차례 서울시 공무원들에게 시민의 권리인 민원을 통해 광화문 광장이 집회 등을 목적으로 만들어진 중심 대광장이 맞는지 답변을 요구했으나, 해당 공무원들은 서울시가 생긴 이래 처음으로 답변을 할 수가 없었는지, 뻔히 법률에 나와 있는 해답을 수십 차례 회피하거나, 동문서답을 하며 끝까지 중심 대광장인지 답변을 거부하며, 공무원의 신의성실 의무와 봉사자의 의무를 위반했을 뿐만 아니라, 본인들이 맡은 직무에 대한 회피와 적극적 답변 거부를 통한 직무유기로, 민원인인 시민의 답변요구를 의도적으로 회피하고 무시하였기에 국민권익위원회 신문고를 통해 해당 공무원을 대검찰청에 고발하고 수사를 의뢰했습니다.

이런 지방자치단체의 권력 횡포뿐만 아니라, 지난 권력과 현재의 권력을 떠나, 죄악에 대해서는 좌와 우의 구별 없이, 권력의 잘못과 측근비리와 혈세 낭비와 국민을 죽게 만든 행위는 반드시 책임을 지도록 만들며, 국가와 국민에 대해 저지른 범죄는 엄벌을 받도록 해야 하며, 그들이 주인이고 우리가 종이나 노예가 아닌 대한민국의 주인이자, 헌법에서의 주권자임을 결코, 잊어서는 안 될 것입니다.

그렇기에 저희 K파티는 여론과 민심의 중심인 광화문 광장에서 우리나라의 국민인 해수부 공무원을 죽게 만들고, 헌법상 우리 국민인 탈북 청년들을 판문점에서 강제북송시켜 처형당하게 만든 살인마이자 역적인 문재인에 대한 특검 수사와 구속을 외치고 있으며, 쌍방울 대북사업 관련 게이트와 성남FC, 변호사비 대납 의혹과 선거법 위반 등으로 수사를 받는 리재명과 졸개들의 특검 수사와 구속을 외치고 있으며, 측근 비리 의혹과 혈세 낭비 의혹, 다누림건설과 스토리건축 등의 불법의혹, 권력을 통한 수사무마와 김건희 주가조작 의혹 등에 대한 특검 수사와 구속을 정정당당하게 외치고 있는 것입니다.

　누구도 법 앞에서는 공평해야 함에도 좌우 모두 법 앞에서 일반 국민과는 비교가 안 될 정도로 불공정한 특혜와 대우를 받는 이 현실을 올바르게 잡지 못한다면, 우리 세대는 역사의 죄인이 될 것이고 미래세대의 주역인 아이들에게 부끄러운 세대가 될 수밖에 없을 것입니다.

　앞으로도 변함없이 K파티는 정의와 진실을 위해 투쟁하고 승리하며, 주님께서 기뻐하시는 한 사람, 한 사람이 될 수 있도록, 엎드려 기도하고 힘차게 나아가겠습니다!

2022년 10월 22일 **제278차**
승리의 기록

불법행위를 일삼는 좌빨의 총발기 집회도, 광화문 광장 언저리에서 각자의 목적을 달성하기 위해 모인 여러 단체의 집회도, 결국은 서슬 퍼런 서울독재시 5세훈과 졸개들의 광화문 광장 집회금지 겁박에 어느 단체도 집회도 광화문 광장에 들어오지도 못한 채 차 벽과 격벽에 막혀 대한민국의 여론과 민심의 중심인 광화문 광장에서의 집회는 하지도 못한 채, 스스로 정신승리를 하며 마친 쓸쓸한 허풍 총궐기 대회였습니다.

그러나, 저희 K파티는 유일하게 광화문 광장에서 5세훈 서울시의 겁박에 굴하지 않고, 헌법에 보장된 집회의 자유를 마음껏 누리며, 278번째 자유수호 광장수호 집회를 잘 마칠 수 있었습니다.

하나님을 경외하며 내려놓고 비우며, 오직 엎드려 기도하고 하나님만 바라보며 나아가는 집회가 아닌, 돈으로 모은 집회나 인간 자신들의 세를 과시하기 위해 모인 집회는 금세 사라지거나 쪼그라들 수밖에 없음을, 탄핵 이후의 수많은 집회와 단체에서 이미 보여주었던 역사적인 사실도 있습니다.

촛불집회가 사기탄핵 때와는 달리, 불이 잘 붙지 않는 이유 중의 하나도, 촛불 내부에서의 자금문제와 성향별 갈등도 있지만, 자신들 스스로가 촛불이 처음 시작되었던 광화문 광장의 K파티 장소에서 시작하지 못하고, 서울광장 근처로 쫓겨 내려가 거기서 시작하게 된 것도 큰 패착이었다는 말이 나오기도 했을 정도로 이번 촛불의 폭망이 첫 시작 위치, 위치를 잡은 후의 꾸준함의 중요성을 잘 보여주고 있습니다.

지난주에 이어 이날도, 저와 K파티가 불법을 저지르는 단체라며, 적반하장으로 자신들이 상위법을 위반한 채 저희를 없애려 하고 현장에 쳐들어와서 끝장을 내겠다던, 서울독재시 5세훈의 공무원들은 코빼기도 보이지 않고 사라진 채, 슬쩍 멀리서 염탐만 하고 도주한 서울시 간부가 한 명 있었을 정도로, 서울시는 집시법 위반 집회방해죄의 현행범으로 체포될까 봐 저희 K파티 앞에 나타나지도 못했습니다.

이와 달리 다른 좌우의 모든 집회에게는 광화문 광장에서 집회를 원천 차단하도록 하는 웃픈 행태를 보이며 좌빨과 우파의 모든 집회가 서울시의 권력을 두려워하며,

이에 굴복하고 늘 변두리나 언저리에 있으면서 광화문 광장에서 집회를 개최조차도 못하고 있는 비겁함과 정신승리의 아이러니함을 보여주고 있습니다.

거짓선동과 허위왜곡은 좌우를 떠나 시간의 차이일 뿐 반드시 밝히게 되어있습니다.

좌우의 돈만 밝히는 자들, 거짓선동으로 많은 사람을 속이고 미혹시키는 자들, 탄핵 정변의 주범들과 역적들을 물고 빨며, 한 자리라도 줄까 고대하며 자신들의 양심과 정체성을 버린 자들, 자신들이 지지하는 자의 불법은 눈감아주며 불의와 거짓에 타협하며 변절하고 배신한 자들, 좌우의 이런 자들과 세력들은 모두 야단을 쳐야 하고 비판을 하며 책임을 물어야 함에도, 정의와 진실을 외면하는 것들이 목소리를 높이고 후안무치의 끝판을 보여주고 있습니다.

그럼에도, 어느 누군가는 진실을 밝히고 정의를 실현하기 위한 올바른 투쟁을 이어가면서 자유대한민국을 지키고 광화문 광장을 권력과 독재로부터 지켜내야 하기에 그 역할을 저희 K파티가 꾸준히 끊임없이 이어나가며, 거짓과 불의에 맞서 끝까지 투쟁하고 힘차게 승리하겠습니다.

하나님이 아닌 인간을 바라보며, 미혹된 수백만의 세력보다 더욱 강하고 큰 것은, 바로 다윗과 이승만 건국대통령님과 같은 하나님만 바라보고 엎드려 기도하고 나아가며 승리한 하나님의 단 한 사람이기에 우리는 하나님께서 쓰실 단 한 사람이 되기 위해 더욱 기도하고 겸손하며, 고난과 연단을 통해 하나님의 사람이 되어 나아가야만 할 것입니다.

앞으로도 저와 K파티 용사님들은 변함없이 하나님만 바라보고 나아가며, 기도로 힘차게 연전연승하겠습니다!

2022년 10월 15일 **제277차**

서울시 패배 도주!

서울시 공무원들이 오늘 광화문 K파티 현장에 쳐들어와서 경고하고 불법 집회라고 겁주며 방해를 할 것이라는 정확한 정보를 이날 행사 전부터 들었습니다.

직접 서울시에서 제게 어떠한 공문이나 전화나 공지나 안내도 하지 않은 채, 5세훈의 불법적인 지시 또는 묵인하에 서울시라는 일개 지방자치단체의 공무원들이 한 줌도 안 되는 권력을 남용하여, 헌법에 보장된 집회의 자유, 표현의 자유를 억압하고 막기 위해, 합법적으로 경찰에 집회를 신고하고 6년째 집회를 이어가고 있는 K파티가, 불법을 저지르고 있어서 대화나 협의를 하지 않겠다며, 그저 현장에 와서 무지막지하게 탄압을 하고 겁을 주며 상위법인 국토의 계획 및 이용에 관한 법률을 위반한 불법적인 조례를 근거로 집회를 막기 위해 오겠다고 해서 저는 유승수 변호사님과 상의를하고, 현장에 오는 즉시 적용되는 모든 법률에 따라 저들을 응징하기 위한 계획과 준비를 마친 뒤 서울시 공무원들을 기다렸습니다.

우파 최고의 변호사님들 중의 한 분인 유승수 변호사님의 조언에 따라, 서울시 공무원들이 현장에 와서 불법조례 등으로 집회를 방해하고 중단하려는 발언과 행위를하는 즉시 촬영을 하고, 112에 신고를 해서 경찰이 도착하면, 집회방해죄와 불법행위 등으로 서울시 공무원들을 현장에서 모두 입건하고, 현행범으로 체포한 뒤, 즉시 추가 고소를 할 준비를 했고, 상습적인 범죄행위를 반복해서 저지르는 5세훈과 서울시 해당 공무원들을 구속 수사할 것을 요청할 예정이었습니다.

그렇게 만반의 준비를 다 하고 채증을 목적으로 방송을 켠 뒤, 집회 준비를 하고 있는데 담당 정보관으로부터 연락이 왔고, 서울시 공무원들이 온다고 했었는데, 갑자기 검토할 부분들이 더 있다는 식으로 말하며, K파티 집회 현장에 안 가겠다고 했다는 내용을 전해주었습니다.

지금까지 한 번도 이런 적이 없었던 서울시가, 광화문 광장에서 우리 애국자님들을 용역으로 탄압하고, 죽을 정도로 심각하게 폭력을 가하며 쫓아내면서 강제철거까지 했었던 그 서울시가, 사상 처음으로 꽁무니를 빼며 도망을 가버린 역사적인 사건이 이날 광화문 K파티 현장에서 일어났습니다.

애국가맘님께서 며칠을 기도하면서 찾아낸, 상위법에서의 광화문 광장이 헌법에 보장된 집회 등을 목적으로 만든 중심 대광장이라는 내용과 작년 서울시가 의회와 광화문 광장 관련 조례를 수정하는 과정에서 검토보고서와 심의보고서 등에서도 자신들이 광화문 광장은 일반광장이고, 그중에서도 중심 대광장이라고 적시한 내용을 찾아낸 데 이어, 유승수 변호사님과 함께 법적 처벌을 위해 고소한, 명쾌하고도 변명을 할 수가 없는 반박불가의 고소장에 저들은 그렇게도 오만하고, 불법행위를 저지르며, 저희를 무시했던 그 사악한 말들과 행동들이 언제그랬냐는 듯, 없어지고 사라지며 도망까지 하게 된, 어리석고 무지한 불법 집단들이 되어버렸습니다.

5세훈의 지시와 결재를 통해, 급조되어 만들어진 광화문 광장 관련 불법조례는 결코, 대한민국의 자유를 수호하고, 법치를 지키며, 광화문 광장을 지켜온 저희 K파티를 결코, 누르고 억압하며 죽일 수 없습니다.

주님께서 주신 이러한 승리를 시작으로, 앞으로도 엎드려 기도하고, 필사즉생의 각오로 5세훈의 독재와 서울독재시 공무원들의 불법행위에 맞서 끝까지 투쟁하고 저들을 응징하며, 승리를 이어갈 수 있도록 모든 노력을 다하겠습니다.

1952년 이승만 건국대통령님께서 만드신 일반광장이자, 중심 대광장인 광화문 광장을 수호하고 승리하는 역사를, 주님 안에서 함께 투쟁하는 정의로운 분들과 합력하며 반드시 K파티가 이루겠습니다!

내로남불의 극치 사탄파 바른당 출신 탄핵지지 5세훈의 서울시와 이를 따라 하는 같은 바른당 출신 정문헌의 종로구가 졸개들을 앞세워 헌법에 보장된 합법적인 K파티의 집회를 방해하는 일이 발생했습니다.

지난주 문체부 행사가 K파티의 집회와 겹치고, 서울시가 행사를 승인해준 문체부에 이미 집회가 신고된 K파티가 있다는 것을 알리지도 않고, 적반하장으로 불법행위를 저지르고 있는 K파티와 협의할 이유가 있으면 가져오라는 등의 공무원으로 해서는 안 될 모욕적인 발언과 불법이 아닌 합법 집회를 불법으로 악의적이고 불법적인 판단을 내려, 집회 자체를 무시하고 불법행위를 저지르는 자들이라고 하더니, 바로 맞은편에서 무대를 설치하고 초대형 스피커들을 달아 작은 이동식 스피커 하나밖에 없는 K파티의 집회를 이번에도 종로구에서 개최하는 행사를 저희와 협의도 없이 무시하고, 상위법을 위반한 하위 조례로 불법을 저지르며 방해하는 일이 발생했습니다.

급기야는 종로구청장이 참석한 행사라서 더욱 충성 된 모습을 보여야 하는 파란 옷을 입은 종로구청 직원들이라는 자들이 저를 둘러싸더니, 강압적인 태도로 합법 집회가 맞냐며 경찰로부터 받은 집회접수증이 있으면 내놓으라고 갑질을 하기 시작했습니다.

그래서 이때를 대비해 지니고 있던 집회신고증을 건네주자, 기우뚱하며 문서 내용을 하나하나 꼼꼼하게 살피기 시작했고, 저는 합법적으로 신고된 집회를 종로구청이 협의도 없이 같은 시간에 커다란 소음을 내며, 행사하는 것은 K파티의 집회를 방해하는 것이고, 이는 집시법 제3조 집회방해죄에 해당한다, 그리고, 지금까지 서울시도 모르고 있었으니 종로구도 알 수 없었겠지만, 국토의 계획 및 이용에 관한 법률과 시행령과 규칙에서 광화문 광장이 어떤 목적의 광장인 줄 알고 있냐고 물으니, 저를 둘러싸던 종로구 공무원들이 한발씩 뒤로 물러서더니 뭐냐고 하길래, 알려줄 테니 법을 잘 찾아보라 하면서 광화문 광장은 집회와 다수의 모임과 사교 등을 목적으로 국가가 만든 중심 대광장이라고 큰소리로 알려준 뒤, 자꾸 집회를 방해하면서 서울시와 5세훈이에게 한 것처럼 당신들도 집시법 위반으로 고소하겠다고 하니, 언제 그랬냐는 듯 갑자기 다 돌아서며 도망치듯 사라져버렸습니다.

갑질과 무지한 권위만 가득 찬 것들이 서울시부터 종로구청까지 가득 차 있고, 자신들이 불법을 저지르는지도 모르는 무식하고 무능력한 자들이, 헌법에 보장된 집회의 자유를 탄압하려다가, 지금까지는 늘 우파와 보수는 그런 자들에게 처벌당하고 철거당하며, 협박에 겁을 먹고 도망가는 비겁한 자들과 패배자들로 인식이 되어있다는 것 또한,, 너무나도 씁쓸하고 안타깝기만 했습니다.

게다가 집회를 준비하는 시간에는 저희보다 뒷순위인 일개 노조 나부랭이들이 목소리를 높이며, 저희 집회 장소를 사용하고 세종문화회관 계단까지 점령을 한 채, 시끄럽게 소리를 지르고 구호를 외쳐도 편파적으로 모른 척, 현장에 나타나지도 않은 서울시 공무원들의 이중적인 행태와 심지어는 공무원 노조나 친노조적인 성향을 편파적으로 지닌 자들이 정치적으로 민감한 광화문 광장의 관리와 행사승인을 맡은 것이 아닌가 의심이 들 정도로 K파티는 불법 집회를 저지르는 자들이라 때려잡아야 하고, 뒷순위로 집회 방해를 저지르는 노조들은 가만히 놔두며, 불공정하고 불법을 방조하는 서울시 관련 공무원들의 편파적인 인식과 업무태도에 화가 날 정도였습니다.

유승수 변호사님께서 작성한 5세훈과 서울시 관련 공무원들에 대한 형사 고소에 이어, 개별적인 잘못과 불법을 저질러 큰 피해를 본 민사 소송까지 진행할 예정입니다.

K파티의 집회를 막기 위해, 6년간 집회를 이어온 인도를 광화문 광장으로 편입시켜, 99마리 양을 가진 대통령병에 걸렸다고 아이들에게 놀림을 받는 5세훈이와 이를 불법으로 뒷받침하려고 열일하는 서울시 공무원들은 한 마리 양을 가진 K파티를 괴롭히고 건들며 불법을 저지른 죄로, 하나님께 천벌을 받고 세상의 벌도 받게 될 것이며, 99마리의 양도 멀지 않아 빼앗기고 정치생명도 사라지게 될 것입니다.

국토계획법이라는 상위법률과 집시법이라는 헌법에 보장된 집회의 자유를 보장하기 위한 상위법률을 위반해서 급조하고 불법을 지금도 저지르고 있는 5세훈 서울독재시장과 공무원들은 이로 인해 피해와 손실을 본 모든 자유시민들과 애국국민들이 민형사상 집단소송을 추가로 하게 되면, 저자들은 석고대죄하고 재산을 다 갖다 바치고도 위법적인 조례로 인한 정치적 물적 손실은 감당할 수도 없을 것입니다.

저와 유승수변호사님과 K파티의 용사님들은 좌우를 떠나 모든 불의와 불법과 거짓과 권력의 횡포에 맞서 정의를 실현하고 법치를 수호하며 진실을 밝히는 투쟁과 노력을 아끼지 않을 것이며, 대한민국의 주인인 우리를 탄압하고 공격하는 권력과 맞서 엎드려 기도하고 끝까지 주권을 지키며, 맞서 싸우며, 반드시 승리할 것입니다!

"K파티에서 광화문 광장은 집회 등이 목적으로 국가가 만든 중심 대광장이라고 알려줬음에도, 우파의 여러 단체가 개최하는 집회에 ○○광화문 집회라고 알리면서 오늘도 누구도 어떤 단체도 광화문 광장에 들어오지 않고, 오세훈이의 눈치만 보는 겁보들이네요. 그럴 거면 차라리 집회 이름을 ○○광화문 언저리 집회, ○○광화문 못 들어간 주변 집회라고 알리지 부끄럽지도 않나요?"

개천절인 이날 낮부터 우파의 어느 단체도 광화문 광장에 없고, 밤까지 텅 빈 광장의 모습을 보던 K파티 회원분께서 따끔한 말씀을 하셨습니다.

광화문 광장에서 집회를 금지하고 승인을 안 내주겠다는 대통령병에 걸린 일개 지자체장인 5세훈이 헌법에 보장된 집회의 자유를 급조된 불법성이 가득한 하위 조례 따위로 막으려 하고 그 아래의 서울시 직원들은 광화문 광장이 중심 대광장인 줄도 모른 채, 상위법을 위반한 조례로 불법행위를 저지르면서 자신들의 무지도 무능도 뉘우치지 않고, 오히려 합법적으로 신고한 집회를 진행하는 K파티를 불법을 저지르는 불법단체로 단정을 지어버리고, 집회를 방해하기 위한 여러 가지 범죄행위를 저지르고 있습니다.

K파티 현장에서도 언급했지만, 모두가 말뿐이고 두려워하거나 눈치만 보며, 한 줌도 안 되는 권력으로 집회마저 막으려는 5세훈이를 피하고 도망가는 부끄러운 우파 단체의 행태와는 달리, 저와 유승수 변호사님은 K파티 용사님들과 함께, 5세훈과 졸개들의 불법과 횡포와 잘못을 야단치고 처벌하여, 다시는 이런 짓거리를 저지르지 못하도록, 다양한 수단과 방법으로 저 사악한 자들과 맞서 싸우며 승리하겠습니다.

광화문 광장은 집회를 위한 중심 대광장의 목적에 맞게, 앞으로도 변함없이 저희 K파티는 광화문 광장의 주인인 국민이자 서울시민으로의 권리와 자유를 누리며, 자유대한민국을 지키기 위해 기도하고 합력하여 힘차게 정진하겠습니다!

2022년 10월 1일 **제274차**

이날 광화문 광장은 문체부의 공연행사로 소음이 너무나도 컸고, 저희가 합법적으로 신고하고 진행한 집회의 맞은편이라 큰 소음피해와 집회 진행의 방해를 받았습니다.

게다가 정말 심각한 범죄가 발생했는데, 계단에 앉아있던 세 명의 남성이 국민의례 직전에 시끄러워 이 새끼들아! 라는 욕설을 하였고 그 소리에 초등학교 1학년, 2학년 아이들이 벌벌 떨 정도로 겁을 먹게 되었고, 아이들이 국민교육헌장을 암송하는 도중에도, 이 새끼들아! 그만해! 라는 욕설을 외쳤습니다. 또한,, 낭독 후 자리로 돌아가는 아이들을 향해 맥주가 담긴 캔맥주를 던졌고, 이어서 다시 한번 얼음이 든 아이스 커피잔을 아이와 저를 향해 던져, 마이크가 있는 진행장소 중심에 떨어졌습니다.

그리고는 계단 위로 도주하려던 집회 방해와 아동폭력 의혹이 있는 이 자들을 광화문역 앞까지 따라가서 붙잡아 경찰에게 넘긴 뒤, 집회를 잘 마쳤습니다.

그리고 증거를 수집하고 범죄행위가 담긴 방송영상을 편집하고, 밤새워 고소장을 작성한 뒤 종로경찰서에 제출했습니다.

저희 K파티는 헌법에서 보장한 집회의 자유를 막고, 법률로 정해진 집회 시위에 관한 법률의 제3조를 위반해서 폭언과 욕설 그리고 폭력으로 집회를 방해하고 중단시킨 자들은 반드시 그 책임을 민형사상으로 물어 엄중히 천벌을 받게 해, 일벌백계로 다시는 그런 범죄가 일어나지 않도록 할 것입니다!

2022년 9월 24일 **제273차**

지난 토요일 광화문 광장도 거짓촛불들의 광란의 행진으로 시끄러웠으나, 저 촛불 좀비들이 가장 듣기 싫어하는 구호를 외치며, 저들이 사라질 때까지 야단을 치고, 5세훈과 서울시 졸개들의 광화문 광장의 목적도 모르는 무능하고 무지하며 무책임함을 혼내는 속 시원한 273번째의 K파티 광화문 광장 문화제로 잘 마칠 수 있었습니다.

서울시 5세훈과 졸개들이 헌법에 보장된 집회 시위의 자유를, 사전허가 승인제로 기존의 6년간 집회를 이어오던 K파티의 집회를 방해하는 것은 심각한 범죄행위이며, 불법으로 처벌받아 마땅한 것입니다.

헌법에 보장된 집회의 자유, 우리 헌법은 모든 국민에게 집회의 자유를 보장하고 있고, 집회에 대한 사전허가제를 금지하고 있는바, 옥외집회를 주최하고자 하는 자는 집시법이 정한 시간 전에 관할 경찰관서장에게 집회신고서를 제출하여 접수시키기만 하면, 원칙적으로 옥외집회를 할 수 있습니다.

그리고 이러한 집회의 자유에 대한 제한은 법률에 의해서만 가능하므로, 법률에 정하여지지 않은 방법으로 이를 제한할 경우에는 그것이 과잉금지 원칙에 위배되었는지 여부를 판단할 필요 없이 헌법에 위반됩니다.

5세훈과 서울시는 법률의 하위인 조례 따위로 광화문 광장에서 집회를 서울시로부터 사전에 허가 승인을 받아야 할 수 있다고 주장하며, 이에 관한 근거 상위법률로 공유재산 및 물품 관리법 제20조를 내세우며 지방자치단체의 장은 행정재산에 대하여 그 목적 또는 용도에 장애가 되지 아니하는 범위에서 사용허가를 할 수 있다고 억지를 부리고 있습니다만, 정말 안타깝고 무지에 갑질만 습관이 되어있는 5세훈과 서울시 졸개들이 모르고 있거나, 애써 모른 척하는 법률이 있습니다.

광화문 광장은 법률에 따라 일반광장이며, 일반광장 중에서도 집회 등의 목적으로 만들어진 중심 대광장이라는 것입니다.

위 법에 따르면 서울시가 내세우는 법률도 광화문 광장의 사용 목적 또는 용도에 장애가 되지 않는 범위에서 사용허가를 해야만 할 것이며, 집회 등의 목적으로 만든 광화문 광장을 헌법에 보장된 집회 시위의 자유에 따라, 경찰에 사전 신고한 집회는 허가 승인 여부 자체를 할 수도 없으며, 할 자격도 없는 자들입니다.

이런 자격이 없는 자들이 헌법과 법률에 보장된 집회를 조례와 광화문 광장의 목적을 모르는 무지에서 해석된 자신들만의 아집과 불법행위로 합법적인 집회인 저희 K파티를 방해하고 막을 경우, 저와 유승수 변호사님과 K파티 용사님들은 5세훈과 서울독재시 졸개들을 해당 법에 따라 고소하고 책임을 물을 것이며, 끝까지 투쟁하고 승리를 얻을 것입니다.

주권자인 국민을 종으로 생각하는 권력, 주인인 서울시민을 벌레처럼 하찮게 여기는 자들에 대해서는 반드시 참교육을 시키고, 정의가 실현될 수 있도록 하겠습니다!

2022년 9월 17일 **제272차**

"K파티가 드디어 6년을 이어온 집회가 중단되게 되었다!"

우파 내의 누군가가 한 이야기입니다.

저렇게 소문이 난 것처럼, 이날 저희 집회를 막기 위해 서울시 조례로 50년 넘게 존재했던 광장과 붙은 보행로인 인도를 급하게 꼼수 조례를 통해, 5세훈과 그의 심기를 맞추려는 서울시 졸개들이 광화문 광장으로 관리를 편입시켜, K파티의 집회가 불가능할 것이고 불법 집회로 신고를 당해, 계속하다가는 현장에서 체포가 될 것이라는 말이 서울시와 우파의 일부가 퍼트려, 제 귀에도 돌아서 들어올 정도였습니다.

밤새 하나님께 엎드려 기도하고, 광화문 광장으로 나갔습니다.

현장에 가보니, 서울시와 세종문화회관이 합작으로 저희 집회 장소를 앞뒤로 계단과 무대로 막은 채, 5시 반부터 7시 반까지 진행한다는 국악연주회를 일부러 30분 늦게 시작해서 7시 반은커녕, 무대 철거까지 마치면 9시가 넘을 거라는 이야기로 현장 관계자가 첫 공격을 제게 날렸습니다.

바로 이어, 세종문화회관 계단 위에서 이를 지켜보던 보안직원이 내려오더니, 기다렸다는 듯 "오늘도 집회할 거예요? 오늘은 못할 텐데, 행사도 늦게 끝나고 집회 신고한 곳이 광화문 광장으로 편입되어 할 수나 있나…"하며 빈정대면서 말하길래, "당연하지요, 예정대로 진행할 겁니다"라는 저의 대답에 즉시 비웃으면서 나온 말이 "그럼 경찰에 신고해야지"라는 반말이었습니다.

게다가 음악회를 진행하는 관계자까지 붙어 시비를 걸려고 하길래, 바로 마이크를 켜고 집회 및 시위에 관한 법률 제3조를 언급하며, 집회방해를 저지르는 자들은 법에 의해 처벌을 받도록 해주겠다고 통보를 해주고는 합법적 집회신고를 한 저를 방해하고 신고하며 시비를 거는 자들 모두 법적 조치를 취하겠다고 하자, 의기양양하게 전화를 하더니 서울시 광화문 광장 담당 공무원을 현장으로 불렀습니다.

서울시 공무원이 오자 다들 뒤에서 만면의 미소를 지으며, 드디어 저 성가신 K파티가 끝이 나게 되었다는 듯, 아주 당당하게 갑질이 준비되었다는 듯한 표정을 지었습니다.

서울시 공무원과 저희 집회담당 정보관과 함께 저는 서울시 공무원의 긴 설교 같은 말을 다 들은 뒤, 한마디 했습니다.

"서울시 조례고 뭐고 다 좋은데, 그 꼼수 조례 말고 그 위 상위법 보셨나요? 국토의 계획 및 이용에 관한 법률 시행령에서 광화문 광장은 어떤 형태와 목적으로 만들어진 광장인가요?"

"…." 잠깐 침묵이 흐르자, 이어서 말을 했습니다.

"광화문 광장은 국가 소유의 중심 대광장으로 집회와 모임, 사교 등의 목적으로 만들어진 광장이라고 법률 내용에 명시되어 있는 걸 지금까지 모르셨나 보네요?"

그러자, 그 직원이 "지금 그걸 말할 게 아니고…."하길래, 제가 "아니긴 뭐가 아닙니까? 조례보다 상위법인 법률에 따라 저는 오늘 집회를 할 것이며, 7시 반에 모든 준비가 끝나고 집회를 시작할 수 있도록 조치를 취하지 않으면, 여기에서 집회 방해를 하는 수십 명 모두 법적인 조치를 취하겠습니다"라고 말한 후의 결과는?

의기양양하던 세종문화회관 보안직원은 다시는 보이지 않았고, 음악회 관계자는 통씹은 표정으로 무대 뒤로 사라졌으며, 서울시 관계자는 연주회 시간을 줄여서 맞추라고 말했고 그대로 실현되었습니다.

그럼에도 불구하고 집회 장소를 장악했던 무대의 철거가 늦어져, 결국에는 7시 반이 훌쩍 넘어 집회를 시작할 수밖에 없었습니다.

화웨이 집회에서 늘 함께 해주시는 유튜브 대표님들의 일사불란한 설치와 빠른 세팅을 함께 해주신 덕분에 엎드려 기도하고 성경 말씀을 읽은 뒤, 바로 집회를 시작했고 K파티의 집회를 막으려고 한 자들과 집회가 중단되기를 간절히 바랐던 자들을 야단치며, 넉넉히 잘 진행을 할 수 있었습니다.

이어 애국가맘님께서 준비해오신, 오세훈과 서울시의 광장 관련 조례의 심각한 문제점들과 위법성들을 속 시원하게 발언하시고, 하나님께 드리는 감사의 찬양과 그 후 이어지는 퍼포먼스로 완전 승리를 하며, 모두가 집회는 이제 끝났다고 했던 272차 K파티를 역전시켜주시는 하나님의 은혜로 잘 마칠 수 있었습니다.

앞으로도 국가가 법률로 정하고 만든, 집회 등의 목적으로 주인인 국민에게 제공한 중심 대광장인 광화문 광장에서 그 목적에 맞게 힘껏 구호를 외치면서 더욱 강하고 당당히 집회를 이어가며, 독재권력과 맞서 주권자의 자유를 지키고 대한민국을 수호하기 위해 할 수 있는 모든 일과 역할을 다하겠습니다!

승리를 허락하신 하나님께 감사의 기도를 올립니다.

지난 한가위 연휴 중에서도 정확히 추석과 겹친 이날의 K파티 광화문 광장 문화제는 앞으로의 사건이 일어날 암시와 복선이 정확하게 드러난 행사였습니다.

평소에 한 번도 오지 않던 소음측정 담당 경찰의 까다로운 소음측정 예고에 이어, 기다렸다는 듯 행인으로 가장한 서울시 관련자들인지 좌파들인지 모를 역대 최다 소음신고까지, 거짓촛불들의 집회와 행진도 사라지고, 우파의 대다수 집회도 사라진 진공상태의 광화문 광장의 분위기가 특별히 다르게 느껴지기도 했습니다.

이미 2주 전부터 서울시 주변에서 들리던, 광화문 광장 개장식에서 5세훈을 호통을 친 유승수 변호사님과 저를 타겟으로, 서울독재행정과 오세훈의 눈과 귀에 거슬리는 K파티를 없애기 위해 집회신고 장소를 아예 없애버리겠다는 이야기들이, 물밑에서 도둑같이 조례를 만들어 꼼수로 기습 처리하는 등의 독재적 초법 폭거가 현실로 일어나기 전의 전조증상과 같은 일들이 있었던 것입니다.

그럼에도 불구하고, 제 목숨이 끊기거나 목이 잘려나가지 않는 한, 저는 끝까지 오세훈과 맞서 싸워 6년을 이어온 광화문 K파티 문화제를 지켜내고 저 악한 자들을 물리치며 승리를 얻을 것입니다.

99마리 양을 가진 5세훈이가 오욕으로 탐내어 빼앗으려는 마지막 양 한 마리를 반드시 지켜낼 것이고, 하나님 앞에 모든 것을 내려놓고 비우며, 모든 것을 가진 오세훈과 맞서 기도로 용기로 투지로 싸워 승리하겠습니다.

광화문 광장은 국토의 계획 및 이용에 관한 법률에 따른 중심 대광장이며, 다수인의 집회, 행사, 사교 등을 위한 목적의 광장입니다.

광장이란 『국토의 계획 및 이용에 관한 법률』에서 정의된 도시계획시설 중 공간시설의 하나로 사람들이 머물면서 휴식을 취하고, 자유롭게 이용하며 다양한 모임과 행사 등을 즐길 수 있는 만남의 공간입니다.

이런 기본적인 것들도 모른 채 무지한 상태로, 광화문 광장에 인접해 유일하게 6년을 이어온 저희 K파티를 타겟으로 합법적으로 신고된 집회를 없애고 말살시키려는 서울독재시장 오세훈과 졸개들의 꼼수로 급조된 서울시 조례 따위로는 중심 대광장인 광화문 광장에서의 집회 등을 위한 목적이 담긴, 광장 관련 상위법을 없앨 수도 무시할 수도 없습니다.

앞으로 오세훈은 더욱 추락할 것이고 천벌을 받을 것입니다.

저희 K파티는 앞으로도 변함없이 광화문 광장을 지키고, 자유대한민국을 무너뜨리려는 자들과 법치를 무너뜨리려는 독재권력과 맞서 싸워 승리하겠습니다!

중심 대광장: 다수인의 집회·행사·사교 등을 위한 광장(ex: 광화문 광장)
관련 법규
「국토의 계획 및 이용에 관한 법률」제2조(정의)
「국토의 계획 및 이용에 관한 법률 시행령」제2조(기반시설)
「도시·군계획시설의 결정·구조 및 설치기준에 관한 규칙」제49조(광장),
제50조(광장의 결정기준), 제51조(광장의 구조 및 설치기준)

2022년 9월 3일 **제270차**

촛불세력이 K파티 행사시간을 피하기 위해 한 시간 넘게 앞당겨서 광장을 지나가려는 꼼수를 부렸음에도, 미리 준비해둔 음향장비로 이날도 거짓선동으로 사기탄핵을 부추겼던 좌빨촛불들 잔당들의 행진이 지나갈 때, 옆구리를 찌르듯 이자들에게 문재인 구속! 리재명 구속! 을 외치며 넉넉히 물리칠 수 있었습니다.

넓은 광화문 광장에 시원한 바람이 불고, 저희 행사를 찍어가거나 잠시 멈춰 서서 함께 구호를 외치거나 퍼포먼스에 동참하는 적지 않은 시민들과 청년들과 함께한 귀한 시간을 주신 하나님께 감사의 기도를 올렸습니다.

국민교육헌장을 노래로 만들어 기타연주로 부르고, 이어 찬양을 불러 큰 박수를 얻은 나는 공산당이 싫어요 청년가수와 변함없이 4년 넘게 서울시의회 앞에서 투쟁을 이어오신, 애국가맘님의 박정희 대통령님의 말씀 낭독과 마귀들과 싸울지라 찬양을 모두가 박수를 치고 함께 부르며, 수천수만 명의 일반 국민이 지나가는 대한민국의 여론과 민심의 중심인 이곳 광화문 광장에서 270번째 K파티 자유수호 문화제도 하나님의 은혜로 잘 마칠 수 있었습니다.

박근혜 대통령님과 함께 오랫동안 옥에 갇혀 탄압을 받았던 최경환 전 경제부총리께서 박근혜 대통령님과 통화하신 내용을 알렸는데, "건강이 회복될 때까지 기다려달라"라고 박근혜 대통령님께서 하신 말씀은 바로 탄핵정변의 주범인 공서결 세력과 사탄파 국개들과 추종하는 변절자들에게는 불안과 공포의 메시지로, 우리처럼 변절하지 않고 끝까지 진실과 정의를 추구하는 정통우파세력들에게는 희망과 용기의 메시지로 전해졌을 것입니다.

국민의 60% 이상의 비호감도와 부정적 견해를 받는 탄핵정변의 주범인 공서결과 김건희도, 역대급 범죄의혹과 여러 주변 사람들이 죽어 나간 리재명의 여러 범죄의혹도 주권자인 국민의 알권리와 진실추구 정의구현을 위해 반드시 특검수사가 진행되어야 하고, 범죄혐의가 밝혀지면 법 앞에서 좌우가 없는 것처럼, 엄정하게 구속하고 처벌을 해야만 할 것입니다.

자유대한민국의 주인은 국민인 바로 우리입니다.

우리가 뽑거나 뽑지 않은 권력자라 하더라도, 권력 비리와 국민반역 범죄는 반드시 명명백백하게 밝혀 일벌백계로 다시는 그런 죄악들이 일어나지 않도록 역사에 남기고 후손에게 대대손손 알려야만 할 것입니다.

앞으로도 변함없이 저희 K파티는 변절하지 않고 끝까지 자유대한민국을 지키려는 여러분과 함께, 광화문 광장에서 힘차게 투쟁하고 승리해나갈 것입니다.

자유대한민국 지키자!

2022년 8월 27일 **제269차**
경제파탄 헌법파괴 탄핵정변 주범 반역 독재 문 틔 꿍 구속

이날도 광화문 광장의 중심에 서 있는 저희 앞을 지나가는 거짓촛불 무리들에게 "문재인 구속!" "리재명 구속!"을 수없이 외치자, 허리를 찔린 듯 주춤하면서 바퀴벌레 약을 맞은 바퀴 떼처럼 발악하는 저들을 보며, 매우 통쾌하고 속이 후련한 승리의 269차를 하나님의 은혜로 잘 마칠 수 있었습니다.

헌법에 보장된 집회의 자유를 불법으로 탄압하고 애국국민을 구속까지 한 공정권이, 교도소로 집어넣어야 마땅할 놈인 평산 역적 문재인의 경호구역을 300미터 더 넓혀주고 경호처장까지 보내, 문역적을 구속은커녕 상왕으로 모시는 커밍아웃을 한 공석열을 보면서 혹세무민으로 속았던 많은 자유우파 국민들이 깨어나고 공의 잘못을 야단을 치는 목소리가 늘어나고 있습니다.

지지율이 추락한다고 대통령실 직원들 수십 명을 쳐내면서도, 오히려 검찰 출신들은 더욱 실세가 되어가고, 심지어는 공의 검찰 인맥들을 수사관들까지 불러 완벽한 검찰공화국을 만들고 있다는 소식과 공의 장모 최은순의 양평 공흥지구 특혜의혹을 수사하던 담당경찰을 취임식에 불러 압박을 하는 방식을, 지금 다누림건설 고발을 맡은 수사관과 최근 고발장을 제출한 제2의 다누림건설의 담당 수사관이 바뀐 것을 보고, 자신들의 권력비리 의혹에는 목숨걸고 막으려 하면서도, 남들에게는 없는 죄까지 씌워 쫓아내거나 사기탄핵 날조수사로 정권까지 무너뜨리고, 죄없는 박근혜 대통령님을 옥에 가두는 천인공노할 짓까지 스스럼없이 저지를 수 있는 자들이, 공과 졸개 집단임을 다시금 깨닫게 되었습니다.

이런 짓거리를 저지르고 정의와 진실을 어떻게든 덮으려는 공과 거니 주변의 세력들의 악행과 추태가, 어떤 발악을 하더라도 오르지 않고 있는 5주 연속 지지율 20%대에 갇혀있게 만드는 원인이기도 합니다.

107일 만에 등장하신 박근혜 대통령님의 서울 행보에 애써 모른 척을 하면서도, 뒤로는 다시 정통우파세력이 일어날까 봐 두려워하고 떨며 신경을 무척 쓰고 있는 탄핵완성 정당과 정권의 사탄파 무리들의 비겁하고 야비하며 나약한 행태를 보며, 굶주린 악귀들처럼 서로 치고받으며 무너지고 있는 사기탄핵 내각제세력들의 말로가 앞당겨지고 있음을 느낄 수 있었습니다.

민주평통 수석부의장에 내정되었다가 철회된 사기탄핵의 주범 역적 김무성과 수십억을 가족을 통해 화천대유로부터 받아먹고, 자신은 포르쉐 뇌물을 받은 혐의로 수사를 받는 역적 특검 박영수는 검찰의 비호 아래, 아직도 처벌을 받지도 않고 서울중앙지검에서 사건을 조용히 쥐고 있습니다.

유권무죄! 무권유죄! 라는 확실한 불공정과 불의를 보여주고, 문재인을 구속시키기는커녕 상왕으로 모시려는 공석열은 탄핵정변의 주역답게, 자유대한민국을 서서히 붉게 물들이고 침몰시키고 있습니다.

앞으로도 변함없이 저희 K파티 용사들은 대한민국의 여론과 민심의 중심인 광화문 광장을 지키고, 저 사악한 사탄세력과 맞서서 자유대한민국을 지켜내며, 중공의 속국화로 가는 내각제개헌을 막아내기 위해, 힘차게 투쟁하며 승리하겠습니다!

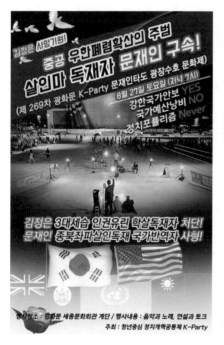

2022년 8월 20일 제268차
경제파탄 헌법파괴 탄핵정변 주범 반역 독재 문 틔 공 구속

지난 268번째 K파티도, 한 줌도 안 되는 촛불집회의 행진이 우리 앞 차도로 지나가자, 문재인 구속! 리재명 구속!을 크게 외치며, 저들을 어리둥절하게 만든 재미있고 기분 좋았던 집회로, 하나님의 지켜주심 가운데 잘 마칠 수 있었습니다.

이번 주도 탄핵 무효를 외치고, 박근혜 대통령 무죄를 외치며 태극기를 들었다가 어느 순간에 꺾어버린 뒤, 공석열을 정신없이 물고 빠는 자들에게 충격을 준 일들을 공은 어김없이 해냈습니다.

사기탄핵주범 정권의 완성을 알리는 탄핵정변의 수괴 김무성을, 의장인 대통령 다음 서열의 민주평통 수석부의장에 내정한 소식이 알려지자, 공서결이 그럴 줄 몰랐느니, 김무성 내정을 공서결이 취소할 거라느니 하는 윤만세족들의 어리둥절한 웃픈 모습이 온라인과 현장에서 많이 보였습니다.

아무 죄가 없는 박근혜 대통령을 불법적으로 탄핵시키고, 5년 가까이 구속시킨 탄핵정변의 주범인 김무성과 사탄파 61적이, 윤서결과 그 졸개 한동훈과 이원석과 한통속인 것을 몰랐단 말입니까?

게다가 더욱 놀랄만한 일을 공서결이 저질렀음에도, 윤만세족들은 공이 검찰총장에 내정한 이원석 이 자가 어떤 자인 줄도 모르고, 정신없이 물개박수를 치고 있습니다.

이원석 검찰총장 후보라는 자는 박근혜 대통령님을 12시간 넘게 수사한 당사자이며, 모멸감을 주고 뇌물죄로 엮어 박대통령님을 괴롭히며, 구속시킨 바로 그 악질적인 윤석열의 핵심 졸개 중 한 놈입니다.

게다가, 2017년 박근혜 대통령님에게 수십 년을 구형한 한동훈이라는 윤석열의 졸개가 당시 박근혜 대통령님뿐만 아니라, 세월호 7시간을 두고 김기춘 대통령 비서실장과 김관진 안보실장 등을 옥에 가두고, 몇 년째 죽을 고생을 감옥에서 시켰는데, 이 자들이 부당하고 무리하게 기소한 혐의가 최근 대법원에서 무죄 확정이 나왔음에도, 이 악질적인 당시 수사책임자인 서울중앙지검장 공서결과 3차장 한동훈은 이런 억울한 무죄 사건에 대해 어떠한 반성도 사죄도 하고 있지 않습니다.

이런 자들이 올바르고 정의로운 자들입니까? 결코, 아닙니다.

이들은 자신들의 영달과 안위와 권력유지를 위해, 문재인의 충성스러운 개가 되어 불법적이고 부당하게 칼을 휘두른, 현직 대통령과 고위공직자들을 가두고 피눈물을 흘리게 만든 역적들로, 반드시 천벌을 받게 될 사악한 칼잡이들일 뿐입니다.

또 하나의 정신 나간 짓을 공이 취임 100일에 밝혔는데, 발표 즉시 미국이 반대하며 상상일 뿐이라고 일축했던 공서결의 대북정책인 담대한 구상은, 핵대중의 마구 퍼주기 정책과 문재인의 미국과 유엔이 반대하던, 완전한 비핵화 전 대북제재 완화와 해제 정책이 혼합된 더럽고 추악한 버전일 뿐입니다.

대북제재 선 완화와 북괴가 협상에 참여할 경우, 단계적 대북제재의 완화를 주장한 문재인 종북좌파독재정권에게 이에 대해 미국은 명확한 거부 의사를 표시했음에도, 친중대사를 역임한 통일부의 권영세는 사전 제재완화와 북괴에 마구마구 퍼주기를 하려는 역적짓을 저지르려 하고 있습니다.

공서결의 담대한 구상에 대해 미국은 일언지하에 국무부 대변인 네드프라이스를 통해 거절했으며, 현실성이 떨어질 뿐만 아니라, 공의 구상을 무시하며 기존의 대북제재는 쉽게 풀지 않겠다고 했습니다.

즉, 북괴에 막 퍼다주려는 핵대중의 퍼주기 정책과 북괴의 제재를 풀어주려는 문재인의 짬뽕이, 바로 탄핵정변의 주범인 공서결의 대북정책인 것입니다.

그렇게 김대중 퍼다주기식을 비난하고 집회를 열어 규탄하던 자들과 문재인의 선 단계적 대북제재완화에 대해 규탄하고 투쟁한 자들은 지금 어디 갔습니까?

자칭 보수라는 그런 자들이 윤만세족이 되어, 김대중과 문재인의 정신 나간 정책을 합친 것으로, 미국이 격하게 반대하는 공의 담대한 구상이라는 맛이 간 정책을 물고 빨고 있으니, 정말 안타깝고 씁쓸하기만 합니다.

국민을 죽이고 피눈물을 흘리게 만든 역적 수괴 문재인을 구속시키기는커녕 오히려 상왕대하듯 눈치 보고 문재인을 어떻게든 잘 모시려 하는 자가 공서결 아닙니까?

올바른 대한민국의 주권자인 국민이라면, 저런 자를 결코, 인정할 수도 없고, 불의와 거짓을 뻔히 알면서도 사리사욕을 위해 모른 척 눈감을 수도 없으며, 서슬 퍼런 권력 앞에서 숙일 수도 없을 것입니다.

앞으로도 저희 K파티는 초심을 잃지 않고, 6년째 지켜온 광화문 광장에서 변함없이 불의와 거짓으로 국민을 힘들게 만들고, 자유대한민국을 무너뜨리려는 악한 권력과 맞서 끝까지 투쟁하고 힘차게 싸우며 승리하겠습니다!

2022년 8월 15일 제267차 74주년 건국절 특집

"존경하는 국민 여러분, 700만 재외동포와 북한동포 여러분, 오늘은 제71주년 광복절이자, 건국 68주년을 맞이하는 역사적인 날입니다"

탄핵정변의 주범 윤석열의 입에서 나온 발언이 아니라, 특검팀장 윤석열에 의해 감옥에 갇히셨던 박근혜 대통령님의 발언입니다.

이 날 어수선한 광화문 광장에서 K파티의 집회를 방해하고, 시비를 걸었던 자들은 좌파도 아닌 윤만세족들이었으며, 경찰에 의해 쫓겨나기도 했을 정도로 안하무인이었지만, 변함없이 기도로 잘 준비하고 진행하며, 잘 마칠 수 있었습니다.

기대도 안 했지만, 역시나 공석열은 건국 74주년을 언급하기는커녕, 김대중을 언급하고 북괴에게 퍼다주겠다는 과거에 실패한 발언으로, 국민에게 큰 실망을 주었습니다.

5.18정신을 헌법에 넣는다느니, 김대중 노무현을 존경한다는 자가, 지지율이 추락한다고 대한민국을 무너뜨리려는 세력들에게 잘보이려고, 무릎꿇는 것은 나라 사랑하는 국민이 바라는 것이 결코, 아닙니다.

미국의 핵폭탄 2발로 일본은 패망하고, 대한민국은 1945년 해방되었지만, 이어지는 미국에 의한 3년간의 군정을 끝내고, 이승만 건국대통령께서 1948년 7월 제헌헌법을 선포하고 8월 15일 대한민국의 건국을 세계만방에 선포하였기에 건국 74주년인 이번 광복절이 큰 의미가 있는 것입니다.

심지어 김대중도 노무현도 1948년 건국을 언급했는데, 공썩열은 박쥐같이 반대한민국세력의 눈치를 보느라, 이번 광복절 연설에서 건국이라는 단어를 의도적으로 제거했습니다.

탄핵정변의 앞잡이로 문재인 좌파독재정권에게, 대한민국과 국민주권을 5년간 상납한 이 자를 결코, 믿을 수 없는 이유가, 계속 드러나고 있습니다.

앞으로 저희 K파티는 8월 15일 광복절 명칭에서 건국절로 바뀔 수 있도록, 그래서 대한민국 건국의 의미와 중요성을 미래세대의 주역인 우리 아이들이 잘 알 수 있도록, 최선의 노력을 다할 것입니다.

자유대한민국 만세!

2022년 8월 13일 **제266차**

결국, 서로 물고 뜯으며 누가 똥개냐 하는 개판이 된 탄핵역적 62마리와 역사와 국민 앞에서 반성과 사죄도 없는 탄핵정변의 주범들이 돌아가며 지도부와 그 졸개역할을 맡고 있는 사기탄핵 2중대 정당의 사탄세력들이 윤핵관이니 반윤이니 하면서 서로를 죽이려고 하며 개싸움을 하고 있습니다.

사필귀정이라는 말이 떠오를 정도로, 시간의 차이일 뿐 반역자들과 부역자들 그리고 배신자들의 끝은 결국 천벌을 받고 죽어갈 수밖에 없다는 진리를 다시금 느끼게 됩니다.

김대중과 노무현을 존경하고, 5.18정신을 헌법에 새기겠다는 공서결을 능가하는 탄핵정변의 칼잡이였던 공의 졸개가 등장했습니다.

좌파정당의 2중대 역할을 하며 지금도 위헌소송이 진행 중인, 사실상 당시 폭도 등 내란 반역범들에게 내려진 군사재판 수형자 2500여 명을, 정부가 재심을 해줘서 무죄를 주고 수천만 원의 보상금까지 주는 제주 4.3특별법의 범위마저도 벗어난 월권과 위헌적 소지가 다분한, 일반재판 수형자 1500여 명마저도 재심을 해줘서 무죄를 주고, 보상금까지 챙겨주려는 자가 있습니다.

바로 공서결의 졸개이자 사기탄핵정변 때, 박근혜 대통령님 앞에서 비난하며 수십년을 구형한 한동훈입니다.

이러한 행위는 종북 좌파세력들을 돕고 힘을 실어주는 반역행위이며, 자유우파세력을 배신하는 역적임을 자임하는 것입니다.

대한민국의 주권자이자 투표권자인 저와 여러분은 권력이 올바르게 국민을 섬기고 위하는 일에 쓰이는지, 개인의 사리사욕과 주변의 권력비리와 반역행위 등에 악용되는지, 늘 감시하고 견제를 해야 하며, 잘못이 있을 때는 무조건 물고 빨며 맹목적으로 지지하는 것이 아닌, 잘못에 대해 비판을 하고 책임도 물어야 하는 것입니다.

앞으로도 저희 K파티는 자유대한민국을 적화시키려는 종북세력과 속국화시키려는 종중세력과 야합을 하고 반역을 저지르는 자들은 반드시 엄벌에 처하게 하고, 역사의 반역죄인으로 남겨지도록 최선을 다할 것입니다.

2022년 8월 6일 **제265차**

경제파탄 헌법파괴 탄핵정변 주범 반역 독재 문 리 공 구속

"광화문 광장에서 주권자인 국민이 헌법에 보장된 집회의 자유를 금지하는 서울독재시장 오세훈을 규탄한다!"

이날 외부에서 일정이 있으셨던 유승수 변호사님께서 연락이 오셔서 느낌이 상당히 안 좋다면서 급히 광화문 K파티 현장으로 오신 뒤, 현장에서 마이크를 잡은 뒤 합법적으로 신고된 우리 집회를 수차례 이동시키려 하고, 개최를 막으려고 했던 5세훈이의 서울시 졸개들을 야단치고 규탄하는 연설 중의 발언입니다.

서울시로부터 공문을 통해, 자신들의 행사 주변에 있는 집회 등으로부터, 사전에 과잉 예측을 해서 자신들에게 방해나 피해를 일으키는 집회가 없도록 해달라는 요청을 받은 경찰에 의해, 현장에서 제가 집회를 중단당하고 심할 경우 체포를 당할까 봐, 법적 조치와 보호를 위해 한 걸음에 달려오신 유승수 변호사님 덕분에 서울시와 경찰의 태도가 상당히 누그러지고 달라지게 되었습니다.

후에 들은 이야기는 5세훈 뿐만 아니라, 한덕수라는 자와 서울경찰청장까지 참석한 광화문 개장행사를 위해, 주변에 한 달 전부터 신고된 집회를 다 이동시키거나 개최를 안 하도록 막은 뒤, 그럼에도 저희 K파티처럼 6년을 지켜온 광화문 현장에서의 합법 집회를 소음측정과 서울시의 현장에서의 신고나 고발 등 여러 가지 방법으로 서울시의 행사만을 위해 저를 중단시키고 제지하며, 심지어는 행사방해로 체포를 해서 자신들의 행사가 마칠 때까지, 경찰서에서 조사를 명목으로 잡아두려 했을 거라는 말들을 접했을 때, 정말 서울독재시와 독재국가가 따로 없구나라는 생각까지 들었습니다.

그런 압박과 공격에도 불구하고, 저희 K파티는 6시 이후로 장장 5시간 가까이 집회를 진행하며, 1만 명이 넘는 현장에 동원된 서울시와 산하기관 등의 공무원들과 운만세족들과 5세훈 지지빠들과 사탄파를 지지하는 자들 앞에서 불의와 거짓을 야단치며 5세훈이와 꽁거니의 잘못하는 점들을 야단치며, 이자들과 같은 사기탄핵세력이자 반대한민국 세력인 문재인과 리재명의 구속을 외쳤습니다.

오원순과 박세훈의 광화문 광장공사로 인해, 2년간 집회현장도 사라진 공사장과 그 주변의 열악한 환경에서도, 한 번도 장소를 빼앗기지 않고 지켜온 저희 K파티를 위한 개장행사였다는 말씀들을 참여하신 많은 애국자님들이 하셨던 것처럼, 대한민국을 무너뜨리고 적화시키려고 했던, 거짓촛불과 종북 종중 반역세력들이 장악했던 광화문 광장을 빼앗아, 자유애국우파의 광장으로 6년째 지켜온 K파티를 위한 광화문 광장의 재오픈 집회를 지켜주시고 이끌어주시며 승리를 허락하신 하나님께 감사의 기도를 드렸습니다.

또한, 하나님의 역사하심 가운데, 유승수 변호사님과 애국유튜브 대표님들과 스탭 동지님들 그리고 많은 분께서 현장과 방송을 통해 함께 투쟁해주신 덕분에 최근 들어 가장 힘들었던 265차 K파티를 성공적으로 잘 마치고 승리할 수 있었음을 감사드립니다.

저희 K파티는 하나님 외에는 어느 누구도 두려워하지도 겁내지도 않으며, 티끌만한 권력으로 지배하고 억압하며 공격하려는 자들도 결코, 무서워하거나, 피하지 않습니다.

앞으로도 변함없이 자유대한민국을 지키고, 대한민국 민심과 여론의 중심인 광화문 광장을 끝까지 지키고, 저희를 막으려는 권력과 반대한민국세력과 맞서 싸워 승리하며, 힘차게 정진하겠습니다!

2022년 7월 30일 **제264차**

경제파탄 헌법파괴 탄핵정변 주범 반역 독재 문 틔 공 구속

"아버지, 저기 광화문 광장 안에 이상한 노란 부적이 붙어있던데, 찢어버릴까요?"

6년 동안 좌빨촛불들의 성지였던 어둡고 음침한 광화문 광장을 자유우파의 광장, 하나님의 말씀과 찬양이 선포되는 빛의 광장으로 되찾아 지켜왔는데, 종북좌파들의 광화문 광장을 사망과 음부의 광장으로 만들려는 시도가 계속 수도 없이 이어졌습니다.

특히 종북 좌빨들이 주술과 사술을 계속 광화문 광장에 기둥을 박거나, 피로 쓴 사악한 내용의 부적을 붙이거나, 귀신들을 부르는 행위와 사악한 짓들을 통해, 자유대한민국을 무너뜨리고 광화문 광장을 다시금 악한 거짓의 촛불광장으로 바꾸려는 시도들이 있었는데, 이번 광화문 광장을 개장하기 직전에 붙여놓은 부적을 함께 참여한 아들 성준이가 발견해 제게 전해줬고, 바로 찢어 태운 뒤 하나님께 감사의 기도를 올렸습니다.

하나님의 눈과 귀를 가리려는 것을 넘어, 공석열과 김거니는 천심뿐만 아니라, 주권자인 대한민국 국민의 민심마저 반하고 역으로 행하면서 국민의 신뢰와 기대를 깨트리는 짓들만 해왔기에 취임 후 60%대로 시작된 지지율을 오만과 독선으로 계속 추락을 시켜, 결국은 20%대의 역대 최악의 지지율로 추락을 했습니다.

공서결의 가장 큰 실수이자, 잘못된 첫 단추로 지지율 10% 폭락을 시킨 것이, 바로 국민의 60%가 반대한 청와대 집무실을 폐쇄하고, 국가안보의 핵심기관인 용산 국방부와 합참을 쫓아낸 뒤, 용산에 집무실을 독단적으로 강행한 것입니다.

그다음 10% 지지율 폭락은 국민의 60%가 싫어할 정도로 나대지 않겠다는 공약을 어기고, 국민의 눈쌀을 찌푸리게 만들 정도로 나댄, 안하무인 김거니로 인해 50%에서 40%로 추락했습니다.

세 번째 10% 지지율 폭락은 공서결과 그 주변 비선실세와 측근 비리 의혹과 다누림건설 같은 대통령 집무실과 관저 비공개 수의계약 등으로, 측근 친인척 지인 등의 공명정대하지 못한 불법 부정 비리 의혹으로, 전 국민이 공석열의 불공정한 인사, 불투명한 측근비리 의혹, 무능력한 국정수행 등을 통해 30%로 지지율이 폭락했습니다.

그리고 마지막 20%로 폭락한 것은, 온전히 공서결 본인의 자질 부족과 독단독선, 갈등을 일으키는 망언과 거짓 등 지난 사기탄핵에서 주도적 역할을 해온 공의 본질 그 자체인, 거짓 사기 기망 선동 등이 그대로 국민에게 모두 노출되어, 지지율 20%대로 추락하게 된 자업자득의 추악한 결과가 국격을 추락시키고, 안보를 불안하게 만들

며, 널리 중공의 눈치를 보며 친중 중공의 속국처럼 외교도 내치도, 거의 빵점에 가까운 공서결의 진면목이 드러났기 때문입니다.

지난 탄핵정국에서 잘못된 탄핵판결 이후, 80여 일만에 공서결과 한동훈은 박근혜 대통령님을 옥에 가두고, 자유우파인사들 수십 명을 가두거나 죽게 만들었습니다.

그런 피의 칼춤을 추던 공서결과 한동훈이, 더 큰 권력을 쥔 80여 일 동안 대한민국을 망가뜨리고, 국민을 죽게 만든 역적 문재인을 구속시켰습니까? 아니면 문정권의 졸개들, 총리 부총리 장관 차관, 비서실장과 수석비서관 비서관 행정관들 수백 명 중, 그 어느 누구를 구속시켰습니까?

5.18정신을 헌법에 넣겠다면서 김대중과 노무현 정신을 따르겠다는 공서결을 끝까지 찬양하고, 물고 빠는 위장보수 거짓우파들은 끝까지 공을 빨길 바랍니다.

그리고 공과 졸개들과 함께 역사의 죄인으로 남아, 대한민국 미래세대의 주역인 아이들에게 얼굴을 들 수 없는 이완용과 같은 자들로 남길 바랍니다.

그럼에도 6년간 변함없이 탄핵정변의 역적 처단을 외치며, 공과 한의 구속을 꾸준히 외쳐온 저희 K파티는 대한민국 민심과 여론의 중심인 광화문 광장을 끝까지 지키고, 적화세력과 사기탄핵세력 그리고 친중내각제세력에 맞서 자유대한민국을 수호하며, 초심을 지켜나가면서 반대한민국세력과 맞서 투쟁하고, 싸워 승리해나가겠습니다!

2022년 7월 23일 **제263차**

경제파탄 헌법파괴 탄핵정변 주범 반역 독재 문 틔 궁 구속

"이대표님, 최고 권력과 관련되었을 수 있는 다누림건설을 고발하고 고발인 조사까지 받고 오셨는데, 목숨을 내놓으신 것 아닙니까? 신변보호요청이라도 하셔야지요!"

지난 토요일 광화문 K파티 현장에서 제가 좌우 어느 쪽에서도 의혹 제기나 변죽만 울릴 뿐, 그 누구도 불공정을 지나치고 불의를 모른 척 넘어가는 지금의 비겁한 이 현실에서 대통령실이 유일하게 수의계약으로 수억 원대의 공사를 체결한, 다누림건설에 대해 고발장을 낸 후, 지난 금요일에 고발인 조사를 마치고 왔다는 말에 걱정된 K파티 동지님께서 주신 말씀이었습니다.

"힘쎈 권력이 저지르는 불의를 보고 지나치며, 불법을 보고도 보복과 죽음이 두려워서 모른 척을 한다면, 제가 6년째 이 살벌한 광화문 광장을 지킬 필요도 없으며, 지금이라도 중공국적기를 타거나 중공땅을 밟는 순간 내란범으로 잡혀가거나, 테러나 자살을 당할 수 있는 천멸중공 화웨이 장비 퇴출 시위를 대기업 통신사 앞에서 3년째 투쟁을 이어가는 것도 하지 못했을 것입니다.

천하를 벌벌 떨게 만드는 인간의 최고권력도 하나님 앞에서는 눈곱의 티끌도 안될 뿐만 아니라, 오직 하나님만 바라보고 가면 죽음도 두렵지 않고, 그저 한 줌의 권력을 악용해 지옥으로 떨어지고 있는 저자들의 운명이 불쌍하고 안타까울 따름입니다." 제가 목숨이 아깝고 권력의 횡포가 두려웠다면, 문재인 살인독재 5년 동안 변함없이 지금의 대한민국 수호 투쟁을 이어가지 못했을 것입니다.

또한, 수많은 변절자와 배신자들과 비겁자들이 쉽게 가려고 하는 탄핵정변의 칼잡이이자 주범인 공을 빼는 윤만세족들이나 윤빨충이 되었다면, 대통령실 공사 주변에 몰려드는 허위세금계산서 발행으로, 조세를 포탈하는 일명 자료상들과 껍데기 단종면허 회사들을 앞세운, 배후의 실세나 결정권자들에게 맞서서 말뿐이 아닌 행동으로 저들을 법적으로 고발을 하는 일과 불의와 불공정과 불법에 맞서 싸우는 일을 못 했을 것입니다.

자유대한민국의 미래세대 주역인 우리 아이들과 후손들에게 정의가 불의를 이기고, 진실이 거짓을 이기는 나라를 전해주기 위해서라도, 저희 K파티는 탄핵정변을 일으킨 친중내각제개헌세력들과 종북 주사파 반역세력들과 싸워오면서 6년째 광화문광장을 지켜가며 끝까지 대한민국의 적화를 막고, 중공의 속국화를 막아내기 위한 투쟁을 이어가는 것입니다.

　　박정희 부국강병 대통령님의 말씀인, '내 일생 조국과 민족을 위해'를 실천하며, 목숨을 바쳐서 자유대한민국을 지킬 수 있다면, 그보다 더 귀하고 기쁜 일이 어디 있겠습니까?

　　앞으로도 저와 우리 K파티 용사님들과 변함없이 함께 투쟁하시는 유튜브 대표님들은, 끝까지 필사즉생의 각오로 반대한민국세력과 맞서 힘차게 투쟁하며, 자유대한민국을 지켜내겠습니다!

2022년 7월 16일 **제262차**
경제파탄 헌법파괴 탄핵정변 주범 반역 독재 문 ㅌ 굥 구속

"이대표님, 기도하고 오셨죠? 열대 스콜보다 더 쎄고 태풍 속 소나기보다 더 세차게 내리는 이 폭우가 K파티가 시작하면 멈추고 마른 땅에서 시작하게 될 겁니다. 제 말이 맞을 테니 지켜보세요"

갑자기 내리는 폭우 가운데, 비를 안 맞도록 행사 장비와 짐을 옮기기 시작한 스텝 동지님께서 확신에 차서 하신 말씀입니다.

동성애를 지지하고 낙태를 찬성하는 치매바이든이 임명해서 우리나라로 보낸 햄버거인지 골드버그인지 하는 동성애자가 미국대사로 부임해서는 대한민국의 주권자인 국민의 다수를 차별금지법으로 소수에 의해 여러 가지 자유와 권리를 금지당하고, 법적인 처벌까지 받게 되는 악법을 추진하고 있는 자들의 동성애 행사에 참여하는 것을 넘어, 정치적 간섭까지 하는 지지연설까지 하면서 악한 마귀와 음습한 악한 기운이 서울광장에 이어 광화문 광장까지 광란의 분위기를 만들기 위해 발악을 했음에도 불구하고, 수십만 명의 기도하는 성도들과 목회자님들이 바닥에 엎드려, 반동성애 및 차별금지법 반대를 외치는 통성기도에 하나님께서 응답하셔서 4시 30분부터 5시 30분까지 광화문 인근에만 갑자기 내린 시간당 100mm 수준의 일기예보에 없었던 집중 호우에 물 한바가지 쏟아부어 휩쓸려 사라지고 떠내려가는 개미 떼와 바퀴벌레 떼처럼 폭우를 맞으며 다 흩어지고 사라지는 역사를 하나님께서 보여주셨고, 그 이후로 동성애 행사는 폭망하고 참가한 동성애자들은 혼비백산으로 흩어지게 되었습니다.

늘 기도에 응답해주시고 인간이 감히 생각도 못한 방식으로 악한 세력과 마귀들을 물리쳐 지켜주시는 경험을 다시 한번 겪을 수 있음을 감사하며, 광화문 광장에서 엎드려 기도를 드렸습니다. 262번째 광화문 K파티 도중에 빈번하게 발악을 하고 시비와 공격을 하며 방해한 음란마귀들도 있었지만, 그럼에도 불구하고 그 악한 것들을 꾸짖고 내쫓으며, 열악한 환경인 공사 중인 광장 가운데에서 잘 준비하고 진행하며 하나님의 은혜로 승리하고 잘 마칠 수 있었습니다.

이날은 특별히 제헌절을 기념하는 행사로 진행을 하며, 제헌헌법의 정신과 건국대통령 이승만 국부님의 애국애민 정신을 이어가며, 5.18정신을 헌법에 넣겠다고 하며, 5월의 붉은 정신을 계승하고 존경한다는 노무현의 정신을 계승하기 위해, 한덕수에 이어 변양균까지 경제고문으로 쓰면서 자유우파의 가치와 헌법정신까지 무시하고 파괴하는 윤석열의 탄핵정변 시기의 반역적이고 위헌적으로 저지른 범죄행위부터,

지금까지 일관되게 이어온 반대한민국 위헌정신과 수꼴좌파적인 언행 등의 반역짓들을, 광화문 광장 전체에 울려 퍼지도록 엄하게 꾸짖고 규탄했습니다.

주권자인 국민을 무시하고 헌법수호라는 7월의 정신과 호국의 6월의 정신이 아닌, 5월의 붉은 정신을 추종하고 계승을 하겠다는 반역자 윤석열의 헌법을 유린한 탄핵정변에 대한 사죄와 이에 따르는 법적 책임과 처벌이 없는 한, 대한민국은 더욱 적화되고 친중내각제와 반대한민국 정책으로 붉게 물들며 가라앉을 수밖에 없을 것입니다.

전 국민이 서서히 공석열의 정체를 깨닫고 30% 초반의 지지율로 폭락하며, 바로 이어지게 될 정통우파정권을 염원하는 바람이 더욱 커지고 있음을 실감하는 요즘입니다.

6년 동안 어떠한 타협도 변절도 배신도 하지않은채, 변함없이 광화문 광장을 진실과 정의의 실현을 위한 반석으로 지켜온, 저희 K파티는 앞으로도 불의와 거짓에 맞서 정의가 승리하고 진실이 밝혀지도록, 필사즉생의 각오로 할 수 있는 모든 일과 역할에서 최선을 다하며 투쟁하고 승리하겠습니다!

2022년 7월 9일 **제261차**

경제파탄 헌법파괴 탄핵정변 주범 반역 독재 문 퇴 궁 구속

탄핵정변 62적과 그들의 인간백정 칼잡이 노릇을 했던, 특검 박영수와 윤석열, 한동훈의 역사적 잘못과 범죄는 애써 모른 척 무시하고, 아무리 지우려고 해도, 결코, 없어지거나 지워지지 않습니다.

이 원죄를 저지른 자들이 지금도 반성은커녕, 사죄도 법적인 책임도 지지 않고 한 줌도 안 되는 권력을 쥔 채, 지금도 국민들 위에서 황제놀음과 귀족행세를 하고 있습니다.

대한민국의 주인이자 주권자인 국민을 잘 섬기고, 대한민국을 잘 이끌어가라고, 우리가 종들에게 권력을 잠시 위임했을 뿐, 그들이 권력을 악용하고 측근들이 득세하며, 국정 운영을 잘못하고 있는 부분들까지도, 맹목적으로 옹호하고 물고 빠는 노예근성을 가진, 국민과 개돼지가 되어서는 결코, 안 될 것입니다.

대한민국의 주인인 우리는 권력자가 잘못하면 비판을 하고, 권력을 남용하거나 사적인 추구 또는 측근들이 호가호위하는 등의 문제가 생기면, 국민이 견제하고 반대를 하며, 권력이 국민을 무시하고 혈세를 낭비하거나, 불법을 저지르면 단호하게 고발을 하거나 법적인 조치를 통해 권력을 잘 못 쓰는 부분에 대해서는 책임을 물어야만 하는 것입니다.

그 잣대가 문재인도 윤석열도 다르게 적용되어서는 안 되며, 만인이 법 앞에서 평등해야 하고 권력자도 유권무죄, 무권유죄가 되어서는 안 되기에 일반 국민이라면 이미 체포가 되고도 남을, 50일이 넘도록 허위학력 의혹에 대한 경찰의 서면조사를 거부하고 있는 김건희의 조속한 수사협조가 있어야 하며, 제2, 제3의 다누림건설 비리 의혹이 일어나지 않아야 하기에 K파티는 다누림건설을 고발했고 곧 고발인 조사를 받으러 갈 예정입니다.

시간이 지나면 누구나 초심을 잃기 쉬우며, 태극기를 들고 탄핵정변 62적 구속! 윤석열 구속!을 외치던 사람들이 변해서 권력자에게 잘 보이거나 줄 서서 한 자리를 얻기를 원할 수도 있습니다.

그러나 또 어느 누군가는 끝까지 아무런 죄가 없던 현직 대통령을 끌어내리고, 5년 가까이 형집행정지 신청을 거부하며 옥에 가두며, 자유우파인사들 2백여 명을 구속시키거나 죽게 만든 윤석열 등 자유우파정권을 탄핵역적 세력들에 대한 책임과 처벌을 요구하는 것은 역사적으로도 반드시 필요한 주권자의 의무이기도 합니다.

사실상 판문점에서 불법적인 강제북송을 묵인하거나, 북에 가면 처형당할 수밖에 없는 것을 뻔히 알면서도 헌법상의 우리 국민이 죽음을 당하도록 북의 눈치를 보며, 불법 북송을 재가했을 문재인을 헌법에 따라 단죄하고 엄벌에 처해야 하는 것과 마찬가지로, 윤석열과 박영수 등 탄핵정변의 칼잡이들과 탄핵정변의 62적 또한,, 시간이 걸리더라도 헌법을 위반하며 반역행위를 저지른 천인공노할 범죄에 대해 반드시 법적인 책임과 엄벌을 받도록 해야만 할 것입니다.

자유대한민국 미래세대의 주역인 우리 아이들에게 부끄럽지 않고, 역사적인 탄핵정변에 대한 진실규명과 재발이 반드시 이루어져야 하기에 저희 K파티는 6년째 한 번도 끊김 없이 집회와 투쟁을 이어가며 거짓과 불의와 싸워왔으며, 피와 목숨으로 지켜주신 귀한 자유와 대한민국을 지켜내기 위해 앞으로도 변함없이 힘차게 투쟁하고 싸우며 승리할 것입니다.

함께 끝까지 포기하지 말고 변절하지 말며, 역사의 죄인이 되지 않도록 힘차게 나아갑시다!

2022년 7월 2일 **제260차**

자유박탈 헌법파괴 탄핵정변 주범 반역 독재 문 ㅌ ㄱ 구속

지난 토요일은 체제전복이 목적인 배후세력과 민노총이 총궐기하여 서울광장과 광화문 광장 등 서울 도심에서 미군철수 등을 외치며 반대한민국 투쟁을 한 날이었습니다.

그럼에도, 이날은 중공폐렴을 핑계로 집회금지를 강제했던 시기보다 더 심할 정도로, 우파 단체들과 집회가 역대급으로 가장 적었던 날이기도 했습니다.

민주노총의 반정부 총궐기와 체제전복 시도를 대비해서 총결집한 후, 그날을 위해 사생결단을 하고 그들과 맞서야 한다고 그렇게 외치던 자들과 단체들은 이날 다 사라지고 도망갔으며, 민노총에게 장소를 빼앗기는 등 보수나 우파라고 칭하지도 못할 비겁함과 무기력함, 위선적인 치부를 적나라하게 보여주었습니다.

서울광장에서 기존의 장소를 지키며 집회를 이어간 곳은 국본과 애국가맘님의 집회 등만 남았었다고 하며, 광화문 광장에서는 K파티가 유일했다고 합니다.

무방비 상태로 6.25 전날에 휴가를 가고 술이나 퍼마시며, 북괴의 기습공격 때에는 오히려 국군의 부대가 텅텅 비어, 서울이 북괴에 의해 허무하게 점령당할 수밖에 없었던 지난 6.25 때가 겹쳐지며 떠오르는 정말 섬뜩하면서도 실망 가득한 보수? 우파라고 자칭하는 자들의 비겁하고 무능하며, 무력한 언행불일치를 제대로 보고 느끼며 겪었던 날이었습니다.

집회가 불가능한 전쟁터 같은 공사현장에서도, 6년째 끊김 없이 집회를 이어가는 K파티를 보고는 귀가하던 일부 민노총 놈들이 혀를 내두르는 모습이, 우파에서 저 악하고 불의한 좌파들에게 보여줘야 할 불패 불굴의 의지와 모습이 아닙니까?

국민을 혹세무민하고 국민의 요구와 염원을 무시한 채, 독단과 독선을 고집하던 공석열에게 국민은 부정적 국민 여론이 긍정을 넘긴 데드크로스로 경고를 주었고, 정확히 공약을 깨고 나대고 있는 김건희에 대한 부정적 여론 또한, 절반을 훌쩍 넘었으며 권력의 견제기능도 없이 황제놀음을 이어가기 위해, 우파정권을 무너뜨렸던 탄핵정변의 주범들인 특검 졸개들을 각 권력의 중심과 요직에 내리꽂은, 검찰공화국이라고 국민의 60%가 넘게 부정적인 경고로 주권자의 민심을 나타내었음에도, 콩거니는 이를 무시하고 지지율 대폭락의 벼랑길을 가고 있습니다.

국민의 민심인 여론조사에서 두 번째로 잘못하고 있다는 경제난 해결 부분에서 무능력 무기력 무책임하다는 점을 지적했음에도, 문재인 5년이 야기한 경제파탄 속에서 술마시고 빵사고 영화관에서 팝콘을 먹으며 해외를 다니면서도, 비명을 지르며 자살 등의 극단적 선택이 빈번하게 일어나고 있는 자영업자들의 서민경제와 고금리 물가상승의 심각한 문제는 문재인과 똑같이 해결하려는 의지가 없는 무책임한 콩에 대한 판단이 국민의 부정적 여론 급상승한 당연한 이유일 수밖에 없습니다.

만인 앞에서 평등해야 하는 법은 문정권에 이어 공정권에서도 유권무죄 무권유죄로 이어지며, 누구보다도 모범을 보이고 솔선수범하며 법치를 따라야 하는 김건희조차도 50일이 넘도록, 자신의 허위학력 의혹에 대한 경찰의 서면조사 요청을 거부하고 있습니다.

이런 위선적이고 가식적이며 겉과 속이 다른 수박 콩과 거니에 대한 국민적인 경고인 민심을 끝까지 무시하고 외면한다면, 이 자들은 탄핵정변의 원죄뿐만 아니라 여러 잘못과 불법적인 범죄행위에 대한 천벌을 오래가지 않아 받게 될 것입니다.

진실이 밝혀지고 정의가 승리할 때까지, 포기하거나 변절하지 말고 거짓과 불의에 맞서 끝까지 싸우며, 선배 애국용사들께서 피와 목숨으로 지켜주시고 물려주신 이 귀한 자유대한민국을 우리가 반드시 지켜냅시다!

2022년 6월 25일 제259차
헌법파괴 탄핵정변 주범 반역 독재 문 티 공 구속

구덩이를 만들어 집회 장소를 없애버리고, 계단까지 가로막은 집회방해 속에서도, 6.25와 제2연평해전을 광화문 광장에서 기념하며, 기도로 준비하고 진행하며, 하나님의 은혜로 잘 마칠 수 있었습니다.

人心惡 天不錯 (인심악 천불착) 사람 마음의 악은, 하늘이 놓치지 않는다

인간이 악(惡)한 마음을 품으면, 절대자 하나님은 반드시 알아차린다는 뜻입니다.

우리를 대신해서 대한민국의 영토를 지키시다가 산화하신, 호국수호용사님들의 귀한 호국정신을 뒤로하고, 5월의 붉은 정신을 기리고 헌법에 넣겠다는 사악하고 악독한 자가 바로 탄핵정변의 주범이자, 자유우파정권을 무너뜨리고 대통령을 옥에 가두었을 뿐만 아니라, 우파인사 2백 명 이상을 가두거나 죽게 만든 천하의 역적입니다.

악행을 저지른 자가 아무리 하늘을 손으로 가리고, 국민을 혹세무민하려 해도, 하나님은 이 자와 탄핵정변 주범들의 죄를 다 알고 있을 뿐만 아니라, 호국용사님들이 피와 목숨으로 지켜온 이 귀한 자유와 대한민국을 중공이 가장 부려먹기에 좋은, 속국의 지름길인 내각제개헌을 하려 하고, 차별금지악법을 막으려 하지 않으며, 좌파 반자유세력들이 좋아하는 5월의 정신을 계승하여, 대한민국의 적화를 앞당기려는 겉과 속이 다른 수박 같은 짓거리를 하고 있음을, 주권자인 국민도 지지율 폭락으로 답하고 있으며, 오래가지 않아 하나님도 저들에게 천벌을 내릴 것입니다.

용산집무실뿐만 아니라, 용산관저 공사에도 비공개 수의계약으로 제2, 제3의 다누림건설 같은 업체가 있다는 의혹이 제기되고 있으며, 이런 것들이 사라지고 일벌백계 되지 않는 한, 앞으로 측근 비리와 권력형범죄 그리고 국기문란 사건들은 더욱 드러나고 터지게 될 것입니다.

앞으로도 K파티는 국민이 부여한 권력을 사유화하고, 범죄와 비리에 악용하는 것을 주권자로서 반드시 찾아내어 규탄하고, 끝까지 책임을 물을 것입니다.

초심을 잃지 않고 변질되지 않으며, 진실이 밝혀지고 정의가 최종 승리할 때까지, 힘차게 투쟁하고 승리하며 나아갑시다!

2022년 6월 18일 **제258차**
자유박탈 헌법파괴 탄핵정변 주범 반역 독재 문 ㄹ 공 구속

人善人欺天不欺 (인선인기천불기)

人惡人怕天不怕 (인악인파천불파)

'사람이 선(善)하면 다른 사람들이 그를 업신여기지만, 하늘은 업신여기지 않으며 사람이 악(惡)하면 다른 사람들이 그를 두려워하지만, 하늘은 두려워하지 않는다'

우리 인간은 권력자를 두려워하고 잘 보이려 하지만, 하나님은 권력자가 두려워해야 할 생사화복을 정하시는 절대자입니다.

권력의 횡포와 측근의 비리는 반드시 천벌을 받게 될 것입니다.

지난 토요일 광화문 K파티는 전쟁터와 같은 공사현장에서 많은 분께서 개최가 불가능하다고 하실 정도로 모든 조건과 상황이 최악의 상황이었지만, 애국 동지님들의 헌신과 하나님의 은혜로 잘 준비하고 마칠 수 있었습니다.

이날, 저는 여러분께 권력의 배후가 없이는 결코, 일어날 수 없는 건설업에 계신 분들조차 말도 안 된다고 하는 다누림건설에 대한 고발장을 작성해서 제출하겠다고 말씀드렸습니다.

한 언론사 탐사보도 기사에 따르면, 다누림건설의 대표이사라는 사람이 주변에 허위 세금계산서 발급을 요청한 정황이 포착되었으며, 다누리건설의 경영자가 허위 세금계산서를 발행했거나, 발행 시도를 통해서 대통령실 공사에 참여했다면, 이는 공사계약 취소의 사유가 될 뿐만 아니라, 불법행위를 저지른 죄로 엄중한 처벌도 받아야만 할 것입니다.

6억 8천만 원의 공사를 3억 7천만 원대의 시공능력평가에 이마저도 1억 2천만 원의 경영평가를 빼면 2억 5천만 원대 수준인, 설립 후 실제 수주한 공사는 3건에 8천만 원대에 불과한 6개월 된 신생업체가 대통령실에서 유일하게 수주한 공사라는 것도, 초등학생이라도 느낄 수 있는 이 수상하고도 배후가 의심되는 다누림건설 관련, 여러 부분의 의혹에 대해 수사를 해달라고 했으며, 문재인 좌파독재정권에서 억울하게 탄압을 받은 수십 명의 애국자와 활동가들의 구속을 풀고, 수십 건의 무죄판결을 이끌어내신 유승수 변호사님과 함께, 다누림건설 경영진 2인과 대통령 집무실 공사관련 수의계약 책임자를 고발했습니다.

좌우를 떠나, 권력비리나 혈세 낭비 등의 범죄에 대해서는 진실을 밝히기 위한 노력과 수사를 통해, 혐의가 밝혀지면 엄중한 처벌을 내려, 다시는 이런 일들이 일어나지 않도록 견제하고, 감시하는 것 또한, 주권자인 국민이 해야 할 역할입니다.

앞으로도 저희 K파티는 권력 측근과 주변의 비리와 범죄 의혹이 터지면, 이에 대한 수사를 의뢰하고 일벌백계할 수 있도록, 거짓과 불의에 맞서 투쟁하며, 할 수 있는 모든 일과 역할에 최선을 다하겠습니다!

2022년 6월 11일 **제257차**
자유박탈 헌법파괴 탄핵정변 주범
반역 독재 문 틔 공 구속

湛湛靑天不可欺 (담담청천불가기)

未曾擧意我先知 (미증거의아선지)

勸君莫作虧心事 (권군막작휴심사)

古往今來放過誰 (고왕금래방과수)

맑디맑은 푸른 하늘을 속이지 마라

아직 행하거나 생각하지 아니하였더라도 나 하늘은 미리 안다

그대에게 권하겠네, 양심에 거리끼는 일은 하지 마라

옛날부터 지금까지 하늘을 속이고 무사한 사람이 있었는가?

대한민국의 주인이자 주권자인 국민을 속이고 사기를 치려고 하지만, 국민은 잊지 않고 그들의 거짓을 기억하고 있었습니다.

대선에서 허위경력 등의 심각한 문제와 범법행위가 들키자, 국민에게 대통령이 되더라도, 나대지 않고 조용히 내조만 하겠다고 공약을 했던 공과 거니의 사기를 국민의 60%가 기억하고 나대지 말라는 경고를 했음에도, 대통령 집무실 5층에 접견실을 두고, 코바나 컨텐츠 회사는 폐업한다고 해놓고는 하지 않은 채, 코바나 직원들을 청와대 공무원으로 뽑았을 뿐만 아니라, 공과 거니가 살고 있는 아크로비스타 인근의 저축은행에서 대출을 받은 자가 대표로 있는 업력도 경력도 기술도 부적절한 포천의 다누림 건설만 대통령실에서 유일하게, 수억원 대의 수의계약으로 공사를 맡긴 의혹을 시작으로, 앞으로도 여러 가지 친인척과 측근의 권력비리와 국정농단이 우려될 것은, 지켜보면 머지않아 현실로 드러나는 것을 보게 될 것이고 여러분과 국민은 경악하게 될 것입니다.

국민으로부터 검찰공화국이라는 말들이 나올 정도로, 독재국가에나 있을 권력분립도 없이, 탄핵정변을 일으킨 사기탄핵 칼잡이들과 특검에 속했던 자들을 정권의 핵심권력과 요직에 심어두더라도, 하나님은 이 자들의 수사권과 기소권의 직권남용으로 멀쩡한 자유우파정권을 무너뜨리고, 불소추 면책특권이 있는 현직 대통령을 내려

오게 만든 뒤, 5년 가까이 감옥에서 죽을 정도의 고통을 받게 했을 뿐만 아니라, 2백여 명이 넘는 자유우파인사들과 애국공직자들을 옥에 가둔, 이 천인공노할 중범죄와 국가반역죄를 저지른 사악한 검찰공화국 권력자들은 반드시 천벌을 내리실 것이고, 자손 대대로 이완용보다 더한 역적으로 대한민국의 역사에 남겨지게 될 것입니다.

지금 이 짧은 시간, 영원할 것처럼 누리는 불의하고 거짓으로 만들어 낸 권력을 즐기길 바랍니다.

오래가지 않아 이 거짓된 악한 권력자들의 악마 같은 웃음은 피눈물과 비명으로 바뀌게 될 것이며, 이 사악한 자들이 누리는 권력과 부귀영화는 어두운 감옥과 영원한 지옥의 불길로 바뀌어 이들을 기다리고 있을 뿐입니다.

도도하게 흘러가는 자유대한민국의 역사와 후손들에게 부끄러운 반역자와 배신자와 역적들에게 줄 서고 지지하다가 긴 세월 후회로 살지 말고, 진실을 밝히고 정의가 승리할 수 있도록 올바르고 용기있게 나라 사랑을 실천하는 우리 모두가 될 수 있기를 간절히 기도합니다!

2022년 6월 4일 제256차

자유박탈 헌법파괴 탄핵정변 주범 반역 독재 문 틱 공 구속
호국의 달

人願如此如此 (인원여차여차)

天理未然未然 (천리미연미연)

사람은 항상 여러 가지 일이 이루어지기를 서두르지만, 하늘의 이치는 적당한 때가 있으니 서두르지 말고 기다려야 한다는 뜻입니다.

성급하고 서두르며 기다리지 못하는 인간의 습성으로 차악을 두둔하고 불의와 거짓을 궤변으로 합리화하며, 자신들이 목숨처럼 지키겠다고 천 명한 원칙과 정의와 진실을 헌신짝처럼 내버리고, 몇 년도 되지 않아 스스로 반역을 저지르고 변질되어, 대한민국을 적화시키려 했던 붉은 5월의 정신을 따르겠다는 자를 물고 빨며 환장을 한 오물과 같은 자들이 된 채, 자유대한민국을 목숨 바쳐 지켜낸 순국선열 호국용사들을 무시한 채, 6월의 호국정신을 부끄럽게 만드는 박쥐와 수박과 같은 자들이 탄핵정변의 내란범이자 칼잡이인 공 주변에서 똥가루라도 주워 먹기 위해 발악을 하는 모습들이 그저 안타깝고 씁쓸할 따름입니다.

호국보훈의 달 6월은 6일 현충일, 25일 6.25 남침, 29일 제2연평해전 등의 우리를 대신해서 헌신하시고 희생하신 분들을 기리는 귀하고 귀한 날들이 있습니다.

자유대한민국을 주적인 중공과 북괴로부터 구한 것은 5월의 붉은 정신이 아니라 6월의 호국정신이기 때문입니다.

이번 지방선거는 윤과 문과 여야 당지도부 모두를 심판한 결과임을 망각해서는 안 될 것입니다.

윤이 찍어서 공천시켰다고 할 정도로, 윤의 입이라고 불리던 김은혜만 시도지사 선거에서 낙선했고, 문재인의 상징인 노영민 전 비서실장이 출마한 충북에서의 30%대 최저 득표로 낙선하며, 국민은 문재인의 아바타를 심판한 최악의 패배를 남겼으며, 결국, 오만방자한 공석열에 대한 경고에다가 문재인 5년의 심판으로 결과가 났을 뿐, 공과 문 누구도 제대로 된 승리를 얻은 것은 아님을 알 수가 있습니다.

또한, 좌파정당의 비상대책위원장으로 앉은 자가 시작부터 차별금지법 제정을 강행하겠다는 듯 초고속으로 법사위까지 상정하려는 민심에 반하는 행위를 저지르다,

신앙심 깊은 수백만의 교회 성도들에게 지방선거 패배 후 쫓겨나게 되는 결과로 벌을 받게 되었습니다.

또한, 오만방자한 여당의 대표라는 자도, 있을 수도 없는 성접대 무마시도 의혹에 대해 조만간 수사를 받고, 당윤리위원회까지 곧 개최되어 곧 사라질 수도 있는 일이 생기게 되며, 129곳이나 압수수색하고 문정권에서 중단 또는 덮어 두었던, 명 폐 부부 둘 다 법카 수사받고 대장동 수사도 받아야 하는 심판의 칼날 위에 곧 서게 되었습니다.

이 모든 결과는 천지 만물을 창조하시고 생사화복을 주관하시는 하나님을 경외하지 않고, 인간을 맹종하거나, 마귀와 무속의 힘을 빌리거나, 인내하지 않고 정도로 가는 길을 무시했기 때문에 받게 되는 자업자득의 결과일 뿐만 아니라, 대대손손 내려질 천벌을 두려워하지 않는 오만과 탐욕 그리고 독선 때문임을 우리는 명심하고, 더욱 낮은 자세로 엎드려 기도하며, 자유수호와 구국을 위해 목숨을 아끼지 않은 애국 용사님들을 본받아, 변함없이 진실을 밝히고 정의를 실현하기 위한 노력과 투쟁으로 자유대한민국을 지켜나가야 할 것입니다!

2022년 5월 28일 **제255차**

자유박탈 헌법파괴 탄핵정변 주범 반역 독재 문 틱 공 구속

暗室虧心 神目如電 (암실휴심 신목여전)

으슥하고 후미진 곳에서 마음을 저버려도, 신은 번개처럼 본다.

즉, 아무도 보지 않는 곳에서 양심에 어긋나는 행동을 하더라도, 하나님은 곧바로 알아차린다는 뜻입니다.

북괴 3대 세습학살독재자 김정은이 가장 좋아할 안보의 공백과 위기를 만들어 내고, 헌법에 역사의 기록을 넣을 수 없음에도 5.18정신을 헌법에 놓겠다고 하며, 김대중도 노무현도 문재인도 좌파정권의 어느 누구도 민심과 여론을 눈치 보며 감히 저지르지 못했던, 청와대 집무실을 공원화시키고 폐가로 만든 장본인이, 몰래 숨어 다니며 알콜중독자처럼 술을 퍼마시면서 국가안보를 위협하는 위헌적 행위를 일삼는 공석열과 그 배후는 국민은 잠시 속일 수 있더라도 절대자 하나님은 결코, 속일 수가 없습니다.

국민의 과반이 넘게 반대를 하는 용산 이전 관련, 헌법기관인 대통령 집무실의 이전 반대 위헌소송에 저와 K파티 회원분들이 참가한 이유를 광화문 광장에서 발언했습니다.

공의 독단에 의해 결정된 청와대 용산 이전은 심각한 안보 공백과 안보 불안을 야기하고, 거주지와 집무실이 따로 생기게 된 사상 초유의 불안정한 안보상의 위험을 발생시키며, 북괴가 민간 아파트인 아크로비스타에 미사일을 몇 발 발사하게 되면, 대한민국 국정이 마비될 수 있을 위험을 상시 노출되도록 만들었습니다.

또한, 민간인 신분의 당선인은 이러한 위헌적 결정을 할 수가 없을 뿐만 아니라, 충분한 시간을 두고 계획과 절차 등 필요한 모든 과정을 거쳐야 하며, 국민의 혈세 낭비를 최소화해야만 했습니다.

노무현 정권 때의 수도 이전에 대해 헌법재판소는 국회와 청와대 대통령 집무실 이전을 금지했는데, 대통령의 집무실인 청와대 이전은 관습 헌법과 관습법에 위배 되기 때문이라는 위헌 판결을 내리기도 했습니다.

전 국민의 과반이 넘게 청와대에서 용산으로의 집무실 이전을 반대하고, 서울시민의 60% 이상이 용산 이전을 반대할 정도로, 청와대는 불문헌법과 불문율에 의해 국민적 동의 없이는 이전해서는 안 되는 미국의 백악관과 같이 대한민국의 상징이자, 국민투표를 하거나 헌법을 바꾸지 않으면 함부로 이전할 수 없는 곳이기도 합니다.

잠실 롯데타워와 같은 민간시설도 국가안보와 비행금지구역 등의 국가 안보상의 영향을 끼치거나 군사적인 시설변경 등이 필요할 경우, 절차와 과정을 거치고, 해당 지자체의 조례와 국회의 관련법 검토 절차가 필요하며, 탈원전 강행 때에도, 관련 위원회를 구성하고 여론과 의견수렴을 위한 대국민 공청회를 거친 것처럼, 아무런 공청회도 여론과 국민의 의견수렴도 없이 막무가내로 밀어붙인 공의 독단적인 결정은 위헌적인 범죄가 될 수밖에 없습니다.

대통령 집무실 이전은 국민적 합의를 요하므로 국민투표 또는 국회의 동의가 필요할 뿐만 아니라, 세금의 낭비 또한, 중요하게 살펴야만 합니다.

공석열의 독선적 판단으로 대통령 집무실의 용산 국방부청사 이전으로 인해, 6곳으로 흩어진 국방부가 향후 합참 청사로 옮기게 되고, 합참은 수천억 원의 비용을 들여 건물과 시설을 신축해야 하는 불필요한 혈세 낭비에 대한 검토와 감사 또한, 필요한 과정임에도 술석열은 이러한 모든 절차와 검토의 과정을 무시했습니다.

이번 사안에 대해 제대로 절차와 과정을 밟지 않고 강행한, 불법적이고 위헌적인 대통령 집무실의 이전행위를 허용할 경우, 수도이전에서도 위헌 판결이 난 대통령 집무실 이전 금지 결정을 무시하고, 앞으로 정권이 바뀌는 5년마다 계속 대통령 집무실 이전이 세종시나 제주도나 어디든지 옮겨질 수 있는 나쁜 사례를 만들 수 있습니다.

일부 대깨윤들이 주장하는 청와대에 간첩이 있어 들어가면 안 된다는 말도 안 되는 패배의식은 접고, 간첩들이 있다면 때려잡으면 될 것이며, 청와대 내부가 화려하고 사치스러워 들어가면 안 된다는 등의 억지 주장은 그런 시설들을 폐쇄하고 검소하게 지내면 될 일이지, 용산으로의 이전의 이유는 결코, 될 수가 없습니다.

거짓은 오래가지 못하며, 불의 또한, 권력으로 영원히 덮을 수 있을 듯하지만, 역사에서 알 수 있는 것처럼 시간의 차이일 뿐 진실은 반드시 밝혀지고, 정의는 반드시 승리하게 될 것입니다.

훗날 미래세대의 주역인 우리 아이들에게 고개를 들지 못할 반역과 배신에 동조하고 부역하지 말며, 5월의 정신을 신성시하며 6월의 호국정신, 애국정신을 무시하며 혐오하는 좌우의 반자유세력들과 맞서 끝까지 자유대한민국을 수호하기 위해 우리가 할 수 있는 모든 일과 역할에서 기도하고 투쟁하며 힘차게 나아갑시다!

2022년 5월 21일 **제254차**

자유박탈 헌법파괴 탄핵정변 주범 반역 독재 문 틱 궁 구속

欺人必自欺其心 欺其心必自欺其天 (기인필자기기심 기기심필자기기천)

'다른 사람을 속이려면 반드시 마음을 속이는 것부터 해야 하며, 마음을 속이려면 반드시 하늘을 속이는 것부터 해야 한다'

노무현과 김대중을 존경하고, 좌우를 통틀어 사상 처음으로 국개 전원을 반강제로 광주로 데려가면서 5.18정신을 헌법에 넣겠다고, 반대한민국과 반자유세력의 수괴임을 자처하며, 커밍아웃을 한 수박 공석열에게 지켜야할 정신은 김일성이 기뻐한 5월의 정신이 아니라, 피와 목숨으로 조국 대한민국을 지켜낸 6월의 정신입니다.

제가 광화문 광장에서 뻔하게 예상하고 말씀드린, 5.16 구국혁명에 대해 일언반구의 언급도 하지 않은 2중대 국짐당과 어느 한 국개도 그 귀한 가치와 역사적 의의를 말하지 않고 행동도 하지 않은 것을 보고도, 우파의 누구도 개탄하거나 비난도 하지 않은 채, 이틀 뒤 5.18 광주에는 전원이 총출동해 내려가며 눈물까지 흘리는 작태에 2중대 정당의 해체 또는 당내에서 똬리를 틀고 있는 독사 같은 탄핵정변의 주범들과 반역자 부역자 배신자들을 퇴출시키지 않고는 결코, 자유대한민국을 지켜낼 원내정당은 없으며, 이승만 건국대통령님과 박정희 부국강병대통령님과 박근혜 자유수호 대통령님의 귀한 구국의 정신을 이어갈 정치꾼들도 하나 없음을 다시금 확인할 수 있었습니다.

5월의 정신을 새긴다며 광주로 내려간 정치꾼들과 같은 날 동작동으로 간 애국자분들이 너무나도 대조되어, 참으로 안타깝고 씁쓸하기만 합니다.

트럼프 대통령을 외치다가 바이든을 외치는 사람들과 박근혜 대통령을 외치다가 공석열을 외치는 사람들이 상당수가 겹치고, 일제 강점기에 독립투사들을 신고하며 천황 만세를 외치던 자들이, 6.25 남침으로 대한민국의 대다수 지역이 북괴에게 점령되자, 이웃의 군경 공무원들과 가족들을 신고하고 처형에 앞장서며, 태극기를 짓밟고 인공기를 들며 수령 만세를 외친 자들이 겹쳐지는 것은, 하나도 이상한 일이 아니라, 이런 자들의 핏속 유전자는 대대로 전해지며, 역사의 되풀이되는 과정에서 매국노로, 빨갱이 앞잡이로 밝혀지고 커밍아웃을 자처하며 그렇게 반복이 되었을 뿐, 지금도 매국노 반역자 변절자 부역자들의 후예들은 그런 짓들을 충실히 하면서 자유대한민국을 서서히 무너뜨리는데 앞잡이와 개노릇을 하고 있을 뿐, 하나도 변하거나 달라진 것은 없었을 뿐입니다.

5월의 후예와 6월의 후예가 자유대한민국을 두고, 적화시키거나 무너뜨리려는 공격과 시도를 막아내느냐 마느냐가, 앞으로 대한민국의 존폐와 미래세대의 주역인 우리 아이들의 운명이 달려있다고 해도 과언이 아닙니다.

거짓보수와 위장우파임을 대놓고 자처하며, 5월의 정신을 지지하고 물고 빠는 자들과 맞서서 저희 광화문 수호세력인 K파티는 끝까지 우리 어르신들께서 피와 목숨을 바쳐가며, 팔다리가 잘리면서도 지켜낸 이 귀한 자유대한민국을 지켜내고, 거짓의 반대한민국세력과 위선의 반자유세력과 맞서서 투쟁하고 싸워 승리하겠습니다.

6월의 후예인 우리가 자유대한민국을 지켜냅시다!

2022년 5월 14일 **제253차**

스승의날, 5.16혁명 기념, 5.18 군경 전사자 추모
자유박탈 문 티 콩 구속!

人可斯 天不可斯 人可瞞 天不可瞞 (인가기 천불가기 인가만 천불가만)

사람을 속일지언정 하늘을 속일 수 없고, 사람에게는 숨길지언정 하늘에게는 숨길 수 없다.

자유우파정권을 무너뜨리고 현직 대통령을 끌어내려 감옥에 5년 가까이 가둔, 탄핵정변 반역세력들인 공석열과 국짐당 내 사탄파 졸개들의 향후 대한민국을 서서히 적화시키려는 확실한 의지와 행태를, 이번 5.16과 5·18때의 하는 짓거리들을 보면 알 수 있다고, 지난 토요일 저녁 광화문 광장에서 여러분께 말씀드렸습니다.

기대에 절대로 어긋나지 않게, 겉은 초록색이나 속은 빨간 수박과 같은 위장보수 가짜우파임이 이번에도 드러났음에도, 박수 무당? 박수 수박 공에게 붙어서 어떻게든 한 자리를 차지하려는 반역자 변절자 부역자들은 다시금 공을 물고 빨면서 집어던진 태극기를 더욱 꼭꼭 숨기고, 결사반대를 외쳤던 5.18 참배에 대해 침묵하면서 자신들의 소신과 의지와 영혼까지 수차례 죽이고 있습니다.

저는 대한민국과 자유우파정권을 한 번 배신한 자들은 다시 또 배신할 것이며, 5.16이라는 구국의 혁명에는 단 한마디도 하지 않고, 종북세력에게도 좌파정당에게도 없었던 공의 반강제적인 5.18 참배에 국개들 전원의 참여와 장관들과 차관들 그리고, 수석들과 비서관들까지 개인의 자유 의지와 판단을 박탈시키며, 참여하도록 한 것은 공이 생각하는 자유가 자유대한민국을 지켜온 자유가 아닌, 북괴 3대 세습학살 독재자들의 자유와 중국 시진핑의 독재와 탄압의 자유와 다름이 없다는 것을, 다시금 알 수 있었습니다.

우파 내의 변절자들과 배신자들이 물개박수를 치며, 물고 빨았던 공석열이 주장한 자유는 자유대한민국의 자유가 아닌, 방종과 반강제와 불법을 마음껏 행할 수 있는 거짓의 자유였으며 위선의 자유였습니다.

정치적 불이익이 두려워 반강제적으로 광주로 가야 하는 자유, 차별금지법과 평등 악법에 침묵하는 자유, 5.18정신을 헌법에 새길 자유, 국민의 반대여론을 무시하고 무속을 맹종했는지 청와대는 단 1초도, 단 한 발짝도 들어가지 않은 채 안보의 흔들림을 초래한 용산 이전을 강행하는 독단의 자유, 노무현과 김대중을 존경하며 위장우파 행세를 하는 자유 등 공석열이 수십 번 외친 자유가 이미 작년부터 여러분께 수십 차례 반복해서 말씀드리고 경고했던, 악하고 거짓된 공과 그 졸개들의 사악한 언행이, 자유대한민국을 서서히 데워지고 있는 냄비 속의 개구리의 마지막 죽음과 같이 만들고 있음이, 하나의 틀림도 없이 계속 드러나고 있습니다.

시간의 차이일 뿐, 이러한 악한 자들과 위선과 거짓의 세력들은 반드시 무너지고, 천벌을 받게 될 수밖에 없습니다.

6년째 대한민국 여론과 민심의 중심인 광화문 광장을 지켜온 저희 K파티는 앞으로도 변함없이 대한민국의 국익을 최우선으로 하고, 국민의 안위를 가장 위하는 변함없는 행보를 담대히 이어나가며, 이승만 대통령님의 건국정신과 박정희 대통령님의 부국강병정신과 박근혜 대통령님의 자유수호정신을 더욱 발전시키고, 계승해 나아가겠습니다.

자유는 공짜가 아닙니다.

패망 월남의 전철을 밟고 있는 수박 공석열 타도와 대한민국을 중공의 속국으로 만들기 위해 발악했던 문재인 구속과 거짓촛불과 사리사욕과 혈세 낭비로 혹세무민한 리재명 구속, 그리고 대한민국의 주적인 학살자 북괴 김정은과 중공 시진핑의 처단을 위해, 할 수 있는 모든 일과 역할에 최선을 다하고, 자유대한민국을 지키기 위해 힘차게 투쟁하며, 승리를 위해 당당히 나아가겠습니다!

2022년 5월 7일 **제252차**

하늘을 가리고 국민을 속이는 문 티 궁 척단!

지난 토요일 252번째 광화문 K파티도 광화문 광장 공사로 인해, 집회공간이 사라지고 건강에 치명적인 공사장 흙먼지와 희뿌연 중공발암먼지로, 행사 발언 뒤 목에서 흙먼지가 나올 정도로 최악의 상황에서 하나님의 은혜로 감사하게 잘 진행하고 마칠 수 있었습니다.

世人要瞞人 分明把心欺 (세인요만인 분명파심기)

欺心卽欺天 莫道天不知 (기심즉기천 막도천부지)

天在屋檐頭 須有聽得時 (천재옥첨두 수유청득시)

你道不聽得 古今放過誰 (니도불청득 고금방과수)

세상 사람들이 만약 다른 사람을 속인다면, 틀림없이 마음을 속이는 것이다.

마음을 속이는 것은 바로 하늘을 속이는 것이니, 하늘이 모를 것이다 말하지 말라. 하늘은 지붕의 처마끝과 같이 사람들의 가까운 곳에 있어서 사람들이 하는 모든 것을 반드시 알고 있나니 그대는 하늘이 못 듣는다고 말하지만, 옛날부터 지금까지 하늘을 속이고 무사한 사람이 있었느냐?

좌파의 사냥개가 되어 자유우파 정권과 아무런 죄가 없는 대통령을 가둔 위헌 반역 범죄자들이 잡아먹히기 전에 우파로 넘어와 하늘을 가리고 국민을 속여도 박수를 치며 물고 빠는 양심을 짓밟아버린 자들이, 과연 2, 3년 후에도 지금처럼 태극기를 꺾어버리고 방구석에 꽁꽁 숨겨놓은 변절자들이, 공석열 만세와 공을 지키기 위해 목숨을 걸 것 같습니까?

권불십년 화무십일홍과 같이, MB도 초기에 광우병 거짓촛불 선동에 항복한 뒤, 3년이 못 되어 권력은 빠지고 박근혜 대통령께 힘이 가속화되어 흘러가듯, 5.18정신을 헌법에 새기겠다는 지금의 공도 얼마 가지 못해 반대한민국세력에게 타협하고 무너지기 시작할 것이며, 공 주변을 둘러싼 기회주의자들과 탄핵정변의 역적들과 태극기 변절자 배신자들은 역사가 반복되는 것처럼, 정치권에서 가장 영향력이 크고 서서히 대한민국을 바로 세우기 위한 역할을 할 정치지도자에게 국민의 관심과 힘이 흘러갈 수밖에 없으며, 그분이 누구인지는 여러분도 다 아실 것입니다.

우리 인간도 마귀도 천지 만물을 창조하시고 생사화복을 주관하시는 절대자 하나님을 결코, 속일 수 없습니다.

시간이 지날수록 드러날 거짓과 무속의 국민 눈속임과 악행들이 결국은 하늘에 의해 벌을 받게 되고, 억울하게 가둔 수백 명의 자유우파 애국자들과 대통령님의 눈에서 피눈물을 흐르게 만든 자는 사람이 그 권력 때문에 용서하거나 포기를 하더라도 하늘은 끝까지 그 죄악과 역적 행위에 대해 절대 잊지 않고, 천벌을 내리게 될 것입니다.

늘 여러분께 수 년간 변함없이 일희일비하지 말자고, 멀리 보고 크게 나아가자고 반복해서 말씀을 드렸습니다.

이 악한 시기에 악행을 저지른 자들을 박수치고 환호하다가, 훗날 선진강국 통일대한민국을 이끌어갈 미래세대의 주역인, 우리 아이들에게 얼굴을 들지 못하고, 부끄러운 이완용과 같은 매국 반역동조자들이 되어서는 결코, 안될 것입니다.

극소수의 사람만이 남아, 소신과 원칙을 지키고, 시간이 걸리더라도 반드시 진실을 밝히고 정의를 구현하는 역사는 주님만 바라보고 붙잡으며 엎드려 기도하며 나아가는 주님께서 찾으시는 한 사람에 의해 이루어지게 될 것입니다.

바로 주님께서 찾으시는 기도하고 진리를 위해 싸우는 한 사람이 우리가 될 수 있도록, 우리 각자가 맡은 역할과 자리에서 모든 노력을 다하고 기도하며 담대히 나아갑시다!

보이지 않는 영적전쟁에서 천군천사를 보내주시어 6년간 투쟁을 승리로 허락하시고 이끌어주시는 하나님께 감사의 기도를 올리며, 반가운 모습으로 253차 광화문 K파티에서 현장과 방송을 통해 뵙겠습니다.

2022년 4월 30일 **제251차**
국민의 뜻 거스르는 문 티공 구속

"다수의 국민이 소수에 의해 피해를 보며, 가정을 해체하고, 신앙과 양심에 따른 반대조차 법적인 제재를 하려는 평등 및 차별금지의 독재 법안을 강력히 반대한다!"

지난 토요일은 광화문 광장의 K파티 현장에 참여하신, K파티 동지님들과 유튜브 대표님들과 함께 우리뿐만 아니라, 대한민국을 이끌 미래세대의 주역인 우리 아이들까지 법적인 피해와 억압을 당할 수밖에 없는 표현과 양심과 종교의 자유를 탄압하고, 젠더, 페미니즘 정책으로 남녀 갈등을 조장하며, 다수의 국민을 역차별하는 나쁜 차별금지법과 평등법의 독재 법안통과와 제정 시도를 즉각 중단하라!고 힘차게 외쳤습니다.

이날은 특별히 애국가맘님께서 차별금지법과 평등법이 통과되면 안 되는 이유와 이 악법을 반드시 막아야 하며 결사반대하는 내용의 힘찬 발언을 해주셨고, 이후 광화문 광장에 울려퍼진, 하나님께 감사와 영광을 올리는 귀한 찬양을 특송으로 불러주셨습니다.

문재인 좌파독재정권이 끝나면서 미국과 유엔에 의해, 대한민국 대기업인 SK그룹이 SK에너지를 통해, 경유 1만 톤을 해상 환적이 뻔한 대북제재회피와 위반이라는 것을 알아야 함에도 애써 모른 척하고 있으며, 북괴를 돕기 위해 기름을 판매했다는 대북제재 위반 사실과 범죄 의혹 등이 터져 나오고 있습니다.

문재인 정권에서 중국 공산당과 인민군의 앞잡이와 개노릇을 하는 중공 화웨이 장비를 4G와 5G에서 끝까지 고집부리며 사용한, 통신 3사 SK와 LG와 KT 또한,, 반드시 수사해서 불법행위, 국익 손실, 중공을 이롭게 하고 국민에게 피해를 입힌 범죄들이 밝혀지면 엄벌에 처해야만 할 것입니다.

또한, 위헌과 위법의 소지가 큰 청와대에서 용산으로의 집무실 이전에 대한 반대와 성급하고 위법적인 집무실 이전 중단을 광화문 광장에서 외쳤습니다.

청와대는 역대 대통령들께 나라를 잘 이끌며, 집무를 잘 하고 국민을 잘 섬기라고 보안과 안전까지 잘 갖춘 곳을, 국민의 혈세로 반세기가 넘도록 보완하고 증·개축하여 국민이 만들어준 곳인데, 이것을 국민이 원하지도 않고, 오히려 집무실 이전을 반대하는 국민의 뜻이 과반이 넘고 있음에도, 천공이라는 자가 용산으로 가야 하고, 청와대는 귀신이 있어서 거기에 있어서는 안 된다는 말을 들어서 그런지, 국민의 눈에 하루도 아니 한 시간도 청와대에 들어가지 않으려고 발악하는 것처럼 보이는 윤석열은 결국 국민 과반이상이 원치도 않는데, 청와대를 국민에게 돌려주겠다는 억지를 부리면서 국방부를 흔들고, 그 아래 군부대와 군 관련 기관을 흔들어 국가안보까지 위태롭게 만들며, 외교부 관사까지 빼앗듯 오락가락 관저를 여기저기 흔들어대는 이런 실망스럽고 독선적인 모습에서 취임하기도 전에 윤이 잘 못 하다가 더 높은 여론조사가 나오는 것도, 그 부정적인 평가 이유의 1위가 집무실 이전이 차지하는 것도, 국민이 대한민국을 걱정하는 진심이 담긴 민심의 결과로 보여집니다.

윤석열과 김건희와 그 주변과 배후가, 모두 전지전능하시고 생사화복을 주관하시는 하나님을 거스르며, 옛 대한제국이 멸망할 때의 고종과 민비와 그 뒤에서 조종하고 흔든 악한 자들의 악행이, 지금 이들의 행태와 겹치거나 떠오른다는 생각을 많은 국민들이 하는 것 같습니다.

여러분, 거짓이 진실을 덮으려 발악을 하고, 불의가 정의를 누르며, 대한민국을 혹세무민하면서 서서히 무너뜨리고 있는 자들이 국민을 어렵고 힘들게 만드는 이때, 후손들에게 부끄러운 역사의 죄인이 되지 않도록 일희일비하지 말고, 우리 각자가 하나님께서 찾으시는 한 사람이 될 수 있도록, 더욱 나라 사랑하는 마음으로 우리의 자리와 역할에서 기도하며 최선을 다합시다!

2022년 4월 23일 **제250차**

문재인 구속! 리재명 구속! 콩석열 구속!

'The road to hell is paved with good intentions'

'지옥으로 가는 길은 선의로 포장되어 있다'

이제 정권도 바뀌었고, 콩석열 정권이 잘 이끌어갈 것이며, 5.18정신을 헌법에 새겨넣겠다느니 노무현을 존경해서 그 정신을 이어간다느니 하는 말은 앞으로 지켜보면 될 것이고, 문재인도 김정숙도 곧 깜방에 집어넣을 테니, 광화문 광장의 집회도 중단하는 게 어떻겠냐고 제게 말을 한 사람이 최근 있었습니다.

그런데, 이 사람은 예전 탄핵무효를 외치며 한주도 태극기를 빠짐없이 들었던 사람이고, 촛불정권 타도와 콩석열 구속을 외쳤던 사람이며, 5.18정신을 헌법에 새기기는커녕 5.18 혜택 등에 대한 결사반대를 외치며, 5.18 반대집회에 나와 목청을 높였던 사람이자, 문재인의 청와대 이전 결사반대를 했던 사람이었습니다.

그랬던 사람이 인수위에 줄을 대려고 이력서를 들고 다닌다는 말과 콩석열 정권에서 공공기관 한 자리라도 맡아 충성을 다하겠다고 이리저리 뛰어다닌다는데, 인수위와 콩석열을 둘러싼 자 중, 아무도 이 사람을 쓰려고 하기는커녕, 무시하거나 기피를 한다고 합니다.

10년 후, 20년 후에 자식들이나 손자 또는 손녀가 "지난 탄핵정변 때 뭐하셨고, 콩탄핵반란세력의 악행이 진실이 밝혀졌을 때 뭐하셨어요?"라고 물어보면, 당당히 그들과 맞서 대한민국의 적화를 막아내고, 자유민주주의를 끝까지 지켜냈다고, 말할 수 있는 사람들이 요즘 얼마나 있을까요?

99%는 나는 콩석열과 사기탄핵세력 타도와 구속을 외치다가, 지금은 콩석열 만세! 콩을 둘러싼 사기탄핵세력들을 응원하고 지지합니다로 바뀌거나, 변절하지는 않았는지, 아마도 본인 스스로는 가장 잘 알 것이라 생각이 듭니다.

선한 미사여구로 포장한 채, 악인을 용서하고 역적들과 화해하는 게, 좋은 것이고 바른 것이라고 말하는 자들이 있습니다.

악인을 용서하고 역적들과 화해를 하더라도, 그 악행에 대한 범죄행위와 대한민국을 뒤집어 없애려고 한 위헌 반역행위는 그대로 공소시효도 남은 채, 형사상의 처벌이 기다리고 있는 것도 사실이기에 용서와 화해로 살인죄와 반역죄가 범죄행위에서 사라질 수 없다는 점 또한, 알아야만 할 것입니다.

변함없이 초심을 잃지 않고, 남이 기피 하는 좁은 진리의 길, 추운 진실의 길, 어렵고 힘든 정의의 길을 중단없이, 포기하지 않고 가기는 절대 쉽지가 않습니다.

그러나, 대한민국이 적화되지 않고 자유민주주의로 건국될 때, 모두가 좋은 게 좋다며 좌우합작을 외치고, 공산주의도 받아주자고 할 때, 끝까지 진리와 진실과 정의를 외치며 반대한 그런 한 분이 계셨기에 굳건한 한미동맹을 바탕으로 한 지금의 자유대한민국이 존재할 수 있었고, 모두가 고속도로 반대를 외치며 드러눕거나, 세계 최빈국 중의 하나인 이 나라에서 경제개발이 가당키나 하냐고 비웃으며, 끝까지 반대하던 대다수의 인간 사이에서 소신과 원칙을 잃지 않으시고, 대한민국의 미래의 모습을 보시며 포기하지 않으시고, 경제발전과 성장을 끌어낸 분이 계시기에 지금의 우리가 그분들이 누리지 못한 세계 최고수준의 경제적 혜택과 자유를 만끽하면서 그저 감사하게 살아가고 있음을 잊지 말아야 할 것입니다.

피와 목숨으로 지켜주신 이 귀한 자유와 풍요로운 경제 강국 대한민국을 여러분은 지켜내실 수 있으십니까?

온갖 불법과 위헌과 국가반역과 비리와 부정에 대해 눈을 질끈 감고 모른 체하며, 지나간 일들이라며 덮고 가자 잊고 가자 건너가자고 교언영색에 빠진 채, 문재인 좌파독재정권이 언급하거나 실행했다면 난리가 나서 고발도 하고, 광장에 뛰쳐나와 타도를 외칠 그런 일들이 공정권에서 일어나거나 일어날 예정인데, 아 괜찮아 끝까지 사탄파와 공을 지지한다, 이렇게 변질된 우리의 모습을 미래의 주역인 아이들에게 그리고, 역사의 기록에 남기는 거짓과 비열과 변절의 거짓된 자유우파국민들이 되어서는 안 될 것입니다.

광화문 광장은 정의가 승리하고 진실이 밝혀질 때까지 계속 지켜질 것이며, K파티의 자유대한민국수호를 위한 투쟁 또한, 변함없이 이어나갈 것입니다!

2022년 4월 16일 **제249차**

국가반란 탄핵정변 주범 문재인 리재명 궁석열 구속!

지난 토요일 고난주간에 진행된 K파티도 서울시의 계속되는 광장공사로 집회신고 된 K파티 현장을 없애고, 여러 많은 영적 공격과 좌빨 등의 방해도 있었지만, 주님 안에서 넉넉히 승리할 수 있어 참으로 감사했습니다.

"최순실의 국정농단을 시종일관 부인하며 실체 없는 국기문란이자 정치공세라고 비난하며 온 국민을 기만하고 있다"

"국정농단 의혹이 처음 불거진 이래 20개월이 지난 지금까지 반성하는 모습을 단 한 번도 없다"

"정당한 이유 없이 재판 출석을 거부하며 정치 보복 프레임을 설정해 진상을 호도하며 진실을 왜곡하고 있다"

"국민에게 위임받은 권력을 자신과 비선실세 최순실을 위해 직무권한을 사유화 남용해 국정을 농단하고 헌법 가치를 훼손 유린했다"

억울하게 감금되시고, 아무런 죄도 없으셨던 박근혜 대통령님 재판에서 직접 나와 30년 구형을 하며, 위 악마의 발언을 한 자가 바로 한동훈 3차장 검사였음을 벌써 잊어버리고, 탄핵무효와 진실규명을 외치다가 한씨가 법무부 장관에 내정되었다고, 물개박수를 치는 자들은 도대체 어떤 정신인지, 자유우파에서 기생하는 박쥐와 기생충들이 얼마나 많이 커밍아웃하는지, 요즘 현실을 보면 안타까움을 넘어 정말 참담하기까지 합니다.

지방선거 참패로 폭망을 하면 본인이 탄핵을 당할까 봐 수차례나 구걸하듯 급하게 박근혜 대통령님을 뵈러 대구로 내려간 궁석열과의 만남에 대해서도, 어느 쪽에서는 탄핵정변이 정당화되었다느니, 또 한 쪽에서는 면목 없다, 늘 죄송하게 생각했다는 표현 등으로 탄핵을 사과했기에 탄핵에 대한 어느 정도 명예회복이 되었다는 등의 성급한 말들이 나오고 있습니다.

여러분, 누군가가 살인을 하고 권력을 쥐었다고 해서 그리고 그 살인자가 피해자 가족을 찾아가 살인에 대해 사과를 했다고 해서 법적인 책임과 형사처벌을 안 받는 것이 아닌 것처럼, 개인의 사리사욕과 목적에 의해 사과를 했더라도 지난 탄핵정변의 내란범죄와 위헌적 반역죄는 엄중한 형벌로 다스려야 하며, 형사적 처벌과 법적 책임은 여전히 남아있음을 결코, 잊어서는 안 될 것입니다.

어린 나이에 어머니를 흉탄에 여의고, 그 충격을 극복한 뒤 아버지의 국정운영을 돕기 위해 영애로 대한민국을 섬기신 분께서 아버지를 흉탄에 의해 잃고 권력에 줄 섰던 모든 자로부터 소외당하고 배신당하며 십수 년간 사실상 가택연금을 당하신 분께서 그 어려운 시련과 역경을 극복하신 뒤, 직접 대통령에 당선되신 분의 내공과 인내력과 나라 사랑은, 현재 정치권의 어떠한 좌우의 정치꾼들과 나름 방귀 뀐다는 자칭 리더들과 지도자 등과는 비교조차도 할 수 없는 자유대한민국의 귀한 정치자산이자 정치지도자가 바로 박근혜 대통령님이십니다.

우리는 그저 일희일비하지 말고, 박정희 대통령님의 일 하면서 싸우자를 실천하며, 거짓선동과 혹세무민 당하지 않기 위해 스스로 연단하고 공부하며, 각자의 주어진 역할과 맡은 자리에서 분수에 맞게 언행을 하고 최선을 다하는 자세와 태도가 필요하다고 생각합니다.

若人(약인)이 作不善(작불선)하여 得顯名者(득현명자)는   人雖不害(인수불해)나 天必誅之(천필주지)니라.

'나쁜 짓으로 명성 떨치면 사람은 용서해도 하늘이 벌한다'

위의 말처럼, 지금은 거짓된 권력에 둘러싸여, 온갖 단물을 빨아먹으려는 추종자들과 변질된 자들에 의해, 영원히 이어질 것 같은 이 사악한 국가내란 반역자들인, 공석열과 탄핵정변 세력들은 시간이 걸리더라도 반드시! 하늘이 벌할 것이고, 역사의 기록으로 후대에게 대역적 사건으로 남겨지게 될 수밖에 없습니다.

인간이 아닌, 천지를 창조하시고 만물을 주관하시는 절대자이신 하나님께서 기뻐하시는 좁은 길, 어려운 길, 쉽지 않은 길, 고독한 길을 묵묵히 나아가며, 모든 것을 내려놓고 비우며 주님께 기도로 나아갑시다!

2022년 4월 9일 **제248차**
믄재인 구속! 틔재명 구속! 굥석열 구속!

난 토요일 저녁 광화문 K파티 집회를 신고한 장소가 서울시의 늑장 공사로 인해 공사장으로 변해버려, 집회의 방해를 받았을 뿐만 아니라 집회신고 장소인 공간 자체가 사라져버리는 일이 생겼습니다.

그럼에도 불구하고, 6년 동안 광화문 광장을 지키면서 늘 어려움과 불가능에 부딪혔을 때, 주님께 엎드려 기도하고 지혜를 구한 뒤 모든 방해와 난관들을 다 이겨내고 해결한 것처럼, 이번에도 같은 지혜를 주신 주님께 감사와 영광을 돌릴 수 있었던 귀한 248차 행사였습니다.

늘 변수와 난관이 가득한 광화문 광장을 6년간 지켜오면서 말씀드리고, 시국 발언에서도 강조했던 내용이 바로 제발 혹세무민 당하지 말고, 일희일비 하지말자였습니다.

박근혜 대통령님께서 석방 결정이 난 후부터 지금까지, 하루도 빠짐없이 코인을 벌어야 하고, 어떻게든 카더라 또는 허위선동으로 우파국민을 흔들고 속이며, 일희일비 하면서 자신들의 사리사욕을 위해 악용하는 거짓보수 위장우파 변절자들을 조심하고 주의하며, 속지 말라고 말씀을 반복해서 드려도, 중병이 있다느니 불치병에 거동도 어렵다느니, 침묵해서 실망했다느니, 누굴 만나고 누굴 안 만난다고 비난하고 원망하는 등 자신들의 그릇과 수준에서 볼 수밖에 없는 편협한 생각과 관점을 주변에 내뱉고, 싸지르는 일들을 반복해오는 자칭 우파나 보수라는 사람들을 보면서 참으로 씁쓸하고 안타까운 마음이 들었습니다.

예를 들어, 대한민국 1위의 프로바둑 9단이 악의적인 세력에 의해 모함을 받고, 억울하게 5년간 자격정지를 받고 퇴출당한 채, 오랜 시간 갇혀있다가 어느 날 나오게 되어, 첫 시합을 벌이게 될 경우, 고수일수록 첫 한 수를 5년간 다른 방법으로 쌓은 내공과 경험과 실력을 테스트하기 위해, 바둑돌 한 수를 툭 하고 던져보면, 상대가 어느 정도의 실력인지 어떤 분위기와 상황인지, 관중의 반응을 보며 여론과 민심의 반응까지 다 살펴볼 수 있음에도, 바둑 9단의 실력과 내공과 경륜에 감히 따라갈 수도 없는 자들이 이래라저래라 훈수들을 외치며, 자신들의 그릇과 한계를 넘은 수가 나오면 이해도 감당도 못 하면서 탓하고 비난하는 행태들이 많이 보이고 있습니다.

그런 우리들을 위해, 박근혜 대통령께서 살아왔던 신념과 소신을 최근에 다시 한번 말씀하셨습니다.

"사람에게 있어 가장 중요한 인성은 신뢰와 진정성이라고 생각합니다"

탄핵정변과 좌파독재정권 5년 동안, 거짓선동과 허위조작과 공작음모 등으로 무너져버린 대한민국에서 반드시 지켜져야 할 가치이자, 이와 반대로 사리사욕과 배신과 변절로, 신뢰를 저버리고 진정성은커녕, 얕은 권모술수로 국익을 해치고 국민을 어렵게 만든, 탄핵정변의 반역자들과 부역자들과 배신자들에게 경종을 울리는 메시지이자, 그런 악랄한 자들의 시한부 정치생명의 종료를 예고한 경고이기도 했습니다.

5.18정신을 헌법에 담을 것이고, 5.18을 프랑스 대혁명에 비유하며, 김대중과 노무현을 존경하고 그 정신을 이어가겠다는 자에게 줄 서서 지난 탄핵정변을 위헌이고 사기였다고 외치며, 공석열 구속을 외쳤던 사람들이 슬그머니 태극기를 내려놓고 공에게 줄 서서 대선에서 공사수대 또는 공만세족들이 되더니, 이제는 지방선거에서 공천을 받기 위해, 공만 바라보는 많은 이들의 결론은 이미 나와있음에도, 불나방처럼 나는 다르겠지 하면서 불구덩이에 타들어 가고, 토사구팽 당하면서도 현실을 부정하는 행태도 참으로 딱하기만 합니다.

세상에는 보이지 않고 느껴지지 않지만, 움직이고 흘러가며 이루어지는 하나님의 역사하심이 있을 뿐만 아니라, 우리가 알고 보고 느끼지 못하더라도, 그저 일희일비 하지 않고, 우리의 그릇과 한계에 맞게, 각자 맡은 역할과 자리에서 최선을 다하며, 인내와 신뢰와 진정성으로 노력한다면 반드시 진실은 밝혀지고 정의는 승리하게 될 것입니다.

멀리 보고 크게 나아가면서 끝까지 포기하지 말고, 변절하지 않으며 피와 목숨으로 지켜주시고 물려주신 이 귀한 자유대한민국을 반드시 지켜냅시다!

'一喜一悲하지 맙시다'

이날은 어느 날보다도 시작 전 준비부터 끝날 때까지, 영적인 공격과 현장에서의 좌파 등에 의한 시비와 방해가 컸던 하루였습니다.

5.18정신을 헌법에 넣겠다는 자와 남로당 폭도들에 의해 일어난 제주 4.3 사건을 추도하러 간 자가 우파입니까?

5.18 명단을 공개하라며 목청을 외치고, 5.18 묘역에 참배하러 간 보수의 정치인들을 욕하고 죽일 듯 비난했으며, 종북 좌파들이 5.18정신을 헌법에 넣겠다고 할 때, 결사반대로 피를 토하면서 싸우겠다던 자들이 지금 무엇을 하고 있습니까?

김대중이 1998년 인터뷰에서 제주 4.3 사건은 공산당의 폭동으로 일어났다고 밝힌 것처럼, 4.3사건은 대한민국의 건국을 막기 위해 북괴의 지령으로 남조선 노동당에서 일으킨 폭동이며, 경찰과 군인과 가족들 그리고, 수많은 애국우익인사들을 1차 폭동과 2차 선전포고를 통해 무참히 학살한 반대한민국 무장공격 사건이었음에도, 이를 기념하러 내려간 자와 대한민국 건국을 방해한 북괴 역도들에 대해 침묵을 하거나, 이에 대해 과거에는 결사반대와 매우 강한 비판을 하던 우파인사들이 물개박수를 치며 물고 빠는 행태에서 겉만 흉내를 낼뿐 안은 붉게 물든 수박과 같은, 문재인 종중 좌파독재정권의 연장인 괴뢰정권으로밖에 보이지 않는 것은, 진실을 밝히고 정의를 추구하기 위해 미혹되지 않고 선동당하지 않은 자유우파 애국국민이라면, 아마도 저와 같은 생각이 들었을 것입니다.

설상가상으로, 종북좌파 노무현 정권에서 부총리와 총리를 했던 한덕수라는 자를 총리로 지명해, 자신이 가장 존경한다는 노무현의 정신을 계승하려는 듯, 정신이 제대로 된 애국민이라면 이건 아닌데 하는 악행들을 벌써부터 저지르면서 취임덕이라는 조롱하는 표현이 국민들 사이에 회자 될 정도로, 국민의 2/3가 잘 하지 못할 것이라는 실망과 부정적 여론이 나오는 자를, 보수진영에서는 두 손 들고 만세를 외치고 있습니다.

우리 인간이 하나님을 경외하지 않고, 우상과 무속과 귀신을 숭배할 때, 큰 벌과 천벌을 받게 된 사실은 역사에도 그대로 남아있음에도, 이와 같은 죄악을 반복해서 저지르고 있습니다.

마지막 남은 한 사람이 내가 되겠다는 각오로, 하나님께서 찾으시는 그 한 사람이 되어, 회개하고 반성하며, 은혜와 축복으로 세워주신 이 귀한 자유대한민국을 지켜내고, 북괴로부터의 적화를 막아내며, 중공의 속국화를 시키려는 내각제개헌 또한, 저지해서 미래세대의 주역인 우리 아이들에게 정의롭고 공의로운 선진강국 통일대한민국을 잘 전해주기 위해, 엎드려 기도하고 각자의 맡은 자리와 역할에서 꾸준히 인내하며, 문을 이은 친북 종중 공 위장세력과 맞서 저항하고 투쟁해야 합니다.

여러분, 변절하지 말고 포기하지 말며 인내와 노력으로, 건국정신과 부국강병정신과 자유수호정신을 끝까지 이어나갑시다!

오늘 저녁에 개최될 248차 광화문 K파티 문화제는 서울시의 막무가내식 공사에 의해, 집회를 신고한 공간 자체가 사라지는 사상 초유의 일이 발생했지만, 엎드려 기도하고 주님께 지혜를 구한 뒤, 잘 준비하고 진행하겠습니다.

죽어 사라질 때까지, 포기도 중단도 결코, 없습니다.

피와 목숨으로 지켜주신 자유대한민국을 우리가 반드시 지켜냅시다!

2022년 3월 26일 **제246차**

건국대통령 탄신 147주년 및 서해수호의 날 추모

지난 토요일 3월 26일은 자유민주주의와 한미상호방위조약이라는 귀한 선물을 우리 국민들에게 안겨주신, 이승만 건국대통령님의 탄신일이었고, 3월 25일은 서해수호 용사님들의 애국희생정신을 기리고 추모하는 일곱 번째 서해수호의 날이었습니다.

K파티는 6년째 변함없이 광화문 광장을 지켜오며, 대한민국 여론과 민심의 중심인 이 광화문 광장에서 건국대통령님의 탄신일을 기념하고, 우리 국민과 대한민국을 지키시다가 순국하신, 서해수호용사님들을 추모하는 행사를 개최했습니다.

앞으로도 변함없이, 자유대한민국을 지키시다가 귀한 목숨을 바치신 서해수호 용사님들의 뜻과 희생을 끝까지 잊지 않고, 이분들의 고귀한 헌신과 자유수호의 뜻을 이어나가겠습니다.

또한, 지난 24일은 북괴와 자유를 무너뜨리려는 반대한민국세력에 맞서서 자유대한민국을 수호하고, 자유통일을 이루고자 모든 노력을 하시다가, 좌우의 탄핵정변세력에 의해 갇히셨다가 나오신 박근혜 대통령님께서 퇴원하시고 사저로 가신 뜻깊은 날이었습니다.

지난 12월 9일 꿈에서 나온 생생한 내용을 방송했던 발언이 현실화되고 있어서 참으로 하나님께 감사하고 행복한 마음이 들었습니다.

꿈에서 박근혜 대통령님께서 감금상태에서 나오신 뒤, 국립현충원에 첫 행보를 하신 모습과 이를 통해 자유대한민국을 지키기 위한 첫 정치활동을 시작하시는 것을 보았고, 이어서 며칠 뒤 꿈꿨던 두 번째 꿈에서도, 앞으로 이어가실 행보와 당당하신 모습이 너무나도 자세히 보였기에 지난 목요일 퇴원하신 뒤 국립현충원을 방문하시고 사저로 귀가하시는 모습에서 탄핵정변으로 아무런 죄가 없는 현직 대통령님을 끌어내리고 감옥까지 보낸 뒤, 끝까지 형집행정지를 거부했던 마귀 같은 자와 자신들의 짧은 정치수명을 연장하고 사리사욕을 탐하기 위해, 중공 공산당의 앞잡이와 개노릇을 하는 친중 내각제개헌세력들은, 앞으로 자신들이 저지른 국가적 반역죄와 내란죄로 인한 걱정에 밤잠을 설치겠구나 하는 생각도 들었고, 몇 년 남지 않은 이 자들의 아주 불행한 최후도 이미지로 떠오르며 지나갔는데, 사필귀정의 사자성어가 생각이 났습니다.

시간의 차이일 뿐, 동서고금의 진리인 반드시 진실은 밝혀지고 정의는 승리한다는 역사적 사실을 끝까지 확신하고, 사악한 인간과 우상과 무속과 마귀를 숭배하지도 만세를 부르지도 않은 채, 끝까지 변절하지 않고, 오직 절대자이신 하나님만 바라보며 엎드려 기도로 나아가며, 국민저항권과 자유를 지키기 위한 투쟁을 이어가는 극소수의 애국자 여러분과 함께, 피와 목숨으로 지켜내신, 자유대한민국을 미래세대의 주역인 아이들에게 잘 전할 수 있도록, 기도하며 할 수 있는 모든 일과 역할에 최선을 다할 것을 다시 한번 다짐합니다.

하나님께서는 인간의 의지와 욕심으로 수십만 수백만 군중이 모였거나 동원되었다고 해서 이를 쓰시지 않습니다.

오직 주님만 바라보고 주님만 붙잡으며 주님께 경외하며 기도로 나아가는 한 사람을 하나님께서는 자유대한민국을 위해 쓰십니다.

다윗왕도, 여호수아도 하나님만 의지하고 담대히 나아간 한 사람이었습니다.

끝까지 포기하지 말고, 변절하지 않으며, 자유통일 선진강국, 아시아의 섬기는 리더국가 대한민국이 될 때까지, 엎드려 기도하며 정의와 진실을 위해 투쟁하며 힘차게 나아갑시다!

'하나님 말씀을 벗어나는 욕심은 탐심이요, 우상숭배이며 죄의 시작입니다'

지난 토요일 245번째 광화문 광장에서의 K파티 문화제도 기도로 잘 준비하고 잘 진행하며, 감사하게 잘 마쳤습니다.

아래의 내용들은 제가 이날 광화문 현장에서 발언한 내용들의 일부입니다.

나봇의 포도원이 탐이 나서 거짓 증거로 나봇을 돌로 쳐죽인 뒤, 그 땅을 빼앗자 하나님께서는 사악한 아합왕과 이세벨을 벌하겠다고 하신 뒤, 그들과 그들을 추종한 백성들까지 개들과 새들의 먹이가 되게 하시겠다고 하신 말씀이 성경(열왕기상 21절)에 있습니다.

대한민국에서 이런 일이 일어났습니다.

아합과 이세벨, 구한말의 고종과 민비, 그리고 윤써결과 김씨….

아무런 죄가 없는 현직 대통령을 거짓증언과 뇌물죄로 엮어서 끌어내린 뒤, 구속시켜 정치적으로 죽게 만들고 5년 가까이 가둔 자와 그 뒤의 여자, 그리고 탄핵정변 세력과 무속세력이 이 아합과 같은 썩은 자를 왕이 되도록 만든 악행은, 반드시 천벌을 받고 모두 지옥으로 떨어지게 될 것입니다.

그런 자가 이제는 무속과 미혹의 악한자들이 말하는 불운의 청와대를 버리고, 중공 화웨이 장비와 4G, 5G 통신망으로 장악된 LG유플러스 본사가 인근에 있는 용산으로 간다고 합니다.

그것도, 위기 속의 대한민국과 국민을 지키고 있던 70년간의 국방시스템과 체계를 뒤흔들고, 군을 급하게 밀어내며, 국가안보를 흔들고 위협하는 상황을 야기하고, 조급하고 뭔가에 홀리거나 쫓기는 것처럼 하루도 청와대에서는 있으면 안 된다는 듯, 국민의 뜻도 살펴보지 않은 채, 해당 지역 재개발과 주민들에게 수조 원의 비용과 경제적 손실을 끼칠 수 있는 일을 성급하게 강행하고 있습니다.

탄핵정변의 칼잡이였던 자의 광신도들은 청와대에 북괴와 중공의 도청장치가 있고, 북괴 공작원에 의해 청와대에서 죽을 수 있다면서 청와대에 가면 안 된다고 내 귀의 도청장치를 중얼거리는 자들처럼 되어버렸습니다.

청와대는 버려야 할 곳이 아닐 뿐만 아니라, 저런 말도 안 되는 도청장치니 간첩이니 하는 의혹이 있다고 하더라도, 오히려 당당히 들어가서 그런 반역의 세력과 내란 범들을 워터게이트 사건보다 더 크게 때려잡아 일망타진하고, 엄벌을 내려 다시는 그런 일들이 없도록 만들어야지, 그게 두려워서 단 하루도 못 들어가는 행태로는 무속에 조종을 받는 자처럼 보여서 제2의 촛불난동의 핑곗거리가 되어 이미 불씨를 준 것으로밖에 보이지 않습니다.

귀신과 마귀의 힘을 잠시 빌려 국민의 눈과 귀를 가리고 사술을 부릴 수는 있을지 몰라도, 그래서 국가안보까지 흔들고 공백을 만들며 북괴에게 도발의 틈과 기회를 주는 국가안보의 위법행위뿐만 아니라, 이로 인해 용산으로 몰려들 어둠의 촛불세력이 급조한 해당 장소 주변을 둘러싸는 것을 막지는 못할 것이며, 그런 원인을 제공한 언행에 대한 잘못과 국가적인 피해 또한, 썩은 자와 그 주변 악한 자들이 모두 책임져야만 할 것입니다.

인과응보, 이 말이 생각이 나는 것이 저 혼자만의 생각은 아닐 것입니다.

탄핵으로 흥한 자, 탄핵으로 망한다!

일제 강점기 일제와 타협하거나 굴복하지 않은 채, 끝까지 신사참배를 거부한 수십 명의 목회자와 수백 명의 성도가 변질되지 않은 신앙을 끝까지 이어온 것처럼, 낙동강 전선까지 밀려 전 국토의 대다수를 점령한 공산괴뢰도당과 인민군의 완장 찬 앞잡이가 되어 지역주민들을 죽이고 처형한 자들처럼 변절하지 않고, 지금도 불의와 거짓에 맞서고 좌우의 탄핵정변세력과 맞서 저항하고 투쟁하는 극소수의 애국자들이 계시기에 하나님께서는 이 악한 자들을 잠시 쓰시고 응징하신 이후에 자유대한민국을 하나님을 섬기는 아시아의 리더국가로 세울 수 있는 지도자를 주실 것이며, 자유통일을 이루어내도록 허락하실 것입니다.

끝까지 포기하지 말고, 사악한 인간과 우상을 만드는 자들을 추종하지 않으며, 하나님만 바라보고 나아가는 한 사람이 될 수 있도록, 엎드려 기도하며 힘차게 저항하고 투쟁하며 나아갑시다!

2022년 3월 12일 제244차
탄핵정변에 저항하다 돌아가신 3.10 항쟁
애국자님들 추모 및 탄핵반역세력 퇴출

지난 토요일 저녁 244차 광화문 K파티는 탄핵정변에 저항하다가, 귀한 목숨을 잃으신 3.10 항쟁 애국자님들을 추모하고, 탄핵반역세력 퇴출을 주제로 광장수호 문화제를 진행했습니다.

탄핵역적들의 주도와 헌재판결 직전에 제출된 박영수 윤석열 특검이 만든 특검수사 보고서에 의해 사기탄핵이 위헌적으로 결정되면서 이에 격렬하게 저항하다가 돌아가신 애국자분들을 추모하는 귀한 시간을 대한민국 여론과 민심의 중심인 광화문 광장에서 가졌습니다.

이날은 대한민국에서 유일하게 대선후보의 법률대리인으로 지난 대선에서 밝혀진 불법 위헌 부정에 대해 대선무효소송을 진행하고 계시는 유승수 변호사님께서 3.10 항쟁을 추모하고, 사기탄핵과 사기선거와 사기방역에 대해 연설을 하셨습니다.

소수의 진실되고 정의롭고 변함없는 분들이 끝까지 포기하지 않고, 함께 투쟁을 이어가는 한 자유대한민국은 지켜질 것이고, 불의와 거짓에 덮인 진실과 정의는 밝혀지고 승리할 것이라는 말씀은 모든 자유애국세력들은 동감할 것입니다.

일제 강점기에 미국의 원자폭탄이 투하되기 전날까지 신사참배를 하며 우상숭배를 하던 자들과 다를 게 뭐가 있는지, 탄핵정변과 박근혜 대통령님의 구속을 엮고 형집행정지도 끝까지 불허한 윤석열과 특검을 비판하고 구속을 외치다가, 윤무당 만세로 돌변하고 대한민국 반역의 역사에 남을 자를 우상숭배 하는 변질된 자들이 3.10 추모를 할 자격이나 있습니까?

마약의 즐거움과 마귀에게 빌어 얻는 운의 공통점은, 마약이라는 순간의 쾌락과 마귀로부터 빌어 쓰는 거짓의 짧은 시간의 운은 금방 소멸해버리고, 결국은 끝난 뒤의 고통과 금단증상, 마귀가 열어 놓은 지옥문 속의 고통의 긴 시간이 기다리고 있다는 것입니다.

벌써부터 지지를 후회하고 속았다는 사람들이 늘어나고 있는 것처럼, 무속과 마귀로부터 얻는 운은 잠시일 뿐, 그 뒤 찾아오는 지옥 같은 고통은 어떻게 감당하려고 우상과 무속을 숭배하고, 하나님 만세가 아니라, 무속에 둘러싸인 자에게 만세를 외칠 수가 있는 것인지 참으로 안타깝기만 합니다.

"탄핵으로 흥한 자는 탄핵으로 망한다!"

광화문 광장에서 제가 외친 말입니다.

벌써부터 좌파들은 2년 전후로 탄핵을 준비하고 있다는 말이 들려오고 있습니다. 불법탄핵으로 흥한 자에 속아서 영원히 인생의 흑역사로, 탄찬파 또는 탄핵정변세력을 지지하고 투표한 자로 역사에 남을 텐데, 수십 년을 속앓이하며 수치스럽게 살아가야 할 것을 대다수가 망각하고 있는 것 같습니다.

무속과 타협한 변절된 신사참배와 같은 우상숭배자들과 윤이 되고 난 후에 윤을 심판하고 책임을 묻자고 말한 거짓된 탄핵변절자들은, 잠시의 고통을 피하고자 미혹과 변질의 마약을 먹고 본인뿐만 아니라 주변까지도 악에 취하게 만들었습니다.

DJ와 놈현을 존경하고, 5.18을 헌법 전문에 넣겠다는 윤과 썩을 자들이, 언제부터 자유대한민국의 우파를 대표하는 것이었습니까?

어둠의 5.18 숭배세력들과의 야합을 통해, 서서히 대한민국을 가라앉히는 중공의 속국화의 지름길인 친중 내각제개헌, 다수가 소수에 의해 피해를 보게 되는 차별금지법, 북괴와 중공의 적화시도와 속국화를 막아내고 있는 최후의 보루인 국가보안법 무력화에 동조하는 자들입니다.

대한민국의 체제수호와 정체성을 지키기 위해 진실된 분들은 함께할 것이고, 변질된 자들은 끝까지 불의와 거짓을 따를 것입니다.

우리가 지켜내야 합니다!

자유통일 대한민국의 주역인 미래세대의 아이들을 위해서라도, 종북 종중 좌파세력들과 거기에 눈치 보며 야합하는 자들과 맞서 끝까지 저항하고 투쟁하며, 주권의 침탈과 대한민국의 헌정붕괴를 우리가 반드시 막아냅시다!

2022년 3월 5일 **제243차**
방역독재 살인마 문재인 구속! 김정은 척단!

탄핵정변세력이 탄핵완성정당을 이루고 탄핵완성정권을 만들었습니다.

그러나 역사는 기록될 것입니다.

원자탄이 떨어져 무조건 항복 직전까지, 신사참배하고 일제의 앞잡이가 된 자들과 6.25 남침 때 낙동강 전선까지 밀리자, 변절해서 완장 찬 빨갱이들의 앞잡이가 된 자들처럼, 헌법을 유린하고 현직 대통령을 끌어내려 감옥에 가둔 자들의 앞잡이가 된 자들은 역사의 기록으로 남겨져 대대손손 그들의 반역행위와 동조행위가 알려질 것입니다.

모두가 짧은 앞날만 바라보고 나아가다가, 변질되고 속아 넘어가며, 절망하거나 포기하는 일들이 계속해서 일어나고 있습니다.

그러나 오히려 대선 이후를 시작으로, 자유대한민국을 지키기 위한 저항운동과 주권 지키기 운동은 계속 이어질 것이며, 더욱 적극적으로 강하게 투쟁을 해야만 할 것입니다.

우선적으로, 국가보안법 폐지 또는 무력화를 위한 국가보안법 수정을 막아내는 안보주권 수호투쟁을 이어가야만 합니다.

그다음으로 차별금지법과 평등법의 강행 시도와 법안통과를 반드시 막아내야만 하기에 이에 대한 반대투쟁을 이어가야 할 것입니다.

다수가 소수를 존중하는 것은 자유민주주의에서 필요로 하지만, 악법으로 인해 다수가 소수에 의해 피해를 보고, 강압을 당해서는 결코, 안 되기 때문입니다.

그리고, 중공의 지령에 의해 자유대한민국을 중공의 식민지화와 속국으로 만드는 지름길인, 내각제개헌을 반드시 막아내야 합니다.

좌파 정치권뿐만 아니라, 우파 정치권 내에도 중공의 돈을 받아먹고 미인계 등에 목줄이 잡힌 중공의 앞잡이와 개노릇을 하며, 대한민국과 국민을 해치는 위헌 반역적인 행위를 저지르는 친중 종중 매국노들이 상당히 많이 있으며, 이 자들이 주도한 탄핵정변이라는 역사에 기록된 역적 중범죄 행위뿐만 아니라, 국민의 대다수가 싫어하고 반대하는 친중 종중 정책과 개헌까지 시도하면서 자신들의 알량한 정치권력 연장을 위한 사리사욕에 나라와 국민을 팔아넘기는 이완용 같은 자들이, 각 분야와 곳곳에 존재하고 있기에 우리는 끝까지 중공의 속국으로 가는 내각제개헌을 저지하고 막아내는 국민주권 지키기 투쟁을 이어가야만 합니다.

뿐만 아니라, 대한민국 각 분야에서 우리 국민들이 가져야 할 주권들을 중공에게 갖다 바치려는 대기업과 여러 친중 종중 세력들과 단체를 규탄하고, 처벌할 수 있는 국가보안법의 강화가 반드시 필요합니다.

이에 대한 통신주권 되찾기, 에너지 주권 지키기 등의 투쟁 또한, K파티와 자유임시정부를 통해서 계속 이어갈 것입니다.

한반도를 둘러싼 독재세력인 중공과 러시아와 북괴는 늘 한배를 타며, 자유를 빼앗고 속국화와 적화를 시키기 위해 호시탐탐 노리고 있습니다.

대만을 점령하고 대한민국까지 속국화시키려는 중공이 늘 우리를 노리고 있으며, 이번 러시아 침공의 사례를 중공에게 유리하게 적용시키기 위한 움직임에 들어가기 시작했습니다.

그러나, 예상 밖으로 최근 한 번도 개최되지 않았던 유엔의 긴급총회에서 회원국 194개국 가운데 141개국이나 무력침공에 대해 규탄하고, 주권침탈에 대해 비난하며, 대 러시아 제재에 동참하는 전 세계의 하나 된 흐름을 보고는 시진핑이 상당히 쇼크를 받았을 뿐만 아니라 겁을 먹었다고 합니다.

이번 러시아 케이스를 주도면밀하게 지켜본 시진핑이 푸틴이 1주일 내로 우크라이나 점령에 성공했다면, 대만침공에 적용시키려고 했는데, 오히려 잘못 대만을 침공했다가 SWIFT 코드에서 삭제되고, 식량수입, 원유수입, 원자재수입 등의 제재를 받으면 침공했던 대만 섬이나 본토에서 물러나는 것은 기본이고, 홍콩까지 다시 토해내야 하는 상황이 올 수도 있으며, 반시진핑 시위와 반공산당 시위가 중국 안팎에서 일어나게 되면, 카다피처럼 끌려 나와 맞아 죽을 수도 있다는 걸 깨닫기 시작했다고 합니다.

게다가, 미국 휴대식 대전차포와 로켓과 같은 최첨단 무기들이 어마어마하다는 것을 직시하고, 러시아보다 후진 중공의 전력과 장비들로는 대만에게 도발했다가 오히려 개망신당하며, 큰코다칠 수도 있겠다는 불안감까지 들어, 이번 러시아 침공사태가 오히려 중공에서는 시진핑 독재체제를, 그리고 북에서도 북괴 김정은 독재체제를 흔들 수 있는 역효과가 발생할 수 있다는 것을 대비하고, 단속하는 모습도 보이고 있습니다.

전 세계 동서고금을 통틀어 변치 않는 역사의 진리가 있습니다.

아무리 진실을 덮으려고 해도, 불의로 누르려고 해도, 시간의 차이일 뿐, 진실은 반드시 밝혀지게 되어있고, 정의는 승리하게 되어있다는 것입니다.

불의와 거짓으로 뭉쳐진 문재인 전체주의 좌파독재정권도, 김정은 학살독재정권도, 시진핑 공산독재정권도, 시간의 차이일 뿐 반드시 무너지게 되어있으며 끝나고 사라질 수밖에 없습니다.

포기하지 않고 초심을 잃지 않으며, 끝까지 자유를 지키기 위한 투쟁으로, 진실이 밝혀지고 정의가 승리하는 그날까지 변함없이 견디고 싸우고 이기면 될 것입니다.

그 좁고 어려우며 긴 투쟁과 고난의 길을, 저희 K파티가 앞장서서 힘차고 담대하게 나아가겠습니다.

우리는 할 수 있습니다.

모두가 변절하고 투항하며 쓰러지더라도, 저는 1%의 남은 자유수호용사님들과 여러분과 함께 끝까지 자유대한민국을 지켜내겠습니다!

2022년 3월 1일 제242차 3.1절 특집

방역독재 살인마 문재인 구속! 학살자 김정은 처단!

지난 3.1절 103주년 특집 광화문 K파티 문화제는 화요일이라서 매주 화요일마다 낮 12시 30분 LG유플러스 용산 본사 앞과 오후 5시 SK텔레콤 브로드밴드 남산 본사 앞에서 개최하는 두 곳의 집회가 있어서 행사마다 준비하는 내용도 평소의 집회보다 상당히 많아 거의 전날에 밤을 새울 정도로 바빴던 하루였습니다.

중국 공산당과 인민군의 앞잡이와 개노릇을 하는 중공 화웨이장비를 지금도 4G와 5G 통신망에서 사용하면서 우리 국민들에게 늘 중공과 북괴로부터 월평균 각각 1200건과 300건 이상, 심각한 범죄 수준의 해킹과 사이버 공격이 일어나게 만든 심각한 원인 중 하나를, 전 세계 주요 선진국들과 통신 강국들이 사용금지 또는 중단시킨 화웨이장비를 끝까지 사용하는 매국 정치권을 대신해서 대한민국의 통신주권을 되찾기 위해 투쟁을 하는 두 번의 집회 시위가 있어서 시간도 조절하면서 장소도 이동하고 장비를 설치 제거를 세 번씩이나 해야 했던 가장 강행군으로 느껴진 하루였습니다.

그럼에도 이날은 특별히 감사함 가득한 날이었습니다.

하나님의 은혜와 역사하심으로, 2년간 온 국민을 탄압하고 괴롭혔던 방역 노예패스도 전국적으로 중단이 된 노예패스 해방일이자, 끝까지 비접종하신 훌륭하신 분들을 괴롭히기 위한 차별의 끝판왕이었던 비접종 격리 7일을 중단했으며, 비접종하신 분들을 혼밥 왕따시키는 위헌행위도 중단되었고, 아동학대와 인권탄압을 저지르려던 청소년 아동 노예패스도 중단을 발표한 자유독립의 날이자, 방역노예패스독립의 기쁜 날이기도 했습니다.

하루 연속 3회 집회라는 힘듦보다는 순국선열과 호국용사님들이 독립을 위해 그리고 자유를 지키기 위해 목숨을 걸고 싸워오셨으며, 피와 목숨으로 지켜진 이 귀한 자유와 대한민국이 결코, 쉽게 지켜지고 이루어지지 않았다는 것을 다시금 몸과 마음으로 깨달을 수 있었습니다.

3.1절에 일제 강점기 천왕이라는 우상에게 신사참배를 하며 변절한 자들과 북괴의 기습 남침으로 낙동강 전선만 남고 점령되자, 공산당과 인민군에게 붙어서 주민들을 신고하고 죽게 만든 반역 부역자들이, 지금의 좌우를 점령한 채, 탄핵정변세력이 만들어 낸 좌파독재강점기에서 적반하장식으로 뻔뻔하고 사악한 행태로 국민들을 혹

세무민시키는 현실을 보면서 끝까지 변절하지 않고 초심을 잃지 않으며 좌우합작을 끝까지 반대하시고, 자유민주주의 대한민국을 건국하신 이승만 대통령님과 북괴 공산주의자들과 국내 좌익세력과는 타협하지 않은 박정희 대통령님, 그리고 지금 좌우의 대선후보들과 주변에 붙어있는 국가반역세력들에 의한 탄핵정변으로 옥에 갇히셨지만, 5년간 결코, 굴복하지도 포기하지도 않으신 박근혜 대통령님까지, 이 세분의 대통령님들이 더욱 간절히 떠오르는 날이기도 했습니다.

앞으로도 세분 대통령님의 정신과 애국심을 본받아, 대한민국의 마지막 변절하지 않고, 굴복하지 않으며, 포기하지 않는 남은 마지막 세력이 될 때까지, 저는 자랑스러운 K파티 용사님들과 자유임시정부 동지님들과 함께, 미래세대 아이들에게 부끄럽지 않은 모습으로 끝까지 반자유세력들과 탄핵정변 세력들과 매국내각제세력들과 맞서 국민저항권을 행사하고 투쟁하며, 최종적인 승리를 이루어내겠습니다!

자유독립만세!

자유우파만세!

자유대한만세!

2022년 2월 26일 제241차
방역독재 살인마 문재인 구속! 학살자 김정은 처단!

방역독재당국의 주요 광역시도 백화점 마트 방역패스 시도 실패로 인해 국민들이 제기한 소송에 법원이 손을 들어준 승리에 이어, 청소년 위헌적 방역패스 강행에 대한 법원의 중지라는 민심을 반영하는 판결이 나오자, 국민들은 환호를 외쳤습니다.

방역독재정권은 당황하기 시작했으며, 혈세 낭비 재고백신을 맞추려는 시도에 대해 국민들이 의문을 갖기 시작하면서 3차백신 이후부터는 많은 국민들이 깨어나기 시작했고, 본인들의 완장질을 통해 저지른 과오와 실수와 범죄행위가 대선후에 책임과 잘못으로 처벌받는 것을 피하고자 도망칠 궁리들을 하기 시작했습니다.

그리고 최근에 대구에서 60세 이하 식당과 카페에 대한 백신패스 제동에 이어 경북의 방역패스 철회 선언까지 이어지자 방역독재정권은 이 또한, 강제를 철회하며 패퇴하고 도망갈 것이라고 지난 토요일에 발언했습니다.

위치추적 포기, 감시 감독 포기, 역학조사 포기, 출입통제포기, 격리 관리 포기, 청소년 패스 연기, 백신패스 패소 등으로 무책임하고 무능한 갑질만 국민들에게 행하려 했던, 문재인 방역독재정권의 민낯을 이제 국민들도 스스로 자율방역 방식으로 오미크론 감기를 직접 겪으면서 정부에게 속았다, 별거 아닌데 자유와 인권의 침해를 당했다는 것을 점점 깨닫기 시작하자 국민적 분노와 원성이 점점 높아지고 있음을 실감하고 있습니다.

이어지는 성난 민심의 결과로, 계절성 독감에서 감기 수준 사이인 오미크론 감기를 초기 변이처럼 통제와 감시와 처벌을 놓지 못하던 방역독재정권은 결국 한 단계 한 단계 포기하고 항복하면서 통제완화를 하지 않고 끝까지 고집과 억지를 부리며, 권력 남용과 혈세 낭비 그리고 서민경제를 더욱 피폐하게 만들며, 국민을 어렵게 만든 천문학적인 피해와 손실을 야기한 채로, 완장질을 저지르고 끝까지 이어나간 것에 대한 법적 책임과 처벌만 남겨두고 있습니다.

또한, 오락가락 치맥 같은 문재인의 무책임 극치와 같은 언행은 더욱 국민들을 분노하게 했습니다.

5년 전, 멀쩡하던 세계 최고수준의 원자력 발전을 영화 한 편을 보고 난 뒤, 가동을 중단하고 폐지하며 신규 건설 또한, 중단해서 향후 원자력 발전을 중단하겠다는 공약을 선언한 뒤 국민들의 맹렬한 저항과 반대에도 원자력 에너지를 대체해서 태양광 등의 에너지를 확대하겠다며 결국 전기료만 올리고 혈세만 낭비하였고, 전 세계가 부러워하는 최고의 원자력 발전기술과 수준을 발달시키는 것이 아니라 오히려 퇴보시켰던 국가반역자인 문재인이 이제와서는 원자력 에너지가 필요하고 앞으로 60년은 원자력 발전소가 있어야 한다는 정반대의 무책임하고 무능력한 발언을 했습니다.

이 악한 마귀 같은 자는 국민을 힘들게 다 만들어놓고는 말 한마디로 아니면 말고식으로 대한민국과 경제를 무너뜨리고 국민의 생명과 자유를 심각하게 해치는 중범죄들을 저지른 것에 대한 천벌을 반드시 받게 될 것이며, 다시는 대한민국 역사에 이런 반역 내란 위헌 중범죄 역적이 나타나지 않도록, 헌법에 따른 엄벌을 받고 감옥에 영원히 갇혀 생을 마감해야만 할 것입니다.

이번 대선은 누가 되더라도 하나님의 뜻을 거스르고, 대한민국과 국민을 반역한 탄핵정변의 주범들이며, 악마와 무속 등을 통해 국민을 혹세무민시킨 자들이 된다면 결국은 국민 스스로 자처한 고통과 감내해야 할 힘든 길을 연장해서 가게 될 뿐입니다.

중공의 속국으로 만들려는 탄핵정변세력과 친중 종중 매국정치꾼들의 내각제개헌 시도를 직접 보고 깨달을 때는 늦을 수밖에 없지만, 이 또한, 국민이 달게 받아야 할 책임이라면 감내하고 감당하며, 할 수 있는 모든 저항을 통해 광화문 광장에서 변함없이 국민저항권을 행사하면서 자유대한민국을 지키기 위한 노력과 투쟁을 이어나갈 것입니다.

미래세대의 주역인 우리 아이들에게 적화된 나라, 중공의 속국화 된 식민지 같은 대한민국을 물려주는 부끄러운 선배와 어른이 되어서는 안 되기에 끝까지 변절되지 않고 포기하지 않으며 3.4%의 바닷물을 썩지 않게 만드는 소금이 되어 온몸이 녹아 사라지더라도, 이 귀한 자유와 경제강국 대한민국을 반드시 지켜내겠습니다!

K파티 방역독재 살인마 문재인 구속! 학살자 김정은 처단!

탄핵정변을 일으킨 중국 공산당의 앞잡이와 개노릇을 해온 자들이 중공의 지령을 받아 중공의 속국화를 위한 내각제개헌을 주장하고 추진하고 있습니다. 중공의 돈을 받아먹고, 성접대를 받은 좌파와 우파 내의 친중, 종중 정치매국노들을 처단하고 제거하지 않으면, 앞으로도 반복되는 똥통 속에서 대안이 있냐며 어쩔 수 없지 않냐는 식으로, 북괴와 중공의 졸개들과 반역자들에 의해 세팅된 된똥과 설사똥을 반복해서 물고 빨며, 점차 적화된 식민 속국의 수렁으로 빠져들 수밖에 없을 것입니다.

이번 대선은 누가 되더라도 내각제개헌으로 가게 되거나, 갈 수밖에 없는 압박을 받으면서 탄핵정변을 일으키고 중공에 목줄 잡힌 친중매국세력들에 의해 다음 총선 전으로 개헌을 시도하며, 제대로 임기를 채우지 못하게 될 것입니다.

윤석열이 미혹된 인간들에 의해 억지로 되더라도, 180석이 넘는 좌파들에 의해 탄핵이 진행되거나, 가족범죄 등으로 특검과 퇴진압박을 통해, 내각제개헌을 위한 임기 단축 협박을 받을 것입니다.

결국, 2백 마리가 넘는 좌우의 친중 내각제추진 국개들에 의해 내각제로 가게 되거나 그걸 거부하게 되면 탄핵을 당하는 길로 갈 것으로 보입니다.

리재명이 당선되어도, 악마와 같은 종중 매국세력들과 손을 잡고서 내각제개헌 임기단축을 약속하고, 빠르게 실현하면, 총선 전으로 또는 총선과 동시에 개헌투표를 진행하면서 내각제로 가게 될 것이고, 권력에 심취한 나머지 충성을 맹세하고 당선을 읍소한 것을 잊어버린 뒤, 임기단축 내각제충성맹세와 약속을 어겨 배후세력에게 배신을 하면, 자살당한 자들의 최후와 유사하게 결과를 맞이할 수도 있을 것입니다.

결국은 대선 이후, 눈에 보이는 표면상의 모든 것이 무너질 수도 있으며, 무너진 후에 바닥에서부터 다시, 새롭게 3.4%의 변절하지 않고 반역과 배신에 부역하지 않은, 새롭고 젊은 정치세력들이 등장하게 될 것이고, 정의롭고 진실된 자유대한민국을 세우기 위한 기반 다지기가 시작될 것이며, 그 중심에는 박근혜 대통령님과 하나님만 바라보고 엎드려 기도하며 광화문 광장을 지켜낸, 끝까지 변질되지 않고 초심을 잃지 않은 세력이 대한민국의 진정한 자유우파정권을 세우는 길이 시작될 것입니다.

대선 후, 인간이 예측하여 억지로 고집부린 시도가 다른 결과가 난다고 해서 좌절할 필요도 절망할 이유도 없습니다.

하나님을 경외하지 않고, 하나님을 무시하며, 인간과 마귀에 미혹된 자들에 의해 혹세무민되어 그릇된 길을 가서 생긴 문제 또한,, 우리가 감당해야 할 책임과 벌이기 때문입니다.

노아의 방주도 소돔과 고모라도 바벨탑도 모두 인간의 오만과 광란과 악행으로 인한 자업자득이었기에 지금의 대한민국과 국민들의 현실이 그 사건들과 다름이 하나도 없기에 어떤 경우에도 절대자이신 하나님께 엎드려 기도하고 회개하며 나아가는 것 말고는 어떤 방법도 없길 대선 전으로 깨닫길 바라나, 그렇게 깨닫지 못한다면 대선 후의 고난의 길도 우리 국민들 스스로가 자처했기에 넉넉히 감내하고 감당하며 다시금 무너진 자유대한민국을 세우고 하나님께로 돌아갈 수 있도록, 엎드려 기도하며 할 수 있는 모든 역할과 노력을 다하겠습니다.

앞으로도 대한민국의 마지막 한 사람이 남더라도, 끝까지 변절 되지 않고 초심을 잃지 않으며, 자유대한민국을 지키고 하나님의 나라를 위해 필사즉생으로 힘차게 나아가겠습니다!

2022년 2월 12일 **제239차**

방역독재 살인마 문재인 구속! 학살자 김정은 처단!

선별검사소 등에서 검사자 대비 확진자 비율을 이전 변이 시기와 비교해서 역으로 계산해보면, 검사소에 가서 밝혀진 확진자 수에 비해 약 4~5배는 많은 수가 감염되었지만, 절반은 무증상으로 지나가거나 나머지는 집에서 조용히 스스로 치료하며 자발적인 자율방역이 이미 널리 퍼져있는데도, 효과 없고 시기적절하지 않은 방역을 계속할 뿐만 아니라, 혈세 낭비를 하며 권력남용의 불법 범죄를 저지르는 문재인 방역독재정권의 관련자들 모두 감사하고, 수사해서 감옥에 넣어야만 할 것입니다.

국민을 괴롭히고 억압하다가 결국에는 방역포기를 사실상 선언한 무책임한 악마들이, 자율방역으로 관리와 추적과 감시는 풀면서 백신패스는 유지하겠다고 억지 고집을 부리는 도발 자체가 헌법의 위반이며, 주권자인 국민에 대한 탄압이자 도전이기 때문입니다.

애초에 밀접 접촉자와 분리하고 역학조사를 하기 위한 목적으로 출입명부 작성과 방역패스를 하면서 지금은 치료도 자율적 역학조사도 격리도 관리 포기했는데, 통제 억압하는 노예패스는 사라져야 하는 게 당연한 순서임에도, 국민들을 끝까지 괴롭히려고 이런 짓거리를 뻔뻔하게 이어가는 자들은, 국민의 건강을 해치고 심지어 목숨까지 잃게 만든 중범죄를 저질렀기에 자손 대대로 천벌을 받을 것입니다.

문재인 살인독재정권이 비공개하기로 했던 적와대 특수활동비와 똥수기의 의전 비용 등을 공개해야 한다는 법원의 1심 판결이 나왔습니다.

이미 작년에 예측 발언한 부분이지만, 똥수기는 사치스러운 예산 낭비 뿐만 아니라, 국민의 혈세와 수당 등을 편법 또는 불법으로 악용하는 등 폐경궁보다 더한 것들이 나오게 될 것 같은 생각이 듭니다.

또한, 지난 3년 동안 천문학적인 혈세를 낭비한 중공폐렴의 방역통제 기간, 좌파가 싹쓸이해서 장악한 지자체와 문정권의 이해관계자들 등이, 새만금 수상태양광 설계에서 밝혀진 수백억대 무면허 불법비리 사건보다 더한, 방역물품 관련 비리와 리베이트, 그리고 불법 또는 편법적인 몰아주기와 퍼주기가 엄청나게 있을 것입니다.

방역물품, 방역장비, 유통, PCR기기와 검사비용 관련, 식당 큐알코드, 온도 측정기 등 리스 하청에 재하청 등 지방에서도, 중앙에서도 엄청나게 해먹었다는 말들이 여기

저기서 들리는데, 시간이 걸리더라도 반드시 방역을 핑계로 권력의 측근들 또는 좌파 졸개들이 국민의 혈세를 횡령 또는 착복하거나, 불법을 저지른 범죄와 비리가 없었는지 반드시 감사원에서 감사하고, 검찰에서 수사해서 구속하거나 엄벌을 내려야만 할 것입니다.

게다가 문재인 방역독재정권이 중공폐렴을 선거에 악용할 것이라는 예측도 맞아떨어졌는데, 독감 수준인 오미크론 확산을 악용해서 사전선거 확대, 온라인투표신청 퀵배송, 확진자와 격리자에 대한 차별 및 불공정 선거시간과 방식, 그리고 해외 우편투표 관리 등 수백만 표가 직접 또는 간접적으로 영향을 받을 수 있고, 외부의 세력에 의해서도 국민의 투표를 훔치거나 불법적인 작업이 가능하기 때문에 주권자인 국민의 선거주권을 이번 대선에서 조작하거나, 선거의 4대원칙을 위반하는 불법행위를 저지르지 못하도록, 국민 한 사람 한 사람이 모두 정의로운 감시자가 되어야 할 것입니다.

자유와 인권을 무너뜨리면서 불법과 반칙을 일삼은 중공이 디지털 위안화 홍보와 실험수단으로 이번 동계올림픽을 악용하고, 사회주의 또는 공산주의 독재국가의 세력들과 함께 제2의 일대일로를 준비하며, 전 세계의 기축통화인 달러화를 점차 무력화시키는 작업을 진행하려는 시도를 보였을 뿐만 아니라, 디지털화폐인 디지털 위안화로 전 세계 디지털화폐를 주도하고 장기적으로는 기축통화가 되어 전 세계를 장악할 음모까지 보였습니다.

대한민국에서 중공이 빼앗으려는 각 분야의 주권들을 지키며, 중공의 속국화가 되도록 만드는 작업을 방관하거나 동조하는 여야, 좌우의 썩은 매국 정치인들을 모두 교체하고 퇴출시키고, 대선 후 다음 총선 전까지 친중 정치꾼들에 의해 시도하게 될 내각제의 개헌도 주권자인 우리가 대선 후 반드시 막아야만 할 것입니다.

천멸중공!

자유수호!

2022년 2월 5일 제238차

내란반역범 문재인 윤석열 리재명 구속!
방역독재 월권범죄 중단!

이번 대선을 자격도 자질도 그릇도 안 되는 범죄자 경연대회 수준의 악한 자들을 내세워 억지로 지지를 강요하고, 끝까지 올바른 사람들로 대선후보를 내지 않도록 탄핵정변의 원죄를 일으킨 사기탄핵파와 그들의 앞잡이와 개노릇을 한 자들이 인간의 바벨탑을 쌓으며 천심과 민심을 거스르고 있습니다.

이렇게 대한민국 우파정권을 무너뜨리거나, 대한민국을 적화시켜 북괴와 중공에게 갖다 바치려는 자들인, 윤석열이나 리재명은 시간과 순서의 차이일 뿐, 숨겨진 죄와 억지로 덮은 죄악의 원죄로 인해, 결국 이 똥보다 못한 둘다 깜빵에 갈 일밖에 남지 않았습니다.

리재명이 되면 죽는다고 호들갑 떠는 사람들도 그릇되었고, 거짓된 사기탄핵 주범들의 앞잡이와 개노릇을 하며, 불소추 면책특권을 무시한 채 헌정질서와 헌법을 무너뜨리며, 박근혜 대통령님을 구속시키고 5년 가까이 감옥에 가두면서도, 두번의 형집행정지도 무시하고 거부한 사악함의 극치를 보여준, 마귀 같은 윤석열을 물고 빠는 자들도, 대한민국을 불의하고 거짓된 길로 추락시키고 있는 그릇된 자들입니다.

리재명이 되어도 박근혜 대통령님께서 노무현이 국가보안법 폐지하려고 할 때, 장외투쟁으로 막아냈던 것처럼, 문재인이 있는 동안은 박대통령님께서 감옥에 갇혀계셨기에 우파에 구심점이 되는 박대통령님과 같은 지도자가 없었지만, 이제는 석방이되고 정치활동도 자유롭게 하실 수 있는 상황에서 우파의 구심점이 다시 생길 것이기에 올바르지 못한 자 중 하늘의 뜻을 거스르면서 마귀와 악마와 무속의 힘을 빌려 잠시 혹세무민을 통해, 누가 되더라도 임기를 채우지 못할 뿐만 아니라, 오래가지 못할 것입니다.

오히려 예전보다 더 불행하고 추악하고 비참하게 최후를 맞이하게 되며, 순서의 차이일 뿐이지 문재인과 리재명과 윤석열은 반드시 감옥에 가게 되어있고, 하늘의 천벌을 받으며, 자손 대대로 반역자와 역적으로 남겨져 역사에 기록될 것입니다!

이미 K파티에서 두달 전부터 주장했던 오미크론은 독감 수준이라는 사실을 끝까지 무시하고 협박하던 방역독재정권이 이제와서 태세전환을 하며 변명하기 시작했습니다.

두번의 유튜브 채널 중단으로 계정폭파위기까지 맞는 억압과 공격 등도 받았지만, 진실을 숨길 수는 없으며 올바른 사실은 어떤 상황에서도 알려야 하기에 포기하지도 굴복하지도 않은 채, 광화문 K파티에서 소신 발언과 주장을 이어갔으며, 결국 우리가 주장한 사실이 맞았고 진실을 알린 우리가 옳았다는 것이 밝혀지고 있습니다.

결국 독감수준인 것을 방역통제와 억압에 중독이 된 권력남용 공무원들과 문재인의 졸개들이 국민을 억압하고 괴롭히며 헌법에 보장된 주권을 침해하고 위법을 저지른 것입니다.

이 악독하고 권한남용과 국민통제에 중독이 되어버린, 방역독재정부가 이미 감기수준으로 위력이 약화 된 오미크론 변이를 이제서야 코로나를 독감처럼 관리할 수 있다는 입장을 처음으로 내놨다고 하며, 독감보다는 강하겠지만, 풍토병이 되거나 토착화될 가능성을 언급하며, 계절 독감과 유사한 일상적 방역·의료체계로의 전환 가능성을 본격 검토한다고 발표했다고 합니다.

결국, 대선을 앞두고 주권자인 국민을 겁주고 공포로 억압하며, 위헌적이고 월권적인 범죄행위를 남용하다가, 이제서야 거짓과 억압과 불법이 탄로 나기 시작하자, 도망갈 궁리를 하면서 지금까지 저지른 불법과 위법과 위헌과 월권이라는 심각한 범죄행위로부터 슬슬 빠져나가기 위해 탈출과 출구전략을 찾기 시작하는 행태를 보이고 있습니다.

문재인 방역독재정권은 억지 부리는 방역독재 즉각 철폐하고, 개인이 감기 등 스스로 관리를 잘 해온 것처럼, 일상에서 건강관리를 잘 할 수 있도록 주권자인 국민에게 자율적 방역권을 되돌려드려야 합니다!

그리고, 이에 대한 책임을 엄중히 물어, 다시는 이러한 방역통제와 불법월권으로 국민을 괴롭히고 힘들게 만드는 일이 일어나지 않도록 일벌백계를 해야만 합니다.

그렇기에 반드시 이 사악하고 악마보다 더한 문재인 살인독재자와 방역독재당국 졸개들은, 시간이 걸리더라도 감사원 감사와 이어지는 검찰수사를 통해, 대한민국의 주인인 국민을 갈라치기하고 노예화시키며, 자유와 인권을 침해한 중대한 위헌적 중범죄에 대해 모두 법적 책임을 묻고 엄벌에 처하며 구속해야 할 것입니다!

끝까지 초심을 잃지 않고 변질되지 않으며, 후세에게 매국행위에 부역한 자들로 남겨지지 않도록, 자유와 주권을 지키고 진실을 밝히며 정의가 승리할 때까지, 멀리 보고 인내하며 힘차게 나아갑시다.

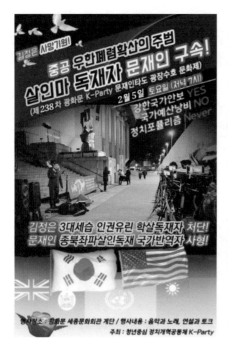

2022년 1월 29일 **제237차**

박근혜 대통령님 생신축하 &
내란반역죄인 문재인 윤석열 틱재명 구속

"국민의 목숨을 잃게 하고, 피눈물을 흘리게 만든, 권력남용과 위헌통제에 중독된 좌파독재정권은 반드시 천벌을 받게 될 것입니다"

인간이 다수의 국민에게 권한을 위임받아 통제를 하다가, 어느 시점이 지나면 그 통제의 쾌감에 빠져 관리하고 감독하는 역할을 넘어, 전체주의적으로 감시하고 통제하며 군림하려는 심리와 행동이 나오게 되어있는데, 특히 문재인 종중좌파 전체주의 독재정권과 졸개들의 집단인 방역당국이 저지르고 있는 중공폐렴에 대한 대국민 통제와 감시 그리고 군림을 하는 행태를 보면, 이미 유럽과 미국 등 서방의 선진국들이 오미크론 변이가 지배 우세종이 되어 다 겪어본 뒤, 감기 수준 또는 계절성 독감밖에 안 된다며, 방역규제를 풀고 국민의 권리를 한시적으로 제한했던 부분들을 거의 다 해제하고 있음을 뻔히 알고 있음에도 불구하고, 뿐만 아니라, 국내의 공식 통계와 전문가들의 의견까지도 델타변이의 1/5 이하 수준의 중증도 안 되며, 하기도 감염으로 상대적으로 위험한 델타변이와는 달리 폐렴 등으로 중환자실에 입원한 감염자가 한 명도 없을 정도로, 오미크론 변이는 치명률도 홍역과 독감 사이의 수준으로 약함에도, 문재인 전체주의 독재정권과 졸개들은 이런 공포조성과 억압, 통제 등을 해제하고 풀기는커녕 이제는 격리자들과 확진자들을 요상한 방법으로 투표를 하도록, 주권자인 국민의 기본권과 자유권을 침해하거나 방해하려는 시도를 하며, 끝까지 이번 대선을 문재인이 장악하기 위한 발악을 계속 강행하고 있습니다.

이미 국민들은 델타가 10%대로 줄어들고, 오미크론 변이가 전체 감염자의 대부분을 장악한 상태에서 국립중앙의료원의 연구결과처럼! 감염된 두 명 중 한 명은 무증상으로 지나가 버려 알지도 못하고, 나머지 한 명은 감기증세인 목아픔 오한 미열 등을 4, 5일 겪고 나면 나아버리고 면역이 생겨버리자, 정부가 겁을 주고 공포감을 조성해도 실상을 아는 국민들은 아무런 두려움도 무서움도 느끼지 않고, 일반 감기와 독감처럼 생각하기에 일상생활에 더욱 활발한 활동을 하고 있습니다.

이처럼, 아무리 끝까지 공포와 위력으로 겁을 주고 선동을 하려고 해도, 지난 광우뻥 미국산 쇠고기 촛불선동도 거짓이 드러났고, 사기탄핵 촛불선동도 거짓과 허위가 드러난 것처럼, 이번 오미크론 변이를 통해 많은 국민들이 문재인 살인독재정권의 정치적 사기방역을 점점 더 알게 되고, 이에 대한 분노는 고스란히 문재인과 졸개들의 구속과 처벌로 이어지게 될 것입니다.

동서고금의 역사적 사실을 살펴봐도, 시간의 차이일 뿐 어떤 선동과 허위를 통한 거짓도 불의도, 시간이 지나면 밝혀지게 되어있고 탄로나게 되어있습니다.

탄핵정변으로 자유우파정권을 무너뜨린 사기탄핵 역적 62놈들과 현직 대통령의 불소추 면책특권을 무시한 채, 헌법을 위반하고 거짓된 허위사실들을 악용해, 박근혜 대통령님을 구속시키고 감옥에 5년 가까이 가두었으며, 건강악화 등으로 하게 된 형 집행정지신청을 두 번이나 거부한, 그런 사악한 내란 반역범 윤석열이 대선후보라며, 자격조차도 안 되는 종북 반역범 리재명과 함께, (리)된똥을 먹지 말고 (윤)설사를 먹으라는 것과 같은 강압을 주권자인 국민에게 강요하고 있습니다.

일반 국민들보다 못한 두 가족범죄자집단 후보들은 둘다 제거하고 물러나는 것이 답이지, 둘 중 하나를 택하는 것이 답이 아닙니다.

문재인과 리재명과 윤석열은 계속 국민을 속이고 억지 고집을 부리며, 끝까지 주권자를 혹세무민하며 무시하다가는 순서의 차이만 있을 뿐 문재인과 리재명과 윤석열 모두 순차적으로 깜빵에 갈 운명은 결코, 피할 수도 막을 수도 없습니다.

문재인 사기정권의 거짓선동에도 속지 말고, 리재명과 윤석열의 가족범죄사기집단에도 속지 말며, 미래세대의 주역인 우리 아이들에게 올바르고 정의로운 자유대한민국을 물려주기 위해, 끝까지 국민저항권을 행사하고, 포기하거나 변질되지 말며, 진실과 정의를 위한 투쟁을 끝까지 이어나갑시다!

"오미크론은 겪어보니까 그냥 감기였습니다"

오미크론을 겪어보신 분께서 하신 말씀입니다.

하기도 감염을 일으켜, 폐와 기관지를 공격해서 폐렴 등의 위중증을 일으키는 델타변이와는 달리, 감염된 사람들의 절반은 증상도 못 느끼고 그냥 지나가 버리고 나으면서 항체와 면역력이 생긴다는 국립중앙의료원의 오미크론 연구결과도 있었고, 이미 한 달 전에 K파티에서 예측했고 말씀드렸던 것처럼, 오미크론은 감기일 뿐이며 검사하러 갔다가 무증상인 일부의 사람들과 인후통 미열 등의 감기 증세로 검사받다가 오미크론인 것을 알게 되어 7일간 재택격리를 받는 사람들은 빙산의 표면일 뿐, 이미 광범위하게 전국적으로 오미크론은 퍼져있고, 무증상 이거나 미열, 목이 깔깔한 증세 등의 가벼운 감기로 생각해서 그냥 지나가 버리기 때문에 실제 확진자 수는 더욱 많습니다. 비합리적 비효율적인 정치방역으로는 결코, 이 오미크론 감기를 잡을 수도, 해결할 수도 없습니다.

영국이나 서방의 많은 국가처럼, 상대적으로 치명적인 델타변이를 다 쫓아내고 90% 이상 오미크론이 지배하는 주종이 된 상황이 되는 2월이 지나면, 위중증 수치도 사망자도 확연하게 줄어들 것이기에 쓸모없고 효과가 없을 뿐만 아니라, 독성으로 국민들을 죽게 만드는 백신의 접종도 없애고, 노예패스도 해제해서 더 이상 국민들이 백신으로 사망하거나 민생파탄으로 자살하는 일들이 없도록, 신종플루 사스 때처럼, 지역의 1차 병원과 국민에게 자율적으로 방역하고, 스스로 보호할 권리를 넘겨줘야만 할 것입니다.

또한, 지금까지도 소수의 방역당국의 작자들과 정권의 악한 권력자들에 의해 저질러지는 잘못되고 사악한 결정으로 인한 국민의 모든 생업권과 자유의 박탈 등이 강제 또는 반강제 되는 것을 없애는 것을 넘어, 헌법에 보장된 주권자인 국민의 인권을 침해하고 자유를 파괴하며, 국민의 선택권을 박탈시키는 천인공노할 중범죄를 문재인 방역독재 학살정권을 중단하고 위헌 정치방역에 대한 책임을 지고 전원 수사받고 감옥에 들어가 엄벌을 받아야만 할 것입니다.

국민을 잠시는 속일 수 있을지 몰라도 영원히 속일 수는 없습니다.

국민의 피와 같은 혈세 낭비가 무분별한 PCR 검사의 비용에서 비리는 없었는지, 백신 수입과정에서 때와 상황에 맞지 않는 타이밍과 구매 수량의 비효율적인 면과 비싸게 들어온 것과 리베이트 또는 정치적 의도로 재고를 남겨 북에 주려고 하는 것은 아닌지, 국민들은 알 권리가 있기에 이 또한, 반드시 감사원 조사와 그에 따르는 검찰

수사가 반드시 이어져야만 할 것입니다.

국민의 목숨을 마귀의 재물로 바치고, 아이들까지 악마에게 희생되어 생명을 잃게 만드는 종중 문재인 전체주의 방역살인독재정권은 대한민국 역사에 남을 이완용을 능가하는 반역 매국세력으로 기록될 것이며, 우리 국민들이 죽어나가는 것을 방관하는 것을 넘어, 북괴 학살자 김정은과 중공 살인마 시진핑의 눈치를 보며, 국익을 지키고 국민의 위하기는커녕, 거짓말과 혹세무민으로 국민을 속이고, 주변 사람들이 죽어나가는 악마 같은 짓과 무속과 귀신을 섬기는 거짓의 대선 놀음을 저지르는 것들 모두, 하나님의 천벌과 심판을 받게 될 것입니다.

모두 인간의 사악한 욕심과 악한 이익을 버리고 비우며 내려놓고, 겸손히 하나님께 경외하는 마음으로 기도하고 나아가야 할 때입니다.

대한민국에 회개와 각성의 댓바람이 불어야 저 악한 자들은 무너지고 멸망하며, 더 이상 국민들과 아이들의 목숨이 끊기는 일들이 사라지게 될 것입니다.

저희 K파티는 끝까지 악마와 손을 잡은 저 사악한 세력들과 맞서 자유대한민국을 수호하고, 국민에게 헌법으로 보장된 주권과 자유를 지키기 위해, 기도하고 힘차게 투쟁하겠습니다!

함께 자유대한민국과 우리 아이들을 지키기 위해, 악의 세력과 싸워 승리합시다!

살인백신 노예패스 즉각중단!
국가반역 내란범 문재인 리재명 윤석열 구속!

"아동 죽이고 국민 죽이는 살인백신 중단하라! 방역패스는 노예패스다! 즉각 중단하라! 살인마 문재인과 정은경을 구속하라!"

지난 토요일도 공연을 마치고 나오는 4천~5천 명의 국민들 바로 앞에서 힘차게 계몽을 하며 구호를 외쳤습니다.

국내 최초 오미크론에 관한 공식 연구결과를 발표한 국립중앙의료원의 분석을 보면, 오미크론 감염자의 47.5%가 무증상이며, 52.5%의 유증상자도 일반 감기인 인후통 25%, 발열 20%, 두통 15%, 기침 및 가래가 15%로 미미한 증세이며, 이전 중공폐렴 바이러스와는 달리, 산소공급치료가 요구되는 환자는 0% 정도로, 겨울철 일반 감기 수준을 정치적으로 악용하고, 주권자인 국민을 혹세무민해서 헌법에 보장된 자유와 인권까지 차별하며, 박탈하는 전체주의 독재를 저지르고 있습니다.

WHO와 CDC, EU의 질병관리당국도 오미크론에 효과가 없는 철 지난 부스트샷을 계속 맞게 하는 것은 면역체계에 문제를 일으키고, 건강을 해칠 수 있다고 연이어 발표하고 있고, 덴마크의 연구진들이 오미크론은 비접종자들보다 백신을 접종한 자들에 의해 생긴 변이로, 접종자들에게 더 잘 걸린다는 연구결과까지 발표했고, 영국에서는 코로나 형태의 독감이나 감기를 예전에 걸린 적이 있는 사람들은 이미 면역이 생겼을 수가 있다고 연구결과를 냈으며, 일본의 연구진들은 오미크론은 일반 감기나 계절성 인플루엔자 수준이라는 결과를 내면서 폐와 기관지 등에서 증식하는 델타변이는 하기도에서 중증을 일으킬 수 있지만, 오미크론은 목의 상부인 인두와 후두, 편도 등에 정착해서 감염을 일으키는 목감기 수준 밖에 안 되는 사실들이 이렇게 국내외에서 밝혀지고 있음에도, 방역독재당국은 절대로 이와같은 사실들은 제대로 알리지 않은 채, 효과 없고 독성만 가득한 철 지난 백신을 우리 국민들 전체가 6~7회나 맞을 수 있는 분량을 가져와서 국민들과 아이들이 부작용으로 평생후유증과 장애로 살게 되고, 심지어 백신으로 인해 죽는데도, 이제는 5세 유아들까지 백신을 맞추기 위한 정신 나간 정책들을 만들고 있습니다.

또한,, 저희 K파티가 PCR은 독감과 중공폐렴독감을 구분하지 못하는 오류가 크고, 그로 인해 독감인데 중공 폐렴으로 판정받은 국민들이, 가짜로 확진판정되어 격리되어 주변 사람들까지 밀접촉자라는 미명하에 불합리한 격리를 당하고, 경제적 피해를 입히게 되면서 직장에서 짤리며, 대다수가 하루 벌어 하루버티는 자영업자들은 폐업까지 하게 되는데, 누가 보상하고 책임질 것이냐고 외치면서 PCR 검사를 중단하고 스스로 신속항원검사를 국민들이 할 수 있도록 하라고 주장하고 난 뒤, 슬며시 PCR을 줄이고 신속항원검사 자가키트로 바꾸겠다고 하고 있습니다.

회당 4만 원이 넘는 PCR 검사를 끝까지 고집해서 국민의 혈세를 주머니에 쓸어 담은 자들과 결탁세력들, 이해관계자들, 그리고 백신을 수조 원이나 수입하면서 중개자, 유통업자, 값비싸게 구입하면서 리베이트를 착복한 것들은 없는지, 모두 감사원 감사와 검찰수사를 반드시 해서 일벌백계로 다스려야만 할 것입니다.

게다가, 격리기간을 계속 10일로 고집부릴 것처럼 하더니, 결국 미국을 포함한 전 세계가 오미크론은 감기에 불과하고 반정도가 무증상으로 지나간다는 뉴스들이 국내에도 퍼지기 시작하자, 격리 기간을 7일로 슬쩍 줄인 사기방역당국은 반드시 천벌을 받을 것입니다.

델타변이를 잡고 주종이 되어 감염의 대부분 경미한 감기 증세인 오미크론이 장악하는 2월부터는 미국처럼 격리 기간을 5일로 줄이거나 아예 없애는 것이 필요함에도 불구하고, 국민을 겁주고 선동하며 이런 방역공포와 독재를 대선정국까지 끌고 가면서 대선의 선거방식과 대선의 일정까지 영향을 미치려고 한다면, 이게 바로 국정농단이며, 국민의 주권을 심각하게 침해하는 위헌 반역행위라고 볼 수밖에 없습니다.

저희 K파티는 변함없이 주권자인 국민의 주권과 자유를 침해하고 억압하며 박탈하려는 사악한 악마 같은 문재인 종중좌파 전체주의 독재정권이 무너지고 천벌을 받으며, 모든 관련된 악한 자들이 감옥에 갈 때까지, 포기하지 않고 대한민국 여론과 민심의 중심인 광화문 광장을 지키며, 저들과 맞서 국민저항권으로 투쟁하고 승리하겠습니다!

2022년 1월 8일 **제234차**
문재인 윤석열 리재명 구속!

"와 2년 넘게 광장을 공사장으로 만들고, K파티 현장에 차단벽을 쳐놓더니, 이제는 문화제를 막고 방해하기 위해 쓰레기 컨테이너를 행사 장소에 고정시켜 놓았네요. 정말 문재인과 졸개들이 밤에 들리는 K파티의 구호와 외침에 스트레스를 받나 보네요"

중공 발암 먼지가 뿌옇게 눈앞을 가린 광화문 광장에서 낮부터 행사를 준비할 때, 응원하기 위해 들리신 분들이 한결같이 하신 말씀들입니다.

전 세계의 정보당국과 외교 관련 관계자들이 지나가고 상주하여 예의주시하게 되는 광화문 광장에서 이승만 건국대통령님과 박정희 부국강병대통령님과 박근혜 자유수호대통령님의 모습이 비춰지는 초대형 디지털 스크린이 강한 비, 눈, 바람의 영향을 받지 않고 언제나 빔을 통해 밝게 비춰지는 것에 문재인과 적와대 졸개들은 스트레스를 극심하게 받을 텐데, 미국대사관이 바라보게 되는 자리에 세분 대통령님의 모습이 담긴 현수막까지 펼쳐져 있어서 광장마저 빼앗긴 종북 주사파와 종중 좌파들이 얼마나 열이 받고, 햇수로 6년째 이어온 K파티 문화제를 막거나 중단시키고 싶으면 저렇게까지 방해를 할까 하는 한심하고 씁쓸한 마음이 들기도 했습니다.

게다가, 행사 전 엎드려 기도로 시작하고 성경 말씀을 광화문 광장에서 선포한 뒤, 국민의례를 시작으로 애국가 4절과 국민교육헌장을 다 외우는 애국 어린이들의 목소리가 광화문 광장에 울려 퍼지니, 적와대와 광화문을 둘러싼 어둠의 영과 악한 기운들이 산산이 흩어져 사라져버릴 수밖에 없을 것입니다.

뿐만 아니라, 대한민국을 적화시키고 친중내각제로 만들어 중공의 속국으로 만들려는 탄핵정변 앞잡이인 역적 62마리와 자유우파정권을 무너뜨리고 불소추 면책특권을 무시한 채, 불법 위헌적 탄핵을 통과시킨 좌우의 매국노 이완용보다 더한 탄핵세력 악마들과 그들의 앞잡이와 개노릇을 하며, 박근혜 대통령님을 5년 가까이 옥에 가두고 형집행정지까지 거부한 윤석열의 이름까지 광장에 울려 퍼지며 이 악한 자들을 반역죄와 내란죄로 구속! 사형하라를 남녀노소 모두가 한마음 한뜻으로 외치면서 방송을 통해 전 세계에 그리고 전국 곳곳에 역사의 대역죄인으로 널리 알리니, 적와대의 문재인과 졸개들뿐만 아니라, 민주당과 민주당 2중대인 탄핵완성정당 매국정치꾼들은 좌불안석이 될 수밖에 없을 것입니다.

마지막 결정타로 저 악마 같은 매국노 반역자들에게 밤잠까지 못 자도록 호랑이와 같은 분이 계셨으니, 이 분을 철창에 가둬두었을 때는 비웃거나 투명인간 취급하며, 심지어는 조롱까지 했던 좌파들과 거짓 보수들이 석방을 결사반대하며, 자신들의 탄핵정변을 정당화하기 위해 끝까지 발악했으나, 하나님의 역사하심과 시대의 흐름을 모른 채, 나오시고 나서도 자신들의 의도대로 될 것이라 쉽게 생각했던 박근혜 대통령님께서 갇힌 철장을 나온 호랑이와 같이, 우파 국민과 지역부터 요동을 치고 아직 포효와 같은 말씀도 한 번 없었는데, 정치권은 지각변동이 일어나고 탄핵정변 세력들은 분열되고, 흩어지며, 무너지기 시작했습니다.

이와 같은 모든 일련의 흐름은 인간이 억지 부리며, 절대자와 맞먹기 위해 쌓은 바벨탑이 중단되고 무너지며, 인간들이 흩어져 사라진 것처럼, 인간의 바벨탑을 만들어 범죄자 경연대선을 치르고 악마와 손잡은 자들을 종국에는 쳐내시고 응징을 하신 뒤, 천벌을 받게 하려는 하나님의 역사하심이 진행되고 있음을, 6년째 광화문 광장을 지켜오면서 실질적으로 체감할 수 있었습니다.

또한,, 박근혜 대통령님께서도 늘 말씀해오신, 시간은 진실과 정의의 편이며, 시간의 차이일 뿐, 거짓은 진실을 덮을 수 없으며 정의는 반드시 불의를 이긴다는 진리가 머지않아 이루어질 것이 느껴지고 있습니다.

끝까지 포기하지 말고, 초심을 잃지 않으며, 피와 목숨으로 지켜주시고 물려주신, 이 귀한 자유와 경제강국 대한민국을 우리의 희망이자, 미래세대의 주역인 아이들에게 잘 전할 수 있도록, 기도하고 힘차게 투쟁하며, 함께 승리합시다!

문재인 구속! 자유우파정권 되찾기!

'눈 가리고 아웅'한다고 국민들이 속는 때는 이미 지나갔습니다.

3년이 넘게 K파티는 광화문 광장에서 '사기탄핵 2중대 정당 해체!'라는 현수막을 걸고, 교언영색의 국짐당 선대위 해체가 아니라, 당 자체가 해체되어야 우파가 극적 회생할 수 있다고 계속 말해왔습니다.

하나님의 뜻하심을 따르지 않고, 자유우파정권을 무너뜨리고 현직 대통령을 가두고, 나오지 못하시도록 감금시킨 악마와 같은 자들이자, 사리사욕을 위해 내각제 친중세력과 사기탄핵세력들과 어둠의 영의 힘을 빌려 억지로 만들어 낸, 윤석열이라는 바벨탑이 오래갈 것 같은가!를 말하며, 분명히 작년 말부터 윤석열과 주변 바벨탑을 쌓고 있는 혹세무민하는 사악한 인간들은 무너지고 멸망할 수밖에 없다고 저는 외쳐왔습니다.

역사의 모든 과정속에서 이미 결론을 알 수 있는 것처럼, 인간은 하나님께서 이끌어주시는 흐름대로 가야지, 귀신과 무속이 이끌어주는 대로 가면 결국 해체와 해산, 추락과 멸망, 그리고 사망밖에 없음을 깨달아야 합니다.

작년에 윤석열 폭망하고, 임명장 받았다고 완장을 찬 점령군같이 행세하던 선대위 주변 인간들도 반드시 다 망할 것이라고 말했을 때, 코웃음 치고 비웃던 윤만세족들과 대깨윤들, 윤대안충들은 다 어디 갔습니까?

윤을 물고 빨다가 보수 우파진영 다 무너뜨리니까, 기분이 좋으십니까?

윤말고 대안이 있냐는 말들도 쏙 들어가 버리고, 변수가 어디 있냐는 말을 하던 사람들도 사라질 정도로, 대한민국의 현 상황은 건국 이래 최초로, 대선 두어 달을 앞두고 현재 후보 중에 뽑을 사람들이 없다고 답한 유권자인 국민들이 40%가 넘을 정도로, 그리고 20대의 70%와 30대의 60% 가까이 되는 2030 유권자도 현재 후보 중, 투표할 사람이 없다고 하는 여론조사 결과가 나오는 등 사상 초유의 변수들이 계속해서 생기고 있습니다.

대선은 누가 더 중범죄자인지, 가족범죄가 많은지를 경쟁하고 뽑는 경연대회가 아닙니다.

윤석열을 만든 사기탄핵에 동참했던 주류 언론들과 아무런 죄도 없는 현직 대통령이신 박근혜 대통령님을 탄핵시키고, 자유우파정권을 무너뜨린 탄핵정변 세력들이, 거짓선동과 허위 음해로 보수우파세력을 주도하면서 끝까지 발악하듯 사기탄핵과 내란 반역을 정당화하려고 했지만, 결국은 하나님으로부터 천벌을 받는 결과 말고는 받을 것들이 없는 자들일 뿐이라는 것이 점점 드러나고 있습니다.

아무리 악마에게 영혼을 팔고, 눈곱만한 권력을 위해, 사리사욕을 챙기기 위해 별짓 다 해도, 결국은 절대자의 순리를 거역하면, 진노와 응징의 불벼락을 맞을 수밖에 없습니다.

아직도 시간은 충분히 많습니다.

모든 것을 다시 새롭게 처음부터 시작해야 합니다.

윤석열이라는 억지로 잘못 채운 첫 단추, 사기탄핵세력이 장악한 국짐당이라는 잘못 채워진 첫 단추와 나머지 단추들을 모두 다시 풀고, 올바르게 채우지 않으면, 우리 모두는 미래세대 아이들에게 원망과 비난을 받는 역사의 죄인이 될 수밖에 없습니다.

애국애민정신으로 정신 똑바로 차리고, 크고 작은 사리사욕들을 다 버린 뒤, 새롭게 다시 시작해야 합니다.

역사 속에서 인간의 좁고 작은 모든 것들을 내려놓고 비워야, 하나님께서 다시 채워주시고 일으켜 주셨던 것처럼, 하나님 앞에 나아가 엎드려 기도하고 회개해야만, 자유우파가 다시 일어날 수 있고, 자유우파정권을 되찾고, 최종적인 승리할 수 있음을 명심해야만 할 것입니다.

승리하는 새해! 새롭게 시작하는 새해에는 우리가 승리할 수 있도록, 각자의 맡은 역할과 자리에서 할 수 있는 모든 노력을 다하며, 자유대한민국을 지켜냅시다!

2021년 12월 25일 **제232차**

박근혜 대통령님 석방 축하 및 성탄절 축하

지난 25일 232번째 광화문 K파티는 최근 들어서 가장 추웠던 한파에 광화문 광장의 칼바람까지 불었던, 체감온도 영하 20도라는 최악의 날씨와 기계와 장비가 얼어붙어 꺼질 정도의 어려운 환경이었지만, 엎드려 기도한 뒤 모든 것을 하나님께 맡기고 의지하며 시작하자, 추위도 못 느낄 정도로 마지막 퍼포먼스 때에는 셔츠 한 장만 입은 채로 행사를 넉넉히 진행하고 잘 마칠 수 있었으며, 끝난 뒤에도 주님의 은혜로 어떠한 감기나 몸살도 없었을 정도로 감사하고 은혜로운 광화문 행사였습니다.

K파티 활동 5년 동안 가장 기쁘고 행복하며 감사한 일이 주님의 은혜로 일어났기에 25일은 성탄절 축하와 함께 박근혜 대통령님의 석방이라는 기쁜 소식을 축하하는 케익을 준비하고, 1년간 중도 포기 없이 끝까지 광화문 광장에서 함께 투쟁해주신 K파티 용사님들과 유튜브 대표님들 그리고 활동가분들과 애국 어린이들과 함께 성탄절 축하 노래와 박근혜 대통령님 축하 노래를 함께 부르며 기쁜 시간을 나누었습니다.

이어서 애국맘님과 자녀분들의 성탄 축하 노래와 특송까지 이어지며, 지난 한 해의 수고와 투쟁의 승리와 하나님께 감사를 드리는 귀한 행사를 잘 마칠 수 있었습니다.

2022년은 주권자인 국민을 죽이고, 절망에 빠트린 문재인 전체주의 공산독재정권이 무너지고, 국민을 해친 사악한 자들과 악한 무리들이 천벌을 받고 역사의 죄인으로 남겨지게 될 것이며, 하나님께서 끝까지 포기하지 않고 변질되지 않으며, 하나님만 바라보고 담대히 엎드려 기도하며 나아가는 우리에게 주실, 역전의 승리가 시작되는 신나고 역동적인 한 해가 될 것입니다.

저희 K파티는 지난 2017년부터 2021년까지 외쳐온 박근혜 대통령님 석방이 이루어짐에 따라, 5년간의 광화문 투쟁 시즌 1을 마감하고, 2022년부터 2027년까지 새로운 5년 동안 K파티 시즌 2를 시작하고자 합니다.

K파티 시즌 2는 전체주의 독재 학살정권의 문재인과 졸개들이 엄벌을 받고 역사의 죄인으로 기록되며, 탄핵정변의 주범들과 자유우파정권을 무너뜨린 반역세력들과 현직 대통령님을 헌법에 보장된 면책특권을 파괴하면서 불법적이고 위헌적인 구속

으로 5년 가까이 감금한 내란반역자들에 대한 재조사와 특검을 통해, 대한민국을 무너뜨리고 적화시키려는 세력에게 동조하고 협조한 이적행위와 반역 내란범죄를 반드시 물어, 다시는 이러한 반역적이고 사악한 중범죄가 대한민국의 역사에서 일어나지 않도록 하는데 저희 K파티가 역할을 다할 것입니다.

또한,, 시즌 2에는 자유우파정권을 되찾을 것이며, 붕괴하고 무너지는 북괴 김정은 정권을 없애고, 자유통일을 이룰 것이며 사망의 음침한 동토에서 피와 눈물의 기도를 하며 목숨을 다해 버텨가는 북한주민들을 구해낼 것입니다.

새해에도 대한민국을 지키기 위한 K파티의 모든 활동에 힘 나는 응원과 온, 오프라인 참여와 기도 부탁드리겠습니다.

감사합니다!

2021년 12월 18일 제231차
자유대한민국의 내란 반란 역적 문재인 리재명 윤석열 구속!

5년이라는 시간, 231번째로 대한민국에서 유일하게 한 번도 끊기지 않고, 엎드려 기도하며 대한민국의 심장이자 여론과 민심의 중심인 광화문 광장을 지켜낸 지난 토요일은 폭설에 칼바람까지 불어오는 혹한의 날씨였지만, K파티의 모든 용사님들과 유튜브 대표님들이 한마음 한뜻이 되어 얼어붙은 광장을 뜨거운 열기로 녹인, 귀하고 감사함 가득한 하루였습니다.

중공폐렴 초기, 중공의 눈치만 보다가 입국 금지를 하지 않아 지금까지 죽지 않아도 될 우리 국민들을 표면상의 수치로도 수천 명이나 죽음이라는 제물로 바친 문재인이 백신노예패스를 강요하고 반강제적으로 맞도록 하면서 더욱 많은 국민들을 부작용으로 죽음에 이르게 하고, 평생을 지병과 영구장애로 고통과 슬픔 속에서 살아가도록 만들고 있습니다.

2020년 3분기(7월부터 9월)보다 올해 같은 3분기의 사망한 국민이 3449명이나 더 목숨을 잃었고, 그 전 분기인 2분기도 작년 같은 기간에 비해 3천 명 대의 사망자가 더 늘었다는 통계자료를 볼 때, 백신을 맞고 고통스러워하시다가 호소도 못 한 채 조용히 피눈물을 흘리고 생을 마감하신 어르신들이 상당히 많았음을 알 수가 있습니다.

전쟁이 일어난 것도 아니고, 작년에 비해 1만 명 가까이 우리 국민 가운데 사망자가 갑자기 증가했다는 것은, 백신접종 후 명확한 부작용이 단시간 내에 보여지지 않다가, 말 못 하는 고통과 가속화된 노환으로 돌아가신 분들이 많다는 것입니다.

수명 단축으로 마음의 준비가 안 된 가족들이 더욱 슬프고 힘든 장례를 치른 경우가 상당할 것이기에 참으로 마음이 아프고, 눈시울이 붉어집니다.

언제까지 이 악마 같은 문재인 방역독재학살정권이, 사탄과 마귀에게 우리 국민의 귀하고 귀한 목숨을 바치게 할 것이며, 이것도 모자라서 이제는 치명률 0%인 약자 중의 약자인 10세부터 19세까지의 10대 아이들에게까지 살인백신을 반강제적이라고 하지만 사실상 강제적으로 접종시켜, 누구도 책임지지 못할 평생의 장애나 질환, 또는 사망까지 이르게 하는 생명을 악마의 제물로 바치려는 저 악귀들의 발광과 발악하는 모습을 보며 하나님께서 우리 모두에게 주신 인간의 존엄성과 인권과 자유를, 억압하고 강탈하며 제거하려는 저 사악한 문재인과 배후세력 그리고, 졸개들과 추종세력과 맞서 더 끝까지 지켜야 한다는 투지와 열의가 더욱 뜨겁게 타오를 수밖에 없게 되었습니다.

일제 강점기에 끝까지 신사참배를 거부한 채, 저항하시다가 투옥되고 고문당하며, 목숨을 잃어가면서도 끝까지 거부하고 투쟁하며 지켜내신 분들과 같이 살인백신을 강요하며 주권자인 국민을 차별하고 무시하며, 불이익을 주는 심각한 범죄이자, 위헌적인 백신노예패스를 끝까지 거부하고 투쟁하며, 주권자인 국민에게 부여된 국민저항권과 시민에게 주어진 시민 불복종을 행사하면서 저들이 무너지고 역사의 대역죄인으로 남겨지며, 천벌을 받을 때까지 자유를 지켜내고 대한민국을 수호하기 위해, 모든 일과 역할에 최선을 다하겠습니다.

함께 자유대한민국을 지키고 미래세대의 주역인 우리 아이들의 생명과 건강을 지키기 위해 힘차게 투쟁하고 승리합시다!

2021년 12월 11일 제230차

문재인 구속 리재명 구속 윤석열 구속

"대한민국의 주인인 국민들이 스스로 주권을 포기하고, 독재정권에게 방역노예패스를 받고 자유를 반납하며, 헌법을 무너뜨리는 자들의 행위를 오히려 방관하고 있습니다"

여러분, 지난 12월 9일은 결코, 잊을 수 없는 사기 탄핵안이 가결된 지 5년이 되는 날이었습니다.

2016년 11월 시작된 사기탄핵 정국에서 "법 절차에 따라 탄핵 사유가 발견되면 탄핵 절차에 들어가면 된다"고 말했던 유승민이 좌파들과 함께 불을 지피고, 김무성과 졸개들이 허위와 거짓으로 선동하기 시작했습니다.

내란죄와 반역죄로 사형을 선고받아야 할 특검팀장 윤석열과 박영수 특검이, 현직 대통령은 불소추 특권을 지니는 헌법을 위반한 채, 대통령께서 헌법과 법률을 위반했다는 내용의 공소장을 발표했고, 유승민을 필두로 62 사기탄핵 역적들은 탄핵을 공개적으로 언급했으며, 12월 9일 국회에서 이뤄진 탄핵소추안은 찬성 234표, 반대 56표, 무효 7표, 기권 2표로 통과되었는데, 이는 유승민과 김무성을 포함한 새누리당 비박계 의원 등 62역적의 반란표로 탄핵정변이 시작될 수 있었습니다.

자유우파정권을 무너뜨린 탄핵 62적과 현직 대통령님을 구속시킨, 내란범 반역자들인 박영수와 윤석열은 지금도 반성은커녕, 사죄도 회개도 없습니다.

이런 악귀와 같은 자들은 천벌을 받고 반드시 지옥에 갈 것입니다.

뿐만 아니라, 6.25 남침 이후로 이렇게 많은 국민들이 죽은 적이 없을 정도로, 우리 국민들을 제물로 바친 것처럼, 악마의 화신이 되어 국가 전체를 슬픔과 죽음의 생지옥으로 만든 주범은, 바로 문재인과 악마 같은 졸개들임은 부인할 수가 없을 것입니다.

지난해 정신적 문제로 극단적 선택을 한 사람은 총 4,905명이나 되었으며, 최근 10년 동안 가장 많은 수치로, 전체 자살 중 정신적 문제에서 비롯된 자살이 차지하는 비중도 지난해 38.4%로 10년간 최대치였습니다.

게다가, 지난해 우울증으로 진료받은 사람은 83만 1,830명으로 2016년 이후 가장 많았습니다.

통계에 잡히지 않은 사망자와 백신접종 시작 후 노년층의 사망자 수가 엄청나게 증가한 것을 봐도, 중공의 눈치를 보다가 초기 입국금지를 하지 않고 대한민국 전역에 중공폐렴을 급속히 확산시켜, 죽지 않아도 될 우리 국민들이 중공폐렴으로 4천 명 넘게 죽고, 4천 명 넘게 코로나블루로 자살했으며, 중공폐렴 백신으로 천 명이 훌쩍 넘게 사망하게 만든 주범인, 국민학살자 문재인도 탄핵정변의 역적들과 함께, 반드시 수사를 받고 역적죄로 사형을 선고받은 뒤 감옥에서 생을 마감한 후, 지옥에 떨어지는 천벌을 받게 될 것입니다.

중공폐렴으로 헌법에 보장된 국민의 주권과 하나님께서 주신 인간의 존엄성마저 강탈하고 무너뜨리고 있는 백신노예패스와 위헌행위를 저지르는 이 모든 천인공노할 중대범죄들을 저지른 악마들을 결코, 잊지 말고, 역사의 기록에 남기며, 시간이 걸리더라도 반드시 특검수사와 재조사, 그리고 재심 등의 모든 방법을 통해 진실을 규명하고 정의가 승리할 수 있도록, 끝까지 포기하지 않고 분투하며 싸워 승리합시다!

2021년 12월 4일 **제229차**

문재인 구속! 리재명 구속! 윤석열 구속!

국민이 주권을 지키지 못하고, 전체주의로 국가와 국민을 악하게 끌어가려는 문재인 독재정권과 맞서는 국민저항이 줄어들자, 문재인 독재정권은 하늘 무서운 줄 모르고, 국민의 생명을 앗아가며, 심지어는 대한민국 미래세대의 주역이자 희망인 아이들까지, 죽거나 평생을 병들게 만들려고 하는 천벌 받을 짓들을 행하고 있습니다.

주권자인 국민의 기본권을 심각하게 침해하고, 인권을 파괴하며 자유를 강탈하려는 문재인 독재정권의 전체주의 방역독재에 맞서 국민주권을 보호하고, 백신을 맞지 않으면 학원까지 가지 못하도록 하는 헌법상 보장된 교육의 권리와 학습을 보장받는 학생들의 권리까지 침해하면서 학교수업은 백신을 맞지 않아도 학생들이 학업을 할 수 있으나, 중공폐렴으로 학교수업이 충족시키지 못하는 다양한 학원시설 출입을 제한하는 것 자체가 위헌적 발상이며, 주권자를 무시하고 억압하는 독재자 문재인은 내우외환의 죄로 구속되어, 감옥에서 사형수로 죽을 때까지 있어야만 합니다.

한 달 전부터 방송과 광화문 광장의 K파티 현장 발언을 통해 예측했던, 확진자 2천 명 대에서 위드코로나라는 핑계로 살짝 풀어줬다가, 다시 확진자가 늘어나면 방역독재를 더욱 교묘하고 잔인하게 확대할 것이라고 한 말 그대로, 살인마 문재인 방역독재정권은 확진자를 5천 명으로 급속히 늘어나게 한 뒤, 머지않아 7천을 넘어 1만 명이 넘게 될 것이고, 이를 통해 성인을 넘어서 확진 후 사망하는 치명률이 0%에 가까운 청소년들에게까지, 백신을 반강제적으로 교묘하게 맞추려고 할 뿐만 아니라, 이러한 확진자 급증을 악용해 다가오는 대선의 선거방식 또는 선거일까지, 문재인의 손아귀에서 쥐락펴락할 수 있는 국가적 위기상황을 조장해, 국민의 권리인 치료와 예방접종의 자유와 선택권마저 박탈하고, 주권자의 가장 귀하고 중요한 권리인 선거주권과 투표권까지 흔들려는 악마 같은 문재인 전체주의 방역독재정권의 천인공노할 어린 생명을 죽게 만드는 악행과 국민의 주권을 침해하는 반역행위에 대해 우리는 저항하고, 국민의 기본권과 자유를 지키기 위해 끝까지 포기하지 않고 투쟁하며 저항해야만 할 것입니다.

또한, 이러한 전무후무한 문재인의 반역범죄와 국민학살범죄 등은 역사에 기록으로 남겨, 다시는 후대에 이러한 탄핵정변과 국기문란 그리고 국민학살이 일어나지 않도록 해야만 할 것입니다.

탄핵정변의 진실규명을 위한 재조사와 특검, 재심 등은 시간의 차이일 뿐, 반드시 일어나게 되어있고, 그렇게 되면 그 당시 자유우파정권을 무너뜨린 탄핵정변의 주범들과 사법부, 그리고 아무런 죄가 없는 현직 대통령님을 끌어내려, 있지도 않은 죄로 헌법상 불소추 특권을 지니는 대통령에 관한 헌법을 위반한 채, 음모와 허위로 박근혜 대통령님을 구속시키고 45년형을 구형했으며, 지금도 가두고 있는 당시 특검 박영수와 특검팀장 윤석열 등 역적 수괴와 주범들은 내란 반역의 죄로 사형수복을 입고 법정에 나타나게 될 것입니다.

불의는 결코, 정의를 이길 수 없으며, 거짓은 결코, 진실을 덮을 수 없다는 것이 진리이며 역사의 사실입니다.

끝까지 포기하지 말고, 각자의 주어진 역할과 자리에서 자유대한민국을 지키고, 주권자인 국민으로서 미래세대 아이들에게 자유와 주권을 잘 전해주기 위해서라도, 초심을 잃지 않고 국민저항권을 행사하며 저 악귀 같은 문재인 독재정권과 맞서 싸워 승리합시다!

2021년 11월 27일 제228차

문재인 구속! 리재명 구속! 윤석열 구속!

"종북 좌파의 전유물이자 해방구와 같이 붉었던 광화문 광장을 5년간 지켜온 K파티 현장에는 윤만세족들, 대깨윤들, 윤강요충들이 없어서 속이 너무나도 시원하고 후련합니다"

매주 토요일, 7시 행사를 준비하기 위해 낮부터 광화문 광장에 나와 있으면, 반가운 애국자님들과 변함없이 초심을 잃지 않은 활동가분들께서 제가 준비하고 있는 곳을 들리시거나 지나가시면서 응원도 해주시고 기도도 해주시며, 용기와 큰 힘을 주고 계십니다.

지난 토요일도 변함없이 행사를 준비하고 있는데, 몇 달 전까지만 해도 제 손을 붙잡고 눈물 흘리시며 억울하게 갇혀계신 박근혜 대통령님의 석방과 무죄를 외치던 분이, 이제는 노려보고 소리치면서 왜 윤석열을 지지하지 않고 윤석열 구속을 외치냐고 하길래, "몇 달 전까지 현직 대통령이신 박근혜 대통령님을 끌어내리고 구속시킨 악마들은 지옥에 가야 한다면서 제게 외치더니, 지금 뭐 하는 짓입니까?

윤석열은 자유우파정권을 무너뜨린 문재인 탄핵정변세력에 부역한 자이고, 아무런 죄가 없는 현직 대통령님을 누명을 씌워 구속시킨 헌법상의 내란죄와 반역죄를 저지른 역적입니다.

그자가 있어야 할 곳은 대선후보 자리가 아니라 사형수복을 입은 채 감옥에 있어야 하는 자입니다.

벌써 잊어버렸습니까?

몇 달 사이에 박대통령 석방 피켓을 들더니 이제는 윤석열 만세 피켓을 만들어서 붙이고 다니네요?

미래세대 아이들에게 부끄럽지 않습니까?"

그러자, 분노에 차 있던 눈빛은 온데간데없고, 고개를 푹 숙이고는 빠른 걸음으로 광화문 현장에서 사라졌습니다.

저는 지난 228차 K파티 광화문 광장수호 문화제에서 이런 내용의 발언을 했습니다.

길게는 지난 6년 동안 탄기국 때부터 박근혜 대통령님 무죄 석방을 외치면서 사기탄핵 62적과 박영수 윤석열 구속을 외치시던 사람들이 몇 달 전부터 갑자기 돌변해서 윤석열 만세를 외치면서 주변을 협박하고 위협하며 윤석열 지지를 강요하는 윤강요충들과 윤말고는 대안이 없다며, 대깨윤이 되어버린 윤만세족들의 명단을 수집하고 작성해서 매주 광화문 광장에서 외치는 탄핵정변 62역적과 박대통령님을 구속시킨 박영수와 윤석열에 이어, 박대통령님 무죄석방을 외치다 대선 시즌이 되자 윤만세 충들로 변질된 자들과 단체들을 정리한 명단을 세 시간, 네 시간이 걸리더라도 하나하나 이름을 부르고 단체를 알리겠다고 발언했습니다.

자료를 수집과 정리를 새청단 이대표님과 곽은경TV 곽대표님께서 도와주시기로 하셨고 또한, 많은 분께서 이런 변질되고 썩어 문드러진 자들과 단체들을 함께 찾아내겠다고 하셨습니다.

역사의 죄인은, 이완용 매국노뿐만 아니라 일제 강점기 말기에 원자폭탄이 투하되기 직전에 일제 말고는 대안이 있냐며 매국하고 부역한 변절자들이 가장 많았고, 6.25 남침 후 인천상륙작전이 일어나기 직전에 나라가 거의 다 점령되었는데, 공산당과 김일성 말고는 대안이 있냐며, 빨갱이 완장을 차고 자신의 고향 친지 어르신들과 이웃들을, 죽창으로 찔러 죽게 만드는 자들이 가장 많았음을 우리는 잊어서는 안 될 것입니다.

K파티 현장에서 애국가 4절을 부르는 7살 남녀 어린이들과 국민교육헌장을 다 외워 낭독하는 8살 어린이에게, 변질되고 불의에 만세를 부르는 모습의 부끄러운 어른으로 보여서는 결코, 안 될 것입니다.

광화문 광장에서 이미 수많은 대안을 말씀드렸고, 문재인이 장악한 대선판과 언제든 문재인의 개와 같은 검찰과 공수처를 통해, 날려버릴 수 있는 자들로는 문재인과 검찰의 대선이 될 뿐, 결코, 주권자인 국민에 의해 제대로 선택될 수 있는 대선이 될 수 없기에 이 판을 뒤집어야 한다고도 말씀을 드렸고, 그런 징후들이 더욱 많이 나타나고 있다고 말씀드렸습니다.

아무리 힘들고 어려워도 일제 말기와 인천상륙작전 직전의 매국노, 부역자가 되지 맙시다.

끝까지 초심을 잃지 않으면, 불의가 무너지고 거짓이 밝혀져, 종국에는 정의가 승리하고 진실이 밝혀지게 될 것입니다.

함께 3.4%의 소금이 되어 자유대한민국이라는 바다를 오염시키고, 썩게 만들려는 자들과 맞서서 끝까지 투쟁하고 승리하며 지켜냅시다!

2021년 11월 20일 **제227차**

문재인 구속! 리재명 구속! 윤석열 구속!

지난 13일 226차 K파티 광화문 문화제에서는 7살 남녀 어린이들이 부르는 애국가 4절이 광화문 광장에 울려 퍼졌고, 20일 227차 문화제에서는 7살의 멋진 애국 어린이가 박정희 대통령님의 국민교육헌장을 암기해서 힘차게 광장이 울리도록 선포를 한 뜻깊고 감사한 날이었습니다.

이런 훌륭한 미취학 애국 어린이들에게 부끄럽지 않은 어른들이 되어야 할 텐데, 지금 아이들에게 그렇지 않은 모습으로 거짓과 불의에 타협하고 눈 감은 채, 대안이 있냐며 자신들의 뜻을 강요하는 전체주의자들과 같은 어른들이 자유대한민국을 어지럽히고 무너뜨리고 있는 것은 아닌지 참으로 안타깝기도 했습니다.

문재인이 쥐고 흔드는 대선판 안에서 쥐 떼들처럼 이리저리 몰려다니며 초조해하지 말고 대한민국의 주인이자 헌법에 보장된 주권을 가진 국민으로서 문재인의 검찰과 공수처에 의해 결정되는 대선으로부터 벗어나 선거권자의 주권을 찾는 것이 대안입니다.

문재인 개인의 사조직으로 전락해버린 사법권력인 검찰과 공수처에 의해 좌지우지되는 대선이 아닌, 목줄이 잡힌 대선후보가 아닌, 법 앞에서 당당하고 탄핵정변이라는 이완용보다 더한 내란죄와 반역죄를 저지른 자가 아닌, 검찰과 공수처로부터 자유롭고 문재인에 의해 목숨이 잡혀있는 자가 아닌, 정의롭고 올바른 새로운 지도자를 통해 사법권력과 문재인이 정하는 대선이 아닌, 주권자인 국민이 당당하게 정할 수 있는 대선이 이루어져야만 할 것입니다.

구한말 대안이 있냐며 매국을 저지른 이완용과 같은 자들이 되지 말고, 미래세대 대한민국의 주역인 우리 아이들에게 부끄럽지 않은 대한민국 국민으로 대각성되길 기도하며, 지금까지 제가 해왔던 자리와 역할에서 자유를 **빼앗**으려는 반자유독재세력과 맞서 투쟁하고, 자유대한민국을 중공의 속국으로 갖다 바치려는 종중 내각제탄핵정변 반역세력들과 맞서 끝까지 광화문 광장과 자유대한민국을 지키기 위해 할 수 있는 모든 노력을 다하겠습니다.

피와 목숨으로 선배 어르신들께서 지켜내신 이 귀한 자유대한민국을 한마음 한뜻으로 함께 지켜냅시다!

2021년 11월 13일 **제226차**

문재인 구속! 리재명 구속! 윤석열 구속!

태블릿PC로 시작된, 언론과 사기탄핵세력이 급조한 거짓선동으로 아무런 죄가 없는 현직 대통령을 끌어내리고, 구속까지 시킨 위헌과 내란죄 그리고 반역죄라는 중범죄를 저지른 윤석열을 지지하고, 물고 빠는 윤만세족들과 대안이 있냐며 들이대는 윤대안충들에게 말합니다.

예, 대안이 있습니다.

바로 리재명과 윤석열 둘 다 사라지는 것이 대안이고, 이것은 문재인의 검찰과 공수처에 의해 좌지우지되어 주권자인 국민의 대선이 아닌, 문재인과 사법권력에 의한 제2의 사기대선을 막을 수 있는 대안이기 때문입니다.

지금 문재인과 적와대 졸개들 그리고 광문 지지세력들은 문재인의 역린을 건들며, 문재인 대신 사과를 두번이나 하면서 문을 비난하고 문의 정책을 비판하는 리재명에 대해 레드라인을 넘었다며 리재명 교체카드를 만지작거리면서 언론과 여론의 반응을 보기 위해 흘리고 있습니다.

문재인과 리재명의 사투를 보며 여유 부리던 윤석렬과 윤만세족들은 떨어진 발등의 불이, 발에서 다리로 그리고 몸으로 점점 올라오고 있는 줄도 모른 채, 뭔가 이상한 연기와 타는 냄새가 난다며, 윤의 목을 죄어오는 문재인이 지닌 쌍칼과도 같은 충견 김오수 검찰총장과 김진욱 공수처장이라는 사법권력에 의해 윤과 자신들의 몸이 불타고 있는 것도 모른 채, 물개박수를 치며 전체주의자들과 같이, 윤을 지지하고 투표하라고 지금도 강압적으로 말하고 있습니다.

현재 리재명은 서울중앙지검의 화천대유 수사와 수원지검의 변호사비 대납 관련 수사가 칼이 목까지 들어온 상태로, 언제든 문재인의 검찰이 버튼만 누르면 날라가고, 새로운 후보가 언제라도 무소속 또는 열린민주당과 더불어민주당에서 나올 수 있는 상태로, 최근 몇몇의 이름까지 거론된 상태입니다.

윤석열과 그 일가는 더욱 많은 범죄의혹으로 수사가 진행 중인데, 서울중앙지검 수사 1건과 공수처 수사 4건, 윤석열 와이프에 대한 서울중앙지검의 수사 2건과 이미 기소가 되어 1심 재판 결과가 났거나 곧 나게 되는 윤석열 장모에 대한 의정부지법 재판이 있습니다.

정권연장을 바라며 구속을 피하고싶은 문재인은, 정권창출이라며 자신을 구속시킬 수도 있는 점점 믿을 수 없는 리재명이라는 팔을 잘라내면서 상대인 적의 목숨을 쳐내는 것은, 저들이 추종하는 사회주의와 공산주의세력에서 오랫동안 행해진 숙청방법이기에 너무나도 당연하고 더욱 쉽게 저지를 수 있기 때문입니다.

그렇게 되면 그게 바로 윤석열 대세가 아니라, 윤석열이 대선 전 폭망, 우파 궤멸의 리스크가 되기에 거기에 대한 대안을 반드시 대비 해두어야만 하는 것입니다.

문재인은 심지어 자신의 계략이 뜻대로 되지않을 경우, 대선연기까지 하고도 남을 인간이고, 공직선거법 제196 조에 따라 천재지변 또는 기타 부득이한 사유로 대선을 대통령이 연기할 수 있다는 조항을 근거로, 최근 위드코로나라는 방역포기 정책으로 풀어놓은 뒤 확진자와 사망자를 급격히 올리는 방식으로, 일일확진자가 5천 명이 넘게되면 국가비상사태를 선포한 뒤 더욱 강한 공포독재를 하며, 대선까지도 천재지변의 사유로 연기하고도 충분히 남을 악마와 같은 자라는 것은, 이미 4년 반동안 겪었기에 국민 모두가 알고있을 것입니다.

게다가 윤석열은 박영수 특검과 함께, 탄핵정변을 일으킨 주범으로 아무런 형사상의 소추를 받지 않는 현직의 박근혜 대통령님을 구속시키고, 45년형을 구형했으며, 그 결과 30년형이 나오도록 만든 헌법을 유린한 내란범이자 국가반란범이기에 대선은커녕 구속과 헌법의 최고형인 사형과 종신형을 받아야할 자들입니다.

그렇기에 광화문 광장을 5년째 한 번도 끊임없이 지켜온 K파티 용사들은, 지난 토요일도 광장에서 수천 명이 지나가는 집회현장에서 문재인 구속! 리재명 구속! 박영수 구속! 윤석열 구속!을 목이 설 정도로 힘차게 외쳤습니다.

앞으로도 K파티는 광화문 광장을 지켜내며, 거짓과 불의에 맞서고, 진실을 밝히며 정의를 실현하기 위해, 매국세력들인 탄핵정변세력들과 종북세력들, 종중세력들과 맞서 투쟁하면서 끝까지 자유를 지키고 대한민국을 수호해 미래세대의 우리 아이들에게 부끄러운 선배와 어른이 되지 않도록 초심을 지켜나가면서 승리하겠습니다!

2021년 11월 6일 **제225차**

지난 토요일은 225번째 광화문 K파티 문재인 타도! 광장수호 문화제로 중공폐렴 방역독재가 해제되어 1인시위가 아닌, 집회신고가 완료된 문화제로 1년 만에 진행할 수 있었던 신나는 날이었습니다.

그리고 5년 전 11월 첫째 토요일에 K파티를 창립하고, 촛불좀비들이 가득했던 적화된 광화문 광장에 자유우파에서 최초로 상륙작전을 시도했고, 애국가 4절을 광장 한가운데에서 몇 명의 용감한 청년들과 함께 부르며, 제1회 광화문 K파티 문화제를 시작한 지 4주년이 되었습니다.

5년 동안 광화문 광장에는 자유우파의 어떠한 집회도 행사도 이어가지 못하도록, 좌파단체들과 종북세력들뿐만 아니라, 독재살인마 문재인과 적와대 졸개들까지 혈안이 되어, K파티가 시작한 광화문 광장수복과 광장수호에 이은 여러 많은 우파의 집회를 탄압하기 시작했고, 중공폐렴이 발생한 후 광화문 광장 구역에서는 10인 이상의 집회를 금지하며 을지로나 종로 등 광화문 광장 밖으로 집회들을 쫓아내기 시작했으며, 급기야는 2021년부터는 2인 이상의 어떠한 집회도 허용하지 않은 채, 햇수로 2년 동안이나 광화문 광장을 집회가 없는 진공상태로 만들기 위해 끝까지 발악했고, 그 결과 우파의 모든 집회가 광화문 광장에서 끊기거나 사라지기 시작했습니다.

그런 억압과 공격, 구속까지 시키려 했던 불법 권력에 맞서 저희 K파티는 엎드려 기도하며 하나님께 광화문 광장을 끝까지 지켜나가고 K파티 문화제를 이어나갈 지혜를 구했습니다.

기도와 순종으로, K파티 스탭동지님들과 용사님들, 그리고 유튜브 대표님들까지, 모두가 한마음 한뜻이 되어, 1인시위 형태의 문화제로 저들의 공격과 고발과 신고를 피하거나 대응하거나 맞서면서 지금까지 어떠한 덫에도 걸려들지 않고, 우파 전체에서 유일하게 광화문 광장에서 5년 동안 한 번도 끊김 없이, 광화문 광장을 자유우파의 성지로 만들고 지켜낼 수 있었습니다.

이 모든 것은 기도를 들어주시고, 어떠한 억압과 공격과 방해에도 K파티를 눈동자같이 지켜주신 하나님의 은혜이며, 역사하심 덕분입니다.

많은 분께서 4주년 축하를 케익이라도 자르며, 조촐하게라도 하라고 하셨지만, 자유우파의 애국 국민들과 K파티가 투쟁을 이어가고 승리할 수 있도록 원동력과 힘을 주고 계신 박근혜 대통령님께서는 5년간 225회 투쟁하는 동안 우리보다 비교도 안 될 정도로 힘들고 어려운 환경에 갇혀계시며, 심각한 인권탄압과 건강까지 해치도록 만들고 있는 어둡고 차가운 감옥에 계시기에 우리의 작은 축하행사조차도 사치이고 불필요하다는 생각이 들었습니다.

그래서 그 마음을 함께 하고 계신 애국가맘님의 축하 가스펠송과 오현아 가수님의 무궁화, 힘찬 박수로 대한민국 여론과 민심의 중심인 광화문 광장을 지켜낸 4주년을 축하했습니다.

아직도 대한민국을 사랑하시는 큰 마음과 열정으로 자유수호와 정치개혁의 여정을 포기없이 이어가고 계시는 박근혜 대통령님께서 나오셔서 탄핵정변을 일으키고 자유우파정권을 무너뜨린 거짓우파 2중대 정당의 사기탄핵세력을 정리하시며, 종북 종중 매국세력들을 결자해지하실 때까지, 끝까지 포기하지 않고 이 광화문 광장을 지켜낼 것을 스스로 다짐하고 맹세를 했습니다.

똥을 싸지르고 덮은 채, 처리하지 않으면 썩은 똥내가 계속 진동하는 것처럼, 박근혜 대통령님을 탄핵한 탄핵정변 62적과 구속시킨 박영수 특검과 윤석열 팀장에 대한 진실규명과 정의구현을 통한 처단과 엄벌이 없다면, 대한민국의 정치개혁은 결코, 일어날 수 없으며 멀지 않아 중공의 속국화의 지름길인 내각제로 바뀌어, 미래세대의 주역인 우리 아이들은 우리 세대를 원망하며 식민지와 같은 삶을 살아가면서 피눈물을 흘리게 될 것입니다.

어떤 일이 있어도 시간은 흘러가고, 진실은 밝혀지며 정의가 승리하게 되는 하나님의 시간과 역사하시는 때는 오게 되어있습니다.

귀신과 마귀와 무당에 의해 수천억 돈을 벌 거나, 악한 힘을 빌어 대통령이 되려는 자는 반드시 천벌을 받고 지옥으로 떨어질 수밖에 없습니다.

끝까지 초심을 잃지 않고 포기하지 않으며, 우리의 자유와 권리를 지키기 위해, 할 수 있는 모든 노력으로 투쟁하고, 최종적 승리를 위해 합력하여 선을 이룹시다!

2021년 10월 30일 **제224차**

'문재인의 종착점은 이래도 깜빵, 저래도 감옥밖에 없다'

종전선언? 교황방북? 해외여행? 임기가 얼마 안 남은 걸 이제야 깨달았는지, 꼬리에 불이 붙은 개처럼 이리 뛰고 저리 호들갑을 떨면서 국내도 모자라 이제는 해외에서 개망신과 수모를 당하면서도 휘휘휘 웃고 있는 문재인에게는 리재명에게 겁을 먹어 줄을 서도 깜빵, 줄을 안 서도 감옥만이 기다리고 있을 뿐입니다.

문재인의 잘한 일을 묻는 여론조사에서 1위가 잘 한 게 없다가 40% 가까이 차지할 정도로 국민은 분노하고 있습니다.

6년 전, 엄동설한에 자유대한민국의 상징인 태극기를 들며, 외우내환의 소추 외에는 어떠한 적용도 받지 않으셔야 할, 현직 대통령을 전, 현직 검찰들과 전, 현직 법관 카르텔들이 위헌을 저지르면서까지 완성한 탄핵정변의 무효를 외치던 많은 사람들이, 오른손에는 사기탄핵으로 억울하게 갇혀계신 박근혜 대통령 무죄석방을 들고, 왼손에는 없는 죄를 만들어 구속시켰으며, 건강악화로 형집행정지 신청을 불허한 자를 지지하는 피켓을 들고 있다면, 국민들은 그런 사람들을 어떻게 보겠습니까?

정신병동 이야기가 아니라, 실제로 사기탄핵을 주도하고 동조하며 방조한 사탄세력뿐만 아니라, 탄핵무효! 무죄석방을 외쳤던 수많은 변질된 사람들과 단체들이 그런 자를 지지하고 있습니다.

대한민국 역사와 미래세대 아이들에게 부끄럽지도 않습니까?

좌파와 사탄파들이 비웃고 조롱하는 게 보이지 않습니까?

원폭을 투하해 무조건 항복을 했던, 그 직전인 일제 강점기 말기에도 이런 사람들이 가득했다고 합니다.

또한,, 북괴와 중공에 의한 6.25 남침사변으로 인해 서울뿐만 아니라, 대한민국의 8할 이상이 북괴뢰군에 의해 점령되고, 낙동강 전선만 겨우 핏빛 강물이 흐르고 국군의 시체가 산더미같이 쌓여가며, 인천상륙작전이 개시되기 직전에도, 가족과 이웃을 신고하며 괴뢰군의 앞잡이로 날뛴 자들이 전국을 덮었다고 합니다.

지금도 마찬가지입니다.

눈앞에 안위와 사리사욕에 눈이 멀어, 불의에 눈을 감고 진실을 덮고 가려는 일제

강점기 원폭투하 전날의 매국노 변절자들과 인천상륙작전 전날까지 괴뢰군과 빨갱이들에게 부역한 배신자들이 지금도 반복되어 나타나고 있습니다.

그러나, 끝까지 일제와 맞서 투쟁하고, 포기하지 않은 이승만 대통령님과 소수의 독립투사가 계셨기에 대한민국은 전 세계 자유진영의 도움으로 식민지에서 벗어나 자유대한민국을 건국할 수 있었고, 끝까지 낙동강전선을 지키고, 전 세계 자유연합군의 인천상륙작전이 성공할 때까지, 버티며 목숨을 건 용사들과 지도자들이 계셨기에 적화통일이 되지 않았고, 이후 한강의 기적도 일어났으며, 세계 속의 경제강국으로 우뚝 설 수 있었습니다.

지금도 마찬가지로, 북괴의 적화와 중공의 속국화에 굴복한 정치세력과 법조, 언론 등 기득권 세력들이 중공이 지령을 내린 내각제개헌을 호시탐탐 추진하며, 비겁한 평화가 정의로운 전쟁보다 낫다면서 안보주권과 통신주권, 에너지주권, 선거주권에 이어 마지막 보루인 정치주권까지 내어주려 하고 있습니다.

일제 강점기에 부역한 매국노, 6.25 때 반역한 배신자와 같은 탄핵정변에 가담해 자유우파정권을 무너뜨리고 대통령님을 탄핵시킨 사탄파, 문재인의 개가 되어 칼을 휘둘러 죄없는 대통령님을 가둔 검찰의 수괴를 변질된 채 지지하여 후손에게 손가락질받는 역사의 죄인들로 함께 남게 되어서는 더욱 안 될 것입니다.

초심을 잃지 않기는 쉽지가 않습니다.

3.4%의 소금이 되어 녹아내리는 고통을 감내하며, 자유대한민국이라는 바다를 썩게 만드는 자들과 맞서 지켜내는 투쟁은 더더욱 쉽지 않습니다.

그러나, 누군가는 대한민국의 위기 때마다 끝까지 포기하지 않고, 변절하지 않으며 인내하고 투쟁해왔기에 지금의 우리가 존재하는 것입니다.

끝까지 포기하지 맙시다!

자유를 지키고 진실을 밝히며 정의가 승리하게 될 그 날까지, 할 수 있는 모든 일과 역할에서 투쟁하며 자유대한민국을 지켜냅시다!

2021년 10월 23일 **제223차**

"남조선의 각계각층의 (적화)통일세력은 지방자치단체에 침투해서 지방자치단체 장과 지방의회의원 등이 되어, 지역의 개발과 이권을 통해 통일자금을 만들고 이러한 자금으로 법조계와 정치권과 언론방송을 매수하고 장악하여 친북정권을 만들고 이어간 뒤, 한반도 (적화)통일의 대업을 이루도록 하라!"

김일성의 대남 진지전 교시가 내려진 후, 대한민국의 각 분야에 침투해 적화의 교두보를 삼으라는 지령에 종북 간첩 세력들은 법원, 검찰, 경찰뿐만 아니라, 행정부와 공공기관, 교육계, 문화예술계, 언론방송, 시민사회와 노조와 임직원을 통한 기업침투까지 이루어진 후, 김일성 사망 뒤에 김정일에 의한 추가 지령이 내려졌습니다.

바로 위와 같은 지방정부와 자치단체를 활용해서 대남공작자금과 적화통일과 체제전복을 위한 수천억 원대의 저수지와 같은 종북활동자금을 적립하고 관리를 하라는 지령이 있었습니다.

결국, 종북 좌파세력들이 지방정부를 장악하고 권력을 쥔 곳들에서 검찰과 법원을 매수하고 조종하며, 수억부터 수십억까지 부패한 법조권력과 비리정치꾼들에게 흘러 들어갔고, 종국에는 북을 무너뜨리고 김정은을 제거한 뒤 평화통일을 이루려고 하셨던 박근혜 대통령님을 탄핵하고, 위헌적 헌재판결과 언론방송의 혹세무민과 광화문 광장의 촛불선동을 통해, 천억도 안 되는 종북자금으로 자유우파정권을 무너뜨리고, 대한민국 주권자인 국민이 뽑은 박근혜 대통령님을 가둔 탄핵정변이 성공하게 된 것도, 이러한 북괴의 의도와 중공의 지원과 대한민국 내부에서 암약했던 간첩과 주사파세력들, 그리고 돈에 의해 매수된 좌우의 배신자들이 다 함께 움직였기 때문입니다.

지금 북은 무너지고 있으며, 심지어는 최악의 경우 우파가 분열하고, 외부와 내부의 선거개입이 일어나, 투표에서는 이겼음에도 선거결과에서는 지게 되는 일이 발생하더라도, 그 불법정권은 북괴가 무너지고 유엔군과 미국에 의해 한반도의 북쪽 지역이 관리가 되기 시작하는 때부터, 결국은 간첩죄와 반역죄를 저지른 자들의 명단이 전 세계에 발표가 되면서 해당 정권은 무너질 수밖에 없게 되어있습니다.

독재정권의 붕괴가 2, 3년 내로 일어나는 조건이 있는데, 첫째로 김일성, 김정일, 김정은과 같이 신처럼 받들어졌던 독재자들의 흔적과 업적이 지워지기 시작하는 것, 둘째로 김정은 3대 세습 독재권력과 인민군과 가장 무섭다는 보위부 권력을 우습게 알고, 북괴 군인과 보위부원을 북한 주민들이 패거나 죽이는 일이 계속 증가하는 것,

셋째로 독재자가 주는 배급이 끊기고, 장마당이 폐쇄되며, 국경까지 닫혀 북한 주민들이 굶어 죽을 상황이 오자, 군 시설과 당 시설, 군수공장 등에서 물품과 군수품과 식량까지 터는 일들이 증가하는 것, 넷째로 고난의 행군시절 부모님을 잃었던 꽃제비 출신들이 주축이 된, 30대 40대의 북한 장마당과 국경 등에서 시장경제활동을 하며, 김정은과 북괴에 대한 반감을 갖고 있는 북한 내 반김정은 세력들의 활동이 북의 지역마다 게릴라 활동을 하고 있다는 것, 다섯째 미국의 레드라인이라고 하는 SLBM을 통해, 잠수함으로 괌이나 하와이 인근에서 핵무기를 발사해 미국 영토를 핵으로 위협할 수 있는 최악의 상황이 현실화되는 것 등 여러 많은 조건이 북의 시한부 붕괴를 알려주고 있습니다.

매주 토요일마다 빛으로 광화문 광장에 펼쳐진 대형 태극기와 성조기, 그리고 이승만 건국대통령님과 박정희 부국강병대통령님과 박근혜 자유수호대통령님의 모습을 저희 K파티가 늘 비추는 이유는 혈맹인 미국과 전 세계 자유민주진영과 국가들에게 열 마디 말보다, 백 줄의 글보다 더 의미가 깊은 신호를 보내는 것입니다.

대한민국의 수도 서울에서 그 중심인 광화문 광장에서 우리 대한민국 애국민들의 모든 뜻과 열망과 의지를 담아, "자유대한민국을 지키고 적화와 속국화를 막으려는 자유애국민들이 광화문 광장에서 전 세계에 알립니다!

자유대한민국을 지켜냅시다! 6.25 참전을 통해 함께 지켜낸 대한민국을 포기하지 않고 끝까지 투쟁하고 싸우는 애국민들이 있다는 것을 전 세계에 알립니다! 같이 자유를 지키고 함께 갑시다!"라는 신호를 전 세계에 매주 알리고 있으며, 광화문 주변의 각국의 정보당국들도 대한민국 여론과 민심의 중심인 광화문 광장의 K파티가 알리는 신호를 매주 체크하고 있습니다.

여러분, 끝날 때까지 끝난 게 아니며, 포기하지 않으면 우리가 반드시 승리합니다!

미래세대 대한민국의 주역인 우리 아이들을 위해서 끝까지 투쟁하고 저항하며 자유대한민국을 지켜냅시다!

2021년 10월 16일 **제222차**

문재인 타도!

대한민국 국내정세뿐만 아니라 한반도를 둘러싼 급박한 분위기 또한, 심각하게 돌아가고 있습니다.

북괴 내부의 붕괴수준의 혼란과 중공 내부의 치열한 권력 암투 가운데, 15일에는 미국 CIA 국장이 대한민국을 방문했고, 이례적으로 연이어 CIA를 포함한 미국 17개 정보조직을 통합, 관리하는 DNI 국장 또한, 17일부터 19일까지 방한했습니다.

표면적인 활동 외에도 대한인국의 정권교체와 북괴와 중공의 정권교체 시기에 방한한 표면 아래의 이유가 분명히 있을 것입니다.

국민의 73% 대장동 게이트 특검수사를 요구하고 있음에도 문재인은 끝까지 자신이 가진 카드를 유지하며, 한 줌도 안 되는 권력을 빼앗기지 않으려고 자신의 개와 같은 검찰을 이용해 수사속도를 조절하며, 국민의 특검실시 명령을 거부한 채 대장동 게이트의 핵심 주범과 같은 고등학교 동문이자, 검찰총장이 되기 직전까지 성남시 법률고문을 맡았던 김오수를 통해 리재명의 목줄을 잡고 대선판을 흔들고 있습니다.

끝까지 발악하며 구속을 피해 보려는 문재인은 반드시 감옥에 갈 수밖에 없고, 그보다 더한 일도 일어나게 될 것이며, 이완용을 능가할 대한민국 역사에 길이 남을 대역죄인으로 후대에 대대손손 전해지게 될 것입니다.

많은 분들이 인주당 내에서 리재명에게 대선후보를 순순히 넘겨준 것으로 생각하지만, 그것은 순진한 생각이며 결코, 문재인과 친문 졸개들은 리재명이 순순히 민주당 대선후보로 다음 정권을 쥐게 한 생각은 없어 보입니다.

리석기 등을 석방시키지 않고 있는 문재인에 대해 칼을 갈고 있는 경기동부연합과 종북 세력들이 리재명의 배후에서 친문세력에 대한 복수에 불타고 있으며, 북에도 리재명 지지를 요청한 문건이 언론에 나오는 등 리재명 배후의 종북세력과 문재인 배후의 종중세력이 치열한 사투를 벌이고 있기 때문입니다.

문재인에게는 검찰 등을 통해 언제든 리재명을 날릴 수 있는 방법은 많고, 리재명의 후보자격이 박탈되어 더불어 민주당에서 대선후보가 새로 나와도, 또는 후보를 내지 못하더라도, 문재인에게는 여러 방법이 있고, 카드는 많습니다.

문재인의 별동대라고 할 수 있는 열린민주당에서 대선후보를 낸 뒤, 여론조작과 선동을 통해 아바타를 띄워, 리재명을 가라앉힌 뒤에도 민주당의 친문 지지세력을 흡수한 후, 문재인의 구속을 막기 위해 차기 정권유지를 위한 공작을 이어가려 할 수도 있습니다.

게다가 우파진영에서도 박근혜 대통령님과 가족을 파는 친박에서 배신자가 된 정치꾼이 아무 죄가 없으신 박근혜 대통령을 가두게 만든 윤석열을 지지하며, 언론에 박근혜 대통령님 동생 등이 윤석열을 지지할 수밖에 없을 것이라는 등의 허위사실을 유포하며, 자신의 사리사욕을 위해 배신에 배신을 더하는 악마와 같은 모습을 보며, 저런 사악한 것들이 속을 숨기며 자유우파정권을 갉아먹으며 역적짓을 해왔기에 지금의 이 현실과 상황이 만들어지게 되었음을 다시금 실감할 수 있었습니다.

자유대한민국을 무너뜨리고 자유우파정권을 붕괴시킨 원인이 된 사기탄핵의 진실을 규명해야, 사기선거도 사기방역도 진실이 밝혀질 것입니다.

그렇기에 K파티는 외칩니다.

좌우의 반대한민국 매국 정치세력에 의해 일어난, 지난 탄핵정변의 진실을 밝히기 위한 특검수사가 반드시 이루어져야 하며, 위헌적 불법헌재판결에 대한 재조사와 재심이 시행되어야만 대한민국이 정상궤도로 돌아오고 바로 서게 될 것입니다.

지금 대한민국에서는 나라의 명운이 걸린 전쟁이 일어나고 있으며, 대한민국을 적화시키려는 종북세력과 속국으로 만들려는 매국종중세력과 맞서는 자유수호세력의 투쟁이 계속 이어지고 있습니다.

지금도 불의와 거짓에 항복하시거나 포기하지 않으시며, 자유대한민국을 지키기 위해 차가운 옥 중에서 투쟁을 하시고 저항권을 행사하고 계신 박근혜 대통령님과 함께, 초심을 잃지 않고 각자의 맡은 역할과 자리에서 최선을 다하며 힘차게 투쟁하고 싸워 승리합시다!

2021년 10월 9일 제221차
문재인 타도!

"화천대유 특검도 중요하지만, 가장 중요하고 반드시 실행되어야 하는 특검은 박근혜 대통령님을 탄핵하고 가둔 반역정변에 대한 특검수사이다"

지난 토요일, 광화문 광장에서 221번째 K파티 문화제를 이어가며 외친 내용입니다.

화천대유 게이트와 엘시티 게이트뿐만 아니라, 전, 현직 검찰 마피아 세력과 전, 현직 판사 카르텔과 여, 야의 토착정치비리세력을 일망타진할 수 있는 유일한 특검은, 이 악한 세력들 모두가 함께 주도하고 동조한 반역 사건인, 자유우파정권을 무너뜨리고 박근혜 대통령님을 4년 넘게 가두게 만든 사기탄핵과 불법헌재판결에 대한 조건 없고 성역 없는 특검수사입니다.

또한,, 과거사 재조사를 밥 먹듯 해온 것처럼, 사기탄핵정변과 불법위헌판결에 대한 특검에 이어, 반드시 이에 대한 재조사가 이루어져야 하며, 헌법에 따라 이 정변에 가담한 모든 자들은 반역죄로 사형부터 무기징역까지 엄중한 처벌을 내리고, 다시는 이러한 반역적 정변이 일어나지 않도록 역사적 반역죄인으로 후대에 전하고 알려야만 할 것입니다.

문재인은 지금 미래권력이 될 수도 있다고 생각하는 자에 대해서 눈치를 보고 겁을 먹은 채, 자신에게 유리하거나 필요한 사건이 생기면 어김없이 목소리를 내고, 엄정한 수사를 지시했던 약은 자가 리재명의 화천대유 게이트에는 침묵을 오랫동안 이어가고 있습니다.

성급히 말을 했다가는 자신이 내려온 뒤 감옥에 갈 수 있다는 생각에 리재명과 리낙연의 팽팽한 50 대 50의 기싸움에서 때가 되어 어느 한쪽이 기울다가 급속히 무너지기 시작하면, 그게 리재명 쪽이 된다면 그제서야, 문재인의 지시 없이는 미동도 없는 검찰에게 칼을 휘두르도록, 그래서 범죄혐의를 씌우고 체포와 구속까지 진행되도록 지시를 할 것입니다.

특검을 섣불리 하게 되면, 문재인은 본인이 쥐고 쓸 수 있는 가장 중요한 카드 중 하나를 잃어버리기 때문에 정권이 바뀐 뒤 사라지게 되는 박대통령님을 나오시게 하는 카드를 분열의 카드로 대선을 코앞에 두고 만지작거리는 것처럼, 본인의 향후 감옥에 가는 걸 막기 위해 밤잠도 설쳐가며 간계와 수작을 부리기 위한 최후발악을 할 것입니다.

그러나, 귀신과 마귀의 힘을 빌려 대권을 쥐려는 사악한 자들, 불법과 비리를 눈감고 밀고 나가는 인간의 악함이 어디까지인지를 보여주는 자들, 거짓으로 권력을 쥔 채 지금도 하늘의 뜻을 거스르고 수천 명의 귀한 주권자인 국민의 목숨을 잃게 하면서도 북괴의 적화를 돕고 중공의 속국화를 위하는 살아있는 악마는 이 모든 흐름과 역사하심을 주관하시는 하나님께서 내리시는 천벌을 결코, 피해갈 수는 없으며, 오래 가지 않아 인과응보와 사필귀정으로 모든 죄와 벌을 받게 될 것입니다.

대한민국에 유행처럼 번지는 오징어게임, 좌우 정치권력과 검찰마피아세력과 판사카르텔세력 그리고 종북 주사파들과 종중 매국세력들과의 대한민국을 무너뜨리느냐, 대한민국을 지켜내고 바로 세우느냐의 오징어게임에서 최종 승자는 바로 박근혜 대통령님이 될 것입니다.

5년도 채 지나기도 전에 대한민국 흑역사로 남을 사기탄핵과 위헌판결을 주도한 주범들과 동조한 역적들까지, 범죄행위가 밝혀지고 위법사실이 알려지기 시작하며 정치적으로는 은퇴당하거나, 사실상 국개에서 멀어진 자들 또한, 수도 없이 늘어나게 된 사실이, 바로 시간의 차이일 뿐 정의는 승리하고 진실은 반드시 밝혀지게 된다는 역사의 진리를 우리에게 알려주고 있습니다.

바로 이러한 투쟁의 결과가 보이고 늘어나는 것은, 쓰레기보다 더럽고 추악하며 무력한 정치꾼들이 아닌, 바로 4년이 지난 지금까지 어떠한 죄도 없으시기에 침묵으로 저항하시고, 국민들에게 현재에도 진실과 정의를 위한 투쟁의 원동력을 주시며, 큰 용기를 주고 계시는 박근혜 대통령님의 포기 없으신 투쟁과 박대통령님과 5년간 함께 투쟁해오신, 각자의 맡은 일과 자리에서 최선을 다하며, 불의와 거짓에 맞서 자유 대한민국을 지키려는 나라 사랑하는 국민 여러분 덕분이라고 저는 감히 말씀드릴 수 있습니다.

좌우의 더럽고 추악하며 비열한 정치권력과 언론세력, 그리고 법조카르텔까지, 오랜 세월 동안 자유대한민국을 좀먹으며, 국민의 혈세를 낭비하고, 천인공노할 중범죄와 대역죄를 저지른 이 자들은 무너지고 벌 받고 사라지게 될 것입니다.

이제는 우리가 교체를 시키고, 정치개혁을 행하며, 최종승리를 통해 자유대한민국을 선진강국 자유통일대한민국으로, 미래세대의 주역인 우리 아이들에게 잘 전해줄 수 있는 준비와 노력을 해야만 합니다.

5년간 자유를 지키고 대한민국을 수호하기 위한 여러분의 노력과 투쟁과 헌신, 진심으로 감사드립니다.

끝까지 포기하지 말고, 바다의 오염을 막는 3.4%의 소금이 되어, 박근혜 대통령님의 자유수호정신과 박정희 대통령님의 부국강병정신과 이승만 대통령님의 건국정신을 이어받아, 힘차게 투쟁하고 지켜내며 승리합시다!

2021년 10월 3일 제220차 개천절 특집, 2일 제219차

문재인 타도!

"2017년 11월 4일 1차의 K파티

2021년 10월 3일의 220차의 K파티

걸어온 발자취 자체가 기적인 곳!

제2의 6.25를 겪고 있는 이 대한민국 최전선에서 방패와 창의 역할을 해온 K파티가 있기에 신실하고 진실한 애국자분들이 초심을 잃지 않고 변질되지 않고 끝까지 포기하지 않고 싸울 수 있음에 감사드립니다.

개인의 영달은 버리고 오로지 나라와 국민을 위한 고민을 하시고 그 고민 그대로 행함으로 옮기시는 이용원 대표님 감사드립니다.

애국심으로 하나 된 광화문 K파티에 귀한 발걸음을 해주신 유승수 변호사님 또한, 한마음 한뜻이기에 한 말씀 한 말씀이 가슴을 울리고 큰 힘과 자극이 됩니다.

한 사람의 영웅을 억지로 만들어 박수치는 것보다 한 사람 한 사람을 애국전사로 만들고 훈련시키는 이곳이 더욱 뜻깊고 값진 곳이라 생각합니다.

K파티!! K리퍼블릭!! 자유임시정부!! 클린선거시민행동 화이팅!!!"

윗글은 지난 토요일과 개천절 이틀 연속으로 개최된 광화문 K파티 문화제 라이브 방송을 시청하신 K파티 회원님께서 방송에 남기신 귀한 글입니다.

대한민국을 적화시키고, 자유우파정권을 무너뜨린 지난 탄핵정변은 전, 현직 검찰권력과 엘시티, 화천대유 등의 토건비리에 연루된 좌우를 떠나서 부패한 정치권력, 그리고 사법권력이 가담하고 주도한 악마들의 권력범죄로 점점 주범들과 주동자들의 정체와 반역범죄가 드러나며 밝혀지고 있습니다.

이런 사기탄핵을 저지른 자들이 자신들의 범죄와 비리가 밝혀질까 봐, 아무런 죄도 없고 1원도 받지 않으신 박근혜 대통령님을 탄핵하고 감금시켰으며, 자유우파정권을 무너뜨린 뒤 문재인 괴뢰정권을 만들어 낸 주범들입니다.

이 자들이 수십억에서 수백억을 챙기며, 오랜 세월 동안 지역토착 비리세력과 부정부패 정치세력과 검찰과 법조 카르텔까지 한 몸통이 되어, 사기탄핵을 저지르고 위법 헌재판결을 내린 후, 구속까지 시킨 뒤, 이러한 불법탄핵과 위헌판결을 지금까지 덮고 가자, 건너가자, 존중하자면서 주권자인 국민들을 혹세무민하며, 이제는 감히 자유대한민국의 대선후보로 자칭 타칭 나와서는 인두겁을 쓴 마귀와 귀신의 힘을 빌리는 자들과 사기탄핵을 주도한 배은망덕한 자들과 박대통령님을 난도질한 자로 수십억 대의 금품을 받은 박영수 특검의 직속 부하로 막역하고 친밀하게 지낸 자가, 지금도 교언영색으로 탄핵을 덮고 가자 탄핵의 강을 건너자고 외치며 혹세무민하고 있습니다.

그러나 5년이 채 지나기도 전에 이렇게 사기탄핵과 위헌판결과 불법구속을 주도하거나 가담한 여야의 정치쓰레기들과 사법카르텔 마피아들의 범죄행각과 사악한 행태들이 속속 드러나고 밝혀지며, 처벌을 받기 시작하고 있습니다.

시간이 걸리더라도 반드시 정의는 승리할 것이고, 진실은 밝혀질 것입니다.

안타깝게도 이 시기를 못 참고, 배신하며 이리저리 오락가락하며 선동당하고 사기행각에 동참하는 적지 않은 변질된 자들이 점점 늘어나고 있지만, 우리는 끝까지 포기하지 않고 자유대한민국을 지키기 위해 우리의 일과 역할에 최선을 다하며, 악한 세력들과 맞서 힘차게 투쟁하고 승리합시다!

자유대한민국 지키자!

2021년 9월 25일 **제218차**

문재인 타도

화천대유에 의해 정치권이 불타기 시작했습니다.

지난 사기탄핵에 가담해 자유대한민국과 우파정권을 무너뜨린 주범들도, 하나 둘 돈을 받았거나 연루가 되었다는 뉴스도 나오고 있습니다.

자신에게 주권자인 국민이 맡긴 사법권이라는 권력과 시민들이 맡긴 지방자치라는 권력을 돈으로 바꾸는 등의 이런 사악하고 더러운 범죄와 비리로, 국민의 혈세를 낭비하고 피해를 입히며, 사법농단이라는 엄벌을 받아야 하는 중범죄를 저지른 의혹도 속속 드러나고 있습니다.

대한민국의 곳곳에서는 예전부터 공직자와 법관과 검찰 그리고 지방권력들의 권력 사유화를 통해, 토착화된 권력자들의 비리와 범죄가 만연했으며, 제2, 제3의 화천대유 사건이 경기도 개발지역과 전국 각지에서 일어났다는 제보와 소식도 들려오고 있습니다.

우리 국민들은 평생을 일해도 꿈도 꾸지 못하는 5천만 원을 투자해서 5백억 원을 얻는 천 배의 수익이 법조 기득권과 정치 권력들 사이에서는 아무렇지도 않은 듯 일어나며, 뇌물이나 거액의 검은돈을 받은 것이 밝혀지기 전까지는 아주 고고하고 청렴한 듯 언행을 해왔던, 이런 썩고 추악하며 사악한 좌우의 정치사기꾼들과 법조사기꾼들을 이번 기회에 일벌백계로 수십 년을 옥살이를 시켜 다시는 이런 권력형 비리와 중범죄가 일어나지 않도록 해야만 할 것입니다.

사기탄핵과 불법헌재의 판결 또한, 저런 돈에 눈이 먼 사악한 법조 기득권층과 사리사욕과 매국에 눈이 먼 정치 기득권층에 의해 일어난 국가반란 중범죄 사건이므로, 이 또한, 반드시 재조사를 통해 진실을 밝히고 정의를 구현해야만 할 것입니다.

결국, 역사의 진실 앞에는 오래가지 않아, 대한민국을 무너뜨리려는 자들, 자유우파정권을 붕괴시키고 박근혜 대통령님을 가둔 자들, 내각제개헌으로 중공의 속국으로 만들려는 매국노들까지, 이 악한 마귀와 손잡은 자들은 반드시 그들의 악행이 다 밝혀지고, 엄벌을 받은 뒤, 역사의 대역죄인으로 후손들에게 대대손손 비난과 저주를 받게 될 것입니다.

저 사악하고 더러운 반역자, 부역자, 배신자, 변절자들을 추종하고, 국민을 혹세무민하며 이리저리 박쥐처럼 쫓아다니는 자들 또한, 천벌을 받을 것입니다.

여러분, 우리는 끝까지 포기하지 말고 초심을 잃지 않으며, 바다를 오염물질과 쓰레기로부터 청정하게 만드는 3.4%의 소금이 되어, 우리에게 이 귀한 자유와 경제강국 대한민국을 물려주신 이승만 건국대통령님과 박정희 부국강병 대통령님의 정신을 물려받아, 지금도 정의와 진실을 밝히기 위해 투쟁하고 계신 박근혜 자유수호 대통령님과 함께 저들과 맞서서 국민저항권을 행사하며, 미래세대의 주역인 우리 아이들에게 자유대한민국을 잘 전해줄 수 있도록 기도하며 행동으로 최선을 다해 싸워 승리합시다!

2021년 9월 18일 **제217차**

문재인 타도

박근혜 대통령님 덕분에 우리는 대한민국에 만연한 각 분야 기득권층의 권력화와 악용된 권력으로 법치를 무너뜨리고 사리사욕을 위해 대한민국을 붕괴시키고 있는 좌우의 악하고 더러운 권력들의 실체를 알 수 있었습니다.

수배에서 십수 배의 불법이익을 취한 LH사건에도 평생을 성실하게 직장생활을 하다가 퇴직하거나 수십 년을 힘들게 자영업을 해오며 자녀들을 키우고 국가에 세금을 납부하며 한푼 두푼 모아 재산을 조금씩 모아가는 서민들이 분노했고, 정보를 쥐고 있는 권력을 가진 자들의 사리사욕 범죄행위를 엄벌하라고 외치는 민심을 문재인 정권과 기득권층은 이를 무시했습니다.

이보다도 수백 배는 더 큰 이익을 챙긴 화천대유 사건을 접하면서 기득권층의 권력거래와 권력을 황금과 재산으로 만들어 내는 부정부패 의혹이 대한민국에 만연했었구나 하는 생각이 든 것은 저뿐만이 아닐 것입니다.

대한민국의 역사 가운데, 가장 치욕적이고 다시는 일어나지 말아야 할 최악의 사건 중 하나인 사기탄핵과 불법적인 헌재의 판결로, 자유우파정권을 무너뜨리고 불법으로 박근혜 대통령님을 탄핵하고, 지금까지 감금하는 천인공노할 짓을 저지른 자들의 이름이 화천대유 사태에서 이름이 오르내리고 있습니다.

일반 서민은 상상도 못 할 금액으로 출근도 하지 않은 채, 전화로 몇가지 조언을 하거나 자문을 하고는 연간 수억 원의 자문료 등을 받아간 자들과 그 소속된 법무법인 중에는 박근혜 대통령님을 구속시킨 주범인 박영수 전 특검과 당시 검찰총장이었던 김수남까지 나오고 있을 정도로, 지방권력과 고위 판사와 검사 출신의 변호사들이 관여하거나 개입해서 5천만 원을 투자해 5백억을 버는 일들이 버젓이 횡행하고 있었다는 사실이 이번 건으로 드러나게 되었고, 아직 공개만 되지않았을 뿐, 경기도 내 토지개발 등의 사업에 이와 유사한 투기세력과 내부정보를 가진 자들과 법조계 정치권의 권력이 융합된, 밝혀지지않은 비리와 사건들이 적지 않게 있었다는 말까지 나돌고 있습니다.

결국 지난 탄핵사태도 기득권들의 부정부패와 불법을 뿌리 뽑기 위해 박근혜 대통령님께서 이들과 맞서 국민을 위한 변화와 개혁을 하려고 하셨으나, 각 분야의 기득권층과 권력화된 세력들에 의해 외부의 공격과 내부의 배신으로 일어나게 된 것이었음이 점차 하나씩 이 악한 자들의 비리와 범죄를 저지른 것들이 밝혀지며, 거짓이 벗겨지고 진실이 드러나면서 국민들도 이제 좌우를 떠난 기득권세력들에 대해 점점 더 알아가고 있습니다.

이런 자들이 대한민국의 혈관과 혈액과 같은 에너지주권과 중추신경부터 말단신경의 역할을 하고 있는 통신주권과 대한민국을 쉽게 흔들고 장악을 할 수 있는 안보주권과 선거주권도 6.25 때 대한민국을 피바다로 만들고 우리 국민들을 학살했던 중국 공산당에게 갖다 바치려고 하고 있으며, 최종적으로 좌우의 친중 종중 매국 정치꾼들을 통해 내각제개헌을 하고 이를 통해 의회에서 과반을 넘겨 중공의 신하 역할을 충실히 할 수 있는 총리나 수상을 뽑아 정치주권을 장악한 뒤, 영원히 대한민국을 중공의 속국으로 식민지와 다름없어지도록 만들어 가려는 계략을 자신들의 사리사욕과 정치적 연명을 위해 대한민국과 국민을 위태롭게 만들려는 시도를 계속 이어가고 있습니다.

그렇기에 우리는 선조들과 선배들의 피와 목숨으로 지켜오시고 물려주신, 이 귀한 자유와 주권과 대한민국을 반드시 북괴의 적화시도와 중공의 속국화와 맞서서 투쟁하고 지켜내며, 미래세대의 주역인 우리 아이들과 후손들에게 잘 물려줘야 하는 책임과 의무를 다해야만 하는 것입니다.

대한민국이라는 바다를 오염시키려는 외부의 적들과 자유우파라는 바닷물을 썩게 만들려는 내부의 반역자, 부역자, 배신자, 변절자들과 맞서서 바다와 바닷물을 맑고 깨끗하게 지켜내는 3.4%의 소금이 되어서 스스로 녹아내리며 바다를 지켜내듯 자신과의 싸움에서 이기고, 견디기 힘든 어려움과 고난도 인내하고 참아내며, 우리의 자리에서 각자에게 주어진 크고 작은 일들과 역할에서 최선을 다하면서 자유대한민국을 지켜내는 일을 우리는 결코, 게을리하지 않고 변질되지 않으며 포기하지 말아야 할 것입니다.

끝까지 초심을 잃지 않고 변질되지 않으며 포기하지 맙시다.

4년간 굴복하거나 포기하지 않으시고 우리보다 수십 배, 수백 배 더욱 큰 고통을 견디시고 힘들며 어려운 환경에서도 저항과 투쟁을 보여주고 계신 박근혜 자유수호 대통령님을 생각하며, 함께 힘차게 투쟁하고 싸워 승리합시다!

2021년 9월 11일 **제216차**

문재인 타도

물을 흐르게 하는 배수관의 출구가 막히면 물이 역류하고 썩기 시작하듯, 자유대한민국의 법치를 무너뜨리고 우파정권을 붕괴시키며 대통령님을 감금시킨 불법사기탄핵을 해결하지 않고서는 물이 흘러갈 수 없기에 부정선거도 문재인의 폭정도 의회독재도 탄핵의 진실규명 없이는 쉽게 해결되지 않습니다.

박근혜 대통령 정권에서 국정원의 주도로 우리의 주적이자, 북한주민의 해방과 자유를 위한 통일을 이루기 위해, 수십만 민족을 학살한 북괴 김정은을 제거하려고 시도하다가, 내부의 배신과 중공과 북괴의 협공으로 탄핵이 일어나고, 헌재의 불법 결정과 특검의 불법적인 수사로 박근혜 대통령님은 억울하게 갇히셨으나, 결코, 굴복하거나 포기하지 않으시고 지금까지 묵언의 투쟁을 이어가고 계십니다.

이러한 사기탄핵과 우파정권의 붕괴로 인해, 있어서는 안 될 문재인 불법정권이 들어서고, 계속 위헌 정권을 이어가기 위해, 불법 부정선거로 선거주권을 중공에게 갖다 바치고, 과반이 넘는 여야 친중 국개들에 의해 의회에서 과반으로 국가수반을 선출할 수 있는 중공의 지령을 받은 의원내각제로의 개헌을 통해, 영구적 집권이라는 꿈을 꾸고 있는 반대한민국세력과 친중매국 정치세력이 자신들의 정치적 목적과 사리사욕을 채우기 위해, 제2의 이완용이 되어 자유대한민국을 중공의 속국으로 만들려고 하고 있으며, 대한민국 주권자인 국민이 가져야 할 국가의 신경계와 같은 통신주권과 국가의 혈관과 혈액과 같은 에너지주권을 중공에게 갖다 바치려 하고 있습니다.

지금 북은 박근혜 대통령님께서 심어놓으신 자유와 인권의 씨앗이 북의 10대 학생들과 20대, 30대 청년들 사이에서 한국의 노래와 드라마, 그리고 영화 등이 유행을 하고, 북의 통제와 억압 속에서도 초코파이보다는 와이파이를 달라고 외치며, 수년간 지속해서 공급 유포되고 있는 마이크로SD와 USB에 담긴 희망과 자유의 콘텐츠로 인해, 김정은 독재체재가 무너지고 북한의 젊은이들은 자유를 찾고 대한민국을 동경하며 김정은에 대한 빈번한 암살시도까지 일어날 정도로 북은 통제가 되지 않고 있습니다.

이렇게 박근혜 대통령님께서는 외교, 안보, 사회, 경제 부분에서 90가지가 넘는 업적과 역대 최대의 공약이행율로 우리 사회 기득권층의 관행과 구태와 범죄 행위들을 엄단하면서 각 분야 기득권의 반발과 공무원과 공공기관 개혁 등에서도 상당한 저항을 불러오기도 했으나, 국가지도자라면서 문재인처럼 무책임하게 국민들을 죽게 만들고, 역대급 혈세 낭비를 하며, 곳곳의 사회 암덩어리를 제거하기는커녕, 덮어두고 문제를 일으키고 있는 정말 무능하고 무기력하며 악한 자의 4년을 겪다 보니, 정말 박근혜 대통령님께서 이루시고 해내신 업적들이 더욱 커 보이고 그저 감사할 수밖에 없음을 새삼 느끼고 있습니다.

이승만 건국대통령님과 박정희 부국강병 대통령님과 박근혜 자유수호 대통령님의 업적들을 보며, 세우는 것은 수십 년도 더 걸리지만, 무너뜨리는 것은 한 순간이라는 것도 문재인의 망국적 행위를 보고 많은 국민이 깨달아가고 있습니다.

거짓선동과 혹세무민으로 자유대한민국을 문재인 시즌2로 이끌어가려는 자들과 자신들이 저지른 과거의 범죄를 뉘우치기는커녕 중공의 속국으로 만들려는 자들이 대선주자로 많이 나와있습니다.

힘들더라도 우리는 속지 말고 변질되지 않으며, 자유대한민국이라는 바다를 썩지 않게 만드는 3.4%의 소금이 되어, 끝까지 자유를 지켜내고 대한민국을 선진통일강국으로 이루어내기 위해 결코, 포기하지 말고 각자의 맡은 역할과 자리에서 최선을 다해 투쟁합시다!

2021년 9월 4일 제215차
문재인 타도!

택배기사노조의 도를 넘는 업무방해와 패악질로 인해, 극단적인 선택을 하게 된 택배사 대리점주의 억울한 죽음을, 1천 대의 택배차량 행렬이 자녀를 두고 떠난 한 아버지의 죽음을 애도하며 서 있는 장면에 너무나도 마음이 아픈 하루였습니다.

문재인 간첩정권에서 초기 중공의 눈치를 보다가 입국금지와 방역의 골든타임을 놓친 후, 크게 확산된 중공우한폐렴바이러스로 인해, 죽지 않아도 될 대한민국의 주인인 우리 국민들이 수천 명 사망하고, 백신으로 인해 살아야 할 국민들 수백 명이 오히려 백신접종 뒤 수백 명이 사망하는 사태까지, 주권자인 국민들을 죽이고도 사죄도 눈물 한 방울도 없이, 서울대 의과대학 연구팀에서 방역독재 3단계뿐만 아니라, 4단계가 더 이상 아무런 효과가 없다는 연구발표가 있었음에도 불구하고, 민생경제를 파탄시키고 자영업자를 죽이는 4단계 방역독재를 이어가는 파렴치한 살인마 문재인과 그 졸개들의 전무후무한 패악질과 국민학살이 지금도 일어나고 있습니다.

게다가 대한민국을 친중 앞잡이들과 종중 매국 정치꾼들을 내세워, 세계최고수준의 원자력을 가동중단한 뒤, 중공으로부터 전력을 사 오려는 환경조성과 시도를 통해, 대한민국 혈관 속의 혈액과 같은 에너지 주권을 상납하려 하고 있고, 대한민국의 중추신경부터 말단 신경계를 이루는 통신 네트워크망과 장비를 중공 공산당과 인민군의 앞잡이와 개노릇을 하는 화웨이에게 전국의 4G 통신망이 다 장악되었고, 5G에서도 여전히 장악하려고 발악하고 있는 중공의 통신주권 빼앗기 시도에도 침묵하는 문재인 매국정권의 반역적이고 매국적인 범죄로 인해, 지난 3개월간 대한민국을 심각한 수준으로 해킹하고 사이버공격을 한 4천여 건의 시도 중에서 중공에 의해 국가안보 공격 목적으로 대한민국 정부기관과 안보시설, 기술탈취 목적으로 대기업 등에 저지른 사이버 공격이 3천 7백여 건으로, 같은 기간 북괴의 3백여 건의 심각한 수준의 해킹시도와 국가안보를 무너뜨리려는 사이버 공격의 12배가 넘는 공격을 중공이 대한민국과 국민을 대상으로 저질렀다는 것만으로도, 중공은 북괴와 함께 대한민국의 최악 주적임을 우리는 알 수가 있습니다.

대한민국의 주권자인 국민 77%가 중공의 이러한 대한민국 공격과 속국화 시도 등에 대해 반감을 가지며 중공을 혐오하고 싫어함에도 불구하고, 대다수의 정치꾼들과 국개들이 중공의 눈치를 보며 우리 국민들의 반중정서와는 반대로, 중공이 원하고 바라는 내각제개헌과 각 분야의 핵심주권을 중공에게 넘기려는 매국행위와 국가반역 범죄를 저지르고 있습니다.

그렇기 때문에 저희 K파티는 6.25 남침 사변 이후 어떠한 사죄도 반성도 하지 않는 중공을 북괴와 함께 주적으로 포함하고, 중공을 위한 간첩 매국행위까지 사형 등 중범죄로 처벌하는 강력한 국가보안법 개정이 필요하며, 이를 반드시 이루어내야 한다고 주장하고 있습니다.

게다가, 미국의 바이든과 배후조종 세력들은 탈레반을 붙잡아놓기 위한 도하협정에 이어, 트럼프 대통령 시절 이루어낸 아브라함 협정까지 이스라엘의 저항에도 불구하고, 3조 원이 넘는 협력과 평화의 씨드머니인 아브라함 펀드까지 중단, 동결시키며, 어렵게 만든 중동 국가들과 이스라엘의 평화를 깨트려, 중동을 다시금 화약고로 만들려는 사악한 시도를 하고 있습니다.

한반도와 중동까지 일촉즉발의 위기상황으로 치닫고 있는 지금의 현실에서 미군철수를 공약으로 내세워 미군을 철수시키려고 했던 최악의 카터에 맞서 끝까지 미군을 주둔시켜 북괴의 적화야욕을 막아내고, 국민의 안전을 지켜낸 박정희 대통령님의 불굴 정신과 반공포로를 석방하며 암살 위협에도 굴하지 않으시고, 역사상 전무후무한 후손들이 대대로 혜택을 받게 될 것이라며 기뻐하셨던 한미상호방위조약을 이루어내신, 이승만 대통령님의 필사즉생 정신을 우리 모두가 배우고 행하는 것이 정말 절실하게 필요한 시기이기도 합니다.

여러분, 저 악한 세력들이 분열하고 무너지며 쓰러져 사라질 때까지, 끝까지 포기하지 않고 분투하며 싸워 승리할 수 있도록, 초심을 잃지 않고 애국애민정신으로 대한민국을 무너뜨리려는 모든 악한 세력과 맞서 싸워 이겨냅시다!

우리는 할 수 있습니다!

우리는 반드시 지켜낼 것입니다!

우리는 해낼 것이고 승리할 것입니다!

자유대한민국을 지켜냅시다!

한반도를 둘러싼 국제정세는 하루가 다르게 급변하고 긴박하게 돌아가고 있습니다.

그럼에도 대한민국의 좌경화되고 편향된 메이저 언론과 방송은 문비어천가를 부르며 방역독재에 가담해, 해외의 소식과 급변하는 한반도와 아시아 태평양 지역의 정세를 제대로 알리기는 커녕, 주권자인 국민을 개돼지로 만들기위해 눈과 귀를 가리며, 우물 안의 개구리와 같이 한반도를 둘러싼 위기와 기회를 전혀 알려주지않고 있습니다.

북에서는 작년에 십수번 이상을 찬양하며 칭송한 내용과는 달리, 3대세습 독재자 김정은을 띄우기는 커녕, 이번 선군절에는 총비서라는 언급을 한번만 할 정도로 김정은 단일지도체제를 없애고, 북괴의 거짓헌법보다 높은 노동당 규약에 조용원의 당세력과 리병철의 군부세력 등, 7명의 비서가 체재를 끌어가는 듯한 집단지도체재를 명시하며, 김정은 지우기에 나섰을 뿐만 아니라,

북괴에서는 상상도 못할 당이나 군 소유의 공공기관이나 공장 등에서 장비, 부품, 재료, 폭발물 등을 훔쳐가는 사건이 비일비재하게 벌어지고, 김정은 독재정권의 타도와 시장경제를 선호하는 반김정은 세력이 북한 내 전지역에 걸쳐 조직되고 군과 당을 공격하는 등, 김정일에 의해 고난의 행군에서 부모를 잃은 꽃제비 출신의 3040 중심으로 반김정은 저항활동이 곳곳에서 일어나고 있습니다.

뿐만아니라, 자유대한민국을 속국화시키려는 중공에서는, 북쪽으로는 와킨회랑을 통해 신장 위구르 자치구와 접해있는, 전세계 아편의 80% 가까이 생산되고있는 아프간의 정권을 쥔 탈레반세력이, 표면적으로는 중공에게 일대일로 등의 경제협력과 돈을 요구하면서도, 그 아래에서는 아프간에서 생산되는 마약을 파키스탄 등을 우회하지않고, 바로 신장 위구르를 통해 마약을 중공에 공급하려는 것에 대해, 중공이 심각하게 우려하고 있으며,

탈레반의 형제이자 IS가 아프간을 장악했을 때, 거의 궤멸수준이었던 탈레반과아프간 국경 산악지대와 해방구 FATA 지역에서, 동고동락하며 탈레반과 함께 싸워왔던, 같은 이슬람 수니파 과격 무장단체이자 동투르키스탄 재건을 목적으로하는 위구르무장 독립세력이 탈레반의 물밑 비호 아래, 동서투르키스탄 재건과 부흥의 같은 목표의 실현을 위해, 중공분열과 멸망의 도화선인 신장 위구르의 독립을 위해 협력하

고, 함께 중공과 시진핑에 대한 테러와 무력을 사용할 수 있는 가능성으로, 중공은 심각한 위기에 처해있다고 해도 과언이 아닐 정도입니다.

게다가, 헌법까지 고치며 영구독재를 꿈꾸던 시진핑에게 공청단 출신의 서열 4위 왕양이라는 정협주석을 반시진핑세력이 이번 8월 중공국가원로들의 비밀회의인 베이다이허에서 차기 후계자로 지목하며, 최하의 경우로 리커창의 뒤를 이어 총리를 시킨 뒤 시진핑의 권력을 하나씩 없애려는 작업이 진행되고 있으며, 최상의 경우는 시진핑의 국가주석 자리를 왕양에게 넘기도록 해서 시진핑을 내년에 낙마시키고, 반시진핑세력이 덩사오핑의 유훈에 따라 10년간 중공의 정권을 갖기위한 치열한 물밑 싸움이 일어나고 있습니다.

이런 한반도를 둘러싼 대한민국의 위기이자 기회를 정치권은 물론이고, 자유우파를 대변하기는 커녕 문재인 2중대정당임을 자처하며, 사기탄핵완성당이자, 내각제개헌추진세력이 가득한 친중 정당으로 불릴 정도로, 중공을 널리 이롭게하는데 앞장서고 있거나 자유대한민국의 국익을 위해 살인성인하려는 의지는 커녕 자신의 사리사욕을 위해 혹세무민하고있는 반역자 부역자 배신자 변절자들이 자칭 타칭 대선주자라면서, 대한민국과 국민에게 더욱 큰 어려움을 야기하고 힘들게 만들고 있습니다.

그러나, 우리는 박정희 부국강병 대통령님의 중단하지않는 불굴의 정신과 이승만 건국대통령님의 말씀처럼 백배나 용기를 내어, 저 사악한 반대한민국세력과 맞서 싸워 승리하는 정신을 이어나갑시다!

여러분, 어렵고 힘든 시기지만 각자의 맡은 일과 자리에서 초심을 잃지 않고 결코 포기 하지 않는 자세로 변함없이 자유대한민국이라는 바다를 썩지않게 지켜내는 3.4%의 소금이 되어 대한민국의 주역인 미래세대 우리 아이들에게 강하고 행복한 자유대한민국을 잘 물려주기위해 모든 노력을 다합시다!

2021년 8월 21일 제213차

문재인 타도! 구속! 자유우파정권 되찾기

지난 21일 토요일 213차 광화문 K파티도 태풍이 지나간 폭우 속에서 하나님의 은혜로 잘 마칠 수 있었습니다.

행사 준비 때부터 마칠 때까지, 비옷을 입거나 우산을 들고 광화문 광장을 지나가면서 응원해주시고 격려해주시는 많은 1인시위 용사님들과 1인 걷기 애국자님들 덕분에 더욱 힘이 난 하루였습니다.

K파티를 준비하기 전과 행사를 진행하기 전, 반드시 엎드려 기도를 하고 시작을 해오고 있었는데, 이날은 너무나도 은혜롭고 감사했던 점이, 광화문 광장의 이곳저곳에서 한 분, 두 분이 앉아서 또는 서서 기도를 하시거나, 걸어다니시면서 기도를 하시는 믿음의 용사님들께서 정말 많으셨고, K파티를 위해 지나가시면서 기도를 해주시거나 주변에 서서 기도를 해주시는 분들이 너무나도 많으셨으며, 정말 은혜롭고 감사함 가득한 시간이었음을 다시 한번 떠올릴 수 있었습니다.

특별히, 최근 빨간 수요일을 출간하신 국사교과서연구소 김병헌 소장님의 귀한 방문과 말씀 진심으로 감사드립니다.

이슬람 과격단체들이 점령하거나, 독재해온 국가나 중동의 지역에서는 아프가니스탄뿐만 아니라, 시리아나 이란 등 많은 나라에서 지난 수십 년 동안 여성의 인권도 유린해왔으며, 자신들이 맹신하는 과격하고 무자비한 이슬람 교리에 반하는 언행을 하면 가차 없이 처형을 하거나 감옥에 가뒀다는 그리고 탈레반 전이나 지금이나 크게 변한 것이 없을 정도로 인권도 자유도 열악하다고 33년간 아프간 선교와 연구를 하신 목사님의 말씀을 방송을 통해 보면서 자유와 인간의 존엄성이 얼마나 귀하고 중요한 것인지 다시금 깨닫게 되었고, 이를 지키지 못하는 국민은 주권을 빼앗기고 국가는 영토까지 사라질 수 있음을, 지금도 대한민국을 적화시키려는 주적 북괴와 속국으로 만들려는 주적 중공이 대한민국과 국민을 호시탐탐 노리고 있음을, 그런 적으로부터 끝까지 포기하지 않고 견뎌내며, 악하고 불의한 저들과 맞서 싸워 광화문 광장을 5년째 지켜오면서 이 귀한 자유와 주권은 지키려고 노력하지 않으면 빼앗기고 만다는 것을 정말 절실하게 느낄 수 있었습니다.

미국 민주당과 바이든의 배후세력들은 아프간 사태를 더욱 혼란스럽고 위험하게 만들어, 갈등과 사건을 야기시킨 뒤 미국인들과 군인들이 피해를 당하거나 사망하는 일들이 생기면, 이를 구실로 아프간 공습이나 무력진압을 시작하게 될 것이고, 내년 미국 중간선거에서 상하원 참패가 명확해진 이 상황을 전쟁이나 공습 등을 통한 외부 갈등으로 상황을 뒤집어 중간선거에 악용하려는 징후까지 보이고 있습니다.

게다가 중공의 독재자 시진핑은 미국이 떠난 아프간을 탈레반을 이용해, 중앙아시아 일대일로의 중심지로 만들겠다며 탈레반에게 표면적으로는 천문학적인 돈을 투자하겠다면서도, 표면 아래로는 탈레반이 IS에 의해 궤멸수준까지 갔을 시기에도, 형제처럼 아프간의 해방구인 FATA지역에서 동고동락하며 지냈고 훈련도 시키며 무기도 지원했던, 수니파 투르키스탄 형제인 동투르키스탄 위구르무장독립세력의 위구르지역 독립운동과 중공에 대한 테러와 무장공격 시도를 지원하거나 협력하지 않도록, 중공의 가장 큰 보고이자 아킬레스건인 신강 위구르를 건들지 않기를 계속 요구하고 있습니다.

그러나, 정장을 입고 피가 가득한 레어 스테이크를 칼질하면서 오늘은 어디를 공습하고 몇명을 죽일까를 대화하는 악한 글로벌리스트 세력들과 중공의 공산독재 세력들의 의도대로 다 흘러가지는 않을 것입니다.

신강 위구르 인간개조 수용소에서만 수만 명, 수십만 명의 목숨을 해치는 중공 공산당과 굶겨 죽이고 K팝을 들었다고 수용소에 가둬 수십만 명을 죽이고 있는 김정은 학살독재돼지와 중공폐렴 초기에 중공입국차단을 중공의 눈치를 보며 하지 않아 안 죽어도 될 귀한 대한민국 국민 수천 명을 중공폐렴과 백신으로 죽게 만든 살인마 문재인이 아프간의 ISIS나 탈레반 못지않게 악하고 천벌을 받아야 할 자들임을 인정하지 않을 수가 없습니다.

그렇기에 우리는 대한민국의 국익과 국민의 주권을 지키기 위해서 반드시 국가보안법을 더욱 강화시켜야 하며, 주적들과 주적들을 추종하거나 부역하거나 변절 된 자들에 의한 대한민국의 적화와 속국화를 막아내기 위해서라도, 우리가 할 수 있는 모든 일과 역할에서 변함없이 최선을 다하며 끝까지 포기하지 않고 투쟁해서 승리해야만 합니다.

우리는 할 수 있습니다. 우리는 지켜낼 것이며, 승리할 것입니다.

피와 목숨으로 지켜주신 이 귀한 자유와 경제강국 대한민국을 우리도 미래세대의 주역인 우리 아이들에게 잘 전할 수 있도록, 기도하며 진실이 밝혀지고 정의가 승리하도록 행동으로 실천합시다!

2021년 8월 15일 **제212차**, 14일 **제211차**

건국 73주년 기념 광화문 K파티 문재인 구속! 김정은 처단!

"이번 14일과 15일 광복절에는 K파티도 광화문 광장에서 하기가 어려울 것 같은데, 재앙철장에 이어 세훈철장까지 작년보다 더 두껍고 강한 철장을 더 많이 가득 채운 것 보세요"

맞습니다.

지난 8월 14일 토요일과 15일 광복절은 작년에 비해 철장을 더욱 많이 배치하고 미로처럼 더 좁고 복잡하게 철장 사이로 보행로를 만든 것은 물론이고, 아침 일찍부터 검문검색을 하며 보행하는 분들의 가방까지 뒤지면서 통행을 제한하고 가로막는 일이 있을 정도로, 분위기 또한, 대한민국이 건국된 건국절 73주년을 기뻐하며 축하하기 위해 대한민국 국기를 들고나온 주권자인 국민을 겁박하고 탄압하며 헌법에도 없는 보행의 권리를 금지하고 방해하는 위법행위를 저지르도록, 문재인 방역독재 살인마가 국민이 모이는 것을 두려워하고 국민의 외침을 막으려는 좌파강점기의 독재를 자행하고 있음을 스스로 보여준 연휴였습니다.

게다가 서울시민들에게 읍소를 하며, 1년 보궐선거에 당선시켜주면 광화문 광장을 열어 서울시민들에게 보답하겠다고 외쳤던 시장이라는 자는 더욱 앞장서서 집회와 시위를 금지하거나 제한하며 주인인 서울시민들과 주권자인 국민에게 광장에 나오지 않도록 반협박과 같은 식의 배은망덕한 언행을 하며 뽑아준 시민들에게 비수를 꽂고 배신감을 느끼게 해준 연휴이기도 했습니다.

모두가 이번에는 더더욱 불가능하다고, K파티 광화문 문화제를 진행하기는커녕 철장으로 겹겹이 둘러싸인 광화문 광장에 진입도 어려울 것이라는 예상을 깨고, 이번에도 8월 14일 211차 건국절 전야 광화문 문화제와 8월 15일 212차 건국절 73주년 기념 문화제도 시작 전 기도로 준비하며 매우 잘 마칠 수 있었습니다.

보이지않는 곳에서 가장 큰 힘인 기도로 큰 힘이 되어주시고, 현장에서 함께 하지는 못 했지만, 용감히 현장에 나와주신 유튜브 대표님들의 라이브방송을 통해 시청해주시고, 함께 기도해주시며 응원해주신 여러분과 K파티 용사님들 덕분이며, 이 모든 상황과 환경에서의 제약과 방해를 감옥의 철문을 뚫어주시고 열어주시는 하나님의 역사하심으로, 5년간 이어온 광화문 광장의 K파티를 잘 진행할 수 있었습니다.

'중단하는 자는 승리하지 못한다'라는 박정희 부국강병대통령님의 말씀과 자유를 지키고 승리하기 위해 분투하라! 싸워라!라고 말씀하신 이승만 건국대건국대통령님의 말씀, 그리고 지금도 불법적이고 위헌적인 사기탄핵으로 자유대한민국을 적화시키고 무너뜨리고 있는 중공과 북괴, 그리고 반역자, 부역자, 배신자들과 맞서서 투쟁하시고 계신 박근혜 자유수호대통령님의 귀한 정신까지 이어가며, 저희 K파티는 끝까지 포기하지 않고 견뎌내며, 대한민국이라는 바다를 오염시키고, 자유우파라는 바닷물을 썩게 만드는 오물과 쓰레기 같은 반역자, 부역자, 배신자, 변절자들과 맞서 바다를 썩지 않게 만드는 3.4%의 소금이 되어, 끝까지 저항하고 투쟁하며 승리할 때까지 맞서 싸워 계속 이겨내겠습니다.

철장도 독재도 폭압도 결코, 우리 마음 속의 열정과 희망과 의지를 꺾지도 무너뜨리지도 없앨 수 없습니다.

최종적인 승리의 날을 위해, 함께 힘차게 나아갑시다!

2021년 8월 7일 **제210차**

문재인 구속! 김정은 처단!

'간첩이야기를 하니, 광화문 광장에서 간첩 같은 놈들이 튀어나와 소란과 행패를 부리다 진압되다!'

중공의 지령인 대한민국의 대통령제를 없애고, 내각제로 개헌을 따르는 중공을 대변하는 종종 정치꾼들이 아닌, 우리 국민의 77%가 중공을 싫어하고 반대하는 여론과 민심을 대변하고, 대한민국을 속국으로 만들려는 중공과 맞서 대한민국 주권을 지켜내는 국가지도자가 필요한 때입니다.

대한민국에는 중공을 추종하고 대한민국을 중공의 속국으로 만들고 자신의 사리사욕을 꾀하는 매국노들과 중공간첩들, 그리고 미인계와 돈으로 중공간첩들에게 목줄 잡힌 앞잡이들과 북괴 김정은을 추종하고 대한민국을 북괴의 적화시도를 도우며, 이루어낼 수 있도록 반역행위와 국가안보를 무너뜨리는 이적행위를 저지르고 있는 북괴간첩들과 그 추종세력들이 정치권과 정부, 지자체 등에서 대한민국을 북괴에게 갖다바치기 위한 북괴의 개들까지, 총성 없는 제2의 6.25라고 할 정도로, 지금의 대한민국은 자유를 빼앗고 주적들에게 대한민국을 상납하려는 반대한민국 매국세력들과 이승만 대통령님의 건국정신과 박정희 대통령님의 부국강병정신, 그리고 박근혜 대통령님의 자유수호정신을 이어가면서 초심을 잃지 않은 3.4%의 바닷물을 썩지 않게 만드는 여러분과 같은 자유애국국민들과의 전쟁이 일어나고 있습니다.

대한민국 80%의 영토가 점령된 상황에서도, 끝까지 포기하지 않고 낙동강 전선에서 목숨을 바치고 희생하신 선배용사님들이 계시기에 변절자들 배신자들 부역자들이 반역하며 활개를 치더라도 인천상륙작전이라는 하나님의 기적이 일어나, 자유대한민국을 지켜내고 지금의 경제강국 자유대한민국을 우리에게 전해주신 그 의지와 정신이 우리의 DNA에 그대로 남아있기에 우리는 결코, 포기하지 않고 낙망하지도 않으며, 하나님의 때에 하나님의 방법으로 하나님께서 이루실 제2의 인천상륙작전을 기다리며, 각자가 할 수 있는 모든 일과 역할에서 최선을 다하고 기도로 담대히 나가 싸워 승리하며 지켜내는 우리가 될 수 있도록 노력하고 최선을 다합시다!

모두가 불가능하다고 고개를 저었던 지난 5년간의 광화문 광장 사수도, 아무도 이어가지 못한 채 쫓겨나거나 중단한 광복절 등의 국경일 철벽 봉쇄의 광화문 광장에서도 기도하며 투쟁할 수 있었고 함께 기도해주시는 여러분이 계시기에 하나님의 은혜로 이렇게 광화문 광장을 자유우파의 광장으로 지켜나갈 수 있음을 감사드립니다.

오늘과 내일 광복절도 좌파강점기와 같은 살인독재정권과 맞서 국민저항권을 행사하며 광화문 광장을 잘 지켜내고, 승리하겠습니다.

반가운 모습으로 현장과 방송에서 뵙겠습니다!

2021년 7월 31일 **제209차**

폭염속 광화문 K파티 문재인 구속! 김정은 처단!

여러분, 지금도 대한민국을 의회가 모든 권력을 장악하는 의원내각제로 개헌을 주장하고 시도하는 자들이 좌와 우 모두 발악하며 추진을 시도하고 있습니다.

특히 이 내각제개헌세력의 공통점이 좌, 우 모두 지난 사기탄핵에 가담한 자들이거나 이들을 추종하는 자들이며, 상당수가 중공에게 꼬리를 흔들며 우호적으로 또는 속국처럼 낮춰 행동하는 친중성향의 정치인과 그 졸개들이라는 점입니다.

중공이 속국화 시키려고 했거나 지금도 시도하는 나라가 바로 호주, 캐나다, 대한민국입니다.

의원내각제국가들을 타겟으로, 중공에서 이익과 권력을 제공함으로써 해당 국가의 대기업이나 재계를 통해, 정치인들을 소개받아 쉽게 정치권에 접근하고, 정치인들을 돈과 여자로 매수할 수 있었습니다.

대한민국을 대통령제에서 의원내각제로 개헌을 시도하는 자들의 배후에는 중공이 있고, 호주처럼 대한민국을 의원내각제로 만들어, 대통령이라는 막강한 권력을 지닌 수반 없이, 친중 정치인들을 과반수 이상 만들어놓고, 파키스탄과 같이 친중 종중 수상 또는 총리를 의회에서 선출하면 그 총리나 수상을 중공이 목줄을 잡은 채, 그 나라의 정권을 친중정권으로 계속 안정적으로 이어나갈 수 있으므로, 시진핑 집권 이후 일대일로와 통일전선전략의 일환으로 의원내각제개헌을 대한민국 친중 종중세력에게 아이디어와 방안까지 지시한 것도 중공입니다.

문재인처럼, 겨우 친중정권을 만들어놔도 대한민국은 국민정서가 반중이 대부분이고, 대통령선거에서 자유우파정권이 승리하여 친중 정치인이 당선되지 않으면, 대한민국을 중공이 속국처럼 부릴 수 없으므로 늘 중공에게는 대한민국의 대통령제가 눈엣가시였습니다.

자유우파정권을 붕괴시킨 뒤, 친중 사기탄핵파들을 대상으로 반영구적 정치생명 연장이라는 당근을 제시하며, 내각제개헌의 이익을 매국정치꾼들이 먹으면서 물밑으로는 중공이 원하는 내각제로의 개헌을 통해 의회만 계속 친중파로 장악을 할 수 있다면, 대한민국을 영원히 속국으로 만들 수 있다는 이러한 중공의 계획에 대한민국의 좌, 우의 정치권에서는 속아주는 자들도 있고, 모르는 척하는 자들도 있고, 진짜 속고 있는 자들도 있는 것 또한, 현실입니다.

바닷물을 썩지 않고 오염되게 만들지 않는 3.4%의 소금의 역할을 위해 더욱 정신을 똑바로 차려서 북괴라는 승냥이에게 적화되거나, 중공이라는 곰에게 속국이 되지 않도록 해야 할 것입니다.

그래서 국가보안법은 주적에 중공과 테러조직까지 포함해서 더욱 강화해야 하고, 강력한 대통령제를 이어가며 중공이 원하고 의도하는 형식의 의원내각제를 반드시 막아내야만 할 것입니다.

끝까지 포기하지 않고, 인내하고 견뎌내며 저 악한 반대한민국세력과 맞서 싸우며, 끝까지 중공의 지령을 받은 의원내각제개헌을 막아내어 우리 미래세대 아이들에게 속국과 적화된 대한민국이 아닌, 자랑스럽고 당당한 선진강국,

통일대한민국을 물려줍시다!

2021년 7월 24일 **제208차**

폭염속 광화문 K파티 문재인 구속! 김정은 처단!

뜨거운 여름 땡볕의 현장과 아스팔트에서 한 달도 견디지 못한 채, 시원한 에어컨이 돌아가는 사기탄핵완성당이자 문재인 지지율을 애써 높여주고 있는 짓들만 골라서 해주는 애송이 수괴의 발밑으로 들어간 자들이 이 더운 폭염의 여름을 힘들게 견디고 계시는 나라 사랑하는 국민들에게 실망감과 쓴웃음을 남겨주고 있습니다.

대한민국의 대통령을 정하는 대선 과정은 단거리 경주가 아닌 장거리 마라톤과 같습니다.

지금 경험도 없고 첫 직장부터 높은 자리에 영감님 소리를 듣던 자들이, 인내심도 부족하고 뭐가 그렇게 성급하고 초조한지, 마라톤과 같은 대선 레이스를 100m 단거리 경주로 생각하는 듯, 벌써부터 전력을 질주하며 서로 밀치고 하면서 마라톤이 아닌 운동회 단거리 달리기를 하고 있습니다.

문재인 방역독재에 신음하고 고통받고 있는 국민은 나 몰라라 한 채, 시원한 곳에서 사진 잘 나오도록 미사여구의 글을 화려하게 남기며, 땀 흘리고 고통을 나누며 문재인 독재정권과 맞서 투쟁하기는커녕, 식상한 보여주기식 행보와 말장난으로 문재인 반역세력들과 함께 2중대 역할을 하며 혹세무민에 가담하고 있습니다.

자유우파정권을 무너뜨리고 박근혜 대통령님을 가두게 만든 탄핵 62적과 이들 주변에 달라붙거나 줄 서서 콩고물을 얻어먹고 있는 자들이, 내각제개헌을 외치며, 애써 박근혜 대통령님을 부정하고 부인하며 이번 대선의 상수는커녕 변수도 잘 안 될 것이라며, 자신들의 거짓되고 반역적인 지난 행보와 현재의 언행을 무마시키려고 합니다.

그러나, 저들이 어떤 궤변과 왜곡으로 또다시 혹세무민하려고 해도, 결국 저들이 가장 두려워하고 문재인이 가장 무서워하는 이번 대선의 상수는 결국 박근혜 대통령님입니다.

문재인 정권에 부역한 자, 문재인 독재자에게 임명되고 녹을 받아먹은 자, 문재인 정권의 폭정과 탄압에 겁먹고 숨어서 사리사욕을 꾀하며 배신과 변절을 보여준 자, 문재인이 만든 중공폐렴확산과 그로 인한 수천 명의 국민 살인과 서민경제폭망에 침묵한 자, 사기탄핵파에게 줄 서서 영달을 꾀하려는 자, 이런 자들이 자칭 타칭 대선주자요, 이런 자들에게 줄 서고 지문이 닳도록 손 비비며 아첨하는 졸개들이요, 이런 자들에게 선동당해 물개박수를 치고 있는 안타까운 사람들까지, 현실의 표면만 바라보면 참으로 어둡고 한 치 앞도 안 보이는 절망의 시간 속에 있는 것처럼 느껴질 수도 있습니다.

그러나, 지금도 역사는 흘러가고, 바둑이가 구속되며 박영수 전특검이 수사를 받고, 사기탄핵에 가담하고 주도한 자들의 악한 행위들이 하나둘씩 계속 드러나고 밝혀지며 천벌을 받고 있습니다.

자유우파라는 바닷물을 사기탄핵과 부정선거와 각종 권력비리라는 오물과 쓰레기로 썩게 만들거나, 거기에 동조하고 침묵하며 똥물을 만들고 있는 자들이 좌, 우에서 대한민국이라는 바다를 오염시키고 있음에도, 바닷물 속의 단 3.4% 소금이 바다의 오염을 막고, 바닷물이 썩는 것을 정화시키는 것처럼, 지금 이 순간에도 수년째 한 곳에서 꾸준히 자신의 주어진 역할과 자리에서 최선을 다하며, 일하고 투쟁하는 3.4%의 소금과 같은 자유수호용사님들이 계시기에 미래의 자유대한민국은 희망이 있으며, 우리 자유우파가 정권을 되찾아 선진강국 통일대한민국으로 발전시켜 대한민국의 주역인 미래세대 아이들에게 잘 전할 수 있을 것입니다.

여러분, 힘들고 못 견딜 정도로 어려운 상황이지만, 박정희 대통령님의 말씀인, '중단하는 자는 승리하지 못한다'를 마음에 새기고, 끝까지 포기하지 않고 초심을 잃지 않으며 대한민국을 적화시키려는 종북세력들과 속국으로 만들려는 중공세력들과 맞서 헌법에 보장된 국민저항권을 행사하며 투쟁하고 승리를 이어갑시다!

2021년 7월 17일 **제207차**

제헌절 특집 문재인 구속! 김정은 처단!

지난 7월 17일 광화문 광장에서 개최된 207번째 K파티 문화제는 4단계 방역독재 가운데, 정말 다양한 변수들이 다 튀어나온 흥미롭고 재미까지 있었던 행사로 기억에 남을 것 같습니다.

세종문화회관의 소행 또는 자작극으로 추정되는 모든 종류의 신고와 방해가 다 들어왔으나, 이를 다 막아내거나 즉시 해결했으며, 급기야는 세종문화회관의 보안실장이라는 자가 김정은과 문재인 인형 퍼포먼스가 시작되자 계단에서 내려오며, 퍼포먼스를 막으려 하고 세종문화회관 앞 인도가 자신들의 것인 양 제지를 하려 하다가 1인 시위 방해로 경찰에 의해 구석으로 밀렸다가 막지도 못하고 사라진, 문독재의 축소판을 볼 수 있었던 정말 웃픈 개그쇼가 있었을 정도로, 말도 못 할 일들이 한꺼번에 일어났던 즐겁고 뜻깊은 주옥같은 시간을 잘 진행하고 마칠 수 있었습니다.

게다가 가장 반가웠고 기뻤던 일은, 정말 광화문 광장에서 뵙고 싶었던, 문재앙 좌파독재정권에서 최강의 악질반동분자로 꼽히고 있는 유승수 변호사님께서 방문해주시고 법률자문도 해주시며, 저희 K파티와 K리퍼블릭 동지님들이 바라고 바랐던 광화문 광장에서 유승수 변호사님을 모시고 인터뷰를 할 수 있었습니다.

최근 가장 핫한 부정선거 투표용지 등 관련 사건을 검찰에 고발해, 조사까지 고속으로 이끌어낸 클린선거시민행동의 상임대표를 맡고 계시고, 작년 8.15 때부터 지금까지 문독재정권의 억압을 받아오신 십수 명의 우파활동가분들의 구속을 풀어주시고, 구속영장이 청구된 우파활동가분들과 우파국민들을 구속기각을 해내시며, 지금까지도 우파활동을 하다가 고소 또는 고발된 청년들을 변호하고 계시는 유승수 변호사님께서 광화문 K파티 현장을 방문하자, 많은 K파티 용사님들께서 유변호사님께서 오셨다는 소식에 갑자기 십수 명이 모일 정도로 인기 또한, 대단했습니다.

모두가 공감하고 인정하시겠지만, 묵묵히 그리고 보이지 않게, 겸손히 문정권에게 피해를 당하거나 억울함을 겪으신 분들을 우파의 기록을 갱신하면서 많은 분을 법적으로 구하시며 문방역독재정권의 뼈를 때리고, 허를 찌르는 귀한 역할을 하셨고, 지금도 해오시기 때문에 이렇게 자유우파 국민들의 관심과 사랑을 한 몸에 받고 계심을 실감할 수 있었습니다.

이렇게 자유대한민국이라는 바다를 문바이러스독재정권에 의해 오염시키도록 두지 않고, 자유우파라는 바닷물을 사기탄핵 내각개헌 종중 거짓우파 등의 오물들과 쓰레기들에 의해 썩지 않도록, 지금도 바닷물을 청정하게 유지시키고 있는 3.4%의 소금과 같은 문정권에게 대항하는 반동분자 애국민들의 최강리더 역할을 묵묵히 하시며 겸손히 섬기시는 유변호사님과 같은 젊은 지도자가 계시기에 앞으로의 자유대한민국은 더욱 희망이 있고, 우리 미래세대의 주역인 아이들에게도 당당하고 자신 있게 선진강국 통일대한민국을 전해줄 수 있다는 확신이 듭니다.

여러분, 거의 다 왔을 때가 가장 보이지 않고 답답하며, 포기하고 내리고 싶은 마음이 드는 것을 잘 알고 있습니다.

그럼에도 이를 악물고, 제2의 6.25에 참전한 3.4%의 우리들은 끝까지 포기하지 않고, 저 북괴뢰도당과 중공공산세력과 이들을 추종하고 돕는 대한민국을 팔고 반역하며 부역하는 변절자들과 맞서 끝까지 자유를 지키고 경제강국 대한민국을 세계 속의 섬기는 최강의 리더 국가로 만들기 위해, 기도하고 행동으로 실천하며 각자가 할 수 있는 모든 일과 역할에 최선을 다합시다!

우리가 승리합니다!

자유대한민국 지켜냅시다!

2021년 7월 10일 **제206차**
문재인 구속! 김정은 척단!

우리가 결코, 잊어서는 안 되는 것이 있습니다.

6.25 사변에서 대한민국 북진통일을 막은 집단도 중공이고, 대한민국 영토를 초토화하고 북한괴뢰군과 함께 우리 국민을 학살한 자들도 중공인민군입니다.

또한,, 작년의 75%보다 더 높은 비율인 77%로 대한민국의 국민은 중공을 싫어하고 반감을 가지고 있다는 여론조사가 나왔으며, 심지어 20대에서는 80%가 훌쩍 넘는 반중정서와 적대감을 가지고 있다고 합니다.

대한민국의 안보와 국민의 안위를 해치고 위협하는 세력이 이제는 북괴만 존재하는 것이 아님을, 문디종중좌파독재정권과 그 졸개들을 제외하고는 대한민국 국민 모두가 다 실감하고 위기감을 느끼고 있다는 것을 보여주는 결과입니다.

저희 K파티는 종북 종중 좌파독재정권의 연장을 막고, 탄찬내각세력의 거짓된 정권이 아닌, 진정한 자유우파정권을 수립하도록 하여 국가보안법 폐지가 아닌, 오히려 북괴뿐만 아니라 중공을 포함한 더욱 강화된 국민의 안전과 안위를 위하는 국가보안법을 완성시키도록 할 것 입니다.

대한민국의 국익을 해치고 국민의 안위를 위협하며, 널리 중공을 이롭게 하고 중공의 이익을 위하는 중공간첩과 앞잡이들 그리고 매수되어 매국행위와 범죄를 저지른 자들은, 북괴를 널리 이롭게 하고 대한민국 국가안보를 해치며 전복시키거나 적화통일을 시키려는 자들과 별다름이 없기에 종중세력들도 종북세력과 마찬가지로 엄격한 국가보안법을 적용해, 자유대한민국을 지키고 국민의 안전을 위하는 법과 정책들을 더욱 많이 만들고 강화해야만 할 것입니다.

2016년의 사기탄핵 촛불시위와 사기탄핵 62적의 반역으로 총포만 없을 뿐, 대한민국에는 제2의 6.25가 발발한 것이며, 북괴의 주도와 중공의 개입으로 자유우파정권이 무너지고, 죄없는 박근혜 대통령님께서 중공과 북괴와 대한민국 내부의 종북 및 종중 반역세력에 의해 갇히시게 되었으며, 지금도 초심을 잃지 않은 소수의 자유우파 국민들께서 국민저항권을 행사하면서 방역독재에 저항하고 대한민국의 적화를 막아내고 있으며, 사기탄핵세력들의 내각제개헌과 대한민국 주권을 장악하려는 중공 공산당과 싸우고 있습니다.

소금을 퍼부은 것 같이 짠 바닷물의 소금 함량이 얼마인지 아십니까?

썩지 않게 만들고, 오염을 시키지 않는 지구를 덮고 있는 이 바닷물의 청정상태를 유지하는 소금의 함량은 3.4%에 불과합니다.

어르신들께서 주적 북괴와 중공과 맞서 피와 목숨으로 지켜내신 이 귀한 자유와 경제강국 대한민국을 미래세대의 주역인 아이들에게 잘 전해주기 위해서라도, 변질되지 않고 초심을 잃지 않은 소금과 같은 3.4%의 자유우파국민들이 대한민국의 중공 속국화를 막아내고, 북괴의 적화통일시도에 맞서 투쟁하며 승리하는 주역인 것입니다.

바로 여러분께서 중공과 북괴로부터 자유대한민국을 지켜내고 계시는 3.4%의 나라 사랑하는 국민이십니다.

여러분, 저들의 발악이 크면 클수록, 사기탄핵세력과 내각제개헌세력의 혹세무민이 커지면 커질수록, 저들의 끝이 보인다는 반증이며, 저들이 여러분과 같은 3.4%의 소금에 의해 대한민국이라는 바다를 오염도 못 시키고, 바닷물을 썩게 만들려는 것도 실패하고 있으며, 비명을 지르며 몰락하고 있다는 것을 스스로 보여주는 것입니다.

대한민국의 국익을 해치면서까지 사리사욕을 더 추구하며, 자유우파정권을 무너뜨리고 대한민국마저 침몰시키려는 저 오물과 같은 자들은 반드시 천벌을 받게 될 것입니다.

우리는 끝까지 변질되지 않고 배신하지 않으며 부역하지 말고 끝까지 포기하지 맙시다!

이번 주 4단계 방역독재를 뚫고, 처음으로 1인시위로, 중공 공산당과 인민군의 앞잡이와 개노릇을 하는 화웨이 장비를 사용하는 LG와 SK 앞에서 표현의 자유를 행사하고 국민저항권을 보여준 것처럼, 오늘 207번째 제헌절 특집 광화문 K파티 문화제도 변함없이 기도로 잘 준비하고 진행하겠습니다.

함께 자유대한민국을 지킵시다!

2021년 7월 3일 **제205차**
문재인 구속! 김정은 척단!

요즘 '반역의 시대'라는 말을 K파티 광화문 현장에서 행사를 준비하면서 응원해주시고 격려해주시며, 잠시 들리시거나 지나가시는 애국자분들께 많이 듣고 있습니다.

자신을 철저한 좌파적 사상검증을 통해, 적폐청산의 적임자라며 치켜세우던, 문재인에게 합격 받은 자들이 임명장을 받고, 문좌파독재정권으로부터 충실하게 녹을 잘 받아먹다가, 정권 말기가 되자 태세전환을 하여 너도나도 대선주자가 되겠다며 나오고, 똥이고 된장이고 섞어 먹어도 괜찮다며 물개박수를 치며, 주변을 혹세무민하는 자들이 득세하는 진정한 반역의 시대입니다.

그보다도 더한 부역자, 변절자, 반역자들이 우파 내에서 활개를 치며, 큰소리를 외치는 '반역의 시대', '배신의 시대'를 우리는 지금 겪고 있습니다.

이러한 자들은 탄핵무효를 외치다가 사기탄핵 62적의 품에 안기고, 부정선거를 외치다가 부정선거를 부정하는 사기탄핵 완성당의 애송이에게 줄 서서 만세삼창을 외칩니다.

미국의 원자탄이 투하되어 일제가 항복하는 그 직전까지가, 같은 민족을 신고하고 배신하며 죽게 만드는 일들이 가장 많았던 것처럼, 6.25 남침 사변으로 대한민국의 80% 이상이 장악되고, 목숨을 걸고 나라를 지키기 위해 낙동강 전선을 방어하던 그 시기인, 인천상륙작전이 일어나기 직전의 때가, 북괴뢰군을 환영하고 군경가족과 목회자 가족 등을 신고하여, 총살을 당하게 만든 자들이 가장 많았던 것처럼, 지금의 이 시기가, 원폭 투하 직전의 일제 말기와 인천상륙작전 직전과 같이, 자유대한민국 수호를 외치다가, 탄핵무효와 법치수호를 외치다가, 자유우파정권을 무너뜨린 자들에게 줄 서고, 사기탄핵의 주범과 부역자, 반역자, 배신자들을 물고 빠는 자들이 당당히 문재인의 졸개였던 자들을 XXX대통령!이라 외치며, 역사의 반복되는 변절자가 되고 반역자를 자처하며, 자유대한민국의 배신자가 되어가고 있습니다.

이렇게, 겉으로는 정의와 진실을 외치지만, 뒤로는 벌써부터 대선주자들에게 줄 서고, 사기탄핵의 주범인 자들에게 붙어서 진실이 아닌 거짓, 정의가 아닌 불의의 편에 서서 갈등을 일으키고, 분열을 조장하는 자들이 점점 늘어나고 있습니다.

분열을 말하는 자가 분열의 주범이며, 사기탄핵파들처럼 자신들의 사리사욕을 위해, 자유우파정권을 무너뜨린 자들을 추종하고 줄 선 자들이 바로 분열을 일으키는 자입니다.

이완용도 다른 매국노들도 말은 같았습니다.

"때에 따라 적당함을 따르는 것일 뿐, 다른 길이 없다."

나라를 위해서 어쩔 수 없었다, 이게 나라와 국민을 위한 길이라며, 탄핵에 앞장서서 문재인 정권을 만들어 내고, 우파정권을 스스로 무너뜨리며, 대안이 없으니 똥이라도 먹고 바닷물이라도 마시면서 탄핵을 묻고 가자 덮고 가자는 자들의 외침에서 왜 저는 이완용의 말과 같은 느낌이 드는지 모르겠습니다.

지금까지 자유대한민국은 목숨을 걸고 변질되지 않으며, 자신의 맡은 일과 역할에서 크고 작은 일을 포기하지 않고 끝까지 지켜내며 이어간, 희생과 헌신으로 투쟁하신 분들의 피와 눈물로 지켜질 수 있었습니다.

여러분, 폭우가 내려 눈조차 뜨기 힘든 상황에서도 민주노총 대규모 집회에 맞서 광화문 광장에서 자유대한민국 수호를 외치며, 저희 K파티 용사님들은 한마음 한뜻으로 광장을 지켜냈습니다.

아스팔트 우파에서 해낸 것이 없고, 이룬 것이 없으며, 막아내고 지켜낸 것이 없다고 말하며, 사기탄핵파에게 줄 서고 내각개헌세력을 지지하는 자들에게 가버린 자들이, 우파 내에서 해낸 것이 없을 뿐, 지금도 묵묵히 초심을 잃지 않고, 자신의 맡은 일과 현장에서 최선을 다해 투쟁하시는 분들이 이루시고 막아내시며, 해내신 일들이 너무나도 많습니다.

앞으로도 변함없이 저희 K파티는 하나님께서 주신 소명을 다하고, 낮은 자세로 섬기고 엎드려 기도하며, 대한민국의 적화를 막아내고 자유를 지켜내기 위해, 모든 노력과 최선을 다하겠습니다!

2021년 6월 26일 **제204차**

문재인 구속! 김정은 처단! 호국의 달 특집

지난 6월 26일 토요일 저녁 7시 204번째 광화문 K파티는 북괴와 중공에 의한 6.25 남침 사변 71주년을 기억하고, 우리를 대신해서 대한민국을 지키시다가 서해에서 산화하시고 전사하신 6월 29일 연평해전 19주년을 추모하는 행사로 진행을 했습니다.

대한민국과 미국 그리고 전 세계의 젊은 청년들이 대한민국을 수호하고 적화를 막기 위해 총탄과 포탄을 두려워하지 않고, 중공군과 북괴뢰군과 맞서 팔과 다리를 잘리고 목숨을 잃어가면서 지켜낸 자유대한민국임을 잊어서는 안 될 것입니다.

또한,, 북괴 도발의 징후를 뻔히 알고 있었던 다이쥬 좌파정권에서 한일월드컵과 북괴의 눈치를 보느라 모르쇠로 방관하다가, 귀한 청년장병들이 목숨을 잃게 된, 그럼에도 끝까지 대한민국 영토와 영해를 사수하기 위해 싸우시다가 전사하신 6명의 연평해전 용사님들을 저희 K파티는 절대 잊지 않을 것입니다.

지금도 총과 포만 사용하지 않을 뿐, 제2의 6.25라고 해도 과언이 아닐 정도로, 6.25 당시 대한민국을 피바다와 폐허로 초토화시켰던 중공 인민군과 같이, 지금 자유대한민국의 영토 내에서는 대한민국을 속국으로 만들려는 중공과 중공간첩들, 종중추종자들에 의해 대한민국의 주권이 하나씩 빼앗기고 장악당하고 있으며, 남로당 등 북괴와 고정간첩에 의해 포섭된 반역자들과 북괴 추종자들이 대한민국 전역의 군인가족, 경찰가족, 목회자들과 지역유지들을 인민재판으로 죽창으로 찔러죽이고 총살시킨 6.25 당시처럼, 지금도 북괴를 추종하고 종북활동과 간첩활동을 하면서 자유대한민국을 적화시키고, 북괴가 바라는 고려연방제를 위한 수순인 내각제로 개헌을 하려고 하며, 좌파진영뿐만 아니라 우파진영에도, 북괴와 중공을 추종하고 빨며 적당히 타협하면서 자신들만의 사리사욕과 권력을 추구하려는 이완용과 같은 매국노들이 정치권에서 큰 목소리를 내며, 그 추종자들이 되어버린 5년 전 탄핵무효와 헌법수호를 외치던 변절자들이, 탄핵을 덮고 가자 묻고 가자 내각제도 좋다고 하면서 국민을 패망월남의 상황과 같이 벼랑으로 몰아가고 있습니다.

여러분, 역사는 자유대한민국을 수호하기 위해 귀한 역할을 하시다가 희생하시고 헌신하신 분들과 그 업적도 기록에 남기지만, 대한민국을 해치고 적국에게 넘기려 하며, 국민을 혹세무민하면서 이적행위, 간첩행위, 매국행위 등을 저지른 정치꾼들과 부역 언론사들, 추종세력들까지 역사의 대역죄인으로 기록에 남게 된다는 것을 결코, 잊어서는 안 될 것입니다.

자유대한민국을 적화시키고 적에게 넘기기 위해 자유우파정권을 무너뜨리고, 자유수호의 상징이신 박근혜 대통령님 등에 칼을 꽂고 헌법상 소추할 수 없는 허위 죄목으로 옥에 갇히시게 만든, 탄핵 62적을 광화문 광장에서 외치는 이유도, 탄핵 62적과 탄핵찬성세력을 추종하고, 사기탄핵완성당의 수괴인 애송이를 물고 빨며, 문정권에서 임명되어 문의 앞잡이와 개노릇을 한 자들을 대선주자로 앞세우며, 내각제개헌세력과 함께 윤, 최, 김만세를 부르는 자들을 역사의 기록으로 남기고, 후세에게 대대손손 이 자들의 역적행위를 알리기 위한 목적 때문이기도 합니다.

우리는 끝까지 초심을 잃지 않고, 피와 목숨으로 지켜내신 선배님께서 물려주신 이 귀한 자유와 경제국방강국 대한민국을 미래세대의 주역인 우리 아이들에게 잘 전해줘야 하는 의무와 책임이 있습니다.

이를 실천하고, 대한민국을 무너뜨리려는 반자유세력들과 맞서 싸우고 승리하기 위해서는 이승만 대통령님의 건국정신과 박정희 대통령님의 부국강병정신, 그리고 박근혜 대통령님의 자유수호정신을 투철히 갖추어야만 합니다.

앞으로도 저희 K파티와 K리퍼블릭은 세분의 구국대통령님의 뜻과 정신을 이어나가며, 대한민국 여론과 민심의 중심이자 정치 이념의 최전방인 광화문 광장을 끝까지 지키고, 굳건한 한미동맹과 강한 국가안보 그리고 강인한 자유수호정신으로 저 악한 세력들과 맞서 싸워 승리하며, 거짓과 불의와 타협하지 않는 자유우파정권을 창출하기 위해 할 수 있는 모든 일과 역할에 최선을 다하겠습니다!

우리는 할 수 있습니다! 반드시 해낼 것이며 승리할 것입니다!

손에 손잡고 한마음 한뜻으로 함께 갑시다!

2021년 6월 19일 **제203차**
문재인 구속! 김정은 처단!

마지막까지 대한민국을 북괴에 의해 적화시키도록 시도하거나, 중공의 속국이 되도록 만드는 국적법 추진세력, 국가보안법 폐지 입법시도 세력, 내각제개헌을 추진하면서 문재인 좌파독재정권에서 녹을 받아먹으면서 부역하다가 사기탄핵 역적들과 그 추종세력들이 배후에서 대선주자로 만들려는 자들까지, 우리는 5년 전 왜 탄핵무효를 외치며 아스팔트로 나왔는지, 왜 내각제개헌반대와 탄찬세력 처벌과 응징을 외쳤는지, 잊은 것은 아닌지 그리고 저 종중 종북 반대한민국 세력들과 거기에 부역하고 반역하며 배신한 언론사들과 거짓보수, 가짜우파들에게 이용을 당하고 혹세무민을 당하고 있음을 잊지 말고, 다시금 초심을 잃지 않으며 변함없이 우리가 각자 자유대한민국을 수호하기 위해 해오던, 일과 역할을 포기하지 않고 최선을 다하며 이어가는 것이 가장 중요하고 절실한 시기가 아닌가 생각합니다.

앞으로도 자유대한민국 역사에서 불법거짓 사기탄핵은 결코, 덮거나 묻고 갈 수 없습니다.

모든 역사의 진실과 올바른 대한민국으로 나아가기 위해서는 지난 사기탄핵의 진실을 반드시 규명하고, 미래세대의 주역인 우리 아이들에게 선진강국 자유통일대한민국을 잘 전해주기 위해서라도, 이에 대한 진실을 밝혀야 하며, 자유우파정권을 무너뜨리고 자신들의 정치적 스승이자 어머니와 같은 박근혜 대통령님께 칼을 꽂고 옥에 갇히시게 만든 탄찬파 62적과 그 추종자들, 그리고 대한민국을 적화시키려는데 앞잡이와 개노릇을 하는 내각제개헌세력들이 주도하는 대선과 헌법과 자유대한민국을 넘겨줄 수는 결코, 안 될 것입니다.

K파티는 정치개혁, 정치주권 되찾기 운동으로, 광화문 K파티와 LG유플러스 SK텔레콤&브로드밴드 본사 앞에서 화웨이장비 퇴출 통신주권 되찾기 집회 등의 현장활동을 해오고 있으며, K리퍼블릭은 한미동맹, MAGA(Make America Great Again)&MKGA(Make Korea Great Again) 한미우파 유튜브 연합활동, 사기탄핵 진실규명, 사기탄핵파와 내각제개헌세력이 내세우는 문정권에서 녹을 먹고 부역한 윤,최,김 등이 아닌, 이승만 대통령님과 박정희 대통령님, 그리고 박근혜 대통령님 세분 대통령님께서 펼치셨던 건국정신과 부국강병정신, 자유수호 정신을 중심으로 자유우파

정권을 되찾자는 운동으로, 기존의 K파티 활동을 이어가면서 K리퍼블릭은 제2의 문재인을 잘못 뽑아서 5년간 또 반복된 고통을 국민들이 받게되는 것을 막기 위해, 정통자유우파정권을 되찾자는 더욱 확장된 개념의 활동입니다.

모두가 끊기고 포기한 광화문 광장을 단 한 명이 어떤 억압과 고발과 방해에도 불가능하다는 것을 가능하게 실현시킬 수 있는 것처럼, K파티와 K리퍼블릭을 통해서 세분 대통령님의 건국정신, 부국강병정신, 자유수호정신을 중심으로 불의와 거짓에 맞설 것이며, 박대통령님께서 당하셨고 옥에 갇히신 상황에서 그럼에도 포기하지 않으시고 놓지 않으시며, 결코, 의지를 잃지 않으신, 어떤 정치인이라도 그렇게 갇혀있다면 하기 어렵고 지키기 어려운, 그 귀한 정신을 중심으로 올바른 자유수호활동을 통해, 사리사욕을 추구하며 매국도 서슴지 않는 거짓보수 가짜우파와는 다른, 정통우파 중심으로 정권을 되찾아야만 할 것입니다.

여러분, 끝까지 포기하지 않고, 인내하며 초심을 잃지 맙시다.

우리가 할 수 있으며, 해낼 것이며, 승리할 것입니다.

함께 갑시다! We Go Together!

2021년 6월 12일 **제202차**
문재인 구속! 김정은 처단!

사면하니 마니, 석방하니 마니 그런 것에 눈하나 깜짝 안 하실 분이 박근혜 대통령님이십니다.

이미 그분의 시간은 인고의 과정을 통해 무르익어 열리게 되어있고, 자유수호의 상징이시자 대통령님으로 다시금 결자해지하실 수밖에 없는 흐름과 운명 속에 있습니다.

이를 겁내고 두려워하며 막으려는 탄핵찬성 62적과 그들을 추종하는 졸개들, 부역자들, 반역자들, 배신자들에게는 자신들이 저지른 천인공노할 대역죄와 천벌을 받아야할 시기가 점차 다가오고 있음을 본능적으로 느끼면서 끝까지 발악하며 박대통령님께서 나오시는 것을 반대하고 저항하며 내각제개헌세력의 얼굴마담들을 내세워 큰 흐름과 대세를 막아보려 합니다.

하지만, 사악한 저들에게는 안타깝게도 하나님의 때는 다가오고 있으며, 역사의 큰 물줄기와 도도한 흐름은 저런 겁에 질린 사탄파 잔챙이들이 막을 수도 없을 뿐만 아니라, 역사의 기록으로 남아, 대대손손 이완용과 같은 자들로 박제되어, 자유대한민국의 역사 가운데 후대에게 전해질 것입니다.

대한민국의 역사만 따로 흘러가는 것이 아니라, 톱니바퀴와 같이, 대한민국과 주변의 여러 나라들과 전 세계는 맞물려 서로 영향을 주고 받으며 흘러왔습니다.

지금 대한민국을 속국으로 만들고 지배하려는 씨진핑 중국 공산독재정권이 내부의 암살시도와 외부의 제거시도에 시달리는 것과 어떤 신세와 빚을 지고 목줄이 잡혔길래 신하보다 더한 굴종적 언행을 보이며, 떨며 눈치를 보는 문좌파독재정권도 감옥행만 남은 것과 오래전부터 자유대한민국을 적화시키고 장악하려는 3대 세습 북돼지 정권도 암살과 제거의 위협에 직면한 채 붕괴만 남은 것처럼, 모두 톱니바퀴와 같이 엮여있으면서 서방 자유민주주의 국가들의 가는 방향과 길과는 달리, 전 세계에 피해를 주고 인류에게 위협을 끼치고 있으며, 악하고 독재적인 행위로 스스로 자멸의 길을 가속화시키며 무너지고 있는 저들도 역사의 불가피한 흐름 속에서 결국은 구속되거나, 처형당하거나, 제거되어 사라질 운명만 남았을 뿐, 하나님의 섭리와 역사의 큰 물결을 막을 수 있는 자들은 결코, 아니기 때문입니다.

시간은 지금도 침묵으로 투쟁하시고 시간이 지날수록 진실이 밝혀지게 만드시며, 승리를 이끌어 내고 계시는 박근혜 대통령님과 함께 초심을 잃지 않고 5년이 넘도록 각자의 주어진 역할과 맡은 자리에서 포기하지 않고 변함없이 최선을 다해 투쟁하며 자유대한민국을 지켜내고 있는 자유우파의 편이고, 시간의 차이일 뿐 종국적인 승리 또한,, 박근혜 대통령님과 함께하는 정통자유우파세력의 것일 수밖에 없습니다.

여러분, 인내는 우리의 최고 무기입니다.

박정희 대통령님께서 말씀하셨습니다.

"중단하는 자는 승리하지 못한다"

끝까지 포기하지 말고, 초심을 잃지 않으며, 나라 사랑하는 마음으로, 대한민국을 무너뜨리고 자유를 박탈시키려는 악한 세력들과 맞서 함께 투쟁하며 승리를 쟁취합시다!

2021년 6월 5일 **제201차**

문재인 구속! 김정은 처단!

"세종문화회관 측의 1인시위 방해가 정말 도가 지나치군요.

이용원 대표님 말씀처럼 세종문화회관에 우파성향의 사장이 새로 뽑혀서 K파티 이대표님과 잘 아시는 분이 취임하면, 지금 이렇게 괴롭히고 방해한 세종문화회관 직원들이 오히려 집으로 돌아갈 수가 있겠습니다.

좌파들의 시위나 기자회견은 모른 척 넘어가면서 우파에게는 5년간 이어온 K파티 1인 문화제를 차별하는 것은 오히려 권익위나 인권위에 세종문화회관 관계자들을 고발해서 책임을 물어야 하는 것 아닙니까?

저것들 반드시 대대손손 천벌을 받을 것입니다!"

지난 토요일 201차 광화문 K파티 문화제유튜브 방송의 댓글에 남긴 시청자분의 말씀이었습니다.

세종문화회관의 사례에서 볼 수 있는 것처럼, 대한민국은 어느새 주인과 객이 바뀌어버린 채, 사기탄핵으로 일어난 불법정권에서 자신들이 주인인 듯, 대한민국의 주권자이자 주인인 국민의 피와 같은 세금을 선심 쓰듯 나눠주고 낭비하며, 헌법에 보장된 표현의 자유와 집회 및 결사의 자유를 억압하고 방해하며 위헌적 불법행위를 저지르자, 서울시민을 섬기고 주권자인 국민이 혜택을 누리고 활용해야 하는 세종문화회관 계단과 그 주변조차도, 세종문화회관 직원이 주인인 듯 국민을 신고하고 경찰도 제지하지 않는 상황에서 갑질을 하며 표현의 자유와 헌법에 보장된 1인시위조차 방해하고 억압하는 행태는 헌법을 무시하며 박근혜 대통령님을 탄핵하고 자유우파정권을 무너뜨린 탄핵찬성파 62적과 그 추종자들로부터 시작이 되었다고 해도 과언이 아닐 것입니다.

국민인 주인을 억압하고 쫓아내려는 사회, 섬겨야 하는 자들이 군림하고 갑질하는 정권과 정치권 등 이러한 대한민국과 국민에 대해 반역적이고, 국민의 자유와 기본권을 침해하며 박탈하려는 사기탄핵 내각제개헌세력과 맞서 자유를 지키고 헌법을 수호해야만, 대한민국의 적화를 막아내고 자유대한민국을 미래세대의 주역인 우리 아이들에게 잘 전해줄 수 있을 것입니다.

문재인 좌파독재정권에서 좌파적 기준으로 엄격한 검증을 통과한 뒤, 이 악독한 정권에서 녹을 먹은 자들이, 이제는 탄핵세력과 내각제개헌세력이 배후에서 이런 자들을 움직이고 조종하며, 또다시 문재인 시즌2를 만들고 내각제로 영구집권을 이루기 위해, 국민들을 혹세무민하고 헌법에 보장된 주권을 하나둘씩 빼앗으려 하고 있습니다.

여러분, 자유는 공짜로 지켜지는 것이 아닙니다.

K파티가 5년 동안 광화문 광장을 지켜내온 것처럼, 자유대한민국을 사랑하고 지키려는 모든 애국국민들은 각자가 가장 잘 할 수 있는 역할과 자리에서 꾸준히 포기하지 않고 묵묵히 자신에게 주어진 모든 것들을 최선을 다하며 행동으로 실천을 한다면, 피와 목숨으로 지켜주신 이 귀한 자유와 경제강국 대한민국을, 내부의 적과 외세에 의한 적화시도와 속국화로부터 우리는 반드시 지켜낼 수 있을 것입니다.

함께 한마음 한뜻으로, 끝까지 포기하지 말고 초심을 잃지 않으며, 할 수 있는 모든 노력과 최선을 다해 자유대한민국을 지켜냅시다!

2021년 5월 29일 **제200차**

문재인 구속!

광화문 광장을 5년간 지켜오며 200회를 축하하기 위해, 함께 해주신 유튜브 대표님들 스탭용사님들 활동가님들 한분 한분 소개하고, 감사의 말씀을 전하며 K파티의 창립정신인 이승만 대통령님의 건국정신, 박정희 대통령님의 부국강병정신, 박근혜 대통령님의 자유수호정신을 말씀드리고, 온갖 방해와 공격과 억압 속에서도 200차를 이어나가도록 해주신 하나님께 감사의 기도를 드렸습니다.

그리고, 잊지 말아야 할 역사의 대역죄인으로 대대손손 남겨질, 자유우파 정권을 무너뜨린 사기탄핵의 62적 이름을 하나하나 광화문 광장에서 호명했습니다.

늦은 시간까지 광화문 광장에서 200번째 K파티 광장수호 문화제를 함께 해주신, 이상구 공정방송 대표님, 현장의소리TV, 빡싱현장방송 대표님, 곽은경TV 대표님, 주옥순 엄마방송TV, 백년대계TV 대표님, 김인태TV 대표님, 정희일TV 대표님, 문형산TV 대표님, 백이삭TV 대표님, 김큰형TV 대표님, 김경원TV 대표님, 공사일오TV 대표님, 이짱아TV 대표님, 윤호애니메이션TV 대표님, 국계본TV2 대표님, 애국희수TV 대표님, 김대중척결TV 대표님, 새벽종울려라 대표님, 애국왕통키 대표님 등 많은 유튜브 대표님과 늘 묵묵히 준비를 도와주시고 행사 후 정리까지 큰 힘이 되어주시는 처음 1회부터 지금까지 함께 해주신 새 청사 이지현 대표님, 정지훈 리더님, 송지훈 동지님, 박용일 위원장님, 애국맘님과 자녀분들, 갈매기 여사님, 전성재 대표님 등 자유수호용사님들께 다시 한번 진심으로 감사의 말씀을 드립니다.

내각제개헌을 위해 사기탄핵 세력들과 조중동이 문재인 정권이 검증하고 임명한 자들을 앞세우고 자유우파의 애국국민들의 알권리와 반드시 필요한 검증을 하기도 전에 자유우파정권을 무너뜨리고 박근혜 대통령님 등에 칼을 꽂고 옥에 가둔 내각개헌세력들의 얼굴마담으로 띄우기 위해 발악을 하고 있습니다.

그러나 결국에는 문재인 좌파독재정권과 함께, 개헌을 통해 내각제를 이루려는 저악한 매국세력들은 실패하고 무너지게 될 것이며, 박근혜 대통령님께서 나오신 뒤,

함께하는 애국세력이 반드시 승리하게 될 것입니다.

5년 동안 불의와 거짓에 굴복하지 않으시고, 묵언투쟁으로 대한민국을 지키고 자유를 수호하기 위해 싸우고 계시는 박근혜 대통령님과 함께, 끝까지 국민저항권을 행사하고, 우리 각자의 자리와 역할에서 최선을 다하며, 초심을 잃지 않고 인내심과 노력으로 최종적인 승리를 이루어냅시다!

2021년 5월 22일 **제199차**

　자신들의 영원할 것 같은 권력과 사욕을 위해 자유대한민국을 적화시키고 북에게 바치려는 자들과 이 악한 세력들과 뒤에서 손잡고 중공의 속국이 되더라도, 자신들의 사리사욕만 채우고 내각제개헌을 통해 자손 대대로 권력을 유지해 나가기만 하면 되는 자유우파정권을 무너뜨리고 은혜를 저버린 가짜보수 내각제탄핵찬성 세력들이, 지금 자신들이 내세우는 대선 주자들을 띄우며, 차근차근 끓는 냄비 속 점점 데워지고 있는 물속에서 점점 말단이 익어가며 죽음으로 향해가는 개구리와 같은 처지에 빠지도록 국민들을 혹세무민시키고 있습니다.

　이 사악한 세력들이 저지른 불의와 거짓에 의해, 옥에 갇혀계신 박근혜 대통령님이 곧 나오셔서 내각제를 막고, 대한민국의 적화와 속국화를 막을까 봐 전전긍긍하며, 모든 악한 수단과 방법을 동원해 박대통령님께서 나오시는 것을 결사저지하면서 내각제개헌을 통과시킬 수 있는 그런 자신들의 입맛에 맞는 대선주자들을 국민들에게 선동하며 서로 앞다투어 알리고 있습니다.

　그러나, 그런 급조된 자천 또는 타천의 대선주자들이건 아니건, 모든 대선후보들은 반드시 거쳐야만 하는 과정이 있습니다.

　바로 주권자이자, 선거권을 가진 국민의 알권리와 판단을 위한 엄격하고 충분한 검증과정을 거쳐야만 한다는 것입니다.

　내가 보니까, 내가 살펴봤는데, 이 사람은 대통령을 해야 하는 사람이다, 파도 파도 훌륭한 점만 나오니 이 분에 대해 검증하거나 의문을 가질 생각은 하지도 말라는 등의 강요 또는 주장은 어떠한 경우에도 정당화될 수가 없을 뿐만 아니라, 4년 전 소위 대깨문이라 불리는 자들과 마찬가지로 제대로 된 검증도 없이, 거짓으로 포장된 내면의 진실 추구도 없는 상태에서 또다시 제2의 문재인이라는 역사상 최악의 대한민국 파괴자와 국민 살인자와 같은, 잘못된 자를 또다시 뽑을 수도 있기 때문에 특정 대선주자에 대한 맹목적인 추종, 또는 광적인 지지는 오히려 자유우파 애국민들께 돌이킬 수 없는 피해를 끼치고, 어려움을 야기시킬 수도 있습니다.

　우리는 지난 4, 5년 동안 헌법이 무너지고 법치가 이루어지지 않고 있는 자유대한민국을 지키기 위해 나왔고, 법치수호와 탄핵무효라는 힘찬 함성을 외쳤으며, 시간이 지나면 지날수록 거짓과 불법에 의해 억울하게 옥에 갇혀계신 채, 지금도 아픈 몸으로 견뎌내시며 굴복하지 않으시고, 자유수호를 위한 침묵투쟁을 하고 계신 박근혜 대통령님을 잊어서는 안 되며, 처음 가졌던 각자의 초심을 잃어서는 결코, 안 될 것입니다.

침묵투쟁으로 지금도 저 악한 사기탄핵세력과 내각제추진세력과 맞서 싸우고 계시는 박근혜 대통령님을 직간접적으로 어렵게 만들고, 공격한 자들을 맹목적으로 물고 빨며, 광적인 지지를 하는 행태는 박근혜 대통령님을 한 번 더 공격하고, 상처를 주는 것이 될 수 있기에 오는 대선을 앞두고 나오셔서 자유대한민국을 지키기 위한 행보를 하실 박대통령님께서 묵언투쟁을 마치신 뒤, 명확하게 대선과 관련해서 주실 말씀을 우리는 기다리며, 우리가 뽑고 우리가 당선시킨 자유우파 대통령님이신, 박근혜 대통령님께서 이 악한 반대한민국세력과 거짓보수탄핵찬성내각세력과 맞서 결자해지를 하실 수 있도록, 우리는 더욱 인내심을 발휘하고 각자의 맡은 역할과 자리에서 최선을 다하는 것이 지금 이 시기에 필요하다고 저는 생각합니다.

모두가 곧 망할 것 같고, 지금 어떻게 안 하면 무너질 것 같은 조바심과 초조함과 불안감이 들 수도 있고, 인간이기에 그런 생각으로 잘못된 판단과 조급한 언행을 할 수도 있습니다.

하지만, 우리는 급하다고 날것을 먹어서는 안 되며, 된장과 비슷하다고 더러운 오물을 섞어 먹어서도 안 될 것입니다.

조금만 더 인내하고, 각자가 최선을 다해 투쟁하며, 기도로 곧 오게 될 문재인 좌파독재정권의 붕괴와 박근혜 대통령님과 함께 자유우파정권을 다시 세우는 승리를 위해 힘차게 나아갑시다!

2021년 5월 15일 제198차

비가 내리는 토요일 저녁, 변함없이 198번째 광화문 K파티 광장수호 문화제를 기도로 잘 준비하고 진행하며 잘 마칠 수 있었습니다.

이날은 스승의 날 특집으로 진행하며, 온 국민의 스승이셨던 건국의 아버지 이승만 국부님과 자유우파정권을 지키시고 대한민국 탄핵세력과 맞서 싸우시다가 정치적으로 낳아주고 키워준 탄핵 62적에게 배신을 당하신, 정치적 스승이신 박근혜 대통령님의 육성 연설을 광화문 광장에 울려 퍼지게 했습니다.

또한, 다음 날인 5월 16일 구국의 혁명으로 지금의 경제강국이자 군사강국 대한민국의 토대를 만드시고 성장시키신 박정희 부국강병 대통령님의 혁명일을 기념하는 행사도 광화문 광장에서 진행했습니다.

마지막으로, 1980년 5월 광주에서 임무수행 중 순국하신 경찰분들과 군인분들에 대한 호명하고, 그들의 순국을 기리는 시간을 가졌습니다.

여러분, 최근 선거가 끝난 뒤 정치적 스승을 탄핵한 자들이 가득 차 있는 2중대 정당에서 전당대회를 앞두고 갖가지 궤변과 망언들이 나오고 있습니다.

똥이고 된장이고 섞어서 화합해야 한다?

그러면 결국 똥이 되어버릴 수밖에 없는 것은 모두가 다 아는 사실입니다.

박근혜 대통령님과 자유우파정권을 무너뜨린 탄핵 62적과 그들을 추종하는 탄핵 찬성파들이 늘 하는 말이 있습니다.

이놈은 탄핵해서 안 된다, 저놈은 탄핵을 덮고 가고 묻고 가자고 해서 안 된다, 그러면 누구와 함께 갈 것인가라고 말입니다.

그러나 그자들은 정치적 부모이자 스승인 박대통령님을 정치적으로 죽이고 옥에 갇히게 해놓고도, 국민들에게 나 당당하고 나 잘났으니, 지지해주고 뽑아달라고 하는 천인공노할 악한 자들입니다.

대통령을 탄핵하는 데 앞장서고, 자유우파정권을 무너뜨린 역사의 대역적인 그들을 지지하는 자들은, 일단 똥과 된장을 섞어서 이기고 보자고 궤변을 펼칩니다.

그리고 이긴 뒤에는 탄핵찬성과 자유우파정권을 무너뜨린 것에 대한 더욱 뻔뻔하고 가증스러우며, 사악한 언행으로 자신들이 모든 걸 장악하고 승리한 듯, 똥 싸고 침 뱉고 나간 당에 들어와 주인노릇을 하는 사악한 자들이며, 은혜를 모르는 짐승처럼 결코, 고쳐 쓸 수 없는 자들입니다.

그런 똥과 같은 자들과 같이 손잡고 뒹굴고 섞여라? 이승만 대통령님과 박정희 대통령님과 박근혜 대통령님이셨다면, 그 선택을 단호하고 과감하게 거부했을 것입니다.

그렇기에 모두를 비난하고 문제를 제기하는 것이 아닌, 자유우파정권이라는 자신의 집을 불태우고 폐허로 만든 뒤, 정치적 스승이자 어버이이신 박근혜 대통령님 목을 치고 등에 칼을 꽂은 채, 5년이 지난 지금까지도 당당하게 역적짓거리들을 이어온, 탄핵찬성 반역자 부역자 배신자들은 이승만 대통령님도, 박정희 대통령님도 박근혜 대통령님도 결코, 함께 갈 수가 없는 자들인 것입니다.

앞으로도 K파티는 초심을 잃지 않고, 변함없이 대한민국 여론과 민심의 중심인 광화문 광장을 끝까지 지키고, 자유대한민국의 적화를 막아내기 위해 할 수 있는 모든 일과 역할에 최선을 다하겠습니다!

어버이날에는 대개는 낳아주시고 길러주신 부모님을 생각하고 감사하는 날로 생각하시며, 부모님께 연락도 드리고 선물도 전해드리곤 합니다.

저는 어버이날이면 부모님께 감사하는 마음과 함께 생각나는 감사한 마음으로 늘 떠오르는 분들이 계십니다.

바로 건국의 아버지 이승만 대통령님이십니다.

지난 토요일 저녁 광화문 광장에는 건국의 아버지 이승만 대통령님의 육성이 울려 퍼졌습니다.

오직 대한민국의 국민만을 자식처럼 아끼고 사랑하며 위하셨던 건국의 아버지 이승만 대통령님의 은혜를 결코, 잊을 수가 없습니다.

건국 아버지의 은혜를 잊지 않고, 보답하기 위해서라도, 대한민국 여론과 민심의 중심인 광화문 광장을 끝까지 지키고, 대한민국 주역이 될 미래세대 아이들을 위해서 반드시 대한민국의 적화를 막아내고 정상화를 위해 할 수 있는 모든 일과 역할에 최선을 다하겠습니다.

아래의 글은 어버이날을 기념하여 광화문 광장에서 제가 읽은 글입니다.

"전쟁의 잿더미에서 오직 나라 사랑하는 마음으로 피땀 흘려, 사랑하는 조국 대한민국의 찬란한 발전과 성장을 위해, 노력하시고 헌신하신 이 나라의 아버지, 어머니께….

자신은 돌보지 않으시고, 아낌없는 희생을 통해 사회와 지역을 위해 봉사하고 지금의 우리가 있기까지 도와주시고, 보살펴주신 빛과 소금과 같은 이웃과 사회의 아버지, 어머니께….

울음소리밖에 내지 못했던 연약한 핏덩어리를 사랑으로 낳아주시고, 밤낮으로 길러주시며, 희노애락을 함께 나누며, 늘 부족하다고 미안하다고 하시면서 현재의 저로 키워주신 아버지, 어머니께….

세상에 나오게 하시어 사랑하는 모든 분과 사랑하는 조국 대한민국을 위해 할 수 있는 모든 역할과 일을 통해 보답할 기회를 항상 주고 계시는 하나님 아버지께….

어버이날을 맞이하여 진심으로 감사의 말씀을 올리며, 항상 마음속에 품고 있는 말을 해봅니다.

당신을 사랑합니다!"

앞으로도 저희 K파티는 초심을 잃지 않고, 국부이신 이승만 건국대통령님의 건국정신과 박정희 대통령님의 부국강병정신과 박근혜 대통령님의 자유수호정신을 이어가겠습니다.

2021년 5월 1일 **제196차**

부동산투기게이트 원전게이트 특검! 중공폐렴 살인백신
국민살인마 문재인 구속! 김정은 처단! 씨진핑 퇴진

광화문 광장에서 여러분께서 아실만한 이름들을 처음으로 불러보겠습니다.

대한민국 여론과 민심의 중심이자 정치의 중심인 이 광화문 광장에서 이름이 호명되면, 보통의 정치인들이나 정치꾼들은 자신들의 이름이 불리고 알려지기를 좋아하고 바라고 있습니다.

그러나, 광장에서 자신들의 이름이 울려 퍼지는 것을 불편해하는 전, 현직 국회의원들이 있습니다.

과연 이 사람들은 과거에 무엇을 한 사람들입니까?

지상욱 정양석 김성태 나경원 오신환 이혜훈 박성중 이종구 이은재 박인숙 김무성 이진복 김정훈 하태경 김세연 장제원 유승민 김상훈 주호영 안상수 홍일표 이학재 정용기 강길부 신상진 심재철 유의동 박순자 주광덕 함진규 이현재 한선교 송석준 김학용 홍철호 김영우 정병국 김기선 권성동 이철규 염동열 황영철 이종배 경대수 홍문표 박찬우 정진석 이명수 성일종 정운천 이철우 강석호 윤한홍 김재경 이군현 여상규 송희경 김성태 신보라 김종석 김규환 김현아

이들은 자신들이 어떠한 잘못도 하지 않았다고 생각하고 있으니, 우리 국민들이 알 수 있도록, 앞으로도 자주 광화문 광장이 떠나갈 만큼 힘차게 호명을 하도록 하겠습니다.

작은 마을에서도 자신을 낳아주고 길러준 부모와 성장시켜준 스승의 목을 치고, 등에 칼을 꽂는 천인공노할 짓을 저지른 자들은, 그 마을에서 살지도 살아남지도 못했습니다.

하물며 정치적으로 낳아주고(공천시켜주고 당선시켜주는), 정치적으로 키워준(재선, 3선으로 당선시켜준) 정치적 어머니와 스승과 같은 분을 배신하고, 불법탄핵에 가담해 우파정권까지 무너뜨린, 반역자 부역자 배신자들은 결코, 국민들에게서 잊혀져서는 안 될 것이며, 자손 대대로 천벌을 받아야 마땅할 것입니다.

덮고 가자고 묻고 가자고 잊혀지거나 지워질 사건이 결코, 아닐 뿐만 아니라, 자유대한민국을 무너뜨리고 우파정권을 붕괴시킨, 이적죄와 반역죄를 저지르거나 동조

한 자들은 반드시 대한민국 역사의 대역죄인들로 기록해야 하며, 대대손손 알려지도록 박제를 시켜놓아야 할 것입니다.

요즘 우파 내에서 5년 전 왜 광장으로 나와서 탄핵무효를 외치고 대한민국의 상징인 태극기를 들며, 눈물로 애국가를 부르며 자유수호 법치수호를 외쳤던 많은 분이 변질되고 불의를 눈감으며, 대의와 명분까지도 버리면서 반역 부역 배신자들이 득세하는 2중대 정당과 탄핵에 주도적인 역할을 한 3중대 정당까지도 정신없이 박수치고 오락가락하며, 대선에 들떠서 초심을 잃고 제정신이 아닌 사람들이 많습니다.

모두 각자가 스스로는 어떠한지, 초심을 잃고 예전의 생각과 의지가 변질되거나, 오락가락하거나 포기하지는 않았는지 돌아봐야 할 때인 것 같습니다.

문재인은 계속 추락할 것입니다.

그러나 그 추락은 정치꾼들과 정당들이 잘 해서가 아니라, 국민의 생존에 대한 절망, 경제에 대한 분노, 폭압과 폭정에 대한 심판에 의한 것이지, 광화문 광장 한 곳도 꾸준히 지키지 못하거나, 한 곳에서 한 놈만 주기적으로 팰 의지도 없는 나약하고 무능하며 말뿐인 정치꾼들과 그 언저리를 맴도는 정치좀비들이 만들어 낸 것이 아니라, 영화 주유소습격사건의 대사처럼 "한 놈만 팬다"는 끈기와 투쟁력을 갖고 4, 5년 동안 한 장소에서 한 대상만, 매주 패주는 국민들이 있었기에 문재인 종중좌파독재정권이 금이 가고 균열이 가속화되면서 붕괴가 되는 것입니다.

우리는 끝까지 포기해서도 안 되고, 초심을 잃고 변질되어서도 안 됩니다.

각자의 자리와 역할에서 문재인 전체주의 좌파독재정권을 무너뜨리기 위한 할 수 있는 모든 일과 노력을 다해, 변치 않고 인내심을 가지며 힘차게 저 악한 것들과 맞서 싸워 승리해냅시다!

2021년 4월 24일 **제195차**

부동산투기게이트 원전게이트 특검! 중공폐렴 살인백신
국민살인마 문재인 구속! 김정은 척단! 씨진핑 퇴진

최근 우파 시민단체들을 만들거나 사단법인으로 설립해서 좌파단체들처럼 혈세와 보조금을 빼서 활동하자는 이야기들이 들리고, 제게도 물어보는 분들이 계셨는데, 한 마디로 말씀드렸습니다.

그거 감옥가고 처벌받기에 제일 좋은 덫이라고, 남의 돈 쉽게 생각하고 후원받아 쓰는 것도 상당히 위험하지만, 그보다 수십 수백 배 더 위험한 것이 바로 지자체 보조금과 국민의 혈세를 쉽게 쓰려는 것이라고 말입니다.

이미 2012년 대선 승리 이후, 우파시민단체들이 우후죽순처럼 생겨났었고, 당시 개나 소나 우파단체 만들어 보조금 신청하고, 사업 신청해서 혈세 받아서 활동하는 것이 유행처럼 번지고 있었고, 잘 운영한 곳도 일부 있었지만, 그렇지 않은 곳이 더 많았습니다.

문재인 좌파독재정권 들어선 뒤, 대부분 깐깐하고 엄격한 기준에 걸려 조사받았을 뿐만 아니라, 적폐청산 수사로 수십여 곳의 우파시민단체와 관변단체 관계자들이 이 핑계 저 핑계로 트집 잡아 조사하고, 표적수사해서 감옥 들어가고, 보조금과 혈세 사용한 부분들에 대해 상당수가 처벌받았는데, 지방선거 두 곳 이겼다고 좌파들처럼 보조금을 지자체로부터 받아 쓰자?

세금사용을 쉽게 생각하고, 요즘 우파 내에서 잘 모르는 사람들이 10여 년 전 사건을 다시 똑같이 따라 하려고 드는데, 상당히 위험하고 법적으로 조심해야 하는 부분임을, 한 푼도 안 받아 써서 그런 처벌을 피해간 경험자의 입장에서 알려드리니, 쉽게 생각하지 말고 함부로 뛰어들지 말기를 조언드렸습니다.

여러분, 만일 박정희 대통령님과 박근혜 대통령님께서 지금의 중공폐렴을 대응하셨다면, 이미 외교를 통해 넘치도록 안전한 백신을 확보해두거나, 세계적인 백신을 정부지원으로 개발하셔서 전 세계로 수출까지 하셨을 것입니다.

지난 마스크 대란도 국민들 마스크도 없는 상태에서 중공에 보내고, 업자들이 사재기해서 품귀가 일어났을 때, 이재용이 전 세계 인맥과 네트워크를 움직여, 멜트블로운 마스크 수백 만장 이상 재료를 구해와서 마스크 대란이 진정되었던 그 고마움도 잊은 채, 전 세계 인맥을 동원해서 백신 확보를 위해 다시 뛰고 노력하던 이재용을 다시 구속시킨, 문재인 살인독재정권은 국민 목숨을 잃게 만든 천벌을 반드시 받게 될 것입니다.

최근 많은 가짜우파들과 거짓보수들이 전당대회니, 대선이니 하면서 정치권에 휩쓸리고, 돈과 조직과 권력 주변에 빠져 변질되고 있습니다.

그럼에도 누군가는 광화문 광장을 지키는 일과 통신주권을 되찾는 일을 해야 하기에 또한, 하나님께서 주신 이 일들이 늘 새롭고 흥미진진하고 즐거울 뿐만 아니라, 용사님들과 함께 합력하도록 역사하신 주님께 그저 감사할 따름입니다.

앞으로도 변함없이 초심을 잃지 않고, 대한민국 여론과 민심의 중심인 광화문 광장을 지키고, 자유대한민국을 적화시키고 속국화시키려는 반대한민국 세력과 맞서 싸워 승리하겠습니다.

2021년 4월 17일 제194차

부동산투기게이트! 원전게이트 특검! 중공폐렴 살인백신
국민살인마 문재인 구속! 김정은 처단! 씨진핑 퇴진

여러분, 결자해지라는 말을 많이 들어보셨을 것입니다.

이 결자해지가 정치에서는 상당히 중요합니다.

박원순이 왜 10년 전에 서울시장이 되었는지 기억이 안 나십니까?

당시 유력한 대선주자인 박근혜 대통령님 대신, 5세훈에게 대선주자로 나가게 하려던 친이계의 계략에 의해, 5세훈이 무상급식 주민투표를 던지면서 본인이 대선주자로 나가려고 했습니다.

그런데 어떻게 되었습니까? 조직적인 좌파들에 의해 실패하고 한순간에 무너졌습니다.

그로 인해 사퇴한 5세훈의 보궐선거로 박원순 헬게이트를 열었으며, 10년 전 서울시 강탈 사건의 주범은 사실상 5세훈입니다.

그런데 그걸 왜 잊고, 맹목적으로 물개박수를 치고 있습니까?

바로 5세훈 개인적인 욕심으로 시장직을 사퇴해서 좌파 10년 서울시 강점기가 생겼고, 박원순이라는 좌파 괴물과 안철수라는 괴물을 등장시켰는데, 5세훈의 그 잘못을 여러분이 잊어버리면 되겠습니까? 5세훈은 박근혜 대통령님 탄핵은 절차상 맞는 것이고, 정당하다고 말했습니다.

그리고 5세훈은 천벌 받아야 마땅한 지난 죄악을, 이번에 당선되어 남은 1년간 박원순 10년을 열어 준 본인의 죄값을 온힘을 다해서 막고, 되돌려놓는 결자해지의 역할을 하고 마치면 되는 겁니다.

그리고 지금 박 대통령님으로부터 도움을 받고, 무럭무럭 자랐으며 정치적 큰 은혜와 신세를 진 친박들 다 어디 갔습니까?

박대통령님 사저로 들어가셨을 때 우르르 박대통령님을 뵙고 왔던, 결사적으로 지키겠다던, 친박들과 우파 정치인들 다 어디 가고, 이 광화문 광장을 좌파의 성지였던 촛불광장을, 우리 자유우파 국민들이 되찾아 지금까지 지키고 있습니까?

그렇게 자신들을 정치적으로 당선시켜주고 살려주며, 무너진 우파와 야권을 천막당사로 살려주시고, 칼침을 맞으면서도 선거에서 자식과 같은 정치인들을 당선으로 살려주기 위해서 노력하신 박근혜 대통령님 아닙니까?

그런데, 이 귀한 은혜도 짐승보다 못한 것들이 잊어버리고, 박대통령님의 등 뒤에 칼을 꽂고는 지금까지도 기세등등하고, 후안무치하게 설쳐대고 있습니다.

우파 국민들을 얼마나 우습게 보면, 이제는 배신전문 탄핵주범인 국민의 짐과 국민의 암이 합당을 하기로 결의를 했다는데, 그거 보고 박수치고 기분 좋다 하셨습니까?

국민의 당 안철수라는 자는 본인이 박근혜 대통령을 탄핵하는데, 주도했다고 자랑스럽게 말했던 자입니다.

그런 자와 박근혜 대통령님 뒤에서 칼을 꽂고 목을 치면서 자신들을 키워주고 정치적 위기에서 살려준 부모와 스승과 같은 잊을 수 없는 은혜를 저버리고, 배신한 불법 탄핵의 주범들인 탄핵찬성파 반역자 부역자 배신자들이 활개를 치고 있는 2중대 정당과 탄핵주도 안철수당이 합당하려고 하며, 지금도 박근혜 대통령님 나오시는 것을 막고 반대하고 있는데, 자유우파 여러분의 초심은 다 어디 갔습니까?

여러분은 부당하고 불법적이며 위헌적인 사기탄핵의 무효를 외치며, 엄동설한 처음 아스팔트와 광장에 나왔을 때의 그 마음을 잊어버렸고, 변질되었습니까?

정신 똑바로 안 차리면, 우리는 혹세무민하고, 은혜를 모르는 천인공노할 반역자 부역자 배신자들에게 또 이용당하고, 무너지며 휩쓸려 갈 수밖에 없습니다.

박근혜 대통령님은 문재인 좌파독재정권이 추락하면 할수록, 국민의 요구 때문에 나오실 수밖에 없고, 이 큰 흐름은 문재인도 가짜보수 탄핵 2중대 합당예정 정당들도, 결코, 막을 수 없습니다.

우리는 처음부터 지금까지 스스로 지켜왔던 것처럼, 변질되지 않고 초심을 잃지 않으며, 각자의 자리에서 맡은 바 최선을 다하면서 자유 대한민국을 지키기 위해서 더욱 힘차게 노력해야 할 것입니다.

그리고 앞으로 이런 사기탄핵 주도하고 동조한 찬성파 정치꾼들과 국개들이, 다시는 정치활동을 할 수 없도록, 일벌백계로 이들의 책임을 묻고, 이들이 사죄와 진정성 있는 반성을 하기 전까지는 역사의 기록으로 남겨 후대에 다시는 이런 대역죄가 일어나지 않도록 해야만 할 것입니다.

자유는 회사원보다 못한 직업 국개들이나, 말뿐인 정치꾼들이 지켜내는 것이 아닙니다.

바로 우리가, 주권자인 국민이 이 귀한 자유를 지키고, 대한민국을 적화시키려는 반자유세력들과 맞서 싸우며, 수호해야만 하는 것입니다.

끝까지 포기하지 않고 인내하고 견디며, 저들과 맞서 투쟁합시다.

우리가 반드시 승리하게 될 것입니다!

2021년 4월 10일 **제193차**

LH게이트 원전게이트 특검! 중공폐렴 살인백신
국민살인마 문재인 구속! 김정은 척단! 씨진핑 퇴진

"우리는 광화문 광장에 목숨을 걸고, 법적 공격을 받을 각오를 한 채, 자유대한민국을 지키기 위한 전투를 하러 온 것이지, 친목을 하고 이성에게 대화를 걸며, 현장 분위기를 어수선하게 만들어, 적들에게 틈을 주고 사건사고를 일으키기 위해 나온 것이 아님을 유념해주시길 바라며, 그런 분들은 적들에게 유리하고 우리에게는 오히려 어려움만 주실 수 있으니, 유튜브 대표님들과 용사님들이 아닌 어그로를 끌거나 수작을 부리거나 시비를 만들어내려는 사람들은 현장에서 떠나주시거나, 귀가해주시길 바랍니다"

위 발언은 요즘 행사 시작 전, 제가 당부를 드리는 공지내용입니다.

지난 토요일은 최근 들어 가장 많은 경찰병력이 배치되고 폴리스라인까지 공사벽과 계단 사이를 일렬로 배열한 채, 가장 삼엄하고 어수선한 분위기에 행사를 진행했던 것 같습니다.

광화문 광장은 모든 집회가 금지되어있고, 방역법과 여러 제한이 겹쳐있는 사실상 팔다리 하나씩 떼고 싸운다고 할 정도로, 중공폐렴 방역독재 이후로는 더욱 불리하고 위험하며 지켜내기가 어려운 곳이 되었습니다.

게다가, 한 달 전, LG유플러스 본사 앞 중공 화웨이장비 퇴출 시위를 신고했던 중공 또는 적와대 졸개로 추정되는 자들에 의해, 지난주에는 똑같은 방식과 내용으로 SK브로드밴드 본사 앞 통신주권 되찾기 화웨이장비 퇴출 시위를 신고하더니, 이번에는 광화문 K파티 문화제를 같은 방식으로 똑같이 정부에 신고한 놈들이 있어, 여건은 더더욱 어렵고 위험한 환경에 처하게 되었습니다.

2030 청년들의 60%가 넘는 문재인 종중좌파독재정권을 불신하고 반대하는 크나큰 심판을 당했음에도, 오만하게 끝까지 표현의 자유와 시위의 자유를 가로막으려는 널리 중공을 이롭게 하려는 매국세력들이, 조직적이고 의도적으로 K파티의 모든 반중 구국 활동을 억압하고 방해하고 있는 현실에서 일부 술 취한 사람들과 자신들밖에 모른 채 소리를 지르면서 분위기를 험악하게 만들며 현장에서의 도발과 틈을 생기게 한 사람들을 제외하고는 5년째 193차로 K파티 광장수호 문화제를 중단시킬 여지와

틈을 주지 않은 채, 참여하신 모든 유튜브 대표님들과 현장의 용사님들이 한마음 한뜻으로, 불법과 위반사항이 생기면 처벌하려는 방역당국과 공권력으로부터 걸림 없이, 지혜롭게 잘 대처를 해주셔서 안전하게 잘 마칠 수 있었고, 정말 감사한 마음이 들었습니다.

최근 한 달 사이에 두 번 정도 지나가는 시민들과 K파티 현장에서 싸움 등의 사건들이 발생했다면서 K파티 회원들이나 구성원들이 일으킨 사건이 아니라서 처벌할 틈을 잡지는 못했지만, 당분간 계속해서 경찰병력과 방역당국 그리고 좌파들에 의해 공격과 제재와 억압이 들어올 것이라는 이야기도, 믿을만한 분에게서 듣기도 했습니다.

광화문 광장은 선거 전에 문화재청에 의해 유물이 발견되었다면서 서울시 조례의 상위법인 문화재발굴 관련법으로 올 연말까지 광화문 광장을 장벽으로 둘러싼 채, 계속 발굴작업이 이어질 것이며, 이로 인해 서울시가 광장에 대해 해제를 하더라도, 위로는 정부가 아래로는 관할 구청이 집합금지와 집회를 하기 어렵도록, 사전에 이미 대못을 박아놓았다는 말도 들었습니다.

그럴수록 소리를 지르고, 일부러 경찰이나 방역당국과 시비를 걸어, 싸움과 사건을 일으키는 만용이 아닌, 지혜롭게 행동하고 덫에 걸리지 않도록 만드는 유연한 대처가, 더욱 자유우파에게 필요한 상황이 되어가고 있습니다.

앞으로도 저희 K파티는 무의미하게 적들에 의한 덫에 걸려들지 않고, 용기 있는 행동과 함께 지혜로운 대처로 문재인 종중좌파독재정권과 맞서 합법적인 국민저항권과 헌법에 보장된 주권을 행사하며, 저들과 싸워 계속 대한민국 여론과 민심의 중심인 광화문 광장을 지키고, 자유대한민국을 수호하기 위해 힘차게 나아가겠습니다.

어르신들께서 피와 목숨으로 지켜주신 이 귀한 자유와 물려주신 경제강국 대한민국을, 우리도 미래세대의 주역인 아이들에게 잘 전할 수 있도록, 대한민국을 무너뜨리고 적화시키려는 적들과 맞서 함께 힘차게 싸우며 계속 승리합시다!

2021년 4월 3일 제192차

LH게이트 원전게이트 특검! 살인백신
국민살인마 문재인 구속! 김정은 척단! 씨진핑 퇴진

매주 토요일마다 비가 내려 행사를 준비하는 낮부터 어려움이 있었고, 수분에 민감한 장비의 문제와 감전의 위험이 있는 선들까지, 참으로 쉽지 않은 상황이지만, 그럼에도 비가 내려 중공의 황사와 발암 초미세먼지가 사라져 그저 감사한 마음으로 하나님께 기도하며 행사를 준비하고, 안전하게 잘 진행하며 마칠 수 있었습니다.

아래는 광화문 광장에서 제가 발언한 내용 중 일부입니다.

중공이 강탈한 대한민국의 통신주권을 되찾는 운동을 K파티가 시작합니다!

음식과 문화, 예술, 방송, 언론 등을 통해 대한민국을 중국의 속국이자, 일대일로의 전초기지로 만들려는 계획을 2013년 일대일로 계획 발표와 동시에 표면화시키며 중화통일전선전술로 대놓고 작업을 진행했으며, 그 결과 현재는 중공의 도움으로 만들어진 문재인 정권과 졸개들이, 중공의 앞잡이와 개노릇을 할 정도로, 대한민국을 지키고 국민을 섬겨야 할 정부와 정권까지 종중매국세력이 되어버렸습니다.

대한민국의 혈관과 신경계와 같은 통신 네트워크를 장악하기 위해, 중공이 공산당과 인민군의 앞잡이와 개노릇을 하는 화웨이 장비를 사용해서 4G 백본망과 LTE 장비 및 5G 기지국과 망의 장비로, 오래전부터 대한민국 전역을 점령하도록 방관한 대한민국 통신 3사는 널리 중공을 이롭게 하며, 사익을 위해 국익을 저버린 매국 행위로, 통신주권을 박탈당한 대한민국의 가장 심각한 문제 중의 하나입니다.

통신망을 장악하면, 주권자인 국민의 가장 큰 권리인 참정권과 투표권도 침해하며, 중앙선관위 서버와 선거 시스템도 해킹해서 선거결과를 바꿀 수도 있고, 종중 정치인와 매국 권력과 중공에 속국화 된 정권까지 만들어낼 수도 있기 때문입니다.

또한, 한 국가의 통신 네트워크를 장악하면, 그 나라의 군사기밀, 행정기밀, 공기업과 대기업 등에서의 핵심기밀을 해킹하고 중공으로 유출되거나 계속 범죄행위로 이어질 가능성이 높습니다.

사적인 영역에서는 개인의 자산과 금융기관, 그리고 개인의 금융정보가 유출되고, 국민의 사생활과 행동 패턴, 그리고 이를 통한 국가와 국민을 장악할 수 있는 빅데이터 정보까지 확보하고, 범죄에 악용할 가능성이 상당히 높아집니다.

심지어는 중공의 통신 해킹과 백도어는 언제든 북괴의 라자루스 등의 해커부대에게 사이버 군사공격의 루트가 되고, 주한미군 등을 대상으로 협공도 할 수 있습니다.

그 결과 국민 여론과 트렌드까지 영향을 끼치고, 종국적으로는 중공에게 목줄이 잡힌 개와 같은 중공의 속국으로 대한민국이 전락하게 될 것입니다.

이렇게 대한민국의 통신망이 중공에게 속국화되고, 통신주권이 강탈당하는 것을 되찾기 위한 노력을 저희 K파티가 앞장서서 국민들과 함께 이어나갈 것입니다.

또한, 지난 31일은 박근혜 대통령님께서 옥에 갇히신 지 4년이 되는 날, 자유우파 정권을 무너뜨리고 자신들을 키워주고 당선시켜준 박근혜 대통령님의 은혜마저 저버리고, 칼로 난도질해서 적에게 갖다 바친 탄핵찬성 부역자 반역자 배신자들은 지금도 싱글벙글 헤헤 웃으며 선거운동을 하고, 차기 전당대회를 준비하며, 당권과 대권을 위해 다시금 혹세무민을 저지르고 있습니다.

지금까지도 한 번의 사과도 반성도 용서를 구하지도 않은 채, 정치적 후레자식보다도 못한, 이 반역자 부역자 배신자들은 반드시 당대 또는 다음 세대에서 천벌을 받고, 역사의 죄인으로 남게 될 것입니다.

박대통령님이 나오시는 걸 가장 싫어하고 두려워하며 막는 자들이 지금 야당의 권력 주도 세력이며, 구태 수꼴 정치꾼들인데, 그분께서 나오시고 나면 저 역겹고 추악한 탄핵의 반역 부역 배신세력들의 정치생명은 순차적으로 끝날 수밖에 없기 때문입니다.

그럼에도 불구하고, 시간은 지나가며 역사의 도도한 물결을 우리 인간들이 막을 수는 없기 때문에 거짓으로 덮었던 진실은 반드시 밝히게 되며, 불의로 눌렀던 정의는 다시금 일어나 승리하게 될 것입니다.

앞으로도 변함없이 저희 K파티는 초심을 잃지 않고, 자유와 주권을 지키며 대한민국을 수호하기 위해 할 수 있는 모든 일과 역할에 최선을 다하겠습니다!

2021년 3월 27일 **제191차**

건국대통령 탄신 146주년 및 서해수호의 날 추모

지난 3월 26일은 대한민국에 자유민주주의라는 가장 귀한 선물을 안겨주신, 이승만 건국대통령님의 탄신일이자, 서해수호용사님들을 기리는 여섯 번째, 서해수호의 날이었습니다.

공사 중인 광화문 광장의 좁은 공간을 활용해, 191번째 광화문 K파티 광장수호 문화제를 이어가는 지난 토요일도 비가 내렸고, 내리는 빗속에서도 이승만 대통령님의 탄신일을 기념하고, 우리를 대신해서 서해와 대한민국 영토를 지키시다가 순국하신 서해수호용사님들을 추모하는 행사를 개최했습니다.

서해수호의 날은 제2연평해전(2002년 6월 29일), 천안함 피격 사건(2010년 3월 26일), 연평도 포격 사건(2010년 11월 23일)으로 전사하신 55명의 대한민국수호 영웅들을 합동으로 추모하고, 그 고귀한 헌신과 희생을 잊지 않으며, 자유대한민국을 지켜나가기 위해, 우리 국민의 뜻과 힘을 하나로 모으는 날입니다.

대한민국을 수호하시다가 젊은 목숨을 바치시고 산화하신 서해수호 용사님들을 잊지 않고, 이분들의 뜻을 이어나가기 위해, 대한민국 여론과 민심의 중심지인 이 광화문 광장에서 구국과 자유수호를 외치는 국민의 목소리를 대한민국 전역과 전 세계로 널리 알리고자 매년 행사를 진행했습니다.

진행 중, 세종문화회관 정문에서 공연을 마치고 나오는 천 명이 넘는 시민들이 좁은 통로를 가득 메운 상태로 우리의 행사를 보면서 지나갔고, 이들에게 자유대한민국을 지키기 위해 헌신하시고 희생하신 용사님들의 이름을 한 분씩 부르며, 북괴와 맞서 국가와 국민을 잊어서는 결코, 안 된다고 힘차게 외쳤습니다.

눈앞으로 지나가는 수많은 행인에게 진실을 알렸는데, 상당히 반응이 좋았고 박수까지 치며 지나갈 정도로 반응이 좋았던 발언이 하나 있었습니다.

바로 "문재인이 그 자리에서 없어지면 대한민국 경제가 살아나고 국민들이 더 이상 죽지 않으며, 대한민국이 무너지지 않는다"고 말한 부분이었습니다.

20대와 30대에서 문재인 종중좌파독재정권을 심판하고 무너져야 한다는 여론이 60%가 넘을 정도로, 민심은 요동치고 있으며, 이 광화문 광장에서도 변화되는 분위기가 상당히 크게 감지되고 있습니다.

저희 K파티는 비가 오나 눈이 오나 앞으로도 변함없이, 국부 이승만 건국대통령님의 건국정신과 자유민주주의 정신을 이어받고, 서해수호용사님들의 구국정신을 잊지 않으며, 자유대한민국을 적화시키려는 북괴와 중공을 따르는 반역 좌파독재정권과 맞서서 끝까지 자유를 지키고 대한민국을 수호하기 위해 힘차게 싸워 승리하겠습니다.

종북 종종 매국반역자! 국민 살인마! 비리 범죄자! 문재인과 졸개들을 구속하고 처단하라!

2021년 3월 20일 **제190차**

K파티 LH게이트 원전게이트 특검! 살인백신
국민살인마 문재인 구속! 김정은 척단!

"해도 해도 너무하네요, 광화문 광장의 공사를 핑계 대지만, K파티 현장을 사람 키 두 배 가까이 되는 패널로 벽을 세우고, 행사할 장소까지 보행통로를 제외하면 거의 없도록 만들면서 이 정도까지 방해하는 것을 보니, 정말 K파티의 광화문 광장 수호활동과 문재인 종중좌파독재정권을 비판하고 진실을 외치는 목소리를 듣기 싫은가 봅니다"

이날 현장에 참여하셔서 방송 중계한 한 유튜브 대표님의 말씀이었습니다.

지난 토요일 저녁, 비도 내렸지만 이렇게 좁은 환경에서도 어떠한 시비도 방해도 당할 틈도 주지 않으며, 한마음 한뜻으로 일사불란하게 움직여주시고 대처해주신 많은 유튜브 대표님들께 진심으로 감사드립니다.

광화문 광장을 5년 동안 지킨다는 것은 놀이도 장난도 아닌, 누군가는 잡혀갈 각오를 하고 현장에 나와 온갖 시비와 억압과 공격과 방해를 용기로 맞서고, 지혜로 잘 대처하면서 헌법에 보장된 주권자 국민의 국민저항권을 행사하러 온 것이지, 우파분들이 많이 오시고 여성분들이 들리신다고, 술을 마시고 오거나 말을 걸고 수작질하러 오거나, 친목을 위해 오는 일부 우파가 맞는지 의심이 가는 사람들과 저도 알지 못하고 면식도 없는 분탕으로 추정되는 자들까지 K파티 현장에 들리거나 와서 시빗거리와 다툼을 일으키거나, 경찰에게 일부러 틈을 주기 위한 작업을 목적으로 온 것이 아닌가 생각이 들 정도로, 광장에서의 투쟁과 활동에 방해와 피해를 주려는 세력들까지 나타나고 있습니다.

지금 대한민국은 대한민국을 팔아먹으려 하고, 널리 북괴와 중공을 이롭게 하며, 대한민국 국익을 해치려는 종북 종중 좌파세력뿐만 아니라, 우파 내에서도 초심을 잃고 분탕질을 하거나, 돈이 목적이 되거나, 우파 내의 활동가들을 치고 음해하며 공격하는 자들과 자칭 리더라고 하면서도 말과 행동이 다른 채, 좌파들이 쓰는 혹세무민과 선동으로, 우파 내에서 활동하는 애국 국민들과 활동가들을 공격하고 상처를 주며 피해를 입히거나, 서로 싸우면서 우파 전체의 이미지를 실추시키고 인상을 찌푸리게 만들며 애국국민들을 실망시켜 사라지게 만드는 일들도 계속 일어나고 있습니다.

우파 내의 이런 갈등과 분란의 원인은 초심을 잃은 것과 자신의 돈이 아닌, 남의 돈에 전적으로 의존하며 사리사욕이 생기기 시작하게 된 것 같고, 겸손함과 섬김이 사라지며, 오만과 변질이 커지면서 이런 문제들이 일어나게 된 것이라는 생각이 듭니다.

지금 적들 가운데, 종북과 종중과 싸움, 다음 대권을 두고 치열하게 물밑에서 사투를 벌이고 있는 진문과 반문과의 싸움 등으로 좌파들의 단일대오가 금이 가고 균열이 가고 있는데, 우파 내에서도 이런 안타까운 일들이 유사하게 일어나고 있다는 만들을 전해 들을 때마다, 마음이 아프고 허탈하기까지 합니다.

끝까지 포기하지 말아야 하고, 초심을 잃은 채 변질되어서는 안 되며, 인내심과 국민저항권이라는 무기로 대한민국을 적화시키려는 저 악한 세력들과 맞서 싸우며, 미래세대의 주역인 우리 아이들에게 이 귀한 자유와 경제 강국 대한민국을 잘 전해줘야만 합니다.

앞으로도 저희 K파티는 초심을 잃지 않고, 겸손한 마음으로 더욱 낮은 자세로 섬기면서 대한민국 여론과 민심의 중심인 광화문 광장을 끝까지 지켜내고, 저들과 맞서 싸워 승리해나가겠습니다!

2021년 3월 13일 제189차

K파티 LH게이트 원전게이트 특검! 살인백신
국민살인마 문재인 구속! 김정은 척단!

광화문 광장의 비효율적이고 무분별한 확장공사로 인해 K파티 현장의 공간이 점점 작아지고 있지만, 그럼에도 불구하고 지혜롭게 장소를 잘 활용해서 이날도 189번째 광화문 K파티 광장수호 문화제를 잘 마칠 수 있었습니다.

아래는 광화문 광장에서 제가 발언한 내용 중 일부입니다.

국제정세의 변화로 대한민국은 외부에 의한 충격과 요인으로 늘 격변의 시기를 겪어왔습니다. 세계정세의 변화와 국내의 격변은 영향을 받을 수밖에 없고 밀접한 연관이 있을 수밖에 없는 것 또한, 사실입니다.

일제식민지에서 미국의 승리로 광복을 맞이하고 미국과 소련의 국제관계 힘겨루기 중 건국되었고, 북괴에 의한 6.25 남침도 소련의 승인과 중공의 개입에 대항해 연합군과 미국의 주도로 대한민국의 적화를 막았으며, IMF 아시아 금융 경제위기로 대한민국은 경제적 격변과 정권교체라는 정치적 변화를 겪었습니다.

그뿐만 아니라 최근에는 중공 씨진핑 공산독재정권이 북괴의 붕괴를 막고, 자유우파정권을 무너뜨리기 위해, 거짓촛불을 선동했으며, 친중좌파독재정권을 세우고 속국으로 만들기 위해 정치와 선거에도 직간접적으로 중공이 개입했습니다.

또한, 중공 씨진핑의 중화통일전선 전략과 일대일로로 세계를 장악하고자 하였으나, 미국의 트럼프 대통령이 이를 저지하고, 이승만 건국대통령님께서 꿈에도 그리던 인도 태평양 안보동맹 구축을 트럼프 정권에서 이루어내었고, 중공과 씨진핑 독재정권에 대한 고사 전략을 썼습니다.

죽어가던 중공이 미대선 선거개입으로 트럼프 대통령을 떨어트렸고, 그의 정치적 생명을 죽인 줄 알았는데, 트럼프 대통령은 정치적으로 다시 살아났습니다.

오히려 트럼프 대통령과 오랜 싸움에서 팔과 다리의 인대가 다 끊겨버린 듯, 이로 인해 민심의 이반과 반씨진핑 세력이 확산되었고, 씨진핑은 종신집권이 어려워졌으며, 심지어 십수 차례의 암살시도와 퇴진 압박을 받게 되었습니다.

이러한 결과로 씨진핑은 종신집권에 실패하게 될 것이고, 상하이방, 공청단, 태자당 등 각 계파별 5년씩 2번 집권으로 다시 등소평이 정해준 순서대로 상하이방에서 23년부터 10년을 이어가는 대의와 명분이 당과 군에서 설득력을 얻어가고 있습니다.

그렇게 되면, 씨진핑은 추가 10년 집권을 하지 못한 채, 물러나게 될 것이고, 퇴진 이후 중공은 다시 등소평의 유훈을 명분 삼아, 중공 내부의 발전과 성장, 그리고 인민의 풍요를 위해 다시 도광양회 전략으로 회귀할 것이고, 씨진핑만 9년 내내 빨았던 국내 친중 씨진핑 세력들은 고립된 빨치산처럼 되다가, 정권도 빼앗기고 결국 비참한 최후를 맞이하게 될 것입니다.

씨진핑에서 다시 덩샤오핑의 지도에 따라 순서대로 정권을 쥐게 되면, 상하이방 친짱저민 세력에게 덤볐던 북괴 김정은도 친중 장성택 군부파에 의해 제거될 것이고 중공은 미국이 북괴에 들어가더라도 전쟁 등을 일으킬 수 없게 될 것입니다.

씨진핑 세력이 추락하면, 다시 대한민국은 박근혜 대통령님께서 옥에서 나오신 뒤, 그분의 영향력 하에 많은 정치적 변화가 있을 것이고, 이 분의 지원과 인정 없이는 어떤 우파정권도 나올 수 없게 될 것입니다.

이런 흐름을 좌파들과 탄핵에 찬성했던 반역자 부역자 배신자 및 가짜우파 거짓보수들이 가장 두려워하고 있을 것입니다.

그러나 이 흐름은 억지로 막는다고 해도, 시간을 다소 늦출 수는 있으나 어느 누구도 큰 흐름을 결코, 끝까지 막을 수는 없습니다.

이 시기가 올 때까지, 우리는 맡은 역할과 자리에서 주어진 일과 소명을 다하며, 끝까지 포기하지 않고 견뎌내며 저들과 맞서 싸워 승리해야만 합니다.

시간은 우리의 편이고, 인내는 우리의 최고 무기라는 것을 잊지말며, 함께 기도하며 자유대한민국을 지키기 위해 힘차게 나아갑시다!

자유대한민국 지키자!

2021년 3월 6일 **제188차**

K파티 LH게이트 원전게이트 특검! 살인백신
국민살인마 문재인 구속! 김정은 척단!

"FDA 승인도 안 난 아스트라제네카 백신을 반강제적으로 맞게 해서 벌써 우리 국민 7명이나 넘게 죽게 만들고, 중단 후 조사 없이 계속 백신을 맞도록 강행하는 문재인과 방역 당국은 천벌을 받을 겁니다. 많은 국민의 꿈인 내주택 마련의 꿈을 부동산 투기로 허물어뜨리고, 불법을 저지른 LH공사와 국토부장관 그리고 문재인 졸개들 모두 특검수사를 받아야 합니다"

"자유우파정권을 무너뜨리고, 끝까지 사죄와 반성도 없이 우파인사들을 죽게 만들며 감옥에 억울하게 넣고도, 뻔뻔하게 헌법수호를 외치고 자유민주주의를 지키겠다면서 검찰조직을 지켜주지도 못한 채 도망치듯 포기한 자가, 마지막까지도 본인의 권한인 형집행정지를 거절한 채, 행사하지 않고 본인이 저질렀던 불법과 위헌과 불의에 대해 석고대죄하지 않은 그 죄업은 앞으로 천벌을 받게 될 것입니다"

민심을 가장 잘 알고 계시며, 체감하고 계시는 아스팔트 현장의 유튜브 대표님들께서 주신 말씀이었습니다.

진실을 덮으려 하고, 불의를 저지른 뒤 정의를 외면하는 자들이 대한민국을 무너뜨리면서도, 자신의 사리사욕을 위해 헌법을 위반하고, 불법을 행하면서도 당당하고 뻔뻔하게 활개 치고 다니는 세상이 되었습니다.

널리 중공 공산당과 인민군을 이롭게 하는 정치꾼들과 기업들과 학계 종사자들과 방송, 언론 관계자들까지, 중공의 푼돈과 미인계 등에 목줄을 잡히고, 대한민국의 국익을 해치며 국가자산을 넘기는 매국노 짓을 아주 당연하다는 듯 죄의식도 없이 저지르고 있습니다.

투철한 반공민주정신을 강조하셨던 박정희 부국강병 대통령님과 공산주의에 맞서 자유민주주의를 선물해주신 이승만 건국대통령님과 좌파독재세력과 이에 동조한 반역자 부역자 배신자들에 의해 억울하게 감금되어 계시나, 끝까지 자유를 수호하기 위한 투쟁과 저항을 포기하지 않으신 박근혜 자유수호 대통령님까지, 이 세분 대통령님의 정신이 적화되고 있는 지금의 대한민국과 국민에게 필요한 정신이며, 활개 치는 종중 종북 국가반역자 무리들과 맞서 싸워 승리하고, 자유대한민국을 수호할 수 있는 무기이자 귀한 가치일 것입니다.

앞으로도 변함없이 저희 K파티와 자유수호 용사들은 끝까지 세분 대통령님들의 정신을, 대한민국 여론과 민심의 중심인 광화문 광장에 울려 퍼지게 외치고, 이 귀한 국가정신을 이어가며, 저 사악한 종중 종북 좌파 매국 반역세력들과 맞서 싸워 승리 하겠습니다.

하나님께서 주관하시는 시간은 우리의 편이고, 인내심은 우리의 최고 무기입니다.

끝까지 포기하지 않고, 인내하며 주권자인 국민에게 보장된 국민저항권을 행사하 면서 피와 목숨으로 지켜내신 이 귀한 자유와 풍요로운 경제강국 대한민국을, 우리도 대한민국의 희망인 미래 세대에게 잘 전할 수 있도록, 기도하고 함께 한마음 한뜻으 로 나아갑시다!

2021년 3월 1일 제187차

3.1절 특집

"와! 오전부터 밤까지 광화문 인근을 다니며 방송하다가 비에 온몸이 다 젖은 채, 저녁에 K파티 현장에 왔는데 강풍에 눈이 대각선으로 때릴 정도로 추운 날씨에 이번 겨울 가장 추웠던 영하 20도 체감온도보다 더 추운 밤이었습니다. 정장 한 벌 입고 눈을 맞으며 진행하시니, 춥다는 말도 못 하겠습니다"

"내일 바로 대기업 통신사 두 곳에서의 집회가 이어지는데, 괜찮겠습니까? 3.1절 피날레를 K파티가 광화문 광장에서 마무리해주셔서 감사하고, 정말 수고 많으셨습니다"

눈보라가 휘몰아치는 3.1절 특집 187번째 광화문 K파티 문화제에 끝까지 남아 함께 마친 유튜브 대표님들의 말씀이었습니다.

온종일 차가운 비가 내려 준비하는 시간 동안 우산도 비옷도 없이, 장비의 방수를 위한 준비와 행사 세팅을 하느라 옷과 온몸이 젖은 상태에서 예상밖에 우박 같은 따가운 얼음과 눈이 섞여 내리다가, 현장의 대형 태극기 깃봉까지 꺾이게 만든 강풍과 함께, 온도가 영하로 내려가면서 눈으로 변해, 이미 비로 젖은 상태의 몸을 얼음처럼 만들어버려, 여름 폭우 때 세 번이나 감전되었지만 무사했던 날 이후로, 최근 들어 가장 어려운 환경의 행사로 느껴졌습니다.

체감온도 영하 십여 도 아래로 내려간 때보다 더욱 춥고 힘들게 느껴질 정도로 냉기가 온몸에 가득 찼었지만, 속으로 하나님께 기도하면서 이 눈보라 속에서도 물러서지 않고 투쟁하시며 저항하시는 용사님들과 함께하도록 해주시고, 시작부터 끝까지 지켜주실 것을 미리 감사드리며 기도로 시작을 하자, 하나님께서 돌발적인 강추위 속에서도 거뜬하게 잘 견뎌낼 힘과 용기를 주셨습니다.

눈보라 속에서도 문재인과 김정은을 가열차게 응징하고, 처단하는 퍼포먼스까지 다 마치고 끝까지 함께 해주신 유튜브 대표님들과 용사님들께 빵과 마스크를 나눈 뒤, 비와 눈에 젖은 행사 장비와 도구들을 늦은 시간까지 말린 뒤 정리하며, 186차와 187차를 잘 이어가며 승리할 수 있게 허락하신 주님께 감사드리며, 3.1절 특집 행사를 잘 마무리할 수 있었습니다.

시간은 우리 자유우파의 편이고, 인내는 우리의 최고 무기입니다.

앞으로도 포기하지 않고, 어떠한 탄압과 공격에도, 극심하게 어려운 환경과 악천후에서도, 저 악한 반대한민국 세력들과 맞서 저들이 무너지고 쓰러질 때까지 견디며, 국민저항권을 행사하면서 자유수호용사님들과 함께 힘차게 싸워 승리하겠습니다!

자유우파만세!

자유독립만세!

자유대한만세!

2021년 2월 27일 제186차

"K파티가 진행되는 동안에도, 행사를 방해하기 위한 좌파들의 신고가 들어오고, 호시탐탐 공격의 기회를 노리는 공권력까지, 광화문 광장은 총포 없는 전쟁터이며, 친목하거나 놀러 온 듯 잡담하며 공권력과 반자유세력들에게 틈과 공격 거리를 제공하는 것은 오히려 광장을 지켜내는 것을 방해하고 어렵게 만드는 것이라는 말씀 공감합니다"

3.1절을 앞두고, 서슬 퍼런 공권력의 갑질과 좌파들의 행사 방해를 위한 신고와 놀러온 듯 오히려 틈과 억압의 핑계를 야기하는 일부 우파분들까지, 늘 준비부터 진행 그리고 마치고 정리를 하는 순간까지도, 광화문 광장을 자유우파의 광장으로 지켜내고 이어나가는 것도 참으로 쉽지 않다는 생각이 많이 듭니다.

그럼에도 불구하고 눈빛과 간단한 표현만으로도 늘 일사분란하게 대처하시고 방역독재를 피하면서 해외의 나라 사랑하는 동포분들과 전국 각지에서 자신의 맡은 역할과 자리에서 최선을 다하시는 나라 사랑하는 국민들께 현장에서 방송을 통해 중계해주시며, 함께 광장을 지켜주시는 유튜브 대표님들과 행사준비를 위해 묵묵히 늘 큰 힘이 되어주시는 용사님들께 진심으로 감사드립니다.

앞으로도 변함없이 엎드려 기도하고, 용맹하되 지혜롭게, 저 악한 좌파독재정권이 쳐놓은 덫과 계략에 걸리지 않은 채, 저들의 가장 아픈 곳을 후벼파듯 광장에서 국민저항권을 행사하며, 헌법에 보장된 1인시위의 외침과 퍼포먼스로 맞서 싸워나가겠습니다.

"경찰이 와서 1인 문화제를 진행 중인 대표님께 해산시키겠다고 하시는 협박을 듣고는 제가 좀 황당했습니다. 경찰이 질서유지하고 1인시위를 보기 위해 지나가다가 멈춰서 보거나, 잠시 들리신 사람들을 경찰이 가라고 해야지, 진행 중인 이대표님께 자신들이 해야 할 역할을 시키려고 하다니, 이건 헌법에 보장된 1인시위를 막으려는 벌법이자 직권남용 아닙니까?"

"경찰의 탄압과 협박에도 헌법에 보장된 1인시위를 진행하시며, 경찰의 위헌적인 불법행위와 월권행위가 계속 이어지면, 위에서 지시를 받은 듯한 특정 경찰 몇몇을 권익위원회와 경찰청 청문감사관실에 복무행위의 갑질과 직권남용과 월권 등에 대해 신고하겠다는 이대표님의 일갈에 속이 다 시원했습니다"

현장에서 실시간 방송을 하시던 유튜브 대표님들의 말씀이었습니다.

광화문 광장에서 지나가다가 서서 보는 사람들, 제가 알지 못하는 들리셔서 1인시위를 보시는 분들, 문재인의 잘못과 범죄 행위들을 규탄하는 1인 문화제를 보기 위해 모이시거나, 잠시 들리시거나 지나가다 멈춰서 보시는 분들께 방역수칙을 수차례 주기적으로 안내하고, 거리 두기를 하시라고 말씀드리며, 귀가하셔서 유튜브 방송으로 보시라고 계속해서 말씀을 드렸음에도, 계속 듣기 위해 모이시는 것은 경찰이 질서유지를 하고 귀가하도록 해야 하는 책임이 있음에도 불구하고, 해산시키겠다는 등의 협박성 발언을 1인시위 도중 발언을 중단시키고, 헌법에 보장된 표현의 자유를 억압하고 막는 불법적 행위를 저지르는 일부 경찰의 행위가 앞으로도 계속 이어지면, 저는 제자신에게 헌법에서 보장하고 주권자인 국민에게 부여된 제주권을 지키기 위해, 저 부적절한 권력 남용을 저지르는 자들과 맞서 조치를 하도록 하겠습니다.

대한민국의 심장인 광화문 광장을 지키기란 쉽지가 않습니다.

그것도 5년 동안 185차를 이어가며 지킨다는 것은 더더욱 쉽지가 않습니다.

좌파들의 공격이 잠잠하다 싶으면, 적와대의 사주를 받은듯한 경찰들이 탄압과 공격을 해대고, 또 잠잠해지면 종북 종중세력들이 다시 공격하는 등 좌파가 K파티에게 빼앗긴 대한민국 여론과 민심의 중심인 광화문 광장을 다시금 찾기 위해, 수단과 방법을 가리지 않고, 온갖 발악과 시도를 다 하지만, K파티는 끝까지 광화문 광장을 지켜내고, 대한민국의 적화를 막아내며 자유를 지키기 위해, 주권자인 국민의 저항권을 행사하며 힘차게 저들과 맞서 싸워 승리하겠습니다!

2021년 2월 13일 **제184차**

김정은 사망기원 처단! 중공우한폐렴 확산의 주범 문재인 구속!
한국과 미국의 부정선거 의혹 진실을 밝혀라! 설 특집

"설 명절 연휴 기간에 문재인을 비판하고 원망하는 목소리들을 길가에서 자주 들으셨다는 말씀 전적으로 동의합니다. 저도 가족친지들과 모이지도 못하게 하고, 명절을 파괴하는 방역독재와 문재인에 대한 분노하는 민심을 이번 연휴에 상당히 커지고 있음을 느꼈습니다"

"설날 연휴인데도 이렇게 광화문 광장을 지키기 위해 K파티 문화제를 진행하시네요. 5년 동안 한 번도 끊김 없이 광화문 광장을 지키시고, 자유우파의 광장으로 만들어주셔서 정말 감사합니다"

현장에 방송을 중계하러 오신 유튜브 대표님들의 말씀이었습니다.

설 연휴 기간임에도 불구하고, 이날도 정말 많은 유튜브 대표님들과 잠시 들리시거나 응원하러 오신 자유우파용사님들까지, 경찰의 삼엄한 감시와 틈을 잡으려는 엄한 상황에서도, 광화문 광장은 자유우파의 에너지가 가득하고, 추운 날씨에도 애국의 열기가 넘치는 토요일 184번째 광화문 광장수호 문화제를 잘 마칠 수 있었습니다.

여러분의 기도와 하나님의 은혜와 지켜주심 덕분에 어떻게든 헌법에 보장된 국민의 집회와 결사의 자유를 제한하고 억압하며, 1인시위 형태로 진행하는 K파티 1인 문화제마저도 표현의 자유를 탄압하며 처벌하고 잡아 가두려는 좌파방역독재정권에서도, 광화문의 K파티와 자유용사님들은 계속 승리를 이어가고 있습니다.

또한, 라이브방송을 통해 해외와 전국 각지에서 광화문 광장에는 함께 하시지 못하지만, 수만 명의 애국국민들이 같이 K파티 현장을 생생하게 전달해주시는 자유우파 유튜브 대표님들께 늘 감사한 마음입니다.

여러분, 하나님께서 하나님의 시간에 하나님의 방식으로 역사하실 최종적인 승리를 위해, 기분 좋은 마음으로 잘 드시고 잘 주무시며 건강관리를 잘 하시길 당부드립니다.

초기에 중공의 눈치를 보다가 대만처럼 중공 입국금지를 하지 않아, 주권자인 국민 1천5백 명 이상 죽게 만들고, 평생을 후유증과 고통으로 살아가야 하는 8만 2천

명 넘게 중공폐렴확진자를 만든 주범인 문재인 독재살인마는 반드시 천벌을 받고, 구속되어 감옥에 들어간 뒤, 자유대한민국과 국민을 해할 목적으로 널리 북괴를 이롭게 하려 한 이적 반역 중범죄 행위가 밝혀지면, 사형으로 다시는 대한민국에 이런 일이 일어나지 않도록 일벌백계를 해야만 할 것입니다.

우리는 주권자인 국민에게 보장된 국민저항권을 계속 행사하며, 저들의 발악하고 추락하며 천벌을 받는 모습을 반드시 봐야 할 것입니다.

시간은 자유우파의 편이고, 인내는 우리의 무기임을 명심하시어, 끝까지 포기하지 않고 견뎌내며 우리 각자의 맡은 역할과 자리에서 최선을 다하며 저들과 맞서 싸워 승리합시다.

우리는 승리합니다!

우리는 자유대한민국을 지켜낼 것입니다!

함께 손에 손잡고 당당히 나아갑시다!

2021년 2월 6일 **제183차**

김정은 사망기원 척단! 중공우한폐렴 확산의 주범 문재인 구속!
한국과 미국의 부정선거 의혹 진실을 밝혀라!

"K파티 광화문 문화제를 중단시키고, 이대표님을 치려는 독재권력의 지시를 받은 자들이 공격하려다가 인사이동 발령 등으로 흩어졌다는 말을 들으니, 참으로 감사하고 다행입니다. 기도하고 함께 힘차게 맞서겠습니다"

"광화문 광장에서 K파티의 퍼포먼스가 저 좌파정권에서는 정말 견딜 수 없을 정도로 열 받나 봅니다. 이렇게 매주 경찰버스가 둘러싸고, 아주 많은 경찰들이 계속해서 감시하는 가운데, 쓸데없는 국민의 혈세 낭비도 화가 나고, 헌법에 보장된 표현의 자유마저 억압하려는 저들의 발악에도 웃프기까지 합니다"

이날 참여하신 유튜브 대표님들의 말씀이었습니다.

최근 들어 몇 주 연속으로 너무 심하다 싶을 정도로 광화문 K파티 현장을 둘러싼 공권력들의 압박과 감시가 도를 넘는 수준으로 이어지고 있습니다.

들리는 이야기로는 위에서 지시가 내려왔는지, 어떻게든 저와 K파티를 엮어서 덫에 걸리게 해서 방역파쇼로 탄압하고 처벌하려는 시도와 계획이 있었다고 합니다.

그러나, 그 시도가 완성되기 전에 하나님께서 인간의 오만과 권력 남용을 쳐서 흩어놓는 것처럼, 그자들을 여기저기로 인사이동을 시키고 보직을 바꾸어 그 시도를 막고 그자들을 사라지게 만드는 은혜를 주셨습니다.

아무것도 할 수 없을 때 기도를 하라는 하나님의 말씀에 따라, 엎드려 기도하면서 준비를 하고 광화문 광장에서 행사를 시작할 때마다, 지켜주시고 이끌어주시며, 악한 세력들의 방해와 공격으로부터 5년 동안 막아주시고, 끊김 없이 183번째의 광장수호 문화제를 잘 마치고, 광화문 광장을 자유우파의 광장으로 지켜낼 수 있도록 역사하신 하나님께 그저 감사하고 또 감사한 마음으로 기도를 드립니다.

시간은 우리 자유우파의 편이고, 인내는 우리 자유우파의 무기입니다.

결코, 포기하지 않고 끝까지 견뎌내며, 주권자인 국민의 권리인 국민저항권을 행사하면서 불법 독재권력과 맞서 끝까지 싸워 승리해냅시다!

　최근 정말 어려운 현실에서 사방이 덫에 걸려 쓰러지도록 만들어 놓은 힘든 여건과 상황이 저와 여러분을 좌절시키고 포기하게 만들며, 쓰려져 패배하도록 공격하더라도, 이승만 대통령님의 건국정신과 박정희 대통령님의 부국강병정신과 박근혜 대통령님의 자유수호정신으로 저희 K파티는 자유우파의 상징이 된 광화문 광장을 끝까지 지켜내고, 자유대한민국을 수호하기 위해 할 수 있는 모든 것을 다하겠습니다!

2021년 1월 30일 **제182차**

김정은 사망기원 처단! 중공우한폐렴 확산의 주범 문재인 구속!
한국과 미국의 부정선거 의혹 진실을 밝혀라!

노조의 불법 집회도 경찰의 광화문 광장 철장 펜스도 물리치고, 182번째 광화문 K파티 광장수호 문화제를 잘 마쳤습니다.

"와! 이게 뭔가요? 3.1절 예행연습을 하는지 철제펜스가 광화문 광장에 가득 쳐있네요. 민주노총 불법 집회 차단용이라고 하지만, 혈세 낭비에 꼭 3.1절을 대비해서 준비하는 느낌이 듭니다. 해도 해도 너무한 이 독재정권은 빨리 무너져야 국민이 평안하고 잘 살 것 같습니다"

"촛불을 든 좌파놈들이 다 사라지고 난 뒤에도, 광화문 광장을 K파티가 지키고 있으니, 정말 속이 다 시원하고 힘도 나면서 자랑스럽습니다. 용맹하게 싸우면서도 지혜롭게 대처하는 모습이 대한민국 미래의 희망입니다. 시간은 우리 편이고 인내는 우리의 무기라는 발언이 크게 와닿습니다. 끝까지 포기하지 않고 인내하며 싸워 이깁시다!"

이날 행사준비 때 들리신 애국 동지님과 행사를 마친 뒤 정리를 도와주시던 유튜브 대표님께서 하신 말씀이었습니다.

맞습니다.

시간은 우리의 편이고, 인내는 우리의 무기입니다.

주권자인 국민의 알 권리를 무시하고, 북괴 김정은에게 전달한 USB 속 자료에 대한민국의 국익을 해치고, 에너지주권을 포기한 채 원자력을 북에게 제공하려고 하지는 않았는지, 또 어떠한 이적행위와 여적 행위들이 담겨져 있는지, 작성해서 USB에 담은 공무원들을 특검 수사하고, 국정조사를 진행하며, 부족할 경우, 공수처의 수사로 진실을 반드시 밝혀야만 할 것입니다.

또한, 권력을 이용한 부정선거 개입과 측근 비리들에 대한 수사 또한, 국민의 눈을 가리고 시간을 끌며, 진실을 덮기 위해 안간힘을 쓰는 문재인 좌파독재정권의 사악한 행태와 끝까지 국민들을 혹세무민하며 목숨을 잃게 만들고 있는 방역당국과 문재인의 직무유기와 사기 그리고 살인행위까지 처벌을 받고, 범죄를 지은 자들은 모두 감옥에 들어갈 수 있도록, 이제 와서 공수처를 통제하려는 법안에 몰두하지 말고, 관련자들 모두 스스로에게 돌아온 칼과 같은 공수처의 수사를 반드시 받아야만 할 것입니다.

적폐정권이라 몰아붙이며, 죄 없고 억울한 수많은 고위공직자와 애국자들 그리고. 박근혜 대통령님까지 가둔 이 악마와 같은 자들과 이에 동조했던 반역자 부역자 배신자들까지 모두 그보다 더 큰 천벌과 엄벌을 수십 수백 배 이상 받고, 역사의 중범죄인들로 기록되도록 해야 할 것입니다.

어둠의 긴 터널도 그 끝은 결국에는 빛의 시간과 공간에 도달하는 것처럼, 시간이 걸리더라도 반드시 진실은 밝혀지고, 정의는 승리하게 될 것입니다.

앞으로도 포기하지 않고, 끝까지 견뎌내며, 저 악한 반자유세력들과 맞서 국민저항권을 행사하면서 대한민국 여론과 민심의 중심인 광화문 광장을 지키고 계속 승리를 이루어내겠습니다!

2021년 1월 23일 **제181차**

김정은 사망기원 척단! 중공우한폐렴 확산의 주범 문재인 구속!
한국과 미국의 부정선거 의혹 진실을 밝혀라!

" '혈맹관계이자 최고의 우방국인 한국과 미국의 역사적 관계는 계속 흘러가며, 그 가운데 문재인은 한국 역사의 최악의 비극으로 기록될 것이고, 조 바이든은 미국 역사의 최악의 오명으로 기록될 것이다!'라는 이대표님의 발언이 참으로 와닿습니다.

이 춥고 강풍이 부는 날에도 변함없이 광화문 광장을 지켜주셔서 큰 힘을 얻습니다"

"K파티는 한미동맹 강화를 부르짖으니, 미국의 대통령으로 당선된 조 바이든 인정해야 하는 것 아닙니까? 굳건한 한미동맹을 외치면서 바이든 반대할 것입니까?"

예, 맞습니다.

한미동맹은 이승만 건국대통령님께서 맺으신 한미상호방위수호조약 이후로, 미국의 여러 대통령이 바뀌면서도 굳건하게 지켜져 온 것이고, 앞으로도 그럴 것입니다.

조 바이든과는 상관없이 한미동맹은 계속 이어져 나가야 하는 귀한 관계이자 약속이기 때문입니다.

또한, 조 바이든은 불법 부정선거로 정권을 찬탈한 자이기에 저희 K파티는 결코, 그런 범법자를 인정할 수가 없습니다.

자기가 우파니 보수니 하면서 어떻게든 저 사악한 바이든이 미국 대통령이 되었으니, 저질러진 위헌적 불법 범죄와 부정행위는 묻고 덮고 잊고가자?라고 말하는 자들은, 지난 탄핵 때 외친 거짓된 위선자들과 다를 게 없다는 생각이 들 뿐입니다.

박대통령님 탄핵한 배신자 반역자 부역자들이 문재인이 사기탄핵 불법으로 당선이 되었으니, 인정하고 덮고 가고 묻고 가자와 다를 게 하나도 없습니다.

불법 사기탄핵으로 당선된 문재인을 인정하고 박근혜 대통령님은 잊고 가자는 거짓 보수 위장 우파와 지금의 불법 부정선거는 맞지만 당선되었으니 트럼프는 잊고 가자는 지금의 가짜우파 거짓 보수와 똑같은 짓거리를 반복하는 게 될 것입니다.

탄핵은 사기탄핵이고, 불법으로 문재인이 당선되었다고 외치면서 미국의 부정선거와 불법으로 권력을 찬탈한 바이든을 빨고 지지하자고 하는 자들 때문에 좌파들이 비웃고 기세등등 날뛰는 것 아니겠습니까?

일부 우파 국민들은 자신이 박쥐가 아니었는지, 부끄러운 마음이 들지는 않는지,

너무 쉽게 지치고 포기하는 건 아닌지 스스로 돌아봐야 할 때라고 생각됩니다.

지금 다 끝났다고 포기하고 절망하고 낙망하는 사람들은, 박근혜 대통령님 사기탄핵과 불법으로 구속되어 갇히셨을 때, 포기하고 절망하고 낙망한 사람들과 지난 4.15 부정선거로 대패했다고 포기하고 절망하고 낙망한 사람들과 다를 것이 없습니다.

불의와 부정과 불법이 있었다면, 그걸 바로잡기 위해서 싸우고, 불법을 저지른 자들을 규탄하며, 그 범죄자들이 천벌을 받고 감옥에 가며, 진실이 밝혀지고 정의가 승리할 때까지 싸워 승리해야 하는 것 아닙니까?

한가하게 낙담하고 포기하며 주저앉아 울고 있을 때가 아니라, 현장에 나와서 저 악한 자들과 싸우고 불법 부정 불의를 규탄하고 투쟁해서 미래세대 아이들에게 올바르고 정의가 살아있는 대한민국을 전해주기 위해서 목숨 걸어야할 때입니다.

미국에서도 끝까지 포기 없이 부정과 불의와 불법과 잘 싸우길 바라고 응원하며 기도하면서 우리 대한민국에서도 자유수호용사님들이 앞장서서 포기하지 않고, 저 악한 세력과 싸우고 승리를 위해 함께 기도해야 할 것입니다.

끝까지 포기하지 않고 인내하고 견디며, 주권자인 국민으로서 저항권을 행사하며! 저 악한 살인독재세력과 맞서서 싸워 승리합시다!

2021년 1월 16일 제180차

김정은 사망기원 처단! 중공우한폐렴 확산의 주범 문재인 구속!
한국과 미국의 부정선거 의혹 진실을 밝혀라!

광화문 광장에 미국 대선의 부정선거 주범이자, 아들을 앞세워 미국의 국익을 해치면서 거액의 뇌물수수를 저지른 중범죄자인, 곧 처벌을 받고 감옥에 들어갈 미국 1급 국가반역자 조 바이든이 등장하다!

미국과 전 세계 자유주의를 흔들고 있는 중공에 목줄 잡힌 이 사악한 자를 강력히 규탄하고, 응징하는 퍼포먼스가 지난 토요일에 있었습니다.

체감온도 영하 10도의 날씨였지만, 더욱 추운 곳에서 감금되신 채 자유수호를 위해 투쟁하고 계신 그분을 생각하면, 입고 있는 정장 한 벌도 결코, 추울 수 없는 마음이 들게 됩니다.

많은 유튜브 대표님들이 현장에서 방송으로 중계해주셔서 추운 한파와 광장의 칼바람에도, 오히려 뜨거운 열기와 넘치는 긍정과 희망의 에너지로, 이날 5년째 이어온 광화문 광장수호 행사도 잘 마칠 수 있었습니다.

지금 대한민국과 미합중국이 위기를 맞고 있습니다.

미국의 주도적 개입과 UN군의 참전이 없었다면, 지난 1950년 북괴에 의한 남침과 중공인민군의 침공에 대한민국은 이미 적화통일이 되었을 것입니다.

지금의 상황 또한, 평행이론과 같이 미국은 중공의 통일전선전술에 의해 침공당했고, 중공의 돈과 미인계와 권력 제공으로 자국의 국익을 버리고, 미국을 배신하며 자신들의 사리사욕에만 급급한 정치꾼들, 종종 딥스테이트들, 빅브라더(빅텍, 빅미디어, 빅머니, 빅마켓)들에 의해 적화되어가고 있습니다.

최종적인 헌법수호의 보루인 연방대법원의 선거관련 위헌여부와 해당 주의 불법부정 위법 선거행위가 있었는지에 대한 결정이 남아있고, 승리를 자신하던 미국 내 좌파 정치세력과 그 배후조종세력까지, 대법원의 결과가 그들의 계획과는 달리 뒤집힐까 봐 전전긍긍하고 불안해하며 두려워하고 있다고 합니다.

게다가 명확하게 드러난 불법과 위헌적 범죄행위를, 덮고 가자 묻고 가자 잊고 가자는 대한민국 내의 탄핵 반역자 부역자 배신자들이, 좌파정권의 2중대를 자처하며 목소리를 높이고 득세하고 있는 현실이, 미국 내에서 일어난 대선 관련 위헌과 불법과 부정행위 등의 중범죄가 명확하게 일어났음에도, 불법과 위헌을 '눈감고 가자, 덮고 가자, 묻고 가자'를 넘어 적반하장격으로 미국의 행정부 수반인 현직 대통령을 탄핵시키고 정치적인 사형을 내리기 위해, 공화당 내의 일부 의원들까지도, 상습적인 위헌과 부정선거를 덮기 위한 반란의 중범죄를 저지르는 악마적인 모습이, 지난 대한민국에서 일어났던 탄핵을 통해 자유우파정권을 무너뜨리고, 억울하게 박근혜 대통령님까지 감금시키는데 종중 종북 좌파들과 손을 잡고 주도적인 역할을 한, 친중 매국 범죄자들의 행태와 너무나도 유사하고 사악하기에 더욱 큰 분노가 치밀어 오름을 느끼고 있습니다.

이제 대한민국도 미합중국도 인간의 시간이 지나가고, 하나님의 시간이 다가오고 있음을, 광화문 광장에 엎드려 기도하면서 강하게 느낄 수 있었습니다.

사악한 정치세력과 불법과 불의에 눈감은 악마에게 부와 권력을 위해 영혼을 판, 한국과 미국의 악한 자들뿐만 아니라, 전 세계에서 자유를 빼앗고 인권을 탄압하며 살상을 저지르고 있는 모든 독재세력과 반자유세력에게, 절대자이신 하나님의 천벌이 내려지게 될 것입니다.

끝날 때까지 끝난 게 아니며, 포기하지 않는 우리가 반드시 승리합니다.

최종적으로 승리하는 그날까지 더욱 힘차고 열정적으로 자유대한민국을 지키기 위해 함께 최선을 다합시다!

2021년 1월 9일 **제179차**

김정은 사망기원 척단! 중공우한폐렴 확산의 주범 문재인 구속!
한국과 미국의 부정선거 의혹 진실을 밝혀라!

"이렇게 추운 영하의 날씨에도 유튜브 대표님들이 수십여 명이나 나오셨고, 라이브방송 장비를 둔 채 뒤로 빠지시면서 거리 두기로 경찰의 탄압을 피하면서도 지혜롭게 대처하는 유튜브분들과 지나가다 잠시 들리시고 응원을 해주신 여러 자유우파용사님들께 참 감사한 마음입니다"

"체감온도 영하 15도의 날씨에도 얼음장같이 차가운 감옥에 억울하게 갇혀계신 박근혜 대통령님을 생각하며, 이렇게 패딩에 장갑과 모자에 귀마개까지 써도 온몸이 어는 것 같은데, 이 한파에 정장 한 벌만 입고 5년째 광화문 광장을 지키시면서 문재앙 구속!을 외치는 이대표님으로부터 많은 우파국민이 큰 힘을 얻고 있습니다"

눈썹에 얼음이 생기고, 온몸이 얼어붙는 50년 만의 한파에 최고로 추운 날씨였지만, 이날도 변함없이 자유를 지키고 자유우파의 목소리와 국민저항권 행사를 알리며, 대한민국 적화를 막아내기 위해 오신 유튜브 대표님들과 라이브방송을 시청해주시면서 가장 큰 힘인 기도로 함께 해주시고 응원해주신 해외와 전국 각지의 애국국민들과 현장에 들리셔서 힘을 실어주신 자유우파 용사님들께 진심으로 감사드립니다.

혼자서는 아무것도 할 수 없고, 여러분의 응원과 도움 그리고 기도 덕분에 이렇게 최악의 한파 속에서도 179번째 광화문 K파티 광장수호 문화제를 잘 마칠 수 있었습니다.

자유는 그저 얻어지는 것도 아니며, 가만히 있는다고 지켜지는 것도 아닙니다.

쓰러질 듯한 폭염의 더위에도, 얼어붙을 것 같은 한파의 추위에도, 자신의 자리에서 주어진 역에 최선을 다하며, 선배 어르신들께서 피와 목숨으로 지켜내신 이 귀한 자유와 경제강국 대한민국을, 미래세대의 주역인 우리 아이들에게 잘 전하기 위해, 국민저항권을 행사하시면서 싸우시는 수많은 나라 사랑하는 국민 여러분 덕분에 자유대한민국이 지켜지고 적화가 막히고 있는 것입니다.

필사즉생의 각오로 늘 함께 싸워주시고 투쟁에 동참해주시는 온라인과 오프라인의 모든 애국국민들과 자유수호 용사님들께 다시 한번 존경과 감사의 말씀을 드립니다.

이 한파에도 굴하지 않고, 대한민국의 국익과 국가안보와 법치를 무너뜨리며 가장 귀한 주권자인 국민의 목숨을 천 명 넘게 앗아간 중공우한폐렴 확산의 주범인 좌파독재살인마 문재인이 내려오고, 구속되며 천벌을 받을 때까지, 대한민국 여론과 민심의 중심인 광화문 광장을 끝까지 지키고 자유대한민국을 수호하기 위해 힘차게 싸워 승리하겠습니다.

여러분! 끝까지 포기하지 않고 견뎌내며, 국민저항권을 행사하면서 저 악한 세력들과 맞서 이겨내고, 진실을 밝히며 정의가 구현될 때까지, 모두 한마음 한뜻으로 힘차게 화이팅입니다!

2021년 1월 2일 제178차

김정은 사망기원 처단! 중공우한폐렴 확산의 주범 문재인 구속!
한국과 미국의 부정선거 의혹 진실을 밝혀라!

"영하의 날씨에 광화문 광장에서 불어오는 칼바람까지, 체감온도가 영하 10도가 넘겠습니다. 이렇게 햇수로 5년 동안 대한민국 여론과 이념의 전쟁터인 광화문 광장을 지켜주셔서 정말 감사합니다. 새해에도 다 함께 힘차게 싸워 승리합시다!"

"공사 가림막에 막혀 정말 어려운 환경에서도 이어가시는 모습을 보고 참으로 마음이 답답하고 화가 나기도 했는데, 이렇게 극복해내시고 공사방해마저도 막거나 중단시키지 못한 K파티가 이렇게 뻥 뚫린 현장에서 다시 진행되는 모습을 보니, 올해에는 반드시 여러 난관과 방해 그리고 공격을 물리치고, 우리가 승리하는 한 해가 될 것 같습니다"

지난 토요일 행사를 잘 마친 뒤, 방송으로 현장을 중계해주신 유튜브 대표님들께서 응원과 격려의 말씀을 주셨습니다.

두달 간의 광화문 광장의 공사와 유물발굴 조사 등을 핑계로, 광화문 광장 중심지인 세종문화회관 앞을 파내기 시작하면서 사람 키가 넘는 공사막으로, 아예 K파티가 4년 동안 지켜오고 이어왔던 행사현장을 가로막았던 방해요소들이 드디어 사라지고, 뻥 뚫린 광화문 광장에서 새해 첫 K파티 광장수호 문화제를 경찰의 견제에도 불구하고, 축제의 분위기로 아주 잘 마칠 수 있었습니다.

지난 한 해 마귀가 지배하고 악마에 영혼을 판 사악한 자들이 대한민국을 집어삼킬 듯 기세등등하며, 우파진영을 궤멸시키려 하고, 교회와 성도를 넘어 기독교를 공산 치하에서 탄압하듯 무너뜨리려고 했으나, 여러분과 또 각자의 자리를 비우지 않고 빼앗기지 않으며, 자유를 지키고 대한민국을 수호하려는 귀한 하나님의 용사들에 의해, 자유대한민국이 지켜지고 이제는 저 악한 정권과 사악한 세력들이 무너지는 모습을 보고 있습니다.

새해는 하나님의 용사들이 승리하는 자유대한민국 수호, 극복, 승리의 해가 되길 소망하며, 함께 한마음 한뜻으로 초심을 잃지 않고, 어떠한 어려움과 난관 앞에서도 엎드려 기도하며 힘차게 나아가 연전연승으로 주님 안에서 승리하는 우리 모두가 되기를 기도합니다.

김정은 사망기원 척단! 중공우한폐렴 확산의 주범 문재인 구속!
한국과 미국의 부정선거 의혹 진실을 밝혀라!

"계엄령은 역풍이 불 수 있고, 지금 여러 가지 카드가 많이 남았는데, 지금 그런 걸 사용하지 않을 거라는 것과 연방대법원에 두 달 만에 직접 소송을 제기했고 결과를 낼 수밖에 없는 헌법소송 카드와 상원의장인 펜스 부통령의 역할 등 수많은 카드를 시의적절하게 구사하며, 각 파트의 전사들을 적재적소에 배치해서 총괄하고 있는 트럼프 대통령께서 지금 오케스트라의 지휘와 같은 역할을 아주 잘 하고 계신다는 대표님의 말씀에 마음이 놓입니다"

"특정 지역의 지지율 등을 제외하면 문재앙의 지지율은 20%대라는 말씀에 공감하며, 국민의 안위와 생명을 가장 위하고 지켜야 함에도 오히려 정반대로, 국민의 목숨을 죽게 만들고 백신을 제대로 확보하지도 못한 채, 앞으로도 더 많은 국민을 중공폐렴으로 죽게 만들 문재인은 천벌을 받고 구속될 것이라는 말씀에 전적으로 동감합니다"

이날 현장에서 방송을 중계하시는 유튜브 대표님들의 말씀이었습니다.

행사 진행 중, 갑작스럽게 정보경찰들 4, 5명이 들이닥쳐 1인 문화제를 보러온 사람들이 많다며 신고가 들어왔다는데, 보통의 일반인들이나 광화문에 좀비처럼 있는 좌파들의 신고는 경찰 지구대에서 경찰들이 신고가 들어왔다며, 소음 등 신고의 내용을 알려주는데, 헌법에 보장된 1인시위 형태의 행사를 방해하고 지나가다가 들린 사람들이나, 잠시 구경한다고 발걸음을 멈추는 사람들까지 겁주고 경고하는 행태를 보며, 적와대의 어떤 놈이 경찰에 이야기해서 이렇게 이례적으로 출동했구나 하는 생각이 들었고, 그놈들 보란 듯 더욱 문재앙과 김정은을 응징하는 퍼포먼스를 쎄게 진행했습니다.

미국도 대한민국에서 일어났었던 탄핵 사건에서 숨어있던 반역자 부역자 배신자들이, 종중세력과 좃북세력과 결탁해 자유우파 정권을 무너뜨리고 죄 없는 대통령님을 탄핵하고 억울하게 지금까지 차디찬 곳에 감금시킨 상태로, 부정선거까지 저지르며 불법 위헌 권력을 이어가려는 중범죄적 행태가, 지금 미국에서도 똑같이 숨어있던 배신자 반역자 부역자들이 일어나, 자유민주주의의 가치를 훼손하고 부정선거를 저지르며, 정의로운 투쟁을 덮으려 하고 적과 손을 잡으며 미국을 해치는 중범죄를 저지르는 일들이 일어나고 있습니다.

범죄를 저지르고 헌법을 파괴하며, 적국과 내통해 자국의 국익을 해치며, 국민에게 피해를 끼친 대한민국과 미국의 부정세력과 그 배후의 공산 사회주의 독재자들은 반드시 천벌을 받고, 영원한 지옥불로 추락해 고통을 받게 될 것입니다.

지금 전 세계의 자유를 지키려는 세력 및 국가들과 자유를 빼앗으려는 세력 및 국가들과 세계대전 한 가운데, 그 역사의 중심에 미국이 있고 한반도가 있습니다.

포기하지 않는 자는 결국에 승리하게 되고, 반드시 진실은 밝히게 될 수밖에 없음을, 우리는 지난 동서고금의 역사에서 확인할 수 있습니다.

피와 목숨으로 우리에게 이 귀한 자유와 풍요로운 경제 강국 대한민국을 전해주신 어르신들과 선배님들의 희생과 헌신을 잊지 않고, 끝까지 포기하지 않으며 이 귀한 유산을 미래 세대에게 잘 전할 수 있도록, 대한민국을 무너뜨리고 국민을 해치려는 저 악한 좌파독재세력과 맞서서 싸워 승리해야만 합니다.

엄동설한에도 함께 이 차디찬 광화문 광장을 지키며, 지난 한 해도 함께 문재인 좌파독재정권과 맞서 싸워주시고, 자유를 지키기 위해 헌신해주신 자유수호 용사님들과 유튜브 대표님들, 그리고 K파티 스탭동지님들께 진심으로 감사드립니다.

2021년 새해에도 문재인 전체주의 좌파독재정권이 무너지고, 김정은 3대 세습학살독재자와 씨진핑 공산독재자가 사라지고 제거되는 날을 위해, 힘차게 국민저항권을 행사하며 저들과 맞서 싸워 승리합시다!

2020년 12월 19일 **제176차**

김정은 사망기원 처단! 중공우한폐렴 확산의 주범 문재인 구속!
한국과 미국의 부정선거 의혹 진실을 밝혀라!

"영하 9도 가까이 되고 광화문 광장의 바람으로 체감온도는 영하 10도 아래로 내려갔음에도, 정장 한 벌만 입고 장갑도 착용하지 않은 채, 모든 방역규제와 금지를 피해 광화문 수호 1인 문화제를 오늘도 이어가는 모습에 눈물이 났습니다"

"이대표께서 발언한 것처럼, 지난 대한민국의 탄핵과 부정선거가 중공 공산당을 앞세운 전 세계 반자유세력들이 미국을 접수하고, 트럼프 대통령을 무너뜨리기 위한 수단으로 탄핵과 부정선거를 이번 대선과 트럼프 대통령 임기 내내 무너뜨리기 위한 테스트베드였고, 미국을 포함 전 세계를 사회주의화 시키기 위한 악의 세력들의 작업이었다는 생각이 들자, 참으로 소름이 돋았습니다"

중공폐렴 살인백신 결사반대!

계단에 새롭게 들어온 장비에서 나온 위 문구와 미국 건국의 아버지 조지 워싱턴 대통령, 공산세력의 중심인 소련을 무너뜨리고 냉전을 종식시킨 자유우파의 상징 레이건 대통령, 그리고 지금도 전 세계 자유를 지키기 위해 싸우고 계시는 트럼프 대통령의 모습과 대한민국 건국의 아버지 이승만 대통령, 대한민국 경제성장과 세계 속의 강군을 이룬 토대를 만드신 박정희 대통령, 지금도 얼어붙은 감옥에서 감금되신 채 끝까지 자유수호를 위해 저항하고 계시는 박근혜 대통령님의 모습까지 광화문 광장의 성지인 세종문화회관 계단에 펼쳐지자, 현장에 계시던 자유수호 용사님들 모두가 환호성을 질렀습니다.

행사를 진행하며 목을 축이기 위해 준비한 음료수가 얼음이 되어버린 영하의 날씨에도, 정말 많은 자유우파의 유튜브 대표님들과 자유수호용사님들께서 오셔서 전 세계와 전국 각지의 수만 명의 나라 사랑하는 국민들께 방송을 중계해주시고, 힘찬 응원과 화이팅을 외쳐주시며 현장에서 기도로 중보해주신 덕분에 감기도 몸살도 없이 최근 광화문 광장수호 문화제 가운데 가장 추웠던 날씨였지만, 행사를 잘 마칠 수 있었습니다.

이날은 행사를 준비하며, 트럼프 대통령 캠프 공식 현수막을 설치하고 있는데, 미국대사관 직원으로 보이는 미국인이 지나가다 발걸음을 멈추고, 유심히 살펴보더니 제게 다가와 유창한 한국어로 "멋집니다. 정말 수고가 많으세요"라며, 엄지척을 하고 가셨습니다.

이렇게 주말인 토요일의 광화문 광장은 수만 명의 대중교통을 탄 시민들과 행인이 지나갈 뿐만 아니라, 전 세계의 대사관과 정보기관원들 그리고 외신기자들과 외국 기업인들이 가장 많이 지나가는 대한민국의 민심과 여론의 중심일 뿐만 아니라, 전 세계 여론의 각축장이기도 한 곳이기에 아직도 미국의 연방헌법에 따라서 어떠한 결론도 확정적으로 나지 않은 미국 대통령선거를, 중국 공산당의 자금을 받고 미인계에 놀아나며 목줄이 잡힌 국내 좌우 친중세력들의 반미 언행과 악의적인 트럼프 대통령 비하와 왜곡과 음해로 혹세무민하고 있는 자들을 야단치며, 제대로 된 진실을 알리기 위해, 이날도 미국의 연방헌법과 선거법과 정치적 절차에 따른 사실을 광장에서 외치고, 아직 진행 중인 선거 관련 위헌적 소송과 주별 불법 부정선거 관련 소송들이 연방 대법원에 계류되어 결정이 남아있으며, 중공 등 외세의 이번 미국 대선 개입과 적국과 동조하여 미국을 해치고, 부정선거를 통해 정권의 뒤집으려는 내부 반역자들의 행위들까지 정보기관에 의해 정리된 보고서가 발표될 시점이 임박한 상황에서 국가비상사태까지 대통령 권한으로 긴급행정명령을 발동할 수 있는 절차까지 다 남아있음에도, 이를 부인하고 부정하며 애써 외면한 채, 친중 종중 적인 자세와 언행으로, 전 세계 자유를 빼앗고 전체주의와 공산 사회주의로 통일선전전술을 쓰고 있는 중공 씨진핑 독재정권의 앞잡이 노릇을 하는 대한민국의 무늬만 보수이고 겉만 우파인 친중 종중 간첩 역할을 하는 자들과 대놓고 시진핑 정권의 속국이자 졸개 노릇을 자처하고 있는 문재인 종중좌파독재정권은 반드시 천벌을 받고, 역사의 대죄인이자 반역자들로 기록되어 영원히 후대에 남겨지게 될 것입니다.

동상이 걸릴 것 같은 한파의 칼바람에도, 열사병으로 눈앞이 하얘지는 폭염의 더위에도, 4년을 이곳 광화문 광장에 서서 자유를 지키고 대한민국을 적화시키려는 종북 좀비 종중반자유세력들과 맞서 싸우며 지금까지 승리해온 것처럼, 앞으로도 변함없이 저희 K파티는 용맹하고 지혜로운 자유수호용사님들과 유트브 대표님들과 함께, 자유대한민국을 수호하기 위해 끝까지 광장을 지켜내고, 계속 승리하겠습니다.

여러분, 끝날 때까지 끝난 것이 아닙니다. 포기하는 순간 끝나는 것입니다.

끝까지 포기하지 말고, 자유를 지키며 대한민국을 수호하기 위해, 견디고 싸워 이기며 힘차게 나아갑시다!

GO TOGETHER!

2020년 12월 12일 **제175차**

김정은 사망기원 처단! 중공우한폐렴 확산의 주범 문재인 구속!
한국과 미국의 부정선거 의혹 진실을 밝혀라!

"오늘은 웬일인지 지난 2주 동안 그렇게 K파티 광장수호 문화제를 그렇게 방해하고, 괴롭히며 억압하던 세종문화회관 관계자들도 안 보이고, 시비를 걸던 경찰들도 하나 안 보이니, 이대표께서 등장하니 방해세력들이 다 사라지고 너무나도 조용하네요. 오늘은 정말 축제 분위기였습니다"

"광화문 광장 일대를 공사현장으로 만들고, 특히 세종문화회관 앞의 공사현장은 공사 칸막이도 광장 안의 칸막이가 높이보다 사람 키 이상으로 훨쩍 높은 거로 설치해서 K파티 행사를 완벽하게 가로막은 듯 보였는데, 그 상황에서도 계단에 이승만, 박정희, 박근혜 대통령과 성조기와 태극기를 빔으로 쏘며, 계단 위 중앙에서 김정은과 문재인을 혼내는 퍼포먼스는 정말 속이 다 후련했습니다"

이날 175번째 K파티 현장에 오셔서 방송을 중계해주신 유튜브 대표님들께서 주신 격려의 말씀이었습니다.

중공폐렴 방역파쇼 독재로, 자유우파세력들의 집회와 국민저항권을 막고, 억압하며, 행사와 집회를 중단시키기 위해 다양한 방식으로 지금도 공격하고 있지만, K파티는 4년 동안 한 번도 끊김 없이 광장수호 문화제를 지켜왔고, 저들의 방해와 테러시도와 공격에도 변함없이 같은 장소인 세종문화회관 앞에서 중공폐렴이 발생한 1월부터 지금까지, 거의 1년 동안 누적 총확진자 1천 명도 발생하지 않을 정도로, 방역을 잘 지키고, 초기에 중공 입국 금지와 마스크 수출금지를 통해 자국민들을 보호한 대만과는 대조적으로, 하루 중공폐렴 확진자 1천 명대라는 역대 최악의 무능력 무책임 방역으로 국민들을 억압하고, 자영업자들과 중소상공인들과 지역사회를 마비시키고, 죽이고 있는 문재인 좌파독재자를 규탄하며, 책임지고 물러난 뒤 측근비리 범죄와 헌법위반과 국가반역행위로 구속해야 한다고 광장 위 문재인에게 들리도록 힘찬 목소리로 좌파독재정권의 범죄와 실정을 규탄했습니다.

또한, 전 세계 자유를 빼앗으려는 씨진핑 공산독재정권과 공산 사회주의 독재국가들과 무정부주의 좌파재벌들과 반자유세력에 맞서 자유를 지키기 위해 전 세계 자유진영의 선봉에 서서 고군분투하고 계시는 미국 도널드 트럼프 대통령께서도 불법행위와 불의와 부정선거 등의 범죄와 반국가행위에 맞서 싸우면서 결코, 포기하지 않은 채 자유와 정의와 법치를 수호하기 위해 투쟁하고 계시는데, 우리 자유우파진영이 절망하고 낙담하며 포기해서는 절대로 안 될 것입니다.

앞으로도 변함없이 저희 K파티는 끝까지 포기하지 않고, 대한민국 여론과 민심의 중심인 광화문 광장을 지키며, 미래세대 아이들에게 이 귀한 자유와 경제강국 대한민국을 잘 전해주기 위해, 이승만 대통령님의 건국정신과 박정희 대통령님의 부국정신과 박근혜 대통령님의 자유수호정신을 이어받아, 자유를 끝까지 지키기 위해 싸우는 우파용사님들과 함께, 손에 손을 잡고 한마음 한뜻으로 대한민국을 수호하기 위해, 할 수 있는 모든 투쟁과 역할을 다하겠습니다!

2020년 12월 5일 **제174차**

김정은 사망기원 처단! 중공우한폐렴 확산의 주범 문재인 구속!
한국과 미국의 부정선거 의혹 진실을 밝혀라!

"지난주에 이어 이번 주도 이렇게 늑장 공사를 핑계 대면서 K파티 행사를 방해하고 있군요. 저 사악한 자들이 헌법에 보장된 표현의 자유를 끝까지 막으려 하고, 발악하는 것은 그만큼 저들의 끝이 보이는 것을 저 악한 자들도 스스로 느끼고 있다는 반증이라고 생각합니다"

"추운 날씨에도, 온갖 억압과 방해에도 보이지 않는 곳에서 행사를 컨트롤하고, 각자 맡은 역할로 준비와 세팅을 도우시는 분들, 용기 있게 기도로 행사를 진행하시는 애국가맘과 유튜브 라이브 방송을 위해 함께 하고 계시는 애국자님들을 보면서 눈시울이 붉어졌습니다. 여러분 덕분에 광장이 지켜지고 있습니다"

그렇습니다.

4년을 어떠한 공격과 억압과 방해에도 끊김 없이 대한민국 여론과 민심의 중심인 광화문 광장을 지켜낼 수 있었던 것은 국민저항권으로 끝까지 악의 세력들과 싸우며 함께 자유를 지켜낸, 광화문 광장수호 용사님들이 계셨기 때문이며, 기도를 들어주시고 응답해주시며 지켜주시는 하나님의 은혜 덕분입니다.

여러분, 중공이 왜 트럼프 대통령의 당선을 막으려 하고 바이든의 당선을 필사적으로 위하고 있는 것입니까?

그것은 바로 트럼프 대통령은 중공 독재자 씨진핑을 몰아내고 중국의 국민에게 자유와 인권을 가져다줄 수 있는 사람인 반면, 바이든은 중공의 돈에 본인과 자식이 목줄이 잡혀서 중공 씨진핑의 노예가 될 뿐만 아니라, 미국을 중공이 컨트롤하고 미국을 중공과 같은 사회주의 국가로 만들어 갈 수 있기 때문입니다.

그러므로 이번 미국 대통령선거는 미국만의 정치문제나 선거문제가 아닌, 전 세계 자유수호진영과 자유파괴세력의 대결이고, 자유민주국가들과 공산독재국가들간의 싸움이며, 빛의 세력과 어둠의 세력과의 전쟁인 겁니다.

미래의 대한민국과 자유진영과 전 세계 인류를 위해서라도 이번 전투는 미국 트럼프 대통령의 승리로 결과가 나야만 할 것이고, 반드시 그렇게 될 것입니다.

어떤 공권력도, 어떠한 악한 세력과 어두운 영적 세력이 막고 해치려 해도, 결코, 진실과 정의를 이길 수 없으며 자유와 인권을 영원히 억압할 수는 없습니다.

빛과 어둠의 대결에서 전 세계 자유를 지키려는 세력들과 자유를 빼앗으려는 세력들과의 전투에서 진실과 거짓의 싸움에서 결코, 빛의 세력과 자유를 지키려는 세력과 진실을 밝히려는 우리 자유우파 세력을, 저 사악한 자들과 악한 영의 세력들은 결코, 이길 수 없습니다.

지난 4년 동안 K파티 대표인 저를 수차례 치려고 시도했고, 또 덫에 걸리게 하려 했으며, 중공에서 들어온 자들의 테러시도를 통해, 토요일 K파티 행사를 끊고, 광장 수호를 무너뜨리려고 했던 자들과 맞서 K파티가 끝까지 지켜내고 이어가며 승리한 것처럼, 앞으로도 저와 K파티 용사님들은 변함없이 대한민국 여론과 민심의 중심인 광화문 광장을 끝까지 지키고, 자유대한민국을 수호하기 위해 힘차게 나갈 것입니다!

이번 174번째 광화문 광장수호 K파티 문화제를 진행해주신 애국맘님과 이 행사가 계속 이어지고 광장을 지켜낼 수 있도록 노력해주시고, 수고해주신 K파티 용사님들께 진심으로 감사드립니다.

2020년 11월 28일 제173차

김정은 사망기원 처단! 중공우한폐렴 확산의 주범 문재인 구속!
한국과 미국의 부정선거 의혹 진실을 밝혀라!

"정말 너무들 하네요. 저 인간들은 어떻게든 광화문 광장에서 마지막 남은 K파티의 문화제를 막으려 하고 끊으려 하는군요. 그럼에도 불구하고 보란 듯 모두가 하나가 되어, 4년을 이어온 K파티를 끝까지 지켜가는 모습에 눈물이 났습니다"

"좌파독재정권이 자신들의 치부와 무능과 부정과 비리들을 고무줄과 같이 중공폐렴 확진자를 조절하며, 사람의 목숨과 방역을 정권의 독재유지를 위해 악용하고, 수많은 국민을 죽게 만들고 국민의 기본권과 자유와 인권까지 침해하면서 공산 사회주의 벼랑으로 대한민국과 국민을 끌어가고 있는 이 참담하고 불법이 만연한 현실이 분노스럽기만 합니다"

영하로 내려가며 유난히도 강풍이 많이 부는 광화문 광장의 날씨는 더욱 추웠지만, 기동대와 경찰버스까지 문제가 생기길 기다리는 등 바로 앞에 대기하고 있고, 서울시와 관계기관에서는 광화문 광장의 공사를 핑계대며, K파티의 장소를 대부분 막아놓은 채 여기서 1인 문화제를 강행하면, 어떤 이유와 핑계를 대면서 못 하게 막고 중단시키려는 시도가 수차례 강하게 있었음에도 불구하고, 저와 실시간 통화를 하면서 문제를 해결하며 결국에는 저 악한 세력의 광화문 K파티 행사 궤멸 시도를 막아내고, 정말 열악하고 어려운 환경에서도 무사히 성공적으로 잘 마칠 수 있었음을 하나님께 영광과 존귀와 감사의 기도를 드렸습니다.

어떤 공권력도, 어떠한 악한 세력과 어두운 영적 세력이 막고 해치려 해도, 결코, 진실과 정의를 이길 수 없으며 자유와 인권을 영원히 억압할 수는 없습니다.

빛과 어둠의 대결에서 전 세계 자유를 지키려는 세력들과 자유를 빼앗으려는 세력들과의 전투에서 진실과 거짓의 싸움에서 결코, 빛의 세력과 자유를 지키려는 세력과 진실을 밝히려는 우리 자유우파 세력을 저 사악한 자들과 악한 영의 세력들은 결코, 이길 수 없습니다.

지난 173번째 토요일 K파티 행사를 끊고, 없애며 무너뜨리려고 했던 자들과 맞서 끝까지 지켜내고 이어가며 승리한 것처럼, 앞으로도 변함없이 대한민국 여론과 민심의 중심인 광화문 광장을 끝까지 지키고, 자유대한민국을 수호하기 위해 힘차게 나아가겠습니다!

제173차 광화문 K파티 광장수호 1인 문화제를 진행해주신 애국가맘님과 세팅을 도와주신 K파티 용사님들께 진심으로 감사드립니다.

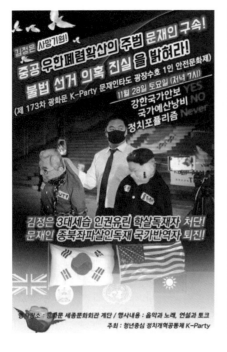

2020년 11월 21일 **제172차**

김정은 사망기원 처단! 중공우한폐렴 확산의 주범 문재인 구속!
한국과 미국의 부정선거 의혹 진실을 밝혀라!

"와…. 이대표님의 발언을 들으니 소름이 돋네요, 2000년 미국 대선에서 재검표까지 가면서 치열한 대통령 당선을 위한 연방대법원의 결정을 공화당의 조지 부시가 민주당 엘 고어를 누르고 승리하게 만든, 당시 공화당 부시 후보 측에서 대법원의 결정을 얻어낸 변호인단의 주역들 3명이, 지금 트럼프 대통령 재선을 위한 연방대법원의 대법관이 되어있다니, 정말 기대가 됩니다"

"국내의 언론과 방송은 침묵한 채, 결코, 알리지 않는 시진핑의 실각 위기와 반시진핑 연합전선을 이룬 상하이방과 공청단의 포위와 압박으로, 최측근의 권력도 박탈시키고 신문 제목에 반시진핑 진영의 수장 이름을 남기는 등 시진핑의 주변을 둘러싼 다섯 분야의 최측근들 속에 언제든 시진핑을 감금시키거나 제거할 수 있는 관리들을 포섭해두었다는 말씀을 들으니, 천멸중공도 내년에는 이루어지겠군요"

맞습니다.

지금 미국은 빙산의 표면과 같은 아주 작은 부분의 전쟁이 미국 대선 속에서 경합주 등에서 치열하게 일어나고 있는 듯 보이나, 빙산의 표면보다 수십 배 수백 배나 큰 빙산의 아래를 받치고 있는 물밑의 큰 부분이 존재하는 것처럼, 지금 전 세계는 2차 세계대전의 총과 포가 사라지고 사이버 전쟁과 생물학전의 3차 세계대전이 이미 시작되어, 자유를 빼앗으려는 공산주의 사회주의 좌파독재세력과 무정부 재벌 권력들과 자유를 지키려는 자유주의 법치주의 우파세력들이 각 진영의 명운을 걸고 치열한 전쟁을 이루고 있는 것입니다.

전 세계 반자유세력의 표면은 중국 공산독재자 시진핑이 서 있고, 자유세력의 표면은 미국 트럼프 대통령이 서 있으나, 그 표면 아래의 보이지 않는 곳에서는 선과 빛의 세력과 악과 어둠의 세력과의 영적 전쟁이 일어나고 있습니다.

사탄과 어둠의 세력은 결코, 하나님과 빛의 세력을 이기지 못합니다.

이들은 거짓과 왜곡과 공포와 협박으로 스스로 포기하게 만들고 혹세무민하며 우리를 쓰러지게 만들 뿐, 결코, 우리가 포기하지 않고 열정을 식게 하지 않으며, 끝까지 국민저항권을 행사하고 견디며 싸워 승리하는 종국적인 세력은, 바로 우리 나라 사랑하는 자유우파 애국국민들인 것입니다.

저 악의 세력들이 보여주고 있는 사악하고 더러운 발악에서 저들이 자멸하고 무너지고 있음을 우리에게 보여주고 있음을 느낍니다.

여러분, 가장 어두울 때가 빛이 시작하기 직전의 시기라고 합니다.

바로 지금이 이때입니다.

끝까지 포기하지 말고, 견뎌내며 싸워 승리를 얻어내는 우리가 되기 위해, 서로 손에 손을 잡고 한마음 한뜻으로 힘차게 한 걸음 한 걸음 나아갑시다!

2020년 11월 14일 **제171차**

김정은 사망기원 처단! 중공우한폐렴 확산의 주범 문재인 구속!
불법 선거 의혹 진실을 밝혀라!

"역시 K파티네요, 행사준비 전부터 보고 있었는데, 좌빨 좀비가 와서 시비를 걸더니 경찰이 오기 전 도망가고, 방송을 켜고 온 좌파 애를 이대표님이 웃으면서 김정은과 문재인 인형을 들고는 좌파들이 보고 있는 화면에 비추자, 소금 묻은 미꾸라지들처럼 난리가 나고 방송하던 녀석은 화면에 죄수복 입은 문재인과 김정은 인형이 안 나오게 하기 위해, 이리 도망가고 저리 피하면서 얼굴이 빨개지는 모습을 보면서 정말 통쾌하고 속이 다 후련했습니다"

"전태일 죽은 날이라고 총궐기로 10만 명이 모인다고 그렇게 난리가 날 것처럼 큰 소리치더니, 광화문 광장에는 가끔 출몰하던 좀비 몇 마리 말고는 좌파들은 거의 보이지도 않고, 역시 변함없이 K파티만 광화문 광장에 남아있군요. 정말 자랑스럽고 감사드립니다"

이날 행사 전부터 지켜보고 계셨던 용사님과 광장수호 문화제를 응원하기 위해 들리셨던 분께서 하신 말씀이셨습니다.

지난 토요일은 민족의 지도자이자 구국의 영웅이신 박정희 대통령님께서 태어나신 지, 103년이 되는 기쁜 날이었습니다.

구미 생가를 포함에서 전국 여러 곳에서 자유 우파분들의 박정희 대통령님 탄신 103주년 축하행사를 하셨고, 저희 K파티는 대한민국 여론과 민심의 중심인 광화문 광장에서 자랑스럽고 위대하신 부국지도자 박정희 대통령님의 탄신을 축하하고, 그 뜻을 기리며 박정희 대통령님을 상기하게 하는 육성 국민교육헌장과 연설, 노래가 광화문 광장에 널리 울려 퍼지면서 광장에 나온 행인과 차량 속 많은 시민들이 듣고 다시금 깨달을 수 있는 시간을 가졌습니다.

지금 미국에서는 제2의 진주만 폭격으로 비유되며 중공에 의해 확산된 중공폐렴 바이러스 공격으로 본토의 국민들 수십만 명이 죽고, 수백만 명이 감염되고 다치는 타격과 피해를 보고 있습니다.

트럼프 대통령께서는 이에 맞서 적국인 중공에 대해 중공 공산당과 인민군의 직간접적 지배를 받는 화웨이를 포함한 중공 대기업 31개의 투자와 채권거래와 금융거래 등의 모든 금전적 활동을 금지하는 행정명령을 시행하고, 지금도 자금난과 유동성 위기를 겪고 있는 중공의 대기업들을 무너뜨리고 있습니다.

지금 전 세계는 자유를 빼앗으려는 공산 사회주의 독재세력과 자유를 지키려는 자유민주주의 국가들과 세력들의 세계대전이 일어나고 있습니다.

이 상황에서 전 세계 자유진영 국가들과 세력들의 리더이자 수장인 미국과 트럼프 대통령과 함께 갈 것인지, 전 세계 반자유진영 국가들과 세력들의 앞잡이인 중공과 씨진핑과 손을 잡고 그 속국이 될 것인지, 국민에게 물어봐도 국민의 80% 이상이 씨진핑을 싫어하고 부정적으로 생각하고 있으며, 70% 이상이 중공을 반대하고 싫어하는데도, 문재인 종중좌파독재정권은 중공 독재자 씨진핑의 눈치를 보며, 속국인 듯 행세하고 널리 중공을 이롭게 하는 반헌법적 역적 행위를 지금도 다양하게 저지르고 있습니다.

국민의 목숨 단 한 명을 구하기 위해 모든 수단과 방법을 동원해야 함에도, 문재인은 그와 정반대로 중공폐렴 확신을 시킨 주범으로 주권자인 우리 국민 4백 명 넘게 사망하게 만들고, 중공백신 원료도 일부 포함되어 유통되고 있는 독감백신 접종 후 사망한 국민들이 백여 명이 넘는데도 중공의 눈치를 보는 듯 중단하지 않고, 백신접종을 강행하는 문재인과 그 졸개들은 반드시 천벌을 받으며 역사의 죄인으로 박제되어, 구속되고 감옥에서 살게 될 것입니다.

여러분, 끝날 때까지 끝난 게 아님을 잊지 말고 결코, 포기하지 않으며, 미래세대 아이들에게 이 귀한 자유와 풍요로운 경제 강국 대한민국을 잘 전해주기 위해, 국민저항권을 행사하면서 대한민국의 적화를 막아내기 위해 함께 한마음 한뜻으로 노력하고 싸워 승리합시다!

2020년 11월 7일 **제170차**

김정은 사망기원 처단! 중공우한폐렴 확산의 주범 문재인 구속!
불법 선거 의혹 진실을 밝혀라!

"70년 가까이 굳건한 한미동맹으로 북괴로부터 대한민국의 적화를 막아내고 자유를 함께 지킨, 대한민국과 미국이 서로 평행이론으로 같은 사건들을 겪고 있다는 이 대표의 발언에 정말 공감이 갑니다. 우리나라의 헌법재판소 역할까지 함께 하는 미국 연방대법원의 대법관이 8명으로 1명을 추가해야 할 때, 좌파의 눈치를 보지 않고 권한을 행사했던 트럼프 대통령과는 달리, 대한민국은 탄핵정국에서 1명의 공석이 생긴 헌법재판소 재판관을 강한 우파 헌법재판관을 임명하지 않아, 제대로 단결을 하지 못했기에 남아있던 약한 우파성향의 재판관도 흐트러지고 거짓의 촛불정국에 겁에 질려 책임을 회피하기 위해 8 대 0으로 불법탄핵을 결정하게 되었다는 말씀, 정말 공감하고 와닿았습니다."

"정말 대한민국에서 일어났던 사전우편투표의 부실관리를 넘어 명백한 부정 의혹이 제기된 것처럼, 이번 미국 대통령선거에서도, 중공폐렴을 핑계로 바이든 당선을 지지하는 민주당 쪽의 주지사들이 1억 수천 만장의 사전우편투표용지를 발송해서 그걸 모아 수천 장 단위로 투표용지와 투표권을 거래하는 투표 추수꾼 뿐만 아니라, 중공의 개입으로 중공에서 제작된 투표용지와 위조된 신분증인 주정부 운전면허증까지 미국에 들어오다가 세관에서 적지 않게 적발되고, 불법대선에 악용될 것이라는 한 달 전 이대표님의 발언이 그대로 현실화되는 것을 보고, 참으로 소름이 돋았습니다. 미국에서 진실이 반드시 밝혀져 정의가 승리할 수 있기를 함께 기도합니다."

이날 추운 날씨에도 마칠 때까지 방송을 통해, 나라걱정을 하는 애국국민들께서 진실을 알 수 있도록, 헌신적으로 활동하시는 유튜브 대표님 두 분께서 하신 말씀이셨습니다.

미국과 한국의 자유를 지키고 나라를 수호하려는 국민들이 지금 같은 처지에 놓여 있고, 큰 위기에 처해있으며, 편파적이고 왜곡을 일삼는 언론과 방송에 의해 선동되고 있습니다.

그러나, 미국은 숫자로 밀고 나가는 떼법이 쉽게 통하지 않는 나라이며, 건국의 아버지들이라 일컫는 초대 정부 지도자들이 인기 영합적인 선동가에게 국민들이 혹세무민 당하지 않도록, 헌법 중심의 법치국가로 미국을 만드셨기에 모든 주의 직권남용이나 불법 부정행위 또는 피해를 끼치는 범죄행위에 대한 판결이나 결정이 불법 부당하다고 생각되면, 최고헌법기관인 연방대법원에 최종적인 항소를 할 수 있으며, 이번

선거도 각 주의 법과 판단이 연방헌법에서 규정하는 선거법과 절차를 위반하는 경우에는 연방대법관 9명 중 과반이 넘는 5명이 결정하는 쪽으로 최종판결이 날 것이며, 연방헌법에 따라 선거가 결정되고 대통령이 정해지게 될 가능성이 매우 높습니다.

그렇기에 누구도 법적으로 당선되지 않은 대통령선거의 결정은 앞으로 빠르면 3주 전후로, 늦어도 12월 말에서 1월 초 사이에는 결정이 나게 될 것입니다.

추가로 9번째 연방대법관에 임명된 연방헌법 주의자인 에이미 베럿 대법관의 합류로, 4 대 4로 결론을 내지 못했던 연방헌법이 정하는 선거 개표인정 우편투표 도착 시한을 선거일이었던, 11월 3일 오후 8시 전으로 도착한 투표만 유효하다는 연방헌법에 따른 결정을 내리면, 트럼프 대통령이 확보할 주별 선거인단의 수는 급격하게 증가하고 선거인단 과반확보를 넘어, 대통령 당선 소식을 우리가 들을 수 있게 될 것입니다.

앞으로도 저희 K파티는 전 세계의 자유를 지키려는 국가들과 세력의 맏형이자, 최일선에서 선봉 역할을 맡은 미국 대통령의 선거가 연방헌법의 결정에 따라, 트럼프 대통령이 당선되고 자유를 빼앗으려는 중공을 필두로 하는 반자유 독재세력과의 세계전쟁에서 반드시 승리할 수 있도록, 응원하고 지지하며 자유대한민국의 우파세력도 머지않아 승리할 수 있기를, 기도하고 행동으로 실천하겠습니다!

우리는 할 수 있습니다.

우리는 해낼 것입니다.

우리는 승리할 것입니다!

위대한 대한민국을 위해, 함께 갑시다!

2020년 10월 31일 제169차

김정은 사망기원 처단! 중공우한폐렴 확산의 주범 문재인 구속!
불법 선거 의혹 진실을 밝혀라!

'K파티 창립 4주년'

"미국 대통령선거에서 부정선거가 없으면 트럼프 대통령이 압승을 하고, 부정선거가 있더라도 승리하게 된다는 말씀 이해가 갔습니다. 에이미 베럿 대법관 지명이 그래서 중요한 것이었군요"

"처음 대통령에 당선되자마자, 딥스테이트와 정치 기득권에 의해 러시아 스파이로 몰렸지만 이를 돌파했고, 특검과 탄핵을 당할 처지에 빠뜨렸음에도 정공법으로 승리했으며, 중공폐렴에 걸렸음에도 넉넉히 이 위기를 극복해냈으며, 기득권과 언론과 방송 그리고 여론조사기관까지 모두가 트럼프를 쓰러뜨리기 위해 협공을 퍼부어도, 끝까지 포기하지 않고 견뎌내는 저력이 승리의 원동력인 것 같습니다."

맞습니다.

끝까지 포기하지 않고, 공격을 견뎌내며, 저들이 무너지고 쓰러질 때까지, 버티고 이겨내는 필사즉생의 자세와 불굴의 정신이, 반드시 승리를 이끌어오게 된다는 것을 트럼프 대통령의 모습에서 다시금 느낄 수 있었습니다.

주변의 모든 환경과 둘러싸고 있는 상황이 최악이고, 칠흑 같은 어둠에 갇혀있더라도, 스스로 포기하지 않고 끝까지 인내로 견뎌내며, 승리한다는 확신으로 강하고 담대히 행동하며 나아간다면, 반드시 승리를 얻고 자유대한민국을 지킬 수 있음을, 4년간 광화문 광장에서 K파티 문화제를 통해 깨닫고 얻게 되었습니다.

지난 4일이 K파티가 창립하고 광화문 광장에 들어온 지, 만 3년에 햇수로 4년이 되는 날이었습니다.

약하고 비굴하게 피하는 자에게는 더욱 공격하고 억압하지만, 강하고 담대히 맞서 싸우는 자에게는 꼬리를 내리고 줄행랑을 치는 좌파들의 모습과 행태를 보면서 자유를 지키기 위해서는 용기와 인내 그리고 지혜가 갖춘 채, 필사즉생의 각오로 저 악하고 어두운 무리들과 싸워야 승리할 수 있다는 지혜를 얻게된, 귀한 4년간의 광장수호 전투에서 더욱 단단해지고 강인해지고 있는 자신을 돌아보며, 이런 인고의 시간을 통해 성장시키시고 발전시키시는 하나님의 은혜와 축복에 진심으로 감사드리며, 지금 엎드려 기도하게 됩니다.

　자유를 빼앗으려는 반자유 독재세력과의 세계전쟁에서 자유를 지키려는 전 세계 자유수호세력과 자유진영 국가들은 반드시 승리하게 될 것이며, 우리 대한민국의 자유수호자들과 함께 저 악한 세력과 어둠의 무리들을 물리치고, 자유를 지키게 될 것입니다.

　지난 4년간 한 번도 빠짐 없이 대한민국 여론과 민심의 중심인 광화문 광장을 앞으로도 끝까지 지켜내며, 선진강국 자유통일 대한민국을 미래세대의 주역인 우리 아이들에게 잘 전할 수 있도록, 앞으로도 변함없이 용감한 자유수호용사님들과 함께 손에 손잡고 힘차게 정진하며 승리하겠습니다!

　강한 국가안보! 굳건한 한미동맹! 자유수호의 길에 우리 모두 함께 갑시다!

　GO TOGETHER!!!

2020년 10월 24일 제168차

김정은 사망기원 처단! 중공우한폐렴 확산의 주범 문재인 구속!
불법 선거 의혹 진실을 밝혀라!

"지나가다가 들렀는데, 맞은편 미국대사관에서 들을 수 있도록 한미동맹 강화와 이승만 대통령님과 박정희 대통령님, 그리고 박근혜 대통령님의 모습을 광화문 광장에 보여주시고, 3년이 넘도록 광화문 광장을 지켜주셔서 정말 감사합니다."

"이대표님의 예측대로 조 바이든은 추악한 범죄와 비리가 폭로되며 계속 추락하고, 트럼프 대통령은 포기하지 않고 원칙과 정의로 끝까지 견뎌내며, 결국은 역전을 하고 압승으로 재선을 할 것 같습니다."

이날 광화문 광장에 오셨다가 행사현장에 들리신 애국 국민들께서 주신 말씀이셨습니다.

전 세계 좌파들은 종국적으로 공산주의 사회주의를 넘어 독재정권을 목표로 하고, 그렇게 시도를 계속해오고 있습니다.

그 공통점들이 바로 사람의 목숨, 인명을 중하게 생각하지 않고 목숨을 가볍게 여기며, 생사를 정치의 도구화, 권력유지를 위한 이용을 하는 것입니다.

지금 대한민국을 적화시키려는 자들은 위와 같이 독재 사회, 공산사회를 추구하고, 국민들을 혹세무민하며 공포정치, 파쇼방역정치, 초법적정치를 불법적으로 위헌적으로 행하면서 국민의 자유와 인권 그리고 표현의 자유를 억압하고 있습니다.

백신독감 사망자가 얼마가 나오건 국민의 걱정과 불안은 무시하며, 자신들의 권력유지에 이용하고, 왜곡하며, 더 큰 수치를 선정적으로 제시하면서 국민의 경각심과 분노를 둔감하게 만들며 혹세무민을 하고, 필요할 때에는 중공폐렴 감염자 확산을 이용하며, 독감백신 사망자를 둔감하게 만드는데 악용할 수도 있는 자들이, 문재인 전체주의 좌파독재자와 그 졸개들입니다.

한국의 좌파들뿐만 아니라, 미국의 대선에서도 좌파들의 하는 짓들은 상당히 유사합니다.

바이든 부자의 국익을 해하며 사리사욕을 챙긴 반역 비리와 아들 조 바이든의 노트북에서 나온 성관계 동영상, 마약, 부통령 아버지를 활용해 중공 등으로부터 돈을 받고 미국과 미국민에게 피해를 준 사건들까지, 자신들이 저지른 범죄들이 명확하게 드러나고, 치명적인 거짓말이 들통나고 있어도, 끝까지 모르쇠로 일관하며 버티고 또 다른 거짓과 선동으로 덮고 가려 하는 행동들까지, 전 세계 종중 좌파들과 자유를 빼앗으려는 세력들의 패턴과 행태는 거의 같다고 해도 과언이 아닐 정도입니다.

지난 자유우파정권이 거짓과 선동을 일삼는 종중과 종북세력과 우파 내의 종중 반역자, 부역자, 배신자 세력들과 함께 벌인 공작에 무너지고 빼앗겨버렸습니다.

다시는 이와 같은 사태가 일어나지 않도록, 진실을 덮으려는 거짓과 싸우고, 정의를 짓밟으려는 불의와 싸우며, 자유를 빼앗으려는 국내외 반자유세력들과 맞서 저희 K파티는 끝까지, 자유대한민국의 여론과 민심의 중심인 광화문 광장을 지켜내고, 전 세계 자유수호자들과 함께, 저 악의 무리들과 싸워 승리하겠습니다.

2020년 10월 17일 **제167차**

김정은 사망기원 처단! 중공우한폐렴 확산의 주범 문재인 구속!
불법 선거 의혹 진실을 밝혀라!

"이야! 이대표님께서 말씀하신 그대로 트럼프 대통령의 재선 승리가 흘러가고 바이든 부자의 비리가 터지며, 경합주에서도 트럼프 대통령의 승리가 예측되네요. 전 세계 자유를 지키려는 국가들과 세력, 그리고 자유를 빼앗으려는 국가들과 세력의 세계대전이라는 말씀이 딱 맞아떨어집니다. 반드시 전 세계 자유수호 세력의 선봉장 트럼프 대통령이 승리할 겁니다"

"드디어 여론조사에서 응답한 국민의 반 이상이 자신이 범보수요, 범우파라고 자신 있게 답했다는 소식을 들으니 더욱 힘이 나고, 희망 가득한 진실의 말씀을 전해주시면서도, 속이 후련한 퍼포먼스로 독재자 문재앙과 학살자 북돼지를 처단하고, 혼내주셔서 일주일 쌓인 스트레스와 화가 다 풀립니다."

지난 토요일 라이브방송을 위해 현장에 오신 유튜브 대표님들께서 하신 말씀입니다.

이날과 오늘 토요일까지 광장에 나온 애국 국민들을 채증하고 방역법 위반 또는 집회시위법 위반으로 고발하는 사례를 늘려서 1단계로 완화된 뒤에도 우파국민들의 자유로운 집회 시위활동을 통제하고 억압할 것이라는 이야기가 있었는데, 이날 정말 그런 일들이 낮부터 광화문 광장에서 일어나고 있었습니다.

주변의 연두색 경비경찰들 빼고도, 사복 차림의 경찰들이 여러 명 있었고 채증을 하거나 보통 때보다 더욱 엄격하게 지켜보며, 경찰버스까지 바로 앞에 대기시키고 있었습니다.

제가 1인 문화제 도중 방해를 받는 느낌을 받아 도저히 안 되겠다 싶어서 계속 부담감을 주는 일부 경찰에 대해 헌법에 보장된 1인시위가 방해받는 것에 관한 발언을 수차례하고 나자, 잠시 뒤 바로 앞의 경찰버스가 이동해서 30m 옆으로 간 뒤 방해가 없어졌고, 마칠 때까지 진행을 방해하거나 중단시키는 등의 일이 일어나지 않았습니다.

그런 엄하고 긴장된 분위기 조성에도 불구하고, 예전보다 광화문 광장 일대에 점점 늘어나는 인파와 상당히 많은 1인시위를 하시는 애국국민들이 나오셔서 용감하게 표현의 자유와 국민저항권을 행사하고 계셔서 더욱 힘이 났고, 정말 감사한 마음이 들었습니다.

아무리 덮고 가리고 숨겨도, 자유와 진실과 정의를 막을 수 없으며, 하나님께서 허락하신 지금의 시대정신이 자유를 부르고, 진실이 깨어나며, 정의가 승리하기 시작하는 필연적 흐름의 과정이기 때문입니다.

광복절이나 개천절이나 결코, 특정한 날을 잡아 저들의 초공권력과 파쇼방역의 공격에 구속되고 처벌받고 덫에 걸리지 않고도, 용기와 함께 지혜롭고 인내심을 가지며 한 걸음 한 걸음 코끼리 걸음을 가지고 나아가면 되는데, 다들 대한민국의 적화를 우려하며, 급한 마음에 저들의 덫에 걸리며 계속 당하고 쓰러진 분들이 많았습니다.

그러나, 이제는 1인시위를 용감하고 지혜롭게, 다양한 테마와 방법으로 진행하는 자유우파 용사님들이 광화문 광장을 나오기 시작했고, 앞으로 여러 큰 사건들이 계속 터지면서 이번 겨울이 지나면, 걷잡을 수 없을 정도로 비리와 권력 비리들이 점점 더 늘어나고 밝혀지며, 경제위기까지 더욱 심화되어 못 살겠다면서 광장에 문재인 때려잡자고 나온 국민들로 꽉 차는 날이 오게 될 것입니다.

승리의 그 날까지 K파티는 초심을 잃지 않고, 변함없이 대한민국 여론과 민심의 중심인 광화문 광장을 직기며, 자유대한민국을 수호하기 위해 힘차게 자유를 빼앗으려는 반자유 독재세력과의 맞서 싸워나가겠습니다!

2020년 10월 10일 **제166차**

김정은 사망기원 처단! 중공우한폐렴 확산의 주범 문재인 구속!
불법 선거 의혹 진실을 밝혀라!

"이야! 속이 다 후련하고 시원합니다! 일주일 스트레스 받고 화병이 쌓였는데, 매주 토요일 K파티 방송촬영을 올 때마다 쌓은 스트레스와 화가 갑갑했던 가슴이 뻥 뚫리면서 사라짐을 느낍니다. 북괴 쌍십절에 이렇게 광화문 광장에서 살인마 김정은을 가져다 놓고 처단하고 로켓발사하니, 기분 좋은 것을 넘어 짜릿함을 느낍니다"

"치사율이 높은 초기의 중공우한폐렴 S형과 V형은 다 사라지고, 동성애발 유럽형 GH형의 중공폐렴 바이러스는 감기보다도 약하다고 하는데, 이 전체주의 좌파독재정권은 재미가 들렸는지, 파쇼방역과 헌법을 초월한 위법행위와 초공권력으로 헌법에 보장된 집회시위 결사의 자유를 침해하고, 감염전파의 위험이 가장 큰 만 원 지하철과 실내 밀집 공간의 인파는 가만히 두고, 우파진영의 행사나 표현의 활동을 막는 범법행위와 초법적 행위는 반드시 기억해두고 정권이 바뀐 뒤 반드시 처벌해야만 합니다"

이날 라이브방송을 위해 오신 유튜브 대표님들의 말씀이셨습니다.

우리는 지금 불합리하고 억울하며 말도 안 되는 불법이 판을 치는 현실에서 살아가면서 헌법에 보장된 국민의 주권과 표현의 자유를 지키기 위해, 불리하고 어려운 환경에서도 자유대한민국을 수호하고, 국가안보를 지켜내며, 폭압하는 문재인 전체주의 좌파독재정권과 맞서 싸우기 위해 헌법에 보장된 국민저항권으로 저 악하고 초법적인 세력과 맞서 싸우고 있습니다.

각자의 주어진 환경에서 할 수 있는 일과 역할을 다 하면서 크고 작은 활동을 꾸준히 끊김 없이 이어나가는 것이 중요하며, 지혜 없는 용기만으로는 저 초공권력으로 억압하고 공격하려는 자들에게 필패할 수밖에 없음을 명심해야 한다고 생각합니다.

우리 우파진영에서 이제는 지도자들도, 유튜버들도, 참가자들도, 스스로를 돌아보고, 모든 자유수호 활동을 시작하기 전에 악법으로 또는 초법적으로 억압하는 저들에게 밀리지 않고 당하지 않으며 끊기지 않기 위해, 어떤 행사와 활동을 시작하기 전에 법을 공부하고 법적인 공격을 피해가고 막을 방법도 연구하며 우파 변호사님들께 자문도 구하면서 시위나 집회나 문화제등의 활동에서 저들에게 약점을 보이지 않고, 트집잡히지 않으며, 공권력으로 틈을 벌리고 들어와 해산시키거나 막거나 체포하는 등의 억압과 공격을 예방하고, 대비하며, 막을 수 있는 지혜가 더욱 필요한 시점이라고 판단됩니다.

또한, 우리 스스로가 각자의 역할과 자리에서 자유대한민국을 지키기 위한 활동을 꾸준히 이어가면서도, 지혜롭고 현명하게 공권력을 가진 저들을 상대해서 이겨낼 노력과 준비가 되어있는지 반성해야 합니다.

점점 국제사회는 중공 공산독재를 비난하고 싫어하며, 자유를 빼앗으려는 사회주의 공산세력들과 맞서 싸워서라도, 자유를 지키고 인권을 보호하며 주권을 지키기 위해, 결사 항전의 태세로 미국을 필두로 전 세계 자유국가들과 자유세력은 하나로 뭉치고 있으며, 저 악의 세력들을 무너뜨리기 위해, 온 힘을 다해 노력하며 싸우고 있습니다.

우리도 자유를 빼앗으려는 세력들과 맞서 전 세계 자유를 지키려는 모든 자유국가와 자유세력과 손을 잡고 한마음 한뜻으로, 자유를 지키고 대한민국을 적화시키려는 반자유세력들과 맞서 싸워 승리하며 자유대한민국을 지켜야만 할 것이고, 우리 미래 세대 아이들에게 우리가 전해 받은 것처럼, 이 귀한 자유와 풍요로운 경제 강국 대한민국을 잘 물려줘야만 할 것입니다.

시대는 자유의 승리를 말하고 있습니다.

누구도 막을 수 없는 코끼리 걸음(Elephant Walk)으로, 한 걸음 한 걸음 손에 손잡고, 함께 힘차고 담대하게 나아갑시다!

2020년 10월 3일 제165차

한가위 특집 김정은 사망기원 처단! 중공우한폐렴 확산의 주범 문재인 구속!
불법 선거 의혹 진실을 밝혀라!

"광화문 광장 일대 전체가 철장으로 겹겹이 둘러싸여 어떤 행사나 집회, 시위도 원천 봉쇄되었다며 4년 동안 한 번도 빠지지 않고 광화문 광장에서 유일하게 이어온 K파티도 이번에는 불가능할 거라며, 오후 6시에도 세종문화회관 앞은커녕, 그 주변도 진입할 수 없었다고 발걸음을 돌리는 분의 말을 듣고 그냥 가려고 하다가, 그래도 K파티는 할 것 같아서 7시가 넘어 왔다가 K파티를 가로막던 철장펜스가 철거되고 사라지는 것을 보며, 눈물이 눈 앞을 가릴 정도로 울었습니다"

"이대표님이 행사 장비와 짐을 철장 속에서도 땀을 뻘뻘 흘리며 1인 문화제를 준비하는 모습과 대형 태극기를 게양하는 장면을 보고, 광장을 다시 수복하는 감격에 마음이 울컥했습니다. 우연인지는 몰라도 평소보다 늦게 행사준비가 끝나자마자, 경찰이 밤늦게까지 유지한다고 언급했던 철장펜스가 다 뜯기고 열리며 사라지는 모습에서 재인산성과 철장펜스를 극복하고 이겨내며, 문재인 전체주의 좌파독재정권도 머지않아 무너지고 천벌을 받게 될 것이라는 확신이 들었습니다"

모두가 불가능하다고 포기하거나 시도하다가 중단했었던, 몇 겹의 철제펜스로 미로와 같이 만들고 모든 집회와 행사, 심지어는 헌법에 보장된 1인시위를 광장진입 자체를 만 명이 넘는 경찰병력을 동원한 채 차단을 했던 개천절의 광화문 광장을 K파티가 예정시간보다는 다소 늦었으나, 겹겹이 둘러싼 철장펜스 속에서 장비 세팅을 하고, 국민의례를 위한 대형 태극기를 게양하자, 라이브방송을 위해 현장에 도착한 유튜브 대표님들 사이에서 환호성이 들리며, "광화문 광장을 수복했다!", "결국, 재인산성을 세운 문재앙은 헛짓거리를 했고 자유우파를 막지 못했다!"라는 목소리가 나왔습니다.

결국, 주권자인 국민의 자유와 인권을 막지 못하고 사라진 경찰병력과 경찰버스들 그리고 독재정권의 철장펜스가 사라지는 모습에서 결국 공권력을 남용하고 초헌법적 불법 범죄행위로 자유를 막고, 국민저항권을 억압한 저 문재인 전체주의 좌파독재정권의 몰락이 가속화되며 몰락이 점점 가시화되고 있음을, 개천절 광화문 광장을 수복한 165번째 K파티 문화제를 성공적으로 마치며, 곧 다가올 자유우파의 승리를 확실하게 체감할 수 있었습니다.

"중단하는 자는 승리하지 못한다"는 박정희 대통령님의 말씀을 다시 한번 마음에 새기며, 4년 동안 한 번도 포기하지 않고, 중단하지 않았으며, 끝까지 지켜온 광장수호를 위한 전투를 저희 K파티가 끝까지 이어가면서 승리하며, 자유대한민국을 수호하기 위해 앞으로도 할 수 있는 모든 일과 역할에 최선을 다하겠습니다.

여러분, 결코, 포기하지 말고, 끝까지 인내하고 견뎌내며 최종승리를 위해 국민저항권을 행사하면서 끝까지 저 대한민국을 적화시키려는 종북 종중 반자유세력들과 맞서 싸워 승리합시다!

2020년 9월 26일 제164차

살인마 김정은 사망기원 처단! 중공우한폐렴 확산의 주범 문재인 구속!
불법 선거 의혹 진실을 밝혀라!

"개천절이 일주일이나 남았는데 벌써부터 광화문 광장을 철제펜스로 치고 경찰버스들이 나타나 K파티 행사장소인 세종문화회관 앞에 대기하고 있네요. 헌법에 보장된 주권자의 표현 자유를 막고, 중공폐렴바이러스를 초기에 차단을 못 한 채, 중공의 눈치를 보다가 중공 입국도 못 해, 중공 폐렴 바이러스의 창궐로 국민 수만 명을 감염시킨 채 국민의 귀한 목숨을 390명이나 넘게 만든, 헌법수호 의지가 없고 이적죄를 저지르고 있는 문재앙을 반드시 구속하고 사형시켜야 합니다"

"북괴가 우리 국민인 공무원이 차가운 물 속에서 수시간 묶여 끌려다니고, 수십 발의 사격으로 사살시키며, 시신을 불태워 죽이는 동안, 군당국과 해군은 지켜보기만 하고, 실시간 보고를 받은 문재인은 아무렇지 않은 듯 아카펠라 공연을 본 뒤, 뻔뻔하게 유엔 화상연설에서 종전선언과 평화를 외쳤는데, 국민을 죽게 만든 문재인과 국민이 죽고 타는 것을 지켜만 본 군당국 관계자 모두 엄벌하고 책임을 물어야만 합니다"

이날 철제펜스와 경찰버스들이 등장한 광화문 K파티 현장에 들리신 회원 동지님과 유튜브 대표님께서 하신 말씀입니다.

국방과 안보를 맡긴 군에게 국민의 혈세로 봉급을 주며, 주권자인 국민의 생명을 지키고 안위를 위하라고 임무를 부여했는데, 그 책임과 의무를 다하지 못한 군당국과 책임자들은 모두 군법에 따라 처벌을 해야만 할 것이며, 하루가 지날 때마다 전문 내용이 달라지고, 북한의 문구와 표현이 아닌 부분들이 너무 많아, 북괴 김정은의 통지문이 아닌 조작 되었거나, 김정은의 권력이 붕괴한 듯한 글 하나에 덮고 가자는 좌파독재정권과 좌파정치권의 역적 행위에 대해 단호히 우파정치권과 자유세력은 공무원을 사살하고 불태운 사상 초유의 사건에 대해 반드시 국정감사와 특검수사를 요구하고 관철해야만 할 것입니다.

국민의 목숨을 잃게 만들어 놓고 미안하다고 하면 결코, 안 될 뿐만 아니라, 살인에 대한 범죄적인 책임과 죄, 그리고 살인을 방관하고 방조한 죄를 엄하게 물어 일벌백계로 역사의 기록에 남겨야, 다시는 이런 비극적인 사건이 일어나지 않을 것이고, 국군이 주권자인 국민을 필사즉생의 각오로 보호하고 생명을 지켜내는 엄중한 의무와 책임이 다시금 회복될 것이기 때문입니다.

이날도 어김없이 종북 좌파들의 방해와 경찰신고도 들어왔지만, K파티 1인 문화제 양쪽으로 각각 1인시위를 하시고, 맞은편 1인시위 용사님까지, 함께 나라 사랑하는 하나의 마음으로 광화문 광장을 잘 지킬 수 있게 허락하심을 하나님께 감사드리며 기도합니다.

2020년 9월 19일 **제163차**

살인마 김정은 사망기원 처단! 중공우한폐렴 확산의 주범 문재인 구속!
불법 선거 의혹 진실을 밝혀라!

"아브라함 동맹으로 오랫동안 서로를 적으로 여기고 싸우며 늘 전 세계의 화약고라고 불렸던 중동의 이슬람 국가들과 유대 국가인 이스라엘이 서로 손을 잡고, 역대급 평화를 가져온 주요 역할을 해낸 트럼프 대통령이 있는 미국이 부럽고, 지난 대선에서 유일하게 트럼프 대통령의 당선을 예측한 1위 여론조사기관 라스무센에서 트럼프 대통령이 바이든을 제치고 드디어 역전했다니 정말 기쁩니다"

"반도체에 이어 IT와 통신. 그리고 항공산업까지 중공이 미국의 기술을 함부로 이용하거나 부품을 사용하지 못하도록 제재를 통해, 전 세계에 일대일로를 외치며 전체주의 황제국가의 위세와 공산주의의 침투로 자유국가들을 어려움에 빠트렸던 중공 씨진핑 독재정권을 무너뜨리고 있는 미국과 전 세계 자유진영 국가들에게 큰 박수를 보냅니다"

"중공을 널리 위하며, 중공우한폐렴 초기 중공의 으름장에 대만과는 달리 중공입국금지도 못한 채, 우리 국민 수백 명의 귀한 목숨을 잃게 하고, 기업들을 중공에 붙들려 못 빠져나오게 만든 문재인 독재정권은 곧 망할 것입니다"

그렇습니다.

시대의 흐름과 국제정세를 애써 모른 척하고 널리 중공과 북괴만을 위하려 노력했던, 문재인 종중종북좌파독재정권의 말만 믿고 국내에만 안주하던 대다수 대기업이 중공과 잡은 손을 놓지 못해 기업의 위기에 처하게 되었고, 아시아 태평양 안보협의체에서 빠지게 만들어 대한민국의 국익을 해치고 국민을 위험에 빠뜨린, 전체주의 독재자 문재인은 역사의 대역죄인으로 남게 될 것이고 천벌을 받게 될 것입니다.

이날도 저희 K파티는 163번째 광장수호 문화제를 잘 마치며, 광화문 광장에 이승만 대통령님과 박정희 대통령님과 박근혜 대통령님의 모습을 빛나게 비추며, 광화문 광장을 자유우파의 광장으로 잘 지켜낼 수 있었습니다.

대한민국의 국민이 죽고 불태워지며, 이에 대해 어떤 항의나 대응은커녕 눈치만 보고, 헌법을 위반하며 지키지 못하는 무책임하고 무능력하며 사악한 문제인 전체주의 좌파독재정권이 무너지고, 구속될 때까지, 그리고, 앞으로도 변함없이 희망의 씨앗과 폐허 속에서 움트는 새싹처럼, 중공 독재정권이 무너지는 것을 보며 아우성치는 좌우의 종중 친중세력들과 3대세습살인독재자 김정은의 지도력 상실로 절망하고 있는 종북세력과 맞서 끝까지 대한민국 여론과 민심의 중심인 광화문 광장을 지키고, 자유우파 청년들과 K파티가 앞장서서 자유대한민국을 수호하겠습니다!

2020년 9월 12일 **제162차**

살인마 김정은 사망기원 처단! 중공우한폐렴 확산의 주범 문재인 구속!
불법 선거 의혹 진실을 밝혀라!

"국내에 안주하고 외부의 변화에 발 빠르게 움직이고 대응했던 삼성은 사업확장의 기회와 미국으로부터 반도체 위탁생산이라는 선물과 전 세계 1위 통신사로부터 수조 원의 통신장비와 5G 시스템 구축사업을 수주받는 역대 최대의 실적을 내는 것에 반해, 중공과 손을 떼라는 전 세계 자유진영의 경고를 무시하고 화웨이와 끝까지 손을 잡고, 외부의 변화를 읽지 못한 채 중공과 엮이고 수조 원어치의 더욱 많은 투자를 중공 본토에 쏟아붓는 등 국제사회와 정반대의 길을 고집하며, 계속 중공과 화웨이의 손을 놓지 못한 SK와 LG는 전 세계 경기불황 가운데 최대의 위기를 겪게 되는군요"

"중공우한폐렴의 프레임을 만들고 거기에 스스로 갇혀버려 재택근무도 아닌, 방안에 틀어박혀서 재택 대통령 선거운동이라는 엉뚱한 짓으로, 민주당 내부의 하원선거 후보자들과 당내 지지자들에게도 원성이 자자한 친중 바이든과는 반대로, 중공우한폐렴 극복을 외치고 경제회복과 일자리 증가라는 희망을 이야기하며, 중공이 얘기한 전 세계 공포와 공황을 극복하면서 국민들 속으로 들어가서 선거유세를 이어가는 트럼프 대통령의 지지율이 상승세를 계속 이어가며, 미국 국민에게 희망을 주고 있다는 국내의 언론과 방송에서는 들을 수도 없는 귀한 내용을 말씀해주셔서 정말 감사합니다"

이날 라이브방송을 위해 오신 유튜브 대표님과 지나가며 격려하신 자유우파 동지님께서 하신 말씀이셨습니다.

건국의 아버지 이승만 대통령님과 대만의 초대총통인 장개석의 염원이었지만, 당시 미국 아이젠하워 대통령의 반대로 이루어지지 못했던, 아시아 전체를 아우르는 유럽의 북대서양방위조약기구인 나토와 같은 아시아 태평양 방위조약을 만들기 위한, 미국 트럼프 정권의 제안과 참여를 거절하고, 핵심 환태평양 안보국가로 대한민국의 위상을 올릴 수 있는 이와 같은 아시아 태평양 방위체계에서 혈맹인 미국의 손을 뿌리치며, 일본과 인도 그리고 호주가 핵심 참여국가로 앞장서고, 우리 대한민국의 안보강화 기회를 박탈시키고 4개 안보협의체에서도 빠져 주변 들러리 국가처럼 위상을 추락시킨 중공의 눈치만 보다가, 천우신조의 기회를 놓쳐버린 문재인 종중좌파독재정권은 반드시 천벌을 받게 될 것이고, 대한민국의 국익을 해치고 국민의 안위를 위험에 빠뜨린 전체주의 독재자 문재인은 국민에 의해 구속되고 감옥에서 평생을 살게 될 것입니다.

다가오는 전 세계의 변화 가운데, 미국을 필두로 전 세계 자유진영국가들과 자유세력과 손을 잡고, 우리 자유우파진영의 애국 국민들은 각자의 자리와 주어진 역할에 최선을 다하며, 할 수 있는 모든 실천과 노력으로 공산주의 세력과 독재주의자들과 맞서서 끝까지 자유를 지키고 대한민국을 수호해야만 할 것입니다.

이날도 행사를 잘 마치고 여러 방해와 공격 가운데에도 4년 동안 162회의 K파티 광화문 광장수호 문화제를 지켜주시고 이끌어주신 하나님께 감사의 기도를 드렸습니다.

앞으로도 변함없이 K파티는 이념의 격전지이자 최일선인 광화문 광장을 끝까지 지키고, 자유를 빼앗으려는 적화세력과 반대한민국 세력에 맞서 싸우며 승리하겠습니다.

다가오는 전 세계의 변화 가운데, 미국을 필두로 전 세계 자유진영국가들과 자유세력과 손을 잡고, 우리 자유우파진영의 애국 국민들은 각자의 자리와 주어진 역할에 최선을 다하며, 할 수 있는 모든 실천과 노력으로 공산주의 세력과 독재주의자들과 맞서서 끝까지 자유를 지키고 대한민국을 수호해야만 할 것입니다.

이날도 행사를 잘 마치고 여러 방해와 공격 가운데에도 4년 동안 162회의 K파티 광화문 광장수호 문화제를 지켜주시고 이끌어주신 하나님께 감사의 기도를 드렸습니다.

앞으로도 변함없이 K파티는 이념의 격전지이자 최일선인 광화문 광장을 끝까지 지키고, 자유를 빼앗으려는 적화세력과 반대한민국 세력에 맞서 싸우며 승리하겠습니다.

"와! 화웨이 코리아가 2007년에 생겼는데, 2008년과 2009년에 SK텔레콤이 화웨이와 손잡고 WCDMA와 2G, 3G 무선망 구축 계약체결을 하고, 2010년에는 LG유플러스와 KT까지 화웨이와 손잡고 통신망 설계와 솔루션 그리고 장비도입까지 해서 이미 10년 전부터 지금까지 중공 인민군과 공산당의 조종을 받는 화웨이에게 수천억 원 규모의 매출을 안겨다 준 주범이 대한민국의 대기업들이자 통신 3사였다니, 안 알려주셨으면 모를 뻔했습니다"

"국내의 편향된 언론과 방송과는 달리, 방송사 대표이신 이대표님이 미국 트럼프 대통령의 재선 근거와 사실에 기반한 소식을 알려주시니, 두 달 사이 십여 프로 차이였던 각 여론조사의 결과마저도 박빙 또는 역전으로 트럼프 대통령의 상승추세가 이어지고, 재선의 승리가 거의 확실시 됨을 알게 되었습니다. 결국, 미중 전쟁도 미국의 완승으로 이어지고, 말씀대로 대선 승리 전후로 북에서도 사망 소식 등이 나오겠군요"

예, 그렇습니다.

트럼프 재선 승리를 일찌감치 예측하고 국제전략 방향을 잡은 삼성은 IBM 반도체 위탁생산 체결에 이어, 사상 최대의 미국으로부터 선물이라고 할 수 있는 미국 1위이자, 세계 1위인 1억8천만 명의 고객을 지닌 버라이즌 통신사와 5년간 8조 원어치의 사업 수주를 따낸 반면, 끝까지 고집을 부리며 좌파정권의 비위를 맞추고 중공 공산당의 눈치를 보며, 미국의 경고와 기회를 무시한 SK하이닉스는 전체 매출의 11%가 넘는 3조 원대의 화웨이 반도체 공급이 미국의 제재발표로 인해 중단되고, 끝까지 5G 통신에서도 화웨이를 고집한 LG유플러스의 계열사인 LG디스플레이는 화웨이에 공급하는 스마트폰용 OLED와 화웨이TV에 부품을 공급하지 못하게 되는 타격을 받게 되었습니다.

그러나 이것은 빙산의 일각일 뿐, 화웨이와 손잡고 가는 SK와 LG의 주력 계열사들의 매출도 추가적인 제재를 받아 큰 손실을 보게 되는 분위기와 소식이 미국 정보기관으로부터 흘러나오고 있습니다.

소 잃고 외양간 고치는 일을 대한민국의 대기업들이 하지 않기를 바라고, 이 기업들이 종중 친중짓을 하도록 이끈 문재인 종중좌파독재정권이 중공을 끝까지 지지하고, 기업들에게 계속 중공 투자를 압박하고 유도한다면 대한민국 경제는 더욱 추락하게 될 것이고, 기업들은 추가적인 제재를 면치 못할 것이며, 이에 대한 모든 책임과 매국 행위와 역적범죄에 대한 엄한 처벌을 반드시 받게 될 것입니다.

앞으로도 대한민국의 국익을 최우선으로 하고 국민의 안위를 가장 위하는 저희 K파티는 매국적 행위로 중공을 널리 이롭게 하는 친중공기업들과 좌우의 종중스파이들 그리고 사사로운 이익을 위해 대한민국을 해치고 있는 매국 행위자들을 규탄하고 이들이 천벌을 받도록 계속된 활동을 이어나가겠습니다.

여러분, 미국을 필두로 하는 전 세계 자유진영 국가들과 세력들과 손에 손잡고, 우리 함께 자유대한민국을 지키며, 중공과 북괴와 대한민국의 공산좌파세력들과 맞서 싸워 승리합시다!

2020년 8월 29일 **제160차**

살인마 김정은 사망기원 척단! 중공우한폐렴 확산의 주범 문재인 구속!
불법 선거 의혹 진실을 밝혀라!

"지난주에 이어 이번 주도 공격이 들어오는군요. 술에 만취한 자가 주변의 1인시위 하시는 여성에게 다가가 의도적으로 헌법에 보장된 1인시위를 방해하고, 성추행하며 폭행까지 저지른 뒤 이를 말리러 간 여성분까지 폭행을 가하며 쓰러뜨린 뒤, 또 폭행과 성추행을 가한 자가 결국에는 현행범으로 체포되어 경찰차에 실려 가다니, K파티가 광화문 광장에서 4년째 우파행사를 빠짐없이 이어가니 저렇게 종북좌파가 주기적으로 공격을 하는군요, 여성분들 큰일 날 뻔했습니다"

"폭우가 내리는 광화문 광장에서 세종문화회관 계단에 비친 레이저 퍼포먼스에서 나타난 이승만 건국대통령님, 박정희 경제보국대통령님, 박근혜 자유통일대통령님의 모습에 비가 내리자, 세분의 대통령님께서 지금의 대한민국의 현실을 보시며 눈물을 흘리시는 듯한 이미지가 보여 제 눈에 눈물이 흘렀습니다"

이날 1인 광장수호 문화제를 방송하기 위해 오신 유튜버 대표님들의 말씀이었습니다.

8월 15일 다음 주인 22일에도 영적인 공격이 이어지며, 누전사고로 한 번의 감전과 한 번의 발전기 누전쇼크로 꺼졌으며, 네온 디스플레이까지 타들어 가는 일이 발생한 데 이어, 지난주 29일에도 최근 들어 가장 폭력적이고 성추행까지 저지르며 안하무인을 넘어, 살기가 느껴질 정도로 마치 고정간첩 또는 종북 폭행 전문 껄베이 같은 자가 행사를 방해하고, 폭력을 가하며 중단시키려고 한 것을 보며, 대한민국을 적화시키려는 반자유세력들과 종북주사파들이 마지막 남은 유일한 우파행사이자, 광화문 광장에서 4년 동안 이어온 저희 K파티를 치려고 하며, 중공폐렴 파쇼방역독재의 억압과 공격을 넘어, 이제는 쓰레기 같은 전문 방해꾼이 등장해 활동과 행사를 막으려는 시도들이 앞으로도 계속 이어질 것입니다.

그럼에도 불구하고, 한 팔이 잘리면 또 다른 한 팔로, 한 다리가 잘려나가면

남은 한 다리로 서고, 두 팔과 두 다리가 다 잘려도 숨이 남아있는 순간까지, 대한민국의 국익을 무너뜨리고 국민의 안전과 목숨을 해치는 문재인 종중종 북좌파독재자가 패망하고 구속될 때까지, 헌법에 보장된 국민저항권을 행사하며 자유를 지키고 대한민국을 수호하기 위해 필사즉생의 각오로 할 수 있는 모든 일과 역할을 다하며, 엎드려 기도하고 섬기며 힘차게 나아가겠습니다!

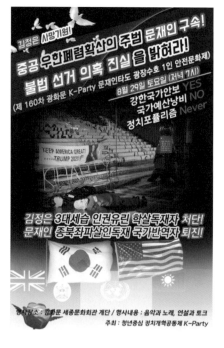

2020년 8월 22일 **제159차**

살인마 김정은 사망기원 처단! 중공우한폐렴 확산의 주범 문재인 구속!
불법 선거 의혹 진실을 밝혀라!

"행사 도중 누전으로 연기가 계속 일어나고, 이대표님은 감전사고까지 크게 날 뻔했으며, 스피커까지 갑작스런 강풍에 넘어져 부서진 것을 보며, 8.15 이후 광화문 광장에서 자유우파의 행사가 끊길 것을 바라던 뭔가가 끝까지 행사를 방해하고 중지시키려 한 것 같은 생각이 들어 소름까지 돋았습니다"

"눈앞이 잘 안 보일 정도로 심한 폭우와 강풍, 그리고 천둥과 번개가 내리치는 상황에서도, 강하고 담대하게 광화문 광장을 지키는 모습에 큰 감동과 감사함을 느꼈습니다. 여러 사고 가운데 끝까지 행사를 마쳐주셔서 정말 감사합니다"

이날 방송중계를 위해 참여하셨던 유튜브 대표님들의 말씀이셨습니다.

8.15 이후, 중공폐렴 파쇼방역 독재로, 공포정치를 넘어 초법적 위헌적 범죄행위까지 저지르며, 22일 모든 집회와 행사를 막으려 했던 악한 공권력 남용 독재정권의 방해와 협박에도 4년 동안 한 번도 빠짐 없이, 끊김 없이 이어온 K파티 문화제를 우여곡절 끝에 159차로 잘 마칠 수 있었습니다.

지난 토요일은 보통 때와는 달리, 보이는 적 또는 종북 좌파 방해세력들의 공격이 아닌, 보이지 않는 악의 세력과 어둠의 기운이 쎄게 들어온 날이었습니다.

이날은 특히 여러 가지 위험한 사고와 일들이 있었지만, 하나님께서 지켜주셔서 폭우 속에서도, 감전 사고의 위험에서도, 안전하고 건강하게 행사를 잘 마칠 수 있도록 허락하신, 하나님께 영광과 찬양과 존귀와 감사의 기도를 올립니다.

게다가 천둥 번개가 치는 폭우 속에 갑작스럽게 강한 돌풍이 불어, 메인 스탠딩 스피커가 쓰러져 파손되어 고장까지 나는 상황까지 겹친 가운데, 폭우에 누전된 전류에 의해 감전이 되어, 몸 전체가 크게 손상을 입거나 목숨까지 잃을 수 있는 사건들까지 한꺼번에 겹쳤습니다.

행사 전, 그리고 도중에 세 번의 위험이 있었는데, 행사 직전 감전되어 사고가 날 뻔한 것과 비에 젖은 네온을 따라 전류가 젖은 전선표면을 타고 역류해서 발전기가

광장수호 자유수호 문화제 행사기록 · 291

쇼트가 와서 꺼져 타거나 고장 날 뻔한 것, 그리고 멀티콘센트에 이날 따라 쎈 빗줄기 폭우로 비닐을 튕겨내며 물이 들어가, 네온이 터기 시작해 화재가 발생할 뻔한 것까지, 이와 같은 폭우 속 누전사고로 제가 심장 쇼크로 목숨까지 잃거나, 마비 등으로 큰 사고가 날 수 있었음에도, 생사를 주관하시는 하나님께서 지켜주셨습니다.

경찰 관계자에 따르면, 최근 들어 처음으로 좌우 모두, 광화문 광장에서 어떤 집회도 행사도 없었던 토요일이었으며, 유일하게 K파티만 광장에서 행사를 치른 날이었다고 합니다.

그만큼 악의 세력들이 이것을 견디지 못하며, 총공세를 벌였다는 느낌이 강하게 들었고, 그럼에도 K파티 행사를 강행하며 좌파세력과 영적 세력에게 야단을 치고, 속으로 기도하며 기를 담아 포효하듯 외치고 나니, 어둠의 기운과 악의 영이 상당히 뒤로 후퇴하며 지켜보는 느낌을 받았습니다.

22일 토요일 저녁 천둥 벼락 폭우라는 악천후 속에서도 지켜주신 하나님께 감사의 기도를 드리며, 늘 지켜주시고 이끌어주시며 역사하시는 하나님만 바라보고 붙잡고 나아가야겠다는 확신이 다시금 들었습니다.

앞으로도 어떤 공격과 방해에도, 변함없이 대한민국 여론과 민심의 중심인 광화문 광장을 지키고, 비우고 내려놓으며 엎드려 기도로 자유대한민국을 지키기 위해 힘차게 나아가겠습니다!

2020년 8월 15일 **제158차**

건국절 특집 살인마 김정은 사망기원 척단! 중공우한폐렴 확산의 주범 문재인 구속!
불법 선거 의혹 진실을 밝혀라!

"8.15에 특정 집회를 떠나 나라를 사랑하고, 걱정하는 국민들이 자발적으로 나와 광화문 광장을 가득 채운 것이 얼마나 두려웠는지, 저 좌파독재정권은 자유우파 국민들을 탄압하고 프레임을 씌우며 차별하는데, 결코, 저 거짓되고 악한 독재정권은 역풍을 받고 오래가지 못할 것입니다"

"불법선거의 진실을 끝까지 밝히기 위해, 불법탄핵을 규명하기 위해, 부동산 폭망 정책 등 서민을 힘들게 만드는 문재인 독재자의 폭거에 저항하기 위해 광장에 나온 인파는 정말 대단했습니다. 이들이 가고 나서도, 인기에 연연하지도 않고 변함없이 밤늦게까지 광화문 광장을 지키고 있는 K파티의 귀한 역할에 힘찬 응원을 보냅니다"

이날 건국 72주년 8월 15일에 광장에 모였다가 저녁에 K파티 1인 문화제에 들리셔서 힘찬 응원을 해주신 우파활동가 유튜브 대표님께서 주신 귀한 말씀이었습니다.

중공우한폐렴이 이미 7월 말부터 창궐했음에도, 이 모든 프레임과 책임 전가를 8월 15일에 문재인 퇴진과 친중종북좌파독재정권 타도를 외치며 전국에서 모인 애국 국민들에게 시키고, 14일부터 17일까지 전 국민에게 쿠폰과 할인권을 뿌려가며 중공우한폐렴에 대한 경각심을 떨어뜨리고, 방역의 구멍을 만든 책임이 문재인 독재정권에게 있다는 국내 최고의 방역전문가와 교수들의 말에는 침묵한 채, 광화문 광장 일대에 나라 사랑하는 국민 개개인이 모여 문재인 퇴진과 실정을 규탄했다고, 초법적인 개인의 신상정보와 통신기록 사생활 추적 등을 통해, 참여자 모두를 범죄인으로 몰고 모든 책임을 전가하는 문재인 전체주의 독재정권의 실상을 우리는 지금도 보고 겪고 있습니다.

통신사에 위치추적과 통신 내역을 요청해 광화문 광장 일대만 특정해서 수사하게 하도록, 보건복지부가 그 영역과 범위를 정했다고 하는데, 이는 법의 형평성에도 어긋나고 차별적 직권남용 또는 직무유기까지 적용해 관련자들을 처벌할 수 있는 범죄행위입니다.

집회가 금지된 민노총의 종각 지역 집회가 수천 명이 모인 가운데 기자회견으로 둔

갑을 했다고 해서 군중들이 모인 불법 집회가 합법이 되는 것도 아니며, 서로 삼삼오오 바닥에 앉거나 서서 마스크를 내리고 침을 튀겨가며 대화와 구호가 오가고, 마주보고 담배를 피우는 등의 방역위반 행위에 대해서는 방역당국과 지자체 그리고 경찰에서 조사는커녕, 불법 집회 해산명령도 하지 않고, 심지어는 참가자들에 대한 중공폐렴 검사 명령도 권고도 하지 않은 채, 자가격리를 시키도록 하지 않는 차별적 조치를 취한 지자체와 방역 당국도 이 자들의 중공폐렴 확산 위험성에는 특혜를 주듯 눈감고 모르쇠하는 것도 심각한 범법행위일 것입니다.

독재정권의 공권력 남용과 반헌법적 차별행위는 그 자체가 범죄이며, 시간이 지나서라도 이 공권력 악용 범죄행위는 수사하고 엄중히 처벌해야만 할 것입니다.

헌법에 보장된 표현의 자유와 주권자인 국민이 행사할 수 있는 국민저항권까지 이런저런 핑계로 제한하고, 심지어는 중공우한폐렴 검사를 받지 않으면 집회뿐만 아니라 1인시위와 1인 문화제까지도 제한하고 처벌하려는 파쇼적 전체주의 독재권력의 횡포와 공격에 선제적으로 방어하기 위해, 검사까지 받고 음성 결과를 갖고 오늘 토요일 저녁 광화문 광장에 설 수 있다는 것 자체가 참으로 분노가 치밀어 오르며 참담하기까지 합니다.

그럼에도 불구하고, K파티는 어떤 공격과 방해에도 지혜롭고 용기 있게 저들과 맞서 싸우며, 끝까지 대한민국 여론과 민심의 중심인 광화문 광장을 지키고, 대한민국의 적화를 막아내기 위해 엎드려 기도하며, 할 수 있는 모든 노력을 다하겠습니다!

2020년 8월 8일 제157차

살인마 김정은 사망기원 척단! 중공우한폐렴 확산의 주범 문재인 구속!
불법 선거 의혹 진실을 밝혀라!

"비가 폭우로 억수같이 내리는데도 모자도 없이 우산도 안 쓰고 행사를 진행하고 마치는 모습을 보니 마음이 짠합니다. 비가와도 눈이 와도 변함없이 광화문 광장을 지켜주셔서 정말 감사합니다"

"광화문 광장에 트럼프 대통령이 나타났다! 실물과 너무 똑같아서 놀랐습니다. 반드시 이번 11월 선거에서 트럼프 대통령이 당선되고, 천멸중공 전쟁, 전 세계 자유를 지키려는 국가들과 자유를 빼앗으려는 중공 공산독재정권과의 싸움에서 반드시 자유진영 국가들이 승리할 것입니다"

감염법 등으로 집회가 금지된 지난 2월 말 이후로 6개월 동안 비가 오는 날도, 비가 예보된 날도 늘 행사를 준비할 때가 되면 비가 그치고 땅이 말라서 한 번도 비가 제대로 내리지 않았다가, 지난 토요일에 처음으로 폭우가 쏟아지면서 눈과 입으로 빗물이 흘러내려 눈을 잘 못 뜰 정도로 정말 시원하게 비가 내렸습니다.

늘 함께 1인 문화제를 진행하기 전, 보이지 않게 도와주시고 행사 장비와 세팅을 묵묵히 섬겨주시는 K파티 용사님들 덕분에 이날도 행사를 마친 뒤 늦은 시간까지 장비가 마르고 잘 정리될 수 있도록 도와주시고 힘이 되어주신 덕분에 잘 마칠 수 있었습니다.

광화문 광장을 4년째 지켜오면서 감염병 관리법 등의 법적인 악조건과 늘 공격에 방해까지 없는 날이 거의 없을 정도로, 거짓촛불의 성지였던 이곳을 보이지 않는 곳에서 응원해주시고 기도해주시는 여러분과 또 지방에서 올라오시며 현장에서 묵묵히 준비를 도와주시고, 행사 뒤 마무리까지 큰 힘이 되어주시는 자유수호자님들과 이 모든 섭리를 주관하시고 역사하시는 절대자 하나님께서 함께 해주시는 덕분에 이렇게 늘 승리하고 광장을 지켜낼 수 있음을 엎드려 기도하며 진심으로 감사를 드립니다.

앞으로도 변함없이 대한민국의 안보와 법치와 자유를 지키기 위해, 우리나라를 적화시키려 하고 전복시키려 하며 속국으로 만들려는 종북 종중세력들과 맞서 싸워 승리하며, 광화문 광장을 지키고 자유대한민국을 수호하기 위해 전 세계 자유진영을 지지하며 자유우파 세력들과 한마음 한뜻으로 힘차게 나아가겠습니다!

2020년 8월 1일 **제156차**

살인마 김정은 사망기원 처단! 중공우한폐렴 확산의 주범 문재인 구속!
불법 선거 의혹 진실을 밝혀라!

"자유와 인권과 평화를 사랑하고 지키려는 모든 자유민주국가와 자유세력이 하나로 연합해서 나치와 파쇼의 전체주의 악령을 부활시키고 있는 중공 씨진핑 독재정권과 맞서 싸우자는 미국 트럼프 정권의 전면전 선포에 우리 자유우파의 모든 세력이 한마음 한뜻으로 지지하며, 동참하자고 선언한 이대표님의 제안을 적극적으로 동의하고 응원합니다."

"불법 탄핵의 진실규명과 억울하게 감금당하고 계신 박근혜 대통령님의 감금해제와 불법선거의 진실규명과 부정선거가 밝혀져 국회가 해산되고 다시 총선을 치르는 것과 중공과 북괴 등의 공산주의와 반기독교주의에 맞서 기독교를 지키고, 멸공과 반공을 외치며 공산주의 해체를 이루기 위한 투쟁도, 전 세계 자유진영의 선봉장을 자처하며 공산독재세력과 선전포고를 선언한 미국 트럼프 대통령이 재선되어야 하며, 이후 이어지는 자유수호전쟁이 정말 필수적이고, 중공과 북괴와 문재인 종중종북좌파독재정권까지 무너뜨릴 수 있다는 대표님의 발언에 동감하며, 저도 할 수 있는 모든 노력을 다할 것입니다!"

자유우파진영을 위해 낮부터 수고하시고, 방송으로 헌신해오신 유튜브 대표님 두 분께서 현장에 오셔서 방송중계를 하시고 행사를 마친 뒤 하신 말씀입니다.

이날은 특별히 감사하게도 하루 종일 비가 내리고, 저녁이 되면 서울 전역에 폭우가 내려 장비의 고장문제와 여러 어려움으로 여러 단체에서 예정되었던 집회를 취소하거나, 규모를 축소 또는 행사 시간을 단축했을 정도로 폭우의 걱정들이 많았습니다.

그러나, 준비 전 기도하고 행사 전 기도하며, 오늘 행사도 지켜주시길 절대자이신 하나님께 기도를 드리고 시작했는데, 행사준비부터 마칠 때까지 광화문 광장과 행사장의 바닥이 마를 정도로, 100%로 기상정보에서도 예상되었던 폭우도 내리지 않았으며, 행사의 어떠한 어려움도 없이 잘 마칠 수 있었습니다.

광화문 현장을 둘러보시던 애국심이 투철한 경찰 간부께서 제게 오셔서 "K파티가 행사하면 비 온다던 날씨도 비가 그치거나 마치는데 참 신기하네요. 한 곳을 지키시는 한결같은 그 노력에 애국의 뜻과 의지와 진정성을 느낄 수가 있습니다"라고 덕담을 주고 가셨습니다.

특히 해외에서 도착해서 투입된 블랙 티라노사우루스가 김정은과 문재인을 씹어먹는 퍼포먼스와 신발짝으로 맞는 퍼포먼스, 그리고 민족의 학살자 북괴 김정은이 관짝에 들어있는데, 그 속에 따라 들어가는 문재앙 관짝 퍼포먼스까지, 행인과 청년들까지 사진을 찍고, 박수를 치는 모습에 뜨거운 현장의 열기와 분위기를 느낄 수 있었습니다.

앞으로도 저희 K파티는 변함없이 법치를 지키고, 헌법을 수호하며, 합법적으로 광화문 광장을 끝까지 지켜내겠습니다.

하나님께서 하나님의 때에 하나님의 방법으로 역사하시고 이루시며 최종적인 승리를 허락하실 때까지, 더욱 낮은 자세로 섬기고, 엎드려 기도하며, 행동으로 나라 사랑을 실천하겠습니다.

2020년 7월 25일 **제155차**

살인마 김정은 사망기원 척단! 중공우한폐렴 확산의 주범 문재인 구속!
불법 선거 의혹 진실을 밝혀라!

"야! 광화문 광장에서 신발짝을 던져서 문재인과 김정은을 맞추는 퍼포먼스를 하다니, 정말 속이 다 후련하고 스트레스가 풀려 기분이 시원합니다. 역시 재미와 풍자까지 담아, 지나가는 청년들과 행인도 동참하고 박수를 보내는 K파티의 행사는 최고입니다!"

"을지로와 종각 등지에서도 정부 정책에 반대하는 국민들의 집회와 자유우파의 애국집회가 개최되어 기분은 참 좋았는데, 2월 말부터 집회가 금지되어 3.1절에도 광화문에서 집회가 없었을 정도로, 지금도 어떤 대규모 군중 집회도 광화문 광장에서 개최되지 못한다는 게 참으로 화가 나고 답답한 마음이 듭니다. K파티가 자유우파의 명맥을 이어가며 이 광화문 광장을 끝까지 지켜주세요!"

낮 집회를 마치고 K파티 현장에 들리신 유튜브 대표님과 애국용사님의 말씀이었습니다.

이날은 4.15 부실 부정 불법 선거에 대한 진실규명을 외치던 검찰청 앞 대규모 블랙시위와 함께, 6.17 부동산 대책에 분노한 청년들과 국민들이 신발을 들고 을지로 일대에서 촛불집회가 개최되었을 뿐만 아니라, 광화문 광장과 일대의 집회금지로 인해 중단되었던 태극기 집회가 종각 일대에서 다시 개최되었고, 전국 각지에서 블랙 1인시위도 진행되는 등 정말 많은 곳에서 다양한 연령대의 국민들이 문재인 친일좌파독재정권의 실정과 불법행위와 정책 등에 반대하면서 현 정권을 규탄하는 국민저항권 행사가 일어난 의미깊은 날이기도 했습니다.

그러나, 어김없이 광화문 광장에서는 집회금지가 되어 어떤 단체도 집회 및 시위를 이어가지 못했고, 저희 K파티만 남아 광화문 광장을 지키며 155번째 광장수호 블랙 문화제를 잘 마칠 수 있었습니다.

신발열사님께서도 들리셨고, 두 아이와 함께 서울광장 시의회 앞에서 1인시위를 이어가시는 용사님께서도 오셔서 함께 국민저항권을 행사하시며, 함께 광화문을 지켰습니다.

이날의 인기 퍼포먼스는 김정은과 문재인을 앞혀두고, 신발을 던져서 맞추는 퍼포먼스인데, 지나가던 청년들과 학생들까지 멈춰 서서 자신의 신발을 던질 정도로, 반응과 호응이 좋았고 심지어 하이힐을 신고 있던 젊은 여성까지 신발을 던져 맞추기도 했습니다.

또한, 전 세계적으로 10대와 20대에서 대유행을 하는 관짝댄스 음악과 함께, 김정은을 관에 집어넣고 어깨에 들고 춤을 추는 퍼포먼스도 큰 박수를 받았습니다.

행사를 마치고 수박을 잘라서 나눠드리며 한 여름밤의 블랙문화제를 마친, 시원한 날씨에 정말 뜻깊은 행사였습니다.

저희 K파티는 앞으로도 변함없이 광화문 광장을 끝까지 지키고, 법을 지켜가면서 헌법과 법치수호를 외치며, 8월 15일도 국민저항권을 행사하면서 자랑스러운 대한민국의 상징 태극기와 함께, 대한민국 여론과 민심의 중심인 광화문 광장에 우뚝 서 있겠습니다.

2020년 7월 18일 **제154차**

살인마 김정은 사망기원 처단! 중공우한폐렴 확산의 주범 문재인 구속!
불법 선거 의혹 진실을 밝혀라!

"8월 15일에 광화문 광장 전 지역에 집회가 금지되었고, 모든 집회는 불법으로 집회 참가자들과 주최자들까지 고발하고 벌금을 부과한다고 하니, 대규모 집회는 불가능하겠네요. 그러면 결국 8월 15일에도 K파티만 광화문 광장을 지키겠네요. 끝까지 광화문에 남아 광장을 지켜주시길 부탁드립니다!"

"이야! 광화문 광장에서 문재인에게 신발을 던지고, 신발로 싸대기를 때리는 퍼포먼스를 볼 줄이야! 김정은도 소대가리 망치로 두들겨 맞고, 정말 속이 다 시원합니다"

이날도 광화문 광장에서 변함없이 자유우파의 목소리와 총체적인 부실 부정 불법 선거 의혹에 대한 진실규명을 외치고, 중공우한폐렴 확산의 주범이자, 주권자인 국민을 290명이 넘게 죽게 만든 대한민국을 적화시키려는 문재인 친중종북좌파독재자의 퇴진과 구속을 외치며, 대한민국의 근간을 이루고 건국을 알린, 제헌국회와 제헌헌법 수립 72주년을 기념하는 제헌절 행사를 광화문 광장에서 진행했습니다.

헌법상 대한민국의 국민인 북한 주민들을 가두고 처벌하며 학살하고 있는 민족의 살인마 북괴 김정은을 처단하고 응징하는 퍼포먼스와 전 세계적으로 10대, 20대 젊은이들에게 널리 알려진 관짝 댄스로 김정은을 관에 넣어서 들고 다니는 퍼포먼스까지 광화문 광장에서 펼쳐지자, 익숙한 음악을 듣고, 모여든 청년들과 학생들이 사진을 찍고, 같이 관짝춤도 추며 어깨를 들썩이는 모습에 이 거짓 왜곡과 허위선동의 문재인 좌파독재정권의 민낯이 들통나고, 계속 추락하고 있는 현실이 점차 광장에서도 반문정서가 퍼져나가며, 독재자 문재인에 대한 분노와 타도의 외침이, 전국적으로도 확산되고 있음을 실감할 수 있었습니다.

앞으로도 변함없이 자유우파의 심장이자, 대한민국 여론과 민심의 중심인 광화문 광장을 지키고, 젊은 층과 청년들이 호응하는 신나고 속 시원한 퍼포먼스와 함께, 저 악한 반대한민국세력들과 맞서 싸워 계속 승리하겠습니다.

오는 토요일 저녁 7시 155차 K파티에서는 행사 후, 시원한 수박을 나눠 먹으며, 전 세계 사회주의 독재세력과 맞서 최전선에서 싸우고 있는 반중의 선봉 트럼프 대통령의 재선을 응원하는 미국 공화당 2020 트럼프 공식 손깃발을 나눠드릴 예정입니다.

반가운 모습으로 방송과 광화문 현장에서 뵙겠습니다!

2020년 7월 11일 **제153차**

백선엽 장군님 추모 및 기억행사 K파티 광화문 문화제- 김정은 사망기원 처단!
중공우한폐렴 확산의 주범 문재인 구속! 부실 부정 불법 선거 의혹 진실을 밝혀라!

"우와! 거의 반년 만에 광화문 광장에 애국국민들이 가득 찼습니다. K파티가 광화문 광장에서 백선엽 장군님을 추모하고 그 뜻을 기리는 행사를 한다고 해서 왔었는데, 건너편 광장에서도 분향소가 설치되기 시작하네요. 구국의 영웅을 국가장으로 모시기는커녕 북괴의 눈치를 보는지 쌩까고 있는 저 종북정권이 너무나도 싫습니다. 국민들 스스로 광장에 분향소를 설치하니, 너무 감동적이고 가슴이 뭉클합니다"

"이분께서 다부동 전투에서 역전으로 승리를 하지 않았다면, 지금의 우리는 없었을 수도 있었고, 자유대한민국은 적화되어 세계 지도에서 사라졌을 수 있었다는 대표님의 말씀 정말 와닿습니다. 대표님 말씀처럼 이제는 우리가 백선엽 장군님의 뜻과 정신을 이어받아, 끝까지 자유대한민국을 지켜내야 할 것입니다"

이날은 저희 K파티가 광화문 광장에서 오후 7시부터 시작되는 백선엽 장군님을 추모하고 그 업적을 기리는 행사를 진행한다고 공지를 했고, 많은 분께서 오셔서 같이 추모하며 뜻을 기리는 행사를 진행하고 있었는데, 오후 8시경, 맞은편에서 나라 사랑하는 국민들과 청년들에 의해, 백선엽 장군님의 분향소가 설치되기 시작했고, 천막한 개가 들어서고 조화가 배달되기 시작하더니, 경찰도 제지하지 못 하고 구국의 영웅을 추모하는 분향소가 광장에 우뚝 서게 되었습니다.

저희 K파티 멤버들이기도 하고, 창립회원들도 포함된 전대협 청년들이 백선엽 장군님에 대해 정부의 모르쇠 대응과 정권의 무시에 대해 분노해서 직접 분향소를 설치하고, 선배 어르신들께서 설치현장을 둘러싼 채 분향소를 지키기 위해 밤 늦게까지 현장을 지키셨을 정도로, 청년과 장년 그리고 어르신들까지 한마음 한뜻으로 하나가 되어, 대한민국이 존재할 수 있도록 지켜주신 구국 영웅의 마지막을 함께 추모하고 업적을 기리는 감사함과 감동이 가득한 광화문 광장의 모습을 아주 오랜만에 볼 수 있었습니다.

또한, 지난 토요일 저녁 7시 광화문 광장에서 백선엽 장군님을 추모하고 업적을 기리는 K파티의 행사에 이어, 월요일에는 백선엽 장군님이 계시는 아산병원 빈소에 다녀왔습니다.

　앞으로도 변함없이 대한민국 여론과 민심의 중심인 광화문 광장을 끝까지 지키고, 주적 북괴와 중공으로부터 대한민국을 구해내신 고인의 뜻과 의지를 이어받아, 반드시 대한민국의 적화를 막아내고 자유를 지켜내겠습니다!

2020년 7월 4일 **제152차**

김정은 사망기원 처단! 중공우한폐렴 확산의 주범 문재인 구속!
부실 부정 불법 선거 의혹 진실을 밝혀라!

"이제는 하다 하다 귀신 나올 듯한 야밤에 6.25행사를 하면서 호국용사님들과 순국열사님들을 욕보이게 하고, 북괴의 애국가 도입부와 똑같게 애국가를 변질시키며, 미국에서 감사하게도 보내준 국군 유해마저 도착한 날이 아닌, 하루 지난 뒤에 그것도 도착한 비행기가 아닌 쇼를 위해 다른 비행기로 유해를 옮겼다가 꺼내는 파렴치한 짓거리까지 하는지, 이 악한 자들은 반드시 천벌을 받을 겁니다"

"이제 일본대사관 지역마저 집회금지구역으로 지정해버려서 우파단체의 선순위가 무력화되고, 기존의 좌파들은 문화제와 기자회견 등으로 계속 이어나간다고 하던데, 이 분위기로 가면 8월 15일도 광화문 광장의 집회를 해제하기는커녕, 가을이 되어도 광화문은 집회금지가 되어 K파티만 광장에 남을 것 같은데, 끝까지 광화문 광장을 지켜주세요"

이날 방송을 위해 오신 유튜브 대표님과 서초에서 넘어오셔서 잠시 들려 응원을 해주신, 자유우파용사님의 말씀이었습니다.

홍콩국안법이 통과되고 발효된 뒤, 홍콩의 민주화 지도자라는 사람들이 당을 해산하고, 해외로 도피했으며, 활동 중단을 선언하는 듯, 사실상 공권력과 불법적인 법안에 무릎을 꿇어버린 일들이 발생했습니다.

자유대한민국에서도 국안법이 아닌, 일개 지자체장의 감염법 위반으로 벌금을 때리겠다고 하자, 2월 말부터 광화문 광장을 가득 채웠던 모든 집회들이 게눈 감추듯 사라지고, 7월인 지금까지 단 한 번의 집회도 그자들의 엄포에 개최되지 않고 텅비어 있습니다.

거짓선동하고 허위 소문을 퍼뜨리는 일부 세력과 단체들이 8월 15일에 광화문 광장에서의 집회를 허가받았다느니, 신고예약을 마쳤다느니 확인도 안 된 허위사실을 퍼뜨려, 3월 1일 집회도 사라져버려 상처받고 돌아선 많은 자유우파국민들을 다시 한번 상처를 주는 일이 있어서는 안 될 것입니다.

8월 15일 집회신고는 감염법으로 집회금지가 안 되었다면, 한 달 전인 7월 16일이 되어서야 할 수가 있으니, 지금 집회신고가 되었다니 예약을 했다니 하는 말들은 모두 사실이 아니며, 집회가 2월 말 이후 광화문 전역에서 금지된 후 지금도 금지해제가 되지 않았고, 8월 15일은커녕 9월까지도 중공역병유행을 핑계로, 저들은 광화문 광장의 집회 금지해제를 풀고 집회허가를 내줄 가능성은 현재로는 전혀 없다고 합니다.

그러나, 2월 말 이후로 텅 비었던 광화문 광장을 함께 응원해주시고 기도해주시는 많은 나라 사랑하는 애국국민들과 자유우파동지님들, 그리고 K파티 용사님들과 유튜브 대표님들 덕분에 대한민국 여론과 민심의 중심인 광화문 광장을 저희 K파티가 4년 동안 한 번의 빠짐도 없이 유일하게 지켜올 수 있었으며, 큰 힘이 되어주신 여러분께 진심으로 감사드립니다.

매주, 온갖 방해와 공격 그리고 신고들이 들어오지만, 앞으로도 변함없이 악하고 어두운 자들과 맞서 끝까지 광화문 광장을 지켜내고, 엎드려 기도로 나아가며 초심을 잃지 않은 채, 자유우파가 승리하고 정권을 되찾을 때까지, 맞서 싸워 승리하며 자유 대한민국을 수호하기 위해 힘차게 나아가겠습니다!

2020년 6월 27일 제151차

호국의 달 특집 총체적 부실 부정선거 진실규명! 김정은 사망기원 처단 응징! 중공우한폐렴 확산주범 문재인 구속!

"매주 종북 좌파들 쪽에서 광화문을 끝까지 지키는 K파티 문화제를 방해하기 위해, 한두 놈씩 꼭 보내어 시비를 걸고 공격을 하는 것 같은 생각이 듭니다. 올 때마다 인간들은 다른데 꼭 시켜서 외운듯한 말을 똑같이 반복하는 것 같습니다"

"광화문 광장의 세종 계단에 펼쳐진 저 검은 우산 퍼포먼스는 역대 퍼포먼스 가운데 가장 효과적이고 관심 집중도가 높은 것 같습니다. 입체적 장치물들을 주문 제작해서 만들었다고 생각하면 수백만 원도 들었을 수 있었을 것 같은데, 이대표님의 기도 중 아이디어가 계속 나오신다고 하니, 저도 K파티가 잘 되길 기도해야겠습니다"

이날 참여하신 유튜버 대표님 두 분의 귀한 말씀이었습니다.

하루도 조용하면 오히려 이상하고 어색할 정도로, 매주 K파티의 광장수호 현장에 와서 술에 취해 시비를 걸거나 욕설을 하고, 행인인 척하며 다가와서는 공격을 하고 신고 거리를 찾는 뻔하면서도 불쌍하고 씁쓸하기까지 한 저 종북 주사파놈들의 발악과 가여운 저 도발을, 요즘은 저뿐만 아니라, 방송으로 해외와 전국 각지에 널리 알리기 위해 오신 자유우파 유튜브 대표님들까지도 종북 주사파들의 시비나 공격에 대해 무반응 또는 비웃으며 대해주니, 저들이 더욱 분노하고 열폭하다가 사라지는 것 같습니다.

매주 번갈아 가면서 신고를 하는 자들도 있는데, 이제는 그 신고도 먹히지 않을 정도로 경찰에서 아무런 문제가 없다고 답할 경우가 많아지다 보니, 현장의 경찰차 출동도 눈에 띄게 줄어들었습니다.

특별히 이날은 2일 전인 6.25 남침 70년을 광화문 광장에서 널리 알리기 위한 기념식을 했고, 이어 2일 후인 제2연평해전 18주기를 잊지 않고, 종북 주사파들이 바글바글한 광화문에서 유일하게 알리며 추도하는 행사를 통해, 우리를 대신해 헌신하시고 희생하신 호국수호용사님들을 잊지 않고 기억하겠다는 다짐의 시간을 가졌습니다.

앞으로도 변함없이 저희 K파티는 자유우파 유튜버님들과 K파티 용사님들과 함께, 또 현장과 방송을 통해 응원해주시고 기도해주시는 전 세계의 자유우파 애국동포님들과 전국 각지의 애국 동지님들과 끝까지 대한민국 여론과 민심의 중심인 광화문 광장을 끝까지 지키고, 대한민국을 통일전선 전술을 통해 적화시키려는 북괴와 중공의 이적 반역 추종세력들과 맞서 싸워 승리하며, 힘차게 나아가겠습니다!

2020년 6월 20일 **제150차**

총체적 부실 부정선거 진실규명! 김정은 사망기원 처단 응징!
중공우한폐렴 확산주범 문재인 구속!

"술에 취해 K파티 문화제에 시비를 걸며 방해하려는 좌빨이 진행을 하시는 대표님 께 소리를 지르며, '저기 죄송한데요, 뭐 좀 말 할게요!'라고 하자 대표님께서 '죄송한 거 알면, 방해하지 말고 가라!'고 하시니, 술에 취한 빨간 얼굴이 더욱 붉어지면서 씩 씩대며 자리를 떠나는 모습을 보고는 얼마나 통쾌하고 시원했는지 모릅니다. 광화문 광장을 4년째 지켜낸 K파티의 저력과 대표님의 내공에 박수를 보냅니다"

"광화문 광장에 울려 퍼지도록 들려주시는 이승만 대통령님, 박정희 대통령님, 박 근혜 대통령님의 육성 연설을 트는 곳은 우파 전체에서 유일하게 K파티만 변함이 없 고, 세분 대통령님의 육성과 박정희 대통령님의 국민교육헌장 육성낭독을 듣기 위해, 바쁘더라도 꼭 시작 때 들려서 듣고 갑니다. 끝까지 광화문 광장을 지켜주세요!"

이날은 K파티가 2017년 가을, 거짓촛불의 떼가 여전히 광장을 점령해서 아수라와 같은 어지럽고 혼란한 자신들의 왜곡된 여론과 선동된 민심을 이어가기 위해 저녁에 도 가득 차 있는 붉고 어두운 광화문 광장에 인천상륙작전과 같이, 사기탄핵을 얘기 한 거짓촛불이 시작된 광화문 세종문화회관 계단과 앞 광장을 탈환한 지 150번째 행 사가 되는 뜻깊은 날이기도 했지만, 여전히 광화문 광장에 4년을 지키며 유일하게 남 은 단체인 K파티의 행사를 방해하고, 세종광장을 흔들기 위한 종북 주사파 좌파 좀비 들의 수차례 방해와 신고가 이어지기도 했습니다.

낮의 서초에서 총체적 부실 부정 불법선거 진실규명 블랙시위 집회를 마치고 행진 뒤, 광화문으로 오셔서 주변에 계시면서 1인시위를 이어나가시거나, 텅 빈 서울광장 서울시의회 앞에서 1인시위를 하신 뒤, K파티를 응원하러 오시는 애국가 4절까지 부르는 두 아이의 어머니까지, 자유대한민국의 여론과 민심의 중심이자, 정권의 상징인 광화문 광장을 저희 K파티와 함께 지키기 위해 오시는 모든 1인시위 용사님들과 격 려와 응원을 해주시며 들렸다가 귀가하시는 모든 자유우파 애국 동지님들과 유튜브 라이브를 통해 해외에서 그리고 전국 각지에서 함께 울고 웃으며 큰 힘이 되어주시고 기도로 동참해주시는 애국 동지님들까지, 여러분이 계시기에 대한민국을 적화시키 려는 자들과 함께 맞서 싸우고 국민저항권을 행사하며, 광화문 광장도 지금까지 지킬 수 있었고, 또 자유대한민국도 지켜낼 수 있었음을 잘 알고 있으며 진심으로 존경과 감사의 말씀을 드립니다.

북괴의 혼돈, 중공의 붕괴, 종북 주사파세력들의 멘붕….

정말 전 세계를 휩쓸아치며, 사악한 무리와 살인독재세력을 쳐부수고 있는 자유의 바람과 파도가, 하나님의 뜻하심 가운데, 자유국가들의 최선봉에 선, 대한민국을 수차례 구해주고 도와준 혈맹 미국을 필두로, 자유와 인권을 지키고자 모이고 있는 자유의 세력들이 멀지 않아, 빛과 어둠의 전쟁이자 선과 악의 대결에서 승리를 쟁취하고, 대한민국을 비롯한 전 세계에서 불의가 무너지며 정의가 승리하는 거짓이 사라지고 진실이 승리하는 그 날이 곧 도래할 것이라는 걸, 이 광화문 광장에서 강한 기운과 에너지로 전해지고 있음을 느끼게 됩니다.

여러분, 끝까지 포기하지 맙시다.

견디고 버티며, 주권자인 국민의 저항권으로 저 악하고 불의한 세력들과 맞서 싸워 승리합시다.

우리는 할 수 있습니다.

우리는 해 내왔고, 해내고 있으며, 해낼 것입니다.

최종적 승리를 위해 끝까지 함께 갑시다!

"GO TOGETHER!"

2020년 6월 13일 **제149차**

총체적 부실 부정선거 진실규명! 김정은 사망기원 처단 응징!
중공우한폐렴 확산주범 문재인 구속!

K파티 시위방해 및 여성 폭행자 현행범 체포!

"어떻게 정의와 평화를 외치면서 갑자기 돌변해서 여성을 저렇게 폭행하고, 경찰이 왔는데도 계속 욕설과 폭행을 저지를 수가 있습니까? 저 술 취한 좌파는 엄벌을 받아야만 합니다"

"작정하고 광화문 광장의 K파티를 공격하고 치러온 종북, 주사파, 간첩을 추종하는 자들은 하나같이 술에 취했거나, 정신이 나간 상태로 와서는 현행범으로 체포되거나 혼난 뒤 다시는 코빼기도 안 보이는지 참 웃기기도 하고 씁쓸하기도 합니다"

이날 폭행현장에서 여성을 폭행하고 경찰에게까지 폭력을 휘두르려고 한, 저 악하고 위선적인 폭력 좌파의 민낯을 본, 유튜버 대표님과 서초에서 넘어오셔서 응원하러 들리신 자유우파 국민께서 하신 말씀입니다.

지난 토요일은 행사준비 때부터 작정하고, K파티 1인 안전문화제를 방해하기 위해 온 자가 현장 주변의 우파활동가와 유튜브 대표님들 한분 한분에게 이승만이 어떠니, 박정희가 뭐 같니 하면서 일부러 시비를 걸고, 욕설과 폭행을 유도해서 경찰에 신고해서 처벌을 받도록 만들기 위해 온 술 취한 좌파가, 현장에서 라이브방송을 위해 오신 유튜브 대표님께 시비를 걸면서 밀치고 때리려고 하자, 이를 말리려는 여성 우파 청년단체장님을 정말 쎄게 폭행해, 아주 큰 소리와 함께 공중에 떴다가 쓰러질 정도로 때리고는 자전거를 끌고 도망치려고 하자, 폭행을 당한 여성 동지님이 폭행한 자의 바지를 잡고 끝까지 붙잡고 있자, 다시 폭언하면서 폭행을 하려 하자, 아스팔트 최대 구독자를 보유한 덩치 큰 유튜버께서 폭행을 당한 여성을 보호하고, 도망가는 것을 막기 위해, 그자의 몸을 뒤에서 꼼짝 못 하도록 제압을 하고는 또 다른 청년 동지님이 경찰에 신고해서 경찰이 현장에 도착했습니다.

그러나 그자는 경찰에게도 욕설하고, 경찰 앞에서 폭행한 여성 동지님을 두 차례나 더 폭행해서 경찰이 현장에서 현행범으로 체포하겠다고 하자, 경찰까지도 밀치고 폭행에 가까운 물리력을 행사해서 결국은 현행범으로 체포되어 경찰차에 태워서 종로

경찰서에 끌려갔고, 여성 동지님은 신고를 받고 출동한 119구급차에 실려 응급실에서 폭행과 물리력에 의한 쇼크로 다양한 검사와 응급치료를 마친 뒤, 경찰서에 가서 증거 영상 제출과 함께 피해자로 경찰 조사 후 귀가하셨습니다.

어떠한 경우도 폭력은 정당화될 수 없습니다.

저렇게 위선적이고 여성을 무지막지하게 폭행하는 것들이, 문재인 친중종북좌파 독재자를 지지하면서 광화문 광장을 4년째 지켜온 K파티를 방해하고, 현장에 방송중계 등으로 오신 유튜버분들을 공격하거나, 응원하러 들리셨거나 행사 전 준비를 잠시 도우러 오신 분까지도 폭행하려고 하며, 저렇게 불법적인 행위를 저지르다가 결국에는 현행범으로 체포되어 전과자가 될 수밖에 없는 짓거리들을 계속 시도하려는 이유는 그만큼 광화문 광장을 빼앗겼다는 것과 광장에서의 K파티 행사가 저들에게는 공격과 제거의 대상이자 목표가 되었다는 것, 그리고 광장에서의 자유우파의 함성과 퍼포먼스와 국민저항권이, 저들에게는 견디기 힘들 만큼, 또 미치도록 싫다는 것을 반증해주고 있음을 실감할 수 있었습니다.

저 종북 주사파 친중 빨갱이 고정간첩 세력들이 싫어하고 두려워하며 반발을 일으킨다는 것은, 그만큼 저희 K파티가 자유우파 활동을 제대로 하며 나라 사랑과 구국을 위해 국민저항권을 행사하면서 저들과 잘 맞서 싸우고, 광화문 광장과 자유대한민국을 지키기 위한 활동과 역할을 잘 해내고 있다는 의미로 받아들이며, 더욱더 변함없이, 초심을 잃지 않고 엎드려 기도하며, 행동으로 나라 사랑을 실천해 나가며, 자유대한민국의 적화를 막기 위해, 힘차게 싸우고 승리하며 나아가겠습니다!

2020년 6월 6일 **제148차**

현충일 특집문화제 및 중공우한폐렴 확산의 주범 문재인 구속!
김정은 사망기원 응징 척단! 부실 부정선거 진실규명 퍼포먼스

"정말 이 종북 좌파독재정권의 만행에 치가 떨립니다. 중공우한폐렴 감염을 핑계로 광화문 광장의 집회도 금지하더니, 어떻게 이 나라 대한민국을 구하고 지키다가 목숨을 잃으신, 순국선열과 애국열사님들을 기억하고 추모하는 현충일에 헌법에 보장된 국민의 자유를 막으며, 현충원에 주권자인 국민의 방문을 제한하고 금지하는 짓까지 저지르는 이 자들이, 자유대한민국을 위하기는커녕, 위해 하는 자들임이 분명해진 것 같습니다. 현충원을 우한폐렴으로 방문과 출입을 통제해놓고는 좌파들이 추모하던 행사와 공원에도 그렇게 했는지 의문이 듭니다."

"현충일에 사상 초유의 국민 입장, 방문을 제한하고, 박정희 대통령님 묘소에 가는 것도 통제하는 이 정권이 정말 좌파독재정권임을 실감하고 참으로 허무해서 강남에 갔었는데, 거기도 현충일 기념이나 추모행사를 하는 자유우파의 행사가 없어서 혹시나 하고 광화문 광장에 버스를 타고 왔는데, 박근혜 대통령님의 목소리가 광장에 울려 퍼져 어딘가하고 왔더니, K파티가 현충일을 기념하고 추모하는 행사를 하면서 현충일 노래까지 들을 수 있어서 너무나도 감격스럽고 눈물이 계속 나서 한참을 울었습니다. 정말 감사합니다."

148번째 광화문 K파티 문화제를 현충일 특집으로 행사를 진행하는 소식을 듣고, 격려와 응원을 위해 들려주신 우파 단체장께서 하신 말씀과 박근혜 대통령님 현충일 기념 연설을 광화문 광장에서 현충일에 들을 줄은 몰랐다면서 정말 감사하다고 어르신께서 눈물을 흘리시며 주신 말씀이셨습니다.

대한민국을 북괴에 의해 적화통일이 되기를 바라는 세력들에게 정권을 빼앗기고, 중공의 속국이 되기를 바라는 사대주의자들과 친중 수꼴세력들까지 목소리를 높이며, 대한민국의 선진강국화의 길을 가로막고 자유통일마저 방해하고 있는 악하고 거짓되며 불의로운 자들이 큰소리를 외치며, 발악하는 모습과 행태가, 오히려 저들의 종말과 몰락이 다가오고 있음을 스스로 나타내고 있음을, 저는 현충일인 이날, 광화문 광장에서 확실하게 체감할 수 있었습니다.

언론과 방송이 국민의 눈과 귀를 막고, 공권력과 독재정권이 국민의 입을 틀어막으며, 국민주권마저 해치고 제한하고 있는 헌법위반의 불법행위를 저지르고 있으나, 연못 속 종이배와 같은 문재인 친중종북 좌파정권은 전 세계에 요동치고 있는 자유와 진실과 정의를 추구하기 위한 거스를 수 없는 거대한 파도가 연못 바로 언덕 뒤편에서 해일과 같이 밀려오고 있음을 알아차렸는지, 이 자유와 진실과 정의의 파도가 미국을 선두로 영국 등 서방선진국들과 자유민주주의 국가들의 연합된 힘으로, 전 세계인들을 중공우한폐렴으로 죽게 만들고, 자유와 인권을 말살하며 힘과 독재로 홍콩과 대만을 죽이려는 중공을 선두로 한, 공산 사회주의 독재국가와 세력들과의 전쟁, 빛과 어둠의 전쟁 그리고 선과 악의 전쟁에서 멀지 않아 전 세계 자유세력들의 승리의 소식과 함께, 대한민국에서도 연못 속의 종이배와 같은, 문재인 친중종북좌파 정권과 그 추종세력들은 뒤집혀 가라앉고, 대한민국과 국민을 해치려 한 내우외환의 죄로, 역사의 대역죄인들로 남아 영원히 옥에 갇히게 되는 진실과 정의가 승리하는 일이 일어나게 될 것입니다.

자유는 공짜가 아닙니다.

지켜내는 것도 자유대한민국을 사랑하는 주권자인 우리의 몫입니다.

총탄과 포탄에 팔과 다리를 잃고 목숨까지 잃어가며 지켜내신 호국용사님들의 의지와 뜻을 이어받아, 끝까지 포기하지 말고, 참고 견뎌내며, 주권자인 국민으로서 불의에 맞서 국민저항권을 행사하며 싸워 승리합시다!

2020년 5월 30일 **제147차**

중공우한폐렴 확산의 주범 문재인 구속!
김정은 사망기원 응징 처단! 부실 부정선거 진실규명

"이야! 드디어 광화문 광장에 블랙시위가 등장했군요! 세종문화회관을 가득 채운 검은 우산이 영화 300에서 스파르타 전사들의 방패와 같은 모습으로 정말 큰 감동을 하였습니다. 무대차도 없이 시위군중도 없이도, 이렇게 광화문 광장을 지나가는 수만 명의 대중교통 속 시민과 행인에게 부정선거를 알릴 수 있다니, 정말 아이디어 최고 입니다!"

"역시, 시위는 광화문 광장이네요, 지나가는 일반 행인이 멈춰서 계단을 가득 채운 검은 우산을 보고, 아! 부정선거 시위구나! 하면서 사진도 찍어가고, 정말 건너편 미 대사관 쪽에서도 눈에 확 띄는 이번 블랙시위 퍼포먼스 일당 천입니다!"

강남에서 있었던 블랙시위 방송을 마치고, 광화문 광장으로 와서 K파티 현장을 라이브로 중계한 유튜버 대표님의 말씀과 건너편 미국대사관 앞을 지나가다가 계단에 꽉 찬 검은 우산들이 눈에 띄어, 광장을 가로질러 응원하러 왔다는 우파활동가님의 말씀이었습니다.

이날도 어김없이, 술 취한 좌파좀비와 문재인과 김정은 마네킹에 죄수복 입히고 곤장을 때린다며, 잠시 소란스럽게 만든 자까지 방해는 있었지만, 세종문화회관 계단을 가득 채운 검은 우산 퍼포먼스가, 홍콩 현지 청년들의 저항 퍼포먼스만큼 눈에 띄고 효과적이었다며, 많은 분께서 응원과 격려의 말씀도 주셨습니다.

또한, 미국에 본사를 둔 반중전문으로 잘 알려진 외신언론인 에포크 타임즈 기자님들이 오셔서 인터뷰하며 해외에 부정선거와 멸중 관련 내용과 지난 4년 동안 광화문 광장을 지켜온 K파티에 대해서 말씀을 드리는 귀하고 감사한 시간도 가졌습니다.

강남에서 시작된 블랙시위를 저희 K파티가 광화문 광장에서 이어가며, 앞으로도 총체적 부실선거가 부정선거를 낳을 수밖에 없는 진실을 광장을 지나가는 수만 명의 국민에게 널리 알릴 수 있도록 할 수 있는 모든 노력을 다하겠습니다.

"부정선거는 총체적 부실선거일 때 일어나게 된다는 대표님의 말씀에 전적으로 동감합니다. 선거관리의 부실, 투표와 개표의 부실, 사전투표의 부실, 개표기의 부실, 투표지 보관의 부실, 외부해킹 노출 부실, 내부직원들의 부실 등 모든 부정선거가 가능한 부실선거였습니다. 저도 처음에는 설마 했다가 이제는 부실선거를 넘어 부정선거가 있었다는 확신이 듭니다"

"오늘 종북 주사파 쪽에서 공격이 들어왔었다는데, 그럼에도 벌써 4년째 광화문의 성지인 세종광장을 지켜주셔서 감사합니다. 김정은이 곧 사망하고 문재인이 구속될 때까지 광화문 광장을 수호해주세요!"

행사를 라이브로 방송하러 오신 한 유튜브 대표님과 광장에 응원하러 들리셔서 큰 힘이 되어주신 애국용사님께서 주신 말씀입니다.

이날도 많은 유튜버 대표님들과 광화문 광장에 응원하러 오신 자유우파용사님들께서 큰 힘이 되어주신 덕분에 146번째 광장수호 안전문화제도 잘 마칠 수 있었습니다.

여러분, 지금 우리가 살아가는 이 시기의 대한민국은 백 년에 한 번 올 정도의 큰 격변 속에서 위기와 기회가 동시에 오게 된 상황이라고 저는 확실하게 말씀드릴 수 있습니다.

또한, 문재인 친중종북 좌파독재자와 그 졸개들이 더는 그들이 좋아하는 중공과 싫어하는 미국 가운데, 양다리 걸치는 것을 할 수 없는 저들의 대국민 기만과 사기가 끝나는 시기가 왔고, 그 결정의 시간과 위기이냐 기회의 길로 나아가느냐의 방향까지, 정해질 수밖에 없는 때가 다가오고 있습니다.

대한민국과 우리 국민은 가라앉는 중공이라는 유람선에 탑승할 것인지, 아니면 미국이 주도하는 경제번영공동체에 탑승해 자유민주국가들과 함께 세계 중심호라는 비행기에 탈 것인가를 결정해야 하는 시기의 카운트 다운이 시작되었습니다.

자유우파가 광화문 광장에서 집회를 금지하고, 자꾸 강남이나 경기도 등 밖으로 돌게 만든 악한 자들도, 결국은 정의구현과 진실 추구라는 도도한 흐름의 앞에서 결코,

버티지 못하고, 불의와 거짓의 오·폐물 덩어리와 같은 악하고 어두운 세력은 반드시 자유와 희망의 파도에 휩쓸려, 쓰러지며 밀려 사라지게 될 것입니다.

좌파들의 거짓촛불이 시작된, 광화문의 성지라고 불리는 광화문 세종광장을 지키는 것이 그래서 중요합니다.

지혜 없이 용맹만 넘치다가, 구속되고 처벌받기보다는 지혜롭게 저들의 공격을 피하고 막아내며, 빠지고 치는 게릴라와 같이, 지혜롭고 용맹하게 광화문 광장을 지켜내고, 자유우파가 최종 승리하는 날 모든 국민이 광장으로 모여 광장에서 외치는 자유의 함성이, 새롭게 변화된 진실과 정의가 승리하는 자유대한민국의 시작을 전 세계에 선포할 때까지, 저희 K파티는 초심을 잃지 않고, 끝까지 대한민국 여론과 민심의 중심인 광화문 광장을 끝까지 지켜내며, 김정은 3대 세습학살 독재살인마가 죽고 문재인 친중종북 좌파독재자가 구속되는 날까지, 자유우파 용사님들과 함께 자유대한민국을 수호하겠습니다!

2020년 5월 16일 제145차

5.16 특집 김정은 사망기원 응징 척단! 중공우한폐렴 확산의 주범 문재인 구속!

"지나가던 종북 좌파놈이 문재인과 김정은 인형을 혼내면 안 된다고 고래고래 소리를 지르길래, 너희놈들이 전두환 박근혜 두 대통령님께 행한 짓거리들에 비하면 조족지혈이라고 야단을 치니, 아무 말도 못 하고 가버리는 저런 것들 정말 감옥에 넣거나 북으로 보내야 합니다! 곧장 퍼포먼스 속이 다 후련합니다"

"반미 외치고 반일 외치며 정의로운 척은 다 하면서 국민의 피 같은 기부금과 혈세는 낭비하거나 불법으로 사용한 저 파렴치한 것들, 5.16과 같은 혁명 때였으면 모조리 감옥행인데….

이렇게 혹세무민과 부정부패가 난무하는 거짓과 불법의 시대에 박정희 대통령님처럼 구국의 혁명을 일으킬 지도자가 나타났으면 좋겠습니다!"

이날, 마스크를 쓰고 광화문 광장에 1인시위 하러 오신 애국자님과 지나가면서 응원을 하고 가신 용사님께서 하신 말씀이었습니다.

'내로남불'

겉으로는 정의를 외치면서 속으로는 거짓과 불의를 저지르며, 사기횡령 탈세 등의 불법을 태연하게 행하고 있었던, 썩어 문드러진 생각과 악취 나는 정신을 가진 종북 주사파 좌파들이 상당히 많다는 점을, 많은 국민들이 터져 나오는 뉴스와 방송을 보면서 분노하고 있음을, 최근 광화문 광장의 민심에서 많이 느끼고 있습니다.

자신들이 거짓촛불을 들고 혹세무민하며, 박근혜 대통령님께 행했던 잔인하고 파렴치한 짓거리들과 지금도 전두환 대통령께 행하고 있는 패륜적 짓거리들은 박수를 치고, 정의구현이라면서 환호성을 지르는 자들이, 중공 씨진핑의 눈치를 보며, 대만과 같은 중공입국금지 등의 초기 대처를 하지 않아, 죽지 않아도 될 주권자인 우리 국민 262명의 목숨을 잃게 만든, 그 천벌 받을 짓거리와 헌법을 위반한 문재인의 잘못을, 나라 사랑하는 청년이 곧장을 맞자고 퍼포먼스 하는 것을 못 견디며, 부들부들 떠는 저들의 모습에서 그저 웃음밖에 안 나오고, 최근 광화문 광장의 종북 좀비들의 약해빠진 모습과 행태를 보면서 정말 북괴의 대남지령이 끊겼고 북괴 내부의 권력상황이 심각하구나를 느낄 수 있었습니다.

거짓촛불들이 시작된 광화문의 성지를 탈환해, 4년 동안 지켜오면서 수십 건의 고소·고발도, 수백 건의 신고도 아무런 해를 끼치거나 저희 K파티를 막을 수 없었던 것은, 바로 진실을 추구하고자 하는 강한 의지와 불의를 참지 못한 채, 주말 토요일을 반납한 용사님들의 정의를 구현하고자 하는 열정과 헌법 안에서 법을 지키며 법치수호를 언행일치하며, 기도로 준비하고 진행하는 K파티를 절대자이신 하나님께서 지켜주신 덕분이라고 믿고 있습니다.

앞으로도 초심을 잃지 않고, 대한민국을 적화시키려는 반자유세력과 맞서 끝까지 광장을 지켜내며, 불의와 거짓, 허위와 왜곡으로 혹세무민하는 문재인 친중종북 좌파 독재자와 그 졸개들이 천벌을 받고 무너질 때까지, 자유를 수호하며 저들과 맞서 싸워 승리하겠습니다!

2020년 5월 9일 **제144차**

김정은 사망기원 응징 처단! 중공우한폐렴 확산의 주범 문재인 구속!

"와! 비가 이렇게 내리는데, 문화제 할 수 있겠어요? 오늘은 문재인 이놈 곤장 때리는 거 비 와서 못 하겠네요? 지난주 방송으로 보고 10년 묵은 체증이 싹 갈 정도로 후련하고 속 시원했습니다"

"오늘이 144번째인가요? 광화문 광장에 태극기 집회는 언제쯤 다시 시작될까요? 저녁에 고발과 신고들이 막 들어와도, 눈 하나 깜빡하지 않고 종북놈들과 맞서 싸워주셔서 정말 고마운데, 오늘도 다녀왔지만, 강남으로 낮집회들이 떠돌고 있으니, 마음이 아프고요, 하루빨리 광화문 집회가 정상화되길 바랍니다"

비가 오는 저녁 행사 진행 전, 제게 비가 오는데 오늘 문화제가 가능하냐며, 지나가다 들리셔서 응원해주신 우파국민분의 말씀과 광화문 광장에서 자유우파의 집회가 다 사라지고, 집시처럼 광화문 밖으로 뿔뿔이 흩어진 우파단체들의 모습들이 너무나도 안타깝다며, 강남을 다녀온 한 유튜브 대표님께서 하신 말씀입니다.

지난 토요일도 비가 내렸지만, 태풍이 지나가는 당일에도 행사를 진행했던 저희 K파티는 이날도 변함없이, 내리는 빗속에서 김정은 사망기원 처단! 김정은 본체 핵로켓 발사 퍼포먼스와 중공입국금지 등 초기대응을 하지 않아 죽어도 되지 않을 우리 국민들 256명을 죽게 만든, 중공우한폐렴 확산의 주범 문재인 구속! 국민의 이름으로 256명 살인 주범 문재인에게 곤장 256대를 때리는 퍼포먼스까지, 비를 맞으며 시원시원하게 잘 마칠 수 있었습니다.

문재인을 곤장 때리고, 김정은을 불꽃싸다구 날리는 퍼포먼스를 하다가 다른 우파 활동가들처럼 잡혀가거나, 처벌을 받지 않냐고 물어보시는 분들이 계시는데, 예를 들어 특정인의 집 앞이나 장소 앞에 가서 위해를 가하려는 무기나 폭력과 이어질 수 있는 어떤 행동이 있으면, 처벌을 받도록 억지를 쓰면 처벌을 할 수 있는데, 이때는 반드시 실제로 앞에 대상자가 있어야 범죄가 성립하나, 법으로 보장된 집회와 시위에서 살아있는 대상이 앞에 없고, 직접적인 위협도 없이, 인형 등으로 행하는 퍼포먼스는 우파활동가들에게 엄한 잣대로 협박, 폭행 미수 등으로 처벌을 한 것과는 실체적 대상도 앞에 없을 뿐만 아니라, 적용 자체가 다르기에 완전히 별개의 경우입니다.

집회금지 시작 때에도 저희 K파티만 즉시 1인 문화제의 형식으로 경찰에 유권해석도 받고, 열 감지 화상 카메라도 좌우 집회시위 최초로 도입하는 등 필요한 방역과 안전조치사항까지 완벽히 대비한 후 문화제를 이어갔기에 지자체와 경찰 등으로부터 어떠한 법적 고소·고발도 받지 않고, 수십 차례의 신고와 고발에도 오히려 헌법의 보호를 받으며, 지금까지 안전하고 끊김 없이 144차까지 잘 마칠 수 있었습니다.

저희 K파티는 앞으로도 변함없이, 헌법을 지키고 법치를 수호하기 위해, 합법적인 범위 내에서 광화문 광장을 지키며, 대한민국의 적화를 막고 자유를 지켜낼 수 있도록, 지혜롭고 용맹하게 실천하며 싸워 승리하겠습니다.

2020년 5월 2일 제143차
김정은 사망기원 응징 처단! 중공우한폐렴 확산의 주범 문재인 구속!

"이야! 최근 들어 가장 기분 좋고, 신나는 시간이었던 것 같습니다. 사실 죽지 않아도 될 국민의 목숨 250명을 죽게 만든, 중공우한폐렴 확산의 주범 문재인을 죽은 국민 한 명 당 한 대의 곤장을 내리치는 것이 제 마음으로는 너무 약한 것 같습니다."

"우리 국민 250명을 죽게 만든 원죄인 문재인에게 대한민국 국민과 청년의 이름으로 곤장 250대 때리는 퍼포먼스도 좋았는데, 그다음으로 우리 국민인 북한주민을 학살하고 처형하는 3대 세습학살독재자 김정은을 응징하고 매질하는 퍼포먼스도 너무나도 좋았습니다. 용기가 부족해, 하지 못했던 것을 대신 해주셔서 정말 감사합니다!"

지난 토요일 광화문 K파티광장수호 안전문화제에서 방송중계를 위해 참여하신 유튜브 대표님과 지나가면서 잠시 응원하러 들리신 자유우파 애국 동지님께서 집회가 없어진 광화문 광장에 나오셨다가 안타까운 마음으로 지나가시다가 저희 K파티 안전문화제를 보시고는 십년 묵은 체증이 다 내려가고 스트레스와 화병이 다 풀리셨다며 환호를 외쳐주시며, 하신 말씀이었습니다.

이제 곧 중공우한폐렴에 대한 경보단계가 한 단계 내리면서 광화문 광장에서도 멀지 않아 집회금지가 풀리게 될 것이라는 이야기들이 종북 좌파들 사이에서 들려오고 있습니다.

아무리 김정은의 건강상태를 숨기고, 심근경색이 재발해서 심혈관 조영 확장술을 통해 우측 손목 혈관에서 스탠트를 넣어 임시 대처를 한 것도, 해당 분야 의사들에 의해 점점 밝혀지듯, 거짓은 영원히 갈 수 없으며, 불의 또한, 시간이 지나면 반드시 정의로 인해 무너지고 사라질 수밖에 없습니다.

우리가 끝까지 포기하지 않고, 대한민국 여론과 민심의 중심인 광화문 광장을 지켜야 하는 이유도, 대한민국을 적화시키려는 종북 주사파 간첩과 그 추종세력들과 문재인 친중종북 좌파독재자와 맞서 끝까지 자유를 지켜야 하는 이유도, 바로 여기에 있습니다.

친중 종북 반대한민국세력의 거짓과 왜곡과 선동에 속아, 결코, 좌절하거나 쓰러지거나 포기해서는 안 됩니다.

진실은 반드시 밝게 되어있고, 정의는 필히 승리하게 될 것이기 때문입니다.

나라 사랑하는 국민 여러분, 끝까지 포기하지 말고, 참고 견뎌내며, 헌법에 보장된 주권자인 국민이 행사할 수 있는 국민저항권으로 맞서 싸우며, 각자의 맡은 자리와 역할에서 자유를 지켜내고, 대한민국을 수호합시다.

불법과 위법과 반역행위로 스스로 붕괴하고 있고, 권력 주변의 썩은 비리와 타락으로 분열하고 있는 더 사악한 세력이 무너지고 자멸하는 모습을 지켜보며, 자유승리의 함성을 외칠 때까지 건강하고 안전하게, 그리고 힘차고 당당하게 이겨내고 함께 손잡고 나아갑시다!

우리는 해낼 수 있습니다.

6.25 남침에서도 총탄을 맞아가며 지켜낸 DNA가 우리의 핏속에 흐르고 있습니다.

저희 K파티가 광화문 광장을 한 번도 끊김 없이 빠짐없이 빼앗김 없이 지켜낸 것처럼, 대한민국 미래세대의 주역인 우리의 아이들에게 선진강국 통일 대한민국으로 잘 전해주기 위해서 사랑하는 우리나라 자유대한민국도 끝까지 포기하지 말고 어떠한 시련과 고난과 역경도 견뎌내며, 일상과 현장에서의 크고 작은 전투에서 승리하며 자유와 대한민국을 끝까지 지켜냅시다!

2020년 4월 25일 **제142차**

김정은 사망기원 응징 처단! 중공우한폐렴 확산의 주범 문재인 구속!

"2017년부터 4년 동안 한 번도 빠짐 없이 광화문 광장을 지켜온 K파티가, 3년 전부터 김정은을 매달아 놓고 혼내는 퍼포먼스를 해오다가, 최근 3개월 동안 김정은 사망기원 응징 처단을 했기에 꼭 김정은놈이 죽어가는 게 아닌가 할 정도로 신기할 따름입니다"

"K파티 맞은편 종북 주사파 추종세력들이 집회하고 행진을 하는데, 서울시는 고소·고발도 안 하고, 오히려 모든 법을 지키며 헌법에 보장된 1인시위 형식의 안전문화제에 대해 의도적인 신고를 반복해서 경찰이 왔음에도, 막상 신고 남발이 아무 문제가 없으니 발광하고 열폭하는 저 모습이, 너무나도 초라하고 자기들의 숙주이자 신과 같은, 김정은의 목숨이 오늘내일하니까 죽을 정도로 고통스러워하며, 침울해하는 모습이 참으로 우습기까지 합니다"

이날 현장중계를 위해 참여하신 유튜브 대표님들께서 하신 말씀입니다.

법을 어기고, 그 위반한 내용을 알면서도 좌파는 무죄, 우파는 유죄로 탄압하고 억압하며 법적인 공격을 통해, 광화문 광장에서 우파의 모든 집회를 금지시키고 궤멸시킨 원숭이 졸개들의 직무유기와 직권남용을 보면서 이념의 식민지인 좌파강점기에서 겪는 여러 억울하고 불법 부당한 현실이 안타깝고 화가 나기도 합니다.

그런데도, 헌법에 보장된 주권자 국민의 권리인 국민저항권을 행사하며 적화를 막고, 자유를 지키기 위해 처절한 투쟁과 저항에 동참해주고 계시는 현장의 자유우파 유튜브 대표님들과 K파티 스탭동지님들, 그리고 방송과 현장에서 힘나는 응원과 기도를 해주시는 애국국민 여러분 덕분에 지난 142차 광화문 K파티 광장수호 안전문화제도 찌질이 자잘한 잔챙이들의 방해와 시비, 신고 등에도 불구하고, 아주 넉넉하게 눌러주고 혼내주며 잘 마칠 수 있었습니다.

해외 각지에서 들려오는 북의 소식과 김정은놈에 대한 심각한 상태와 함께, 좌파정치권에서 들리는 내로남불 성추행, 성폭행, 뇌물수수, 직권남용, 권력비리, 울산 부정선거 등 정말 구역질 나는 저 악한 자들의 썩은 악취가 진동하는 부정부패,

권력형 비리, 중범죄, 헌법위반까지 저지른 악행들이 점점 밝혀짐을 보면서 비록 낙동강 방어선까지 밀린 오만하고 무능하며 남 탓만 하는 우파정치권 인간들의 패배와 정반대인, 제2의 인천상륙작전과 같은 하나님의 역사하심이 눈앞에 현실화되는 모습을 보며, 더욱 낮은 자세로 엎드려 기도하며, 주신 소명인 대한민국 여론과 민심의 중심인 광화문 광장을, 끝까지 지켜낼 것이라는 다짐과 각오를 다시금 하게 되었습니다.

여러분, 결코, 포기하지 맙시다!

끝까지 참고 견뎌냅시다!

각자의 맡은 자리와 역할에서 최선을 다하고, 국민저항권을 행사하며, 자유대한민국의 적들과 맞서 싸워 승리합시다!

"여러분, 우리가 총선에 졌다고, 슬퍼하며 울고 잠 못 이루고 있던 16일에 광화문 광장의 종북 주사파들과 간첩 및 추종자들은 밤새 술을 퍼마시고 통곡을 하며 세상이 무너질 듯 절망했다고 합니다"

"머리에 피도 안 마른 정치 초년 젊은 낙선자들이 그나마 100석 이상을 지킬 수 있도록, 투표하고 지지를 보냈던 나라 사랑하는 어르신들께 수꼴이니 꼰대들 때문에 졌다느니, 스스로 반성과 사죄는커녕 남 탓, 어르신들을 탓하며 피눈물이 나도록 상처를 주는 무례하고 시건방진 발언들을 쏟아냈다고 합니다.

이런 무책임하고 버릇없는 무늬만 청년인 자들은 기본 예의와 능력을 키우기 전까지는 정치권에 기웃거려서는 안 됩니다"

맞습니다. 우연인지 의도적인지는 몰라도 지난 4월 15일은 총선일이자, 북에서 김일성의 생일이라는 태양절이었습니다.

이날 김정은은 참석하지 않으면 불경죄로 처벌을 받을 정도로, 반드시 금수산 궁전에서 김일성의 방부된 미이라를 참배해야 하는 최대 국경일이자 최우선순위의 행사에 모습을 드러내지 않았다는 소식이 종북 주사파들에게 퍼져나간 뒤, 광장 주변과 그 일대에서 서식하는 종북좀비들 사이에서 논란이 일기 시작하고, 북괴의 대남선전매체를 통해 어떠한 교시나 지령이 내려오지 않자, 멘붕 상태로 거의 초상집 분위기로 오열하고 밤새 폭음을 하기도 했다고 합니다.

이렇듯 우리 자유우파 국민이 아닌, 오만하고 무능력하며 박대통령님의 통합메시지조차도 악용하며, 탄핵으로 우파정권에 칼을 꽂고 대통령님을 배신했을 뿐만 아니라, 촛불세력에 부역하고 반역하던 것들이 반성과 사죄도 없이, 연이어 대선, 지선에 이어 총선을 참패로 폭망시켜 놓고, 자유대한민국을 위기로 내몰며 우리 나라 사랑하는 국민들을 절망에 빠트리게 만든 정치권의 선거 참패에도 불구하고, 절대자이신 하나님께서는 우리 인간이 예측할 수 없는 하나님의 방법으로 하나님의 때에 역사하시며, 자유대한민국을 지켜주시고, 종북 주사파 반대한민국 세력의 숙주인 북괴 김정은 3대 세습학살독재자의 신변에 이상이 생기게 하시고, 때에 따라서 북괴의 몰락과 자유 통일까지 앞으로 예비를 하고 계심을 우리는 잊지 말고, 희망을 가지며 기도와 나라 사랑 실천으로 각자의 맡은 역할과 자리에서 최선을 다해 자유대한민국을 지키기 위한 노력을 한다면, 멀지 않아 반드시 하나님께서 예비해두신, 제2의 인천상륙작전과 같은 국내정치 밖의 변수인 검찰수사, 광장에서의 국민저항권 행사, 북괴 김정은 체제의 붕괴, 미국과 서방에 의한 중공의 경제 및 공산당 1당 독재체제의 붕괴 등 퍼펙트스톰과 같은 일들이 국내외에서 올해와 내년 사이에 휘몰아 닥칠 것입니다.

그렇게 되면, 여러분께서 숙주인 북괴 김정은 3대 세습학살독재자에게 기생하던, 문재인 친중종북좌파독재자와 그 추종세력들과 종북 주사파들이 한국판 슈타지 간첩 문서 등의 공개로, 헌법에 따라 이적죄, 여적죄, 반역죄 등으로 사형과 무기징역 등의 엄벌을 받게 될 것이고, 친중종북좌파독재정권의 종료를 보게 되는 역사의 증언자들이 되실 것입니다.

이어, 북괴 김정은의 숙주 역할을 하며, 홍콩과 대만, 티벳과 위구르 등에 대해 자유와 인권을 억압하고 말살하던 중공 씨진핑 1당 독재체제가 붕괴하고, 중공에도 '천안문의 봄'이 찾아오게 될 것입니다.

비열하고 나약하며 무책임한 남 탓하고 반성하지 않는 정치꾼 세력에 의해 전투를 한 번 패배했다고 우리 나라 사랑하는 국민들이 패배한 것이 결코, 아닙니다. 낙망할 필요도, 좌절할 필요도, 슬퍼할 필요도 없습니다.

K파티 청년들이 2017년부터 지금까지 141회의 광화문 광장 문화제를 이어오며, 광장의 거짓촛불들을 내쫓고 촛불의 성지라던 세종문화회관 중앙계단과 앞 광장을 빼앗은 뒤, 40여 차례의 전투와 싸움에서도 단 한 번도 패하지 않았고, 끊기지 않았으며, 오히려 저들을 쫓아낸 뒤 지금까지, 중공우한폐렴의 여파로 모든 집회가 금지되었음에도 이곳 광화문 광장을 자유우파의 성지로 지키며, 지금까지 승리를 이어오고 있습니다.

이처럼 우리는 해외에서 또 전국 각지에서 우리가 맡은 일상의 역할과 현장의 자리에서 최선을 다하며, 대한민국의 적화를 막기 위한 낙동강 방어선을 지키는 역할을 꾸준히 힘차게 해나가면 될 것입니다.

여러분, 포기하지 맙시다!

끝까지 참고 견뎌냅시다!

곧 찾아올 승리의 날을 위해, 국민저항권을 행사하며 반대한민국 세력과 맞서 싸워이깁시다! 우리는 불굴과 승리의 DNA를 갖고 있습니다.

저희 K파티도 초심을 잃지 않고, 겸손히 낮은 자세로 섬기며 기도로 힘차게 정진하며 승리하겠습니다!

"K파티 문화제가 여러 많은 분이 함께 준비하고, 구호도 외치며 진행할 때보다 힘드시지 않나요? 광화문 광장을 지키기 위해 불가피한 거는 알겠는데, 너무 안쓰럽네요"

"우파 정당들은 대선, 지선 등 선거 때마다 패배했는데, K파티는 140번 동안 정말 한 번도 패하거나 지지 않았다는 게 신기합니다"

지난 토요일 행사에 방송중계를 위해 참여하신 유튜브 대표님들께서 하신 말씀입니다.

맞습니다.

법적 조치와 중단의 빌미를 주지 않기 위해, 1인 문화제형식으로 한 달이 넘게 텅 빈 광화문 광장에서 홀로 우파의 국민저항행사를 이어가는데, 혼자 가면 빨리 가고 함께 가면 멀리 간다는 말처럼, 함께 문화제를 진행할 때가 훨씬 안정적이고 편하며 함께 팀워크로 맡은 역할에 최선을 다하며 행사를 치르기에 전투에서도 각 병과와 전투에서 맡은 역할들에서 최선을 다하면, 어렵지 않게 승리할 수 있는 것처럼, 정말 광화문 광장에서 홀로 안전문화제를 진행한다는 것은, 함께 준비하고 진행할 때보다 몇 배의 난이도와 어려움과 인내심 등이 필요로 한 것 같습니다.

그럼에도 보이지 않는 곳에서 묵묵히 응원해주시고 지원해주시면 큰 힘이 되어주시는 K파티 스탭동지님들과 회원님들, 유튜브 방송을 통해 기도해주시고 응원해주시는 해외의 애국동포분들과 전국 각지의 애국자님들 덕분에 이렇게 4년 동안 140차례의 광화문 K파티 문화제가 한 번도 빠짐 없이 끊김 없이 이어지고 지켜지고 있음을 잘 알고 있으며, 진심으로 감사드립니다.

이날은 특히 해가 지면서 광장에는 봄의 마지막 추위라도 되는 것처럼, 차가운 칼바람이 불며 텅 빈 광장을 더욱 허하게 만들고 있었습니다.

지금 대한민국의 현실이 강풍이 불기 직전의 등불과 같은 상황이 아닌가 싶습니다.

우파정치권은 초토화되었고 패배의식이 만연하며, 전쟁의 잿더미와 같은 경제 폭망의 현실과 우한폐렴으로 2백 명이 넘는 국민이 사망하고, 만 명이 넘는 국민이 다치는 소리만 들리지 않는 아비규환의 전쟁터와 같은 대한민국의 현실에서 누군가는 대한민국 여론과 민심의 중심인 광화문 광장을 끝까지 지켜내야만 할 것이고, 우파정치권이 하나님을 경외하지 않고 기도하지 않으며 오만했기에 낙동강 전선까지 연이어 패퇴하며 밀려난 절체절명의 실제상황에서 인천상륙작전이 시작될 때까지 대한민국의 적화를 막아내고, 전 세계 우방국들과 자유진영에게 자유우파 애국국민들을 대표하는 목소리를 알리고, 대한민국을 침몰시키고 있는 문재인 친중종북좌파독재자의 구속과 그 숙주와 같은 김정은 3대 세습학살독재자의 패망을 외치는 자유의 함성은 끊김 없이 이어져야 하기에 저는 광화문 광장으로 출발하기 전, 죽음을 각오하고 기도하며 광장수호 문화제를 준비하고 진행하고 있습니다.

제가 광화문 광장을 지키다가, 테러 등으로 죽임당하면 뒤를 이어 목숨을 걸고 지켜낼 용사님들이 계시고, 다음 세대인 저희 아이까지도 그 뒤를 이어 자유를 지켜내겠다는 필생즉사의 각오가 있고, 가장 큰 힘인 기도로 절대자이신 하나님께 중보하는 믿음의 동역자가 있으니 저는 결코, 걱정하지 않고 두려워하지도 않으며 담대히 제게 주신 광장수호의 소명을 끝까지 지켜낼 것입니다.

함께 응원해주시고 격려해주시며 기도해주시는 여러분께 진심으로 감사드립니다!

지난 총선 참패일인 15일에 북괴에는 불경죄 중범죄에 해당하는 김정은의 김일성 생일인 태양절에 금수산 참배에 모습을 보이지 않아, 신변이상설이 해외언론에서 급속히 퍼지고 있다고 합니다.

김정일이 죽은 뒤 권력을 잡고 처음 발생한 사상 초유의 일로, 지금 북한 주민들 사이에 김정은이가 죽은 것 아니냐는 말까지 나올 정도로 북한 전 지역으로 논란이 확산하고 있다고 합니다.

어떻게든 최근 심장마비로 심장 수술까지 받고 거의 종일 누워만 있어야 하는 김정은이가 식물인간 뇌사상태가 되어 죽음을 기다리건, 이미 죽었지만 정권 붕괴를 걱정해 은폐하건, 결론은 곧 김정은은 죽고 북괴는 붕괴하며, 한국판 슈타지 문서인 대한민국에서 활약하고 있는 북의 간첩들 명단까지 멀지 않아 다 밝혀지면, 문재인도 친중종북좌파독재정권도, 그 졸개들과 각 분야의 간첩들도, 당선된 국개들 중 간첩들도 모조리 감옥에서 영영 못 나오는 일이 생기게 될 것입니다.

하나님께서 역사하시는 방식입니다. 사람이 예측할 수 없는 방식과 시기로 역전시키시는 하나님의 인천상륙작전!

저는 내일도 변함없이 광화문에서 자유우파의 목소리를 전 세계 자유진영 국가들에게 알리며, 문재인이 구속되고 김정은이 죽을 때까지 대한민국 여론과 민심의 중심인 광화문 광장을 지켜낼 것입니다.

대한민국 국민을 위해 기도하고, 자유수호를 위해 기도하며, 하나님의 뜻하심대로 역전의 승리를 이루어주실 것을 믿고 확신하며 기도합니다.

"오늘도 변함없이 광화문 광장을 지키고 계시는군요, 이대표께서 4년간 빠짐없이 지켜온 광장의 활동을 사진과 영상 그리고 글이 남아있으니, 이 귀한 기록을 훗날 백서나 영상 다큐멘터리로 만들어 역사에 남기는 작업을 꼭 하셨으면 합니다"

"사람이 살아가면서 가장 큰 죄가 판단이나 결정을 잘못해서 죽지 않아도 될 사람의 생명을 죽게 만들거나, 다치지 않아도 될 사람을 다치게(감염시켜 다치)게 만드는 짓인데, 문재인은 결정과 판단을 잘못한 천인공노할 대역죄와 반헌법적 죄로, 국민의 목숨을 잃게 하고 다치게 만들었으니, 자손 대대로 천벌을 받고 역사의 기록으로 남게 될 것입니다"

지난 토요일 K파티 안전문화제를 방송 중계하러 오신 유튜버 대표님과 행사를 마치고 지나가다 응원차 잠시 들리신 우파 어르신께서 하신 말씀입니다.

죽지 않아야 할 주권자인 국민을 죽게 하고, 감염되어 평생을 폐기능장애로 고통받지 않아도 될 국민을 감염되도록 만든 최종적인 주범은 바로 친중종북좌파독재자 문재인임을 나라 사랑하는 국민 모두가 알고 있으며 분노하고 있습니다.

이러한 진실을 끝까지 밝히고, 국민을 해치고 헌법의 내우의 죄를 일으킨 문재인이 내려오며 구속될 때까지, 자유대한민국의 중심이자 여론과 민심의 심장부인 광화문 광장을 지키고, 불의에 맞서 싸워 승리하며, 정의를 구현하기 위해, 앞으로도 변함없이 광장을 수호하고 자유대한민국의 적화를 막아내겠습니다!

지난 139번째 K파티 광화문 안전문화제도 악한 기운과 악의 영에 의해, 영적인 공격이 상당히 심했지만, 이에 맞서 전 세계와 전국 각지의 많은 믿음의 용사님들께서 행사 시작과 함께 마칠 때까지 실시간으로 중보기도를 해주시고, 해외와 전국 각지에서 실시간 방송을 통해, 수만 명의 애국국민들께서 응원해주시고, 동참해주신 덕분에 안전하고 무사히 잘 마칠 수 있었습니다.

　이날도 중공우한폐렴 확산의 주범인 문재인을 혼내는 퍼포먼스와 그 숙주 북괴의 3대 세습학살 독재자 북돼지 김정은을 응징하고 처단하는 퍼포먼스를 통해, 광장의 종북 주사파 토착빨갱이 고정간첩이 쳐다보지도 못하고 지나갈 정도로, 기세등등하고 담대하며 힘차게 자유우파가 광화문 광장을 지키고 있으며, 광장의 주인임을 널리 선포하고 저 악한 세력들에게 당당하게 보여줬습니다.

2020년 3월 28일 제138차

서해수호용사 추모 및 중공우한폐렴 확산의 주범 문재인 구속! 중공입국금지!

연평해전 도발과 천안함 피격, 그리고 연평도 포격으로 자유대한민국을 지키던 우리의 형제, 아들과 같은 청년장병 용사들 55명을 귀한 목숨을 잃게 만든 3대 세습학살독재자 살인마 김정은은 반드시 처단되어 죽어야만 할 것입니다.

또한, 비슷한 날에 확진자가 발생한 대만은 즉각적인 중공입국금지와 신속한 마스크 수출봉쇄를 통해, 현재 2명의 사망자와 3백여 명의 확진자로 자국민의 안전과 목숨을 지켜냈는데, 이와는 대조적으로 중공입국금지도 하지 않고, 국민을 마스크 배급받다가 죽게 만드는 일까지 만들며, 확진자는 1만 명이 넘고, 사망자는 170명이 넘도록, 초동대처와 판단의 실패로, 국민의 목숨을 잃게 만든 문재인 친중종북좌파 독재자는 우한폐렴사태가 종료되고 나면, 반드시 이에 대한 책임을 물어 국민의 목숨을 지키고 안위를 최우선 해야 함에도, 이를 어기고 헌법수호의 의지가 없이, 헌법상 '내우'를 일으킨 주범으로, 특검 수사를 통해 반드시 끌어내리고 구속해야만 할 것입니다.

지난 토요일도 자유우파의 집회가 금지된 텅 빈 광화문 광장에서 종북 주사파 토착빨갱이들의 쓸데없는 신고들과 의미 없는 방해에도 불구하고,

서해수호용사님들을 추모하고, 중공우한폐렴확산의 주범 문재인 구속과 중공입국금지! 그리고 우한폐렴사태와 마스크게이트 특검을 외치며, 138번째 광화문 K파티 안전문화제를 기도로 시작하고 잘 진행하며, 무사히 마칠 수 있었습니다.

광화문 광장에서 우파의 모든 집회와 행사를 중단시키고 궤멸시키기 위해, 마지막 남은 저희 K파티에게 지속적인 방해와 공격과 어떠한 발악이 들어오더라도, 넉넉하게 상대해주며, 지혜롭고 용맹하게 저 사악한 세력들과 맞서 계속 승리하면서 끝까지 여러분과 함께 광화문 광장을 지켜내겠습니다.

중공우한폐렴 확산의 주범 문재인 구속! 중공입국금지!

"17세의 아이가 목숨을 잃었는데 누구도 책임지는 자들도, 사과하는 자들도 없다니…. 참 슬프고 분노가 치밀어 오릅니다"

"유럽과 중동의 일부 국가들을 비교하며, 중공우한폐렴에 대해 잘 대처했다며 자화자찬을 하는 사이, 120명이 넘는 국민이 목숨을 잃어갔습니다.

중공입국금지로 초동대처를 잘한 대만은 단 1명의 국민만 목숨을 잃었고, 그조차도 장관이 눈물을 흘리며 사과를 했다는 대표님의 말씀을 듣다 보니 화가 나네요"

이날 광화문 광장에서 K파티 1인 안전문화제를 생중계하거나 취재하러 오신 유튜버 대표님과 기자님의 말씀이었습니다.

국민 한 명 한 명의 귀한 목숨이 잃어갈 때마다 국민을 사랑하고 위하며 섬기는 지도자는 피눈물을 흘리며, 스스로 목숨을 걸고 국민의 생명을 지키고, 중공우한폐렴의 유입을 막기 위해 입국차단을 했었어야 했습니다.

그러나, 널리 북괴 3대 세습학살독재자 김정은의 눈치만 보고 있는 줄 알았던, 친중종북좌파 독재자 문재인이 중공의 공산독재자 씹진핑에게는 더욱 굴종하고 우리 국민을 속국 식민처럼 내팽개치는 정말 사악하고 무책임한 언행들을 보며, 저 인간은 하루속히 내려와야 하고 억울하게 국민 백여 명의 목숨을 잃게 만든 전무후무한 대역죄에 대한 엄벌과 천벌을 받아야만 할 것입니다.

이날도 자유우파의 모든 집회가 금지되거나 중단된 광화문 광장에서 유일하게 안전문화제로 끊김 없이 이어나가는 K파티에 대한 방해와 공격 등이 이어졌지만, 잘 대비하고 방어하며 넉넉히 승리하면서 행사를 잘 마칠 수 있었습니다.

여러분, 이념의 식민지, 좌파강점기의 어렵고 절망적이며, 정말 힘든 시기지만, 절대 포기하지 맙시다!

대한민국의 적화를 막아내고, 끝까지 자유를 지키기 위해 참고 견뎌냅시다!

각자 맡은 자리와 역할에서 우리가 할 수 있는 크고 작은 모든 나라 사랑을 실천하며, 주권자인 국민에게 보장된 국민저항권을 행사합시다!

이를 통해, 종국적으로 이루어낼 최종승리로 거짓과 불의를 물리치고, 자유우파의 정권을 되찾으며, 진실과 정의가 이기는 선진강국 자유통일 대한민국을 이루어나갑시다!

<h1 style="text-align:center">2020년 3월 14일 제136차</h1>

3.10 추모 및 중공우한폐렴 확산의 주범 문재인 구속! 중공입국금지!

"우파집회가 몇 주째 사라진 광화문 광장에서 K파티는 잊지 않고 3.10항쟁을 추도하는 행사를 해주셔서 정말 감사합니다"

"요즘은 행사준비를 도와주시는 스탭분들이 안 오시나 봐요"

텅 빈 광화문 광장에서 홀로 1인 안전문화제를 준비하는 모습을 보던 어느 유튜브 방송 대표께서 좌파들만 추도행사를 광화문 광장에서 했었는데, 3주기 모두를 다 챙기고 이날도 광장에서 3.10 항쟁 때 돌아가시거나, 국민저항권을 행사하시다가 목숨을 잃으신 열사님들을 기억하고, 추모행사를 준비해줘서 감사하다는 말씀을 주셨고, 또 스탭분들의 안부를 물어보셨습니다.

그래서 말씀을 드리길, K파티 문화제를 위해 섬겨주시는 자원봉사 개념의 스탭 동지님들은 행사가 있는 날 시간이 되시는 분들이 자발적으로 조금 일찍 오셔서 장비나 행사준비를 위한 세팅을 사전에 잠시 도와주는 것이고, 2월 말부터, 1인시위 형태의 안전문화제를 진행한 이후로는 참여하실 수도 없고, 또 사전 준비도 최소화해서 제가 할 수 있으므로 참여하지 않고 계시며, 게다가, 전문적으로 우파의 선량한 국민과 유튜버분들께 의도적인 덫을 걸어 시비가 생기게 한 뒤 모욕죄 등 법적인 공격 등을 시도하는 자들이 있어, 이런 덫에 걸리지 않도록 행사현장에서 모두 귀가하시거나 계시지 않도록 말씀을 드렸기 때문에 지금은 아무도 안 계시고 앞으로도 정상적인 문화제로 돌아갈 때까지는 스탭의 개념도, 참여도 없을 것이라고 말씀을 드렸습니다.

이날도 종북 주사파 고정간첩 토착빨갱이들의 빈틈을 노리는 공격을 사전예방하고 대비한 후, 3.10 항쟁 3주기 추모행사도 잘 마치고, 중공우한폐렴 확산의 주범 문재인 구속! 중공입국금지!를 외치며, 국민의 목소리를 알리는 1인 안전문화제도 잘 마칠 수 있었습니다.

요즘 들어 섬기고 헌신하는 역할을 권리이자 자리인 줄 잘못 아는 분들로 인해 상처를 받거나 힘들어하는 우파동지님들이 적지 않게 생기고, 저에게도 호소나 고민을 말씀하시는 분들이 계십니다.

모두가 3주가 넘도록 광장에서 태극기를 들고 함성을 외치지도 못하고, 광장에 나와도 조심을 하거나 국민저항권을 제대로 행사를 못 해, 모두가 날카롭고 여유가 없어지며, 조금만 오해나 갈등이 생겨도 폭발하기 직전인, 자유우파진영의 애국 동지님들의 심정과 그 기분을 저도 잘 알고 있습니다.

그래도, 자유민주주의를 지키고자 하시고, 자유대한민국을 사랑하시며, 자유우파진영과 애국국민들을 아끼고 위하시는 여러분 모두에게 말씀드리고 싶습니다.

이런 위기의 때일수록, 더욱 낮은 자세로 섬기고, 남에 대한 비난과 불평불만은 줄이며, 초심을 잃지 않기 위해 더욱 자신을 겸손하고 올바르게 다스리고, 처음 태극기를 들었을 때의 순수한 모습을 되찾을 수 있도록, 저를 포함한 모두가 함께 노력했으면 좋겠습니다.

언제까지 권력 남용에 의해, 이런 자유우파의 집회를 금지하고 중단된 초유의 사태가 이어질지는 알 수 없지만, 저희 K파티는 자유우파진영을 대신하고 광장수호를 염원하는 수천만 애국국민들 한분 한분의 뜻을 받들기 위해, 끝까지 포기하지 않고 계속 견디고 이어나가며, 대한민국 여론과 민심의 중심인 광화문 광장을 지켜나가겠습니다!

2020년 3월 7일 제135차

우한폐렴 확산주범 대재앙 문재인 구속! 중공인 입국금지!

"오늘도 자유우파의 집회가 사라진 광화문 광장에서 1인시위로 안전문화제를 잘 마치셨군요, 수고 많으셨습니다."

텅 빈 광화문 광장에서 홀로 진행한 K파티 1인 안전문화제를 취재하러 오신 자유우파 기자님께서 귀가하면서 하신 말씀입니다.

공권력과 지자체의 직권남용적 집회금지로, 2명 이상이 진행하는 행사나 집회를 제한하거나 금지해버려, 2주 연속 우파진영의 토요일 낮 집회가 궤멸 되었다고 말들을 하며 안타까워하시는 자유우파분들이 많으신 것 같습니다.

광화문 광장을 지나가시던 행인분들이 잠시 서서 지켜보시거나, 낮 집회가 없어져 안타깝고 아쉬워 광장 여러 지역에 1인시위를 하러 오신 분들이 간혹 지켜보시곤 하셨지만, 제가 불가피하게 1인시위의 형태로 안전문화제를 하고 있으니, 행인은 지나가 주시고 응원하러 오신 분들도, 귀가하셔서 유튜브 방송으로 1인 문화제를 시청해 달라고 행사 도중 반복적으로 요청을 드리고 보낼 정도로, 광화문 광장은 적화된 이념의 식민지처럼 변해버린 것 같아 참으로 슬프고 안타까웠습니다.

여러 많은 방해가 있었지만, 그럼에도 불구하고 다 비우고 내려놓은 채, 1인 행사 시작 전 광장에 엎드려 기도로 준비하고 진행한 뒤, 안전하게 잘 마치고 나서 다시 광장에 엎드려 기도로 이날도 1인 안전문화제를 잘 마칠 수 있었습니다.

중공우한폐렴확산의 주범은 초동대처의 골든타임을 놓친 채, 동요하지 말고 정부를 믿으라고 해놓고, 무능력하고 무책임하게 마스크조차 컨트롤 하지 못하며, 국민이 죽어 나가고, 평생 폐 기능 장애 후유증으로 고통을 받도록 만든, 문재인 종북친중좌파독재정권은 지금도 중공 공산 독재자 십진핑의 눈치를 보며, 방역의 가장 기초이자 대한의사협회 등 의료전문가 집단에서 경고하고 요구하는 중공입국금지를 하지 않고, 문을 활짝 열고 역병이 들어오도록 방치하며 국민의 생명을 해치고 있는 이 사악한 거짓 권력자들과 그 주변세력들은 반드시 천벌을 받게 될 것입니다.

반드시 주권자인 국민으로서 엄중한 법적 책임을 묻고, 문재인을 포함한 모든 연관자들을 대상으로 특검 수사를 통해, 범죄행위가 밝혀지면 반드시 구속하고 처벌을 받도록 해야 할 것입니다.

어떠한 억압과 공격과 방해에도 굴하지 않고, 문재인 종북친중좌파독재정권이 무너지고 사라질 때까지, 대한민국의 여론과 민심의 중심인 광화문 광장을 끝까지 지켜내며, 자유를 수호하기 위해, 저 사악한 종북 주사파 친중오랑캐 고정간첩 토착빨갱이 좀비들과 맞서 싸워 승리하겠습니다!

자유우파 애국국민 여러분, 끝까지 포기하지 맙시다! 참고 견뎌냅시다! 헌법에 보장된 주권자의 국민저항권으로 저들과 맞서 진실을 밝히고 정의가 승리할 수 있도록, 함께 힘차게 나아갑시다!

2020년 3월 1일 **제134차**

3.1절 특집 중공우한폐렴 대재앙 확산의 주범 문재인 구속!

"3.1절 101주년 기념 특집문화제를 광화문 광장에서 진행하는 곳은 좌우 전체에서 K파티가 유일하네요!"

"K파티가 대한민국에서 유일하게 한 번도 취소 없이, 빠짐없고 끊김 없이 광화문 광장을 지켜온 광장수호자가 된 것 같습니다"

눈비가 섞여서 내리는 이날, 광화문 광장에서 K파티 3.1절 특집문화제만 개최된다는 소식을 접하고, 취재와 라이브 방송중계를 위해 오신 유튜버 대표 님들의 말씀이셨습니다.

자유우파의 집회가 사라진 텅 빈 광화문 광장에서 좌우 통틀어 유일하게 K파티만 홀로 광장에 남아, 3.1절 101주년 기념 특집문화제를 열었고, 눈비가 내리는 추운 날씨였지만, 1인 안전문화제의 형식으로 모든 자체방역시스템을 갖춘 채, 엎드려 기도한 뒤 행사를 시작하게 되었습니다.

3.1절 특집 행사를 진공상태와도 같이 조용한 광화문 광장에서 행사를 진행하는 내내, 101년 전의 일제식민지에서 대한독립을 외치다가, 탄압과 공격을 받고, 옥에 갇히거나 사상을 입었던 당시 3.1운동의 상황이, 지금 자유우파집회가 탄압받고, 자유우파리더들이 갇히거나 처벌을 받도록, 권력을 남용하는 이념의 식민지와도 같은, 현재 상황과 너무나도 흡사하다는 생각이 들었습니다.

지난 토요일처럼 열 차례 이상, 종북 주사파 고정간첩 토착빨갱이 등의 광장 좀비들에 의한 신고를 대비하기 위해, 상황별 시나리오를 더욱 구체화하고 점검하느라 밤잠을 3일째 평균 두세 시간 밖에 못 갔지만, 의외로 이날 따라 반자유세력들의 신고나, 공격이 거의 들어오지 않을 정도로, 조용하고 평화롭게 삼일절 행사를 뜻깊게 그리고, 성공적으로 잘 마칠 수 있었습니다.

앞으로도 이념의 식민지하에서 문재인 종북친중좌파 독재정권과 졸개들에 의한, 어떤 탄압과 공격에도 굴하거나 패배하지 않고, 지혜롭고 용감하게 광화문 광장의 수호자로 저희 K파티 용사님들과 함께 광장을 지켜내며, 끝까지 포기하지 않고 인내로 견뎌내며, 다가올 승리의 날을 위해, 그리고 저들과의 전투에서 넉넉히 맞서 싸워 이기면서 자유대한민국을 지키기 위해, 합력하며 기도로 힘차게 나아가겠습니다!

2020년 2월 29일 **제133차**
중공우한폐렴 대재앙 확산의 주범 문재인 구속!

"우파집회들도 K파티처럼 저들의 공격과 탄압을 대비하고 지혜롭게 대처할 수 있었으면 좋았을 텐데, 과도한 법 해석으로 처벌부터 하려고 한 집회의 제한과 금지 부분에서는 속수무책으로 당할 수밖에 없는 것 같습니다"

"지난 미국 트럼프 대통령의 방한 때, 경호권 발동으로 인해 아무도 없던 광화문 광장 내에서 트럼프 환영행사를 유일하게 진행했던, 그때와 지금 모든 집회가 취소된 지금의 상황과 다소 겹치는 부분이 있는 것 같아요"

K파티 주변에서 개별 1인시위를 하다가, 지나가던 자유우파 활동가분들이 하신 말씀입니다.

서울시 전역에서의 집회금지를 통보하고, 처벌로 엄포를 놓은 원숭이에 의해, 진공상태와 같은 분위기의 좌우 모두가 사라진 광화문 광장에서 저희 K파티 홀로 '중공우한폐렴 대재앙 확산의 주범 문재인 구속! 중공입국금지! 안전문화제'로 이날도 변함없이, 광화문 광장을 잘 지킬 수 있었습니다.

좌파강점기 이념의 식민지 시대와도 같은, 암울하고 억압된 현실에서 중공우한폐렴의 창궐을 핑계로, 법적 고발과 강제집회금지 등의 직권남용성 공권력 행사로 인해, 지난주 집회를 진행했던 단체와 단체장 등이 고발을 당하기도 했으며, 이로 인한 여러 다양한 충격과 여파로 이번 토요일은 광화문 광장에서의 집회는 금지되었을 뿐만 아니라, 개최하지도 못하게 되었으며, 각 정당과 단체마다 자체적으로 광장에서의 집회를 취소하기로 하기도 했습니다.

그러나, K파티는 군중을 대상으로 하는 집회도 아니고, 문화제이기에 아무런 문제가 없었지만, 더욱 엄격하고 빈틈없이 대비하고 대응하기 위해, 이틀 밤을 잠을 거의 못 자면서 공권력을 남용하는 자들과 세력으로부터, 방어할 수 있는 시나리오를 열

가지씩 행사마다 준비하는 등 일어날 수 있는 모든 경우의 수를 대비하고, 이에 대한 대응책도 갖고 행사에 임하게 되었습니다.

그 결과 원숭이의 엄포와 직권남용으로 보이는 공권력 행사로, 자유 우파의 모든 세력이 다 쫓겨나고 텅 빈 광장을 생각하며 설렘을 느꼈던, 광장 내 곳곳의 고정간첩과 토착빨갱이 등 반자유세력들의 뒤통수를 후려치듯, K파티 홀로 광화문 광장을 지키며, 자유의 함성과 헌법에 보장된 표현의 자유를 행사하자, 당황하고 열 받은 종북좌파 좀비들에 의한 열 차례 이상의 신고에도 불구하고, 철통같은 방어와 사전 대비를 통해, 어떤 공격도 받지 않고 틈도 보이지 않았고, 많은 분의 우려와 걱정과는 달리 행사는 안전하게 성공적으로 잘 마칠 수 있었습니다.

2020년 2월 22일 **제132차**

중공우한폐렴 대재앙 확산의 주범 문재인 구속! 중공인입국제한!

K파티가 서울시 관할 지역에서 집회하는 것을 금지한다고 반협박적으로 느끼도록 하길래, 논리적으로 또 법리적으로 반박할 수도 없게 말한 뒤, 지난 토요일 저희 K파티는 아래의 내용을 지켜가며, 최고수준의 자체방역과 안전을 유지한 채, 행사를 무사히 잘 마칠 수 있었습니다.

첫째, K파티는 대한민국의 주권자이자 국민인 청년들이 이끌어가는 문화제이다.

둘째, 군중 집회가 아닌 문화제로, 집회 및 시위와 성격이 다르며, 집회 제한과 금지를 핑계로 최상위법인 헌법에 명시된, 표현의 자유를 억압하거나 막을 수 없다.

셋째, 전염병의 전파가 될 수 있는 행사인가를 볼 때, K파티는 참가자를 소수 회원으로 제한하고, 참가한 모두에게 방역복과 마스크와 장갑을 착용토록 해서 전염 가능성이 없도록 만들며, 자체 안전관리 수칙을 이행하고, 열화상 감시카메라시스템을 상시 비치한 뒤, 참가회원 전원의 발열 상태를 체크하며, 안전펜스를 쳐서 외부인의 접근과 참여를 금지하는 안전하고 방역체계가 수립된 문화제이다.

넷째, K파티 참여 회원들은 이런 직권남용적인 통제에 대해 이 기간에는 서울시 관할 지역이라는 계단을 이용하지 않을 것이며, 문화제참여하는 회원이 아닌 일반인이 계단을 사용하는 경우, 이는 전적으로 서울시가 관리할 책임이 있다.

다섯째, 참여인원이 20명 이내의 소수로, 모두가 방역복과 장비를 갖춘 상태로 방역에 최적의 조건을 안전하게 유지하며, 사실상 집회신고를 하지 않더라도, 문화제는 주권자인 국민이라면 누구나 할 수 있다.

여섯째, 감염법 조항을 상위법인 헌법보다 과도하게 악용해 적용하고, 국민의 주권과 인간의 존엄성과 표현의 자유를 억압하며, 강제및 통제할 정도로 남용해도 되는지와 대중교통을 제한하거나 금지해야하는 상황일 경우, 집회관련 조항들을 적용하고 시행하는 수준인데, 지금 지하철 등 대중교통수단을 제한 또는 금지할 수준의 상황인가?

일곱째, 이 법을 악용해 자유민주주의를 해치고, 국민을 억압하는 공권력의 남용 또는 권력의 남용의 불법행위는 없는지 의문, 위 49조 2항의 조항을 적용하려면, 여러명이 모였거나 지나가는 행위도 다 통제해야 하는데, 지금 거리의 행인도 다 통제하고 여러명이 모여있는 것을 금하도록, 서울시 전역 또는 광화문 전역의 모든 시민들에게, 여러명이 다니거나 모이지 않도록 해산과 모임금지 통고를 했는가?

여덟째, 오히려 법을 과도하고 권력을 남용하도록 넓게 해석해서 공권력에 의한 위법을 저지르는 것은 없는지, 만일 그런 불법적인 요소가 있다면 그 부분에 대해 헌법위반으로 법적 대응을 오히려 해야 할 것이다.

특히, 이런 과도한 권력남용의 배후에 혹시라도 이번 총선을 유리하게 치르기 위한 권력집단이나 권력자가 없는지, 만일 이에 대한 배후가 있거나 정권에 반대하는 청년의 목소리를 강제로 없애고, 표현의 자유를 억압하고 침해함을 통해, 만일 정부에게 유리하게 만들어 선거에 영향을 끼치려는 시도가 있다면, 이것은 명백한 부정선거와 불법행위가 될 수 있을 것이다.

더 이상 과도한 법과 권력의 오남용으로 청년과 국민의 자유를 억압하거나 침해 하지 말고, 직권남용과 독재라는 말을 듣지 않도록 제대로 국민과 시민 그리고 청년을 잘 섬기고 지원하길 바란다.

오늘 저녁 7시 133번째 광화문 K파티 안전문화제는 더욱 강화된 자체 안전규정과 방역체제에 더해, 누구의 방해와 공격도 받지 않도록, 1인 안전문화제로 시작부터 종료까지, 홀로 광화문 광장을 지키며 저들의 직권남용과 헌법위반 횡포 그리고 억압에 맞서 끝까지 헌법에 보장된 주권자인 국민이자 청년의 목소리와 표현의 자유를 나타낼 것입니다.

중공 씨진핑 공산독재정권의 눈치만 보다가, 초동대처도 제대로 못하고 방역의 가장 중요한 골든타임도 놓친채, 대한민국 국민의 안전을 무너뜨리고, 국민들의 생명을 잃게 만들었으며 감염 후, 평생을 폐기능 장애와 고통 속에서 살도록 만든 주범인, 문재인과 그 졸개들이 천벌을 받아 구속되고, 역사의 대역죄인으로 남겨지도록, 저희 K파티는 끝까지 국민저항권을 행사하며 거짓과 불의에 맞서 싸워 승리하겠습니다!

적와대 국정농단 권력비리 부정선거 게이트 특검!
우한폐렴 대재앙 문재인 구속! 김정은 처단!

"광화문 광장에서 대역적 3대 세습학살독재자 김정은을 매달아 놓고, 518대를 망치로 때리니 속이 다 후련하네요, 북한주민들을 더 죽게 만들기 전에 김정은이 조속히 죽기를 소원합니다"

"우한폐렴에 벌벌 떨고 집회도 취소하며, 몸 사리고 눈치 보는 종북 주사파 고정간첩 토착빨갱이 오랑캐 좀비들이 없으니, 광화문 광장이 청정구역이 된 것 같습니다"

"고정간첩들과 토착빨갱이들의 반응이 좋으니, 더욱 힘차게 매달린 김정은을 패야겠어요. 춥고 비까지 오는데 오늘도 광장을 마지막까지 지키고, 선거철에도 이리저리 휘둘리거나, 휩쓸리지 않는 K파티가 최고입니다!"

어제 봄을 재촉하는 시원한 얼음비가 내리고, 밤이 되자 광장의 칼바람이 세차게 불어도, 우산도 없이 모두 늦은 시간 끝까지 광화문 광장을 지켜주시고, 함께 해주신 일당백, 일당천 K파티 용사님들의 힘 있고 여유 있는 모습으로 주신 말씀들이었습니다.

어제 광화문 광장에서 최초로 사슬에 매달린 김정은을 518대 때리는 퍼포먼스가 있었고, 종북 주사파 간첩 빨갱이 간첩 좀비들이 당황하고 어쩔 줄 모르는 모습에 저희 K파티 용사님들은, 민족의 대학살자이자 대역적인 김정은이 죽을 때까지, 이런 퍼포먼스를 북괴 및 고정간첩들에게 보여주자고 다짐하며, 어제 행사도 잘 마쳤습니다.

국내에서 아무리 소수의 중공우한폐렴 확진자들을 의료진들이 잘 대처한다고 해도, 정부의 할 일은 추가적으로 유입되어 우리 국민들이 위험해질 수 있고, 생명에 지장을 줄 수 있는 이런 중공역질에 대한 강력조치로, 7만 명이나 곧 들어오는 중공 유학생들과 중공인들의 입국금지나 그에 따르는 추가적인 대응책 등이 있어야 하는데, 독재자 씹진핑과 중공의 눈치만 보고 너무나도 무력하고 무능한 모습들을 보여주고 있습니다.

정부가 국민을 위험에 내팽개치고 사지로 목숨을 몰아가면, 주권자인 우리는 각자도생을 넘어, 거짓 정권의 사악한 독재자를 퇴진시키고, 구속시키며, 지금까지 저지른 모든 범죄와 헌법상 이적, 여적, 반역죄까지 모두 수사해서 책임을 물어 최고형으로 엄벌을 받고, 역사의 대역죄인으로 남도록 만들어야만 할 것입니다.

저희 K파티는 올해와 내년 사이에 일어날, 씹진핑 중공독재정권의 몰락과 김정은 3대 세습학살독재자의 사망 또는 망명과 문재인 종북친중좌파 독재정권이 무너지고 구속되는 날까지, 비가 오나 눈이 오나 천재지변이 일어나건, 어떤 상황에도 끝까지 대한민국 여론과 민심의 중심인 광화문 광장을 지키고, 자유를 수호하기 위해, 자유수호용사님들과 함께 반대한민국세력들과 맞서 싸워 승리하며 정권을 되찾는 그 날까지 힘차게 정진하겠습니다!

2020년 2월 8일 **제130차**

적와대 국정농단 권력비티 부정선거 게이트 특검!
우한폐렴 대재앙 문재인 구속!

"낮 집회들은 우한폐렴 사태로 많게는 2/3나 빠진 곳도 있고, 보통 반 이상의 인원들이 빠져 횅했는데, K파티는 소수정예라 그런지 빠진 분들이 별로 없네요"

"광화문 광장을 130번이나 끊김도 빠짐도 없이, 연속으로 집회나 문화제를 이어가는 초유의 신기록을 세운 K파티 최고입니다!"

"대표님, 경찰이나 적와대에서 광화문 광장에서 개최되는 자유우파의 대규모 군중집회를 중공우한폐렴을 핑계로, 인원수로 제한하거나 금지한다는 계략이나 음모가 흘러나오고 있는데, K파티는 소수정예 문화제라서 별문제가 없을까요?"

지난 토요일 해가 지고 난 뒤의 광화문 광장은 영하의 엄동설한 한파와 광장의 거센 칼바람이 불어 최근 가장 추운 날씨였기도 했지만, 종북 주사파 간첩 빨갱이 반자유세력들이 이미 예고한 저희 맞은편에서 할 예정이었던, 거짓촛불 집회조차 취소하고 사라질 정도로, 중공우한폐렴의 격정과 불안이 대한민국 전역을 강타하고, 국민의 안전과 생명을 위협하는 위기의 상황으로 만든, 문재인 종북좌파 독재정권이 저지른 초기 방역대응 실패로, 공항과 항만의 방역 등에 구멍이 뚫린 채, 골든타임을 놓쳤기 때문에 일어나고 있는 대국민적 재앙과 재난사태로 확산하고 있는 현실이, 광화문 광장에도 여파를 미치게 되었기 때문일 것입니다.

한파의 칼바람에 우한폐렴까지, 낮 집회의 타격과 마찬가지로 K파티에도 참여하시는 용사님들이 확 줄어들 것이라 생각도 했었는데, 변함없이 많은 분께서 참여하시고 행사준비부터 정리까지 도와주시고, 함께 해주신 덕분에 130번째 K파티 문화제를 아주 잘 마칠 수 있었음을 진심으로 감사드립니다.

130차 K파티를 이어가면서 좌우를 떠나 한 번도 빠짐 없이 연속적인 문화제(집회)를 광화문 광장에서 이어나간 유일한 단체가 되었고, 이 또한, 기도해주시고 행동으로 동참해주신 K파티 용사님들과 밤늦게까지 수고해주신 최정예 아스팔트 우파유튜브 대표님들 덕분임을 잘 알고 있습니다.

앞으로도 변함없이, 4년 전 종북좌파들의 아수라장과 같은 거짓촛불들이 점령했던 광화문 성지를 투쟁으로 되찾아, 현재까지 광장을 지키고 있는 초심을 잃지 않고, 중공우한폐렴 대재앙 문재인 종북친중좌파 독재정권과 김정은 3대 세습학살독재자가 사라지고 천벌을 받을 때까지, 대한민국의 여론과 민심의 상징이자 중심인 광화문 광장을 끝까지 지키고, 자유대한민국의 적화를 막아내며, 정권을 되찾을 때까지, 기도로 힘차고 담대하게 나아가며, 반대한민국 세력들과 맞서 싸워 승리하겠습니다!

2020년 2월 1일 제129차

적와대 국정농단 권력비리 부정선거 게이트 특검!
우한폐렴 대재앙 문재인 구속!

'날씨도 너무나도 춥고, 중공독감 우한폐렴 괴질 때문에 참가하시는 분들이 거의 없을 것 같아서 저라도 숫자 보태러 왔는데, 역시나 밤의 광장을 지키는 K파티 용사님들은 다들 오셨군요'

'마스크를 구할 수도 없어서 발만 동동 굴렸는데, 문화제현장에서 방역 마스크를 나눠주셔서 정말 감사합니다'

'억울하고 부당하게 갇혀계신 박대통령님 생신을 이 광화문 광장에서 축하해주시는 K파티 용사님들께 정말 감사한 마음입니다'

방역에서 초동대응의 중요성은 말할 필요도 없을 정도로 필수적이고 당연하지만, 우리 국민들은 등한시하고 중공의 눈치만 보며 무기력하고 무능력하며 무책임하게 그저 동요하지 말라, 정부를 믿어라 등을 외치며 초기 방역의 골든타임을 놓치고, 설 명절 연휴 동안 수천 명의 우한지역 중국인들과 십수만 명의 중국 관광객들이 국내에 들어와서 전국 각지를 다니며 감염자를 만들고, 감염의 위험을 높이고 있는데도, 문재앙은 우리 국민들이 안전과 생명을 지키기 위해, 가장 절실하고 필요한 마스크 3백만 개를 중공에다 갖다 바치고, 중공인들이 국내에서 1억 개의 마스크를 사재기하며 시세차익 등을 위해 중공으로 보내는 것을 막지도 못해, 이로 인해 마스크가 품귀현상이 생기고, 국가의 위험과 국민의 안전과 생명을 담보로 차익을 챙기는 부도덕한 장사치들까지, 온라인에서 품절이 되고, 그나마 남은 마스크 가격은 심리적 동요와 품귀현상으로 평소의 다섯배, 열배 가격으로 치솟아도 잘 구하지 못하는 어르신들과 사회적 약자들을 내팽개쳐둔, 문재앙 종북좌파 독재정권을 성토하고 비판하는 목소리가 행사를 준비하는 광화문 광장 이곳, 저곳에서 들리며 마치는 밤까지도 이런 원성이 행사 내내 자자할 정도로, 국민들의 불안은 커지고 문재인을 비판하는 원성은 점점 커지고 증가하고 있음을, 대한민국 여론과 민심의 중심인 이곳 광화문 광장에서 심각하게 느낄 수 있는 하루였습니다.

일각에서는 이 무책임하고 무능력함으로 방역에 구멍이 뚫리고 전국적으로 불안감이 커지고 있는 중공우한폐렴 재난사태를 악용해, 대규모의 군중이 모이는 자유우파의 집회들을 제한하고 금지할 것이며, 더욱 심각할 경우 국가재난비상사태를 선포해, 언론 출판 집회시위의 자유를 막으며, 자유우파인사들과 애국국민들에게 부당하고 불법적인 권력을 휘두를 수도 있을 것이라는 이야기까지 들릴 정도로, 이 문재앙 종북좌파 독재자의 사악하고 악랄한 범죄와 해악들이 대한민국 전역을 흔들고, 대재앙을 끌고 다니고 있습니다.

이에 대해 저희 K파티는 앞으로 어떠한 권력의 방해와 공격에도 굴하지 않고, 끝까지 여론과 민심의 중심인 광화문 광장을 지키고, 자유대한민국의 적화를 막아내며, 내우외환으로 국익을 해치고 국민을 어려움에 빠트리고 있는 문재인 종북좌파 독재정권을 끝내기 위해, 국민저항권을 행사하며 맞서 싸워나가겠습니다!

2020년 1월 25일 **제128차**
설 특집 적와대 특검! 문재인 구속!

"종북 주사파 간첩 빨갱이 좀비들도 설은 지나나 보네요, 배에 기름지고 나태해졌
는지 광장에 한 놈도 보이지 않네요"

"설날 당일인데도 고향에 가지 않고 광장을 지킨다는 소식을 듣고 동참하러
왔습니다"

"광화문 광장에서 먹는 떡국 맛이 정말 최고입니다"

설날 당일이 토요일이고, 유일하게 4년 동안 광화문 광장에서 한 번도 빠지거나 끊
김이 없었던 K파티 문화제를 이어가야 한다고, 오히려 저를 재촉하시고 강하게 주장
하셨던 K파티 용사님들께서 한분 한분, 해가 진 어두운 광장에 합류하시면서 하셨던
말씀들이었습니다.

광화문 광장의 성지이자, 지난 탄핵 시기에 처음으로 거짓촛불이 시작된 세종문화
회관 계단에 라운드 레이저 빔으로 새겨진 '공산독재자 씹진핑 퇴진! 김정은 처단! 문
재인 구속!' 글씨와 이승만 건국대통령님과 박정희 보국대통령님, 박근혜 자유대통령
님의 사진이 태극기를 배경으로 투사되어, 설 명절 연휴를 즐기기 위해 광장을 찾은
수만 명의 국민들에게, K파티 문화제의 주목적인 대국민 홍보전을 이날도 성공적으
로 잘 진행하고, 마칠 수 있었습니다.

행사를 마치고, 동지님께서 준비해오신 스페셜 떡국을 두 그릇, 세 그릇씩 드시며
광장에서 설날을 보내니 참 뜻깊다고들 말씀하시며, 서로 덕담을 주고받은 뒤, 자유
대한민국 수호를 다짐하며 돌아가는 전국 각지에서 오신 K파티 용사님들의 모습을
보며, 큰 힘과 용기 그리고 희망을 다시 한번 얻을 수 있었습니다.

행사를 마치고, 집회신고 1순위를 지키기 위해 종로경찰서 밤샘 철야 대기까지 이
어나가는 강행군이었지만, 아직은 대한민국이 적화되어 자유가 박탈당하지 않았기

에 이렇게 자유를 지키기 위한 국민저항권을 행사할 수 있고, 저 반대한민국 세력들과 싸우며 승리할 수 있음을, 그저 감사하고 또 감사하는 마음만 들 뿐이었습니다.

오는 3.1절과 전날인 29일 토요일 광화문 집회 전체 확보를 위해 철야 대기를 서며, 우파단체 모두가 하나되어 1순위를 잘 지킬 수 있어서 더욱 감사하고 즐거운 한 주였습니다.

앞으로도 변함없이 대한민국 여론과 민심의 중심인 광화문 광장을 끝까지 지키고, 자유대한민국을 적화시키려는 종북 주사파 간첩 빨갱이 좀비들과 맞서 싸워 승리하며, 저희 K파티 용사님들과 함께 손에 손잡고, 하나되어 힘차게 나아가겠습니다.

"야! 정말 대단들 하다! 빨갱이들 50여 명에 깃발은 30여 개, 둘러싼 경찰들은 백여 명 이상, 저럴 거면 왜 나왔냐? 한심한 인간들 ㅉㅉ"

"이렇게 도망가듯 사라져서 또 승리하고 나니, 웃기기도 하고 좀 허무하네요"

체감온도는 더 낮았던 영하 5도 강추위의 광장의 칼바람에도, 참여하셔서 끝까지 자리를 지키신 K파티 용사님들의 말씀이었습니다.

북괴의 지령이나 지시사항을 하는 척, 따르는 척 흉내라도 내기 위해, 이날도 어김 없이 등장한 저희 맞은편에서 깃발 좀 흔들고 구호 몇 번 외치다가, 저희 구호와 행사에 밀려, 저녁 일찍 퇴근하듯 서둘러 사라지는 초라하고 한심한 저 한 줌의 종북들과 포섭된 반자유세력들의 뒷모습을 보며, 북괴 내부의 갈등과 권력붕괴 직전의 모습을 적나라하게 볼 수 있었습니다.

4년 동안 지켜본 광화문 주변의 간첩들과 그 추종세력들 그리고 연령대로 구분한 구세대와 신세대 간첩의 활동에 대해 말씀드리겠습니다.

광장에 간첩들은 사실 간첩이 되고자 하는 것들과 생계 돈벌이 수단, 정치권이나 언론, 방송 등 권력 자리용 수단, 노조 등에서의 이익유지를 위한 수단, 단체나 집회를 이어가며, 장비와 행사기획업체 등을 통해 돈을 빼먹기 위한 수단으로 간첩질이나 반국가행위를 하는 자들이 상당수였음을 알 수 있었습니다.

구세대 남파간첩들은 김정은 말도 안 듣고, 그렇다고 이 정부 말도 듣지 않는 회색지대 돈벌이용, 목숨유지용, 권력이나 명예 등 자리 지키기용, 가족들 지키기용으로 흉내만 내거나, 여기도 저기도 아닌 반은 공산주의 반은 자본주의에 맛이 든 자들로 적지 않게 변질되었으며, 북괴에 보고도 잘 안 하고, 지령도 안 내려오고, 죽이기에는 비용과 리스크가 크고, 국내 가정을 이루어 소환에도 불응하는 등 북괴입장에서는 골칫거리들로 전락되었습니다.

지금 구세대 남파간첩, 포섭된 간첩들, 정보원들의 나이는 50대에서 70대까지로 각자도생을 하며, 대한민국에 적응해 가정을 이루기도 했으며, 자녀를 미국에 유학도 보내는 등 다양한 생계수단을 통해 자유시장경제의 유익을 즐기며, 전국 각지에서 살아가고 있습니다.

　또한, 북괴의 대남공작부서에서도 첨단화된 과학기술, 정보통신기술, 여러 가지 최첨단 기술을 사용하는 능력을 지닌 젊은 공작원들이나 간첩들을 보내어 작업하려 해도, 자금지원이 제대로 되지 않고, 국내 정보기관이나 국내에 있는 타국의 정보기관들보다 여러 가지 면에서 자금도 딸리고, 공작 장비도 부족하고 노후화 되었으며, 북괴 공작원들과 간첩들을 추적하고 감시하고 다니는 국내 정보요원들과 우방국 정보요원들에게 쫓기듯 도망 다니고, 추적을 피하다가 시간 다 보낼 정도로, 최근 간첩들의 국내 활동이 위축되어가고 있는 듯하며, 오히려, 국내에 비해 검거나 포착이 쉽지 않은 동남아 국가들이나 중공 등을 기간별로 떠돌아다니며, 포털 온라인 여론조작, 디도스 공격 등을 통한 정부 기관 공격, 자금해킹, 보이스 피싱, 동남아와 중공에서 포섭 또는 접선 뒤 공작지령을 받는 등 한반도 주변국에서 활동을 많이 하고 있습니다.

　활동하는 잔존 간첩들은 정치권, 공무원사회, 교육계, 노조, 전문직, 시민단체에 자리를 잡고, 대남간첩을 관리하는 부서의 지령을 수행하는 척은 하지만, 공작비용이나 간첩활동 자금이 제대로 내려오지 않아 자생적으로 생계를 유지하거나, 자금을 조달해야 하기에 목숨 걸고 지시를 따르거나 공작을 하기보다는 하는 척, 설렁설렁 흉내만 내거나, 시간을 끌다가 못 하는 등 북괴의 통제와 지령에 대해 목숨을 걸고 하려고 하지는 않고 있음을 알 수 있었습니다.

　매주 광장의 간첩 또는 간첩 코스프레를 하려는 자들의 분열과 갈등 그리고 폭망을 보며, 북괴 내부의 권력 집단이 무너지고 있음을 체감할 수 있는 귀한 시간을 보내고, 승리할 수 있어서 그저 감사하고 또 감사한 마음입니다.

2020년 1월 11일 **제126차**

적와대 국정농단 권력비리 부정선거 게이트 특검! 문재인 구속!
자유의 촛불문화제광장수호 빨갱이 퇴치전!

"결국, 우리가 빨갱이 퇴치전에 승리했다! 우리가 마지막까지 남아 광장을 지켰다!"

"파리채로 잡아야 할 파리를, 돈 뿌려 기관총을 들고 와서 파리를 잡기는커녕, 저 빨갱이들 2, 3백 명 온 걸 널리 언론에 홍보하게 해줘 버리고, 바로 맞은편에서 잘 싸우고 있는 K파티까지 음향을 공격해버려 참 씁쓸하네요, 우파총질까지 해서는 안 되는데요"

지난 토요일 저희 바로 앞에서 거짓촛불을 들었던 종북 주사파 간첩 빨갱이 반자유세력들의 정체가 무엇인지 궁금했는데, 오랫동안 저희 K파티에서 함께 싸워주신 용사님들과 저들의 정체를 알고는 배 잡고 코웃음을 치게 되었습니다.

이미 한 달에 한두 번 저희 맞은편에 나타나서 매번 깨어지고, 져서 물러나기 바빴던 기존의 1~2백 명 모여서 징징거리다, 저희 샤우팅에 제대로 행사도 못 하고 정리하며 도망가기 바빴던 자들이, 새로운 종북 좌파세력들이 등장해서 광화문 탈환을 시도하는 오버액션을 했던 것이었습니다.

모두가 배를 잡고 자주 와서 저희에게 깨지던 저 한 줌의 세력을 저 아래의 우파집회에서 오히려 키워주고 홍보해줬다는 말까지 나왔을 정도로 광화문 광장은 저희 방향으로도 공중의 초대형 크레인 스피커를 향한 채, 저희 K파티의 행사를 방해할 정도의 큰 음향으로, 가장 가까이에서 맞은편 조그만 종북 주사파 간첩 빨갱이 반자유세력들과 싸우던 저희까지 피해와 무력화를 줄 정도로 그래서 맞은편 마치고 돌아가던 빨갱이 하나가 "저긴 우리 편이여? K파티까지 죽이고 있네, 하하하"하며 비웃으며 지나가기도 했습니다.

이날도 저희가 마지막까지 광장을 지키고, 빨갱이 퇴치전을 잘 완수했으며, 음향방해로 준비된 순서로 맞은편 거짓촛불집회를 골려주거나 혼내주지는 못했지만, 가장 원초적인 무기인 "문재인 구속!" "조국 구속!" "적와대 특검!" "추미애 특검!" "빨갱이 처단!" "김정은 처형!" "씹찐핑 퇴진!"등을 외치며, 참여한 용사님들과 스탭 동지님들 모두, 목청이 찢어지도록 세 시간이 넘을 정도로 쉼 없이 연속 구호와 샤우팅을 외쳤습니다.

이제 저놈들의 정체가 밝혀졌고, 기존의 한 달에 한두 번씩 늘 저희에게 터지는 거짓촛불들인 것을 안 이상, 더욱 강하고 엄하고 쎄게 저놈들을 혼내줘야겠다는 다짐들을 참여한 일당백, 일당 천의 용사님들과 함께하게 되었습니다.

제발 부탁이니, 저녁 시간대에 불쑥 비정기적으로 나타나 집회를 하는 우파단체나 집회는 매너를 반드시 지키고, 파리 잡는데 기관총을 들고 와서 우파에게 총질하는 일들이 다시는 일어나지 않도록, 주의를 해주시고 우파의 기본인 매너와 예의를 지켜주시길 바랍니다.

매주 한 번도 빠지지 않고 126차를 이어간 저희에게 힘을 실어주기는커녕, 저 주먹만 한 좌파집회를 요란스럽게 만들어 좌파언론과 방송의 집중을 받게 해줘서 키우게 하고, 매주 50차례나 100차례 이어가지도 못할 거면서 듬성듬성 옥수수알 빠진 옥수수처럼 물만 흐려놓은 채, 저놈들 키워주고 빠지는 등의 부작용과 역효과는 제발 자제해주시길 다시 한번 당부드립니다.

"유튜브로 보면서 응원차 행사장에 들렸는데, K파티는 유튜브 슈퍼챗도 없고, 계좌안내도 없는데, 현장에서는 후원을 안 받나요? 모금함도 없고 어떻게 도움을 드려야 할지 모르겠네요"

"예, 저희 K파티는 일반후원을 받지 않고 회원제 회비로만 운영이 되며, 유튜브 슈퍼챗도 우파단체나 우파집회 최초로, 개설 직후 동지님들과 상의한 뒤 중지했으며, 회비 계좌정보도 회원들께만 공개하고 있습니다. 그래서 여기저기 휘둘리거나 후원으로 인한 금전 문제나 갈등도 없으며, 초심을 지켜올 수 있었던 큰 이유이기도 합니다"

그렇습니다. 저희 K파티는 참여하시는 회원 모두가 외부 후원을 일절 받지 않으며, 이리저리 휘둘리거나 돈으로부터 시작되는 갈등과 분열을 막기 위한 이러한 원칙에 동의해주고 지지하고 계십니다.

앞으로도 저희 K파티는 가장 기본적인 원칙을 지키고, 사리사욕이 생길 수 있으며 갈등과 분열이 야기될 수 있는 외부의 돈을 거부하고, 회원들의 십시일반으로 아끼고 절약하며 계속 순수한 K파티 광화문 문화제를 이어가기 위해 최선을 다하겠습니다.

낮의 광화문 광장은 자유우파 군중들에 의해 거의 가득 찰 정도로 많으나, 해가 지고 나면 모두 다 떠나간 어둡고 텅 빈 광화문 광장에 좀비들과 같이 종북 주사파 간첩 빨갱이 반자유세력들이 거짓의 촛불을 들고 엉금엉금 기어 나와 낮의 우파가 있었던 광장을 탈환해서 다시금 거짓선동과 허위왜곡으로 적화시키고 점령하기 위해, 지속해서 나타나고 있습니다.

잘 아시겠지만, 패망한 월남의 패배요인 중 가장 큰 요소 중 하나는 낮의 월남 마을은 정규군과 연합군에 의해 지배가 되더라도, 해가 지고 어둠이 깔리면 월맹군이 지배하고 장악한 후, 정보도 이용하고 마을주민들까지도 포섭하는 등 결국은 어둠의 시간을 빼앗긴 뒤, 전세가 악화되어 결국 월남은 적화되고 패망한 결정적인 패인이 되었던 것도 사실입니다.

현재의 총성 없는 이념의 전쟁도 마찬가지입니다.

낮의 광장에 온순하고 올바른 자유우파 국민들이 양과 소와 같이 순하고 여리다고 비유를 하면, 해가 지고 난 뒤의 광화문 광장에는 늑대와 하이에나와 같은 악하고 잔인한 종북 좌파 좀비들이 나타나서 우파분들을 위협하기도 하고 공격을 하기도 합니다.

그래서 4년 동안 여러 많은 우파단체에서 해가 지고 난 뒤 집회와 문화제를 시도했지만, 광장의 드센 기운과 하이에나와 늑대 같은 종북좀비 세력들 등으로 인해, 6개월도 아닌 3개월도 제대로 버티지 못하고 쫓겨나거나 사라져 갔습니다.

그렇기에 4년 동안 저희 K파티와 세 번의 엄동설한 칼바람이 부는 겨울의 어두운 광장에 오셔서 사자와 호랑이가 되어, 하이에나와 같은 종북 좀비들과 맞서 싸워 이기고, 용맹함과 담대함으로 무장해 연전연승으로 승리하며, 함께 광화문 광장을 끝까지 지켜주고 계신, 일당백, 일당 천의 베테랑 자유수호용사님들 덕분에 저희 K파티가 지금까지 125회를 빠짐없이 이어오며, 어둠이 내린 밤의 광장을 탈환하려는 종북 좀비들과 맞서 '빨갱이 퇴치전'을 이어가면서 대한민국 여론과 민심의 중심인 광화문 광장을 끝까지 사수할 수 있었음을 다시 한번 감사드립니다.

오늘 토요일 저녁부터는 종북 주사파 간첩 빨갱이 반자유세력들이 거짓촛불을 들고, '윤석열 사퇴!' '황교안 구속!' '자한당 해체'를 주제로 매주 저희에게 빼앗긴 광장을 탈환하기 위한 촛불문화제를 저희 맞은편에서 개최한다고 합니다.

4년째 지켜온 이 광화문 광장을 끝까지 지키고, K파티 문화제를 한 번도 빠짐 없이 이어가기 위해, 어떠한 정치적 기회도, 여러 가지 이익도 다 포기하고 버린 채, 이곳을 사수하는 저와 K파티 용사님들이 계시기에 문재인 종북좌파 독재정권이 붕괴되고 사라지고, 김정은 3대 세습학살독재자가 제거되어 없어지는 날까지, 자유대한민국을 수호하기 위해, 이 광장에 남아 저 반대한민국 세력들과 맞서 싸워 이기며, 최종 승리하겠습니다!

2020년 1월 1일 **제124차**

신년특집 적와대 국정농단 권력비리 부정선거 게이트 특검! 문재인 구속!

새해 K파티는 3년 동안 지켜온 대한민국 여론과 민심의 중심인 광화문 광장을 초심을 잃지 않고, K파티에 참여하시고 늘 지켜보며 응원해주고 계셨던, 자유수호용사님께서 쓰신 아래의 글처럼, 자유대한민국을 위해, 우파의 승리를 위해, 변함없이 광화문 성지를 지키며 묵묵히 우리의 길을 힘차게 나아가기 위해 최선을 다하겠습니다!

'광화문, 세종문화회관 앞에서 청년문화제를 무려 3년간 매주 빠짐없이 진행하는 K-Party.

집행부뿐만 아니라 매주 집회신고를 위해 밤샘을 하는 회원들, 문화제시설 설치를 위해 소리 없이 애쓰는 회원들, 태극기집회 마친 후 힘들지만, 꼭 참석하여 마무리를 도와주는 회원들….

요란하거나 허세를 부리지도 않고 지나가는 시민 한 사람 한 사람 배려하며 성실하게 자기만의 독창성을 만들며 새 시대를 위해 투쟁하는 젊은 대한민국.

이들의 화합과 정성 어린 집회 준비과정을 지켜보며 이 땅의 미래는 걱정하지 않는다.

청년 중심 청년문화제, 포효하고 웅비하라~'

2019년 12월 28일 **제123차**

송년특집

30여 회 이상의 종북 주사파 노조 반자유세력들과의 맞집회, 샤우팅 대결 등에서의 연전연승!

트럼프 대통령 방한 시, 좌우 유일하게 광화문 광장 내에서 환영특집 문화제성공적으로 완수!

한 번도 빠지지 않고, 마지막 끝까지 광화문 광장을 지킨 유일한 자유우파단체!

외부의 일반후원을 받지 않고 대표 사비와 회원 회비로 진행되는 유일한 자유우파문화제(집회)!

올 한해의 K파티 활동에 대해 간단히 정리해봤습니다.

내년에는 반드시 문재인 종북좌파살인 독재자가 끌려 내려와서 구속될 것이고, 김정은 3대 세습학살독재자가 처단되어 제거될 것입니다.

불의와 거짓은 결코, 정의와 진실을 이길 수 없으며, 2020년은 자유대한민국을 지키고, 반드시 자유우파가 승리하는 한 해가 될 것입니다.

지난 한 해 정말 수고 많으셨습니다.

여러분! 하시는 모든 일에서 넉넉히 승리하시고, 가정에 하나님의 넘치는 은혜와 축복 그리고 사랑이 가득하시길 기도합니다!

사기탄핵 원천무효를 외치며, 엄동설한에 대한민국의 상징인 태극기를 들고 오신 자유우파 애국자님들과 용사님들의 뜨거운 함성과 겨울 칼바람과 엄동설한 한파를 녹여버린 자유수호의 열정을 비웃기라도 하듯, 2016년 겨울, 허위선동과 거짓 왜곡으로 국민을 혹세무민하며, 불법거짓탄핵으로 자유대한민국을 무너뜨리고 있는 종북주사파 거짓촛불들이, 박대통령님 탄핵과 하야를 외쳤던 성탄절 촛불문화제를 열었던 것을, 저희는 분명히 기억하고 있었습니다.

시간이 지날수록 당시의 거짓탄핵은 북괴의 붕괴를 막으려는 중공과 북괴와 이를 따르는 대한민국 내의 종북 주사파 노조 간첩 빨갱이 반자유세력들이 총궐기를 해, 자유대한민국의 체제를 탄핵하고 이에 동조한 반역자들, 부역자들, 배신자들과 함께 이 천인공노할 역사의 대역죄를 저지른 것임이 점차 밝혀지고 있으며, 적반하장으로, 권력 남용을 넘어 헌법을 훼손하고, 불법 비리를 넘어, 국정농단과 부정선거까지 거리낌 없이 저지르는 문재인 종북좌파 독재정권과 적와대 졸개들과 이에 가담한 위장 우파와 좌파 정치꾼들이 행해오고 있는 이 중차대한 범죄행위와 내우의 죄는 결코, 쉽게 넘어갈 수 없을 뿐만 아니라, 헌법으로 최고 중형까지 적용해 엄벌로 다스려, 다시는 이런 대역적 범죄가 자유대한민국에서 일어나지 않도록, 이 자들 모두를 역사의 죄인으로 반드시 후대가 볼 수 있도록, 기록에 남겨야만 할 것입니다.

저희 K파티는 내년이면 붕괴되어, 감옥에 가고 사라질 자신들의 불운도 깨닫지 못한 채, 자유대한민국을 무너뜨려 북괴에 상납하려고 했던 종북좌파 독재자 문재인과 졸개들, 그리고 이들을 추종하는 반대한민국 세력들에게 받은 그 이상으로 모든 것들을 되돌려 주기 위해, 만 3년을 기다려온 '문재인 구속' 성탄절 특집 촛불문화제를 25일 저녁 광화문 광장에서 기도로 잘 준비했고 진행했습니다.

강추위에도 강하고 담대하게, 모두 하나 된 마음으로 광장이 떠나갈 정도로 힘차고, 우렁찬 자유우파의 함성과 문재인 구속! 김정은 처단!을 외치며, 늦은 시간까지 함께한 K파티 용사님들과 방송을 통해 응원해주시고, 기도해주신 애국 동지님들 덕분에 종북 주사파 노조 반자유세력들이 부들부들 떨도록 넉넉히 이겨주고, 힘차고 신나게 즐기며, 맛난 떡과 다과도 함께 나누어 먹으면서 축복 된 성탄절 특집문화제를 잘 마쳤습니다.

2019년 12월 21일 **제121차**

적와대 게이트 특검! 문재인 구속!

"이야! 바로 길 건너 종북 주사파 반자유세력들의 촛불집회가 우리보다 적게 나왔네요"

"벌써 마치고 무대차까지 철수를 하네, 저렇게 해서 문재인과 조국 구속을 막을 수 있겠나?쯔쯔"

이날도 변함없이 칼바람이 매섭게 불어오는 얼어붙은 광화문 광장에서 마이크까지 얼어버려 작동이 안 될 정도의 한파에서도, 중무장한 K파티 선배님들, 후배님들, 어르신들까지 함께 한마음 한뜻으로 적와대 특검! 문재인 구속! 조국 구속!을 외치며, 맞은편 거짓촛불을 든 대형 무대차까지 동원한 수십 명의 종북 주사파 반자유세력들과 샤우팅 대결에서 저놈들의 목소리나 음향이 덮여 사라질 정도로, 힘차고 신나게 즐기면서 저들이 미대사관 앞에서 위협을 주는 것을 저희가 야단을 치자, 꽁무니가 빠지도록 황급히 사라져버렸습니다.

3주 연속 저희 앞과 주변에서 종북 좌파 반자유세력들의 야간 촛불집회가 있었으나, 추운 날씨에 오래 견디지도 못한 채 사라졌고, 저희 용사님들은 늦게까지 남아, 광화문 광장을 끝까지 지켜주신 덕분에 여유 있고 넉넉하게 계속 승리를 이어갈 수 있었습니다.

이 은 새로운 신무기를 선보이고, 깜빵 속에 들어있는 문죄인과 사슬에 묶여 기둥에 매달린 북돼지를 걸어놓자, 광장을 지나가는 수천 명의 행인과 차량 속의 시민들도 웃으며, 문재인 독재 폭정에 못 살겠다며 문정권 퇴진에 공감하는 분위기가 점차 늘어나고 있음을 느꼈습니다.

앞으로도 변함없이 초심을 잃지 않고, 끝까지 대한민국 여론과 민심의 중심인 광화문 광장을 지키며, 문재인 종북좌파 독재정권이 붕괴되고 사라질 때까지 힘차게 싸워 승리하겠습니다!

2019년 12월 14일 **제120차**
적와대 국정농단 권력비티 부정선거 게이트 특검! 문재인 구속!

"나라 사랑의 가장 기본적인 국민의례 때, 광장 내의 좌파집회에서 음악을 크게 틀고, 국기에 대한 경례와 애국가조차도 들리지 않을 정도로, 무례하고 방해를 심하게 해서 불쾌했습니다"

"집회 레이저에 눈을 세 번이나 맞아서 눈이 따갑고 아픕니다, 기본적인 매너와 예의는 지켜야 할 텐데요"

"오늘도 마지막까지 광장을 지켜내고, 밤샐 각오였는데 평소보다는 늦게 마쳤지만, 제 예상보다는 빨리 마쳤네요"

"우파 전체를 통틀어, 외부 후원 없이 사비로 이끌어가는 유일한 단체와 순수한 문화제인 K파티 화이팅입니다!"

3년 전, K파티가 창립하고 초창기부터 함께 해주신 창립 멤버 동지님들과 유튜버 대표님이 이날 행사에서 각각 하신 말씀이었습니다.

저희 K파티는 3년 전 초창기 창립 멤버들이 암묵적으로 변함없이 지켜온 원칙인, 광화문 광장에서 좌우를 떠나 국민의례조차도 제대로 하지 않거나, "시간관계상 애국가를 4절이 아닌 1절만 부르는" 단체나 집회는 올바르지도 않으며, 초심도 잃어버렸다고 여길 뿐만 아니라, 집회 중, 애국 활동의 가장 기본 예의인 국민의례를 상대측이 하고 있음에도, 무시하거나 방해하는 결례를 범하는 단체나 집회는 인정하지 않았으며, 가장 기본적인 매너를 지키지 않거나, 상호 간에 약속 등을 이행하지 않는 우파집회나 행사는 좌파들과 다르지 않게 간주해왔습니다.

또한, 북괴의 붕괴를 반대했고, 대한민국 주도의 자유적 통일을 원치 않았던 중공과 북괴의 지원을 받은, 종북 주사파 노조 반자유세력들에 의해, 자유대한민국의 체제가 탄핵되도록, 지난 불법 사기탄핵에 당시 동조했거나, 이에 부역한 자들 또는 세력과는 타협은커녕, 어떠한 형태로도 연대하지도, 협력하지도 않은 채, 저들의 악행을 기억하고, 진실이 밝혀지고 정의가 승리한 뒤, 역사의 죄인으로 기록될 것이며, 반드시 천벌을 받게 될 것이라는 생각을 절대 잊지 않은 채, 처음 시작 때 가졌던 초심을 지금도 지켜오고 있습니다.

저희는 좌파들처럼 수천만 원의 돈으로 치장한 대형 무대와 음향도 없고, 수천 명이 넘는 인원도 동원하지도 못하지만, K파티의 원칙인 외부 후원으로 움직이고 끌려

다니는 행사가 아닌, 스스로 번 돈을 사비로 넣어서 아끼고 절약하며 집회를 끌어가고, 군중 동원을 위한 목적으로 어떠한 단체나 세력에게 굴종하지도, 타협하지도 않았으며, 단 한 명이 오더라도, 또는 오천 명이 넘도록 행사장 앞이 가득 차더라도, 개의치 않으며, 변함없이 종북 주사파 노조 간첩 빨갱이 등 반자유세력들이 가장 싫어하고 두려워하는 방식으로, 저들의 치부와 반역범죄비리를 널리 알리면서 대국민 홍보전을 해오고 있으며, 이는 군중 동원 집회와는 다른 방식과 형태로, 한 번도 빠짐없이 광장을 3년째 지켜오고 있습니다.

앞으로도 어떠한 변질된 집회나 행사, 종북 좌파들처럼 국민의례조차도 제대로 하지 않는 반자유적, 반우파적인 집회나 행사, 그리고 초심을 잃어버린 집회와 행사는 제대로 된 것이라 보지 않을 것이며, 저희는 광화문 광장이 다시는 변질되지 않게 할 뿐만 아니라, 올바르고 정의로운 자유우파의 광장으로 남겨질 수 있도록, 끝까지 광화문 성지를 지키고 사수할 것입니다.

끝이 보일수록 인내심을 가지고, 변하지 않으며, 묵묵히 나아가라는 지혜의 격언처럼, 저희 K파티는 균열이 일어나 무너지기 시작하는 종북 주사파 반자유세력들과 문재인 종북좌파살인 독재정권이 붕괴하고 사라질 때까지, 자유대한민국과 국민에 대한 신의와 약속을 지키기 위해, 더욱 강하게 정진하며 힘차게 싸워 승리하겠습니다!

2019년 12월 7일 **제119차**

적와대 국정농단 권력비리 부정선거 게이트 특검! 문재인 구속!

"문재인을 구속하라! 문재인을 구속해!"

낮부터 진행되었던 종북 주사파 노조들의 총궐기 집회가 끝난 줄 알았는데, 저희 K파티가 진행되는 도중 갑자기 앞 광장의 차도를 경찰이 통제 시작했습니다.

종북 주사파 노조들이 야간 촛불 행진으로 광화문 광장을 지나 K파티 앞으로 지나가는 것이었습니다.

저희는 매복하듯 아주 익숙하게, 조용히 우리 앞으로 행진이 다가오길 기다렸다가, 순간 우렁찬 함성과 구호로 "문재인을 구속하라!"를 외치자, 300여 명도 안 되는 좀비같이 축 처져 걸어가는 저들의 행렬에 혼란이 오고, 순간 어쩔 줄 몰랐으며 행렬에 밀려가며 저희에게 혼나는 모습을 보며, 함께 맞선 K파티 용사님들 모두가 통쾌함과 짜릿함을 느낄 수 있는 시간을 보낼 수 있었습니다.

"역시 이 맛에 밤의 광화문 광장에 좀비들 사냥하러 온다니까요"

종북 주사파 노조들이 기습적인 샤우팅 공격을 받고, 부들부들 떨면서 어쩔 줄 모르는 모습에 모두가 승리의 기쁨을 느꼈다고 하며 참여하신 K파티 용사님의 말씀이었습니다.

밤늦게까지 광화문 광장에 끝까지 남아, 종북 주사파 노조 반자유세력들과 맞서 싸워 이기고, 저들이 사라지고 난 후에도, 자유우파의 함성을 외치며, 얼었던 몸도 뜨거운 열기로 풀릴 정도로, 지난 토요일은 신나고 즐거운 승전의 시간이었습니다.

12월 첫 문화제의 시작일인 이날은 영하 10도의 체감온도의 칼바람이 부는 동토의 광장이었고, 좌우 모두가 극한 날씨에도 불구하고, 마지막 시간까지 광화문을 지키기 위해, 상대는 탈환하기 위해, 치열하게 맞섰습니다.

자유우파의 낮 집회가 종북 주사파 통진 잔당 등의 총궐기 집회의 행진 우선 신고 등으로, 광화문 광장에 진입 방해를 당해, 들어오지 못한 우파집회가 광화문 아래 지역에서 2주 연속 집회를 하게 되는 틈이 생겼으나, 저희 K파티는 1순위를 지켜가며, 광화문 광장 중심인 세종문화회관 앞에서 문화제를 이어갈 수 있었습니다.

3년 동안 광화문 광장의 성지를 지키고, 지금까지 한 번도 빠짐 없이 광장에서 자유우파의 함성과 국민저항권을 행사하고, 저 사악하고 어두운 반대한민국 세력들을 광장에서 쫓아내고 있는 저희 K파티가, 자유대한민국 수호의 선봉이 되어, 대한민국 여론과 민심의 중심인 광화문 광장을 끝까지 지켜내며, 빼앗긴 정권을 다시 찾아, 대한민국을 무너뜨리고, 국민을 위험에 빠지게 하며, 반역 반헌법 불법 비리를 저지른 문재인 종북좌파살인독재정권을 심판하고 처벌하는 날까지, 강하고 담대하게 엎드려 기도하며, 힘차게 연전연승을 이어가면서 맡은 역할과 자리에서 최선을 다하겠습니다!

2019년 11월 30일 제118차

조국구속 문재인 구속 광화문 사수

 지난 토요일도 변함없이 우파의 낮 집회들이 끝나고, 해가 지기 시작하는 '개와 늑대의 시간'이 다가오자, 광화문 광장의 그 많았던 자유우파의 인파와 큰 함성은 사라지고, 저녁이 되어 광장에 어둠이 깔리면서 광장 곳곳에서 대한민국의 적화를 시도하는 종북 주사파 반자유세력들이 거짓의 촛불을 켜고, 광화문 광장을 어슬렁거리는 모습들이 보이기 시작했습니다.

 "대한민국과 국민에 대한 반역적인 이적, 여적 행위와 반헌법적인 중범죄행위가 밝혀지면, 문재인과 그 졸개들을 헌법에 따라 구속하고, 사형시켜라!"

 평화협정, 주한미군철수, 우파 궤멸 등의 구호를 외치는 거짓의 촛불들과 낮부터 광장에서 술판을 벌인 뒤 술에 만취해, 광화문 광장을 좀비처럼 배회하는 주사파 종북 노조 등의 잔당들을 화들짝 놀라게 한, K파티 용사들의 힘찬 외침이었습니다.

 "대한민국 국민인 탈북청년의 귀순의사를 묵살한 채 강제북송시켜 죽게 만든, 문재인 종북좌파독재정권 즉각 물러가라!"

 "종북 주사파 반자유세력 기생충들의 숙주인 3대 세습학살독재자 김정은을 처형하라!"

 "자유홍콩, 자유대만, 자유티벳을 억압하고 인권을 말살하고 있는 북괴의 숙주 씹진핑 공산독재정권을 타도하자!"

 이날도 변함없이 모두가 떠난 광화문 광장에서 광장 넘어 적와대까지 들리도록 애국가 4절을 힘차게 부르고, 종북 주사파 반자유세력들이 가장 두려워하는 박정희 대통령님의 육성으로, 반대한민국 세력들이 가장 듣기 싫어하는 국민교육헌장도 광장이 울리도록 틀며, 늦은 시간까지 문재인 종북좌파독재정권의 반역행위와 반헌법적 범죄, 국기문란, 권력 남용에 대한 잘못과 범죄사실을 외치고, 대국민 홍보를 위해 타도, 구속, 처단 등의 구호를 외치며, 강하고 힘찬 모습으로 광화문 광장의 주인이 바로 우리임을 보여주고, 몸소 실천하는 K파티 용사들을 보고는 혼비백산해서 사라지거나, 씩씩거리면서 돌아가는 반자유세력들의 뒷모습을 보면서 늦은 시간, 광장의 칼바람에도 아랑곳하지 않고 계단에 서서 함께 동참해주신, 광화문의 성지를 3년째 지켜낸 1등 공신들인 K파티 자유수호용사님들의 힘찬 외침과 자유의 함성이, 바로 자유대한민국을 끝까지 지키려는 우리의 아버지, 어머니, 형제, 자매, 아이들의 목소리이자, 나라 사랑을 실천하려는 자유우파 국민들의 승리를 위한, 정의로운 국민저항권의 행사라는 것을 다시금 확신하게 되었습니다.

무너지고 추락하고 있는 살인 독재자 김정은과 문재인의 초라한 모습을 보며, 묵묵히 보이지 않는 곳에서 또 각자의 맡은 역할과 자리에서 자유대한민국을 지켜내기 위해 최선을 다하고 계시는 자유우파 여러분께서 바로 이 자유대한민국의 진정한 주인이며, 곧 다가올 자유통일의 주역이며, 통일 이후 중공붕괴와 만주수복의 일등공신임을 잘 알고 있으며, 항상 존경과 감사하는 마음으로, 더욱 잘 섬기고 모시겠다는 다짐을 하게 됩니다.

앞으로도 변함없이, 대한민국 여론과 민심의 중심인 광화문 광장을 끝까지 사수하고, 피와 목숨으로 지켜주신 이 귀한 자유와 경제강국 통일대한민국을, 대한민국 미래세대의 주역인 우리 아이들에게 잘 전할 수 있도록, 할 수 있는 모든 일과 역할을 다하겠습니다.

2019년 11월 23일 제117차
조국구속 문재인 구속 자유의 촛불문화제 Story

"우리가 또 이겼다! 밤의 광화문 광장을 탈환하기 위해 집회를 늦게까지 한 노조를 발라버리고 K파티가 끝까지 광장을 지켰다!"

지난 토요일, 저희를 의식하며 늦은 시간 끝까지 버티고 버티다가, 결국은 마치고 돌아가는 반자유세력들의 모습을 보며 참가한 동지님께서 외친 말씀입니다.

밤이 되면 일어나는 거짓 촛불과 어둠의 악한 세력이 광화문 광장에는 늘 존재하고 있습니다.

특히, 일주일 중 평일 5일 유동인구보다 토요일 하루가 더욱 많다고 하는 광화문 광장에는 오후부터 저녁까지의 행인과 방문한 일반인들이 가장 많다고 하는데, 계속 종북 좌파와 반자유세력들은 이 수만, 수십만 명의 행인을 대상으로 여론을 허위왜곡하고, 거짓선동으로 민심을 혹세무민하는 작업들을 오랫동안 해왔습니다.

그러다가 민심과 여론의 중심이자, 장악되면 왜곡과 선동도 쉽게 일어날 수 있는 광화문 광장을 거짓촛불을 든 반대한민국 탄핵합작세력들에 의해 장악되었고, 올바르고 정의로운 정권까지 무너지고 탈취당하게 되었습니다.

그렇기에 광화문의 낮도 중요하지만, 그보다도 더 중요한 것은 다시 거짓촛불의 광란선동이 일어날 수 있는 광화문의 성지를 지키고, 그들에게 도화선과 발화점인 성지를 탈환해 불씨를 되살리는 여지 자체를 주지 않은 채, 저녁의 광장을 자유우파의 놀이터로 한주도 빠짐없이 이어가는 것 자체가, 대한민국의 적화를 막아내고, 정권을 되찾아오는 것에 필수적인 중요한 요소가 되는 것입니다.

낮 집회를 마치고 돌아가는 우파집회와 단체에 대해 비웃거나 조롱하며, 자신들이 밤의 광화문 광장을 장악했다고 기세등등하던 반자유세력들이, K파티가 등장한 이후로는 저희에게 낮부터 밤까지의 광화문 광장을 빼앗기게 되었고, 자신들의 아수라와 같은 광란과 광기가 가득했던 광화문 광장을, 2년이 넘게 되찾지 못한 채, 사악한 독기를 뿜으며, 부글부글하고 분노하고 있는 것을 우리는 잘 알고 있습니다.

그래서 땀과 눈물로 지켜내고 있는 광화문 광장 그 이상으로, 광장에서 자유우파의 집회나 행사를 열 수 있도록, 1순위를 사수하고 있는 K파티와 자유수호용사님들의 집회 대기 헌신과 봉사의 섬김이 더욱 중요하고 귀하며, 감사한 것입니다.

지난 토요일에도 민주노총 집회가 저희 옆에서 열렸으나, 수십 명 정도의 초라한 행세로 밤의 광화문 광장을 탈환하기 위해 늦게까지 발악을 했으나, K파티가 저놈들 마치고 나서도 문화제를 이어가자, 기가 죽은 모습으로 구호를 외치는 우리 앞을 삼삼오오 지나가며 아무 말도 반응도 없이 패잔병처럼 귀가하는 모습에 웃기까지 했습니다.

계속 탈환시도를 하며, 광장을 되찾기 위해, 오늘 토요일 저녁은 광장 내 허가를 해준 원숭이 일당들에 의해, 다시 거짓촛불선동을 일으키려는 종북좌파 노조 반자유세력들이 총궐기 집회를 한다고 합니다.

낮뿐만 아니라, 밤의 광화문 광장을 대한민국 적화세력으로부터 지켜내고 이기는 자가 자유대한민국의 정권을 되찾아낼 것입니다.

저희 K파티는 일당백, 일당 천의 용사님들과 함께 오늘도 저놈들을 발라주고 놀려주며, 신나게 저들과 마주 보고 맞서 싸워 이기며 광장을 지켜내겠습니다!

2019년 11월 16일 제116차

조국구속 문재인 구속 자유의 촛불문화제 Story

"헌법상 대한민국의 국민인 북한 청년 두 명을 귀순의사에도 불구하고 강제북송시킨 문재인 살인정권은 즉각 물러나라!"

"지소미아 파기되면 한미동맹과 국가안보 무너질 것이고, 이 모든 죄를 저지른 종북좌파 독재자 문재인은 반드시 대한민국을 종북국가로 적화시키려한 반역죄와 헌법위반으로 구속될 것이다!"

광화문 광장을 뒤흔든 자유우파 용사님들의 힘차고 우렁찬 구호와 함성이 적와대까지 들릴 정도로, 광화문의 성지를 지키기 위해 한파와 추위도 잊은 채, 밤늦게까지 한마음 한뜻으로 K파티의 모든 동지님은 하나가 되었습니다.

맞은편에서 거짓촛불을 다시 들고, 광화문 광장을 이번 주부터 탈환하겠다며 큰소리를 쳤던, 종북 좌파 반자유세력들은 코빼기도 보이지 않았습니다.

낮의 집회가 모두 떠난 뒤의 텅 빈 광화문 광장을 다시금 거짓촛불이 활활 타올라, 반미와 반일을 외치며, 왜곡되고 편향된 언론과 방송을 통해 국민들을 혹세무민하려고, 다시 시도하려는 것만은 반드시 K파티가 광장에 끝까지 남아 막아내고, 지켜낼 것이라고 다짐을 하며 116번째 광화문 K파티 문화제도 잘 마칠 수 있었습니다.

김일성의 지령에 의해, 80년대에 종북주의자가 활개를 치고, 90년대에는 종북단체들이 분야별 곳곳에 침투해 진지를 이루고, 2000년대에는 종북사회를 만든 뒤, 2010년대에 탄핵으로 종북정권을 이루어내어, 2020년대부터는 종북국가를 완성한 후, 적화된 대한민국을 북괴 김정은 3대 세습학살자에게 갖다 바치려는 악랄하고 역적 적이며, 반헌법적인 문재인 종북좌파 독재정권을 반드시 끝장내기 위해, 저희 K파티가, 자유우파가 최종적으로 승리하는 날까지, 대한민국 여론과 민심의 중심인 광화문 광장을 끝까지 사수하고, 자유대한민국을 지켜내기 위해, 저들과 맞서 싸우고 승리하며, 힘차게 나아가겠습니다!

2019년 11월 9일 **제115차**
조국구속 문재인 구속자유의 촛불문화제 Story

"오늘도 변함없이 거짓탄핵 촛불이 시작되었던 광화문 성지인 세종문화회관 앞 광장을 지키는 K파티에 힘을 보태기 위해 나왔습니다!"

밝은 미소가 가득한 청년이 힘차게 인사하며 계단에 앉기 위해 올라가는 모습을 보며, 자유대한민국의 미래는 밝을 것이라는 확신을 다시금 할 수 있었습니다.

지난 3일 오후에 종북좌파 통진잔당들에 의해 종로경찰서 집회신고 대기실에서 1순위를 빼앗기는 일이 발생해, 그날부터 4일간 철야로 잠을 자지도 못한 채, 무박 5일로 광화문과 종각 등 집회신고를 연대해서 함께 하는 4개 단체에서 각 인원을 차출해, 대응팀을 꾸린 뒤, 총괄을 맡아, 밤낮으로 끊임없이 빼앗긴 자리를 탈환하기 위한 시도를 계속했고, 5일째인 11월 7일 오전 7시, 다시 집회신고 1순위를 되찾았고, 대기 인원과 방침을 강화해 지금까지 잘 지켜오고 있습니다.

무박 5일 동안 잠을 못 자고 장소탈환 작전을 지휘하다 보니, 이로 인한 체력고갈과 피로 축적으로 목이 쉬어 목소리는 거의 나오지 않았고, 몇 년에 한 번 걸릴까 말까 하는 기침 감기와 몸살까지 한꺼번에 와서 지난 토요일 K파티 문화제는 간만에 가장 몸이 힘들었던 행사로 기억될 것 같습니다.

그러나, 그런 피로와 고통을 잊게 만들 정도로 우리는 힘차고 강하며 독하게, 좌파들 중 가장 강성이자 쎄다고 하는 통진잔당 주사파 종북세력들과 끊임없이 맞서 싸우며, 저들이 포기하고 고개를 절레절레 흔들 정도로 끈기 있게 절실하게, 자유를 지키고자 하는 자유우파의 강한 의지와 열정, 그리고 용기를 보여주었기에 결국, 1번 자리를 다시 탈환해 12월도 변함없이 광화문 광장을 지킬 수 있었고, 빼앗겼다면 앞으로 존재할 수도 없었던, 광화문 지역의 모든 자유우파집회 장소를 사수해낼 수 있었습니다.

불굴의 투지와 필사즉생의 각오!

이것이 바로 자유우파청년들이 앞장서서 이끌어가는 K파티의 힘이자, 자유대한민국을 지킬 수 있는 근원적 에너지라고 저희는 생각하고 있습니다.

앞으로도 끝까지 대한민국 여론과 민심의 중심인 광화문 광장을 지키고, 자유대한민국의 적화를 막아내며, 문재인 종북좌파 독재정권과 김정은 3대 세습학살 독재정권이 무너지고 사라지는 날까지, 반대한민국 세력들의 맞서 싸워 이기며, 힘차게 나아가겠습니다!

2019년 11월 2일 제114차

광장탈환 2주년 특집

"와! K파티 광화문 탈환 2주년을 축하하러 온 듯, 고작 3백 명도 안 되는 종북 좌파 반자유세력들의 행진이 우리 앞을 지나가고 있습니다! 거짓촛불들아! 꺼져라! 조국 구속! 문재인 구속!"

광화문 광장을 탈환하러 왔다는 종북 좌파 반자유세력들이, 원숭이 무리가 특별히 허가했는지, 광화문 쪽 북측광장 내에서 수천만 원 이상의 비용을 낭비한 대규모의 콘서트 행사장과 같이 무대를 만들었는데, 2백 명에서 3백 명 정도밖에 안 되는 반자유세력들이 거짓의 촛불을 들고 있는 모습이 처량 해 보이고 웃프기까지 했습니다.

이날 K파티 광화문 광장탈환 2주년을 축하해 주시기 위해, 2016년 첫 태극기 집회 때부터 나오시며, 각 분야에서 자유대한민국을 지키기 위해, 살신성인으로 활약하고 계신 자유우파 용사님들과 구국의 일념으로 우파단체와 집회를 이끌며 헌신하고 계시는 자유우파의 리더와 대표님들까지, 촛불집회의 인원의 두 배가 넘는 분들께서 참여해주시고, 함께 축하해주신 덕분에 지난 114번째 K파티 조국구속! 문재인 구속! 자유의 촛불문화제도 승리하며 잘 마칠 수 있었습니다.

우리 앞을 지나가는 초라한 종북 좌파좌파 반자유세력들을 보며, 야단치고 조국구속과 문재인 구속을 외치며, 자유우파용사님들의 외침을 듣고는 부들부들거리고, 정신을 못 차릴 정도로 혼쭐이 난 저들의 패배한 뒤 사라지는 뒷모습을 보면서 곧 진실이 밝혀지고 정의가 승리하는 순간이 오고 있음을 실감할 수 있었습니다.

곧 무너지고 사라지게 될, 거짓과 불의의 문재인 종북좌파 독재정권의 종말을 위해, 사랑하는 자유대한민국을 지키고, 우리가 승리할 때까지, 각자 맡은 역할과 자리에서 더욱 힘차게 최선을 다하며 이겨냅시다!

2019년 10월 26일 **제113차**

조국구속 문재인 구속 자유의 촛불문화제 Story

"오늘은 어제부터 오늘 아침까지 철야로 광장에서 집회가 있었고, 지금도 다섯 곳에서 집회가 있어서 사람들이 흩어지고 여기 광화문 K파티 장소에 많이 안 온 것 같습니다"

"저희 K파티는 같은 시간대라도 저녁에 많은 곳에서 문재인 퇴진을 외치고, 자유의 함성을 외치는 야간 집회들이 많아야 한다고 생각하며, 이러한 자유우파의 움직임에 전적으로 동의하고 있습니다. 특히, 이런 국민저항권의 움직임이 일회성이나 간헐적인 집회가 아닌, 매주 지속해서 이어나갈 수 있었으면 더욱 좋겠습니다"

그렇습니다.

K파티는 지난 3년 동안 참가인원이 수십 명부터, 많게는 수천 명까지 참여했었고, 지난 불법사기탄핵의 도화선이 되었던 광화문의 성지를 탈환해, 지금까지 한 번도 안 빼앗기고 광화문 광장에서 자유의 함성을 외치며, 종북좌파들의 거짓선동과 허위왜곡의 시작 자체를 장소 선점으로 막아내고 있기에 참여자의 숫자에 개의치 않고, 매주 한 번도 빠지지 않고 이어나가며, 광장을 다시 재탈환하려는 반자유세력들의 진입 시도를 막으며, 저들의 거짓촛불선동 확산시도 자체를 차단하는 역할에 더욱 의미를 두고 있습니다.

앞으로 더욱 많은 야간 집회들이, 저희가 지키고 있는 광화문 광장뿐만 아니라, 서울 여러 지역과 전국 각지에서 들불같이 일어나, 국민저항권을 행사하고 자유를 외치며, 매주 정기적으로 꾸준히 이어갈 수 있기를 소망합니다.

2017년 K파티가 거짓촛불선동 반자유세력들의 아수라와 같은, 어두운 광란의 광장에 들어와 두어 달의 전투 끝에 광장을 탈환한 지, 다음 주면 2주년이 됩니다.

오는 토요일 저녁 114번째 K파티 광화문 조국구속 문재인 구속 자유의 촛불문화제는 K파티가 출범한 지 2년이 되며, 광화문 광장을 되찾고 자유우파들의 놀이터로 만든 2주년 특집으로 진행을 하고자 합니다.

용기 있는 청년들이 광화문 광장에 발을 디딘 지 3년이 지난 지금, 당시만 해도 패배감과 절망에 빠져있던 자유우파 국민들 사이에서 불가능하다는 광화문 광장을 매주 한 번도 빠짐 없이, 빼앗김 없이 지켜오면서 요즘 영원할 듯 자유우파진영을 죽일 듯 탄압하고 적폐로 몰아붙였던, 종북좌파 독재정권의 붕괴가 되고 있는 여러 가지 징후와 모습들이 보이며, 문재인 종북좌파 독재자뿐만 아니라, 김정은 3대 세습학살 독재자까지 몰락하고 있어, 때가 얼마 남지 않았음을 이 광화문 광장에서 체감하고 있습니다.

국내외 여러 징후와 흐름이 내년에는 문재인과 김정은 모두를 그 자리에 가만두지 않고, 끌어내리거나 체포되는 결말로 향해가고 있습니다.

최종 승리가 얼마 남지 않았습니다.

여러분, 끝까지 초심을 잃지 않고 건강관리도 잘 하셔서 우리가 승리하고 좌파독재 정권이 무너지며 사라지는 기쁨의 그 날까지, 함께 광장을 지키고 저들과 맞서 싸워 이기는 승리의 나날들을 함께 할 수 있기를 기도하고 또 기도합니다!

2019년 10월 19일 **제112차**

조국구속 문재인 퇴진 자유의 촛불문화제 Story

옛날 총칼을 든 전쟁이었다면, 적진의 최중심부이자, 여론과 민심을 흔들 수 있었던 적의 핵심 전쟁터를 탈환해서 3년째 지켜왔다면, 정파를 떠나 모든 동맹군들(자유 우파세력)이 찾아와 여러분께 경의를 표해야 할만한 크고 귀한 업적입니다.

K파티를 응원해주시기 위해, 해외에서 활동하시던 어르신께서 이날 현장에 참여하시며 해주신 말씀입니다.

2017년 불법 거짓탄핵을 이룬 뒤에도, 서슬 퍼런 적폐청산과 우파 궤멸을 외치며, 대한민국 민심과 여론의 중심인 광화문 광장에서 점령군과 같이 촛불을 들고 떼 지어 다니며 거짓선동과 허위왜곡으로 혹세무민을 하던, 종북 좌파 반자유세력들이 위세를 부린 소위, 종북좌파 촛불의 성지인 광화문 광장 세종문화회관 앞을, 두렵고 떨리지만 용기 내어 저들과 맞서 몇 달을 싸우며, 촛불 성지를 함께 빼앗은 K파티 자유수호용사님들이 계셨기에 그 이후로 광화문 광장에 다른 여러 우파정당과 단체들이 들어올 수 있는 교두보도 마련하고, 광장의 주인행세를 했던 종북좌파들의 전의도 상실시키며, 광장 밖으로 쫓아낼 수 있었기에 그 용기와 노고에 대해 진심으로 감사드립니다.

지난 112번째 K파티 광화문 조국구속 문재인 퇴진 자유의 촛불문화제도 광장의 시민과 행인의 열렬한 환호와 응원을 받으며, 잘 마칠 수 있었습니다.

늘 있는 일인, 종북 좌파 반자유세력들의 자잘한 시비들은 있었으나, 이 또한, 예전 같지가 않고, 너무나도 위축되고 무기력한 패배감에 어쩔 줄 몰라, 저희 K파티 용사님들의 함성과 일치단결된 힘차고 당당한 모습에 사라지기 급급한 저들의 모습들을 보며, 승리가 멀지 않았다는 확신을 가질 수 있었습니다.

준비부터 낮은 자세로 섬기며, 엎드려 기도로 행사를 준비하고, 함께 진행해주시는 스탭동지님들 덕분에 변함없이 처음 그 마음가짐 그대로 이어갈 수 있는 K파티 문화제가 계속 진행되고 있으며, 매번 적들과 맞서 승리할 수 있었음을 진심으로 감사드리며, 존경의 마음을 전하고 싶습니다.

이제 구속되어야 할 자들이 구속되고, 전 국민이 진실을 접하기 시작하며, 여론과 민심이 점차 깨어나고 있음을 가장 생생하게 실감할 수 있는 현장인 광화문 광장에서 앞으로도 변함없이 광장을 지키고, 반자유세력들과 맞서 싸워 이기며, 진실이 밝혀지고 정의가 온전히 승리하는 날까지, 엎드려 기도하고 일어나 힘차게 승리하며 나아가겠습니다!

"와! 역대급으로 원숭이가 방해하는 건가요? 계단에 무대를 설치하는 걸 넘어 아예 인도까지 무대를 만들고 대놓고 K파티 문화제를 막으려고 하는 것 같습니다"

"K파티 준비시간에 맞춰 모든 공연이 다 집중되어있더니, K파티 준비도 방해하고 K파티 문화제가 끝나고 나니 인도까지 나왔던 무대를 다 철거하기 시작하네요. 이건 뭐 대놓고 의도적인 방해로 볼 수밖에 없습니다"

1년에 3~4회 계단을 막거나, 덮개로 덮거나, 설치물 등으로 K파티 행사를 방해하거나 막으려는 의도적인 시도들이 늘 있었지만, 이번처럼 토요일 오후부터 K파티 행사 시간에 딱 겹치도록 계단에 더해서 인도까지 무대를 만들어, 완벽하게 방해하려는 시도는 이번이 최악의 역대급 수준인 듯합니다.

관계자들이 적반하장으로 K파티 문화제를 준비하려는 저희를 제지하며, 경찰을 불러 저희가 문화제를 자기들 공연 다 끝나는 8시경까지 못 하게 하려다가, 도착한 담당 정보관께서 "합법적으로 집회 신고한 K파티를 방해하면 안 되니, 이러지 마세요. K파티는 정시에 시작하시면 됩니다"라고 말씀하시자, 부들부들거리면서 돌아서는 저자들의 악랄한 모습을 보면서 쓴웃음이 났지만 그래도 최대한 준비시간을 단축해서 최악의 조건과 환경에서 광화문 광장을 지키고, 행사를 잘 마칠 수 있었습니다.

반대한민국 세력들이 수단과 방법을 가리지 않고, 공격하고 방해하는 시도와 발악들의 빈도가 기간대비 상당히 증가하는 걸 보니, 문재인 퇴진의 시기가 점점 가까이 다가오는 듯합니다.

곧 거짓과 불의로 혹세무민했던 악의 세력은 무너지고, 혼돈의 현실에서 눈을 뜬 국민들에 의해 문재인 종북좌파 독재정권이 끌려 내려올 때가 오게 될 것입니다.

그때까지 건강관리도 잘 하시고, 웃으며 즐겁고 넉넉하게 각자의 역할과 자리에서 승리하며, 최선을 다해주시는 자유우파용사 여러분이 되어주시기를 부탁드리며, 여러분의 건강과 행복 그리고 승리를 위해 기도합니다.

2019년 10월 9일 **제110차**

조국 특검 문재인 퇴진

"자유우파 청년들이 진행하는 K파티 문화제를 응원하기는커녕, 행사준비를 방해하고 행사를 지연시켜서야 됩니까?"

"K파티를 돕는 구성원에게 폭행을 가해 눈이 찢어지는 부상을 일으키고, 사과도 없이 사라지는 자가 우파정당의 이미지를 다 추락시키는군요! 화가 치밀어 오릅니다"

지난 한글날 특집 110번째 K파티 광화문 문화제에서는 불미스럽고 안타까운 일들이 많이 벌어졌습니다.

우파정당에서 활동한다는 사람이 K파티 준비를 돕기 위해 온 스탭분을 폭행해 눈과 눈 주변이 멍이 들고 찢어진 사건이 발생했으나, 폭행을 가한 사람은 인파 속으로 사라졌고, 제가 쫓으러 가자, 우파정당의 옷을 입고 있는 여러 명이 저를 수차례 가로막아, 폭행한 사람이 자리를 뜰 수 있도록 하려 했으나, 제가 끝까지 제지를 피해 800m나 쫓아 가 그 폭행한 사람을 잡아 경찰에 신고한 뒤 현장에 출동한 경찰에 넘겼습니다.

우파정당의 이미지를 추락시키고, 우파정당의 일원이라는 자가 같은 우파를 폭행하는 불미스러운 일이 다시는 일어나서는 안 될 것이며, 좌파가 아닌 우파단체 또는 우파정당이 청년 중심단체인 K파티를 방해하는 일도 앞으로 일어나서는 안될 것입니다.

어떠한 경우도 폭력은 결코, 정당화될 수 없습니다.

저희 K파티 행사준비를 도와주려고 오셨다가 다치시고 병원으로 가신 동지님의 빠른 회복을 기도하며, 의료비 등 저희 K파티에서 할 수 있는 가능한 모든 지원을 아끼지 않을 것입니다.

우파단체의 낮 집회가 길어지고, 이로 인해 우파정당의 행사도 늦어져, 결국 K파티가 준비하는 시간과 시작하는 시간까지 늦어져, 함께 섬겨주시고 도와주시는 스탭동지님들이 많이 힘들고 지치셨지만, 밤늦게까지 저희 K파티 문화제를 응원하며 모이신 천여 명의 자유우파 국민들과 함께 광장을 지키며, 꺼지지 않는 자유의 LED 촛불을 들고 힘차게 조국사퇴! 문재인 퇴진!을 외쳤습니다.

늦은 시간까지 함께 해주신 자유우파 애국국민들께 진심으로 감사드립니다.

2019년 10월 5일 **제109차**

조국 특검 문재인 퇴진

"오늘 오전에 경찰서 집회신고 대기 장소에 종북좌파들이 쳐들어와서 행패를 부렸습니다. 집회신고 1순위를 365일 24시간 사수하는 우리 자리를 빼앗기 위해 그런 것 같습니다"

"오늘 광화문 광장에 3년 만에 자유우파의 집회가 전무한 진공의 상태로 광장이 텅 비어, 종북 좌파들이 우파의 집회 장소에서 집회하는 등 처음으로 광장을 빼앗길 뻔했습니다"

광화문 광장에서 각 집회 장소를 맡아 지금까지 한 번도 토요일 집회가 끊기지 않았던 광화문 광장이, 광화문 종로지역에서 우파집회를 이끌어가는 4개 단체의 연합 365일 24시간 철야 릴레이 대기 사수 성공으로 인해, 광장에서 연속성 있게 집회할 장소를 구하지 못하자, 일본대사관 앞, 조선일보 앞 등을 전전긍긍하며 떠돌아다니다가, 최근 2주간 검찰청 앞 좁은 차로로 쫓겨나 집회를 하는 곳으로, 광화문을 지키던 모든 우파단체가 따라가 맞불집회를 하는 동안, 안방이자 자유우파가 목숨 걸고 지키던 광화문 광장이 텅 비게 되는 위기의 상황이 발생하게 되었던 것입니다.

그럼에도 불구하고, 좌우를 떠나 광화문 광장을 한 번도 떠나지도, 광화문에서 집회를 빼먹지도 않은 저희 K파티가 이날도 홀로 광장에 남아, 낮부터 밤까지 광화문 성지를 지키며 109번째 K파티 광화문 문화제도 잘 마치면서 동시에 3년 동안 끊임없이 광화문 자유우파행사를 이어간 유일한 단체가 되었다는 기분 좋은 기록도 함께 남게 되어, 저희 스탭들과 자유수호자분들께서 정말 뜻깊고 뿌듯한 날이었다며 행복해하셨습니다.

한 곳에서 끝까지 강한 전투력과 인내심을 가지고, 3년을 광화문 광장을 지켜온 저희 K파티가 앞으로도 물방울이 바위를 뚫고, 노인이 산을 옮기는 반복된 노력을 넘어, 철옹성처럼 보였던 문재인 좌파독재정권의 가장 큰 무기이자 본진이었던 광장을 우리가 되찾아 지켜온 것처럼, 이제는 문재인과 김정은의 독재를 무너뜨리기 위한 끊임없는 노력과 인내 그리고 자유대한민국을 수호하기 위한 강한 전투력으로 저들의 성을 무너뜨리고 제거하는 날까지, 더욱 독하고 인내하며 강하게 나아가며, 싸워 이겨내겠습니다!

2019년 10월 3일 **제108차**
10.3 특집 K파티 광화문 조국 특검 문재인 퇴진

"K파티 문화제에 수천 명의 참가자들이 모인 역대 최대의 행사라 너무나도 가슴이 벅차네요"

"낮 집회에서 우리 K파티 문화제는 수백 명도 감당을 못 할 거라는 말들이 있었는데, 모든 낮 집회가 끝난 저녁 K파티 앞 광장의 12차선 모두 꽉 채운 5천여명의 인파가 함께 참여하고, 광장이 떠나갈듯 구호도 외치며, 수천 명 급의 행사를 열명도 안 되는 우리 스탭들이 무난히 해낼 수 있어서 너무 행복하고 뿌듯 했습니다"

"대한민국의 상징인, 자랑스러운 태극기가 광화문 세종문화회관 중앙계단에 초대형으로 만들어지자, 눈물을 흘리는 참가자들과 환호를 지르는 분들, 애국가를 부르시는 분들까지, 정말 자유우파의 광장으로 다시 태어난 것 같아 정말 감동적이고 기분이 좋았습니다"

그렇습니다.

3년 동안 100회 이상의 문재인 퇴진 문화제를 개최하며, 수십 명에서 수백 명까지 참가했던 광화문 광장의 성지를 지켜내고, 터줏대감 역할을 했던 K파티가 광화문의 모든 우파행사가 종료된, 저녁 7시 20분부터 8시 10분까지, 피크타임 5천 명이 넘는 자유우파국민들과 함께 할 수 있었던 역대 최대규모의 문화제를 성공적으로 마치고난 뒤, 앞으로 광화문 광장에 밤늦게까지 귀가의 발걸음을 떼지 못한 채, 문재인 퇴진을 외치며, 저녁행사인 저희 K파티와 함께할, 자유우파국민들이 1만 명, 2만 명이 모이게 되더라도, 이를 잘 소화할 수 있겠다는 자신감과 확신을 가지게 된, 준비부터 정리까지 섬겨주시고 헌신해주고 계시는 스탭 동지님들의 말씀이었습니다.

탄핵정국 거짓촛불이 시작된 곳을 종북좌파들로부터 빼앗아, 3년이 넘게 그 자리에서 광화문 광장을 지켜온 K파티는 앞으로도 변함없이 광장을 지키고 자유대한민국을 수호하기 위해, 힘차게 승리하며 나아갈 것입니다.

2019년 9월 28일 **제107차**

자유의 촛불문화제 특집 국대떡볶이 파티

"이게 뭐하는 짓이야! 계단 주인은 너희가 아니야! 세금을 내고 유권자이자 주인인 서울시민들이 계단에 앉아 쉴 권리를 박탈해? 저렇게 계단도 보이지 않게 천을 철사와 못으로 고정해서 덮고 박아놓으면 위험해서 어떻게 하나? 계단에서 미끄러지거나 굴러 떨어져, 다치거나 죽으란 말이냐? 시민 권리를 왜 방해하고 침해해! 원숭이 나와! 나와서 사과하란 말이야!"

낮부터 광화문 세종문화회관 중앙계단에 앉거나 쉬러 오셨던 많은 어르신들과 서울시민들이 계단을 사용 못 하거나 앉지 못 하도록 위험한 전면 덮개 천막을 설치한 모습을 보고 소리 지르며 외치신 말씀입니다.

원숭이와 그 졸개들이 못과 철사로 쳐놓은 계단 전면을 덮은 천으로 인해, 낮부터 주권자인 국민과 서울시민들이 계단에 앉지 못하고 쉴 수가 없어서 상당히 많은 어르신들과 시민들이 거칠게 항의를 했습니다.

계단의 대부분을 천으로 덮어놔서 자칫 잘못하면 발을 헛 디디거나, 계단 아래로 굴러 떨어질 수 있을 뿐만 아니라, 계단에 잠시 앉으시거나 걷다가 쉬시는 대부분의 이용자가 어르신과 아이들 등의 노약자인데, 이 분들이 발목 등이 부러지거나 다리를 크게 다칠 수도 있도록 사고의 원인을 제공했다는 심각한 문제도 있었습니다.

세종문화회관 계단은 세금을 내고 있는 주권자인 국민과 유권자인 서울시민들의 것인데, 국민들과 서울시민들을 얼마나 개돼지로 보고 무시했으면, 안전하고 편리하게 계단에 앉아있을 권리도 침해하고, 앉아서 쉴 권리도 박탈시킨 인간들이 올바른 인간들이겠습니까?

매년 3, 4차례씩 계단을 못 쓰도록 대놓고 방해를 하는 경우는 있었지만, 이렇게 위험하게 계단 전체를 천으로 덮어 넘어지거나 굴러 떨어지게 만드는 식은 하지 않았는데, 이날 애국기업 국가대표 떡볶이 #국대떡볶이 를 응원하고 지지하는 국대떡볶이 Party도 예정되어 있었고, 광장에서 집회신고를 못해 광화문 광장에서 쫓겨나 검찰청 앞에서 집회와 시위를 하는 종북 좌파 노조 토착빨갱이 고정간첩 반자유세력들에게 힘을 실어주기 위한 것이라는 생각이 들 정도로, 역대 최악의 계단사용 불가 및 위법 천막 설치를 통해 저희 행사를 방해했습니다.

그럼에도 불구하고, 방해와 행사를 막으려는 시도에 대해 늘 플랜 B와 C까지 준비하는 저희 K파티 용사들은 MOON OUT이 새겨진 가림막을 세우고, 기도로 준비하며, 진행하고 잘 마칠 수 있었습니다.

이날은 자유우파가 365일 24시간을 집회신고 장소사수를 하면서 종북 좌파 노조 토착빨갱이 고정간첩 반자유세력들이 광화문 광장에 집회신고를 하지도 못했을 뿐만 아니라, 광화문 집회 장소 모두를 자유우파 단체들이 선점해버리고 나니, 광장에 설 자리가 없어서 광화문 광장에서 쫓겨난 반대한민국 세력들이 검찰청 앞으로 몰려가, 서초구에서 주최하는 십수만 명이 모이는 서리풀 축제장소 옆에서 집회를 하면서 서초구민들의 축제를 소음 등으로 방해하는 것도 모자라, 축제참가 시민을 집회 참가자로 섞어 참여인 수를 부풀리거나, 과장하는 등의 상당히 비굴하고 처량한 모습까지 보이는 행태를 보며, 광장에서 쫓겨난 반대한민국 세력들이 말로와 그 끝이 눈앞에 보이는 듯 했습니다.

이렇게 3년 동안 365일 24시간 춥고 어두운 경찰서 집회신고 대기실에서 광화문 광장을 지키기 위해 집회 장소 확보를 해오고 있는 자유수호자님들께서 보이지 않는 곳에서 고통을 참고, 섬기시는 노력과 헌신이 이어져오고 있기에 지금의 광화문 광장이 낮부터 밤까지 자유우파의 놀이터가 되었고, 많은 국민들과 행인과 함께 어우러져 애국기업 국가대표 떡볶이 국대떡볶이를 응원하며 광장에 모여앉아 떡볶이도 함께 먹을 수 있는 귀한 시간을 가질 수가 있음을 진심으로 감사드립니다.

앞으로도 저희 K파티는 초심을 잃지 않고, 3년 동안 지켜왔던 대한민국 여론과 민심의 중심지인 광화문 광장을 끝까지 지켜내고, 광장에서 종북 좌파 노조 토착빨갱이 고정간첩 반자유세력들이 머무를 수 없도록 저들을 쫓아내며, 문재인 좌파독재정권의 불의와 거짓에 맞서 국민저항권으로 계속 승리해 나가겠습니다!

2019년 9월 21일 제106차

조국 특검 문재인 퇴진 자유의 촛불문화제 Story

"요즘 왜 이리 K파티 자리 세종문화회관 앞이 집회신고가 많이 들어오는지 모르겠네요, 최근 토요일에만 많게는 15개 단체나 여기에서 집회를 하려고 문의나 신고를 하러 온답니다"

위 언급은 경찰관계자의 말인데, 대부분은 좌파나 반자유세력들이 조국일가 범죄비리 의혹이 사그라 들지 않고, 정권 게이트로 번지려는 조짐이 보이자, 이를 묻고, 대규모 촛불집회 등을 통해 다시금 반격을 하고자, 광화문 광장에서 여론과 민심을 왜곡시키고 선동하기 위해 집회 장소를 구하고 있는 듯 합니다.

최근 K파티가 3년째 지켜 오고 있는 세종문화회관 앞을 십여개의 단체들이, 다시금 촛불의 선동 도화선으로 발화점을 만들고자 하고 있음을 집회신고에서도, 현장에서의 끊임없는 방해와 도발의 증가에서도 생생하게 실감하고 있습니다.

"거짓의 촛불세력들이 광장에 집회를 연속으로 이어갈 장소를 찾지 못해, 광화문 광장을 포기하고 외진 곳인 검찰청 앞 골목길가에서 집회를 이어간다고 합니다."

3년이 넘게 집회 장소를 지키고, 문화제를 100차례 이상 이어가며, 종로 광화문 지역 4개 집회단체가 한마음 한뜻이 되어 서로 교대로 365일, 24시간을 철야대기하며, 집회신고 장소를 지켜낸 결과가 바로 이렇게 종북 좌파 노조 토착빨갱이 고정간첩 반자유세력들이 여론의 중심지인 광장을 탈환 하기는커녕, 광장 밖으로 쫓겨나 초라하게 떠돌이처럼 집회를 할 수밖에 만든 노력의 결실을 만들어낸 것이기도 합니다.

조국일가의 불법비리 의혹은 검찰에 의해 하나하나 밝혀지고, 연루된 피의자들이 구속되거나 처벌받고, 조국 본인도 사퇴한 뒤 법의 심판을 엄중히 받는 것은 시간의 문제일 뿐, 결코, 뒤집거나 없는 일로 만들 수는 없습니다.

이는 대한민국 내부에서만 국한되는 변화의 물결이 아닙니다.

바로 대한민국의 자유를 지키려는 자유수호자들의 3년이 넘는 투쟁과 열망, 이를 통해 표출된 국민저항권이 거짓과 불의의 성에 금을 가게 하고 균열을 일으켜 곧 붕괴될 상황까지 만들어낸 것이며, 이 도도하고 힘찬 자유의 흐름은 김정은의 독재와 학살로부터 자유를 부르짖으며, 목숨을 걸고 김정은 암살을 시도하는 자유북한의 용사들과 한반도를 넘어, 아시아 전역까지, 자유를 갈망하며 중공 십진핑 공산독재와 억압으로부터 독립을 원하는 자유홍콩, 자유대만, 자유티벳의 국민들까지 함께 이어져 있습니다.

K파티는 대한민국 최초로 광화문 광장에 고정간첩과 토착빨갱이들이 가장 두려워하는 김정은을 사슬로 매달아 놓고, 중공 십진핑 독재정권이 가장 싫어하는 자유티벳, 자유홍콩, 자유대만의 국기를 게양하며, 전 세계에 자유수호를 외치는 유일한 자유우파단체입니다.

미국을 중심으로 하는 자유를 수호하려는 자유세력 및 국가들과 자유를 억압하고 독재로 공산 사회를 끝까지 지키려는 반자유세력 및 국가들과의 전 세계적인 싸움에서 반드시 자유를 지키려는 자유수호자들의 세력과 국가들이 승리할 수밖에 없음을 저와 K파티 용사님들은 믿고 확신하며, 저 악하고 어두운 반자유세력들과 싸우며, 광장을 지켜내고 승리를 이어가고 있습니다.

3년을 불의와 거짓에 맞서 투쟁하고 싸워오신 여러분, 정의가 승리하고 진실이 밝혀지는 그 날이 얼마 남지 않았습니다.

끝까지 포기하지 맙시다!

주권자인 우리가 끝까지 광장을 지키고, 자유대한민국을 수호하며, 문재인 좌파독재정권이 무너지고, 김정은 3대세습학살 독재자가 제거되는 날까지, 일희일비 하지 않고 서로 격려하고 응원하며, 힘차게 국민저항권을 행사하며 저들과 맞서 싸워 승리를 이어갑시다!

우리는 할 수 있습니다!

우리는 꼭 해낼 것입니다!

우리가 반드시 승리합니다!

2019년 9월 14일 **제105차**

추석특집

"추석연휴인데 좀 쉬시지, 꼭 광화문에서 행사를 해야만 하나요?"

"이제좌파단체들과 반자유세력들도 집회를 안 하거나 활동이 뜸한 것 같은데, 광화문 광장을 지키는 게 별 의미가 있습니까?"

3년째 광화문 성지를 지켜온 K파티 용사들에게 물어본 저 질문들은, 매주 크고 작은 싸움이 일어나고, 고소·고발이 난무하며, 다시 광장을 되찾기 위해 집회신고 대기실의 24시간 철야사수를 깨트리려는 종북 좌파 노조 토착빨갱이 고정간첩 반자유세력들이 호시탐탐 틈을 노리며, 분탕과 분열이 일어나기를 바라는 이유가, 위 물음에 대한 답이라고 생각합니다.

이념의 전쟁, 좌우의 피 튀기는 전투가 지금도 온, 오프라인에서 일어나고 있음은 여러분 모두가 다 알고 계실 것입니다.

온라인 상에서의 좌우 다툼이 모두 다 고소·고발로 이어지지 않고, 법적 다툼이 일어나는 빈도는 오프라인의 전투현장에 비해 상당히 적은 비율로 일어나고 있으며, 군중이 많은 낮 우파집회에 비해 해가 진 뒤의 광장에서의 좌우끼리의 전투에서는 상당히 높은 비율로 고소·고발이 일어나며, 현장에서 입건되어 경찰차에 태워져 바로 경찰서로 가는 일이 허다하게 일어납니다.

좌파들이 3년 전 빼앗긴 광장을 되찾기 위해 지금까지도 도발을 걸고, 틈을 찾아 고소·고발을 하며, 저희 K파티 문화제에 와서 매주 한 번도 거르지 않고, 다양한 방법으로 공격하고 압박한다는 것 자체가, 광장이 권력을 유지하기 위해 얼마나 중요한 가를 반증하고 있는 것이라고 생각합니다.

반대한민국 세력들이 다시 대한민국 여론과 민심의 생산지이자 중심인 광화문 광장을 되찾아, 거짓선동과 허위왜곡으로 군중을 속이고, 언론과 방송이 광장의 거짓여론과 가짜민심을 전국에 알리며, 제2, 제3의 드루킹과 같은 온라인 세력들이 확산을 시켜, 추락 하고 있는 문재인 좌파독재정권을 되살리고, 북괴 김정은의 지령인 대한 민국 적화과업을 완수하려는 시도들이 계속 일어나고 있는 것을 막아 내지 못한다면, 다시금 대한민국은 적화가 급속하게 진행될 것이며, 어둡고 사악한 거짓의 권력은 광장의 힘에 의해 다시 일어나게 될 것입니다.

모두가 고향에 가고, 가족친지들과 뜻깊고 행복한 시간을 가지며, 연휴기간동안 편히 쉬는동안에도, 광장을 사수하려는 자유세력과 광장을 탈환하려는 반자유세력의 치열한 전투는 계속 일어나고 있으며, 지난 2017년부터 광화문 광장에서 한 번도 빠지지 않고 행사를 이어온 유일한 단체라고 자신있게 말할 수 있는 저희 K파티가 명절 연휴에도, 태풍 등의 천재지변에도, 공휴일에도 계속 광장을 지켜가는 목적이자 이유가 바로 이 것이라고 말씀드릴 수가 있습니다.

3년을 한 번도 빠지지 않고, 광장을 지켜왔기에 다른 자유우파단체의 집회나 우파정당의 집회와 활동이 가능했었고, 이 덕분에 문재인 좌파독재정권의 추락이 가속화 되고 있는 이 시점에도, 더욱 많은 자유우파들의 집회와 활동이 광장에서 이어지고, 늘어나고 있는 것도 사실이기 때문입니다.

추석연휴였음에도 불구하고, 자유대한민국을 지키며, 민심과 여론의 중심지인 광장을 지키기 위해, 평소만큼이나 많이 참여해주신 자유수호 용사님들과 유튜브 대표님들께, 다시 한번 감사와 존경의 말씀을 전합니다.

여러분이 계시기에 연휴 중이었던 105번째 추석특집 K파티 조국 특검 문재인 퇴진 자유의 촛불문화제도, 잘 준비하고 진행하며 마칠 수 있었습니다.

"광장을 가지는 자가 정권을 가진다"

앞으로도 저희 청년 중심정치개혁공동체 K파티는 초심을 잃지 않고, 치열한 좌우의 전투가 일어나는 광화문 광장을 사수하며, 자유대한민국을 지키기 위한 싸움에 승리하기 위해, 건장한 청년들도 두려워 오기 꺼려하는 광장에 나와 적들과 맞서 싸워주시는 자유수호자님들과 함께, 손에 손을 잡고 한마음 한뜻으로 힘차게 나아가겠 습 니 다 !

2019년 9월 7일 제104차
조국 특검! 문재인 퇴진!

'세계 최초로 자유홍콩, 자유대만, 자유티벳 국기가 광화문 광장에 동시에 계양되었네요! 홍콩과 대만 그리고 티벳의 자유와 독립을 지지하고 응원합니다!'

"반북을 넘어 멸북(김정은 독재정권 멸망)으로 가야하며, 반중을 넘어 멸중(씹진핑 독재정권 멸망)으로 가야합니다!"

이날 태풍 속에서도 광장에 나오셔서 큰 힘이 되어주신 자유수호용사님들의 외침이었습니다.

우선 최근 가장 강하다고 예측되었고, 저녁 7시경 광화문 광장에 영향을 미친다고 했던 제13호 태풍 링링이 기적적으로 한시간 이상 빨리 이동하며, 예측한 경로를 벗어나, 저희 K파티가 행사준비를 시작한 뒤 기적적으로 언제그랬냐는 듯, 강풍이 사라지고 빗줄기가 약해져, 계단의 LED 자유의 촛불까지 켤 수 있을 정도로, 태풍이 잠잠해지고 모든 환경이 K파티 광화문 문화제를 할 수 있도록 최적화되었습니다.

이 날 아침부터 드렸던 기도에 응답해주시어, 태풍을 비켜나가게 해주시고, 어떠한 안전사고나 인명피해도 없이 준비부터 진행까지 지켜주시며, 태풍이 물러간 광장에서 조국 특검! 문재인 퇴진! 자유의 촛불문화제를 허락하시고, 역사하신 하나님께 감사의 기도를 올립니다.

이 날도 어김없이 저희 104번째 광화문 문화제를 저지하기 위한, 좌빨들과 토착빨갱이들의 방해와 시비가 있었으나, 안전관리와 질서유지를 담당하던 경찰들이 쫓아내주셨고 넉넉하며 여유있게, 자유의 촛불문화제를 잘 진행할 수 있었습니다.

또한, 이날은 반일 감정도, 죽창을 드는 것도 잊게 만드는 부드럽고 잘 써지며, 편안한 그립감을 가진, 조국이가 애용한 친일의 상징! 일제미쯔비시 제트스트림 펜을 조국이의 친일정신을 잊지 말고, 기억하자는 의미로 태풍을 뚫고 참여해주신 자유수호자님께 나눠드렸습니다.

일제미쯔비시 제트스트림 펜을 제공해주신 K파티 동지님들께 진심으로 감사드립니다.

자유홍콩, 자유대만, 자유티베트 국기 동시계양 및 자유와 독립을 응원하고 지지하는 선언을 발표했습니다.

"저희 K파티는 전 세계의 공산 독재 사회주의를 반대하며, 자유와 독립을 갈망하는 자유홍콩, 자유대만, 자유티베트를 응원하고 지지합니다!"

이어, 문재인을 비판하고 야단치는 패러디. 시국송 노래와 함께, 힘차게 조국 특검, 조국 깜빵을 광화문 광장을 향해 외치자, 지나가던 행인도, 문재인 찍었다는 행인도, 같이 호응하며 신나게 조국 특검! 조국깜빵!을 외치기도 했습니다.

또한, 이번 조국 후보자의 비리 의혹에 대한 특검과 국정조사는 물론이고, 이 참에 현직 장관급 이상부터 문재인의 자녀에 이르기까지, 주권자인 국민의 알권리를 위해, 세월호 특조위 수준의 고위직 자녀 입시 학사 병역 특별조사위원회를 만들어, 모든 입시, 학사, 병역에 관한 전면 재조사를 실시해서 진실을 공개할 것을 외쳤습니다.

앞으로도 저희 청년 중심정치개혁공동체 K파티는 불법비리 의혹의 백화점인 조국 일가의 조건 없고, 성역 없는 특검이 실시되며, 문재인 친일종북좌파독재정권이 무너지고 사라지는 날까지, 끝까지 대한민국 여론의 중심지이자, 민심의 집약지인 광화문 광장을 지키고, 자유대한민국의 적화를 막아내기 위해, 적들과 맞서 싸워 승리하며 힘차게 나아가겠습니다!

2019년 8월 31일 **제103차**

광화문 조국 특검 문재인 퇴진

"문: K파티는 촛불문화제를 한다면서 태극기를 안 들고 국민의례를 안 하면 안 되나요?"

"답: 저희 K파티는 지난 3년 동안 광화문 광장에서 태극기를 수치스러워하며 들지 않고, 국민의례를 하지 않으며, 애국가 4절은커녕 행사를 진행하면서 애국가도 부르지 않는 자들과 맞서 광화문 광장에서 자랑스럽고 당당하게 국민의례를 하고, 애국가 4절을 부르며, 태극기를 들었습니다.

절대로 주변의 눈치를 보며 태극기와 국민의례를 포기하거나 중단하지 않을 것입니다. 그게 바로 광장의 종북좌파들이 가장 원하는 것이기 때문입니다"

"문: K파티는 탄핵을 덮고 가거나, 지난 과오나 잘못은 묻고, 문재인 퇴진을 위해 집중하는 게 더욱 좋지 않을까요?"

"답: 탄핵이 무슨 담요입니까 덮고 가게요?

대한민국을 이 지경으로 만들고, 문재인 친일종북좌파 독재정권이 들어서서 대한민국의 적화를 시도할 수 있도록 만든, 반역자들 부역자들 배신자들을 잊고가자? 저희 K파티는 결코, 그럴 수 없습니다!"

저희 K파티 행사에 와서 일부 집회에서 태극기를 안 들고 국민의례도 안 하는 것에 대해 동조하며, 질문을 한 사람에 대해 제가 드린 답변이었습니다.

오히려 제가 물어봤습니다.

"태극기 드는 게 부끄러우세요? 국민의례를 안 하고 애국가 4절을 광장에서 부르는 게 수치스러운 일입니까? 언제부터 우리가 종북 좌파 노조 토착빨갱이 고정간첩 반자유세력들이 좋아하고 박수치는 모습들로 변질되어가기 시작한 건가요? 정신 차리십시오!

우리 자유 우파는 우리의 가치를 지켜나가며, 이 광화문 광장을 저 반자유세력들로부터 되찾아오고 사수해야합니다!

저희 K파티는 자유우파의 가치를 내려놓을 것을 요구받았지만, 오히려 자랑스러운 태극기와 국민의례를 지키며, 저들과 맞서싸워 이겨왔을 뿐만 아니라, 저들의 전유물로 여겼던 촛불까지 빼앗아 왔습니다!"

지난 3년 동안 100차례가 넘는 광화문 문화제를 이어오는 동안, 태극기를 들면 안 오겠다는 자칭 우파라는 청년들도 있었고, 애국가를 4절까지 부른다며, 좌빨들이 가상 듣기 싫어하는 박정희 대통령님의 국민교육헌장을 튼다며, 꼰대 같다고 저희를 비판했던 자칭 보수도 있었지만, 저희 K파티는 반자유세력들이 악용했던 촛불도 저들이 더이상 쓸 수 없을 정도로, 계단에 자유의 촛불로 MOON OUT을 새기면서 저들로부터 빼앗아 왔으며, MOON OUT 구호를 3년째 지켜왔을 뿐만 아니라, 광장에서 태극기를 들고 애국가 4절을 끝까지 부르는 것을 매우 자랑스럽게 생각하고 있습니다.

저희 K파티는 인과응보 사필귀정으로, 자유를 빼앗으려는 반자유세력에 동조하고, 대한민국을 적화시키려는 3대세습학살 독재자 김정은의 반역질에 부역하려는 종북, 좌파, 노조, 토착 빨갱이들과 고정간첩 등 반자유세력과 대한민국을 해치고 억울하고 부당하게 대통령님과 자유우파인사들을 감금시키는데 함께 하고 앞장선, 반헌법적 반역자들과 부역자들, 그리고 배신자들은 반드시 시간이 걸리더라도, 전수조사해서 샅샅이 다 찾아, 저지른 뒤 덮고자 했던 악행에 대한 댓가를 엄정하게 받고, 구속되어 처벌을 받으며, 역사의 기록으로 대대손손 죄인으로 남겨, 후손들에게 다시는 이런 일들이 일어나지 않도록 해야만 한다고 생각하며, 반드시 이 일을 우리 K파티가 앞장서서 해낼 것입니다.

여러분, 아무리 덮으려고 해도, 아무리 묻으려고 해도, 진실은 밝혀지게 되어있고, 정의는 반드시 승리하게 되어있습니다.

앞으로도 변함없이, 저희 K파티는 3년 전 광화문에 들어와 광장을 접수했던 그 정신과 열정, 100차례 이상의 문화제를 이어가며, 대한민국의 적들과 맞서 싸워온 초심을 결코, 잃지 않고, 끝까지 광장을 지키고, 대한민국의 적화를 막기 위해 자유수호자이신 여러분과 함께 힘차게 나아가겠습니다!

2019년 8월 24일 **제102차**

광화문 조국 특검 문재인 퇴진

"조국일가 불법비리 의혹 조건 없고 성역 없이 특검하라!" "조국 특검!" "조국 깜빵!" "문재인 퇴진!"

'조국'을 지키기 위해 '조국'의 안보를 무너뜨리는 GSOMIA 협정파기를 즉각 철회하라!"

"거짓선동도 허위왜곡도 안 먹히고 쪼그라든 가짜매국촛불 너희 놈들! 꼴 좋다!"

이날도 맞은편과 광장 위쪽의 반일선동과 허위선동을 시도하려는 초라해서 못 봐 줄 정도로 안타깝고, 밤 8시 반이면 칼퇴근처럼 서둘러 뒷모습을 보이면서 해산하는 가짜촛불들과 맞서 꺼지지 않는 희망과 자유의 촛불을 들고, 저놈들을 놀려주고 부들 부들 떨게 해주며, 신나고 즐거우며 당당하게 모든 집회가 끝난 뒤에도 광장에 남아, 자유와 승리의 함성을 외치며 광장을 지켜냈습니다.

제작 년인 2017년까지만 해도 지금의 저희 K파티가 있던 광화문 광장에는 거짓 광 란과 허위선동의 촛불들이 가득한 아수라와 같은 붉게 적화된 곳이었습니다.

그런 가짜촛불들에 의해 거짓 여론이 생성되고, 이어 가짜뉴스가 만들어지는 빼앗 긴 광장이었습니다.

그러나, 2017년 처음으로 어둡고 악한 기운이 가득한 붉은 광화문 광장에 밤에 첫 발걸음을 내디딘 뒤, 어마어마한 종북좌좀들과 고정간첩, 토착빨갱이들의 공격과 협 박, 장소 빼앗기 전쟁, 고소 고발 등을 견디고, 물리치며, 결국에는 '광화문의 성지'로 불리는 세종문화회관 계단과 광장을 차지한 뒤, 3년이 지난 지금까지 이곳을 한주도 빠짐없이 지키며, 거짓촛불세력들의 도화선을 제거하고 여론전을 위한 발화시도를 지속적으로 무산시키며, 막아냈습니다.

그런 숨 막히고 치열했던, 종북 좌파 노조 토착빨갱이 고정간첩 반자유세력들과의 전투에서 불패로 연전연승을 하고난 뒤의 결과가, 지금 자유우파의 놀이터가 된 광화문 광장이라고 자신 있게 말씀드릴 수 있습니다.

지금은 낮에도 저희가 집회를 신고한 곳에서 저희가 불허하면 집회를 할 수 없음에도, 자유우파정당과 단체의 집회가, 저희 준비하는 시간대를 방해하지 않으면 사전 시간대를 허락해주고, 주변 우파집회와 서로 배려를 해가며, 앞으로 모두가 다시 하나가 되어 자유대한민국을 지켜내고, 문재인 친일종북좌파독재정권의 숙주라고들 말하는 김정은 3대 세습학살 독재자가 제거되고 사라지는 날까지, 자유우파세력들과 함께 손에 손잡고 적들과 맞서 싸워 이기며 힘차게 나아갈 것을, 광장에 휘날리는 자랑스러운 태극기 앞에서 사랑하는 애국가 4절을 부르며 굳게 다짐합니다!

2019년 8월 17일 **제101차**

광화문 파란 장미

"김정은 3대 세습학살독재자를 추종하는 종북 좌파 노조 토착빨갱이 고정간첩 반자유세력들이 저희 K파티 행사를 방해하거나, 도발을 걸면 우리는 세종광장에 매달아 놓은 김정은을 더욱 쎄게 혼내고 폭풍 싸다구를 날리겠다, 이놈들아!"

이날은 행사를 준비 하는 저희 K파티가 신고한 집회 장소 내부로 반자유 종북 빨갱이 세력들이 행사준비를 방해하고, 시끄럽게 도발을 유도하기를 여러 차례 시도하자, 저 종북 반자유세력들의 우상이자, 신과 같은 존재로, 인형이건 종이 사진이건 절대로 손대거나 치거나 훼손을 해서도 결코, 안 되는 김정은에게 바로 다가가서는 힘차게 폭풍 싸다구를 멈추지 않고 때리자, 저자들이 갑자기 방해와 공격을 멈추고 당황해서 어쩔 줄 몰랐다가, 김XX라는 녀석이 제게 다가와서 김정은에게 불꽃연타 싸다구 날리는 걸 손을 들어서 막으려 하고, 제 손목도 끌어 잡아서 저놈들의 우상인 김정은이 안 맞도록 제지하려 하자, 더욱 쎄게 김정은에게 싸다구를 날리며 제가 소리치며 한 말입니다.

그러자, 도발을 걸던 반자유세력들이 시비와 방해를 멈추고 서둘러 우리 행사장소를 빠져나가기 시작했습니다.

역시, 광화문에는 김정은을 추종하며 김정은을 신과 같이 숭배하는 토착 빨갱이들과 고정간첩들이 상당히 많이 상주하고 있음을 다시 한번 느꼈고, 저놈들에게 쥐약은 김정은을 매달아 놓고 처단하며 능욕을 줘야, 저놈들의 윗선이자 저놈들에게 집회 등의 전략을 지시하는 직파간첩, 고정간첩들에게 저 종북 졸개들이 혼나고, 벌벌 떤다는 것도 다시금 확인할 수 있었습니다.

앞으로도 감히 K파티 행사준비부터 진행 때까지, 광장의 좀비와 같은 종북 빨갱이 반자유세력들이, 우리 행사장소에 와서 감히 시비를 걸거나 방해를 하면, 저들이 가장 싫어하고 두려워하는 '김정은을 매달아 놓고 쳐때리기와 혼내기'를 더욱 가열차게 할 것입니다.

종북 좌파 노조 토착빨갱이 고정간첩 반자유세력들의 살아있는 우상이자, 신과 같이 떠받드는 놈이 김정은이고, 저놈들은 숙주인 김정은이 제거되면 사라질 기생충과 같다는 것을 잘 알기에 저희 K파티는 김정은이 스트레스 홧병으로 뒷목 잡고 쓰러지거나 죽을 때까지, 앞으로도 변함없이 광화문의 성지를 지키고, 반자유세력들이 벌벌 떨고 도망가는 김정은 능욕 처단 퍼포먼스를 더욱 힘차게 이어가며, 대한민국의 적화시도를 막아내고, 청년들이 외치는 자유수호의 함성이 광화문 광장에 널리 퍼질 수 있도록, 끝까지 저 종북 주사파 반자유세력들과 맞서 싸워 승리하며 힘차게 나아가겠습니다!

2019년 8월 15일 **제100차**

대한민국 건국 71주년 광복절

미국과 연합국의 공세로, 1945년 해방을 맞이하고, 1948년 8월 15일 3년의 군정이 종식되며 대한민국 정부가 수립되는 건국을 맞이했습니다.

건국 제71주년을 기념하는 지난 8월 15일 광복절은 저희 K파티가 2017년 광화문 광장에 첫발을 내디딘 지 100회가 되는 뜻깊은 날이기도 했습니다.

이날도 행사를 준비하는 낮부터 온갖 방해와 날씨까지 폭우가 내려, A5 2천 장의 종이로 만든 태극기를 계단에 만들어 붙이려는 메인 퍼포먼스가 있었으나, 행사를 일찍부터 함께 준비하던 스텝동지님들께서 계단이 젖었고 지금도 계속 비가 내리니, 종이로 붙여 만든 태극기 설치는 오늘은 불가능할 것 같다고 한목소리로 말씀하셨습니다.

일기예보도 행사가 마치는 밤까지 비가 계속 내리는 거로 되어있었고, 맞은편 자유우파의 낮 집회가 5시까지도 끝날 기미가 보이지 않았고 계단까지 꽉 찬 인파에 의해 준비 자체를 아무것도 할 수 없을 정도로 지연되고 있었지만, 대한민국의 태극기가 계단에 만들어질 수 있도록 해달라며 기도를 시작했습니다.

기도에 응답을 주셨는지, 기도 후 비가 그치기 시작했고 6시가 되자 인파가 사라지기 시작했으며, 일기예보 상에는 여전히 비가 내린다고 되어있었지만, 행사가 시작되는 7시가 되자, 언제 그랬냐는 듯 세종문화회관의 계단에는 물 한 방울도 남지 않을 정도로 다 말라 있었습니다.

태극기를 싫어하며, 태극기를 꼭 달아야 하는 상황에서도 달지도 않는 문재인 좌파독재정권에서 이날 광복절에는 반드시 광화문 광장에 청년들과 K파티 동지님들께서 한땀 한땀 노력으로 만든, 초대형 종이 태극기를 설치해서 곧 이 좌파독재정권을 무너뜨리고 자랑스러운 태극기가 국민 모두의 사랑을 받으며 전국 각지에서 펄럭일 수 있도록, 우리 모두의 염원을 담았기에 더더욱 하나님께서 비를 그치게 하시고 땅을 순식간에 마르게 하신 뒤, 저희들이 만든 초대형 종이 태극기를 광장에 펼쳐

보일 수 있도록 역사하심에 진심으로 감사의 기도를 올렸습니다.

이날 행사를 마치며, 밤새 하나하나 제가 직접 만든, 왕 파란 장미 열쇠고리를 100번째 K파티 문화제에 참여하신 분들께 나눠드린 뒤, 좌파의 집회가 마치고, 그 뒤 우파정당의 집회가 마친 뒤에야, 저희 K파티 문화제를 마칠 수 있었으며, 종료 뒤에도 늦은 시간까지 행사 장비와 짐을 정리해주신 스탭동지님들과 100회 기념 삼겹살 파티를 위해 신촌으로 이동해, 삼겹살과 콜라로 정말 뜻깊은 시간을 가지며 이날 모든 행사를 성공적으로 잘 마칠 수 있었습니다.

오늘은 100회가 지난 101회가 되는 날이며, 새로운 첫 회를 맞이한다는 각오로, 초심을 잃지 않고, 앞으로도 변함없이, 광화문 광장의 성지를 지키고, 대한민국의 적화를 막아내며, 문재앙 친일종북좌파독재정권이 무너지고, 김정은 3대 세습미친 학살독재자가 처단될 때까지, 저희 청년 중심 정치개혁공동체 K파티는 낮은 자세로 섬기고, 자유대한민국을 지키기 위해 종북좌파빨갱이토착간첩쫌비들과 맞서 싸워 승리하겠습니다!

2019년 8월 10일 **제99차**

광화문 파란 장미

"탄핵 이후로 여름휴가를 한 번도 못 갔었는데, 이번 K파티 철야 문화제를 통해 광화문 광장에서 휴가처럼 즐겁고 신나게 시간을 보낼 수 있어서 정말 좋았습니다"

"저희 K파티는 매년 여름마다 철야문화제를 개최해, 불법부당한 탄핵 이후로 저희 청년들 대신 구국을 위해 다시 나오셔서 이렇게 국민저항권을 외치시는 선배님들과 어르신들께, 부족하지만 맛있는 음식과 음료 등을 이렇게 준비해서 잘 모시고, 존경과 감사의 뜻을 마음과 행동으로 표현하고 싶었습니다"

이날은 특별히 지난주, 불을 지르겠다는 토착 빨갱이 반자유세력의 화공협박도 있어서 '화공에는 수공'으로 예방도 하고 매달아 놓은 김정은에게 물폭탄으로 혼내주기 위해, 좌우 최초로 간이수영장까지 준비한 워터파티 문화제로 행사를 준비했습니다.

비용이 만만치 않고 주말 저녁이라 섭외가 상당히 어려웠으나, 기도의 응답을 주셔서 극적으로 구할 수 있었던, 맑은 지하수를 담아온 살수차가 도착했고, 이 덕분에 광화문 광장을 자유우파들의 워터파티 놀이터로 만들며, 스탭동지님들에 의해 수영장 속으로 자발적 던짐^^을 당하기도 했던, 잊을 수 없는 좋은 추억들까지 생기며, 다음 날 아침까지 뜻깊고 행복한 시간을 동지님들과 함께 잘 보낼 수 있었습니다.

이날 99번째 K파티 철야문화제도 반자유세력들과 좌빨들이 술을 마시고 행패를 부리며 시비를 걸거나, 욕을 하며 저희 행사를 방해하고, 법적인 문제까지 일으키려고 했으나, 참여하신 저희 K파티 동지님들께서 여유 있고, 침착하게 무반응과 무대응 해주셔서 고소·고발에 걸려들지 않고, 시비와 도발로 문제를 일으키려고 했던 반자유세력들은, 경찰들에 의해 잘 정리되고 쫓겨 나가게 되었습니다.

"여기 K파티는 철야로 밤샘하면서도 술은 한 방울도 안 마시나 봐요?"

"예, 사적인 자리에서 개별적으로 마시는 술은 뭐라고 할 수는 없겠지만, K파티는 문화제 전후의 공식적인 자리에서의 술은 마시지 않습니다"

1부 행사를 마치고 2부 치킨과 콜라파티를 준비하는 중, 처음 오신 듯한 분께서 여쭈어보셨습니다.

자유우파의 행사에서 행사 전, 행사 도중, 그리고 행사 후까지, 일어나는 싸움과 다툼 등 시비의 가운데 술 마신 분들이 일으킨 부분들이 적지 않고, 특히 광화문 주변에서 갈등과 틈이 생기길 지켜 보고 있는 반자유세력들과 좌빨들에게는 좋은 먹잇감이 될 수도 있기에 앞으로도 저희 K파티는 문화제공식행사에서는 금주를 지켜나가려고 합니다.

다음 날 아침이 되었고, 늘 변함없이 행사장 주변까지 깨끗하게 청소한 뒤, 행사의 마지막을 국민의례와 구호로 잘 마칠 수 있었고, 시작부터 끝까지 함께 해주신 스탭동지님들과 자유수호용사님들께 진심으로 감사의 말씀을 전합니다.

오는 목요일인 8월 15일, 대한민국의 건국을 알리는 광복 71주년을 맞은 이날은, 특별히 저희 K파티 문화제가 100회째를 맞이하는 날이기도 합니다.

이날은 낮에 애국집회들과 자유우파행사들이 마치고 난 뒤인 저녁부터 밤까지, 거짓 촛불로 반일선동을 하며 국민들끼리의 갈등을 조장하며, 반일을 넘어 반미까지, 그리고 종국에는 적화를 위한 종북 좌파 고정간첩 노조 토착빨갱이 반자유세력들이 총궐기를 한다고 하는데, 저희 K파티는 오는 8월 15일에도 일당 천의 필사즉생 각오로 저들과 맞서 끝까지 광장을 지키고 선배님들과 어르신들께서 피와 목숨으로 지켜주신 자유대한민국을 수호하기 위해 힘차게 싸우며 승리하겠습니다!

자유우파의 행사에서 행사 전, 행사 도중, 그리고 행사 후까지, 일어나는 싸움과 다툼 등 시비의 가운데 술 마신 분들이 일으킨 부분들이 적지 않고, 특히 광화문 주변에서 갈등과 틈이 생기길 지켜 보고 있는 반자유세력들과 좌빨들에게는 좋은 먹잇감이 될 수도 있기에 앞으로도 저희 K파티는 문화제공식행사에서는 금주를 지켜나가려고 합니다.

다음 날 아침이 되었고, 늘 변함없이 행사장 주변까지 깨끗하게 청소한 뒤, 행사의 마지막을 국민의례와 구호로 잘 마칠 수 있었고, 시작부터 끝까지 함께 해주신 스탭동지님들과 자유수호용사님들께 진심으로 감사의 말씀을 전합니다.

오는 목요일인 8월 15일, 대한민국의 건국을 알리는 광복 71주년을 맞은 이날은, 특별히 저희 K파티 문화제가 100회째를 맞이하는 날이기도 합니다.

이날은 낮에 애국집회들과 자유우파행사들이 마치고 난 뒤인 저녁부터 밤까지, 거짓 촛불로 반일선동을 하며 국민들끼리의 갈등을 조장하며, 반일을 넘어 반미까지, 그리고 종국에는 적화를 위한 종북 좌파 고정간첩 노조 토착빨갱이 반자유세력들이 총궐기를 한다고 하는데, 저희 K파티는 오는 8월 15일에도 일당 천의 필사즉생 각오로 저들과 맞서 끝까지 광장을 지키고 선배님들과 어르신들께서 피와 목숨으로 지켜주신 자유대한민국을 수호하기 위해 힘차게 싸우며 승리하겠습니다!

2019년 8월 3일 **제98차**

광화문 파란 장미

"느닷없이 소방차들이 저희 행사장 길가에 줄줄이 대기하기 시작했는데, 무슨 일입니까?"

"고정간첩으로 추정되는 토착빨갱이가 소방서에 전화해서 저희 K파티 광화문 문화제현장에 불을 낼 것이라고 해서 소방차들이 긴급히 출동했다고 합니다"

지난 토요일 밤도 광장 건너편에서는 촛불을 든 50명도 안 모인, 반자유 반일선동 거짓촛불세력들의 반자유 반일선동 집회가 있었고, 일본대사관 앞에서도 3만 명이 모일 것이라고 호언장담 큰소리를 쳤었던, 반자유 반일선동 단체들이 고작 천 명도 안 모였을 정도로 초라하고 국민들의 반응은 싸늘했으며, 내부갈등까지 생기며 비참하게 폭망을 했습니다.

반일선동으로 대한민국을 불 지르고 태우려는 자들이 촛불을 끄고 사라질 때까지, K파티는 자유우파의 함성과 함께, 김정은 3대 세습 인권유린 학살독재자 처단과 문재인 친일좌파수꼴 반역독재자 퇴진을 외쳤습니다.

북괴와 종북 좌파 빨갱이 토착간첩 좀비들은 지속해서 불을 사용해왔습니다.

거짓 촛불과 횃불, 분신자살, 방화, 미사일 발사, 핵실험 등 화공을 이용해서 대한민국을 선동하고 적화시키기 위해 수단과 방법을 가리지 않고 있습니다.

이에 대해 저희 K파티는 불을 끄는 물로, 화공을 대응하고 수공으로 맞받아치기 위해, 오는 토요일 99번째 광화문 K파티 철야문화제에서 함부로 방화 협박을 했던 종북 간첩이 작살나도록, 그들의 존엄과 같이 여기는 김정은 인형을 물폭탄으로 처단하는 행사와 물벼락으로 방화공격을 예방하는 워터파티로 진행을 하고자 합니다.

저녁 7시부터, 다음 날 아침 7시까지, 문화제와 토크파티, 노래타임과 수박파티, 물놀이 및 김정은 물폭탄 처단식 등 몇 년 동안 휴가도 가지 못한 자유우파 용사님들을 위한 다채롭고 재미있는 내용들이 준비되어 있습니다.

저희 K파티가 종북 좌파 토착 빨갱이들의 우상 (병)신과 같은 김정은을 광장에서 물로 혼내주고 처단하며 넉넉히 웃으며 맞은편 거짓선동 반일촛불들과 맞서 승리해주겠습니다.

2019년 7월 27일 **제97차**

파탄 장미 문화제 승리의 Battle Story

"이야! 또 우리가 이겼다! 3만 모인다던 저 거짓촛불들 봐라! 3백 명도 안 오고, 저렇게 불쌍하고 애처롭게 한 시간 반도 못 하며 철수하는 것 봐라!"

"여기 K파티에 오면 묵은 스트레스와 피로가 확 풀려요! 맞은편 종북 좌빨들 야단치고 혼내면서 제대로 기분 신나게 업하고 가는 것 같아요!"

지난 토요일 저녁 7시, 편향된 언론과 방송에서는 5천 명 모였다며 당초에 예고했던 수만 명의 총궐기에 못 미쳤으나, 그나마 많이 모였다며 애써 각도를 조절해가며 넉넉히 잡아봐도 5백 명도 안 모인 맞은편 광장 안의 촛불들을, 어떻게든 많이 나온 것처럼 찍어보려는 모습이 안쓰럽고 처량하기까지 했습니다.

그것도 행사가 시작되고 언론과 방송의 촬영이 끝난 뒤부터는 삼삼오오 덥다며 들고 있던 거짓의 촛불을 서둘러 끄고 귀가하면서 광장 안에는 2백 명 정도 듬성듬성하게 정말 주최 측이라면 부끄러워 얼굴도 들 수 없을 정도로 총궐기대집회는커녕 저자들 스스로가 쪽팔려 어쩔 줄 몰라 사라지는 모습을 보며 저희 K파티 용사들은 광장이 떠나갈 듯 힘찬 함성과 함께 외쳤습니다.

"뭐? 3만? 5백도 안 되는 거짓선동의 촛불에 이젠 국민도 안 속는다 이놈들아!"

"부끄러운 줄은 아네? 벌써 마치고 후퇴하냐? 참 꼴 좋다×3!"

늦은 밤까지, 우리 외에는 아무도 없는 어두운 광장에서 거짓선동 반일촛불들과 맞서 신나게 들었다 났다 놀아주고, 도망가는 꽁무니를 향해 자유우파의 힘찬 함성까지 보여준, 이날의 97번째 K파티 광화문 문화제는 문재인 친일좌파독재정권의 지지세력인 거짓의 촛불들과 맞서 완벽하게 승리한 또 한 번의 전투로 우리 모두의 기억 속에 남겨질 것입니다.

현장에서 함께 싸워주시고, 힘 나는 응원으로 해외에서 그리고 전국 각지에서 함께 해주신 자유수호자 여러분께 진심으로 감사드리며, 오는 토요일과 다음 주 토요일, 그리고 8월 15일 광복절 대첩까지, 거짓의 반일촛불 대국민선동 세력들과 맞서 연전연승하며, 끝까지 광화문 성지를 지키고 자유대한민국을 수호하기 위해 힘차게 나아가겠습니다!

2019년 7월 20일 **제96차**

이승만 건국대통령 특집문화제와 95번째 제헌절 특집 헌법수호

"와! 벌써 96번째 문화제입니까?

K파티와 행사하는 세종문화회관 문화제 장소가 우리 정보관들 사이에는 '광화문 집회'의 성지가 되었다는 말들을 나누었답니다.

최근 3년 동안 한 차례도 멈추지 않고 이어온 광화문 집회는 K파티밖에 없어요."

광화문 지역을 관할하는 경찰서에서 20년 이상 정보관 업무를 맡으신, 왕베테랑 경찰 간부께서 웃으며 하신 말씀입니다.

이날은 그 새끼 석방 집회와 노조 총궐기가 맞은편 광화문 광장에서 있었으나, 2만 명이 모였다는 좌파 종북 반자유세력들은 광장 안에서 집회가 진행되고 있는 중에도 인근 공원, 커피숍, 식당, 술집 등에 모여, 자신들의 광장 총궐기를 비웃듯 따로 놀고 있었습니다.

광장에는 수천 명도 안 모인 채, 기름지고 배부른 반자유세력들을 보며, 저렇게 해서 그 새끼가 잘도 석방되겠다는 한심한 생각까지 들었습니다.

이 날부터 8월 15일까지 매주 토요일 같은 시간에 저희와 맞은편에서 반일선동 거짓촛불집회가 대규모로 개최된다고 합니다.

변함없이 저 거짓의 선동세력들과 맞서 끝까지 광화문 성지를 지키고 자유를 지키기 위해 힘차게 나아가겠습니다!

2019년 7월 17일 **제95차**
제헌절 특집

"행사 시간 전에 못 만들겠는데…."

"지난번 성조기 때도 겨우 만들었는데, 아무래도 태극기가 더 어렵고 복잡한지 늦어지고…. 이번에는 완성이 어려울 것 같네요"

정오부터 오셔서 행사에 사용할 A4 용지를 반으로 자르면서 스카치테이프로 한장한장 옆으로 이어붙이는 동지님들, 새벽부터 아침까지 만든 태극기 제작도면을 보면서 오후 내내 색지를 잘라 검정색지로는 건곤감리를, 청색과 적색 색지로는 태극문양을 만들며 비지땀을 흘리신 동지님들과 선배님들 덕분에 모두가 행사 종료까지 완성이 불가능하다고 했던, 대한민국 최초의 종이 2천 장을 이어 만든 초대형 태극기가 모두의 탄성과 환호와 함께 성공적으로 제작 및 설치가 되었습니다.

지나가는 국민들과 유튜브 방송을 통해 태극기의 제작과정을 보시며 감탄과 응원들이 이어졌고, 태극기를 무시하고 애국가를 외면하며, 널리 일본 아베정권의 선거승리를 도와준 일등공신이자, 일본 군국주의 부활에 대한 명분을 줘 자위군으로 일본 헌법까지 개정하도록 만들며, 대책 없이 한일경제전쟁이라는 대국민선동으로, 국익을 해치고 경제를 더욱 망쳐 놓고 있는 문재앙 친일좌파독재정권과 맞서 자유대한민국의 상징인 태극기를 펼치며, K파티 청년들과 나라 사랑하는 동지님들과 함께, 끝까지 저들과 맞서 광장을 지키고 자유대한민국을 수호하기 위해 힘차게 싸워 이겨나가겠습니다!

2019년 7월 13일 **제94차**

광화문 파란 장미

"광장을 지나가는 젊은이들과 시민들의 반응과 인식이 점점 더 좋아지고 있음을 실감할 수 있어서 너무나도 뿌듯하고 감격스럽습니다!"

토요일 94번째 K파티 문화제에서 애국가수님의 환상적인 노래 실력과 가창력에 지나가던 청년들이 멈춰 서서 공연이 마칠 때까지, 오랫동안 저희 행사를 지켜보며 박수도 치고, 계단의 자유의 촛불 문구를 읽으며 호응을 하는 모습에 감동한 K파티 회원님의 말씀이었습니다.

K파티는 집회인데 왜 수백 명, 수천 명의 우파 군중들이 없냐고 하시는 분들이 계셨는데, 저희 K파티는 같은 우파 지지자 또는 군중들을 향해 목소리를 내는 집회가 아닙니다.

3년 동안 변함없이, 광장을 지나가는 수만 명의 국민들과 광화문 광장에서 대한민국의 적화를 시도하는 종북 토착간첩 반자유세력들에게, 자유우파 청년들의 올바르고 정의로운 목소리와 자유수호의지와 활동을 널리 전파하는 대국민 홍보전을 행하고 있는 청년들이 준비하고 진행하는 나라 사랑 문화제입니다.

또한, 저희가 명명한 세종광장 K파티 야외홀은, K파티 문화제를 준비하는 낮부터 마치는 밤까지 6시간 동안, 광화문 광장에서 행인 수가 가장 많고, 노출력이 제일 높은 세종문화회관 계단 앞 저희 행사장으로, 광화문 광장을 지나가는 중도의 시민들과 좌파들, 그리고 차량과 대중교통 등은 최소 3만에서 5만 정도가 되며, 계단위 자유의 촛불로 새겨진 MOON OUT 문구와 매주 좌파독재정권을 야단치고 비판하는 문구가 나올 때마다, 시선이 그곳으로 대다수가 가게 될 뿐만 아니라, 광장 전체에 울릴 정도로 큰 노래와 자유우파의 목소리에 귀를 기울이며 지나갈 수밖에 없는 광장의 황금 같은 지역이며, 종북 좌빨 반자유세력들이 지난 거짓촛불 탄핵집회를 초기에 확산시켰던 도화선과 같은 장소이기도 합니다.

그렇기에 광화문 광장의 가장 중심지인 이곳을 저희가 종북 좌파 반자유세력들로부터 몇 달간의 전투 끝에 차지한 뒤, 2017년부터 지금까지 사수해오고 있었던 중요한 이유도 있었습니다.

자유우파의 승리는 점점 다가오고 있습니다.

나라 사랑하는 여러분께서 필사즉생의 각오로, 각자가 자신의 맡은 크고 작은 역할과 자리에서 지치지 않고, 끝까지 초심을 잃지 않으며, 소신을 지켰기에 이와 같은 고지점령도 크고 작은 전투의 승리도, 곧이어 나오게 될, 남북 이념 전쟁, 진실과 거짓의 전쟁, 자유수호자들과 문재앙 좌파독재정권과의 전쟁에서의 승리도, 반드시 이루어지게 될 수 있는 것입니다.

빛이 어둠을 이기고 승리의 아침이 밝아오기 전이 가장 어둡다고 합니다.

여러분, 더욱 힘내어 앞으로 정진합시다!

더욱 강하고 담대하게 반대한민국 세력들과 맞서 싸웁시다!

더욱 나라 사랑하는 마음으로 대한민국의 미래인 아이들과 후손들에게 승리한 자유대한민국을 물려주기 위해 할 수 있는 모든 일과 역할에 최선을 다합시다!

2019년 7월 6일 **제93차**

광화문 파란 장미 문화제수박파티

"7시까지 하고 마칠 테니, 5시부터 7시까지는 K파티 사전행사의 음향을 줄이거나 없애 달라"

"3년 전부터 같은 장소에서 청년들이 진행하는 행사 잘 보고 있는데, 이번에는 7시까지 양해 부탁한다"

저희 행사장인 세종문화회관 좌측 위 지역에서 4시부터 6시까지 집회를 진행해 온, 우파정당의 관계자분들 수십 명이 반복적으로 오셔서 한말씀들입니다.

7시가 지난 7시 10분까지 저분들께서 스스로 하신 약속을 지켜주는지 기다렸다가, 청년들과의 약속을 잊어버린 듯 끝까지 이어나가는 것을 보고, 저희는 93차례나 이곳 세종문화회관 앞에서 좌파들과 반자유세력들의 욕설과 공격 등의 방해에도, 단 한 번도 빠트리지 않고 행사를 진행해왔기에 이날도 기다렸다가 늦어진 시간에 국민의례로 93번째 행사를 시작했습니다.

저희 K파티는 타 우파단체나, 우파정당이 맞은편 또는 인근에서 국민의례인 국기에 대한 경례, 애국가 4절 제창, 묵념이 진행될 경우, 하던 행사를 멈추고 상대 행사를 존중하며 함께 애국가를 부르는 등 모든 애국 활동과 우파행사의 기본적인 예의이자 국민의 의무라고 생각해서 타 우파단체나 정당이 국민의례를 시작하면 당연하게 존중을 해오고, 이 예의를 지켜왔습니다.

그러나, 이날 K파티의 국민의례는 맞은편 음향 소리로 인해 거의 들리지 않았을 뿐만 아니라, 박정희 대통령님의 국민교육헌장 육성낭독이 이어진 뒤, 국부 이승만 건국대통령님과 박정희 산업보국 대통령님 그리고 박근혜 자유수호대통령님의 육성 연설이 나오고 있는데도, 잠시의 멈춤이나 존중도 없이, 맞은편에서 발언과 음향으로 인해, 대통령님들의 목소리가 들리지 않을 정도로 시끄러웠고, 소란스러웠습니다.

심지어는 박정희 대통령님과 박근혜 대통령님의 육성 연설이 광화문 광장에 울려 퍼지고 있는 도중에도, 낮은편 우파정당의 인사들이 와서 욕설하고, 당장 끄라며 소리를 치며 합법적인 집회의 방해가 이어지고, 그분들이 오히려 현장 집회를 담당하는 정보관을 불러 "이 집회를 중단하게 해달라, 우리가 크니까 작은 쪽인 이 청년들이 방해를 하지 않도록 조치를 취해달라"고까지 항의를 했습니다.

그러자, 그분들이 불러서 우리 현장에 오게 된 경찰 정보관께서 말씀하시길, "오후 7시부터 9시까지 세종문화회관 인근에서 합법신고 된 집회는 K파티 뿐이며, 이렇게 청년들 행사하는 곳에 와서 욕설하고 방해하는 것은 집회방해죄가 될 수 있습니다"라고 말하자, 적반하장으로 소리쳤던 사람들이 사라지기 시작했습니다.

"3년 전인 2017년, 촛불의 기세가 등등해 아무도 들어오지 않았던 광화문 광장에 처음 들어와 그 이후로 한 번도 빠지거나 빼앗기지 않고, 자유우파행사를 이어온 K파티가 있었기에 그 이후로 우파단체가 하나둘씩 광화문에 와서 정기적인 집회를 시작했지, K파티가 없었으면 이렇게 광화문에 우파들의 여러 집회가 언제 시작될 수 있었을지 아무도 장담 못 하지."

합법집회를 항의하고 없애려 하다가 오히려 법적으로 보장된 집회를 방해하는 죄를 저지를 수 있다는 말에 사라지는 저들의 모습을 보며, 3년 전부터 참여해오신 K파티 동지님께서 하신 말씀이었습니다.

우여곡절 끝에 행사는 진행이 되었고, 지방에서 귀한 발걸음 해주시어 광화문 광장에 자유우파의 색소폰 멜로디가 울려 퍼지도록 멋진 공연을 해주신 김우찬 대표님과 애국가수님들의 노래, 청년 동지의 댄스, 전원이 함께 부르는 합창까지, 억울하게 구속되신 대통령님과 자유우파분들의 감금해제를 요구하며 파란 장미를 들고 한마음 한뜻으로, 뜻깊고 감사한 93번째 K파티 광화문 파란 장미 문화제를 잘 마칠 수 있었습니다.

이날은 특히 매년 여름마다 진행했던 수박파티로, 참여하신 모든 동지님과 유튜버 대표님들께 배 터지게 수박을 대접하고자, K파티 동지님께서 냉동차로 시원하게 보관을 해주신 수박을 함께 먹는 시간을 가졌습니다.

맞은편 우파정당의 행사가 종료되고 국민의례로 애국가가 나오자, 모든 것을 중단하고 자리에서 일어나 함께 애국가를 불러주신 K파티 동지님들의 배려심과 애국심, 그리고 수박파티가 시작되자, 저희에게 항의하고 방해를 하셨던 우파분들과 정당의 사람들이 오셔서 수박을 먹고 싶으니 달라고 하자, 선뜻 나눠주시며 함께 먹을 수 있도록 해주신, K파티 용사님들의 배려심과 섬김에 정말 큰 감동 하였습니다.

2017년 적화되어 붉고 어두운 광화문 광장에 아수라와 같이, 거짓의 촛불을 든 종북, 좌파, 반자유세력들까지 가득 찬 상태에서 저들과 맞서 지금까지 자유를 지켜오고 자유우파의 광장으로 만들어낸 저희 K파티는 광장에서의 우파 문화제 시작을 처음으로 한 것처럼, 앞으로도 초심을 잃지 않고 법을 지키며, 밤샘 철야로 신고 장소 대기를 지켜나가면서 끝까지 광화문 광장에 남아 자유의 광장을 지키는 마지막 자유수호자들이 될 것입니다.

2019년 6월 29일 **제92차**

광화문 도널드 트럼프 미국 대통령 환영

"와! 트럼프 대통령께서 탄 차에서 창문이 열리고, 트럼프 대통령께서 손을 흔드셨다!"

지난 29일 저녁, 광화문 광장으로 진입하는 트럼프 대통령의 차량이 저희 K파티가 환영행사를 하던 세종문화회관 계단 앞에서 속도를 줄여 서행하며 이동하다가, 회담을 마치고 숙소로 귀가하는 길에 세종문화회관 계단에 설치된 자유의 촛불 환영 문구인, 'WELCOME TRUMP WE LOVE USA'와 계단에 부착된 초대형 성조기를 보신 듯, 차량의 창문이 열리고 손을 흔드는 장면을 볼 수 있었던, 정말 뜻깊은 환영문화제였습니다.

이날은 경호권 발동으로, 최근 30년 동안, 광장에 한 번도 일어나지 않았던 상황으로, 종북 주사파 반자유세력 좌파 좀비단체들 중 한 단체도 없었던, 진공상태와 같고 멸균상태와 같은 집회가 금지된 고요한 광화문 광장에서 집회가 아닌 환영행사로 유일하게 광화문 광장 내에 있었던 저희 K파티가, 좌파독재정권의 보이지 않는 방해와 압박에도 불구하고, 끝까지 남아 이 자리를 지키며 피와 목숨으로 자유대한민국을 지켜준 혈맹이자 최고의 우방국인 미합중국의 대통령에 대한 예의를 좌파독재정권 대신해서 갖추고, 감사의 표시와 함께 환영의 함성을 전할 수 있었던 평생에 단 한 번밖에 없는 귀하고 뜻깊은 하루를, 그리고 끝까지 포기하지 않고, 백여 가지의 크고 작은 방해와 억압, 규제와 난관들로부터, 3년 넘게 지켜내온 광화문 세종광장에서의 92번째 K파티 행사를 한마음 한뜻으로 지켜내고 극복해낸, 이 순간순간들을 함께한 K파티 용사님들과 저는 결코, 잊지 못할 것입니다.

K파티가 2017년부터 어떤 우여곡절 끝에 지금까지 이곳 광화문 세종광장을 지켜왔고, 어떤 활동들을 해왔는지 모르는 갑호비상으로 수도권 전역에서 수만 명의 경찰 인력 중, 타지역에서 투입된 가장 강성으로 알려진 경찰 인력들이, 2년 전 이곳에서 트럼프 대통령 차량의 경로까지 바꾸게 만든, 종북 좌파 반자유세력들의 시위와 물건들을 투척하는 사태까지 발생했기에 더욱 엄격하고 제한된 통제 작전을 수행하기 위해서라고 믿고 싶었으나, 잘 협의가 되었던 기존의 사항들까지 30분 동안 6번이나 변경해가며 강압적으로 위협하며, 설치하고 있던 성조기까지 뜯어버리겠다, 웰컴 트럼프 문구와 LED 촛불이 상당히 불편해하는 쪽이 있다는 뉘앙스 등 상상도 할 수 없었던 타지역 경찰의 겁박에도, 현장에서 체포 연행될 각오로 저는 외쳤습니다.

"피와 목숨을 바쳐, 대한민국의 적화를 막고, 6.25 남침을 막아낸 혈맹이자 우방국인 미국의 대통령께서 대한민국을 방문하셨는데, 뭐요! 우리 청년들이 밤새 준비하고 새벽부터 와서 만들고 있는 이 성조기를 철거해 찢어버린다고? 어느 누가 전화를 해서 압박을 시킵니까? 이 성조기와 환영촛불이 그렇게 불편하답니까? 누굽니까! 누가! 미국 대통령을 환영하려고 준비한 성조기까지 훼손하려는 이런 외교적 결례를 보여주려고 오라고 한 겁니까! 절대 안 됩니다. 철거못합니다! 저 여기서 막고 누워있을 테니까 훼손하려면 저부터 잡아가세요!"

잡혀갈 각오로 끝까지 버티고, 십수 차례의 설득을 통해 위에서 내려왔다는 압박과 방해로부터, 트럼프 대통령을 환영하는 촛불과 중앙계단에 설치된 웅장하고 멋진 초대형 성조기도 손 하나 건드림 없이, 끝까지 지켜내고, 미대사관과 트럼프 대통령께도 우리 자유수호용사들의 미국이 도와주고 구해준 은혜에 감사하며 방문을 환영하는 마음과 의지를 보여줄 수 있어서 정말 감사하고 또 감사한 마음이었습니다.

'必死卽生 必生卽死'

반드시 죽고자 하면 살 것이요, 반드시 살고자 하면 죽을 것이다 라는 충무공의 좌우명입니다.

그렇습니다.

자유홍콩의 필사즉생 정신이 홍콩의 공산화를 막아내고 있고, 자유대만의 필사즉생 정신이 독립국가로 국제사회로부터 인정을 받고 변모해가는 것처럼, 우리 자유대한민국도 전체주의 좌파독재정권과 북괴 3대 세습학살독재집단에 맞서 국민저항권으로 자유추구권으로 적화를 막아내며, 저들의 몰락 뒤 다가올 자유통일의 날까지 필사즉생의 각오와 자세로 힘차게 정진해야 할 것입니다!

여러분, 우리는 할 수 있습니다!

함께 손에 손잡고 힘차게 해냅시다!

함께 갑시다! GO TOGETHER!

2019년 6월 22일 **제91차**

광화문 파란 장미 자유홍콩 지지 아이스 샤워

"홍콩인들의 자유와 인권을 위한 반중투쟁과 저항운동을 지지하고 응원하며, 대한민국의 적화를 막고 자유를 지키기 위한 모든 활동에 동참하고, 함께 하겠습니다!"

자유홍콩을 지지하는 함성이 대한민국 여론의 중심인 광화문 광장에 울려 퍼졌습니다.

이날, 수십 명이 넘는 자유우파단체의 대표님들과 리더님들, 유튜브 대표님들, 그리고 K파티 용사님들께서 홍콩인들의 자유와 인권을 지지하고, 자유대한민국을 수호하기 위한, 아이스 샤워 릴레이 퍼포먼스에 뜻을 같이하시며 적극적으로 동참해주셨습니다.

다시 한번 함께 해주신 여러분께 진심으로 감사드립니다.

이념의 전쟁터인 광화문 광장을 중심으로, 호국보훈의 달인 6월을 부정하듯 북괴를 추종하고, 중공을 섬기는 반대한민국 세력들이 자유대한민국을 붕괴시키고 북괴에 의해 적화가 되고 중공의 속국이 되게 하려고, 제2의 6.25 남침이라고 할 만큼, 자유우파세력을 타겟으로 삼은, 이들 반미종북친중 세력들에 의한 일련의 공격들이, 불법적인 수단과 범죄행위와 같은 방법들을 악용하거나 동원하고, 상상을 초월할 수준으로 곳곳에서 도발을 일으키고 있으며, 지금도 계속 우파 궤멸을 시도하고 있습니다.

점점 다가오는 파멸을 스스로 감지하는 듯, 문재앙 좌파독재정권은 노조단체와 좌파단체, 그리고 종북 반자유세력들과 함께, 대한민국을 적화시키기 위해, 수단과 방법을 가리지 않고, 더욱 발악하며 날뛰고 있지만, 종국에는 저들이 결코, 자유와 진실이라는 시대의 큰 흐름을 뒤집을 수 없음을 우리는 알고 있습니다.

6.25 때, 피와 목숨으로 대한민국의 적화를 막아주고 지켜준 자유민주 우방국들의

손을 잡기는커녕, 오히려 배은망덕으로 대한민국을 침공했던 중공과 북괴와 함께하며, 국민을 파탄과 죽음의 길로 데려가려는 전체주의 좌파독재정권의 반역적이고 반헌법적인 행태를 막아내며, 자유대한민국과 우리 국민들은 풍전등화와 같은 상황에 놓이게 만든, 문재앙을 퇴진시키기 위해, 주권자로서 국민저항권을 더욱 힘차고 강하게 행사하며, 반대한민국 세력들과 맞서 끝까지 광장을 지키고, 자유대한민국을 수호하기 위해, 자유우파 여러분과 함께 힘차게 나아가겠습니다!

2019년 6월 15일 **제90차**

자유홍콩 지지

"중공으로부터 자유와 인권을 억압받는 홍콩국민의 일이 강 건너 불구경하듯 바라볼 남의 일이 아닙니다! 대한민국이 연방제 형태로 적화가 되고, 국회에서 북괴로 범죄인 인도송환법이 통과된다면, 여기 있는 K파티 동지님들은 모두 총살 또는 정치범 수용소에서 소리소문없이 사라질 수 있어요."

90번째 광화문 광장에서 국내 최초로 진행된 홍콩인들의 인권과 자유를 위한 백만 저항운동을 지지하는 K파티 특집문화제를 마치고, 장비를 정리하면서 한 동지님께서 말씀하셨습니다.

그렇습니다.

영국령에서 중공에 홍콩이 반환되면서 50년 동안 자치권을 부여받았음에도, 이를 어기고 전 세계로 일대일로의 야욕과 패권국으로 아시아를 쥐고자 하는 무모하고도 폭압적인 중공과 씹진핑 독재정권의 단계적이고도 음흉한 홍콩점령계획이, 자유와 인권을 갈망하는 백만 홍콩인들의 저항에 부딪혀 무산되었습니다.

저희 K파티는 홍콩뿐만 아니라, 대만과 티벳, 신장위구르까지, 인권을 유린하거나 자유를 빼앗고 억압하는 아시아 최악의 사회주의 독재정권인 중공과 독재자 씹진핑, 그리고 중공의 기생충과도 같은 3대 세습학살독재자 김정은과 그 졸개들이, 자유대한민국까지 사회주의화를 넘어 적화시키고, 속국처럼 만들려는 악랄하고 천인공노할 짓들을 막기 위해, 90차례가 넘도록 국민저항권을 행사하는 K파티 광화문 파란장미 문화제를 진행하며, 나라 사랑하는 청년들이 앞장서서 자유를 지키고 대한민국을 수호하기 위한 저항의 목소리와 행동을 실천해오고 있습니다.

행사를 매번 진행할 때마다, 크고 작은 공격도 방해도 사건도 일어나며, 어느 한 번도 쉽고 편하게 준비하고 진행하며 마친 적이 없었습니다.

그러나, 점점 데워지고 있는 뜨거운 냄비 속의 팔다리가 익어가면서 마비되어 점점 죽어가고 있는 개구리와 같이, 대한민국이 숙주인 북괴 3대 세습학살독재자 김정은 괴뢰집단과 그에 기생하는 종북세력과 반자유세력, 그리고 문재앙 전체주의 좌파독재정권에 의해 대한민국이 점차 적화되어, 북괴와 중공에 의해 사라지는 것을 막기 위해, 대한민국의 희망인 미래세대 아이들에게 피와 목숨으로 지켜주신, 귀한 자유와 경제 강국 대한민국을 물려주기 위해서라도, 헌법에 보장된 국민저항권을 행사하며, 선동과 왜곡으로 적화된 광장을 진실과 정의로 지켜내고, 끝까지 자유대한민국을 수호할 수 있도록, 저희 K파티는 지나온 날들보다 더 많을 날을, 변함없이 강하고 담대하게 승리하며 나아갈 것을 약속드리며, 다가오는 토요일도 자유수호용사인 여러분과 함께, 기도로 준비하고 힘차게 진행하며, 광장의 반자유세력들과 맞서 승리하겠습니다!

2019년 6월 8일 제89차

광화문 파란 장미

"또 계단에 설치물들이 있네? 원숭이가 제대로 방해하나 봅니다"

행사 시작 전까지, 세종문화회관 계단에 설치물들이 있어 자유의 촛불 세팅도 못 하고, 철거가 완료될 때까지 기다리다가 분통이 터지신 K파티 참가자께서 하신 말씀입니다.

"이래도 저래도 저희는 좌고우면하거나 우유부단하지 않으며, 어떤 상황과 조건에서도 담대하고 힘차게 정면 돌파합니다" 라고 웃으며 답을 드리고, 계단을 제외한 모든 세팅을 준비했습니다.

89번째 K파티 광화문 파란 장미 문화제를 준비하며, 지금까지 단 한주도 아무런 방해나 장애요소 또는 문제가 없는 날이 없었을 정도로 광장과 반자유세력들은 늘 자유우파의 끈질긴 광장사수에 저항하고 대응하며, 돌발변수와 방해, 도발 등이 일어나게 했습니다.

계단의 설치물들이 철거되고 자유의 촛불을 세팅하며 K파티 광화문 파란 장미 문화제를 시작해도 30분이나 늦은 시간에 진행할 수 있었으나, 참여해주신 자유수호용사님들의 일치단결된 모습과 스탭동지님들의 민첩한 진행 등에 힘입어, 여성 동지님의 파로호 명칭 변경반대 성명서 바이올린 연주, 애국가수님의 공연, 청년 동지님의 댄스 퍼포먼스와 문재앙의 역사 왜곡에 대한 호된 비판 연설까지, 모두가 한마음 한뜻으로 함께 해주신 덕분에 지난 89차 K파티 광화문 파란 장미 문화제도 잘 마칠 수 있었습니다.

3년 동안 어둡고 적화된 광화문 광장에서 자유우파의 목소리와 메시지를 전파하며, 혼자는 약하지만, 함께는 강함을 잘 알고 겪었기에 앞으로도 변함없이 초심을 잃지 않고, 자유를 빼앗고 대한민국을 적화시키려는 북괴 3대 세습학살독재자 김정은과 그 배후인 중공 공산독재세력, 그리고 문재앙 전체주의좌파독재정권과 맞서 끝까지 대한민국 여론의 생산지이자 중심인 광장을 지키고, 자유대한민국을 수호하기 위해, 자유수호 용사님들과 함께 적들과 맞서 싸워 이기며, 힘차게 나아가겠습니다!

2019년 6월 6일 **제88차**

　적화되는 자유대한민국을 걱정하고 마음 아파하는 호국 자유수호자들의 눈물 내리듯, 지난 6월 6일 저녁 88번째 K파티 호국문화제는 여름철 장마 소나기보다 더욱 많이 내리는 폭우와 경찰 안전펜스까지 다 쓰러져버릴 정도의 강풍에 행사를 준비하고 진행을 하게 되었습니다.

　목숨을 바쳐 귀한 자유와 대한민국을 지켜주신 호국 자유수호자님들의 그 정신과 의지를, 비교도 안 되겠지만 조금이라도 동감하고 예의를 갖추기 위해, 눈을 뜰 수 없을 정도로 흘러내리는 폭우에도 우산과 우비 없이 행사의 시작부터 마무리까지 온몸이 젖은 상태였지만, 멀리서 노려보고 있는 광장의 반자유세력들을 포함해서 저희를 바라보고 지나가는 수만 명의 광장 행인과 차량 속 시민들에게, 대한민국 여론의 생산지이자 중심인 광장에서 현충일 자유수호 호국문화제를 통해, 자유우파진영의 목소리를 전하고 호국보훈의 의미를 되새길 수 있도록 널리 알리며, 감사한 마음으로 악천후에서도 전기사고나 장비 고장도 없이 무사히 잘 마칠 수 있었습니다.

　하늘에서 흐르는 눈물과 함께 흘린 눈물을 닦으시며, 같이 행사를 준비하고 진행한 K파티 스탭동지님들과 함께 참여해주신 자유수호 용사님들, 그리고 장비가 고장 날 위험이 상당히 큰 폭우 속에서도 한 손에 우산을 들과 비바람을 막아가며, 해외와 전국 각지의 애국 동지님들께 라이브방송을 통해 광장에서의 호국문화제를 중계해주신 자유우파 유튜브 용사님들께도 정말 감사하고 존경하는 마음입니다.

　2017년부터 지금까지, 폭풍과 폭우 속에서도, 폭염과 한파 속에서도 한 번도 중단과 끊임없이, 계속 이어온 저희 K파티 광화문 파란 장미 문화제는 바로 자유수호 애국자 여러분께서 이끌어가고 지켜나가고 계심을 잘 알고 있습니다.

　앞으로도 호국보훈과 지켜주신 자유와 대한민국을 수호하며, 주신 이 은혜에 보답하기 위해 용감하고 담대하게 기도하며 힘차게 나아가겠습니다!

2019년 6월 1일 **제87차**

광화문 파란 장미

"와! 퀴어 동성애 집회를 광화문 세종문화회관 앞에서 개최하려는 것을 K파티가 막았다!"

한 달 전인 5월 1일 밤, 일주일 전부터 기습적인 철야대기를 이어온 동성애 단체가 1순위 자리에 앉아있었고, 이어 철야를 계속 이어온 2번 자리에 앉은 K파티와 3, 4번 자리에 앉은 종로 광화문 지역 애국집회 단체들이 앉은 상태에서 이날 심야를 넘어 2일 자정이 되어 신고가 들어가기 2분 전, 기적적으로 1순위가 동성애 단체에서 K파티로 바뀌면서 시청지역에 이어 행진 후 K파티 장소에서 동성애 집회를 이어가려고 했던 계획은 깨트려버리고, 저희 K파티가 끝까지 장소를 지켜낼 수 있었습니다.

모두가 함께 기도해주신 덕분입니다.

그러나, 6월 1일 이날은 저희가 합법적으로 집회신고를 했음에도 저희 장소를 일찍 점거해 동성애 집회를 강행할 가능성이 커, 오전부터 행사장소인 세종문화회관 앞으로 가서 장소 점거를 막고, 기도로 K파티 문화제준비를 시작했습니다.

뭔가 시비 걸 듯한 느낌을 오전부터 받았었는데, 아니나 다를까, 저희가 행사를 준비하는 도중에 동성애 집회의 행진이 광장을 한 바퀴 돌더니, 저희 앞에서 멈춰섰습니다.

느낌으로는 저들이 동성애 집회를 계획했었던 세종문화회관 앞 장소를 빼앗기자, 대안으로 저희 앞에 멈춰 서서 큰 소음을 일으키며 도발을 거는 듯했습니다.

거기에 저희 K파티는 찬송가 '마귀들과 싸울지라'를 신나고 경쾌한 버전으로 수십 분간 멈춰있는 행진이 다시 움직이며 사라질 때까지 틀며, 같이 준비하며 힘이 되어주신 스탭 동지님들과 함께, 기도로 힘차고 당당하게 맞서 줬습니다.

지금도 주중과 야간 24시간 철야로 장소신고 대기를 이어가며, 3년 동안 적화된 광화문 광장에서 한 줄기 빛으로 지켜온 K파티 문화제를 지켜주시는 자유수호 동지님들께 진심으로 존경과 감사의 말씀을 전합니다.

앞으로도 끝까지 포기하지 않고, 반자유세력과 좌파독재정권, 그리고 3대 세습학살독재자 김정은을 추종하는 종북세력들이 가장 두려워하고 무서워하는 '인내', '끊임없는 연속성', '포기하지 않는 자세', '두려움 없이 싸워 이기는 용기' 등으로, 저들과 맞서 광장을 지키고, 자유대한민국을 수호하기 위해 힘차게 나아가겠습니다!

2019년 5월 25일 제86차

광화문 파란 장미

"늦어도 너무 늦게 마쳤어, K파티 문화제는 못 하겠구먼"

지난 토요일, 6시부터 시작된 우파정당의 집회가 7시 30분에 마칠 것을 예상하고, 1순위로 집회신고가 되어있었던 저희 K파티가 30분을 늦추어, 집회 도중에 서로 간의 소음방해나 충돌이 일어나지 않도록 배려하고 양보했으나, 점점 마치는 예상시간이 늦어지면서 K파티에 참여하기 위해 오셨던 많은 분께서 지방으로 내려가기 위해, 또는 수도권 귀가 차편을 놓치지 않기 위해, 8시가 넘게 기다리시다가 안타까운 표정으로 위와 같은 말을 하시며, 발걸음을 돌리셨습니다.

K파티의 구성원들은 정당에 가입하지 않았거나, 정당 활동이 아닌, 순수한 애국 활동 또는 자유우파활동을 하시는 분들이 많으시기에 앞서서 저희 장소에서 시작한 정당의 집회에서 많은 분께서 화도 내시고, 불만과 문제점들을 말씀하셨지만, 이분들의 화나시고 불편하신 마음을 달래드리며, 인내심을 갖고 마치는 시간을 기다렸습니다.

밤 8시 35분, 이 시간은 평소 K파티 문화제가 마치는 시간으로, 기존의 행사 시간보다 1시간 반이나 지난 야간에 행사를 시작하게 되었고, 오전 11시부터 계단 디스플레이 장소확보와 사전 준비 등을 위해 와주신 스탭동지님들의 녹초가 된 모습과 낮부터 맞은편 촛불 집회와 맞서 종북좌파들이 싫어하는 노래를 틀고, 김정은을 매달아 놓는 퍼포먼스 등을 하다가 소진된 배터리까지 바닥이 난 상태로, 역대 최악의 조건인 늦은 시간과 장비 전원 부족까지 겹치면서 모두가 망연자실한 모습으로 있었습니다.

"버스 막차 시간 놓쳐서 그냥 내일 내려가고, K파티 힘내라고 참여합니다"

위 말씀을 주신 분처럼, 광화문 주변에서 방송을 보며 정당집회가 마치길 기다렸다가, 한 분, 한 분씩 K파티 문화제에 참여하시는 자유수호자님들의 합류에 더욱 큰 힘을 얻고, 8시 40분부터 행사를 시작하게 되었습니다.

"저기 촛불들이 다시 돌아온다!"

우파정당의 집회와 우파정당해산 집회가 서로 음향 난타전을 벌이다가, 좌파세력들이 8시 지난 시간에 먼저 마쳐서 우파정당의 승리인가 했더니, 정말 소름이 돋고 섬뜩할 정도로, 어둠 속에서 마귀처럼 소리소문없이 돌아와 우파정당의 집회가 끝난 뒤, 광화문 광장의 주인은 자기들이라는 듯, 다시 등장한 맞은편의 촛불세력들이 신나서 날뛰던 모습도 잠시, 맞은편의 K파티가 문화제를 진행하는 모습을 보고, 씩씩거리고 당황을 하더니, 결국은 10시가 못 되어 마치고 사라지기 시작했습니다.

맞은편에서 횡단보도를 건너오던 반자유세력들이 촛불이 부끄러운지 가방 속에 넣으며, K파티 문화제를 애써 안 보려 하며 서둘러 뛰어가는 모습에서 쓸쓸하고 안쓰러울 정도로 불쌍해 보였습니다.

정당집회의 시간 연장 변수와 좌파단체들의 되돌아온 야간 촛불집회까지 마친 뒤, 저희 K파티는 2017년부터 지켜온 광화문 광장을 이날도 변함없이 끝까지 지켜내고 승리할 수 있었습니다.

마치고 정리를 시작하는데, 저 멀리서 다가오는 환한 불빛을 바라보고 있으니, 우리 K파티 방향으로 오고 있음을 알 수 있었고, 낮부터 심야까지 광화문 전역을 돌며, 모든 우파집회와 활동을 취재한 펜앤드마이크의 기자분들께서 마지막까지 남아 전투를 마친 저희를 잊지 않고 찾아와주셔서 격려를 해주시고 인터뷰까지 해주셔서 정말 큰 감동과 힘을 얻었습니다.

앞으로도 저희 K파티는 멀리 보고 크게 나아가며, 우파진영과 우파집회의 활동을 할 수 있는 범위에서 최대한 배려하고, 야기하는 갈등도 가능한 품고 포용하며, 대한민국 여론의 생산지이자 중심지인 광화문 광장을 끝까지 지켜내고, 대한민국의 적화시키려는 반자유세력과 맞서 자유대한민국을 수호하기 위해 힘차게 나아가겠습니다!

2019년 5월 18일 **제85차**

광화문 파란 장미

'여기서 집회를 하지 말란 말이야!'

　자유한국당 해체 배지를 달고, 술의 힘을 빌린 듯 취한 채, 김정은이 매달린 모습을 보다가 주변을 맴돌더니, 행사준비를 하는 저희 스탭동지님들이 계시는 계단으로 가서 방해하다가, 경찰에 의해 쫓겨난 토착빨갱이 또는 고정간첩으로 의심이 되는 저희 행사장에 자주 출몰하는 백발의 노인도, 이날 등장했을 뿐만 아니라, 김정은 인형 주변을 맴돌면서 다가와서 인형을 내리라는 항의나, 장군님 이런 식으로는 언급을 안 했을 뿐, 계속 노려보며 저희 주변에서 틈을 잡고 공격하거나, 방해하려는 반자유세력들이 적지 않게 등장했던 5월 18일의 광화문 광장에서 전쟁과 같은 문화제를 늦은 시간까지, 좌파독재정권 추종자들과 반자유세력들과 맞서 싸우며, 방송과 현장에서 함께 해주신 여러분 덕분에 85번째 5.18 문화제를 승리로 잘 마칠 수 있었습니다.

　지난 3주 동안, 보이지 않는 곳에서 지켜보시다가 저희 청년들과 여성 동지님들이 행사준비 또는 진행 중에 좌빨들과 반자유세력들이 보낸 다양한 형태의 좀비들 공격과 시비 등의 시도가 생길 때마다, 나타나셔서 순식간에 이 자들을 제압하고 문화제를 방해하지 못하도록 멀리 밖으로 끌어내거나 쫓아내 주신, 우파 최고의 정예용사님들로 구성된 3.10 특명단의 보이지 않는 활약 덕분에 계속 승리와 성공적인 행사마무리를 잘 할 수 있었습니다.

　정말 큰 힘이 되어주셨고, 사고나 불상사가 일어나지 않도록, K파티 광화문 문화제를 위해, 안전과 질서유지를 해주신 3.10 특명단 동지님들과 선배님들께 K파티 동지님들 모두의 마음을 담아, 진심으로 감사와 존경의 말씀을 전합니다.

　이날은 5.18이기도 했지만, 노무현 사망 10주기를 기리는 추모집회를, 저희 맞은 편과 위쪽 광장까지 이어서 계속 진행하며, 저희 행사를 의식한 듯, 최대의 음향 볼륨으로 저희가 애국가 4절 제창 등 국민의례도 하기 어려울 정도로, 시끄럽게 무례한 짓들을 하면서 도발을 걸어왔고, 저희는 이에 맞서 문재앙 퇴진 등의 쉼 없는 샤우팅 구호로 저자들이 마치고, 귀가하는 마지막 한 명까지도 사라질 때까지, 저들의 뒷모습을 향해 힘차고 신나게 문재인 좌파독재정권 퇴진 관련 구호를 외치며, 밤 10시 반이 넘도록 저들과 맞서 다시금 승리를 얻어낸, 뜻깊고 기분 좋은 문화제를 잘 마칠 수 있었던 감사한 하루였습니다.

"우리가 또다시 승리했다!"

행사를 마치고 모두가 기뻐하며, 힘차게 외친 구호였습니다.

위기 때마다, 한마음 한뜻으로 힘차고 담대하게, 저들과 맞서 하나의 틈도 흐트러짐도 없이 맞서 싸워주시고, 지켜주시며, 함께 해주시는 모든 자유수호자님들께 정말 감사한 마음입니다.

앞으로도, 북괴 3대 세습학살독재자 김정은의 적화시도와 우파진영 붕괴와 궤멸지령에 맞서 저들을 물리치고 승리하며, 끝까지 대한민국 여론의 중심인 광장을 지키고, 자유대한민국을 수호하기 위해, 기도하고, 행동으로 실천하며, 강하고 담대하게 나아가겠습니다!

2019년 5월 11일 제84차

광화문 파란 장미

1. 'Release Kim Sang Jin'

광화문 세종문화회관 계단 위에 발사된 K파티의 레이저 장비에서 나온 문구였습니다.

조만간 자신들이 같은, 아니 더 비참한 모습으로 줄줄이 구속되고 깜빵가는 일들이 일어날 것은 상상조차 하지 못한 채, 아직도 정신 못 차리고, 국민이 부여한 권력을 찬탈한 뒤 이를 악용하고 남용하며, 정치적 살인을 위해 거짓 권력의 칼을 휘두르는 살기등등한 시한부 수명인 좌파독재정권의 마지막 발악질을 지켜보며, 우파 최고의 아스팔트 전사 중의 한 분인, 김상진 총장님을 억울하고 부당하게, 구속시키려 했던 저들은 반드시 천벌을 받고, 저 악한 자들과 그들의 개가 된 사법 권력자들은 역사의 죄인으로 기록되어, 대대손손 후세에 전해지게 될 것입니다.

인과응보와 사필귀정은 반드시 존재하기에 이 악한 자들은 수십 배, 수백 배의 고통을 받고 죄 값을 치를 것이며, 저들이 만든 적폐의 덫에 걸려 어둡고 차가운 감옥에서 영원히 살게 될 수밖에 없을 것입니다.

감사하게도 목요일 저녁, 김상진 총장께서 모든 애국국민들의 염원과 응원에 힘입어, 구속적부심을 통해 석방되었습니다.

정말 기쁘고, 자유우파용사님들과 이루어낸 쾌거를 저희 K파티도 진심으로 축하하며, 뜻을 함께 이어가고자 합니다.

2. 82차에 이어 83차 K파티 문화제에서 출몰해서 광장에 매달려있던 김정은 인형에 대해 눈물을 글썽이며 "장군님께 이러시면 안된다"는 여성간첩, 북한말투로 평화를 원하니 이 분을 어서 내려달라"는 등 대한민국 국민이라면, 상상도 할 수 없는 언행을 했던, 고정간첩들을 제대로 영상에 담아보기 위해 행사준비 전부터 녹화 및 라이브방송을 시작했으나, 이번 토요일처럼, 개미 한 마리 안 보이듯 모든 종류의 시비와 공격, 협박이 없는 경우도 최근 들어 드물 정도로, 고정간첩이 의심되는 자들과 종북 빨갱이들까지 숨은 듯, 나타나지 않았습니다.

일주일 내내 저희 K파티 장소사수를 위해, 주간 또는 밤샘 철야대기를 해오다가, 이날 새벽까지 몸살에 인후염으로 목이 잠겨, 목소리까지 나오지 않아 엎드려 기도하고 또 기도하며, 행사 진행을 잘 준비하고 진행할 수 있도록, 말씀과 기도를 아침까지 이어나가자, 나오지 않았던 목소리가, 맞은편에서 진행되던 촛불집회에 울려 퍼졌고, 촛불세력의 소음신고로 방음벽 같은 기능을 한 경찰버스들이 갑자기 등장해, 줄을 세워 저희 소리를 막을 정도로, 우렁차게 크고 힘찬 목소리로 마칠 때까지, 행사를 잘 진행할 수 있었습니다.

K파티의 용사들은 기도로 행사를 준비하고, 진행하며, 마치기에 어떠한 공격도 방해도 어려움도, 포기하지 않고 두려워하지 않으며, 대한민국을 적화시키려는 자들과 맞서 한마음 한뜻으로 당당히 승리하며 광화문 광장을 지켜내고 있습니다.

앞으로도 변함없이, 자유대한민국을 수호하기 위해, 자유우파용사님들과 함께 강하고 담대하게 적들과 맞서 싸우며 이겨나가겠습니다.

2019년 5월 4일 **제83차**

광화문 파란 장미 Battle

"장군님께 이러시면 안 됩니다"

눈물을 글썽거리면서 광화문 광장에 매달아 놓은 김정은 인형을 올려다보며, 제게 다가와 수차례 말한 자가 있었습니다.

저는 깜짝 놀랐습니다.

3대 세습학살독재자 김정은의 인형을 광장에 걸어놨다고, 눈물을 글썽이며 장군님을 내려달라는 그 여성을 보며, 광화문 광장에서 고정간첩 또는 이에 포섭된 종북 빨갱이가 있음을, 두 눈으로 똑똑히 보게 되었던 것입니다.

지난 K파티는 준비하는 때부터 행사를 마칠 때까지, 무려 13차례의 방해와 공격, 폭행 시도가 있었으며, 위 간첩으로 추정되는 여성 이외에도, 북한말과 표준어를 섞어 쓰면서 제게 다가와 광장에 매달린 김정은 인형을 보고, 이 분을 이러시면 안 된다고, 내려달라는 중년의 남성까지, 광장이 적화되었고, 대한민국 한가운데에서 고정간첩 또는 이에 포섭된 자들이 다가와서 행사방해를 하거나, 항의하는 것을 보고, 다시 한번 자유대한민국의 심각한 이념의 전쟁상황을 깨달을 수 있었습니다.

북괴의 대남선전매체 지령 이후, 다시 일어난 반자유세력들의 집회와 우파단체들의 광장집회를 저지하기 위해, 행사신고 대기까지 기습적으로 치고 들어오며, 철야로 대기하는 일들이 발생하는 등 김정은 인형을 광화문 광장에 매단 뒤 일어나기 시작한 일들을 떠올려보며, 패망 월남의 전철을 따라가지 않도록 하기 위해서라도, 끝까지 대한민국 여론의 생산지이자 중심지인, 이곳 광화문 광장을 지키고, 끝까지 자유대한민국을 간첩들과 종북세력들의 적화시도로부터 막아내기 위해, 더욱 기도하고 힘차게 행동으로 맞서 싸워야겠다는 다짐을 하게 되었습니다.

앞으로도 저희 K파티는 3년 동안 지켜온, 광화문 광장의 적화를 막고, 반자유세력들의 재탈환 시도에 맞서 필사즉생의 각오로 철야대기와 광장의 전투에서 승리하며, 자유대한민국을 수호하기 위해, 자유우파용사님들과 한마음 한뜻으로 힘차게 나아가겠습니다!

2019년 4월 27일 제82차

광화문 파란 장미 Battle

"싸움에 임하면 포기하지 말고, 밀리지 않으며, 반드시 이겨야 합니다"

K파티 회원께서 하신 말씀입니다.

그렇습니다.

대한민국을 적화시키려는 북괴 김정은 추종세력들과 전체주의 좌파독재정권과 맞서 포기하면 안 되며, 밀려서도 안 되며, 반드시 승리해야만 합니다.

그런데, 최근 우파정당의 모습을 보면, 패배자와 패잔병들의 모습을 보는 것 같아 마음이 씁쓸합니다.

대한민국 명운을 걸고 하는 전쟁인데, 광화문 천막당사를 열고 대국민 홍보와 대정부 투쟁을 한다고 호언장담해놓고, 원숭이가 불허한다고, 깨갱 접고 없던 일로 해서야 우파국민들이 믿을 수 있겠습니까?

전쟁에서 적들의 목을 베지 않으면 우리가 죽는데, 목을 베도 되겠냐고? 물어보고 안 된다면, 응 그래 안 벨게 하고 뒤돌아서다가, 적에게 목베임을 당하는 것 아니겠습니까?

말뿐인 정치, 쉽게 포기하는 정치, 제대로 싸워보지도 못하고, 승리는커녕 패배 연속의 정치!

지지하는 나라 사랑하는 국민들이 많겠습니까?

실망하고 돌아서는 국민들이 많겠습니까?

저희 K파티는 82차례의 문화제와 그 횟수만큼의 장소신고 대기를 하면서 사십여 차례 좌파세력들과 반자유세력들과 맞서 우파와 좌파의 자존심 대결, 대놓고 맞서 싸운 전투, 샤우팅 음향대결 등 집회를 하면서 마주 보고 싸운 일들까지, 2017년 광화문 광장에 첫걸음을 내디딘 이후로, 한 번도 지지 않고, 밀리지 않으며, 포기하지도 않았습니다.

그런데, 지지하는 국민들이 믿음과 신뢰를 갖기도 전에 좌파와 반자유세력의 위협과 겁박에 쫄아 타고, 도망가며, 사라지는 정치인들과 정당을 어떻게 믿고, 대한민국과 국정을 맡길 수 있겠습니까?

자유와 대한민국을 위한 정치라면, 결코, 적들과 반자유세력과 맞서서 포기하면 안 되고, 물러나도 안 되며, 패배해도 안 됩니다.

국가와 국민을 위한 정치를 위해, 목숨을 걸고 싸울 각오와 진짜로 죽을 자세로 싸워야 진정성도 있고, 연속되는 승리도 얻을 수 있는데, 그러지 못한 사람들이 너무나도 많은 것 같습니다.

저희 K파티는 반자유세력과 좌파들과의 싸움에서 필사즉생으로 임했었기에 지금까지 연승을 이어왔습니다.

피와 목숨으로 지켜오신 이 귀한 자유와 경제강국 대한민국을 끝까지 지키고, 미래세대의 주역인 우리 아이들에게 잘 전해줄 수 있도록, 우리 청년들이 앞장서서 끝까지 대한민국 여론의 중심지인 광장을 지키고 자유대한민국을 수호하기 위해, 기도하고 강하고 담대히 나아가며, 저들과 맞서 싸워 이겨나가겠습니다!

2019년 4월 20일 **제81차**

광화문 파란 장미

"문재인 STOP이 아니라, 문재인 OUT입니다!"

'비도 내리고, 세종문화회관이 차량 행사로 계단까지 꽉 채웠으니, 계단에 MOON OUT 촛불도 못 켜겠고, 오늘은 K파티 문화제를 하기가 어렵겠군요…'.

낮 집회와 행진을 마치고, 지나가시는 분들의 염려와 걱정 섞인 말씀이었습니다.

정말 많은 분께서 행사를 준비하던 저희에게, 위와 같은 말씀을 많이 주셨지만, 그런 우려와 걱정해주심에 감사의 말씀을 한분 한분께 드리고는 행사를 위한 준비를 계속 이어나갔습니다.

작년에도 이런 일이 있었기에 K파티 대형현수막을 세워 계단을 가리고, 현수막에 LED 촛불을 끼워 MOON OUT을 나타내자, 많은 분께서 박수를 치고 환호성을 지르셨습니다.

장애나 방해가 생기면, 돌파하거나 가리거나 제거하는 등 저희 K파티는 부정적인 생각과 추측을 깨트리며 한 번도 끊기거나 빠트리거나 쉼 없이, 어떠한 고난과 방해와 억압에도 여유 있게 감사한 마음으로 진행하고, 감사의 기도로 넉넉히 승리해왔습니다.

앞으로도 여러 다양한 종류의 방해와 음해, 공격과 억압이 계속되겠지만, 저희 K파티 용사들은 대한민국 여론의 중심인 광화문 광장이, 결코, 반자유세력과 종북 세력에 의해 왜곡되고, 선동되며, 적화되지 않도록, 끝까지 광장을 지키고, 자유대한민국을 수호하기 위해, 기도로 시작해서 기도로 마치는 영광과 감사를 올리는 행사로, 어둠과 악의 세력에 맞서 싸워 이겨나가겠습니다.

여러분, 문재앙 좌파독재정권과 김정은 3대 학살독재자가 끌려 내려올 때까지, 광야와 같은 광장에서 희망과 기적의 파란 장미와 꺼지지 않는 자유의 촛불을 들고, 다 함께 한마음 한뜻으로 힘차게 파이팅입니다!

2019년 4월 13일 **제80차**

광화문 파탄 장미 Battle

"우리가 이겼다!"

"K파티가 광장에 들어온 이후로 오늘이 모든 면에서 가장 대박이었던 것 같습니다"

첫 시작부터 지금까지, 함께 광장을 지켜주신 동지님께서 행사가 마친 뒤 목이 쉬어 거의 들리지 않는 목소리로 하신 말씀이었습니다.

오후 3시경, K파티 행사준비 시작할 때부터 시작된, 저희 장소에 온 반자유세력들의 십여 차례가 넘는 조직적이고 계획적인 공격과 시비, 폭력유도, 허위고발 등을 견디고, 맞서며, 7시에 시작한 K파티 문화제가 대한애국당의 야간 집회가 마친 뒤에도 계속된, 반자유세력들의 대규모 촛불집회가 마치고 저들이 광장에서 사라질 때까지, 밤 10시 30분이 넘도록 진행하고 승리의 행사를 잘 마칠 수 있었습니다.

모두가 목이 터져 나갈 정도로, 막차 시간도 잊은 채, 문재인 퇴진! 을 외치며 광장이 떠나가듯 샤우팅 배틀을 이어나갔고, 어김없이 이날도 K파티는 승리의 환호를 다 함께 외쳤습니다.

광기를 품은 촛불세력들이 가득 찬 광란의 광화문 광장에 들어온 지, 1년 5개월에 80번째가 되는 날이라 그런지, 세월호 5주기 대규모 야간 집회와 겹쳐서 그런지, 1년에 한 두번 정도 있을까 하는 종류별 공격과 조직적 시비, 그리고 K파티 참여자들을 위협하고, 기물을 파손하며, 현장에서 활약하시는 우파 유튜버 분들까지 허위 고소·고발로 엮는 치밀함까지, 역시, 광화문 광장의 집회 최고 황금 시기라고 하는 토요일 오후부터 밤까지, 게다가 가장 홍보 효과가 크고 인파가 가장 많이 지나가는 저희 행사장소가, 소위 좌파들에게 금싸라기 땅이라고 불리는 이유를, 다시 한번 확인할 수 있는 하루였습니다.

그럼에도 불구하고, 저희 K파티는 1년 반 전부터 초강성 반자유세력으로부터 빼앗은 이 상징적인 광장의 우파 교두보를 결코, 빼앗기지 않았으며, 앞으로도 끝까지 지켜낼 것입니다.

광화문 광장에서 저희 K파티는

1. 반자유세력들과 맞서 어떤 종류의 대결에서도 한 번도 진 적이 없습니다.

2. 반자유세력들과 맞서거나 마주한 날은, 한 번도 먼저 마치거나 등을 보인 적이 없습니다.

3. K파티 문화제는 한 번도 끊긴 적이 없으며, 한주도 빠트린 적도 없습니다.

이것이, 바로 지금도 치열한 이념의 전투가 이어지고 있고, 물리적인 싸움과 영적인 전쟁이 일어나고 있는 광화문 광장에서 1년 반 가까이 80번의 전투를 치르며, 반자유세력들에게 자유우파의 인식과 편견을 깨트리며, 80연승을 해온 비결이라고 말씀드릴 수 있습니다.

독기를 품고, 초강성적인 행동을 내세우는 반자유세력들보다, 더 독하고 강하게 행동하며, 철야로 행사장소를 사수하고, 모든 경우의 도발에 대비해, 행사를 준비하고 진행하며, 광장에서 상대할 맞수가 없도록, 끊임없이 연단하고, 진화하며, 강화되는 청년 중심 자유우파단체, 바로 이 단체가 K파티가 되기 위해, 끝까지 기도하고, 연단하며, 광장을 사수하기 위해, 최강의 용사님들인 K파티 동지님들과 초심을 잃지 않고, 한마음 한뜻으로 힘차고 담대하게 나아가겠습니다!

2019년 4월 6일 **제79차**

광화문 파란 장미

"K파티는 그대로 그 자리에 변함없이 있었는데, 내가 잘 모르는 사람들 말 듣고 오해했네요. 미안합니다"

K파티 광화문 파란 장미 문화제에 자주 참석하시다가 최근에 보이지 않으셨던 동지님 한 분께서 연락이 오셨습니다.

"아닙니다. 이럴 수도 있고, 저럴 수도 있습니다. 그래도 K파티는 연연하지 않고, 우파분들이 아닌 종북, 좌파들과 맞서 계속 싸워나가겠습니다. 음해와 카더라는 6개월을 못 가던데, 저희는 1년 5개월째 나아가고 있잖습니까?^^"

황사비가 내리고, 돌풍과도 같이 광장을 흔들었던 차가운 칼바람이 소품과 장비를 휩쓸었던 지난 토요일 저녁, 이날도 변함없이 일찍 나오셔서 행사준비를 도와주시고, 함께 해주신 동지님들 덕분에 차질 없이 잘 진행하고 마칠 수 있었습니다.

길 건너 맞은편에서는 제주 4.3사건을 추모한다고, 좌파들과 여러 단체에서 저희와 마주 보며 행사를 진행하다가, 저희보다 오래 진행하지를 못하고 서둘러 마무리 지은 뒤, 사라지는 모습을 보며, 작년만 해도, 이 광화문 광장이 저들의 안방인 것처럼, 어둠과 악한 기운과 함께 광란의 짓거리들을 보이던 좌파들과 반자유세력들이, 요즘은 잘 보이지 않거나, 나타나더라도 기가 죽어있는 모습과 초라한 행세를 보며, 인과응보, 사필귀정의 의미를 절실히 느낄 수 있었습니다.

이날은 아스팔트 우파의 상징인 분께서 K파티 현장에 오신, 정말 뜻깊은 날이기도 했습니다.

10년 전 우파유튜브와 SNS 활동이 필요하다고 설파하시며, 반자유세력과 맞서 지금의 아스팔트 우파 전사들의 노하우를 만들어내신, 강재천 대표님께서 억울하게 감옥에서 1년을 지내시다가, 나오신 뒤 첫 일성을 저희 K파티에서 힘차게 광장을 향해 외쳐주셨습니다.

강대표님께서 만드신 '대한민국이 촛불공화국이냐?'는 이미 K파티의 타이틀 노래이자, 광장의 촛불들과 맞서 저들이 듣기 싫어 귀를 막게 하고, 부들부들 떨게 만드는 우파전투노래의 전설로 불리고 있을 정도로, 저희 K파티의 활동과 행사에 시작부터 지금까지, 묵묵히 도움과 아이디어, 그리고 큰 힘을 주고 계시는 강재천 대표님께 다시 한번 존경과 감사의 말씀을 전합니다.

좌파들과 반자유세력들이 우파를 가장 우습게 알고, 무시하는 부분이 바로, 우파 보수들을 집회나 행사나, 한 곳에서 인내심을 갖고 진득하게 오래 있지를 못하거나,

한두 번 하다가 다시 신장개업해서 하다가, 또 몇 달을 못 가는 등 연속성있게 하지 못한다는 점과 가만히 놔둬도 우파 보수들끼리 서로 치고받고, 음해하며 갈라지거나, 집회 및 행사가 몇 달도 못 가 중단되고 사라진다는 점, 그리고, 위 두 가지의 경우로도, 우파들은 십중팔구는 사라지거나 분열로 망하는데, 드물게 남는다 하더라도, 좌파들이 조직적으로 공격하고 위협하며 도발하면, 이마저도 사라지거나 도망가버린다는 것을 잘 알고 이용해오며, 좌파들과 반자유세력들은 우파들의 행사와 집회가 사라지도록 만들어 왔다고 합니다.

그러나, 저희 K파티는 그들의 공식을 깨트렸을 뿐만 아니라, 오히려 정반대로 그들을 계속 밀어내거나, 몰아내는 것까지 해내며, 성공적으로 잘 진행해왔습니다.

이 모든 것들이, 바로 보이지 않는 곳에서 기도로 영적 전쟁에 승리의 힘을 주시는 여러분과 광장에 나오셔서 저들과 맞서 한 치의 밀림도 없이, 매주 승리를 이끌어주시는 자유수호 용사님들과 절대자이신 하나님께서 함께 해주시는 덕분이라고 저는 믿고, 확신하며, 함께 감사의 기도로 정진하고 있습니다.

광장에 울려 퍼지고 행해지는 노래, 바이올린 연주, 댄스퍼포먼스, 성명서 낭독, 미니 토크쇼 등….

차갑고 어두우며 위험한 광장에서 자유대한민국을 지키기 위해, 재능으로 섬기시고 헌신해주시는 여러 동지님께도 진심으로 감사드립니다.

오늘 토요일은 K파티가 광장에 발을 내디딘 지, 80번째가 되는 뜻깊은 날이자, 좌파들의 총동원령이 내려져, 광장에서의 영적 전투가 치러 지는 날이기도 합니다.

앞으로도 저희 청년 중심 정치개혁공동체 K파티는 멀리 보고 크게 나아가며, 대한민국을 적화시키려는 북괴 추종세력과 반자유세력과 맞서 끝까지 광장을 지키고 자유대한민국을 수호하기 위해 힘차게 나아가겠습니다!

2019년 3월 30일 **제78차**

광화문 파란 장미

'이 날씨에 못 견디고 좌파들도 서둘러 철수하던데, K파티는 진행할 겁니까?'

얼마 전부터 K파티 광화문 파란 장미 문화제의 행사 소식을 접하게 되어 참여하시는 분께서 걱정스러운 듯 물어보셨습니다.

"그럼요, 지난 1년 4개월 동안 이런 궂은 날씨보다 더한 악천후에도 진행했고, 저희 스탭동지님들은 날씨 문제나 좌파들의 도발 문제 등 방해에 대한 모든 경우의 수를 여러 번 겪으셔서 이렇게 비와 얼음이 섞여 쏟아져도, 즉각 방수모드로 모든 소품과 행사 장비들을 세팅하시는 선수 중의 선수들이십니다."

이날은 좌파들도 서둘러 광장을 떠날 정도로, 날씨가 악천후로 심술을 부렸습니다.

비가 오다가 흐린 날씨에 강풍이 불고, 얼음덩어리가 떨어지는 우박이 내린 뒤, 잠시 햇살이 비치는 듯하다가 다시 얼음비가 내리더니, 영하의 칼바람과 같은 매서운 강풍이 불어, 행사 장비와 일부 소품들이 넘어지고 무너진 이날은, 기상이변이라고 할 정도로 변화무쌍한 악천후의 날씨였으며, 그럼에도 불구하고 이런 날씨를 걱정하시며, 행사준비 때 더 많은 자원봉사 스탭분들께서 일찍 참여하시어 행사준비를 도와주시고, 큰 힘이 되어주셔서 감사한 마음으로 진행을 할 수 있었습니다.

지방에서 K파티 행사를 준비할 때부터 돕기 위해 오신 동지님들, 멀리 해외에서 참여하신 동지님, 날씨가 너무 추워졌다며 스탭동지님들과 참여하신 유튜브 대표님들께 따뜻한 커피를 돌리신 젊은 유튜브 대표님, 지나가시며 속이 다 후련하다고 외치시며 힘찬 응원을 해주시던 행인분들까지, 봄이 오는 것을 시샘하듯 마지막 엄동설한의 괴롭힘이 광장을 흔들어도, 서로 힘을 내도록 격려하고, 위하며, 한마음 한뜻으로 광화문 광장을 자유우파의 놀이터로, 축제의 장으로 만드신 주역들이, 바로 이분들이라고 저는 감히 말씀드릴 수 있습니다.

김정은 처단 사격대회를 하자, 지나가다 참여하셔서 김정은을 맞추시고는 기분이 좋다고 뛰며 박수를 치셨던 행인의 모습에서 자유우파 어린이가 쏜 3연속 맞은 화살에 3대 세습학살독재자 김정은의 얼굴이 함몰되고 뭉개진 모습에서 곧 그대로 이루어질 것이라는 기분 좋은 확신까지도 들었던 행복한 시간을 보낼 수 있었습니다.

행사 시작 전, 집에서 또는 집에서 나오시면서 현장에 오실 때까지, 악의 기운과 어둠의 세력에 맞서 기도해주시는 K파티 동지님들과 행사 전, 조용히 세종문화회관 안과 주변 등에서 기도를 하고 오시는 동지님들, 참여는 못 하지만 해외에서 전국 각지에서 K파티 광화문 문화제를 위해 시작 전부터 기도하신다는 분들의 힘 나는 메시지와 함께, 한 번도 빠짐 없이 토요일 저녁 행사 시작 전부터 마칠 때까지, 아들과 K파티 동지님들의 안전과 광장에서 행사를 잘 마칠 수 있도록 기도해주시는 저희 어머니까지….

처음부터 지금까지, 변함없이 광장을 지키는 K파티 광화문 파란 장미 문화제의 숨은 세력과 원동력은, 바로 이 모든 분의 기도와 열정, 그리고 자유대한민국 사랑이라는 강한 의지 덕분이라고 저는 생각합니다.

지난 K파티 1년 4개월 동안, 도중에 지치고 쓰러지며, 불가피한 사정으로 중도 하차하신 분들과 피치 못한 사정 등으로 함께 할 수 없었던 많은 분도 많이 뵈어왔었습니다.

그러나, 그분들의 그 당시 노력과 열정 덕분에 K파티 광화문 파란 장미 문화제가 지금까지 이어올 수 있었음을 저는 잘 알고 있고, 지금도 정말 감사하게 생각하고 있습니다.

요즘 전체주의 좌파독재정권의 붕괴하는 소리가 점점 더 크게 들리고 있고, 북괴 김정은도 점점 사라질 징후가 곳곳에서 나타나고 있습니다.

문재앙이 내려오고 김정은이 사라지는 날은, 이 광화문 광장은 몇 날을 이어가도 모자랄 정도로, 크고 뜨거운 자유의 함성과 인파로 가득 찬 축제의 장이 될 것이며, 그 날을 위해, 2017년부터 저희 K파티는 광화문 광장을 지켜오며, 희망과 기적의 파란 장미를 들고 좌파들과 맞서 싸우며, 자유우파 애국세력이 승리하는 그 역사적 순간을 준비하면서 기다리고 있습니다.

여러분, 모두 다 알고 계시지요?

겨울은 가고 봄이 오듯, 어둠이 사라지고 빛이 비추듯, 불의와 거짓은 반드시 패배하고, 정의와 진실은 반드시 승리할 것입니다.

더욱 힘내어, 서로를 위하고 격려하고 칭찬하며 힘이 되어 주는 자유우파 애국국민이 되어, 함께 손에 손을 잡고 승리의 날, 진실의 때를 위해 힘차게 나아갑시다!

2019년 3월 23일 **제77차**

서해수호자 추모문화제

"참 외로운 싸움처럼 여겨질지라도 거짓과 악에 맞서 한발도 물러서지 않는 결연한 의기와 용기를 응원하는 같은 편 지지자들도 많다는 것 항상 염두에 두심 조금 위안이 될 듯합니다.

누가 그 심정 알겠어요?

그래도 몇 년을 태극기를 손에서 놓지 않고 때론 스쳐 지나가면서도 광화문 수호자로 자유를 지키고자 하는 몸부림을 왜 모를까요?

모두 비장한 심정으로 응원하며 함께 지속적으로 하지 못함을 안타깝게 여기며 지나쳤겠지요.

비록 광화문뿐만 아니라 자유를 수호하는 소수정예 애국자님들이시지만 분명 천군 천사들이 화염검을 들고 눈을 부릅뜨고 돕고 계심을 믿습니다.

진심 감사합니다.

건강하시길 바라고 집회 후 참여해 조금이라도 힘껏 구호를 외쳐 나라 바로 서는 데 힘이 되도록 할 겁니다.

케이 파티는 정의다. 화이팅!"

K파티 회원님께서 보내오신 문자메시지입니다.

용달차 1/2대분의 음향기기, 장비, 소품 등 행사 준비물을 매주 토요일 오전 기도 후, 차 뒷자리와 트렁크에 싣고, 광화문 세종문화회관 행사장으로 가서 짐들을 내린 후, 행사를 마친 뒤 다시 전부를 제 승용차에 다 싣고는 도착한 심야의 아파트 주차장….

차 안에서 짐을 다시 다 내려서 충전할 장비들과 소품들을 여러 차례에 나눠 모두 다 내린 뒤, 엘리베이터에 싣고 다시 집안으로 하나하나 옮기는 일들이 반복되다 보면, 피곤하거나 좌파들과 전투를 치른 날 등은 짐을 내릴 엄두가 나지 않아, 아파트 주차장 차 안에서 수십여 분을 기도하면서 심신을 안정화 시킨 뒤, 짐을 집으로 가져

가서는 정리를 하곤 합니다.

벌써 77번째 K파티 문화제를 마쳤으니, 적어도 70번 이상은 행사일인 토요일마다, 집에서 반트럭 분량의 짐들을 싣고, 또 마치고 돌아와서 차에서 내리는 일들이 반복 되다보니, 지치고 힘들 때도 많았습니다.

그럴 때마다 기도하는데, 한 시간이 지나지 않아 늘 번쩍 눈이 뜨이고, 정신이 맑아 지며, 힘이 나는 마음속 울림이 나오기 시작합니다.

'끝까지 광장을 지켜라. 너 개인을 위한 것이 아닌 나라와 국민을 위한 것이다. 죽을 각오라면 아무것도 아니지 않으냐?'

개인과 호불호를 버리고, 오직 자유수호를 위해, 매주 지방에서 시작부터 지금까지 광장을 지키기 위해, 행사 몇시간 전부터 오셔서 행사를 잘 준비하기 위해 섬기시는 동지님, 저 혼자 철야 대기나, 밤늦게까지 경찰서에서 행사장소 사수를 위해, 오랜 시 간 건강을 해칠 정도로 있으면 안 된다고, 조용히 오셔서 대기시간의 반을 나누어 헌 신하시고, 아무 말 없이 웃으시는 동지님, 가볍게 지나가는 말이라도, 한번 말하고 나 면 천재지변이 일어나더라도 약속을 지키실 정도로, 신의를 가장 중시하시며, 많은 K파티 동지님들에게 감동과 행복을 선사하시는 멋진 동지님까지….

이외에도 정말 꾸준하고 변함없이, 어느 누구가 안 알아주더라도, 묵묵히 현장에 오셔서 행사준비를 도와주시고, 행사 진행에 큰 역할을 해주시며, 마친 뒤 모두가 피 곤하고 지친 상황에서도, 조용히 정리를 도와주시며 섬기시고 헌신해주시는 수많은 자유수호 동지님들과 광장을 지키고 자유대한민국을 수호하는 활동을, 해외와 전국 각지, 그리고 사정이 있어 참여하지 못 하는 나라 사랑하시는 국민께, 광화문 광장에 서 매주 반자유세력들과 맞서 싸우는 생생한 장면과 현장의 모습을, 비가 오나 눈이 오나, 한파와 폭염에도 변함없이 함께 해주시는 자유수호유튜버 대표님들까지….

제가 감히 배부른 생각을 할 수도 없고, 흐리멍덩해지거나 긴장을 늦출 수 없는 이 유 중, 매우 중요한 요소 중 하나가, 바로 저보다도 더욱 K파티를 아끼고 섬기며, 광 장을 지키기 위해 노고를 아끼지 않으시는 이분들이 계시기에 그럴 수 있었다고, 당당히 말씀을 드릴 수가 있습니다.

77차로 서해수호용사 추모문화제로 진행했던 이 날 문화제는 여러 가지 방해뿐만 아니라, 장비들의 문제도 많았고, 사전준비와 행사 때에도 맞은편에서는 반자유세력들과 좌파 촛불들, 그리고 일부 좌파정당들이 참가해, 자유한국당과 대한애국당 해체 및 우파진영 인사들 처벌을 촉구하는 집회가 개최되었음에도, 저들과 맞서 결코, 밀리지 않고, 음향대결과 퍼포먼스에서도, 저들을 부르르 떨게 할 정도로, 잘 싸우며, 저들이 사라지고 나서도, 오랫동안 광장을 지키고, 자유수호자들을 기리는 추모문화제를 잘 마칠 수 있었습니다.

이 모든 것이 다 절대자이신 하나님께서 지켜주시고 이끌어주시며 역사하시는 덕분이며, 나라 사랑하는 한마음으로 함께 해 주시고, 기도로 큰 힘이 되어주시는 여러분께 진심으로 감사한 마음입니다.

함께 어둠의 세력과 악한 독재권력에 맞서 끝까지 자유대한민국을 지키고, 승리를 쟁취해 나갑시다!

2019년 3월 16일 **제76차**

광화문 파란 장미

"저기 건너편 신호등 앞에 현수막 들고 서 있는 자들, 죽창 들고 미군기지 등 반미 시위하고, 초강성 데모하는 좌파들 맞지요?"

7시 K파티의 본 행사를 준비하면서 행사 전 틀어놓는 광장을 흔드는 **빵빵한** 스피커들로부터 북괴 추종자들이 가장 싫어하는 노래 '김정은 너를 목숨 걸고 처단하리라'가 일제히 나오고 있었고, 그 노래를 들으며 온몸을 부들부들 떨면서 건너편의 우리를 노려보고 있길래, 바라보면서 씨익 미소를 날려주었습니다.

저 초강성 극좌세력들도 아무런 도발도 못 한 채, 씩씩거리며 우리를 애써 보지 않으려 고개 돌리며 행진을 시작하는 모습을 보며, 행사를 준비하던 스탭 동지님들 모두의 얼굴에 웃음이 가득했습니다.

광장을 지켜온 지, 1년 4개월째, 많은 분이 참여하셨고, 늘 싸움을 걸고 도발을 걸어오던 광장의 반자유세력들과 좌파단체들이 눈을 깔기 시작하며, 애써 우리를 피하거나 외면하려는 현실에서 약한 모습에게 강한 척을 하고 강한 모습에는 약해지는 저 거짓되고 위선적인 추태에 저들의 종말이 서서히 보이기 시작했습니다.

오히려, 강성 좌파단체와 극좌 반자유세력들보다, 지난주와 지지난 주는 자칭 우파라고 하는 어르신들께서 술에 취해서 저희 행사장소에 오셔서는 횡설수설 비틀비틀 활보하며 장비를 망가뜨리고, 시비와 폭언 등을 하는 등 질서유지를 하던 경찰들에 의해 끌려나갈 정도로 안타까운 모습을 보이셔서 K파티 문화제에 참여한 청년들과 동지님들의 눈살을 찌푸리게 하셨습니다.

저희 K파티는 강성좌파 및 대한민국을 적화시키려는 반자유세력들에게는 단호하고 초강성적인 모습으로 상대하며 맞서나, 우파의 선배님들과 어르신들께는 부드럽고 예의를 갖추며 가능한 한 섬기고 잘 모시려고 하는데, 이를 악용해서 술에 취해 오시는 일부의 사람들에게는 앞으로 조금은 더 단호해지기로 마음을 먹기도 했습니다.

이날은 처음 참여하신 분께서 즉석 바이올린 연주를 해주셔서 아름다운 자유의 바이올린 선율이 광장을 울려 퍼져, 참으로 은혜롭고 감사한 시간을 갖기도 했습니다.

광장은 좌파들만의 전유물이 아니기에 더욱 많은 자유우파 국민들이 광장에 나와야 한다고 생각합니다.

광화문 광장에서 자유우파분들의 1인시위도 더욱 많아져야 하며, 연주회와 공연 그리고 다양한 우파의 모임과 행사들도 이곳, 광장에서 더욱 많이 개최하고, 광장에 가족친지들과 나들이도 오며 광화문 광장을 자유우파의 것으로 만들고 우리의 목소리와 활동을 남겨야만 합니다.

토요일 저녁 늘 저희 K파티는 같은 시간 같은 장소에서 여러분을 기다리겠습니다.

행사 사전 준비를 도와주시고 진행 때 섬겨주셔도 대환영이며, 그저 발걸음이 오게 되면 문화제계단에 앉으셔서 함께 자유의 함성을 외쳐도 정말 감사하고, 재능기부가 가능하신 분들은 음악 연주, 댄스, 노래 등으로 광장에서 자유우파의 에너지를 마음껏 발산해주셔도 매우 감사하겠습니다.

앞으로도 K파티는 1년 4개월 전, 좌파들의 광란의 아수라와 같던 광장에 처음 발을 내디딘 초심을 잃지 않고, 3대 세습학살독재자 김정은이 처단되고 사라지며, 전체주의 좌파독재정권 문재앙과 그 졸개들이 내려와서 들어갈 때까지, 여론의 중심인 광장을 지키며, 변함없이 함께 해주시는 자유수호자 여러분과 함께 끝까지 자유대한민국을 수호하기 위해, 힘차게 저들과 맞서 싸워 이겨나가겠습니다!

2019년 3월 10일 **제75차**

3.10 항쟁 추모문화제 & 2019년 3월 9일 제74차
K파티 광화문 문세먼지 규탄 문화제 및 김정은 사격대회

지난주도 2일 연속 3.1절 100주년 특집 광화문 K파티 철야문화제와 73차 K파티 광화문 파란 장미 문화제에 이어, 이번 주도 2일 연속 토요일과 주일에 이어, 제74차 K파티 광화문 문세먼지 규탄 문화제와 제75차 K파티 광화문 3.10 항쟁 추모문화제까지, 두 차례의 광화문 문화제를 잘 준비하고, 진행하며 잘 마칠 수 있었습니다.

2주 동안 매주 2회씩의 연이은 광화문 문화제준비와 진행으로 저뿐만 아니라, 함께 헌신해주시고 섬겨주신 스탭동지님들의 노고가 없었다면, 2주 동안의 네 번의 문화제는 어려웠을 것입니다.

차가운 광장의 칼바람과 눈앞의 뿌연 발암 문세먼지에 맞서서 좌빨들도 행사와 활동을 줄이거나 없앤 지난 한 주간 광화문 광장은 저희 K파티의 놀이터가 되었고, 우파진영이 장악한 광장이 되었습니다.

광장에서 백두잡종 북돼지 김정은의 향후 발생할 수 있는 답방에 반대하며, 답방 시 가만히 두지 않겠다며 선보인 제1회 K파티 김정은 처단 사격대회는 광장을 행인의 큰 호응과 박수를 받았으며, 백중백발로 명중시킨 유튜브 여전사 아다미TV대표님께서 전체 우승을 하셨습니다.

깜빵 속에 갇힌 발암재앙 문세먼지 문재앙의 깜빵행 퍼포먼스에도 수천 명의 행인이 지나가며 멈춰 서서는 민생경제 폭망, 안보붕괴, 서민 절망 등을 만들고 있는 문재앙에게 손가락질하며 비난과 욕을 할 정도로, 민심은 달라지고 있었고 변해가고 있었습니다.

작년에 이어 올해로 두 번째 추모문화제를 개최하게 된, 둘째 날의 K파티 광화문 3.10 항쟁 추모문화제는 피와 목숨으로 국민저항권을 행사하시고, 불의와 거짓에 맞서 항거하시다가 운명을 달리하신 이날의 4인의 애국열사님들과 태극기 집회에서 유명을 달리하신 두 분까지, 희생과 뜻을 기리기 위해, K파티 청년께서 추모글 낭독을 시작으로, 광장의 수만 명의 국민들과 유튜브방송을 통해 전국 각지에 자유우파진영과 애국 활동을 하시다가 목숨을 잃으신 애국열사님들을 추모하고 국민들에게 알리기 시작했습니다.

광장을 지나가시거나 세종문화회관 공연을 마치고 나오는 수천 명의 행인이 계단에 새겨진 'REMEMBER 3.10' 자유의 촛불과 행사 발언, 그리고 태극기 행진곡과 대한의 아들딸, 등 여러 많은 추모곡과 이들의 뜻과 열정을 이어나갈 각오를 표현한 노래들과 퍼포먼스로, 좌파들만의 전유물로 여겨졌던 광화문 광장에서의 추모문화제를 저희 K파티 동지님들과 유튜버 대표님들 그리고 함께 응원해주시고 격려해주신 모든 분 덕분에 잘 마칠 수 있었습니다.

이틀 동안의 두 차례 행사를 마치고 제대로 쉬지도 못한 채, 이어서 경찰서에서 철야대기를 해주시며, 함께 행사장소를 사수하기 위해 동참해주신 동지님들께도 진심을 감사의 말씀을 드립니다.

여러분 모두의 나라 사랑과 자유수호의 뜨거운 열정과 용기가 1년 4개월 동안 대한민국 여론의 중심지인 광장을 지키고, 대한민국의 적화시도를 막아낼 수 있음을 잘 알고 있습니다.

앞으로도 초심을 잃지 않고, 오직 한결같은 마음과 언행으로 광장을 지키며, 자유대한민국을 수호하기 위한 한 길을 묵묵히 힘차게 정진하겠습니다!

2019년 3월 9일 **제74차**

파란장미 문화제 라이브방송

- 우리 아이들의 건강과 노약자분들의 생명을 위협하고있는 발암 중공 미세먼지

우리나라 서해와 인접한 중공의 동쪽지역 환경오염물질 소각장이 조만간 227곳이나 될 거라고 합니다.

현재에도 121곳이나 있는데, 인도로 갈 소각 물량들이 중공으로 오는 등 앞으로 106곳을 추가적으로 건설한다고 하는데 우리 정부는 중공에 대해 한마디도 못하고 찌그러져 있으면서 국민들 건강 해치고 있는데도 무능하게 눈치만 보고 있어서야 되겠습니까?

오염물질 소각량이 내년인 2020년이 되면 15년 대비해서 2배나 증가할 것으로 예상되고 있는데, 발암 문세먼지로 국민들 죽어나겠지요?

여러분, 정부가 또 국민들을 상대로 구라를 친 게 걸렸습니다.

美 항공우주국 NASA의 한반도 전역 비행관측 조사결과에 따르면, 한반도 대기오염 영향이 중국에 의한 것이 71%이고, 국내의 영향은 단 20%에 불과하다고 밝혔지요?

중공 발암 문세먼지를 국내요인이 대다수라고 구라친 정부와 문재앙은 물러가라!

국민이 먼저냐? 중공이 먼저냐?

무능하고 무기력한 좌파독재정권 문재앙은 퇴진하라!

무책임하고 사악한, 발암 미세먼지를 날려보내는 중공정부와 시진핑을 규탄한다!

- 북괴가 가장 좋아하는 국방력 약화와 세계최강 기계화부대 해체 관련

북괴가 가장 무서워하는 전력 중 하나인 기계화부대를 정권의 지시에 따라, 언론과 방송에 크게 알리지않고, 안보를 걱정하는 국민들 모르게, 조용히 축소하고 통폐합하고 있습니다.

국방부에서 현재 진행하고 있는 부대 통·폐합 계획에 따라, 올해인 2019년에도 육군 제20기계화보병사단이 해체되어, 제11기계화보병사단에 통합된다고 합니다.

이미 육군은 26사단을 해체해 8사단과 통합한 적이 있어서 육군 기계화보병사단은 4개로 줄어든다고 하는데, 정말 심각한 문제입니다.

향후 제30기계화보병사단도 여단급 규모로 줄이고 전력을 타 부대로 옮길 계획이며, 그 결과 육군의 강력한 주축 화력인 기계화보병사단은 3개로 줄어들 예정이라고 하는데, 북괴가 바라고 좋아하는 짓들을 해서는 결코 안될 것입니다.

전두환 대통령께서 여단장이었던 시절, 각각의 대대장이었던 박준병, 최세창, 이종구 장군들께서 19~21대 제 20기계화사단의 사단장 역임한 거 선배님들과 어르신들은 알고 계실 것입니다.

이것도 제20기계화사단 해체의 원인이 아니길 바랍니다만, 만일 그렇다면 훗날 큰 문제가 될 것입니다.

또한, 육군 제 20기계화사단 등 대한민국의 기계화부대, 세계적으로도 인정받을 정도로, 다른 자유진영 국가들이 부러워할 정도로 뛰어난 주력부대입니다.

현재 기계화 화력으로 세계에서 손 꼽힐정도로 강력하며, 북괴 백두잡종 김정은이에게는 가장 큰 공포중 하나인 이 정예부대를 해체하려는 의도가 너무나도 수상하고 의심스럽습니다.

정말 북괴 김정은과 그 졸개들이 좋아하고 박수칠만 한, 안보를 무너뜨리고, 국군의 전투력을 약화시키는 것을 가장 바라는 적으로부터 마치 지령을 받은 것처럼, 군 해체작업 시작하는 것과 같이 나라사랑하는 국민들이 느낀다면, 이건 정말 심각하고 큰 문제이며, 후에라도 반드시 진실을 밝혀야만 합니다.

국군의 정예부대와 전투력 최고의 기계화사단 통폐합을 즉각 중단하라!

최강의 전투력과 기계화부대의 정통성을 지닌 제 20기계화사단 해체를 반대한다!

국가안보를 무너뜨리고, 국군의 전투력의 약화시키려는 좌파독재정권은 물러가라!

2019년 3월 2, 1일 제73&72차

3.1절 특집 철야문화제 무박 2일 Story

"막상 참여하고 싶어서 오기는 왔는데, 영하의 날씨에 천막도 없이 날을 새고 그다음 날 밤까지 해낼 수 있을까요?"

무박 2일 각오로 참여한 한 여성 동지님의 물음이었습니다.

같이 행사준비를 하시던 동지님께서 "2년 전 안국동 헌법재판소 앞길에서 비닐 하나 뒤집어쓰고 밤새 철야 한 적도 있는데, 정신력으로 해내야 해요, 할 수 있어요"라고 말씀하셨습니다.

그렇게 영하의 날씨에 칼바람이 부는 광화문 광장에서의 무박 2일 30시간 철야문화제를 시작했습니다.

일부는 저런 무모한 짓을 왜 하냐, 반드시 도중에 포기하고 안 한 것만 못 할 것이다, 나는 건강을 해칠 수도 있기에 저기 참여하지 않을 것이다. 등의 우려나 걱정 또는 부정적 의견을 내기도 한걸로 알고 있으나, 우파진영에 우리의 목소리와 의지를 알리는 것이 아닌, 광장에서 날카롭게 맞서고 있는 강성 좌파들과 김정은과 북괴를 추종하고 옹호하는 반자유세력들과 싸우는 것이기에 참여한 모두가 각오를 단단히 한 뒤, 철야 첫날 이른 오후부터 3.1절 특집문화제를 준비하기 시작했습니다.

행사 시작 전, 3.1절 현장을 라이브로 생중계하고 있었던, 펜앤드마이크 윤팀장님께서 현장에 오셔서 즉석 인터뷰를 제안해주신 덕분에 십수만 명의 우파분들께 저희 철야문화제가 널리 알려지게 되고 홍보가 된 것 또한, 정말 큰 행운이자, 감사한 선물이었습니다.

첫날 저녁 문화제를 잘 마치고, 심야의 치킨 콜라파티로 모두 광장에 앉아서 맛있게 늦은 식사를 한 뒤, 심야토크파티 1부로 공익제보자 김태우 수사관의 변호인을 맡고 계신 김기수 변호사님과의 대담을 시작으로, 역사 왜곡의 최전방에서 싸우고 계신 김병헌 국사 교과서 연구소장님과의 두 번째 심야 토크파티를 이어나갔고, 새벽이 되자, 더욱 추워지는 칼바람과 얼음장 같은 광장의 추위를 견디고자 누군가가 제안한 따뜻한 국물의 컵라면을 먹고 행사를 이어나가자는 제안에 모두가 만장일치로 기다렸다는 듯 야식을 해치우고는 3부 토크 타임으로 시작부터 끝까지 30시간을 방송으로 담아주신 청년 유튜버 헬조선보이TV 대표님과 국가안보 및 현 정세에 대한 대담을 나누었습니다.

서로 졸린 눈을 비비며, 많은 대화를 나누며 서로에게 힘이 되어주기 위해, 모두가 다 피곤하고 힘들텐데, 혹한의 환경에서도 서로를 섬기고 위하는 모습에서 더욱 가까워지고 뜨거운 동지애를 가질 수 있었던 정말 귀하고 소중한 새벽의 시간이었습니다.

이윽고 동이 트기 시작했고, 주변 청소도 하며 광장의 아침을 맞이하며 오전의 티타임을 가진 뒤, 아침 겸 점심으로 자장면 파티를 하고, 맞은편 반자유세력과 제1인 릴레이 시위를 이어갔습니다.

오후가 되면서 토요일 집회하냐고 지나가면서 물어보시는 분들을 통해, 일부 단체가 3.1절 집회를 한 관계로 토요일 집회를 안 하는 것을 알 수 있었으나, 저희 K파티는 예정한 대로 둘째 날 저녁 문화제까지 잘 준비하고 진행하며, 행사를 성공적으로 마칠 수 있었습니다.

30시간을 천막도 없이 영하의 칼바람이 부는 광장이라는 극한의 조건에서 무박 2일 철야를 하면서 정말 많은 은혜와 귀한 동지애, 그리고 한마음 한뜻으로 하나가 된 뜻깊은 시간을 가질 수 있어서 참여한 모두가 행복하고 값진 승리의 기쁨을 나눌 수 있어 참으로 감사했습니다.

포항과 충주 등 먼 지역에서 오셔서 밤새 함께 해주신 동지님들, 유튜브를 통해 소식을 접하셔서 새벽에 찾아오셔서 응원해주신 선배님들, 어르신들까지….

무박 2일 철야를 하면서 광장을 반드시 지켜야만 하는 이유와 대한민국을 적화시키려는 반자유세력과 맞서 끝까지 자유대한민국을 수호해야 하는지를 다시금 크게 깨달을 수 있었습니다.

불가능하고, 중도 포기할 것이며, 의미 없을 것이라는 일각의 부정적이거나 나약한 기대를 깨트리고, 한 사람 한 사람은 약할지 모르나, 밤새 추위 속에서도 서로의 손을 잡고 격려하며 큰 힘이 된, 함께라서 강하고 담대하며 용감할 수 있었던, 평생에 잊지 못할 정말 뜻깊고 귀한 시간을 사랑하는 K파티 동지님들과 함께 보낼 수 있었기에 정말 감사하고 행복했습니다.

광장을 지켜온 지 1년 4개월, 앞으로도 처음과 같이 초심을 잃지 않고, 전체주의 좌파독재정권과 맞서 끝까지 광장을 지키고, 자유대한민국을 수호하기 위해 힘차게 나아가겠습니다!

2019년 2월 23일 **제71차**

광화문 파란 장미 문화제광야전투 Story

"거짓의 촛불들이 벌써 집회를 마치고, 서둘러 해산하며 들고 있는 촛불도 부끄러운지 끄고, 숨기며 사라지고 있습니다"

"제대로 집중도 안 하고, 흐물흐물 물러 터진 듯 저렇게 건성으로 집회해서 무죄 석방 잘도 되겠다ㅉㅉ"

지난 토요일 저녁 광장에서 저희와 제 구속된 바두기 무죄 석방을 외치며, 사법판결을 뒤엎으려 하고, 법원에 정치적 압박을 가하는 저자들의 거짓되고 부끄러운 촛불집회를 보며, 저희 K파티 문화제에 참가하신 분들의 힘차고 당당한 모습으로, 기분 좋게 하신 말씀들입니다.

그렇습니다.

공수가 완전하게 바뀐 듯, 적화된 붉은 도시의 광장에 푸른 한 점으로 1년 3개월이 넘도록, 독하고 독하다는 저희에 대한 좌파들의 평판이 있을 정도로, 저희 K파티 용사들은 모두 일당백의 투지와 용기 그리고 정신력으로, 눈에서 레이저가 나오고 입에서 사자후가 나오는 것처럼, 강하고 힘찬 모습으로 마주한 촛불집회나 반자유세력들의 행사에 맞서자, 평균 4개월도 못 버티고 저희와 맞선 좌파들의 집회와 행사들이 시간대를 바꾸고, 날짜를 변경해서 저희와 마주치기를 피해왔습니다.

거짓과 불의로 혹세무민해서 권력을 겁탈한 저자들의 모습은, 살기 넘치고 전투력 가득했던 지난날의 모습은 사라져버렸고, 지금은 배부르고 기름지며 둔한 기득권의 게으른 모습으로, 더욱더 변질되어 있음을 다시금 느낄 수 있는 시간이었습니다.

'싸움을 시작하게 되면 반드시 이긴다'

저희 K파티는 광장에서 71번의 전투를 해오면서 한 번도 패한 적이 없을 정도로, 좌파들에게 좌절감과 무력감을 안겨주고, 광장의 적들과 맞서게 되면 반드시 승리한다는 각오로 지금까지 힘차게 싸워왔습니다.

자유우파 동지님들께는 더없이 따뜻하고 부드럽지만, 대한민국을 부정하고 적화시키려는 반자유세력들에게는 공포스러울 정도로, 더욱 강하게 변화되고 있음을 참여한 모두가 체감하며, 더욱 뜨거운 나라 사랑의 열정과 패기로 하나가 됨을 느끼고 있습니다.

앞으로도 좌파 독재정권의 몰락과 퇴진의 교두보로 저희 K파티는 끝까지 광장을 지키고, 자유대한민국의 적화시도를 막아내기 위해, 힘차고 담대하게 나아가겠습니다!

2019년 2월 16일 **제70차**

광화문 파란 장미 문화제광야전투 Story

혹한의 날씨에 행사를 진행해 차가워진 제 손에 핫팩을 쥐어 주며, 손을 꼭 잡고 저를 바라보는 아들의 모습에 눈시울이 뜨거워졌습니다.

이 아이들에게 적화된 나라를 전해줘서도, 빈곤국으로 추락한 나라를 물려줘서도 안 된다는 생각을 하던 중, 제가 쓰러지고 사라지더라도, 아들이 제 뒤를 이어, 자유를 지키고 대한민국을 수호하겠다는 각오의 말을 듣고 나서는 제 가슴 속에서 더욱 큰 용기와 투지가 솟아오르고 있음을 느낄 수 있었습니다.

일흔번 째를 맞이하는 지난 토요일 K파티 광화문 파란 장미 문화제도 변함없이, 맞은편에서 김경수 석방 촛불집회를 개최하며, 바두기 무죄를 주장하는 반자유세력과 맞서 치열한 전투를 치렀습니다.

저희가 준비 때부터, 우파의 힘을 담은 위력적인 음악을 틀고, 강하게 진행할 태세를 보이자, 시작한 지 얼마 되지도 않아 촛불집회를 마치고, 힘없이 서둘러 흩어져버린 거짓과 불의의 촛불들의 뒷모습을 보며, 역시 거짓과 불의는 오래갈 수가 없음을, 다시금 깨닫게 되었습니다.

문재앙의 최측근 실세인 김경수의 구속 이후, 지난주 처음 열었던 촛불세력 4백여 명은 오간 데 없고, 벌써 두 번째 촛불집회 만에 백수십 여명 정도밖에 모이지 않은 저들에게, 최대치의 음향과 마이크 볼륨을 올려, 내로남불의 끝판을 보는 저 파렴치함과 뻔뻔함을 야단치고 비판하며, 잘못들을 큰 목소리로 지적하자, 어쩔 줄을 몰라하는 저들의 모습에서 씁쓸하고 정말 많이 세력과 정신이 약해졌구나, 배부르고 기름진 좌파들이 되었구나 하는 생각이 들었습니다.

끝까지 거짓과 불의로, 대한민국 여론의 근원지인 광화문 광장을 점령하려 하고, 혹세무민하려는 좌파들과 맞서 싸워 이기며, 70번의 자유우파의 문화제를 열었던 이날, 저희 K파티 동지님들은 저와 같은 생각과 의지로, 문재앙이 내려오고 퇴진하는 날까지, 이 광장을 지키고 자유우파의 함성이 광화문에 울려 퍼질 수 있도록, "누군가 는 반드시 해야 할 일이라면, 그 일을 우리가 해내자!"라는 굳은 다짐과 힘찬 각오를 다시 한번 마음과 정신에 새겼습니다.

자유수호자 여러분, 포기하지 맙시다. 서로 싸우고 헐뜯지 맙시다. 우리의 대적 상 대를 잊지 말고, 끝까지 자유를 빼앗으려는 반자유세력과 대한민국을 적화시키려는 좌파독재정권에 맞서 끝까지 자유대한민국을 지키고, 저들의 종말을 위해 한마음 한 뜻으로 힘차고 당당하며 강하게 맞서 싸워 이겨냅시다!

우리는 할 수 있습니다! 함께 힘차게 파이팅입니다!

2019년 2월 9일 **제69차**

광화문 파란 장미 문화제광야전투 Story

'거짓촛불들과 맞서 광장에 등장한 K파티의 정의의 횃불에 촛불들이 꺼져가다'

이번 겨울 가운데 유독 추웠던, 지난 토요일 밤 광화문 광장은 온몸을 얼게 만드는 칼바람까지 불어, 체감온도가 영하 15도 정도로, 냉동실과 같은 동토의 광장이었습니다.

낮의 모든 태극기 집회가 끝나고, 어둠이 찾아오자 슬그머니 시작된 광장의 촛불집회는 대규모 행사를 예고하며 자랑하던 그 당당함과는 달리, 수만 명도 아닌 수백 명의 반자유세력들과 좌파단체가, 광장의 칼바람에 오들오들 떨면서 언제 끝나냐는 분위기로, 다들 집에 갈 생각만 하는 것 같았습니다.

그에 반해, 자유수호를 위해 낮 집회를 마치고 오신 분들, 촛불세력과 맞서기 위해 호남에서 일부러 올라오신 분들, 대규모 촛불집회의 군중들에 의해에 곤경과 어려움을 당할까 봐 걱정되어 달려오신 용사님들, 한판 붙을 각오로 눈에서 레이저가 나올 정도로 투지를 불태우고 오신 십여 분의 유튜버 대표님들까지, 수천만 원 비용을 들여 준비한 것 같은 저들의 무대와 장비에 비하면, 아무것도 없을 정도로 비교가 되는 장비지만, 저들의 수십 배가 넘는 정신력과 투지로 뭉친 우리 K파티 용사님들에겐, 그저 저 들은 오합지졸에 불과해 보였습니다.

마지막 하이라이트는 버티다 버티다 추위에 못 견딘 듯, 촛불집회를 마치고 저희 쪽으로 행진을 하며 다가오는 순간이었습니다.

모두가 준비하고 복병과 같이 기다렸다는 듯, 한마음 한뜻으로 좌파독재정권 퇴진하라! 드루킹 깜빵갔다! 바두기도 깜빵갔다! 배후를 잡아 경인선 태워 깜빵보내자! 를 있는 힘을 다해 포효하듯 함성을 지르는 저희들의 구호와 외침에 화들짝 놀라는 자들, 어쩔 줄 몰라서 우왕좌왕하는 자들, 얼굴 빨개지며 부들부들 떠는 자들, 행진 도중 저희에게 위협을 가하기 위해 넘어오거나 뛰어오다가, 경찰의 질서유지에 제지 당한 자들 등….

저들도 구호를 외치고, 소리를 지르며 욕설까지 했지만, 진실을 외치고 정의를 부르짖은 저희의 외침에 이미 옆구리를 찔린 듯, 행진대열에서 떠밀려가며 어쩔 줄 몰랐다가, 쫓기듯 사라지는 촛불세력들의 뒷모습에 모두가 속이 다 시원한 듯 만세를 부르고 기분 좋다를 외치며, 승리의 기쁨을 또다시 느낄 수 있었습니다.

그러나, 이 촛불세력들의 사전 행진 경로와 의도를 몰랐던 저희는, 그걸로 저들이 분통을 터뜨리며 해산하는 줄 알았으나, 저들의 계획은 광화문에서 대한문까지 행진하면서 대한문 앞에서 위협을 가하고 함성을 외치며 대한문 장소를 흔들려고 했었다는 것을, 저희 행사 중 급하게 소식을 전해 듣고는 행사 중반부에 긴급공지를 했습니다.

"여러분, 대한문에서 급하게 연락이 왔습니다.

반자유세력들이 대한문을 둘러싸고 행패를 부리려 하며 위협을 가하고 있다는 소식입니다.

행사를 여기서 마치겠습니다."

"유튜버분들께서는 대한문으로 가주셔서 우리 우파동지님들이 억울하게 당하거나, 공격으로 피해 입지 않도록 영상으로 기록을 해주시고, 참석하신 K파티 동지님들 중 가능하신 분들은 즉시 가셔서 절대 폭력유도나 공격에 당하시지 말고, 법적인 범위 내에서 우파동지님들을 지켜주시며, 저들과 맞서 대한문이 무너지지 않도록 지원을 해주시면 감사하겠습니다"

라고 말씀을 드렸습니다.

다행히, 소식을 듣고 출동한 경찰의 질서유지와 반자유세력들의 위협에 한마음 한뜻으로 잘 대처한 우파동지님들 덕분에 대한문 긴급 도발 사건은 잘 종료가 되었습니다.

저희 스탭들 일부만 남아, 장비와 행사를 정리하고 있을 때, 여러 동지님으로부터 같은 내용의 문자들을 받았습니다.

"저 촛불 들 다시 K파티 쪽으로 가는 것 같다"

이 소식을 공유한 저희 스탭 용사님들은 같은 목소리로, 잘 되었다며 음향장비 다시 세팅하고, 올 때까지 기다리자며, 들뜬 마음으로 전투를 준비했습니다.

그러나, 저들은 올라오다가 귀가하고, 지친 자들이 하나둘씩 빠지기 시작한 듯, 저희에게 오기도 전에 다 사라지고 오랜 시간을 기다렸음에도, 아무도 오지 않았습니다.

"이렇게 기분 좋게 전투에 완벽히 승리한 날은 너무나도 뿌듯하고 행복합니다"

정리를 마치고 끝까지 남아서 큰 힘이 되어주신, K파티 동지님의 이 말에 모든 것이 담긴 뜻깊은 하루였습니다.

저희 K파티는 1년 3개월 동안 변함없이, 치밀하고 끈질기게 좌파들과 맞서 싸우며, 반자유세력들의 성지인 광화문 광장을 지켜냈습니다.

앞으로도 끝까지 초심을 잃지 않고, 대한민국 여론의 생산지이자, 중심인 광장을 지키며, 대한민국을 수호하기 위해 힘차게 정진하겠습니다.

"자유대한민국을 무너뜨리고, 국민을 도탄에 빠지게 만드는 좌파독재정권 퇴진하라!"

2019년 2월 2일 **제68차**

광화문 파란 장미

"설 연휴라서 더욱 광장을 지켜야 할 것 같아 발걸음이 오게 되네요"

지난 68번째 K파티 문화제는 구정 연휴의 시작 날인 토요일 저녁이라 고향에 내려가신 분들, 명절준비로 바쁘신 분들이 많으실 것 같아서 좌파들에게 장소를 빼앗기면 안 된다는 의지와 활동을 이어나갈 수 있게 해주심에 그저 감사한 마음으로 행사준비를 했습니다.

시간이 지나면서 지방에서 일부러 올라오시거나, 서청대를 다녀오신 분들, 그리고 아무도 안 와도 나는 거기를 지켜야 한다는 각오로 오신 스탭동지님들과 K파티 광화문 문화제를 시작한 이후, 가장 많은 유튜버 대표님들께서 라이브방송으로 중계해주신 덕분에 해외와 전국 각지의 나라 사랑하는 시청자분들께서 함께, 설특집 및 박근혜 대통령님 생신축하 K파티 문화제를 잘 마칠 수 있었습니다.

이날은 특별하게도, K파티 광화문 파란 장미 문화제의 68번째 행사이자, 박근혜 대통령님의 68번째 생신이기도 했습니다.

청년 유튜버 헬조선보이TV 대표님께서 박대통령님 생신축하를 위해, 직접 만들어 오신 태극기 모양의 케익에 K파티 청년의 박대통령님 생신축하와 K파티의 각오가 담긴 글을 준비해 낭독해주셔서 더욱 감사하고 뜻깊은 날이었습니다.

참여한 모두가 한마음 한뜻으로 외쳤습니다.

내년에는 억울하고 부당하게 구속되신 박대통령님과 우파진영의 애국자님들 모두를, 이곳 광화문 광장에서 함께 축하하자며, 자유대한민국을 위한 희망과 행복의 함성을 광장이 떠나도록 외쳤습니다.

'희망은 우리를 자유케 하고, 두려움은 우리를 가둘 것입니다'

베네수엘라에서 좌파독재정권에 저항하며, 30대 청년 리더가 이끄는 백만의 인파가 광장을 가득 채우고, 자유의 함성을 외치자, 그 견고하던 독재자 마두로 정권이 금이 가고, 무너지기 시작했습니다.

우리 자유대한민국에서도, 좌파독재정권에 맞서는 국민들의 물결이 광장을 가득 채우고, 자유와 희망의 함성이 반드시 좌파 독재정권을 무너뜨릴 것입니다.

반드시 백두잡종 살인독재자 북돼지와 전체주의 좌파독재자 문재앙이 물러나고, 갇히며, 천벌을 받는 날까지, 광장을 지키고 자유대한민국을 수호하기 위해, 나라 사랑하는 청년들과 K파티 자유수호자들이, 앞장서서 행동하고 승리하며 나아갈 것입니다.

함께 갑시다! 함께 싸웁시다! 함께 승리합시다!

2019년 1월 26일 **제67차**

광화문 파란 장미

'야당 전체 다 합친 것보다 K파티 광장투쟁이 더 났다!'

자주 K파티에 참석하시는 선배님께서 하신 말씀입니다.

요즘 XX대여투쟁, XX대여투쟁, 말들은 많은데, 정작 강성 좌파들과 악성 반자유 세력들과 치열한 전투가 벌어지고 있는 대한민국 여론 생성의 중심지이자, 정치와 이념의 최전방 전쟁터인, 광화문 광장에서의 투쟁은 엄두도 못 내는 분들의 모습을 보며, 씁쓸하고 안타까워서 하신 말씀인 것 같습니다.

그렇습니다.

대한민국을 적화시키려는 북괴 추종세력들과 자유를 빼앗으려는 전체주의 좌파 반자유세력들이, 기존의 보수 세력들을 우습게 생각하고 있음을, 여기 광장에서 확실하게 실감할 수 있었습니다.

저들이 가장 무서워하고, 두려워하며, 경기를 일으키듯 싫어하는 것들을, 기존의 보수 세력들은 하나도 하지 않는다는 것입니다.

저들이 말하는 우습게 생각하는 기존의 보수는 다음과 같습니다.

첫째로, 기존의 보수들은 남성, 여성, 어르신, 청년을 통틀어, 대다수가 한곳에서 머물지 못하고, 투쟁이나 집회에서의 치열함과 끈질김이 없다고 생각하는 것 같습니다.

반년도 아니, 심지어는 한 두 달도 좌파들과 맞서서 한 곳에서 저들과 싸워 이기거나, 저들이 떠나갈 때까지 있지를 못하고, 얼마 동안 그저 몇 회 진행하다가, 이른 시일 내에 크게 성과가 보이지 않으면, 참가자들이 빠지기 시작하고, 슬그머니 주최단체나 주최자도 사라진다는 것입니다.

둘째로, 저들이 꿰뚫어 보고 있는 기존의 보수는 강성 좌파, 종북세력들보다 전투력이 비교도 안 될 만큼 없다는 것입니다.

저들은 이미 알고 있었습니다. 기존의 보수는 조금만 소리 지르고, 법적 대응 운운하며, 위협을 가하려고만 해도, 겁먹은 채 줄행랑을 치고, 그다음부터 그 자리에 안 나온다는 것입니다.

마지막으로, 저들은 기존의 보수는 가만히 놔둬도, 투쟁이나 집회를 이어나가다가, 얼마 못 가서 자기들끼리 자존심 싸움을 하고, 내부 총질과 음해를 하며, 스스로 분열하거나, 서로 싸우다 쓰러지고 사라지며, 오래 가지 않아 나누어지거나, 공중분해가 된다는 것을 알고 있었습니다.

특히, 적진 한가운데 또는 자신들의 성지에서 기존의 보수들은 결코, 전투를 치르거나, 빼앗으러 오지 않는다는 것도, 너무나도 잘 알고 있었습니다.

그런데, 저들이 생각했던 기존의 보수가 아닌, 예측 불가능한 돌연변이들이 1년 3개월 전, 어느 날, 자신들의 성지인 광화문에 그것도 가장 성수기이자 아수라인 토요일 오후부터 밤까지, 광장을 차치하기 위해 나타난 것입니다.

여기까지가, 저희에 의해 여러 달 치고받고 죽니 사니 싸우다가 밀려서 결국에는 쫓겨났던 초강성 좌파들과 반자유세력들이 경찰 등에 저희 K파티에 대해 언급한 것들 가운데 일부입니다.

저들이 보기에 기존의 보수처럼,

1. K파티도 적진인 광화문에서 그것도 성지인 광장에 쳐들어와서는 안 되는 것이었고

2. 겁을 주고 위력과 폭언, 폭행시도 등의 공격을 가하거나, 법적으로 고소·고발 등을 하면, 얼마 못 가서 줄어들거나 사라져야 하는데, 그렇지 않았고

3. 몇 달 싸워보고, 모든 수단과 방법들을 다 동원해서 공격해봐도, 떠날 생각을 안하며, 오히려 자신들의 자리를 꿰차 버렸고

4. 수만 명의 대규모 군중집회와 반자유세력 총결집 집회를 광장에서 열어, 백 분의 일도 안 되는 저희를 위력으로 밀어내려고 해도, 오히려 저들이 마치고 돌아가는 모습을 볼 때까지, 목이 쉬도록 목청이 터지도록 구호와 함성을 외치며, 저들이 가고 나서도, 보란 듯 밤늦도록 자리를 지키는 모습에 경기를 일으킬 정도로 놀랐다는 것입니다.

5. 마지막으로, 저 초강성 반자유세력들과 좌파세력들은 저희 K파티가 6개월이 지나도, 1년이 지나도 광장을 떠나지 않고, 자리를 지키고 있자, 기존 보수들의 치명적 약점인, 스스로 분열하고 다투며 무너지기만을 기다렸던 것 같습니다.

그러나, 저희 K파티는 모든 걸 다 내려놓고, 낮은 자세로 섬기며, 서로의 단점도 존중하고, 장점은 칭찬하며, 분열이나 다툼이 보이더라도 거기에 관심을 두지 않고, 본연의 역할과 초심을 잃지 않기 위해, 모든 참여한 동지님들이 노력한 결과 지금까지 저들이 바라는 분열, 싸움으로 인해 무너지거나 사라지는 일이 없었습니다.

앞으로도 저희 K파티는 기존의 보수가 아닌, 적진의 한 가운데에서 강성좌파들과 친북 종북 세력들이 가장 싫어하고, 두려워하며, 경기를 일으킬 정도로 무서운 좌파의 이 색끼를 한 백배는 능가하는 자유우파 용사들로 광장에 남아, 서로 격려하고 위하며 북괴 김정은과 저들이 스트레스에 암 걸려 사망하거나, 무너져 사라질 때까지, 저들과 맞서서 즐겁고 신나게 승리해 나가며, 여론의 중심이자 생산지인 광장을 지키고 자유대한민국을 수호하기 위해 더욱 힘차고 당당히 나아가겠습니다.

베네수엘라 마두로 좌파독재정권과 맞서 나라와 국민을 구하고 있는 청년과 국민들처럼, 저희 K파티도 백두잡종 북돼지 김정은 추종세력과 문재앙 좌파독재정권에 맞서 피와 목숨으로 지켜 오시고 물려주신, 이 귀한 자유를 지키고 대한민국을 수호하기 위해 모든 것을 다 바치겠습니다.

2019년 1월 19일 **제66차**

광화문 파란 장미

'깜빵 무너지겠습니다. 다들 진정해주세요!'

태극기를 든 수백 명이 넘는 애국집회 참가자분들이 행진을 마치고 귀가하시다가, 갑자기 문재앙이 들어가 있는 광화문 깜빵을 보고는 둘러싼 채, 문재앙에게 고함과 야단을 치고 사진을 찍느라, 밀려드는 힘에 행사도 하기 전에 깜빵이 무너질까 봐, 저희 행사를 준비하던 스탭동지님이 외쳤습니다.

인과응보다! 사필귀정이다! 죄를 지은 것이 있으니 반드시 저렇게 벌을 받을 것이다! 속이 다 후련하다! 등의 말씀을 하시며, 행사를 준비하는 저희 K파티 스탭동지님들께 엄지척과 격려들을 해주셨습니다.

따뜻한 커피를 사서 준비하시는 스탭동지님들께 전해주시는 분들, 지나가다 멈춰서 박수를 보내고 구호를 함께 외쳐주시는 행인, 버스 안과 차량에서 응원하고 화이팅을 소리쳐주시는 분들까지….

맞은편 대규모 군중총궐기를 하는 반자유세력들이 추워서 벌벌 떨며, 위축되고 무기력 해 보일 정도로 비교되는 모습과 광장의 자유우파 용사들이 함성을 외치며 힘차고 당당하게 서 있는 모습이 참으로 대조적이고 감동적이었습니다.

"그거 되겠어?"

1년 전쯤, 광화문에서 K파티 문화제를 시작한 지, 2개월 정도 지날 때, 약간의 비웃는 어조로 모 정치인이 했었던 말입니다.

광장을 찾을 수 없을 거라고 확신한 그 말투, 저렇게 서슬 퍼런 촛불들이 아우성을 치고 광장을 활보하며 다니는 데, 안 얻어터지면 다행이지, 까짓거 얼마나 하겠냐는 듯한 조롱의 눈빛….

그러나….

1년 2개월이 지난 지금, 물방울이 한 곳에 계속 떨어지면 바위도 뚫는다는 옛말이 틀리지 않음을, 저희 K파티가 보란 듯 증명해오고 있습니다.

베네수엘라의 좌파독재정권이, 선봉에 선 한 청년과 그와 뜻을 함께한 좌파정권에 저항하는 국민에 의해, 금이 가고 있고, 균열의 조짐을 넘어 붕괴로 치닫고 있는 현실이, 우리 눈 앞에 펼쳐지고 있습니다.

모두가 별거 아니라고, 미미하다고 보던 광장에서 시작한 꾸준한 날갯짓이, 저렇게 베네수엘라 국민저항운동처럼, 좌파독재정권을 무너뜨리고 쓸어버릴 태풍의 눈이 될 수 있기에….

오늘도 K파티는 광장을 지킵니다.

지금까지 우파에서 좌파들에게 보여주었던 비웃음거리였던, '중도 포기' 없이, 거짓과 불의가 광장의 여론을 더 왜곡시키거나 선동시키지 않도록, 끝까지, 마지막 남은 한 사람까지 광장을 지키며, 좌파독재정권이 무너질 때까지, 좌파독재정권의 불법과 불의를 알리는 '대국민 홍보운동'과 청년이 앞장선 '독재정권해산 국민저항운동'을 변함없이 이어나갈 것입니다.

끝까지 함께 해주시고, 힘이 되어주시는 여러분께 진심으로 감사드립니다!

2019년 1월 12일 **제65차**

광화문 파란 장미

"야! 문재앙이 깜빵 속에 들어가 있다!"

지난 토요일, 광화문 광장을 지나가는 많은 행인의 입에서 나온 말들이었습니다.

국민을 혹세무민하고 허위왜곡과 거짓선동으로 급조된 권력을 잡고는 대한민국 안보를 무너뜨리고 경제를 파탄시키고 있는 문재앙의 언행에 실망하고 분노하는 국민들이 늘어나고 있음을 여론의 중심인 광화문 광장에서 실감하고 있습니다.

그 많은 지키지 못할 공약을 남발하면서 2030청년들을 속이고 무시했던 문재앙의 악행 가운데 하나인, 광화문 이전 공약을 선언하며 광장에서 국민들과 소통을 하며 광화문 시대를 열겠다고 해서 열광과 환호 그리고 뜨거운 호응을 받았던 그의 기망적 행위에 대한 댓가를 반드시 받아야만 할 것입니다.

생각을 말로 표현하고, 말을 행동으로 실행하면 반드시 멀지 않아 그 일이 현실로 이루어지기에 대한민국과 국민에게 헌법적 범죄, 반역적 범죄, 경제적 범죄, 대국민 범죄 등 셀 수도 없을 만큼 수많은 범죄 의혹이 있고, 조만간 사실로 밝히게 되면 일어날 인과응보, 사필귀정의 결과를 '문재앙 광화문 입소식'이라는 퍼포먼스를 K파티 청년들과 함께 진행했습니다.

대한민국을 적화시키려는 이러한 시도와 자유민주주의를 지키지 못하는 무능하고 비겁하며, 북괴 백두잡종 북돼지 김정은의 눈치만 보는 거짓 권력이 사라지고, 다시는 이러한 자들이 대한민국을 좌지우지하지 못 하게 하려고, 저희 K파티가 여론의 생산지인 광화문 광장이, 더는 거짓선동과 허위왜곡으로 생산된 가짜뉴스의 근원으로 오염되지 않도록, 용감하고 담대한 K파티 용사들과 끝까지 광장을 지키고, 악한 거짓 권력과 북괴를 추종하는 반자유세력들이 붕괴되고 무너질 수 있도록, 할 수 있는 모든 일과 역할에 최선을 다하겠습니다!

청년을 힘들게 하고, 서민경제를 무너뜨리고 있는 전체주의 좌파독재정권은 즉각 해산하라!

2019년 1월 5일 **제64차**

광화문 파란 장미

"영하의 날씨에 칼바람이 부는 밤의 광화문은 냉동실 속에 서 있는 것 같습니다"

매주는 아니지만, 자주 행사에 참여하시는 동지님께서 행사를 마치고 언 손을 비비며 정리를 도와주시면서 하신 말씀입니다.

맞은편 광장에서는 죽은 사람을 몇 주간 추모하는 집회를 열며, 정규직 전환과 여러 가지 정치적인 요구를 내세우는 전문 시위꾼들과 집회에 맞춤화되어있는 반자유세력들도, 추운 날씨와 칼바람에 주머니에 손 넣고 웅크리며 서 있다가, 서둘러 집회를 마치고 돌아가는 뒷모습을 보며, '저렇게 해서야 어디 북괴 김정은이가 좋아하겠나?'

배부르고 기름진 귀족좌파들의 건성건성 형식적인 집회를 김정은이가 직접 봤다면, 총살감이지 살아남겠나 하는 생각이 들 정도로, 한심하고 나약한 모습들이었습니다.

행사를 마치고, 참석 가능하신 동지님들과 유튜버 대표님들을 모시고, 신년 인사회 및 치킨 콜라 파티 시간을 가졌습니다.

함께 마주 앉아 얼었던 몸을 녹이며, 서로를 격려하고 덕담을 나누며, 새해의 첫 광장에서의 힘찬 발걸음을 내디디고 올 한해의 승리를 다짐하는 뜻깊은 시간을 가졌습니다.

함께 해주신 자유수호자님들께 진심으로 감사드립니다.

거짓과 불의의 끝이 보이기 시작하자, 대한민국을 배신한 배신자들과 법치를 무시하고 탄핵을 일으킨 부역자들, 그리고 북괴 백두잡종 김정은을 추종하는 반역자들이, 점차 강하게 발악하며 더욱 날뛰기 시작하는 듯하지만, 그들이 아무리 그렇게 한다고 해도, 진실이 영원히 덮이거나, 정의가 승리하지 못 하는 일은 절대 일어나지 않습니다.

본인의 양심이 가장 잘 알 것입니다.

모두가 아닌 척해도, 모두가 모른 척해도, 모두가 눈을 감고 귀를 막고 있어도, 진실과 정의는 역사의 도도한 흐름 속에 흘러갈 것이고, 저희 K파티는 동토의 광장을 지키며, 절대자 앞에서 부끄럼 없도록, 자유대한민국을 수호하기 위한 모든 일과 역할에 최선을 다하며, 변함없이 힘차게 나아갈 것입니다.

2018년 12월 29일 **제63차**

파란 장미 송년 문화제 Battle

"낮 집회 참가하고 여기 왔는데, 낮 집회도 쉽지 않지만, 밤의 적진에서 맞붙는 K파티 문화제는 여건 등 여러 가지로 열 배는 더 힘든 것 같아요. 그래도 발걸음이 오게 되네요"

맞은편 광장 속의 반자유세력과 노조들과 맞짱뜨다!

올해 들어 가장 추웠다고 해도 과언이 아닐 만큼, 칼바람과 한파로 체감온도 영하 20도 아래일 정도로 추운 날씨에도, 많은 K파티 용사님들께서 동상과 감기몸살에 걸릴 각오로, 광장을 지키기 위해 함께 해주셨습니다.

올해 마지막까지, 광장에서의 종북세력들과 반자유세력들의 저희에 대한 방해와 공격은 여전했습니다.

행사준비 중 2회씩이나, 맞은편 반자유세력들과 좌빨노조들의 저희에 대한 신고가 들어왔고, 집회가 전문인 저들은 저희 행사장소까지 건너와서 경찰에게 소음측정을 요구했습니다.

올 한 해 동안 지겨울 정도로, 이런 신고와 공격들이 많았는데, 오늘도 변함없이 맞은편 반자유세력들과 음향 전투에서 저들의 큰 소음은 생각도 하지 않고, 오히려 저희에게 와서 음향을 낮추라며 싸움을 걸기도 했고, 경찰에게 저희에 대해서 처벌을 요구하기도 했습니다.

그러나, 경찰에서는 친절하고 시원하게 법 해석을 해주면서 서로 제 행사나 집회를 하는 경우, 어느 한쪽의 소음측정을 할 수 없게 되어있다고 말하자, 공격하러 온 저들은 씩씩거리며 항의하다가 돌아가기도 했습니다.

그만큼 저희의 음향이 저들의 귀에 거슬리고, 저희가 트는 친김정은 세력들과 좌파 반자유세력들이 경기를 일으킬만한 노래들인, '김정은 너를 목숨 걸고 처단하리라', '대한민국이 촛불공화국이냐' 등 반자유세력과 좌빨들이 가장 싫어하는 노래들을 틀 때마다, 건너와서 신고를 하고, 수차례 항의하는 것을 보고는 제대로 저들의 아픈 곳을 찌르고 있다는 생각에 흐뭇한 웃음이 나왔습니다.

다사다난했던 광장에서 올해의 마지막 K파티 광화문 파란 장미 문화제를 마치면서도, 억압과 탄압, 그리고 공격을 받았지만, 변함없이 당당하게 저희는 저들이 씩씩거리며 마치고 돌아가는 뒷모습을 향해, 자유대한민국 수호, 강한 국가안보, 굳건한 한미동맹 등을 외치자, 더욱 못 견디는 듯 보였습니다.

2018년, 광장에서의 수십 차례 전투에서 한 번도 북괴 백두잡종 북돼지 김정은을 추종하는 종북세력들과 반자유세력들과 맞서 한 번도 밀리거나 지지 않고 광장을 지켜왔습니다.

새해 2019년도, 더욱 즐겁고 신나며 힘차게, 여론의 아고라인 광장을 지키고, 여론 왜곡과 가짜뉴스 등으로 국민을 혹세무민한, 문재앙과 그 졸개들, 그리고 광장의 좌파 반자유 좀비들과 맞서 진실의 목소리와 자유의 함성을 외치며, 자유대한민국을 수호하기 위해, 저희 K파티가 앞장서서 힘차게 나아가겠습니다!

전체주의 좌파독재정권 물러가라!

자유대한민국 수호하자!

우리가 반드시 승리한다!

나라 사랑하는 여러분, 새해 복 많이 받으십시오!

청년 중심 정치개혁공동체 K파티 가족 일동 올림

2018년 12월 22일 제62차

광화문 파란 장미

요즘 청년들 사이에 회자 되는 글이 있습니다.

萬事文通

만사문통

'모든 일은 문준용으로 통한다'

"문준용" 이 한 마디면, 수사도 혐의가 없어질 수 있고, 딸 취업 특혜 국정조사도 안 하게 되는 등 만능의 단어임을 빗대어, 취업이 어려운 청년들이 문재앙의 자녀사랑을 비꼬는 문구라고 합니다.

지난 62번째 K파티는 성탄절 특집으로 준비를 했고, 함께 해주시고 큰 힘이 되어 주신 덕분에 잘 마쳤습니다….

문재앙의 추락하는 지지율만큼, 광장을 행인의 반응과 호응은 점점 더 커지고 있음을 체감할 수 있었습니다.

날씨가 추워지는 만큼 국민의 마음과 살림살이도 꽁꽁 얼어붙는 것 같습니다.

거짓의 정부가 얼어있는 국민의 마음을 녹여주기는커녕, 얼어붙은 경제와 민심을 금가게 만들 뿐만 아니라, 오히려 자유와 안보 그리고 경제를 깨트리며, 대한민국을 동토의 나라로 만들려고 하는 짓들을 보입니다.

적폐 정부에 의한 불법적이고 반헌법적인, 민간인 사찰에 관해, 숨겨졌던 행위들이 계속 밝혀지고 있으며, 급기야는 검찰이 적와대를 압수 수색하는 지경까지 이르게 되었습니다.

민간인 사찰은 탄핵감이라고 발언을 한 자가, 바로 문제 있는 문A4 문재앙입니다.

민간인을 사찰하고 감시하는 권력과 정부와 청년들의 목소리와 자유의 표현을 억압하고 공격하려는 자들이, 정말 심각한 권력 남용으로, 국민의 주권을 침해하고 있는 위헌적인 적폐세력임을, 국민도 서서히 알아가고 있습니다.

저희 K파티도 지난 1년 2개월 동안, 매번 이상한 압력과 보이지 않는 손들에 의해, 방해와 억압을 받고 겁박도 당해왔습니다.

고발, 신고 등 보이는 공격과 광장에서 청년들이 이끌어가는 행사를 억압하는 보이지 않는 여러 가지 요인들이 정말 많았었는데, 청년들이 이끌어가는 K파티도 이 거짓의 권력들에 의해, 사찰을 당하고 있었을 것이라는 느낌을, 지금도 지울 수가 없습니다.

그럼에도, 차갑고 어두운 자유 억압의 시대, 이념의 식민지와 같은 현실에서도, 저희 청년 중심 정치개혁공동체 K파티는 변함없이 광장을 지키고, 반자유세력에 의한 광장에서 만들어졌던 여론의 왜곡과 이를 확산시켰던 언론의 가짜뉴스 생산을 막아내며, 끝까지 자유대한민국을 수호하기 위해, 앞장서서 힘차게 나아가겠습니다!

2018년 12월 15일 **제61차**
광화문 파란 장미

백두잡종 북돼지 김정은의 연내 답방이 우리 애국 동지님들과 여러 자유우파단체들의 하나된 목소리와 활약으로 무산되었으나, 여전히 저희 K파티 문화제의 길 건너 맞은편에는 김정은의 답방을 기다리는 현수막과 천막을 쳐놓고, 집회를 이어가는 반자유세력들과 백두잡종 추종세력들이, 진을 치고 있었습니다.

언제든 틈만 노리며 우리 K파티의 자리를 빼앗으려는 자들과 민간인 사찰을 밥 먹듯 했던 사건들이 계속 탄로 나고 있는 거짓과 불의의 권력에 의해, 저희 K파티는 1년 넘게 탄압받고 공격받고 있습니다.

하지만, 혼자가 아니기에….

칼바람이 불고, 언제 테러당할지도 모르는 어둡고 적화된 광화문 광장에서 함께 손을 잡고, 필사즉생의 각오로 한마음 한뜻으로, 하나가 되어주신 동지님들이 계시고, 해외에서 또 전국 각지에서 응원과 기도로 큰 힘이 되어주시는 여러분이 계시며, 각자의 역할과 자리에서 오늘도 고군분투하시며, 함께 자유대한민국을 수호하고 있으신, 아스팔트의 전사님들과 유튜브 용사님들이 계시기에 저희는 두렵지도 않고, 힘들지도 않으며, 포기하지도 않을 것입니다.

자유는 공짜가 아님을 잘 알며, K파티 광화문 문화제를 진행해오면서도 절실하게 체감하고 있습니다.

미국의 씽크탱크 연구소의 토론회에서 대한민국의 현 상황을 정확하게 표현해주었습니다.

좌파독재 정부….

그렇습니다.

적폐인 자들과 그들의 주구들이, 완장을 차고 죽창을 든 채, 자유우파활동을 하며 대한민국을 지켜온 우파인사들과 애국자들을 탄압하고, 구속하며, 처단하고 있는 모습이, 대한민국의 역대 정부들과는 차원이 다르고 비교 자체를 할 수 없을 정도로, 좌파적 독재와 권력을 남용하는 최악의 횡포를 부리고 있음을, 대다수의 우리 국민들보다, 미국과 국제사회가 먼저 알고 있었습니다.

인권탄압과 폭압을 비판하고, 자유와 인권을 탄압하며 말살하는 북괴와 점점 닮아가는 좌파독재정부에 맞서 더 큰 탄압을 받고 공격을 당하더라도, 우리 K파티는 청년들이 앞장서서 나라 사랑하는 국민과 함께 손에 손을 잡고, 희망과 기적의 파란 장미를 든 채, 저들의 잘못과 만행을 지적하고, 반헌법적 범죄행위와 반역을 저지르는 역적죄를 규탄하며, 국민적 저항권 행사를 통해, 끝까지 자유를 지키고 대한민국을 수호하기 위해, 모든 걸 다 바칠 것입니다.

여러분, 조금 더 힘냅시다.

결코, 포기하지 맙시다!

흑암의 때가 끝이 보이고, 곧 광명의 빛이 비치게 될 것입니다.

우리가 반드시 승리할 것입니다.

자유우파독립 만세!

자유대한민국 만세!

2018년 12월 8일 제60차

광화문 파란 장미

"날씨가 얼어붙을 듯 추워서 아무도 안 올 줄 알고 응원하러 왔어요!"

지난 토요일 저녁, K파티 문화제 준비부터 마친 후 정리까지, 가장 많이 들은 말씀이었습니다.

바로 맞은편에는 낮부터 이석기 석방 대회라는 이름으로, 숟가락을 얹은 듯한 알만한 가수들부터, 전국 각지에서 할당량을 처리하듯, 전세버스를 타고 올라온, 배부르고 전투력 하나 없는 동원된 것으로 추정되는 강추위에 얼른 마친 뒤 따뜻한 밥 먹고 내려갈 생각으로만 가득 찬, 영혼 없고 투지 없는 반자유세력들까지, 무대 위에서 악을 쓰는 듯, 찢어지는 고음으로 출력되는 소리와는 대조적으로, 광장의 인민들은 배부르고 기름진, 영혼 없는 자들의 나지막한 아우성만 들릴 정도로, 매우 실망스러운 모습들이었습니다.

오죽하면 제가 행사 시작하면서 광장의 반자유세력들에게, 그렇게 배에 기름이 차고 나약하며 게을러서야, 이석기 잘도 석방되겠다며 저들의 권력에 취한, 돈맛에 길들여진 나약해 빠진, 말뿐인 기름지고 무기력한 자칭 강성좌파라 칭하는 자들의 모습을 보며, '이런 자들이 어떻게 감히, 북괴 백두잡종 북돼지 김정은에게 자유대한민국을 갖다 바치려 하는지'라는 생각이 들자 씁쓸하기까지 했습니다.

저들에 비해 우리 K파티는 추웠고, 배고팠으며, 덤비기만 해보라는 독종의 눈빛으로 무장한 채, 저들이 십수 년 이전에 가졌었던 것 같은, 야성이 가득 찬 모습이 참 대조적으로 느껴졌습니다.

저들이 집회를 마치고, 흩어지는 모래알처럼 바삐 건널목을 건너고 뛰면서 집으로 돌아가는 전세버스를 급히 타는 모습들을 보며, 호통을 치기도 했습니다.

자유를 빼앗으려는 권력을 쥔 자들과 자유를 지켜내려고 안간힘을 쓰는 우리의 모습에서 숙주인 북괴와 김정은이 밤마다 이불킥을 차며, 죽을 날이 다가오는 걸 체감하고는 그렇게 대한민국의 기생충과 같은 것들에게 지령하고, 채근하며, 방방 뛰듯 독촉을 하는데도, 아랑곳하지 않고 추워서 움츠린 채, 집에 가서 밥먹을 생각만 하는 저들의 모습에서 1년 전 토요일 저녁과는 정반대의 상황이 되어버린, 파란 장미를 들고 자유를 외치는 K파티 용사들이, 촛불 떼들의 아수라와 같았던, 그 성수기 시간 때의 광장을 점령하고 있으며, 저들은 여론의 아고라인 광장을 우리에게 내어준 모습에서 추운 몸을 서로 얼싸안아주고, 자신이 쥐고 있던 핫팩을 동지들에게 건네주며, 힘내라며 갖고 온 보온병 속의 따뜻한 차와 지나가며 음료와 먹을거리를 말없이 건네주고, 엄지척을 보이며 사라지는 익명의 동지님들의 모습에서 암흑과 같은 어둠 속에서 한 가닥 강렬한 불빛과 솟아오르는 희망과 곧 다가올 승리의 향기가 느껴지는 건 저만의 생각이 아니었으며, K파티 현장의 단내와 땀내를 느끼며 서로를 지켜주고 격려해주며 아껴준, 모든 동지님이 느끼기 시작했다는 점이, 얼마나 감사하고 또 감사한지 모를 정도입니다.

귀가 뜯어지고, 손가락이 찢어질 듯 느껴지는 차가운 광장의 두 번째 겨울은 시작되었습니다.

그러나, 광장을 지키고 승리의 때를 준비하면서 묵묵히 한 걸음 한 걸음 내디디며, 느리지만 매우 강하고 힘차게 나아가는 서로의 모습을 보며….

우리가 무조건 해낸다!

우리가 자유를 지킨다!

우리가 반드시 이긴다!

가 자연스럽게 터져 나온, 영하 10도의 칼바람 속에서 60번째 K파티는 이렇게 다음 문화제를 설레는 마음으로 기다리며, 행복하게 마무리를 지었습니다.

초지일관으로 나아가겠습니다.

첫째도 감사, 둘째도 감사, 셋째도 감사, 그저 여러분께 감사하고 또 감사하다는 말씀밖에 드릴 것이 없습니다.

감사합니다. 여러분!

2018년 12월 1일 **제59차**

광화문 파란 장미

광화문 광장에 발을 디딘 지, 벌써 두 번째 겨울이 왔습니다.

올겨울 첫날에 어김없이 맞은편 광화문 광장에는 무대까지 설치한 반자유세력의 집회가 열려, 큰 소음과 함성으로 광장은 혼란스럽고, 어수선했습니다.

늘 저희의 첫 행사순서인 국민의례를 할 때는 기본적인 예의라도 갖춰주길 바라는 것 자체가, 허황된 생각이라는 것을 보여주는 듯, 국민의례도 하지 않고 시작하는 집회나 기자회견은, 반자유세력들의 집회가 대부분이라는 공식이 맞아 떨어지는 것 같습니다.

맞은편 반자유세력들의 집회는 국민의례 생략은 기본이고, 저희의 국민의례 순서에 오히려 음량을 더욱 높이고, 시끄럽게 만들어서 방해로 시비를 걸기에 고출력으로, 저들의 발언과 구호가 들리지 않을 정도로, 신나게 구호와 노래로 저들을 눌러주며 행사를 진행했고, 저들이 행사를 마치고 난 뒤, 다시 정상모드로 돌아와 즐겁게 문화제를 잘 마칠 수 있었습니다.

K파티는 광장에서 매주 전투대형을 갖춘 채, 불의와 거짓으로 공권력을 쥔, 안보재앙 경제재앙을 역대급으로 만들어내고 있는 문재앙 MOON A4라는 말벌과 탄압과 학살로 권력을 유지하는 백두잡종 북돼지 김정은이라는 말벌과 저희는 전투를 이어나가고 있습니다.

앞으로도 변함없이, 꿀벌들(선봉 K파티 및 자유우파진영의 수호자들)은 벌집(자유대한민국)과 꿀벌유충(미래세대)들을 지키기 위해, 벌집에 침입한 흉악한 말벌들(백두잡종 북돼지 김정은과 대한민국을 적화시키려는 문제있는 추종세력들)에게 맞서 떼로 달려들어, 자기 몸을 찢고 태워 끝내 물리치듯, 진실과 정의가 승리할 때까지, 자유대한민국을 수호하기 위해, 앞장서서 맞서 싸워 이길 것입니다.

우리의 조국 대한민국은 우리 스스로가 지켜야 하며, 미래세대의 주역인 우리의 후손들에게, 자유대한민국을 물려줘야 할 헌법적 의무가 있기 때문입니다.

올바르고 정의로운 생각과 의지는 현실로 이루어지게 되어있으며, 그렇기에 저희가 매주 K파티에서 준비하는 죄수복을 입은, 백두잡종 북돼지 김정은과 안보재앙, 경제재앙 문재앙의 체포와 처벌받는 모습은, 반드시 현실로 이루어지게 될 것입니다.

여러분, K파티 광화문 파란 장미 문화제의 퍼포먼스가 곧 실현되는 그날까지, 자유를 지키고, 대한민국을 수호하기 위해, 함께 힘차게 파이팅입니다!

2018년 11월 24일 제58차

광화문 파란 장미

지난 토요일, 광장은 여전히 어둡고 눈이 내린 뒤 손이 얼 정도로 추운 날씨였지만, 여러분의 참여와 응원 그리고 기도로 함께 해주신 덕분에 희망과 기적의 파란 장미를 들고, 58번째 K파티 문화제를 잘 마칠 수 있었습니다.

이날은 특별히, 세종문화회관 공연을 보고 나오시거나, 지나가는 수천 명이 넘는 행인이 미소와 함께 동감하고 MOON OUT을 같이 외쳐주시는 호응과 반응들이 최근 가장 컸던 행사 중 하나였던 날이기도 했습니다.

적진의 중심, 여론의 아고라인 최전선 광화문에서 현장의 분위기와 행인의 모습들이 점점 더 저희와 하나가 되고 있음을 함께 참여한 동지님들과 유튜버 대표님들과 이 변화되고 있는 모습들을 지켜보며, 가장 현실적이고 생생하게 느낄 수 있는 시간이었습니다.

K파티가 진행하고 있는 광화문 전투의 물리적인 면과 영적인 면에 대해 말씀을 드리고자 합니다.

저희 K파티 문화제는 일반적인 집회와는 내용도 다르지만, 가장 큰 차이점으로 물리적인 면과 영적인 면 두 가지가 있습니다.

물리적으로 보이는 점에 있어서 차이점은, 무대 위의 진행자들과 마주 보는 집회와는 달리, 참여하신 한분 한분 모두가 주인공이고, 모두가 함께 한 방향을 바라보며, 관중들이 아닌 동역자로 동지들로, 다 같이 말벌을 상대하는 나약해 보이지만 목숨을 걸고, 가장 귀한 가치들을 지키는 꿀벌집단과 같이, 권력의 횡포와 억압에 맞서 자유와 법치, 그리고 안보를 수호하려는 한마음 한뜻으로 대형을 갖춰, 적진 한가운데에서 대국민 홍보전과 반자유세력의 기세를 꺾는 심리전으로, 1년이 넘도록 변함없이 자리를 지키며, 무더위에도 강추위에도 늘 함께 해오고 있습니다.

영적으로 보이지 않는 점에 있어서 악한 영과 어두운 에너지의 결계가 거미줄과 같이, 수십 겹으로 쳐져있는 광화문 광장에서 매주 그 어둡고 악한 결계를 깨고, 부숴버리는 영적 전투를 이어나가고 있다는 점입니다.

그러기 위해 K파티의 수많은 멤버들은 각자가 참여 전부터 기도하며, 광장에 모이기 시작하고, 저를 포함한 스탭 동지님들은 준비 전부터 기도로 무장하고, 진행하는 동안 힘찬 희망과 빛의 에너지를 담은 자유의 함성을 외치며, 악하고 어두운 결계와 영들을 쫓아내고 있습니다.

문화제를 마친 뒤에도 기도를 통해, 자유를 빼앗으려 하고, 대한민국을 북괴의 주술 집단에게 제물로 바치려는 사악한 반자유세력 및 대한민국 전복세력들이 쓰는 사술에 맞서 영적인 싸움을 계속해오고 있습니다.

늘 어둡고 음험한 악의 에너지와 어두운 기운이 가득 차 있는 광화문 광장에서 K파티에 참여하셔서 매주 물리적인 전투 그리고, 영적인 전투를 이어나가며 승리하고 계시는 모든 동지님께 진심으로 감사드립니다.

이러한 전투에 가장 큰 힘이 되어주시는 또 하나의 세력이 바로 온라인을 통해, 페이스북과 유튜브 방송으로 힘나는 응원과 격려 그리고, 기도로 영적인 에너지와 물리적 힘을 보내주시고, 더해주시는 여러분께서 계신 덕분에 크고 작은 광장에서의 싸움에서 죽거나 사라지지 않고, 계속 이렇게 저희가 맡은 역할과 소명을 다할 수 있게 해주심을, 진심으로 감사드립니다.

앞으로도 변함없이, 모두가 한 곳을 바라보며, 한마음 한뜻으로 손에 손을 잡고, 한 방향으로 당당하고 힘차게 나아갈 수 있도록 최선을 다하겠습니다!

2018년 11월 17일 **제57차**

광화문 파란 장미

지난 토요일 제57차 K파티 광화문 파란 장미 문화제는 준비부터 힘든 일들이 많았습니다.

다름 아닌 죄수복을 입은 백두잡종 북돼지 김정은과 안보재앙 경제재앙 문노스 MOON A4의 인형을 행사준비하면서 세워뒀더니, 낮부터 시작된, 태극기 애국 집회의 행진을 마치고 내려오는 수천 명의 나라 사랑하는 국민께서 저희 행사장을 지나가시며, 이 두 인형의 모습을 그냥 보고만 지나가지 않으신 채, 갖고 계신 깃발과 손과 발로 마구 때리고 차는 바람에 계단 위에서 MOON OUT 등 꺼지지 않는 자유의 LED 촛불로, 글씨 세팅을 하다가 뛰어 내려와서 행사 전 망가지거나 부서지면 안 된다고 설명해 드리고, 양해를 구한 뒤 다시 계단으로 올라가면, 또 새로운 인파가 내려오면서 두 죄수복을 입은 인형 앞에 둘러싸서 때리고 치며 사진을 찍는 등 그 심정들은 백번 이해하기에 크게 뭐라고 할 수도 없고, 그저 그렇게 하시는 걸 말리느라 계단을 십수 번 뛰어 내려갔다가 올라오고, 반복해서 일어나자 행사준비는 점점 늦어지게 되었습니다.

설상가상으로, 이날 따라 누군가가 해킹 등의 방법으로, 전파장애를 일으키고 통신 방해와 조작을 하는 듯, 말도 안 되는 영상기기 장애와 오작동, 블루투스 기능이 없는 장비에 블루투스 기능이 있는 기기와 연결이 되어, 행사용 대형 스피커들 모두가 먹통이 되며, 일부 장비가 마음대로 꺼졌다가 켜지는 등 일반적으로 결코, 일어날 수 없는 방해와 장애가 일어나기도 했던, 예측할 수 없는 일들이 많이 발생했던, 특이한 날이었습니다.

그런데도, 끝까지 행사준비를 마친 뒤 다소 늦었지만 K파티 문화제를 시작했고, 이날은 특별히 박정희 경제 보국 대통령님의 탄신 101주년 기념과 K파티의 연대단체인 박근혜 대통령 지킴이 창립 1주년 축하행사까지, 함께 진행하게 되었습니다.

대한민국의 두 박대통령님을 스토리를 담은 귀한 행사순서를 잘 마친 뒤, 그다음으로 구미에서 출발하셨는데 고속도로가 막혀, 행사 마칠 때까지 도착이 어려울 것으로 예상했던, 마지막 행사순서이자, 이번 57차 K파티 문화제의 하이라이트였던 김우찬 대표님께서 시간에 맞추어 도착해주신 덕분에 멋진 색소폰 연주가 시작될 수 있었습니다.

적화되었던 붉은 광화문 광장에서 자유우파 동지님들의 애국함성과 아름답게 울려 퍼지는 색소폰 공연은 어제 K파티 문화제의 백미였습니다.

좌파들만의 전유물로 여겨졌던, 광장에서의 음악 연주와 공연을, 이제는 우리 자유우파가 하는 모습을 보며, 앞으로의 길에 희망과 빛이 보였습니다.

공연 시간 동안 연주를 들으며, 참여한 모든 K파티 동지님들과 한마음 한뜻으로 하나가 되었고, 김우찬 대표님께서 연주하시는 동안, 세종문화회관에서 관람을 마치고 나오는 천여 명의 인파가, 발걸음을 멈추고 고개를 돌려 계단을 수놓은 빛나는 문구와 MOON OUT 피켓을 보고, 김대표님의 아름다운 연주를 들으며, 같이 공감하는 등 이날 시작은 매우 힘들었으나, 마지막에는 이처럼 특별히 뜻깊고 즐거운 행사로 모두가 즐거워하며, 잘 마칠 수 있어서 참으로 감사했습니다.

저희 K파티가 문화제를 진행해오면서 애국우파 자유수호자분들의 기타 연주에 이어 색소폰 연주까지, 자유우파의 함성과 멜로디가 광장에 울려 퍼지며, 좌좀들의 표정이 일그러지고, 경기를 일으키는 듯한 모습을 볼 수 있어서 기분도 정말 좋았습니다.

계속 반자유세력과 좌빨들이 부들부들 떨도록, 저희 K파티가 광장을 지켜나가며, 더욱 신나고 강하며 즐겁게 자유우파의 문화행사를 준비하도록 하겠습니다.

앞으로도 변함없이 적화된 광화문 광장을 지켜나가며, 희망의 빛과 기적의 파란 장미로 자유와 대한민국을 수호하기 위해, K파티가 앞장서서 힘차게 나아가겠습니다.

2018년 11월 10일 **제56차**

광화문 파란 장미

'김정은 생포하자 MOON OUT'

광화문 광장 세종문화회관 계단에 위와 같이, 수놓아진 자유의 LED 촛불 문구를 보고, 지나가는 수많은 행인이 웃거나 고개를 끄덕이며 지나갑니다.

MOON OUT 사진을 찍어가는 행인도 점차 늘어나고 있습니다.

백두품종 북돼지 김정은이 내려오는 순간 반드시 생포하자! 는 저희의 환호에 박수를 치며 지나가는 분들도 많았습니다.

저희가 자리 확보와 행사준비 방해를 막기 위해, 오후 일찍 장소에 도착한 뒤, 행진하는 반자유세력들이 지나갈 때 MOON OUT 투명 LED를 보여주기 위해, 발 높이에 설치하고 불빛을 점등했습니다.

이날 민주노총 주최의 노동자대회가 낮부터 해진 뒤까지 광화문 전역에서 집회를 열어, 행사를 마친 뒤 광장을 지나가며, 수천 명 이상의 반자유세력의 행진 군중들이 이 모습을 봤음에도 불구하고, 그냥 지나가거나 위축되어 애써 모른 척하며 서둘러 가버리는 반자유세력들의 모습을 보며, 저들도 이제는 힘이 많이 빠지고, 배도 불렀구나 하는 생각이 들었습니다.

예전 같았으면, 일부러 저희가 보란 듯 MOON OUT LED 빛을 설치해두면, 욕을 하거나 시비를 거는 자들은 기본이고, 폭력을 행사하려 하거나 폭언을 퍼붓는 자들도 적지 않았는데, 이날은 우리가 세워둔, 죄수복 입은 북돼지와 MOON A4의 모습을 보고도, 침묵하고 지나가는 저들에게서 북괴 김정은과 추종세력들의 수명이 얼마 남지 않았구나, 불안해하고 초조해하는 저들의 모습에서 실감할 수 있었습니다.

요즘 들어 저희가 1년째 지키고 있는 광화문 세종문화회관 장소를 좌파도, 우파도 자주 집회나 기자회견 등을 열며, 집회 장소신고도 반자유세력들이 집회행사의 성수기인 토요일에 저희 장소를 빼앗기 위해 여러 가지 시도를 하는 등 저희 장소가 다시금 이슈의 핫플레이스로 뜨고 있어, 장소를 지키기 위해 행사 신고일까지, 무박 4일 철야로 장소신고를 대기하는 등 치열한 싸움이 이어지고 있습니다.

역시 독종은 독종이다….

광화문의 반자유세력들 입에서 치를 떨듯 말하는 이 표현이 계속 이어질 수 있도록, 앞으로도 변함없이 적화된 광화문 광장을 지켜나가며, 희망의 빛과 기적의 파란 장미로 자유와 대한민국을 수호하기 위해, K파티가 앞장서서 힘차게 나아가겠습니다.

2018년 11월 3일 제55차

1주년 기념

지난 토요일은 청년 중심 정치개혁공동체 K파티 출범의 1주년이자, 광화문 광장에 첫 발을 내디딘 지 1년이 되는 뜻깊은 날이었습니다.

행사 전날 우파 최대 정론 미디어언론방송국인 펜앤드마이크 라이브방송에 출연하게 되어, K파티 1주년 행사와 지난 활동 그리고 파란 장미 운동에 대해서 대담을 한 뒤, 15만 조회수가 넘는 반응으로 K파티에 대한 더욱 폭발적인 관심이 생기면서 또한, 저희 활동에 대해 몰랐거나 신경을 덜 쓰고 있던 극좌파들과 반자유세력들에게도 이러한 활동이 더욱 널리 알려지다 보니, 반발과 공격에 대한 기운이 너무 커짐을 느낄 수 있었습니다.

다음 날 있을 행사준비 점검과 악의 기운에 사로잡힌 반자유세력들의 행사방해와 공격에 대비할 시나리오와 예상 계획에 대한 모든 경우의 수를 준비하며, 기도와 함께 거의 한숨도 못 자고 밤을 지새운 상태로 행사장소에 평소보다 더욱 일찍 가게 되었습니다.

아니나 다를까, 합법적으로 신고하고 확보한 우리의 장소를 빼앗기 위해, 한 차례의 시도 이후에도 수백 명이 넘는 반자유세력 행진 군중들이 귀신과 죽음, 그리고 악을 표현하는 검은 깃대들과 좌절의 대형촛불, 죽음을 상징하는 조형물들과 귀신을 연상시키는 대형 모형인형들까지 들고 와서는 저희 장소를 빼앗거나, 행사준비를 지연시킬 목적으로 이러한 방해를 통해, 정시인 7시에 행사를 못 하고 늦어져, 폭망시킬 의도로 계속 장소를 점령하기 시작했습니다.

저는 차분한 마음으로 이러한 일이 일어날 것을 예측하고, 미리 일찍 와달라고 요청했던 스탭 몇 분께 "폭력과 욕설로 도발을 걸어 경찰에 신고해서 여러분 처벌받도록 입건시킬 것이고, 오늘 행사도 함께 참여 못 하도록 시도들을 할 것이니, 절대로 저들에게 둘러싸여도 반응하거나 폭력시도나 폭언에 대응하지 말고 가만히 계셔야 한다"고 수차례 부탁을 드린 뒤, 어쩔 줄 몰라 당황하는 담당 경찰과 관계자에게 법적으로 오늘 00시부터 23시 59분 59초까지, 우리가 신고한 장소이므로 방해가 계속되고 점거시도가 이어질 경우, 법적으로 대응하고 이에 무방비로 대처하지 않거나 책임과 의무를 다하지 못한 경찰의 행위까지 법적 책임을 묻겠다고 강력하게 통보한 뒤, 즉각적으로 경찰에서 해결하고 정리하지 않을 경우, 사후 처리될 법적 절차 이외에 저들이 끝까지 저렇게 하더라도 저들을 참가한 관중으로 삼아 저들이 듣기 싫은 모든 발언을 다 해주며, 행사를 진행할 각오로 끝까지 시간에 맞춰 진행하기 위해 여러 가지 크고 작은 방해와 시비에도 불구하고, 음향장치를 설치하며 행사 준비를 강행했습니다.

저들 앞에서 보란 듯, 저들이 가장 보기 싫어하는 모습의 죄수복 입힌 모형들도 세우고, 스피커와 마이크 사이 MOON OUT LED도 설치하자, 저들 가운데 동요가 일어나기 시작했고, 이에 경찰도 함께 이 장소에서 이동하거나 나가달라고 말하기 시작했습니다.

그렇게 대응하자, 시간을 지연시키려고 했던 저들이 슬슬 물러나기 시작했으나, 저희는 다소 시간이 지체되어 서둘러 행사를 준비했습니다.

완전히 사라진 듯하게 보였지만, 제 마음속에는 밤새기도 후 느꼈었던 서너 차례의 방해와 공격시도를 대비해야 했기에 긴장을 늦추지 않고 행사준비를 했음에도, 행사의 시작을 정시보다 10여 분 늦게 하게 되었으나 문제없이 1주년 기념 제55차 K파티 광화문 파란 장미 문화제를 잘 시작할 수 있었습니다.

아니나 다를까, 예측한 대로 행사 중 간격을 두고 서너 차례의 공격과 폭행시도 등이 있었으며, 심지어는 행사관리 중이었던, 박대통령 지킴이 @전성재 대표님께는 욕설과 폭언을 하며 물을 뿌리고, 물병까지 던지는 짓을 하며, 마귀의 발악과 같이, 끝까지 저희 행사를 방해하려는 시도들이 계속되었습니다.

그런데도, 1주년을 축하해 주러 오신 우파동지님들과 각 우파단체의 대표님들, 그리고 기존에 정기적으로 참여하시는 용사님들까지, 모두가 한마음 한뜻으로 저들에게 반응 보이지 않고, 광화문 광장에 MOON OUT과 자유의 외침이 큰 함성으로 울려 퍼지기 시작했습니다.

각국 정상들의 등장과 북돼지와 MOON OUT의 처벌 퍼포먼스 뒤 이어진, 1주년 축하 케익 절단식과 다양한 퍼포먼스들이 이어졌고, 준비한 떡과 음료 그리고 과일을 함께 나눠 먹으며, 쉽지만은 않았던 55번째 광화문 광장에서의 K파티 1주년 문화제를 뜻깊게, 무사히 성공적으로 잘 마칠 수 있었습니다.

대한민국 여론의 아고라인 광화문을 그것도 집회의 가장 성수기인 토요일 오후부터 밤까지 접수한 지 1년….

이제부터 시작이라는 각오로 스탭동지님들과 이날 참가하신 모든 분과 함께, 불의와 거짓이 무너지고, 진실이 밝혀지며, 정의가 승리하는 날까지, 함께 손에 손잡고 한마음 한뜻으로 광장을 지키며, 자유대한민국을 수호하기 위해, 앞장서서 나아가자고 힘차게 다짐을 했습니다.

　폭망하는 경제와 무너지는 안보만큼, 문제 있는 자들과 문재앙의 지지율이 폭락하고 있음을 주시하며, 반드시 저들의 숨겨진 잘못과 반국가적이고 반헌법적인 반역행위와 범죄사실들을, 시간이 걸리더라도 반드시 밝혀 역사의 대죄인으로 기록하며, 모든 엄중한 처벌을 다 받을 수 있도록 해야 할 것입니다.

　이 모든 것에 저희 K파티가 앞장서고 선봉이 되어, 할 수 있는 모든 일과 역할에 최선을 다하며, 선진강국 자유통일대한민국의 길, 아시아 중심국가로의 길을 실현할 수 있도록 힘차게 나아가겠습니다!

　희망과 기적의 파란 장미를 들고, 자유를 지키고 대한민국을 수호하기 위해 함께 힘차게 화이팅입니다!

2018년 10월 27일 **제54차**

광화문 파란 장미 문화제 Battle

지난 토요일 저녁 광화문은 촛불 2주기라며 반자유세력들이 총결집을 외치면서 대대적인 홍보와 오후부터 맞은편 광장에서 무대를 설치하고, 공연하며 촛불을 든 시민들이 모여들길 바랐으나, 모인 촛불을 든 세력이라고는 백여 명도 안 되는 정말 폭망했다는 표현이 맞을 정도로 초라하고 위축된 모습을 보며, 불의와 거짓으로 혹세무민한 것은 결코, 오래가지 못함을 다시 한번 느낄 수 있었습니다.

이날, 촛불 2주년이라고 어느 정도 각오하고 긴장한 채, 용기 내어 K파티 문화제에 참여한 동지님들은 서로를 바라보며, 우리만 남아있는 광화문 광장에서 희망과 기적의 파란 장미를 들고, 지나가는 수만의 행인에게 MOON OUT을 외치고, 자유의 목소리를 전했습니다.

일부 귀가하던 촛불 잔챙이들이 저희 행사장소를 가로질러가며 시비를 걸고, 술에 취한 좀비 같은 좌빨이 계속 도발을 걸며 폭력을 행사하기를 유도했으나, 그저 그런 자들을 바라보며 비웃듯 MOON OUT을 외치며 저들이 못 견디고 달아날 때까지 여유 있게 상대해주기도 했습니다.

내일 토요일 저녁에 있을 K파티 출범 및 광화문 문화제 1주년을 기념하는 제55차 K파티 광화문 파란 장미 문화제를 준비하기 위해, 많이 분주했던 한 주였던 것 같습니다.

행사 때, 나눌 떡들과 커피, 초코음료 등을 구매하고, 과일 등을 준비하며, 참여하는 분들을 위한 파란 장미 열쇠고리를 직접 만들고, 스마트폰으로 1주년 기념 영상을 제작하는 등 제이마에는 땀방울이 맺혔고, 1주년 기념 특별 퍼포먼스에 필요한 소품들을 구매하고, 필요한 아이템들을 점검하는 등 어느 때보다 분주했던 하루하루를 보낸 것 같습니다.

'자유는 공짜가 아니다(Freedom Is Not Free)'를 다시금 실감하며, 불의와 거짓의 반대한민국 세력들과 문제 있는 자가 내려오고, 옷 갈아입고 들어갈 때까지 멈추지 않고, 절망의 노란 촛불을 이기며, 좌절의 노란 리본을 없애는 희망과 기적의 파란 장미를 들고, 어둡고 적화된 광화문 광장을 밝은 자유의 광장으로 계속 지켜나가며, 자유대한민국을 지키기 위해 MOON OUT을 외치며, 광장을 가득 채우는 자유의 물결이 일어나는 그 날까지, 여론의 아고라인 광장에서 대국민 홍보전을 이어나가며, 어떤 억압과 공격에도 굴하지 않고, 끝까지 변함없이 진실이 밝혀지며 정의가 승리할 수 있도록, 저희 K파티가 선봉이 되어 힘차고 당당하게, 저들과 맞서 싸워나가며 자유대한민국을 지켜내겠습니다!

2018년 10월 20일 **제53차**

광화문 파란 장미 문화제 Battle

- 오늘은 박정희 대통령님께서 서거하신 날입니다.

그분께서 이루어내신 찬란하고 귀한 업적들이, 무형과 유형으로 지금도 조국 대한민국에 남아있음은 누구도 부인할 수가 없습니다.

저희 K파티는 1년 전, 박정희 대통령 기념관에서 창립행사를 시작으로 출범했습니다.

감사한 마음으로 은혜에 보답하기 위해, 저희 나라 사랑하는 청년들이 앞장서서 산업경제대통령이신 박정희 대통령님의 보국 정신을 이어받아, 피와 땀으로 지켜오신 귀한 자유와 한강의 기적으로 이루어낸 경제 강국 대한민국을, 미래세대에 잘 전할 수 있도록, 최선을 다해 지켜가겠습니다.

- 벌써 다음 주면, 광란의 아수라와 같은 두려움과 어두움이 가득한, 당시 적화된 적진의 심장부와 같은 야간의 광화문 광장에 용기를 내어 첫발을 내디딘 지, 만 1년이 됩니다.

지난 토요일 53번째 K파티 광화문 파란 장미 문화제도 어김없이, 반미와 반자유 그리고 적폐청산을 외치며, 대한민국을 적화시키려는 북괴 김정은의 추종세력들과 자유를 빼앗으려는 반자유세력들과 맞서 잘 준비하고 진행하며 성공적으로 잘 마칠 수 있었습니다.

한주 한주가 치열하지 않은 적이 없었고, 행사마다 긴장의 연속이었던, 이 여론의 아고라인 광화문 광장을 되찾기 위해 벌였던 크고 작은 전투에서 패퇴하거나 쓰러져 사라지지 않고, 지켜내며 여기까지 올 수 있었던 것은, 다 여러분의 귀한 격려와 힘나는 응원 그리고 힘찬 참여 덕분이라고, 저는 자신 있게 말씀드릴 수가 있습니다.

여러분께 정말 마음 깊이 존경과 감사의 말씀을 드립니다.

- 1년을 진행하다 보니, 광화문 행사에 대해 왜 돈을 더 투입해서 쇼나 공연도 하고, 화려하고 규모 있게 하지 않느냐고 하시는 의견도 들었습니다.

말이나 의견을 주시는 분들의 조언도 참고하고, 반영하기 위해 최선을 다하고 있지만, 자금과 현장 상황에 맞게, 또 일회성 대규모 쇼나 축제가 아닌, 몇 년을 갈지 정해지지도 않은 적지에서의 야간전투에서 현장에 맞는 최소비용으로 최대효율을 사라지거나, 패퇴 없이 지속적으로 유지하고 지켜나가는 건, 결국은 저희 준비하고 진행하는 K파티의 몫이자 책임이 아닌지 하는 생각이 요즘 많이 듭니다.

그리고 해가 진 야간의 광화문은 놀러 나온 곳이 아닌, 정말 살벌하고 잠시도 긴장을 늦출 수 없는 밤의 정글과도 같은 곳이라고, 함께 참여하고 계신 동지님께서 말씀하신 적이 있었습니다.

낮의 민가와 낮의 정글을 비교하면 어디가 더욱 위험한지 알 수가 있는 것처럼, 낮의 정글과 밤의 정글 중 어디가 더 위험할지는 비교를 안 해도 알 수가 있을 것입니다.

어둠이 지배하고 언제 어떤 공격이 들어올 줄 예측할 수 있는 밤의 광장.

편보다는 적들이 더욱 많은 적진의 중심지에서 1년 동안 50번이 넘는 행사를 진행하는 것이, 유지하기 쉽지가 않고, 한주 참가해도 기가 다 빠지고 지친다며, 격주로 참가하시는 분들이 있을 정도로, 이곳 해가 진 광화문 광장은 결코, 쉬운 곳이 아닙니다.

이것 해봐라, 저것도 해봐라, 이건 어떻냐? 저건 어떻냐? 온라인상이나 지나가면서 수백 가지 이상의 의견을 주시고 조언을 주시는 분들도 많은데, 사실 밤의 광화문 광장이라는 현실에서 적용할 수 있는 의견이나 아이디어들이 제한되어 있으며, 정기적이면서도 장기적으로 이어갈 수 있는 자금 등의 비용적인 부분은 고려가 안 된 생각이나 의견 주시는 것들도 정말 감사하지만, 그것들을 다 반영할 수 없고 적용도 쉽지 않음을 널리 혜량해주시길 부탁드리겠습니다.

주시는 모든 의견과 아이디어들을 시키는 대로 하지 않는다고, 삐지시거나 섭섭해하시며, 청년들이 땀 흘리며 준비하고 진행하는 행사를, 개인의 감정을 이유로, 사실과 다르게 부정적으로 전하는 일들은 가급적 없었으면 하는 바람도 있습니다.

1년을 광화문에서 행사를 진행하다 보니, 진행자가 똑같은 부분도, 국민의례의 시작 때마다 반복하는 것들도, 어떤 분들은 그런 부분들까지도 지겹거나 질린다고 말할 수 있을 것입니다.

하지만, 저희는 늘 매회 주어진 현실에 맞게 행사를 준비하고 진행하기 위해 최선을 다하고 있으며, 광화문 K파티 문화제가 일회성으로 끝나는 행사가 아닐 뿐만 아니라, 기한이 정해진 여유 있고, 한정적인 횟수의 공연이나 행사와 같이, 돈을 쏟아 부어가며 할 수도 없으며, 최저예산 대비 고효율로, 오랫동안 지속해서 나아가기 위해 최적화되어야 하기에 앞으로도 전쟁터에 가장 적합하고, 현장의 현실에 맞는 시스템으로 점진적으로 변화를 더 해가며, 2년, 3년, 100회, 150회를 바라보며 장기적인 광장에서의 전쟁을 대비하며 나아가려고 합니다.

결국, 결과도 행위도 지켜보시는 분들보다는 준비하고 진행하는 사람들의 몫이자 책임임을 요즘 다시금 깨닫습니다.

기도로 시작하며 기도로 마치는 K파티 광화문 파란 장미 문화제가, 저희 청년들이 부족한 자금과 인프라로 진행하다 보니, 모자라고 부족해 보일 수 있습니다.

하지만, 이 제한적인 한계 내에서도 이 역할을 주신 것에 그저 감사하고 또 감사하며, 할 수 있는 모든 것을 다 해가며, 저들과 맞서 잘 준비하고 진행하도록 하겠습니다.

더욱 힘찬 각오와 조국 대한민국을 사랑하고 우리 국민을 아끼고 위하는 마음으로, 나라 사랑하는 K파티 동지님들과 함께 손에 손을 잡고 한마음 한뜻으로, 앞으로도 변함없이 이 광화문 광장을 지키며, 절망의 노란 촛불을 이기고, 좌절의 노란 리본을 없애는 희망과 기적의 파란 장미를 들고 자유대한민국을 끝까지 수호하기 위해, 저희 K파티가 앞장서서 나라 사랑을 실천하며, 한 걸음 한 걸음 힘차게 나아가겠습니다!

2018년 10월 13일 제52차

광화문 파란 장미

북괴의 아리랑 축전과 이름도 유사한, 서울시가 주최한 아리랑 축제 중, 저희 행사와 같은 시간대의 하이라이트인 락 공연의 고음과 소음으로, 행사내용이 들리지 않고, 국민의례와 애국가 4절까지의 제창도 어려웠던, 의도적이라고 느껴진, 최대출력의 소음과 공연 연주음 가운데에도, 변함없이 K파티의 용감하고 당찬 용사님들과 함께 희망과 기적의 파란 장미를 들고, MOON OUT을 외치며 행사를 잘 마쳤습니다.

역대 손꼽을 정도로, 저희 행사장을 지나간 수만 명의 행인과 군중들에게, 국가안보를 무너뜨리며 서민경제를 폭망시킨, 문제 있는 자들과 무능하고 반헌법적인 반역죄인의 잘못과 범죄적 행위에 대한, 비판과 규탄의 목소리를 높였습니다.

좌파쪽에서 매우 유명하고, 잘 알려진 모 밴드가 저희 행사를 의식하는 듯, 의도적으로 시간을 끌며, 저희가 먼저 마칠 것을 예상하고, 9시가 넘도록 연장을 했는데, 저희도 참가하신 우파진영의 용사님들께 의견을 물어본바, 모두의 만장일치로 저들이 끝날 때까지는 K파티 문화제를 종료하지 말고, 끝까지 행사를 이어나가는 것에 동의를 해주셔서 저희가 9시 30분 전으로 마칠 것으로 정보를 접한 듯, 10시까지 의도적으로 보일 정도로 공연을 연장해가며 오기로 버텼던 저들이, 더는 이어가지 못한 채, 공연을 마쳤고, 그 행사를 보고 나오는 모든 관중에게, 저희 우파진영의 진실 되고 힘찬 목소리를 알리는 뜻깊고 귀한 시간을 보낼 수 있어서 정말 감사했습니다.

모두가 낮 집회부터 활동을 해오셔서 지치셨거나, 목이 다 쉴 정도로 힘든 상황이었지만, 끝까지 포기하지 않고 다 함께 승리를 나누고 하나 됨을 느낄 수 있어, 보람 있고 행복했다는 많은 분의 에너지가 넘치는 눈빛과 힘찬 말씀에 점점 더 광장에서 진화하고, 강성인 반자유세력들보다 더욱더 강해지고 있는 K파티 용사님들의 모습에서 머지않아 진실은 밝혀질 것이고 정의가 반드시 승리할 것이라는 확신과 함께, 자유대한민국 수호의 큰 희망을 보았을 뿐만 아니라, 불가능해 보였었던 우파진영의 최종적인 승리라는 기적에 점점 더 가까워지고 있음을 느꼈습니다.

이날 따라, 우연인지는 몰라도 두 차례의 촛불세력들의 야간행진과 맞은편 공연 관중들, 세종문화회관 공연을 마치고 나온 수천 명의 관객까지, 광화문 광장에서 일어날 수 있는 모든 형태의 행사들이 동시다발적으로 진행되었기에 평소의 몇 배나 되는 수만 명의 인파에게, 저희의 살아있는 전광판과 같은 효과로, MOON OUT 촛불 퍼 포먼스와 저들의 실정과 잘못 등을 널리 알리는 대국민 홍보전까지 잘 마칠 수 있어 서 참으로 뜻깊은 행사로 기억에 남을 것 같습니다.

저희가 1년이 다 될 정도로, 52번째 전투와 같은 아고라에서의 광장 문화제를 성공 적으로 잘 마치고, 이어나간 이 모든 것들이, 다 여러분의 관심과 응원, 격려와 참여 덕분임을 잘 알고 있습니다.

진심으로 감사드리며, 앞으로도 변함없이 전 국민을 대상으로 대국민 홍보전을 이어나가며, 대한민국 여론의 중심지이자, 저들의 성지라고 왜곡시킨 붉고 적화된 광화문 광장에서 푸른 빛의 희망과 기적의 파란 장미를 들고, 빛과 자유의 광화문 광장이 되어, 불의와 거짓이 무너지고 어둠의 기운과 악의 영과 손을 잡은 자들이 사라지는 그날까지, 끝까지 자유대한민국을 지키고, 미래 세대에게 희망과 기적의 결과를 잘 전할 수 있도록, 저희 K파티가 앞장서서 힘차게 나라 사랑을 실천하며 당 당히 나아가겠습니다!

2018년 10월 6일 제51차

광화문 파란 장미

태풍이 온다고 해서 많이들 걱정하셨고, 또 못 나오신 분들도 많으셨지만, 대한민국 여론의 아고라이자, 적화된 반자유세력의 중심지인 광화문에서 함께 해주신 용사님들 덕분에 51번째 희망과 기적의 파란 장미 문화제를 잘 준비하고, 마칠 수 있었습니다.

날씨 때문인지, 옆의 적폐청산을 주장하는 반자유세력의 집회도 보이지 않았고, 맞은편 주한미군철수 집회도 해가 떨어지자 사라진, 우리 K파티만 남은 광장에서 민생경제는 설상가상으로 폭망하고 있음에도, 신경을 안 쓰고, 안보는 전호후랑으로 무너뜨리며, 쇼쇼쇼로 끊임없이 혹세무민을 시도하고 있는 대한민국 파괴자들 OUT과 문제 있는 A4 MOON OUT을 외치며, 광장을 지나가는 수만 명의 국민에게, 이 반헌법적이고, 반대한민국적인 반역자들의 실정과 잘못을 규탄하며, 이날도 살아있는 전광판과 같은 효과로 널리 알렸습니다.

대한민국은 우물 안의 개구리와 같은 관점과 언행으로, 언론과 정부와 반자유세력이 함께 혹세무민하며, 국민의 눈과 귀를 가리고 있을지 몰라도, 전 세계는 결코, 살인마이자, 최악의 인권탄압세력의 수괴인 북괴 김정은의 노벨상을 타려는 명청한 시도를 비웃었고, 그 결과는 수상 탈락으로 분명하게 이어졌습니다.

혹시라도 김정은과 함께 국익을 해치고, 국가안보를 무너뜨리며 서민경제를 폭망 시키고 있는 반헌법적이자 반국가적인 행위를 저지르는 자가, 북돼지와 함께 노벨 평화상을 꿈꾸었다면, 정말 우습고 세상 물정을 모르는 무능한 자로 볼 수밖에 없을 것입니다.

오히려, 그 반대의 일이 머지않아 일어날 것입니다.

아웅산 수치여사와 넬슨 만델라 대통령의 공통점이 있는데, 바로 권력의 억압과 폭정에 의해 인권을 탄압받으며 오랜 기간 구금되었다는 점과 두 분 모두 노벨 평화상을 받았다는 점입니다.

제 생각에는 억압과 폭정에도 끝까지 법치를 지키시고, 원칙과 소신을 버리지 않은 채, 억울하게 인권탄압을 받고 계신 그분이, 오래가지 않아, 진실이 밝혀지고 정의가 승리한 뒤, 전 세계의 박수와 함께, 노벨 평화상을 받으시게 될 것입니다.

피와 땀으로 지켜주신 이 귀한 자유와 경제 강국 대한민국을, 나라 사랑하는 K파티 청년들이 앞장서서 끝까지 자유를 지키고 조국 대한민국을 수호하기 위해, 절망의 노란 촛불을 이기고, 좌절의 노란 리본을 없애는 희망과 기적의 파란 장미를 들고, 앞으로도 변함없이 광화문에서 정치 주권을 지키며 국민저항권을 행사하겠습니다!

2018년 9월 29일 **제50차**

광화문 파탄 장미 Battle

지난 제50차 K파티 광화문 파탄 장미 문화제는 50번째 행사라서 큰 의미도 있었지만, 대한민국을 적화시키려는 세력이 여전히 존재하며, 저희를 호시탐탐 노리고 있음을 새삼 느낄 수 있는 행사였습니다. 북괴 돼정은의 대남선전매체들이, 저희 행사가 있었던 전날인 28일부터, 연일 '남조선 각계'라고, 주도할 세력에게 행동할 지령대상으로 표현하며, '남북평화를 반대하는 적폐세력들을 총살하자'는 망언으로 대한민국에서 북괴를 추종하는 세력들에게 지시했습니다.

우연의 일치인지, 신기하게도 이런 지령이 내려와서 그런지, 지난 토요일 저녁의 광화문 광장은 더욱 어둡고 분위기도 심상치 않았습니다.

다시금 붉은 세력들이, 저희 근처에서 적폐청산을 외치며 북괴의 목소리를 대변하는 듯한 집회와 활동을 시작했고, 최근 몇 달 동안 일어나지 않았던 일들이, 행사준비 때부터 행사를 진행하는 도중에도 계속 일어났습니다.

이 날따라 여러 차례 다양한 방식으로, 대한민국을 적화시키려는 반자유세력들이 지속적으로 접근하고 지나가며, 저희의 행사를 방해했습니다.

폭력과 폭언을 하며, 저희 참가자들을 자극하며, 그런 행위에 반응을 보이거나 폭력에 휘말리게 만들어 사건으로 만들기 위한 시도들이 여러 차례 있었습니다.

그러나, 참가하신 용감하며 당당한 저희 K파티 동지님들은, 저들의 반응과 폭력유도 시도에 코웃음을 치거나 불쌍한 듯 쳐다보며, 오히려, 저들이 우리의 무반응과 투명인간 취급에 못 참고 스스로 더욱 화를 내며, 접근하며 폭언을 하다가, K파티 문화재를 보호해 주고, 행사를 방해하려는 저런 세력으로부터, 행사보장과 질서유지를 도와주는 경찰들에게 끌려가는 모습들을 보며, 야간의 광화문 최전방을 지키며, 강하고 담대한 용사들로 변해있는 K파티 동지님들을 보며, 정말 감사함을 느낄 수 있는 귀한 시간이었습니다.

그럼에도 불구하고, 저희 청년 중심 정치개혁공동체 K파티는 적화된 붉은 광화문 광장을 푸른 희망의 빛으로 변화시키기 위해, 절망의 노란 촛불을 이기고, 노란 리본을 없애는 희망과 기적의 파란 장미를 들며, 자유를 지키고 대한민국의 적화를 막아내는 선봉이 되겠습니다!

작은 물방울이 모여, 강을 이루고 바다로 흘러가는 것처럼, '파란 장미의 희망과 기적'은 미래 세대에게 자랑스럽게 전해주기 위한, 선진강국 자유통일 대한민국을 올바르고, 진실 되게 바로 세우는 힘이 될 것입니다.

꽃다운 나이의 한 청년이 정부권력에 의해 죽임을 당한 뒤 튀니지에서 시작된, 자스민이라는 꽃을 딴 자스민 혁명이 권력의 횡포로 국민들을 어렵게 만든 정부를 이긴 것처럼, 이 대한민국에서는 희망과 기적의 파란 장미를 든 K파티 청년들이 앞장서서 국민의 저항권을 행사하며, 거짓의 촛불세력과 권력으로 횡포를 부리는 자들을 반드시 이겨내고, OUT시킬 것입니다.

2018년 9월 22일 **제49차**
광화문 파탄 장미 한가위

추락하는 경제와 실업재앙으로, 국민의 근심은 더욱 커지고 있고, 일자리를 잃어버린 청년들의 시름은 더욱 깊어지고 있음을 절실하게 느낄 수 있었던, 어둡고 절망적인 추석 연휴였습니다.

국민의 피와 땀과 같은 국민의 혈세를 북괴에 퍼다 주는 것도 모자라, 정부와 거짓 권력자들은 규정과 법을 위반하며 국고를 손실하고, 혈세를 낭비하며, 금준미주와 옥반가효를 즐긴 의혹도 있는 자들에 의해, 최악의 실업, 경제폭망, 생계위기에 죽니 사니 하도록, 국민들을 도탄에 빠지게 해서는 결코, 안 될 것입니다.

지금 국내의 경제위기, 서민경제 폭망, 재앙에 집중해서 국민들 살림살이를 잘 살게 하고, 경제를 살려야 하는 게 우선인데, 쩝쩝거리고 히죽히죽 웃으며, 북괴 김정은을 이롭게 하는 것은 반헌법적이며, 반대한민국적 반역행위로밖에 볼 수가 없을 것입니다.

대한민국의 최상위법인 헌법을 위반하고, 국민을 혹세무민으로 속이려 한, 비정상 깡통 회담의 합의사항은 무효입니다. 반헌법적 반국가적이며, 강도에게 대문을 열어주는 걸 넘어서 대문을 부숴버리는 격인, 국가안보를 무너뜨리는 반역 군사협정도 무효입니다. 유엔사와 한미간 군사적 협의도 없이, 국민을 속이려 하고, 일방적으로 북괴만을 이롭게 한, 위헌적 군사협정은 효력이 없기 때문입니다.

우리 국민의 피와 같은 혈세로, 적와대와 정부 고위인사들의 불법적인 업무추진비와 국고의 낭비에 관한 논란과 의혹은, 진실을 밝히기 위해서라도, 사용 내역을 비롯해 해당 정부부처와 적와대까지 공개적이고 성역 없이, 전수조사로 확대되어야 할 것이며, 충분한 조사가 이루어지지 않을 경우, 특검 수사와 국정조사로 이어져야 할 것입니다.

거짓과 불의는 결코, 오래갈 수 없으며, 반드시 천벌을 받고 사라지게 될 것입니다, 진실이 밝혀지고 정의가 승리하는 날까지, 절망의 노란 촛불을 이기고, 좌절의 노란 리본을 없애는 희망과 기적의 파란 장미로, 자유대한민국을 지키기 위해, 함께 손잡고 힘차게 나아갑시다!

국가재앙! 안보재앙! 경제재앙! 국민재앙! 문제있는 MOON OUT!

2018년 9월 15일 제48차
광화문 파란 장미 효과 및 역할 보고

지난 토요일, 여전히 맞은편에는 촛불을 든 자들의 집회가 이어지고, 저희 K파티 청년들과 우파동지님들이 늦은 시간까지 함께 한마음 한뜻으로, 저들의 노란 촛불이 꺼지고 사라질 때까지, 거짓 권력의 부당한 횡포와 국가안보 및 경제 실정 등의 잘못을 지적하고 규탄하며, 뜻깊게 잘 마칠 수 있었습니다.

저희 K파티 광화문 파란 장미 문화제에 대해 자세한 내용을 알고 싶어하고, 물어보시는 국내외의 국민들과 기관, 그리고 단체들이 많아, 간략히 아래와 같이 말씀드리고자 합니다.

〈 K파티 광화문 파란 장미 문화제의 효과 및 역할 요약보고 〉

개최 시작일: 2017년 11월 4일 저녁 광화문 광장

개최 횟수: 48회

- K파티 광화문 문화제의 효과

1. 우파진영 대상: 유튜브 라이브방송과 페이스북 라이브방송으로, 온라인상의 우파진영 동지님들과 우파성향의 국민께 행사를 통해, 정부의 실정과 잘못을 알림.

매회 평균 라이브방송(유튜브TV 방송 + 페이스북 라이브) 평균 총시청 수: 약 2만 명~4만 명

48회 총 누적 추정 시청 수: 약 96만 명~192만 명

2. 일반 국민 대상: 세종문화회관 계단에서 LED 촛불로, MOON OUT과 정부의 잘못을 배열한 문구 등 디스플레이 퍼포먼스를 통해 '살아있는 전광판 효과'로, 지나가는 중도 및 좌파 성향의 행인을 대상으로, 이념 전쟁터의 성수기인 토요일 저녁 광화문 광장 현장에서 대국민 홍보를 통해, 정의와 진실을 체감시키는 효과를 얻고 있음.

토요일 저녁 7시~9시 사이 K파티 행사장을 지나가며 행사와 디스플레이 퍼포먼스를 보는 평균 행인 수: 약 7천 명~1만 명

행사를 보고 지나가는 총 누적 노출 행인 수: 약 33만6천 명~48만 명

- K파티 광화문 문화제의 역할

K파티는 일반집회가 아닌, 문화제의 형태로, 여론과 민심의 중심지인 광화문 광장에서 정부의 실정과 잘못, 부당한 권력 횡포를, 광장의 행인에게 살아있는 '전광판'과

같은 효과로, 홍보하는 역할을 통해, 자유우파진영의 목소리를 알리는 대국민 여론전을 하고 있음.

이를 통해, 좌파들의 전유물이었던 적화된 광장에서 자유우파 청년 중심 문화제로 자리 잡았고, 왜곡된 광장의 여론을 막으며, 우파의 메시지를 광장에 퍼지게 만드는 일들을, 지금까지 계속 진행해오고 있음.

앞으로도 K파티는 노란 촛불을 이기고, 노란 리본을 없애는 희망과 기적의 파란 장미를 들고, 안으로는 우파진영에게, 밖으로는 중도 및 좌파들에게, 동시적으로 K파티의 나라 사랑하는 청년들과 우파동지들의 목소리를 정기적이고, 지속적으로 알리며, 이를 통해 거짓과 불의로 혹세무민하는 MOON이 실제로 추락하고 OUT될 때까지, 광장에서 대한민국의 적화를 막고, 자유를 지키기 위해 최선을 다할 것임.

- 이와 같이, 저희 K파티는 광장에서 대국민 홍보전광판의 효과와 나라 사랑하는 청년들의 목소리를 광장에 알리는 역할을 계속해오고 있었습니다.

- 늘 변함없이 저희 K파티 광화문 파란 장미 문화제와 함께 해주시고, 힘나는 응원과 귀한 격려의 말씀, 그리고 기도로 큰 힘과 에너지를 주시는 해외 및 전국 각지의 나라 사랑하시는 국민분들께 진심으로 감사를 드립니다.

지난 구정 연휴에도 변함없이 광화문 광장을 지켰던 것처럼, 오는 토요일 저녁에도 제49차 K파티 광화문 파란 장미 문화제를 개최할 예정입니다.

"노란 촛불을 이기고, 노란 리본을 없애는 희망과 기적의 파란 장미로 자유대한민국을 지킵시다"

2018년 9월 8일 제47차

지난 토요일 저녁, 붉고 어두운 광화문 광장에서 수천 명의 행인 앞에서 노란 촛불을 이기는 희망과 기적의 파란 장미를 들고, 정부의 실정과 혈세 낭비를 규탄했습니다.

이날도 예전과는 상당히 달라진 광장의 민심을, 확연히 느낄 수 있었습니다.

지난 행사에서 발언을 통해 말씀드린 것처럼, 광장에서 푸른빛을 내는 LED 파란 장미와 함께, 노란 리본 고리를 이기는 파란 장미 고리와 코사지, 그리고 배지까지 새롭게 준비하며, K파티 동지님들과 더욱 뜨거운 열정과 나라 사랑하는 마음을 키울 수 있어, 정말 감사한 마음입니다.

– 추석을 앞두고, 국민 여론을 우호적으로 형성하기 위해, 성급하고 무리하게 비정상 깡통 회담을 강행하는 것 같은 추한 모습이, 정말 실망스럽기만 합니다.

잠시 여론조사를 반등시키려고 발악해도, 곧 이 보여주기식 쇼가 끝나면, 경기는 계속 추락할 것이고, 최악의 실업대란에 청년들과 국민들이 못 살겠다는 여론 악화는 계속 이어지게 될 것이며, 국민과 청년의 피눈물과 원성은 더욱 커지게 될 것입니다.

국민이 피같이 번 혈세를 낭비하는 국고손실행위를, 거짓 권력은 즉각 중단해야 합니다.

– 앞으로는 평화를 외치며, 뒤로는 핵무기를 생산하고, 핵실험 준비를 하는 이런 반역적인 배신 전문 괴뢰집단을 철석같이 믿고, 집 열쇠 차 열쇠 곳간 열쇠까지 다 줘서는 안 될 것이며, 계속 이렇게 강행되는 반헌법적이고, 반국가적인 국고손실과 혈세 낭비는 훗날 반드시 중차대한 범죄행위로 처벌을 받아야만 할 것입니다.

– 향후 발생할 수 있는 대한민국의 국가안보를 무력화시킬 수 있는 북괴의 도발과 무력행사를 대비하기 위해서라도, 최전방 GP 폐쇄 및 철수 그리고, 강과 해안가 철책선 제거를 즉각 중단하고, 전방 도로 방어벽 철거와 NLL 무력화 시도도 즉각 중단해야 합니다.

– 북괴의 거짓 행각에 속아서 세계에서 유일하게 대한민국에 있고, 국가안보를 지키는 유엔군사령부를 철수시키거나, 폐쇄해서는 결코, 안 됩니다.

북괴는 핵무기 폐기도 없이, 비핵화 이행은 제대로 하지도 않으면서 종전선언만 계속하도록 억지 부리고 있는데, 여기에 속는 정부는 제대로 된 정부가 아닐 것이며, 국민을 대신해서 섬겨야 하는 정치권이 앞장서서 이러한 반헌법적인 행위에 동참해서도, 결코, 안 될 것입니다.

- 국회가 반헌법적이고 반국가적인 엉터리 비준으로, 우리 대한민국이 유엔과 국제사회의 제재를 받도록 해서는 안 되기 때문일 뿐만 아니라, 위헌적인 비준 요구를 하면서 수천억 원이 아니라, 몇 년 동안 또는 몇십 년 동안, 수십조 원에서 수백조 원이 들 수 있는 이 모든 불투명한 비용이, 국민의 피 같은 혈세, 우리의 가족, 친지, 그리고 주변 이웃들 모두가, 피땀 흘려 번 돈을 내야 할 뿐만 아니라, 우리 청년들이 미래에 일 인당, 평생 수천만 원, 수억 원, 수십억 원의 혈세를 더 부담해야 하므로 결코, 일방적으로 부당하고 불법적인, 대못을 박으면 안 될 것입니다.

'미래세대의 주역인 청년들이 결정하고, 책임져야 할, 혈세의 추가 부담 책을 즉각 중단하라!'

'국민과 청년은 호구가 아니다!'

'국민과 청년을 어렵고, 힘들게 만드는 문제 있는 MOON OUT!'

2018년 9월 1일 **제46차**

영원할 것만 같았던 한여름의 기세등등한 폭염도 어느덧 사라지고, 이렇게 시원한 바람이 부는 가을이 시작되는 첫날의 광화문 광장과 방송을 통해, 나라 사랑하시는 여러분을 뵈었습니다.

벌써 K파티가 광화문으로 들어 온지, 10개월이 되었습니다.

시간이 참 빠르게 지나가는 것 같습니다.

거짓 권력의 지지율이 70~80%로 한없이 갈 것처럼, 횡포를 부리고 적폐청산이라는 미명 아래, 우파인사들에게 칼질하고 잡아넣던 그 시기에 우리 겁 없는 독종 우파 청년들이 이 광장에 들어와서 MOON OUT을 외쳐 온 지 어느덧 10개월이나 지났고, 추락에 추락을 거듭하며 거짓 권력의 지지율은 여론조사기관마다 30%대부터 50%대의 범위로 떨어지자, 9월의 비정상 깡통 회담으로 또 한 번의 쇼로 반전을 시도하려 하지만, 불의와 거짓으로 혹세무민하는 가짜 권력은 결코, 오래가지 못한다는 것을 저 반자유세력들과 북괴 추종세력들도 위기감과 좌절감을 느끼고 있음을 밝고 어두운 이 광장에서도 실감할 수 있었습니다.

이날, 저희 K파티는 우파진영에 제안드렸습니다.

거짓과 절망의 노란 촛불을 누르는 진실과 희망의 파란 장미를 들자고 말입니다.

이 적화된 붉은 광화문 광장을 푸른 희망의 빛으로 변화시키기 위해, 저희 K파티부터 광장에서 '촛불을 누르는 파란 장미를, 노란 리본을 없애는 태극기를' 들고, '자유와 대한민국을 지키는 파란 장미 물결'의 시작을 알리고자 합니다.

작은 물방울이 모여, 강을 이루고 바다로 흘러가는 것처럼, '파란 장미의 희망과 기적'은 자유를 지키고, 대한민국을 올바르게 세워나가게 하는 힘이 될 것입니다.

꽃다운 나이의 한 청년이 정부권력에 의해 죽임을 당한 뒤 튀니지에서 시작된, 자스민이라는 꽃을 딴 자스민 혁명이 권력의 횡포로 국민들을 어렵게 만든 정부를 이긴 것처럼, 이 대한민국에서는 희망과 기적의 파란 장미를 든 K파티 청년들이 앞장서서 국민의 저항권을 행사하며, 거짓의 촛불세력과 권력으로 횡포를 부리는 자들을 반드시 이겨내고, OUT시킬 것입니다.

자유대한민국을 적화통일시키려는 것을 즉각 중단하라!

억울하게 구속되신 자유진영 분들을 전원 즉각 석방하라!

북괴 김정은과 함께 안보 경제 말아먹는 문제 있는 MOON OUT!

2018년 8월 25일 **제45차**

행사 중이던 지난 토요일 밤, 우리 앞으로 수천 명의 행진대열이 지나갔습니다.

이들은 문재인을 지지했다가 정책을 지키지 않아서인지, 공공주택 관련 정부를 규탄하며, 요구사항을 관철시키기 위해 시위를 마친 후, 행진하는 것 같았습니다.

저희가 지나가는 그들을 향해, 정부의 실정과 국민을 힘들게 만드는 잘못들을 외치고, 구호로 MOON OUT을 외치자, 손을 흔들며 아주 적극적으로 호응하고, 같이 구호에 동참도 하는 등 변화되고 있는 광장의 분위기를 실감할 수 있었습니다.

혹세무민으로 잠깐은 거짓과 불의가 진실과 정의를 덮고, 이기는 듯 보여도, 결코, 오래 숨기거나 속일 수 없는 것처럼, 시간이 지나면 지날수록 이 거짓의 권력과 무능한 정부는 점점 더 추락하고, 속인 국민에 의해 끌려 내려오게 될 것입니다.

파란 장미의 꽃말이 '기적'입니다.

지금의 현실도 파란 장미가 뜻하는 '모두가 불가능하다고 여겼지만, 노력 끝에 가능으로 이끌어 내는' 결과로 반드시 이어질 것입니다.

지난해, 모두가 우파는 이제 끝이고, 궤멸 되었으며, 우파진영은 폐허가 되었다고, 망했다며 절망하고 있을 때, 나라 사랑하는 청년들 몇 명이, 살기등등하고 아수라와 같은 반자유세력의 성지가 된, 적화된 붉은 광화문 광장에 용기를 내어 들어갔습니다.

'쟤들, 몇 주 있다가 쫓겨날 것이니 내기하자'부터, 좌파들보다도 더 광화문에서 저희가 없어지길 바라는 일부 사람들의 바람에도 불구하고, 사계절이 지나면서 붉은 광화문 광장을 푸른 희망의 빛으로 비추기 시작했고, 지금은 광장의 반자유세력들의 모습을 찾아보기가 더욱 힘들 정도로, 변화가 되어가고 있습니다.

이것이 바로, 우리 K파티 청년들이 가진 희망이라는 무기입니다.

결코, 포기하지 않고, 정의와 진실을 추구하기 위해, 끝까지 자유를 빼앗으려는 자들과 대한민국을 적화시키려는 자들과 맞서 싸워낸 결과입니다.

대한민국을 무너뜨리고, 국민을 절망에 빠트리려는 악의 세력들이 무너지며, 추락하고 있습니다.

포기하지 않고, 긍정과 희망을 품으며, 자유와 대한민국을 지키기 위한 신념으로, 저들과 끝까지 맞서 싸우면, 반드시 선과 긍정 그리고 희망을 품은 우리가 이길 수밖에 없습니다.

여러분, 힘냅시다!

반드시 해낼 수 있습니다.

'절망은 나를 단련시키고 희망은 나를 움직인다'라는 저서를 쓰신, 지금은 억울하게 배신과 부당한 과정을 겪으시고, 당하신 그분의 말씀처럼, 절망을 이겨내고, 희망으로 반드시 대한민국을 정상화하며, 우리가 승리하는 그날까지 함께 갑시다!

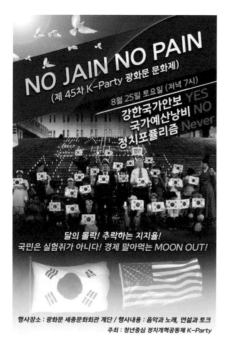

2018년 8월 18일 **제44차**

나라를 어지럽히고, 국민을 힘들게 하며, 경제를 말아먹는 청개구리 정부의 급속한 지지율 추락과 함께, 매주 행사 시간 동안에만 평균 7천여 명 안팎의 일반 국민이 지나가며, K파티 행사와 계단의 MOON OUT 촛불을 보고 가는 광화문 광장에서도, MOON OUT에 대해 호응하는 분위기가 달라지고 있음을 실감한 8월 18일 토요일 저녁, 날씨만큼이나 민심이 정부에 대해 서늘해지고 있었습니다.

국민의 혈세인 54조를 끌어 부으면서 얻은 결과는 고작 7월 취업 수 증가 5천 개, 실험 정부를 넘어 말아먹는 정부라고 칭해도 과언이 아닐 정도로, 경제는 파탄 나고 있고, 실업재앙과 취업대란에 한숨을 푹푹 쉬고 있으며, 그 누구보다도 이 정부를 지지하고 뽑았던, 안타까운 사상 최악의 실업을 겪고 있는 3040 유권자들에게 칼을 꽂는 이런 자들이, 과연 더는 대한민국과 정부를 맡겨놓고 벼랑길로 이끌어가도록 두고만 볼 수 있겠습니까?

유권무죄, 무권유죄라는 말들이 주변에서 들릴 정도로, 권력의 눈치를 보는 사법부를 불신하는 국민이 늘어나고, 원자력의 소중함을 이번 폭염의 무더위를 지나고, 국민 여론의 70%가 탈원전을 반대하며, 북괴의 비핵화를 믿지 못할 뿐만 아니라, 주한미군 주둔을 찬성하며 굳건한 한미동맹이 유지되어야 한다는 국민의 과반이 훌쩍 넘는 의견이 담긴, 대국민 조사 결과와 함께, 9월 비정상깡통회담을 통해, 50%대에서 40%대로 추락하는 지지율을, 높이고자 하는 의도가 보이는 쇼쇼쇼 정부를 보며, 이제는 처량하고 불쌍하기까지 합니다.

멀지 않아 반전의 때가 올 것이기에 저들과 역할 바꾸기를 통해, 지난 2년간의 우파진영과 지난 정권을 사냥했던 적폐청산에 대해 그 이상으로 되돌려 줄, '정상화 작업'을 준비해두어야만 할 것입니다.

나라 사랑하는 자유우파진영의 동지 여러분, 한파와 폭염을 이겨내시며, 지금까지 잘 해오시고 견뎌내신 것처럼, 각자가 가장 잘 할 수 있는 역할을, 지금 맡고 계신 자리에서 최선을 다해주시며, 다가오는 국가 정상화의 때를 준비해주시길 부탁드립니다.

저희 K파티 또한, 9개월 반 동안 지켜온 이념의 진쟁티인 적화된 광화문에서 앞으로도 변함없이 대한민국의 적화를 막아내고, 자유를 지키기 위해, 더욱 힘차게 나아가겠습니다!

우리는 할 수 있습니다.

우리는 해내야만 합니다.

반드시 승리해서 대한민국을 원상복구 시키고, 올바르게 정부를 정상화시키며, 미래 세대에게 선진강국 통일 대한민국을, 나아가 옛 고구려 영토를 넘어 자유대한민국의 무궁한 영광을 이루기 위해, 함께 힘차게 나아갑시다!

2018년 8월 15일 **제43차**
문화제건국절 70주년 축하행사

종일 폭염의 무더위가 계속 이어질 것만 같았던, 8월 15일 건국절 오후….

행사가 시작되기 전에 갑작스러운 폭우와 돌풍으로 장비와 기기가 쓰러지고, 여러 가지로 준비에 어려움이 있었으나, 이 기쁘고 축복된, 조국 대한민국이 태어난 건국절 70주년을 축하하고 기념하기 위해, 저희 K파티 스탭동지님들과 나라 사랑하는 청년들이, 함께 빗속에서 최선을 다해 행사준비를 마치고, 잘 진행할 수 있었음을 정말 감사하게 생각합니다.

또한, 미국 국무부에서도 트럼프 대통령을 대신해서 이 기쁘고 복된 날을 기념하며, 대한민국 건국절을 축하하는 메시지를 발표하기도 했습니다.

전 세계적으로 국가 구성의 필수 요소를 설명하는데, 매우 중요한 준거로 '국가들의 권리와 의무에 관한 몬테비데오 협약(Montevideo Convention)'이 보편적으로 적용되고 있습니다.

이 협약을 살펴보면, 제1조는 '국제법의 인격체로서의 국가의 자격요건으로 1. 상주하는 인구, 2. 명확한 영토 3. 실효적인 정부, 4. 다른 국가들과 관계를 맺을 수 있는 능력(주권)'을 갖추어야 한다고 규정하고 있습니다.

그러므로 국가의 건국이란 국민, 영토, 정부, 주권 등 네 가지 필수 요소를 갖추어야만, 전 세계적으로 하나의 독립된 합법적인 주권 국가로 인정받게 될 수 있는 것입니다.

북괴가 주장하는 1948년 대한민국의 건국절을 인정하지 않겠다는 것과 똑같이, 전 세계가 인정하고 UN의 승인을 받은, 합법적이고 명백한 건국절을 부정하고, 북괴가 가지려는 인민민주주의 공화국이라는 거짓의 정통성을 옹호하거나, 동조하는 자들이 억지로 주장하는 것들이 과연 대한민국을 위하는 것인지, 북괴를 위하는 것인지 정말 이해가 되지 않습니다.

애써 부정하고 외면하려 한다고 해서 건국을 부정하는 세력들이 만들어낸 거짓이 진실이 되지도 않을 뿐더러, 역사적으로도 결코, 진실을 덮으려 해도 덮어지지 않을 것이기에 이제는 자랑스러운 대한민국의 건국 70주년을 기뻐하고 축하하며, 널리 이 귀한 날을 기념하고 계승해 나아가야만 할 것입니다.

정말 슬프게도 건국 70주년을 나라 사랑하는 국민의 행사로 치를 수밖에 없는 우리 애국시민들과 풍전등화의 대한민국이 처한 안타까운 현실이 슬프고, 마음 아프기만 합니다.

그러나, 우리 나라 사랑하는 청년들은 좌절하지 않고, 앞으로도 대한민국의 자랑스러운 건국절을 지키는 것을 포기하지 않을 것입니다.

앞으로는 오늘 광복절의 국가적 기념일의 명칭을, 대한민국을 건국하고, 전 세계의 승인을 받은 대한민국의 건국절로 바꿔야만 할 것입니다.

저희 청년 중심 정치개혁공동체 K파티가 앞장서서 대한민국의 건국을 기념하는 국가기념일의 명칭을 광복절에서 건국절로 바꾸는 활동에 최선을 다하겠습니다.

2018년 8월 11일 제42차
수박파티

한여름 밤 광화문 광장에 울려 퍼진, 남국의 멜로디가 춤을 추는 기타의 선율과 아름다운 성악가의 노래가 뜨거웠던 광장의 열기를 식혀주는 마음이 평안해지는 이 시간….

저녁 시간이면 낮의 애국 활동 등으로 지친 몸을 이끌고, K파티 문화제에 참여하시는 우파진영의 많은 선배님과 어르신들께 시원함을 함께 나누고자, 저희 청년 동지님들께서 준비한, 시원하고 달콤한 수박을 먹으며 서로를 격려하고, 소통을 나누는 뜻깊은 시간으로 지난 토요일 광화문 K파티 문화제를 행복하고 뜻깊게 잘 마칠 수 있었습니다.

최저임금의 막무가내 인상으로 가계와 경제가 무너지고, 서민의 꿈이 무너지게 만드는 악행을 저지르는 이 자들이, 법과 절차도 지키지 않은 채, 국내법과 국제법뿐만 아니라, 헌법까지도 무시하고 널리 북괴를 이롭게 하도록 수단과 방법을 가리지 않는 정신이 나간 광기의 거짓 권력의 반국가적 범죄행위가 점점 밝혀지고 있습니다.

편향되고 조작의 의혹이 있는 지지율이 폭락하는 것을 막으려는 듯, 북괴에 의해 이용당하며 끌려다니는 모습을 보이는 깡통 비정상회담을 개최해, 비밀스럽게 불법적 대가를 지불하고, 대한민국을 침몰시키면서 다시 한번 왜곡된 지지율 반등을 노리려 하는 건 아닌지, 심히 우려스럽기만 합니다.

많은 나라 사랑하는 국민들이 분노하고 불안해하는 것에는 아랑곳하지 않고, 대한민국 역사에 길이 남을 반국가적, 반헌법적, 반자유적 범죄행위와 해국행위를 저지르는 저들은, 반드시 천벌을 받게 될 것이고, 역사의 반역대죄인으로 영원히 기록될 것입니다.

저 사악한 자들의 만행과 죄악질을 하나하나 반드시 기억하고, 남겨서 다시는 자유 대한민국을 해치고, 북괴를 이롭게 하는 거짓 권력이 들어설 수 없도록 합시다.

2018년 8월 4일 **제41차**

광장에 MOON OUT에 이어, 처음으로 촛불로 새겨진 'NO JAIN, NO PAIN'의 문구가 등장하다….

이념의 아고라와 같은 광화문 광장에 첫발을 들인지 9개월째 되는 날, 처음 발걸음을 옮긴 우리 K파티 동지들의 모습과 지금의 모습이 상당히 많이 달라져 있음을 실감하게 됩니다.

가을, 겨울, 봄, 여름을 지나며, 처음 가을에 겪었던 광장 기득권들의 텃세는 상상을 초월한 것이었습니다.

시비, 테러, 장소 빼앗기, 싸움유도, 폭언과 폭력으로 행사 중단시키기, 행사에 용기 내어 오신 분들을 겁주고 협박하기까지….

광장에서의 첫 번째 가을은 그렇게 혹독한 신고식을 치르며, 광장을 점령하고 있던 촛불세력과 반자유세력들과 맞서다가 어느덧 시간이 흘렀고, 겨울이 되자, 뻥 뚫린 광장을 삼키듯 불어오는 한파와 체감온도 영하 20도 이하는 기본으로 내려가는 혹한의 광화문에서 손가락에 동상까지 걸리며 서로를 격려해주고, 따뜻한 차 한 잔씩을 서로 건네며 위로하던 모습들이 문득 떠오릅니다.

기존의 반자유세력들과 촛불잔당들과 치열한 전투에 날씨와의 싸움까지 더해지던 혹한기 전투가, 봄이 오면서 어느덧 동장군의 위세도 녹아내리며, 광장에도 풀냄새가 나기 시작했습니다.

혹한의 겨울, 광장에서의 치열한 전투에서 촛불잔당들과 반자유세력들의 기를 꺾고, 쫓아내고 나니….

이들보다 몇배는 더 독하고 강하다고 악명이 자자한, 북괴 추종세력들이 등장하기 시작하고, 이들과 싸우며 남긴 상흔도 많았고, 무리하게 장비를 옮기는 일이 반복되다 보니, 갈비뼈에 금도 가는 추억도 생긴 봄을 맞이하다 보니, 어느덧 반년이라는 시간동안 이념의 최전방이자, 적화된 광화문에서 적들로부터 얻게 된 별명….

'우파독종쓰끼들'….

꺼지지않는 자유의 촛불을 광장에서 처음 들기 시작하면서 'MOON OUT'이라는 우리가 광화문에 새긴 촛불이, 우파진영에서 구호로도 사용이 되고, 셔츠들로 제작되어 판매하는 사람들이 등장할 정도로 확산되기 시작했습니다.

저희가 LED 촛불을 들고, 광장에 어떠한 방해와 공작에도, 전광판과 같은 대형촛불의 퍼포먼스가 계속되자, 어느새 광장에서 사라져버린 저들의 자랑스러운 촛불들이, 부끄러운지, 빼앗겼다고 생각했는지, 자취를 감추게 되었습니다.

초여름을 지나, 가장 강해지는 뜨거운 폭염의 날씨가 시작되자, 온몸에 흉터와 상흔이 가득한 스파르타의 300 용사들의 모습처럼, 햇볕에 그을린 채, 웃으며 광장의 주인이자 터줏대감이 된 용사들의 모습으로, 저희들은 변해가고 있었습니다.

광장을 함성으로 흔들던 수만 명의 노조도, 폭우에 개미 떼같이 흩어지고, 미군부대 죽창사건으로 가장 악명이 높은 극좌세력과 대놓고 북괴 추종을 해대는 세력들까지 맞서 상대하며, 음향이면 음향, 발언이면 발언, 구호면 구호로 눌러버리고 발라버리고 나니, 폭염의 더위에도 땀을 한 바가지씩 흘리며, 웃음을 짓는 K파티 동지님들의 모습에서 지나온 9개월 아니, 90개월도 광화문을 지키며, 광장을 우파의 것으로 만들 수 있겠다는 자신감이 들기 시작했고, 거짓의 권력이 내려와서 옷 갈아입고 들어가는 모습이 허황된 꿈이 아닌, 현실로 이루어지겠다는 확신까지 들었습니다.

지금 이 시대의 전쟁은 총칼이 아닌, 부정할 수 없는 이념의 전쟁이고, 자유를 두고 지키려는 자유세력과 반자유세력의 싸움이며, 북괴와 그 추종세력들의 적화시도를 막으려는 자유 진영의 저항세력들과 계속 이어지는 대한민국을 걸고 승부를 두고 있는 전투의 연속임을 체감하고 있습니다.

지금까지 행동으로 보여드렸던 저희 K파티와 함께, 대한민국을 무너뜨리려는 저들과 맞서 자유대한민국을 수호하는 세력으로 한마음 한뜻으로, 함께 손잡고 더욱 힘차고 당당하게 나아가길 소망하며, 감사의 기도를 올립니다.

　* 며칠간 잠도 못 잔 상태에서 한 끼도 못 먹은 채, 낮부터 장소를 지키기 위해 나왔다가, 행사 진행 중 탈수증세 및 열사병 증상을 보인 저를, 응급조치로 지켜주시고, 지난 토요일 보여주신 전우애로, 더욱 강하게 한마음 한뜻으로 하나가 되어주신, K파티 동지님들과 선배님들께 이 자리를 빌려, 다시 한번 감사와 존경의 말씀을 드립니다.

　이 베풀어주신 귀한 은혜, MOON OUT으로 반드시 보답하겠습니다.

　사랑합니다. 존경합니다. 그리고 감사합니다.

　K파티 이 용 원 올림

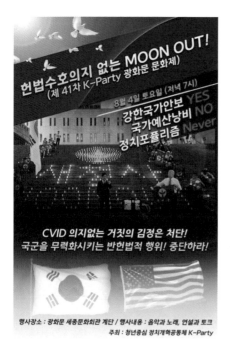

2018년 7월 28일 제40차

문화제새 청사의 날

'박정희 대통령님을 지우려는 반자유세력들이 가장 싫어하는 새마을 로고가 광화문 광장에 최초로 새겨지다!'

지난 토요일 광화문 K파티 문화제는 연대단체인 새 청사 창립 1주년을 축하하는 새 청사의 날로 기념행사를 진행했습니다.

2016년 말, 탄핵정국에서 새마을 청년단을 설립하고 주도적인 역할로 이끌어오시던 이지현 대표께서 탄핵 이후 2017년 7월, 박정희 대통령님께서 만드신 새마을운동과 새마을정신을 잊지 않고 계승하며, 박근혜 대통령님의 천막당사 정신을 이어가자는 뜻을 가진 만 45세 이하의 청년들이 한마음 한뜻으로 만든 단체인, 새마을운동 청년 천막당사, 새 청사가 창립 1주년이 되었습니다.

우파진영의 어려운 상황에서도 초심을 잃지 않고, 어르신들을 공경하며, 묵묵히 우파의 가치를 지키기 위해 노력해오고 있는 새 청사 청년들에게 큰 격려의 박수와 계속 응원 및 관심을 부탁드리겠습니다.

여러분, 국가와 국민을 위해, 잘 하라고 부여한 한시적인 권력을, 영원한 듯 무소불위로 휘두르며, 북괴를 널리 이롭게 만들고, 경제 폭망, 실업재앙, 무기력한 국가안보 등으로 우리 국민을 해치는 데 써서야 되겠습니까?

거짓과 불의로 급조된 권력은 반드시 추락하게 되어있고, 헌법에 따라, 반드시 국가와 국민으로부터 준엄한 심판과 엄중한 처벌을 받게 될 것입니다.

이 모든 것 가슴에 새겨놓고, 얼마 가지 않아, 우리 나라 사랑하는 청년들이 앞장서서 국민들이 흘린 피와 눈물 그 이상으로 반드시 갚아 주겠습니다!

2018년 7월 21일 **제39차**

낮부터 폭염으로 뜨거워진 광화문에서 오후부터 행사준비를 하며, 흘린 땀이 생수 병만큼은 되겠다며 웃으시던 스탭동지님들의 농담에 저희의 온몸이 땀에 젖어있었 다는 걸 깨달았습니다.

이날은 특히 대한민국 최고의 국가지도자 가운데 한 분이시자, 역사적인 큰 업적들을 이루신, 이 분의 귀한 공로와 시대적 최고 역할에 대해 잊히게 만드는 세력들과 맞서 저희 청년 중심 정치개혁공동체 K파티가, 국부 이승만 건국대통령님의 서거 53주 년을 추모하며, 국민과 대한민국을 위한 위대한 업적들을 기념하고, 널리 알리는 행사로, 39번째 광화문 문화제를 진행했습니다.

건국대통령께서 당시 전 세계의 국가지도자들이 하나도 해내기 어려운, 대한민국을 위한 위대한 업적 세 가지에 대해 말씀드리겠습니다.

– 1945년의 얄타회담에서 공표된 합의사항 말고, 러시아와 미국 사이에 조선에 관한 '비밀 협약'이 있다고 폭로해서 그런 '비밀 협약'이 없다는 확인을 미국 정부로부터 받아내신 일 – 한국전쟁 초기에 전황이 극도로 불리해져, 미국이 국제연합군을 일본으로 철수시키는 방안을 적극적으로 검토했을 때, 확고하게 반대해서 패전을 혼자서 막으신 일 – 한국의 안보에 대한 고려 없이, 휴전 협상이 진행되어 위기를 맞았을 때, 필사즉생의 각오로, 혼자서 온 세계를 상대로 거세게 저항해서 한미상호방위조약을 체결하는 데 성공하신 일입니다.

대한민국의 수립과 존속에 결정적으로 공헌한, 이 세 업적은 한 국가지도자가, 하나라도 이루기 어려운 위업들입니다.

여러분, 인간이 짐승과 다른 점은 은혜를 알고, 잊지 않고 보답을 할 수 있는 양심이 있다는 점입니다.

감사할 부분은 감사할 줄 알고, 배은망덕이 아닌, 은혜를 갚고 나라에 충성을 다해 보답하고자, 저희 K파티는 피와 목숨으로 지켜 오신, 이 귀한 자유와 대한민국을 적화시도로부터 끝까지 적화를 막아내고, 미래 세대에게 물려주신 이 자유를 잘 전할 수 있도록, 나라 사랑하는 청년들과 함께, 앞장서서 이념의 전쟁터인 광화문에서 우파의 가치를 지키며 힘차게 나아가겠습니다!

2018년 7월 17일 **제38차**

제헌절 70주년을 맞아, 조선왕조 개국일인 7월 17일에 맞춰 제헌헌법을 전 세계에 공포하고, 이에 따른 1948년 자유민주주의 대한민국의 건국을 축하하며, 7월 17일 제헌절 70주년을 저희 청년 중심 정치개혁공동체 K파티가 기념하기 위해, 본 행사를 준비하고 진행하게 되었습니다.

이 귀한 헌법을 지키고, 건국 정신을 미래 세대에게 잘 전하기 위해, 나라 사랑하는 청년들과 애국 동지님들과 함께, 끝까지 적화되고 있는 자유대한민국을 수호하고, 헌법의 가치를 지키기 위해 할 수 있는 모든 일과 역할에 최선을 다하며, 힘차게 나아가겠습니다!

〈 나라 사랑하는 청년들이 앞장서서 국민적 저항권을 행사하겠습니다 〉

집권자가 헌법 질서를 파괴하거나, 헌법을 지키지 못할 경우 국민들은 저항권을 행사할 수 있습니다.

저항권이란 입헌주의적 헌법 질서를 침해하거나, 파괴하려고 하는 국가기관 또는 공권력의 담당자에 대하여, 다른 법적 구제방법이 더 없을 때 주권자로서의 국민이 그 헌법적 질서 특히 법치 국가적 질서를 유지하고 회복하기 위하여, 최후의 비상수단으로서 그 국가기관이나 공권력의 담당자에 대하여 저항할 수 있는 권리를 말합니다.

저항권은 위헌적인 권력 행사에 의해 헌법적 가치 질서가 완전히 무너지는 것을 저지하기 위한, 예비적인 헌법보호 수단으로, 국가권력에 의한 헌법침해에 대한 최후적, 초 실정 법적인 보호 수단이 되는 것입니다.

저항권은 법적 수단에 의해서는 보호받을 수 없고, 제어할 수 없을 정도의 극단적인 불법적, 초법적 권력과 억압에 대항할, 최후에 남겨진 자연법상의 권리로, 역사적으로 그리고 세계적으로 이를 인정해오고 있습니다.

〈 표현의 자유를 방해하고 청년의 목소리를 억압하는 권력에 저항할 것 〉

좌우 이념의 최전방 전쟁터와 같은 적화된 광화문에서 우리 청년들이 행하려는 표현의 자유를 억압하려 하고, 청년의 목소리를 막으려고 하는 보이지 않는 손이 작용함을 실감하고 있습니다.

그러나, 그런 어떠한 방해와 억압 그리고 공격도, 청년들의 나라 사랑하는 마음과 열정은 빼앗을 수 없습니다.

결코, 청년 중심 정치개혁공동체 K파티의 광화문 문화제를 막을 수는 없을 것입니다.

저희 행사를 방해하고, 탄압하려는 가짜권력과 반자유세력과 끝까지 맞서 싸우며, 국민저항권 행사를 통해, 북괴 핵수저 북돼지와 그 추종세력들과 대한민국을 적화시키려는 거짓 권력이 무너지고, 진실과 정의가 승리하는 그날까지, 광장을 사수하며 자유를 지키기 위해 힘차게 나아가겠습니다!

2018년 7월 14일 **제37차**

　여전히 이념의 전쟁터인 적화된 광화문에서 수천 명이 넘는 푸른 옷을 입고 촛불과 이석기 석방 등의 피켓을 든 자들이, 반국가활동과 반헌법 행위로 감옥에 있는 이석기 석방을 외치며, 광장을 아수라로 만들었습니다.

　이에 굴하지 않고, 자유를 빼앗으려는 광장의 반자유세력과 대한민국을 적화시키려는 북괴 추종세력들과 맞서 저들보다 더 오래, 저들보다 더 힘차게, 저들이 마치고 돌아가는 버스를 타는 뒷모습을 향해, 끝까지 자유와 헌법수호를 외치고, 강한 국가 안보와 굳건한 한미동맹을 외치며, 자유대한민국을 우리가 사수할 것이라고 힘차게 외쳤습니다.

　지금 저 거짓 권력을 쥔 자들이 저지르는 천벌 받을 탄압과 반국가적이고 반헌법적인 행위들을 잊지 않고, 반드시 저들에게 받은 그 이상 돌려줄 테니 기대하라며, 광장이 떠나가도록 MOON OUT과 자유의 함성을 소리 질렀습니다.

　얼마 남지 않은 저들의 눈곱만한 권력이 무너지고, 국민을 힘들게 하고 나라를 어지럽히며, 경제를 폭망 시킨 것에 대한 처벌을 받고, 영원히 역사의 죄인으로 기록되도록, 저희 청년 중심 정치개혁공동체 K파티가 앞장서서 이를 실현시키겠습니다!

2018년 7월 7일 제36차

철야문화제 잊지 못할 Story

지난 토요일 한여름 밤을 지새운 K파티 철야문화제를 응원해주시고, 격려해주시며, 참여해주신 나라 사랑하는 청년 동지님들, 선배 애국 동지님들 정말 감사합니다.

우파 최초로 광화문에서 반자유세력과 맞서 밤새 이어지는 문화행사를 많은 분께서 걱정도 하시고, 어려울 거라며 우려도 하셨습니다.

심지어는 몇몇 경찰 정보관들이 현장에 와서 제게 하는 말들이 "그거 제대로나 할 수 있겠어요?"

"저쪽 진영도 밤새다가 새벽에는 다 담요 덮고 자는데, 에이 적당히 하시지요"

"아침까지 밤샘 문화제 하는 거 쉽지 않습니다. 그거 되겠습니까?"

라고 비아냥거리거나 비웃으면 안 될 거라는 식으로 이야기할 정도로, 쉽지 않게 생각하고 불가능하게 바라보는 부정적인 자들이, 저녁부터 다음 날 아침까지, 광장 곳곳에서 저희를 지켜보며, 철야문화제를 잘 해내는지 주시하고 있었습니다.

그러나 밤새 불었던 차가운 강풍에도, 광장의 모래바람과 먼지에도, 아랑곳하지 않고, 더욱 흥겹고 신나며 즐겁게 나라 사랑을 이야기 나누며, 자유의 함성과 MOON OUT을 목청껏 외치시며, 함께 한마음 한뜻이 되어주신 동지님들 덕분에 이렇게 나라 사랑하는 '우파독종'들이 경찰과 반자유세력들의 예측을 빗나가게 하며, 아침 해가 뜨고도 행사를 계속 진행할 수 있었음을 정말 감사하게 생각하고 있습니다.

평생에 잊지 않을 철야문화제였다며 많은 참여하신 분들께서 말씀을 해주신 것처럼, 앞으로도 청년 중심 정치개혁공동체 K파티가 적화된 광화문에서 저희가 잘 안 되길 바라며, 못 견디고 사라지길 바라는 자들의 부정적인 기대와 예상을, 계속 깨트려 나가며, 이념전투와 영적 전쟁의 심장부에서 끝까지 어둡고 악한 기운과 영의 지배를 받는 반자유세력과 북괴 추종세력들과 맞서 넉넉히 싸워나가며, 미래세대의 우리 아이들과 후손들에게, 이 귀한 자유와 자랑스러운 우파의 가치를 잘 전할 수 있도록, 더욱 힘차게 나라 사랑을 실천하며 나아갑시다!

시작부터 끝까지 함께 해주시고, 큰 힘이 되어주셔서 다시 한번 진심으로 존경과 감사의 말씀을 드립니다!끝까지 함께 해주신, 박근혜대통령지킴이 화이팅!

새 청사 화이팅!

310특명단 화이팅!

청년생각 화이팅!

K파티 화이팅!

자유대한민국 만세!!!

2018년 6월 30일 **제35차**

K파티 행사를 준비하는데, 폭우가 내리더니 맞은편 광장의 수만 명 규모로, 어마무시한 함성과 굉음을 만들며 민주노총 총궐기를 하던 자들이, 행진을 시작하려는 순간, 정말 배꼽 잡는 일이 일어났습니다.

갑작스럽게 몸 전체가 다 젖을 정도로, 심하게 때리는 장대비가 저들의 온몸을 강타하니까, 물바가지 맞은 개미 떼들처럼 우왕좌왕하다가 결국에는 다 흩어져버리고, 도망치듯 철수하거나 버스를 타고, 지방으로 서둘러 돌아가는 모습들을 보고 크게 웃었습니다.

아! 8개월간 광화문에서 버틴 보람이 있구나, 우리가 이제는 터줏대감이 되었구나! 라는 생각이 들며, 반자유세력이 모두 빠져나간 광장을 바라보며, 온몸에 비 젖는 줄도 모른 채, 흐뭇하게 'MOON OUT'이라는 문구의 꺼지지 않는 자유의 촛불을 계단에 하나하나 놓았습니다.

어느 순간부터, 광화문 광장의 좀비들과 반자유세력들에게, 우리 K파티가 붙여진 별명이 하나 생겼습니다.

'독종새끼들….'

적화된 광화문에서 북괴 추종세력들과 반자유세력들이, 저와 우리 K파티동지님들에게 지어준 '애칭'입니다.

법조계에서 좌파 민변과 맞서 싸우는 우파변호사님께서 이런 글을 남기셨습니다.

"토요일마다 광화문을 지키는 이용원 선수에게 나는 항상 미안한 맘을 가지고 있다.

그래서 응원과 칭찬을 해보자면, 내가 이 집회에 관심이 있는 것은 규모를 떠나 같은 싸움을 하더라도 그 강도가 다르기 때문이다.

물론 내 말에 동의 안 하시는 분도 계시겠지만, 우리는 기록경기 뛰듯 하면 안 된다.

예를 들자면, 내 소송 중 밥벌이 소송을 제외하면 상대는 99% 민변이다. 상대가 특정된 싸움이라는 것이다.

K-party는 일반 국민들 상대로 "문재인 나빠요, 자유민주주의 옳아요" 이런 싸움

이 아니다. 적지로 표상되는 광화문이란 장소에 정확히 전체주의 집회를 타겟팅하며 들어가는 싸움이다.

내 자리에서 내 하는 일만 열심히 하는 게 애국이란 시절은 지나갔다. 그리고 후방에서 뒤를 보고 외치는 사꾸라들은 선수가 아니다. 자기 위치에서 타겟은 누구인가? 그걸 알아야 한다. ㅋㅋㅋ. 내 상대는 시진핑이다거나 김정은, 문재인, 림종석이다라는 것만큼 공허한 것이 없다. ㅎㅎㅎ.

광장을 뺏기면 권력을 뺏긴다.

아무 도움 안 되는 내가 이런 응원 글 쓰는 것도 미안하다….. 화이팅이다.

정확하게 저희 광화문 K파티 문화제의 목적과 의도를 보고 있으신 말씀에 저희 일당백 K파티 용사님들께서도 큰 힘을 얻었습니다.

광화문 그것도 주말 저녁의 광장은, 정말 치열한 이념의 전쟁터와 같아서 K파티 행사를 한 번 할 때마다 자원봉사하시는 스탭분들과 애국 동지님들이 가지시는 긴장은, 최고조의 상태일 수밖에 없습니다.

광화문 광장을 자신들의 전유물로 여기는 좀비들과 같은 반자유세력들의 도발과 공격, 맞은편에서의 좌파단체의 맞불집회까지, 정말 에너지 소모가 크고, 정신적인 회복이 필요할 정도로, 광화문에서 우파의 목소리를 외치고, 행동한다는 것이, 쉽지만은 않은 것 같습니다.

그럼에도, 앞으로도 변함없이 이념의 최전방이자, 적화의 중심지인 광화문 문화제를 사수하며, 힘차게 나라 사랑을 실천하며 한 걸음 한 걸음 나아가겠습니다!

2018년 6월 23일 제34차

지난 토요일 저녁, 멕시코전 월드컵 경기를 앞둔 광화문 광장은 붉은 인파의 물결로 가득 찼습니다.

서울시에서 주도한 월드컵 응원전이라고 들었는데, 아니나 다를까, 맞은편 저희가 행사하는 문화제가 마음에 안 들고, 계단을 수놓은 '잊지 말자 6.25 MOON OUT'이라는 자유의 촛불 디스플레이를 수천 명의 응원 온 사람들에게 보이는 것이 불편했는지, 저희가 국민의례를 시작하자마자, 그 전에 틀지도 않았던 음악들을 최대로 틀기 시작하며, 국기에 대한 경례와 애국가 4절, 그리고 묵념을 소음으로 다 덮어버리고, 본격적인 행사를 시작하고 제가 발언을 하자, 상대측은 보란 듯, 몇 배나 올린 음향을 다시 최대출력으로 올려, 광장 전체를 귀를 막아야할 정도로 소음을 일으킨 채, 음량을 높인 상태로 K파티 행사를 무력화시키기 위한 목적으로 저희를 압박했습니다.

그럼에도 불구하고, 백여 명이 모인 K파티 문화제의 용사님들은 한마음 한뜻으로, 목이 다 쉬셨을 정도로 'MOON OUT'을 외치고, 저도 함께 목이 쉴 정도로 우파의 가치, 국가안보와 헌법수호의 당위성, 경제실정과 실업대란에 대한 정부비판 등으로, 끝까지 응수했습니다.

이날은 온라인상의 수만 명의 유튜브 방송 페이스북 라이브뿐만 아니라, 응원전에 참가한 광화문의 수만 명으로 추산되는 일반 국민들에게 'MOON OUT'이라는 자유의 촛불이 알려지고, K파티가 부르짖는 자유의 함성을 들으며, 지나가던 행인이 함께 'MOON OUT'을 소리치는 등 우파가 광화문에서 문화행사를 하며 당당히 서있는 모습들이 홍보가 되는 정말 귀하고도 감사한 순간순간이었습니다.

물론 변함없는 일부 반자유세력과 반우파 세력들의 시비와 도발, 욕설이 있었지만, 넉넉한 마음으로 모두가 하나되어 변함없이 행사를 잘 마칠 수 있었습니다.

여러분, 알고 계시지요?

저희 청년 중심 정치개혁공동체 K파티는 어떠한 난관과 방해, 도발 등의 무력화 시도가 있더라도, 결코, 굴하거나 포기하지 않고, 끝까지 자유를 지키며 우파의 가치를 널리 전파하기 위해, 적화된 아고라의 중심부인 광화문 문화제를 사수하며, 이념의 전장이 된 광장에서 나라 사랑하는 청년들과 함께 선봉이 되어, 자유를 빼앗으려는 반자유세력과 대한민국을 적화시키려는 북괴 추종세력들과 맞서 힘차고 당당하게 정진하겠습니다!

우파정당이 해야 할 역할과 일을 못 하고 있다면, 안 한다고 못 한다고 탓만 할 게 아니라, 그 역할들 하나하나를 사심 없이 조국과 국민을 위해, 우리가 해내면 될 것입니다.

앞으로도 변함없이 우파의 가치를 지키고, 미래세대에게 잘 전할 수 있도록, K파티가 앞장서서 힘차게 나아가겠습니다!

2018년 6월 16일 **제33차**

'Never Never Never Give Up'

일촉즉발의 위기와 절체절명의 난관의 연속이었던 국가적 상황에서 영국을 성공과 승리로 끌어낸, 영국 수상 윈스턴 처칠께서 하신 말씀입니다.

K파티가 왜 작년 11월부터 지금까지 적화의 심장부인 광화문 광장에서 K파티 문화제를 계속하게 되었는지를 동참하는 청년 동지님들과 스탭분들과 이야기를 나누었습니다.

공통적인 생각과 의견들은 '불의와 거짓이 정의이고 진실인 양 혹세무민되어, 대한민국을 휘감고 있는 현실을 보며, 이건 정말 아니라는 마음속 외침과 적화되는 조국을 생각하면 가슴이 뜨거워져서 가만히 앉아있을 수가 없어 용기 내어 광화문에 왔고, 동참할 수 있었다' 였습니다.

1, 2차 세계대전과 6.25 전쟁에서도 적화하지 않고, 패망하지 않은 국가들과 국민들의 공통점은, 끝까지 포기하지 않고, 인류의 가장 기본적인 가치이자, 우파의 가치인 자유를 지키기 위해, 어떠한 위력과 폭압 그리고 공격에도 끝까지 맞서 싸우며, 귀한 가치를 지켰다는 점입니다.

지난 토요일 광화문 전투에서도 많은 시비와 방해 그리고 도발이 있었지만, K파티 청년들과 나라 사랑하는 애국 동지님들이 한마음 한뜻이 되어, 일당백의 용사처럼 넉넉하고 당당하게, 자유를 외치고 우파의 가치를 담은 목소리와 함성을 힘차게 질렀습니다.

지금은 저희가 8개월째, 광화문에서 'MOON OUT'을 외치는 것이, 견고한 성벽 앞의 메아리로 여겨지거나 보일지도 모르겠습니다.

그러나, 말의 선포에는 위력이 있기에 난공불락으로 여겨졌던 여리고 성이 무너졌듯, 'MOON OUT'의 외침은 반드시 현실로 이어지게 될 것입니다.

그날까지 저희 청년 중심 정치개혁공동체 K파티가, 기드온과 용사들같이, 여리고 성을 무너뜨린 여호수아와 용사들같이, 변함없이 광화문에서 자유의 함성과 'MOON OUT'을 힘차고 당당하게 외치겠습니다!

2018년 6월 9일 **제32차**

'It's not over until it's over' 끝날 때까지는 끝난 게 아닙니다.

비가 내리던 광화문 광장에 울려 퍼진 북괴 현송월의 노래에도, 지켜보던 공권력도, 누구도 반체제행위 및 북괴 찬양 고무 등에 대해 제지하지 않는 모습을 보며, 급속하게 적화되는 대한민국의 슬픈 현실에 K파티 참가하신 분들 모두가 큰 분노를 느꼈습니다.

그럼에도 불구하고, 이날 같은 시간에 3월 24일 좌파 총집결 집회보다도 더 모인, 반자유세력의 역대 최대 반미 촛불집회와 맞서 결코, 밀리지 않고 오히려 마주 보며, 저들보다 더욱 강하고 멋지게 반자유세력들이 부들부들 떨 만큼 저들을 기세와 모든 면에서 눌러버리면서 행사를 잘 마칠 수 있었습니다.

역시 변함없이 크고 작은 반자유세력의 도발들이 있었으나, 저희 K파티 용사들은 그들의 폭력적 시비와 행사방해에도, 넉넉히 웃으며 잘 이겨내 주셨습니다.

지방선거의 참패라는 아픔을 뒤로하고, 저희 청년 중심 정치개혁공동체 K파티는 자유를 지키고, 무너지고 폭망한 우파진영의 잿더미에서 희망의 새싹을 키우며, 대한민국을 수호하기 위해, 변함없이 나라 사랑하는 청년들과 함께 앞장서서 광화문 문화제를 사수하며, 한 걸음 한 걸음 당당하고 힘차게 정진하겠습니다.

끝날 때까지는 끝난 게 아닙니다!

It's not over until it's over!

함께 갑시다! Go Together!

많은 나라 사랑하는 청년들과 애국 동지님들의 힘 나는 응원과 참여 덕분에 여러 가지 방해 속에서도 광화문 K파티 문화제를 잘 마칠 수 있었습니다.

진심으로 감사드립니다.

일방적이고, 급진적인 최저임금 인상의 영향으로, 물가가 연일 치솟고 있으며, 청년들의 일자리는 급격하게 줄어들고 있습니다.

감자는 59.1% 고구마 31.3% 배추 30.2% 무 45.4% 쌀 29.5% 고춧가루가 43.6%가 올랐습니다.

생산지에서 일하는 근로자 최저임금인상을 시작으로, 유통과정과 단계마다 인건비 상승의 영향이 물가상승에 치명적인 원인 중 하나가 되고 있습니다.

체감실업률은 11.5%로 13개월째 상승하고 있는 최악의 상황입니다.

나라와 경제를 말아먹으려는 것인지, 도대체 뭐 하는 정부인지 알 수가 없습니다.

정부의 핵심 경제정책인 소득주도 성장이 벼랑 끝에 내몰렸습니다.

최근 발표된 고소득층 가구와 저소득층 가구의 소득 격차가, 대한민국 통계작성 이래 최대치인 6배까지 벌어졌습니다.

또한, 학습지·가전 렌탈료 등 서비스요금 인상 '도미노'에 영화·음원 등 문화생활비도 줄줄이 오르고 있습니다.

경제 10대 지표 중 9개가 하락세로 꺾였습니다.

이 현실이 경제재앙이 아니면 뭐겠습니까?

또한, 세금 증가로 40년 후의 우리 아이들은 태어나면서부터 약 2억7천여만 원의 나랏빚을 지고 태어난다고 합니다.

현재 2018년의 1/3만이 지난 4월 말 현재 한국을 탈출한 숫자가 무려 5,700명이고, 현재의 추세가 유지된다고 가정해도, 2018년 탈출자는 1만 7천 명.

우파정권의 매년 평균 1,197명에 비하면 최소 15배 폭증한 것입니다.

가장 화나는 부분 가운데 하나가, 국가 대 국가의 대표성을 띠는 회담에서 왜 자랑스러운 우리 조국 대한민국의 국기인 태극기를 가슴에 달지 않고 나가는지, 그런 마음과 자세를 지닌 자가 올바른 자입니까?

국제적으로 대한민국 국민을 부끄럽게 만들어야 합니까?

자랑스러운 대한민국의 상징인 태극기 배지를 달지 않는 가짜 권력은 아웃입니다! MOON OUT!

거짓은 반드시 밝혀질 것이며, 나라를 어지럽히고, 국민과 청년을 힘들게 만들고 있는 무능한 정부와 거짓 권력은, 반드시 합당한 죗값을 받게 될 것이고, 대대손손 문제 있는 죄인으로 영원히 남게 될 것입니다.

표현의 자유를 억압하고, 청년의 목소리를 막으려는 거짓 권력과 반자유세력에 굴하지 않고, 점점 적화되는 자유대한민국에서 저희 청년 중심 정치개혁공동체 K파티가, 광화문을 사수하고 끝까지 자유를 지키기 위해, 나라 사랑하는 청년들과 힘차게 애국을 위해 나아가겠습니다!

2018년 5월 26일 제30차

작년 11월, 몇 명의 청년들이 용기를 내어 시작한 K파티가, 광화문에 첫발을 내디딘 지 지난 토요일로 30번째 행사가 되는 날입니다.

애국동지 여러분 덕분입니다.

진심으로 존경과 감사의 말씀을 올립니다.

30차를 기점으로 여러분께 행사 관련 말씀을 올리고자 합니다.

- K파티 문화제에 오시는 분들은, 유튜브 방송을 보시고, 쉽게 오시기 어려운 가장 험한 분위기의 광화문에 그것도 야간에 용기 내셔서 오신 개별 참석자분들과 일당백의 크고 작은 우파단체 대표님들이 상당수이시며, 행동하는 청년 용사들 등 적진 한가운데서 목숨을 내놓고, 전투할 각오로 광화문에서 행사를 지키시는 정말 애국자분들 중 진성 애국자분들이라고 생각합니다.

참여하시는 분들의 대다수는 낮부터 애국집회 등의 행사와 행진까지 마치시고, 저녁 식사까지 거른 채, 녹초의 상태에서 저희 청년 중심행사를 응원해주기 위해, 정신력으로 나오고 계십니다.

- 시작부터 지금까지, 행사와 도와주시는 분들 관련해 여러 많은 이야기를 들어왔습니다.

K파티 참여하시는 몇 분들 때문에 안 가니, 그 사람들 때문에 K파티가 이미지 손상을 받니, 이건 좋니, 저건 안 좋니, 또는 있지도 않은 허위사실로 음해하거나, K파티 구성원들을 모함하는 등 극히 일부 사람들의 개인적 호불호와 무책임한 언행 등으로 인해, K파티와 자발적으로 참여하시는 애국 동지님들을 어렵고 힘들게 하고 있습니다.

저보고 뒤에서 누구는 이래서 나쁘고, 누구는 오지 말라고 하라는 등의 말씀을 주시는 일부의 분들께 말씀드립니다.

저는 여기 참여하시는 애국자님들을 오시지 말라고 결코, 막을 수 없습니다.

각자 개성은 다르시지만, 한분 한분 모두가 귀중한 분들이시고, 애국자들이시기 때문입니다.

누가 참여해서 나는 거기 가지 않는다….

대한민국이 적화되어도 그런 말씀들이 나올 수 있겠습니까?

절체절명의 국가적 위기의 때에는 구국이라는 같은 뜻을 가진 동지님들 모두가 손을 잡고, 하나가 되어야 합니다.

저는 앞으로도 변함없이, 귀한 시간을 내주시어 저희 행사에 참여하신 분들 한분 한분의 장점과 귀한 애국 활동만을 보려고 노력하고자 합니다.

－K파티 오셔서 보이지 않게 수고하시는 분들께, 이 자리를 빌려 감사의 말씀을 올리고자 합니다.

어려우신 상황에서도 사비를 들여 태극기 열쇠고리를 제작하시고, 노란 리본을 가방에 달거나 걸고 다니는 학생들을 보면, 가셔서 자상하게 설명해주시며, 학생들이 리본을 떼고, 태극기 열쇠고리를 달도록 묵묵히 활동해오신 대한문호TV의 송태호 대표님, 30여년 이상 국방부 등 군에서 근무하셨고, 저희 K파티 문화제의 시작 초기부터 지금까지, 수만 명의 유튜브방송 시청자들을 통해, K파티 문화제를 알려주고 계신 영우라이브TV의 권영우 대표님, 질서유지와 행사를 빈틈없이 이끌어주시는 박근혜 대통령 지킴이의 전성재 대표님과 회원동지님들, 안전을 맡아주셔서 반자유세력의 공격과 위협으로부터 막아주시고, 행사에 큰 힘이 되어주시는 310 특명단 하찬건 단장님과 용사님들, 매주 대구에서 올라오셔서 큰 역할과 힘이 되어주시는 새 청사 이지현 대표님과 새 청사 식구들, 처음부터 지금까지, 비가 오나 눈이 오나 변함없이 나와 주시며, 스스로 알리길 원치 않으시는 일당백의 애국 동지님들, 마칠 때쯤에는 팔이 마비될 정도로 힘이 드는 대형 배경 현수막을 들고 계시는 분들, 매번 행사 뒤, 정리 도와주셔서 감사하다고, 인사드리려고 찾아보면, 이미 정리 마치시고 조용히 가시는 분들, 행사 사진들을 찍어서 조용히 보내주시는 분들, 여러 귀한 퍼포먼스와 공연들을 해주시는 분들 등까지, 눈물이 날 정도로 감사하고 감동을 주시며, 귀하게 헌신하시는 애국 동지님들이 계시기에 지금의 광화문 K파티 문화제가 이어져 오고 있다고 저는 생각합니다.

자주 오시는 분 중에는 제가 혼자 하는 것이 안쓰럽고 힘들어 보이셨다며, 자원하셔서 행사 진행과 준비 등으로 봉사하시는 분들도 계십니다.

그런데 그런 자원봉사하시는 분들이, 직원 정도로 되는 줄 아시고, 처음 오시는 분들 또는 개인적 감정을 가지신 분들이, 그분들과 사소한 일들로 가끔 오해나 마찰이 생긴다고 들었습니다,

그런데 자주 오시면서 일부러 궂은 일도 마다하지 않으시는 자원봉사 스탭분들은 '을'도 아니며 직원들도 아닌, 같은 애국 동지님들이신데, 가끔은 술에 취해서 가끔은 담배도 대우시며, 이기적인 요구와 주상을 하며, 막무가내로 행동하시기에 청년들이 진행하는 행사의, 룰을 지켜달라고 요청하는 봉사자 스탭분들께, 욕을 하시거나, 돌아가셔서 SNS 상에 불만과 기분 나빴던 일들과 사람들을 비난하거나, 음해하는 글 등을 올리는 일들도 적지 않았다고 들었습니다.

　부탁드리고 싶은 점은, 아무 댓가도 바라지 않으시고, 오직 나라 사랑하는 마음으로 오셔서 고생하시며, 수고해주시는 자원봉사하시는 스탭분들을 따뜻한 마음으로 잘 이해해주시고, 넓은 아량으로 배려해주셨으면 좋겠습니다.

　- 흠결 없는 사람은 없다고 저는 생각합니다.

　저희 K파티에 참여하시는 분들 모두가, 여러분과 같은 마음인 애국으로 뭉친 사람들입니다.

　여러분과 같이, 각자의 맡은 역할과 자리에서 애국을 실천하시는 것처럼, 행동으로 저희 K파티 광화문 문화제에 참여하시고, 애국을 외치시는 이분들을, 그래서 저는 너무나도 감사하고, 존경하며 사랑할 수밖에 없습니다.

　- 행사 진행 중, 스탭분들께 일부 서운하셨거나 오해하셨던 분들 가운데, 일부 개인의 사적인 감정 또는 호불호로, 용기 내어 온 청년들과 애국 동지님들이 상처받고, 돌아가는 등의 애국 활동을 막는 행위나, 사적 감정으로 비판하시는 것 등을, 자제해주시길 정중히 부탁드리겠습니다.

　개인의 감정보다, 지금은 나라와 애국이 우선인 위급한 상황이라고 생각하기 때문입니다.

　- K파티는 어떤 음해와 모함, 그리고 방해에도 변함없이, 우파 최초로 광화문을 지키기 위해, 청년들이 선봉이 되고, 애국 선배, 어르신들께서 뒤에서 든든히 밀어주신 덕분에 이 자리에 섰고, 벌써 30차의 행사를 치러냈습니다.

　많은 우파단체와 애국 동지님들께서 광화문에서 청년 행사 또는 집회를 유지하고, 지키기 위해 버티셨지만, 얼마 못 가서 여러 가지 요인들에 의해 사라지거나, 쫓겨나게 되었습니다.

　청년들이 앞장서고 선배, 어르신들께서 밀어주시어, 하나가 된 덕분에 저희 K파티가 지금은 광화문의 반자유세력들과 좌파들도 치를 떨 만큼, 광화문에서 힘차게 사자후를 외치는 태극기를 펼쳐 든 초강성 애국 집단으로 우뚝 서게 되었습니다.

저희 K파티는 앞으로도, 애국 동지님들의 개인적인 면면을 바라보지 않고, 그저 애국을 위해, 반자유세력으로부터 자유를 지키고, 청년의 나라 사랑이 담긴 목소리를 내기 위해, 사랑하는 조국 대한민국만을 바라보며, 하나가 되어 힘차게 정진하겠습니다.

저희 청년 중심 정치개혁공동체 K파티가 앞장서서 위기에 빠진 나라를 구하려는 뜻과 의지를, 행동으로 실천하며, 애국을 위해 할 수 있는 모든 일과 역할에 최선을 다하겠습니다!

우리 서로 보듬어주고, 손잡아주며, 함께 힘든 이 시기를 잘 견뎌내고, 대한민국을 적화시키고 무너뜨리려는 세력들과 맞서 싸워 이겨낼 수 있도록, 함께 손잡고 힘차게 나아갑시다!

앞으로도 저희 청년 중심 정치개혁공동체 K파티의 활동과 구성원분들께, 많은 격려와 힘찬 응원을 보내주시길 부탁드리겠습니다.

여러분, 정말 감사하고 존경하며 사랑합니다!

K파티 대표 이 용 원 올림

2018년 5월 19일 **제29차**

지난 토요일 저녁 광화문 K파티 문화제도 늘 그렇듯, 여러 가지 변수들이 많았지만, 축제의 분위기와 같이 행사를 잘 마칠 수 있었습니다.

맞은편에서는 드루킹 특검과 탈북국민 강제북송반대에는 침묵하며, 가짜 촛불을 들고 있는 반자유세력들이 집회를 이어가고 있었습니다.

헌법에 보장된 대한민국의 국민이자, 인간의 존엄성을 보장받고, 행복추구권을 자유롭게 누려야 하는 우리 탈북국민들을 강제송환하라고 요구하는 북괴에게, 침묵하거나 모르쇠 하는 정부의 모습에 실망하고, 분노한 청년들과 함께, 탈북국민 강제북송반대 퍼포먼스를 진행했습니다.

밧줄에 묶이고, 수갑에 채워진, 청년 한 분께서 이렇게 말씀하셨습니다.

"대한민국이 적화되면, 우리도 우리의 아이들도 이렇게 끌려가고 처형되며, 자유를 누리기는커녕 인간의 삶을 포기할 수밖에 없는 현실을 뼈저리게 실감했다"고 말입니다….

그렇습니다.

지금의 대한민국은 붉게 물들어가고 있으며, 반자유세력에 의해 적화가 되어가고 있습니다.

적화되고 나서는 늦습니다.

이미 우리의 자아는 없어지고, 국민의 주권 자체가 사라질 것입니다.

미래세대의 주역인 청년 여러분, 뒤늦게 후회해도 되돌릴 수 없습니다.

우리가 우리의 주권과 자유를 지켜야만 합니다.

앞으로도 변함없이, 나라 사랑하는 청년들과 저희 청년 중심 정치개혁공동체 K파티가, 표현의 자유를 억압하고 청년의 목소리를 막으려는 거짓 권력과 반자유세력에 굴하지 않고, 끝까지 자유를 지키고 광화문 문화제를 사수하기 위해, 선봉이 되어 힘차게 나아가겠습니다!

NEVER STOP!

새로운 형태의 'MOON OUT' 촛불 퍼포먼스가 등장하다.

봄비가 내렸던 지난 토요일, 광화문 K파티 문화제는 세종문화회관 측에서 단 한 번 뿐인 개관 40주년 기념행사를 한다며, 회관 내부와 외부 공간 전체를 행사와 공연장 으로 만들고, 무대 등의 시설과 장비 등을 이미 설치했으며, 저희 K파티에게 40주년 행사가 이번 한 번뿐이니, 계단이 아닌 세종문화회관 정문 쪽에서 해달라는 관계자의 간곡한 부탁을 듣고, 저희도 이를 예상했었고, 이미 이런 상황을 대비해 사전에 대비 해둔 방안이 있었기에 이번 행사는 그렇게 진행하기로 했습니다.

누군가는 아마도 그렇게 되면, 계단 위의 MOON OUT 촛불 퍼포먼스가 안 될 것 으로 생각했던 것 같은데, 지난주부터 이미 아이디어 회의를 통해, 새로운 방식의 MOON OUT 촛불 퍼포먼스를 준비해두었습니다.

방해가 있고 탄압이 강해지면 강해질수록, 저희 청년들의 나라 사랑하는 마음과 자 유를 수호하려는 열정과 의지는 더욱 커지고 강해질 수밖에 없습니다.

어떤 형태의 외부 압력과 방해가 계속되건, 기후 날씨 등의 악천후가 가로막건, 앞 으로도 변함없이 저희 청년 중심 정치개혁공동체 K파티와 나라 사랑하는 청년들은, 끝까지 광화문 문화제를 사수하고, 대한민국을 적화시키려는 반자유세력들과 거짓 권력에 맞서 끝까지 자유를 지키기 위해 힘차게 나아갈 것입니다.

2018년 5월 5일 **제27차**

　대한민국이 점점 적화되어가는 위기에서 나라 사랑하는 많은 애국 동지님과 청년들의 참여와 방송을 통해 함께 해주신 수만 명의 애국 국민 여러분 덕분에 지난 토요일 K파티 광화문 문화제를 잘 마칠 수 있었습니다.

　미국은 폼페이오 국무장관을 보내어, 북괴에 납치된 3명의 자국민을 구해왔는데, 대한민국 정부는 북괴에 억류된 6명의 우리 국민을 구해오지 못하고 뭐 하고 있습니까?

　정말 부끄럽고 화가 납니다.

　앞으로는 깡통 판문점 선언하고, 뒤로는 불법 해킹을 하는 놈들이 바로 북괴이고, 이런 거짓과 위선의 악한 자들을 어떻게 믿을 수 있겠습니까?

　겉과 속이 다른 세계 최악의 사기 집단이 북괴인데, 이런 학살집단을 순진하게 믿는 믿게 만드는 자들은 무슨 생각을 하는 건지 모르겠습니다.

　북괴와 내통하고 손잡으며, 대한민국을 어렵게 만들고, 북괴를 이롭게 하는 자들은 시간이 걸리더라도, 반역죄와 이적죄로 모조리 잡아들여야 합니다.

　또한, 드루킹 세력이 대선 7개월 전부터 댓글 작업을 해왔다는 언론의 보도가 있었습니다.

　빙산의 일각이 드러났을 뿐인데, 9만 건 이상의 뉴스 기사 링크로 댓글을 조작한 것으로 수사에서 밝혀졌고, 드루킹 일당들이 "인사청탁을 위해 김경수 보좌관에 돈 줬다"고 경찰에 진술했다고도 뉴스 기사에 나왔습니다.

　이번에도 어김없이 좌빨들의 행사방해와 여성 스탭분들에 대한 추행적 시비가 있었습니다.

　그럼에도, 저희 행사를 방해하고 탄압하려는 가짜 권력과 반자유세력과 끝까지 맞서 싸우며, 국민저항권 행사를 통해 북괴 핵수저 북돼지와 그 추종세력들과 대한민국을 적화시키려는 거짓 권력이 무너지고 진실과 정의가 승리하는 그날까지, 광장을 사수하며 자유를 지키기 위해 힘차게 나아가겠습니다!

2018년 4월 28일 **제26차**

거짓 평화를 외치고, 북괴의 목소리를 대변하는 반자유세력들의 해방구와 같은 광화문에서 26차 K파티 문화제를 잘 마쳤습니다.

작년 처음 적화된 광화문에 몇몇 나라 사랑하는 청년들과 들어갔을 때는 우파를 너무 나약하고 우습게 보고, 심지어는 저희를 조롱하기도 했었습니다.

그러나 얼마 지나지 않아, 광화문에서 활개 치던 좌파들과 반자유세력에서 저희 청년 중심 정치개혁공동체 K파티의 청년들에게 '독한 것들', '무지막지한 것들', '질긴 것들'이라는 수식어를 붙여주었고, 결국에는 싸우다 싸우다, 두손 두발 다 들고 저희를 쫓겨내려다, 오히려 저들이 포기하고 사라져버리는 재미난 일들도 일어났습니다.

저희 K파티 우파 청년들은, 일당백 이상의 투지와 용기와 전투력을 갖고 있다고 할 정도로, 당당하고 힘차며 강하게 행동하며, 나라 사랑을 실천하고 있습니다.

앞으로도 저희 행사를 방해하고, 탄압하려는 가짜 권력과 반자유세력과 끝까지 맞서 싸우며, 국민저항권 행사를 통해, 북괴 핵수저 북돼지와 그 추종세력들과 대한민국을 적화시키려는 거짓 권력이 무너지고, 진실과 정의가 승리하는 그날까지, 광장을 사수하며 자유를 지키기 위해 힘차게 나아가겠습니다!

2018년 4월 21일 **제25차**

거짓 평화를 외치고, 북괴의 목소리를 대변하는 반자유세력들과 제, 변함없이 해방구와 같은 광화문에서 25차 K파티 문화제를 잘 마쳤습니다.

거짓, 그리고 거짓 또 거짓으로 변명하는 댓글 농단사건이 계속 확산하고, 여론조작이 밝혀지는 지금도, 모르쇠로 일관하는 반자유세력과 언론 그리고 거짓의 촛불세력이 자유민주주의를 빼앗으려 하고, 대한민국을 송두리째 흔들고 있습니다.

드루킹 특검은 반드시 통과되어야 하며, 특검과 국정조사를 통해 진실을 명명백백하게 밝히고, 정의를 구현하길 저희 나라 사랑하는 청년들은 바라고 있습니다.

거짓선동과 허위왜곡으로 혹세무민해서 얻은 가짜 권력은 결코, 용서받지 못할 것이며, 천벌과 응징을 받게 될 것입니다.

앞으로도 변함없이 저희 청년 중심 정치개혁공동체 K파티가 광화문을 지키고, 자유를 지키며, 정의가 승리하는 그날까지 행동으로 나라 사랑을 실천하며 힘차게 나아가겠습니다!

2018년 4월 14일 **제24차**

"자유는 그것을 위해 투쟁하는 자만이 누릴 수 있는 것이며, 평화는 그것을 지킬 수 있는 자의 것이다"

1966년 6월 14일, 박정희 대통령님께서 하신 말씀이십니다.

청년들 몇 명이 용기를 내어 시작했던 K파티 광화문 문화제가 어느덧 24회를 지나가고 있습니다.

저희 이후로 광화문에서 여러 우파단체가 매주 정기적으로 촛불문화제나 야간행사를 주최하기 위해 노력했으나, 많은 압력과 보이지 않는 방해가 있어 한 곳에서 자리 잡기가 어려워, 중단되거나 다른 장소로 갈 수밖에 없게 되는 것 같습니다.

이날도 노란 반자유세력들이 가장 심하게 느껴질 정도로 수십 차례 시비와 도발, 욕설, 행사방해 등으로 저희 청년들의 행사를 막으려 했습니다.

그런 여러 압박에도 불구하고, 저희 청년 중심 정치개혁공동체 K파티는 100회는 기본으로 진행해 나가기 위해, 더욱 준비하고 치밀하게 대비하며 광화문 행사를 방해하는 반자유세력들과 맞서 끝까지 포기하지 않고 불의한 거짓 권력과 싸우며, 자유를 지키기 위해, 힘차게 나아가겠습니다!

2018년 4월 7일 **제23차**

　지난 토요일도 주한미군 철수를 외치며, 북괴와 똑같은 말과 행동을 하는 반자유세력이 맞은편에서 시위하고 있던 광화문 광장은 변함없이 자유세력과 반자유세력의 전쟁터와 같았습니다.

　게다가, 저희 행사장인 계단과 인도 뒤로, 노란 리본의 세월호 현수막이 세종문화회관 건물을 다 덮고 있는 상태였고, 저희는 결코, 라이브방송과 행사에 참여하신 애국국민께 불편함 드리지 않고, 반자유세력의 의도에 말려들지 않기 위해, 초대형 태극기로 가린 채 행사를 시작하고 마쳤습니다.

　어떠한 방해와 핍박에도 굴하지 않고, 피와 목숨으로 지켜주신 이 귀한 자유를 빼앗으려는 반자유세력과 맞서 나라 사랑하는 청년들과 함께 끝까지 자유를 지켜나가겠습니다.

2018년 3월 31일 **제22차**

이날, 광화문 광장에는 지난 24일 민중총궐기 이후 총동원으로 진이 다 빠졌는지 좌측, 우측, 정면 어디에도 반자유세력들의 모습은 보이지 않았고, 변함없이 술에 취한 채 와서 행사를 방해하고 욕설로 도발하는 빨갱이 좀비들만 간간이 출몰했습니다.

'핵수저 OUT MOON OUT' 등 북괴와 반자유세력들이 가장 보기 싫어하고 아픈 내용을, 꺼지지 않는 자유의 촛불로 그것도 광화문에서 나라 사랑하는 청년들이 앞장서서 계속 행사를 해오다 보니, 점점 저희 K파티를 조여 오는 심상치 않은 분위기가 여러 부분에서 감지되고 있는 것도, 불편한 사실입니다.

그러나 나라 사랑하는 청년들의 열정과 의지를 힘과 탄압으로는 결코, 꺾을 수 없을 것입니다.

핵수저 북돼지가 축출되고, 북괴집단과 그 추종세력까지 깨끗하게 사라지는 날까지, 변함없이 저항의 목소리를 높이고 자유를 지키기 위해 행동으로 나라 사랑을 실천하며, 힘차게 나아가겠습니다!

2018년 3월 24일 **제21차**

광화문 전투 승전보고

 자발적으로 외치는 청년들과 애국 국민들의 함성에 광화문 광장이 들썩이고, 맞은편에서 가장 강성이라고 알려진 반자유세력들의 집회를 흔들어버린 이 순간, 감격의 눈물을 흘리시며, 외치고 싶었던 함성을 한목소리로 외치니, 스트레스와 화병까지 다 나은 것 같다는 애국 동지님들의 말씀에 가슴이 찡했습니다.

 모두가 한마음 한뜻으로 조국 대한민국을 지키고 자유를 수호하기 위해, 그리고 우리 청년들이 수만 명이 동원된 민중총궐기라는 어마어마한 반자유세력에게 당하고 피해를 입을까봐 한걸음에 달려 와주신 각 우파단체의 대표님들과 애국 동지님들까지….

 넉넉히 승리한 이 날 광화문 전투를 기억하며, 앞으로도 변함없이, 나라 사랑하는 청년들과 함께 끝까지 자유를 지키며, 광화문에서 애국과 희망의 함성을 외치겠습니다!

2018년 3월 17일 **제20차**

이리저리 일이 바쁘고 많아졌지만, 즐겁고 참으로 감사한 마음입니다.

지난 토요일 꺼지지 않는 자유의 촛불 퍼포먼스의 주제는 '촛불로 흥한 권력 촛불로 폭망한다' 였습니다.

세기의 대결!

핵로켓을 든 북돼지와 트형 맞짱 뜨다.

애국 어린이들의 악기연주 공연과 애국청년의 댄스 퍼포먼스까지, K파티 문화제는 늘 즐겁고 젊으며 활기가 넘칩니다.

굳건한 한미동맹을 바탕으로, 강한 국가안보를 유지하고, 지켜주신 자유를 빼앗으려는 반자유세력과 맞서 끝까지 자유를 지켜내겠습니다!

앞으로도 변함없이 저희 청년 중심정치개혁공동체 K파티는 젊고 즐거우며 활기 넘치는 나라 사랑 활동들을 이어가겠습니다.

2018년 3월 10일 **제19차**

매주 토요일 저녁, 광화문 광장을 되찾기 위해 반자유세력과 맞서 오다 보니, 벌써 K파티 문화제도 5개월째로 들어서고 있습니다.

지나보면 많은 일이 있었고, 희노애락으로 주마등처럼 지나가는 것 같습니다.

거짓선동과 허위왜곡으로 혹세무민하는 거짓의 권력과 반자유세력들은 1년 전, 올바르지 못한 방법과 과정으로 대통령님을 탄핵하고, 이에 항의하던 많은 애국 열사님들이 돌아가셨습니다.

이날을 기린다는 의미는 부당한 절차와 과정으로 탄핵을 이룬 것에 대해 잊지 말자는 것과 이에 저항하며 돌아가신 분들을 기리기 위한 것이며, 우리 우파진영에서는 지금까지 좌파들과는 달리 희생당하신 분들을 제대로 기억하고 챙기지 못했습니다.

다시는 이러한 일들이 대한민국 역사에서는 일어나서는 안 되기에 이날의 부당한 결정과 이로 인해 돌아가신 고인들을 결코, 잊지 말자는 뜻으로, 청년들이 함께 추모 행사를 하게 되었습니다.

앞으로도 매주 토요일 저녁, 치열한 최전방의 전쟁터와 같은 광화문 광장에서 자유를 빼앗으려는 반자유세력과 맞서 끝까지 자유를 지키기 위해, 행동으로 나라 사랑을 실천하며 힘차게 나아가겠습니다!

2018년 3월 3일 **제18차**

'굳건한 한미동맹! 트형 등장하시다!'

지금 대한민국에서는 자유를 빼앗으려는 세력들과 자유를 지키려는 세력들이 전쟁 중에 있습니다.

민심과 여론의 상징이라는 광화문 광장에서도, 자유민주주의를 수호하려는 청년들이 대한민국을 적화시키려는 반자유세력들과의 치열한 전투가 계속 이어지고 있습니다.

RED는 가라!

자유민주주의를 부정하고 자유를 빼앗으려 하며, 자랑스러운 태극기와 조국 대한민국을 부정하는 세력들과 끝까지 맞서 저희 청년 중심 정치개혁공동체 K파티가 앞장서서 이 귀한 가치들을 지켜나가겠습니다.

자유대한민국 만세!

자유민주주의 수호!

K파티 화이팅!

2018년 3월 1일 **제17차**
3.1절 특집

어제는 대한 독립 만세를 외친 3.1절 99주년이 되는 날이었습니다.

일제식민지 시절 자유를 되찾기 위해, 목숨을 걸고 독립운동을 했던 애국지사들께서 태극기만 소지하고 있어도 감옥에 들어가거나 처형을 당했던 그 참혹했던 암흑기와 자유를 뺏으려는 자들의 적화시도에 자유가 사라지고 있고, 태극기를 숨기고 다녀야 할 정도로 암울한 지금의 대한민국의 상황이, 데자뷰로 와닿는 건 저 만의 생각만은 아닐 것입니다.

모두가 3.1절 태극기 애국 집회를 마치고 귀가하거나 반가운 동지들과 식사를 하며 뜻깊고 행복한 시간을 보낸 어젯밤, 그 시간 광화문 광장에서는 여전히 자유를 뺏으려는 세력과 마주 보며, 목소리를 높이고 음향으로 서로 맞서며, 저희 K파티는 자유를 지키고 태극기를 당당히 들겠다며 저들에게 목소리 높여 외쳤습니다.

모두가 떠나고 텅 빈 광화문 광장에 홀로 남아있던 저희 청년들은 자유를 빼앗으려는 자들과 맞서 마지막 한 사람이 남을 때까지, 아니 그 한 사람도 쓰러져 없어질지라도 끝까지 자유민주주의를 수호하기 위해, 필사즉생의 각오로 최선을 다하자고 다짐을 했습니다.

전국 각지에서 그리고 해외에서 늘 페이스북과 유튜브 라이브방송을 통해, 저희 K파티 문화제를 응원해주시고 격려해주시는 많은 애국 동지님들께 정말 감사한 마음입니다!

2018년 2월 24일 **제16차**
전쟁터와 같았던 K파티 광화문 광장

1. 갈비뼈 골절 유감

행사준비만 생각하면서 거의 세 달이 넘게 매주 토요일만 되면, 집에서 혼자 나와 수십kg이 넘는 장비들 여러 개를 한 번에 들고, 옮겨서 차에 싣고 광화문으로 이동하며, 주차 후 행사 장소로 옮기는 일들을 반복하다 보니, 계속 크고 작은 통증을 느꼈었는데….

좌측 갈비뼈가 어느 순간 심하게 금이 가버려, 자다가도, 숨 쉴 때마다 계속 뚜둑거리며 통증이 느껴지는 아픔의 대가가 생겼습니다.

2. 경찰서 방문

이날 반자유세력의 행사방해로 경찰서에 다녀왔습니다.

토요일 광화문 행사 시작 무렵부터, 반자유세력들의 야유와 욕설, 호각 등을 계속해서 부르는 등 행사를 방해하기 위한 직접적인 도발로 몸싸움이 일어나, K파티에 참여하신 어르신 한 분을 저들이 억지 부리며 고발해, 경찰서에 연행되셨습니다.

행사 마친 직후, 저희 일행들과 함께 종로경찰서로 가서 행사방해와 시비 원인유발 등의 문제에 대해 항의하고, 증거보충과 목격자 진술 협조 등을 통해, 우리 측 참여하신 분을 돕기 위해 다녀왔습니다.

우리 애국 동지님들과 우파분들은 무조건 돕고 협력해야 합니다.

잘 해결될 것이고, 잘 처리될 수 있도록 계속 노력할 것입니다.

3. 매주 반자유세력들에 의해, 크고 작은 시비와 도발이 생기는 이유

낮의 집회와 달리, 적과 대적하고 있는 최전방의 전쟁터와 같은 광화문 광장에서 행사를 진행하고 있는 저희에게 종북, 빨갱이 그리고 반자유세력들이 방해하고, 시비를 거는 이유는 첫째로 행사의 흐름을 끊고 분위기를 망쳐, 중단되게 하는 것이고, 둘째로는 싸움을 유도해서 많은 인파 가운데 몸싸움이 크게 많이 일어나, 행사도 중단될 뿐만 아니라 저희 행사에 참여한 많은 분을 집단 폭력과 폭행으로 법적 조치를 유도하려는 것이기에 무조건 저들의 틀에 엮여 피해를 입게 하는 것으로부터 빠져나와 오히려 저놈들이 지켜보고 있는 가운데, 오히려 저는 일부러 저놈들이 가장 듣기 싫어하는 안보, 애국, 자유민주주의를 더 크게 외치며, 저들에게 우파의 당당한 모습과 나라 사랑을 가르쳐주고, 혼내며 야단을 치기 시작하자, 하나둘씩 지켜보며 시비를 걸고자 했던 반자유세력들이 슬슬 물러가고 흩어져버리는 모습들을 보인 것처럼, 무조건 광화문 광장에서는 저들과 맞서 저희가 주도권을 늘 가지고, 당당하고 강인하지만, 저들의 덫에는 걸리지 않는 지혜로운 전략과 전술을 써야 함을 다시 한번 느낄 수 있었습니다.

함께 끝까지 행사를 지켜주시고, 경찰서까지 흔쾌히 동행해주신 우파의 진정한 용사님들께 진심으로 감사와 존경의 말씀을 전합니다.

4. K파티의 변함없는 도전과 각오

끝까지 자유를 빼앗으려는 반자유세력들과 맞서 한마음 한뜻으로 저들을 물리치고, 자유민주주의를 수호하기 위해 필사즉생의 각오로 끝까지 나아가겠습니다!

자유는 공짜로 주어지는 것이 아닙니다.

피와 목숨으로 지켜내신 자유와 조국 대한민국, 이제는 저희 청년 중심 정치개혁공동체 K파티가 앞장서서 지켜나가고 해내겠습니다!

더욱 나라 사랑을 위한 뜨거운 열정과 패기로, 자유민주주의를 수호하기 위해, 대한민국에서 자유를 빼앗으려는 반자유세력과 맞서 이겨 나가겠습니다!

2018년 2월 17일 **제15차**

설 명절

'복 많이 받으세요 새해에는

MOON OUT'

북괴가 먼저가 아니라 대한민국이 먼저입니다!

북돼지가 먼저가 아니라 대한민국 청년이 먼저입니다!

반자유세력들의 전유물로 여겨졌던 광화문 광장에서 저들이 악용한 촛불을 꺼지지 않는 자유의 촛불로 변화시켜, 권력의 횡포와 잘못 그리고 실정에 대해 그 이상으로 되돌려 주겠습니다.

광화문 광장에서 우파진영 모두가 모여, 자유의 촛불을 다같이 들고 자유를 외치는 그날까지, 저희 K파티가 앞장서서 행동으로 나라 사랑을 실천하겠습니다!

강한 국가안보! 굳건한 한미동맹!

졸속개헌 반대! 개헌 자유삭제반대!

동성혼 반대! MOON OUT!

자유민주주의 수호!

2018년 2월 10일 **제14차**

'북괴가 아닌 대한민국이 우선이며, 북돼지가 아닌 우리 조국의 청년이 먼저다!'

태극기가 사라지고 한반도기가 펄럭이며, 애국가가 울려 퍼지지 않고 아리랑이 나오는 북괴를 위한 평양올림픽이 아닌, 전 세계와 대한민국을 위한 평창올림픽이 되어야 했습니다.

그러나 그렇지 못했습니다.

나라 사랑하는 저희 청년들이 태극기 사랑, 애국가 부르기 캠페인을 이어가고자 합니다.

태극기를 들고, 더욱 사랑하고 아끼겠습니다.

애국가를 부르고, 더욱 애창하고 위하겠습니다.

광화문에 역대 가장 큰 태극기가 등장했습니다. K파티 청년들이 나라 사랑하는 마음으로, 꺼지지 않는 '자유의 촛불'로 만든 태극기였습니다.

북괴와 북돼지를 추종하는 반자유세력이 가장 좋아하는 촛불로, 저들이 가장 싫어하는 태극기를 만들어, 청년들이 되돌려주었습니다.

추운 날씨에도 청년들뿐만 아니라, 많은 어린이가 함께했고, 자유의 촛불과 태극기도 힘차게 펼쳤습니다.

여러분, 대한민국을 함께 지켜나갑시다. 더욱 자랑스러운 조국의 국기인 태극기를 사랑합시다.

K파티는 변함없이 대한민국의 국익을 최우선하고 국민의 안위를 가장 위하는 모든 일과 역할에 최선을 다하며, 자유민주주의를 수호하기 위해 앞장서서 당당히 나아가겠습니다!

2018년 2월 3일 **제13차**

    지난 토요일 밤 광화문 광장에서의 K파티 문화제는 혹한의 날씨와 칼바람이 매섭게 부는 최악의 환경에서도, 정말 많은 청년분과 선배 동지님들께서 참여해주시고, 나라 사랑에 동참해주셔서 진심으로 존경과 감사의 말씀을 올립니다.

    삼각대와 여러 장비들이 맥없이 쓰러질 정도로, 세게 부는 광장의 매서운 칼바람을 예상하지 못하고, 정장에 가벼운 자켓만 입고 행사를 진행하다가 손가락과 목 뒤에 동상이 걸려, 어제까지도 통증에 고생했습니다.

    그럼에도 불구하고, 변함없이 뜨거운 열정과 패기로, 나라 사랑하는 청년들과 함께, 광화문 광장을 지키며, 꺼지지 않는 '자유의 촛불'을 들고 권력의 잘못과 실정에 대해 청년의 목소리를 냈습니다.

    북괴의 돼지보다 자유대한민국의 청년이 먼저입니다!

    자유는 공짜로 주어지는 것이 아닙니다.

    자유를 지키기 위해 피와 땀과 노력 그리고 희생이 뒤따릅니다.

    한반도기는 대한민국을 상징하는 국기가 아닙니다.

    아리랑은 대한민국을 대표하는 국가가 아닙니다.

2018년 1월 27일 **제12차**

"광화문 광장에 처음으로 문재인 반대를 외치는 촛불 등장하다"

저희 K파티는 반자유세력과 촛불이 점령한 광화문 광장에서 매주 토요일 정기적인 문화행사를 통해, 광장이 저들의 전유물이 아님을 행동으로 보이며 지금도 자리를 지켜오고 있습니다.

또한, 촛불도 저들의 전유물도 아니며, 반자유세력들은 촛불을 들고 정권을 흔드는 도구로 이용해 왔습니다.

올바르지 못한 정부의 실정과 잘못을 비판하기 위해, 이제 광화문 광장을 지키고 있는 저희 K파티가 문재인 반대를 외치는 촛불을 들게 되었습니다.

세상을 밝히는 따뜻한 빛으로, 다시 새롭게 나라 사랑으로 태어나는 자유의 촛불로, 청년이 중심이 되어, 잘못된 정책과 무능한 정부의 행태를 지적하고, 올바르고 정의로운 목소리가 광화문 광장과 대한민국 전역에 확산될 수 있도록, 나라 사랑하는 청년들과 K파티가 앞장서겠습니다!.

2018년 1월 20일 제11차

최강의 한파가 몰아쳤지만, 저희 청년 중심 정치개혁공동체 K파티는 광장을 둘러싼 반자유세력과 촛불에 맞서 어둡고 차가운 광화문 광장을 희망의 빛으로 지키며, 자유민주주의를 수호하기 위해 힘차게 나아갔습니다.

자유대한민국은 선조들과 선배님들께서 피와 땀을 흘리시며 목숨을 바쳐서 지키고 이루어온 나라입니다. 한강의 기적으로 찬란한 경제 대국을 이루어냈고 자유민주주의로 이렇게 풍요로운 물질과 정신적인 생활을 이행했기에 이런 빠른 속도로 발전해 온 나라가 없다 할 정도로 모든 전 세계 사람들이 박수를 치고 환영을 하고 있습니다.

그런 대한민국이 흔들리고 있습니다. 헌법에서는 자유민주주의에서 자유라는 단어를 빼라고 하고 있고 연이은 핵실험과 북괴의 무력도발에도 아무런 대응도 대책도 하지 못한 채 국민들은 불안해하고 있고 국방의 의무를 다하고 있는 우리 청년 장병들과 군에 보낸 부모님들은 밤잠을 설치며 걱정을 하고 있습니다.

우리 청년들은 큰 것을 바라는 것이 아닙니다. 강한 국가안보와 굳건한 한미동맹 그리고 청년들이 일할수 잇는 일자리의 확대, 미래 세대에게 부담을 주지 않는 세금정책들을 필요로 하는 것입니다.

강한 국가안보 원한다!

굳건한 한미동맹 원한다!

졸속개헌 끼워 넣기 반대한다!

청년들을 위한 개헌 하라!

미래세대 세금 폭탄 반대한다!

자유민주주의 수호하자!

　담대한 용기와 뜨거운 나리사랑으로, 변함없이 함께 해주시는 조국 수호자님들, 진심으로 감사드립니다!

2018년 1월 13일 **제10차**

매주 치열한 전투가 벌어지고 있는 최전방과 같은 광화문 광장은, 이제는 웃으며 기대를 할 만큼, 크고 작은 변수들이 늘 발생하고 있으며, 이를 극복해야 문화제를 잘 마칠 수 있는 사건들이, 매주 형태만 다르게 변함없이 일어나고 있습니다.

지난 토요일 밤은 행사를 준비하기 위해 일찍 광장으로 갔으나, 평창동계올림픽 성화봉송 행사 및 아이돌 가수 축하공연 등으로, 많은 인파가 광장에 가득했습니다.

또한, 신천지 세력들이 저희 행사장소인 세종문화회관 계단을 신고도 없이 점령해, 평창올림픽 퍼포먼스를 하고 있었습니다.

그래서 우리가 법에 따라 이미 신고한 장소이니 나가달라고 했고, 저희가 다시 찾아 K파티 문화행사를 진행했습니다.

매주 함성을 외치던 맞은편 반미세력들은 아예 이런 군중들의 기세에 사라진 듯 보이지도 않았고, 옆에 있는 촛불을 든 반자유세력도 이 분위기에서 확성기 몇 번 지르다 소리가 묻혀버리자 포기해버리는 등 광장 전체를 흔드는 행사음향과 공연소음으로 인해, 저희도 거의 문화행사를 할 수가 없는 상황이었습니다.

그러나 늘 위기를 기회로 삼고, 불가능은 없으며, 할 수 있다는 마음으로, 생각의 전환을 해보았습니다.

'저 행사의 거대한 음향과 아이돌 인기가수의 공연 음악에 맞춰, 우리도 희망의 빛 퍼포먼스를 하며, 저 흐름을 타자'

'우리 행사가 덮인다는 생각 대신, 이 많은 군중에게 K파티를 홍보하고 우리의 생각과 목소리를 알리는 기회로 삼자'

그 결과 환호성 치는 가수들 공연의 함성에 K파티!를 반복해 외치며, 군중들과 하나가 되어 많은 이들의 주목을 받을 수 있었고, 축하공연과 큰 음향 등의 소음이 사라지는 행사 중간중간의 시간을 이용해, 국민의례와 구호제창 등을 자연스럽게 할 수 있었고, 성화봉송 행사 및 공연이 끝나서 정리하는 타이밍에 맞춰, 대한민국의 첫 올림픽을 다시금 떠올리는 '손에 손잡고'를 광장을 향해 합창하자, 행인과 군중들이 호응하며 일부는 우리가 든 피켓을 보며, 엄지척을 보이고 노래도 따라 부르며, 함께 하는 모습에 큰 감동을 얻을 수 있었습니다.

그리고 매주 변함없이 광장으로 들어가 행진하며, 광장에서 애국가 4절을 부르고 돌아왔습니다.

'전화위복'은 생각의 전환으로, 긍정의 마음으로, 만들어낼 수 있음을 다시 한번 느끼며, 우파의 처한 작금의 현실도, 위기가 기회가 되는 시기임을 확신할 수 있었습니다.

크건 작건 행동으로 실천합시다.

불가능은 없습니다.

해냅시다! 우리는 할 수 있습니다!

2018년 1월 6일 **제9차**

새해 첫 K파티 광화문 문화제를 잘 마쳤습니다.

맞은편과 옆에서 반자유주의 진영의 아우성과 적폐청산 집회가 벌어지고 있는 살벌하고 치열한 최전방의 전쟁터와 같은 광장에 용기를 내어 와주신 많은 분께 진심으로 감사드립니다.

새해에도 저희 K파티는 변함없이 광화문 광장을 지키고, 희망의 빛을 밝게 비추며 나라 사랑을 실천하겠습니다!

2017년 12월 30일 **제8차**

송년특집 빗속의 K파티

차가운 겨울비가 내리는 밤에도 불구하고 K파티에 뜨거운 열정을 가지신 나라 사랑하는 청년들과 선배님들 그리고 어르신들께서 참가해주신 덕분에 행사를 진행하는 동안 계속 얼음비를 맞고도 추운지도 모를 정도로 행복하고 즐거웠습니다.

백만대군보다도 더 힘이 나는 청년단체 '청년 생각'과 '자유로 정렬'의 리더님들과 청년 동지님들께서 함께 해주셔서 더욱 큰 감동과 힘을 얻었습니다.

새해에도 변함없이, 어둡고 차가운 광화문 광장을 희망의 빛을 밝게 비추고, 흩어진 애국 집회가 광화문 광장에서 하나가 되어 태극기의 물결이 광장을 덮고, 애국의 함성이 울리는 그날까지, 광화문을 지키고, 자유민주주의를 수호하기 위해 당당하게 서 있겠습니다.

K파티 화이팅! 대한민국 만세!!!

2017년 12월 23일 **제7차**

5천 명이 넘는 인원이 저희와 같은 지역인 광화문 광장에서 촛불을 들고 집회를 한다고 하여 광화문에서의 저희 행사는 평화적인 문화행사로 마칠 예정이지만, 촛불과 반자유세력에 의해, 저희가 위협을 받을 수도, 폭행을 당할 수도 있기에 이번 문화제는 노약자와 몸이 안 좋으신 분은 참석하지 말아 달라고 당부를 드렸습니다.

대신, 나라 사랑을 위한 모든 각오가 되어 계신 용감한 분들만 나와 주시길 부탁드렸습니다.

반자유세력의 도발이 있을 수도 있는 상황 속에서 국가안보와 졸속개헌에 대해 강력히 발언하였습니다.

국방의 의무를 다하고 있는 2030 청년 장병들이 국방인력 대부분입니다. 이 청년들이 전방에서 잠을 못 이루고 있고 그 부모님들까지도 걱정에 밤잠을 설치고 있습니다. 계속되고 있는 북한의 무력도발과 핵실험에 대해서 침묵하지 않아야 할 것입니다. 경제가 망하고 경제가 무너지는 것은 먹고 사는 것이지만 국가안보가 무너지는 것은 죽느냐 사느냐의 문제입니다.

지금 개헌 이야기가 나오고 있습니다. 개헌에 대해서 80년대 이후로 바뀌어야 한다는 국민적 공감대가 있습니다. 하지만 국민 몰래 정치인들끼리 개헌을 끼워 넣기 식으로 하는 것은 대한민국의 국익을 위한 것이 아니고 사리사욕을 채우기 위한 정치꾼들의 개헌이 될 수밖에 없습니다. 그래서 졸속개헌 끼워 넣기를 강력히 반대합니다.

흩어져 있는 여러 장소의 애국 집회가 광화문 광장에서 하나가 되어, 매주 광장 전체가 태극기의 물결과 애국의 함성으로 가득 차는 희망의 광장이 되는 그날까지, 저희 K파티 는 차갑고 어두운 광화문 광장을 희망의 빛으로 밝히고 서 있겠습니다.

2017년 12월 16일 **제6차**

영하 10도가 넘는 한파에 토요일 광화문 광장에서 K파티 문화행사를 마치고, K파티 &[새.청.사]가 공동으로 개최한 뜻깊은 송년회를 성원해주시고 참석해주신 모든 분께 감사의 말씀을 전합니다.

대한민국 축구의 승전보와 함께 시작된 송년회에서는 국민의례(국기에 대한 경례, 애국가 제창, 호국영령 순국선열에 대한 묵념)를 시작으로, 참석하신 분들의 소개와 인사, 최공재 감독님의 '성주의 붉은 달' 시사회, 최감독님의 제작 뒷이야기 및 문화전쟁에 관한 특강이 이어졌습니다.

이날 제 생일이기도 해서 생일축하와 귀한 선물을 받기도 했던, 참 감사한 시간이었습니다.

20여 명의 청년과 송년회를 빛내주신 선배님들 및 어르신들과 함께 밤이 새도록, 청년 중심으로 우파진영이 나아갈 길 등 나라 사랑에 관한 의견과 생각을 주고받으며, 즉석 발언과 발표 등을 통해, 새로운 희망을 품을 수 있었던 귀하고 뜻깊은 하루였습니다.

다 함께 아쉬운 시간을 뒤로한 채, 아침 첫차를 타기 위해 송년회장을 나오며, 힘차게 화이팅을 외치는 모습에서 저는 조국 대한민국의 희망을 보았고, 찬란한 미래의 가능성을 확신할 수 있었습니다.

신구의 조화, 온고지신을 바탕으로, 열정과 패기가 넘치는 청년들과 지혜의 경험이 가득한 어르신들이 손잡고 하나가 되는 화합의 장으로, 대한민국의 희망찬 미래를 위해! K파티 가 앞장서서 만들어 가겠습니다!

2017년 12월 9일 **제5차**

자유는 책임을 질 때, 자유의 권리를 행사해야 합니다.

하지만 책임은 지지 않고 권리만 행사하는 자유는 방임을 넘어서 방종이 될 수 있습니다.

지금 대한민국은 책임이 없는 권리와 책임지지 않는 자유가 너무 많습니다.

그것은 자유가 아니라고 생각합니다.

국민 혈세 낭비 중단하라!

TV를 보시면 아시겠지만, 정치권에서 여야 할 것 없이 쪽지예산이니 하면서 국가의 국익을 우선하지 않고, 개인의 지역이나 개인의 영리만을 위해서 올바르지 못한 예산안을 낭비하는 예산안을 타협하고, 그런 정치인들을 언론은 박수를 치고, 우리 국민들의 눈을 가리고 있습니다.

청년들에게 다 돌아가는 세금 폭탄 아니겠습니까?

우리 청년들이 20년 30년 후에 결정해야 할 세금을, 미래를 위한 세금들을 인기와 포퓰리즘을 위해서 이렇게 앞당겨 쓰는 무책임한, 포퓰리즘을 중단하라!

포퓰리즘을 중단하라! 국가위기의 상황입니다.

그러나 언론과 방송은 외신의 보도와는 달리, 국가의 위기와 핵 위협 그리고 무력도발에 대한 위기를 말하고 있지 않습니다.

여러분, 평창동계올림픽만 봐도 아실 것입니다.

예전의 동계올림픽이 아니라고들 합니다.

가장 유력하게 메달을 따는 러시아가 국가 규모의 출전을 못 하게 되었다고 하고, 미국에서 가장 그다음으로 메달을 많이 따는 유력한 국가에서 검토하고 있다고 합니다.

이렇게 안보가 위중하고 힘든 상황인데, 정부는 눈 가리고 아웅 식으로 국가안보를 등한시하고 있습니다.

홍진호 국민이 피랍되었는데, 또 어선이 침몰 되었는데, 또 여러 가지 국가 안보적 위기에서 평화를 외치고, 책임 없는 평화 그리고 미군철수를 외치고 있습니다.

어떻게 만들어진 나라입니까?

어르신들과 많은 분의 희생과 피와 땀으로 만들어진 대한민국입니다.

우리 청년들은 이런 대한민국을 지켜나가야 합니다.

우리 청년들이 중심이 되어서 강한 국가안보를 외치고 지키도록 하겠습니다.

강한 국가안보 원한다!

자유민주주의 수호하자!

지금 개헌 이야기가 나오고 있습니다.

하지만 이 국가적인 사항으로, 헌법을 바꾸는 개헌이 얼마나 중요한지를 알리지 않고 있습니다.

벌써 동성혼을 이야기하고 있습니다.

또 개헌을 졸속적으로 국가 백 년을 이끌어 가야 하는 가장 큰 틀인 헌법을 바꿀 때, 국민들에게 모든 걸 다 알려주고 제대로 의견을 수렴하는 절차가 필요할 것입니다.

졸속개헌 끼워 넣기 반대한다!

이 모든 것들을 여기 계시는 동지분들과 또 청년분들과 함께, 저희 청년 중심 정치 개혁공동체 K파티가 한 걸음 한 걸음 해내겠습니다.

K파티 화이팅!

대한민국 만세!

2017년 12월 2일 **제4차**

'응답하라!2017'

K파티는 흥겹습니다!

K파티는 즐겁습니다!

K파티는 축제입니다!

NO 후원 &NO 차량, 무대, 기성장비들

    가방 두 개로 영상스크린이 준비되고, 음향시스템이 갖춰지며, 조명이 밝혀지는 30분 이내에 설치 및 철수가 가능한, 가장 가벼우면서 심플한 게릴라 시스템으로 청년들이 준비하는 희망의 공간 우파진영과 애국국민 그리고 청년들이 하나가 되는 #K파티 는 자유민주주의를 수호하고, 조국 대한민국을 지키기 위해, 계속 새롭게 진화하며, 성장해 나가겠습니다!

2017년 11월 25일 **제3차**

'응답하라!2017'

눈과 비가 내린다는 소식에 악천후를 예상하고, 행사 전날 밤을 새우며, 조명과 전원장치, 배선 그리고 영상장비와 음향장비들까지 방수작업을 했는데, 저희 행사가 시작하는 7시 30분부터, 마치 영화처럼 내리던 많은 비가 뚝 그치고, 날씨는 포근해지기 시작했습니다.

지난주보다 많은 애국 동지님들께서 응답하라! 2017 K파티 광화문 문화제에 함께 해주셨고, 세종문화회관에서 시작된 1부 행사를 시작으로, 2부 광화문 광장 놀이터 만들기 행진을 시작했습니다.

세종대왕상 - 광화문 광장 끝 - 이순신 장군상까지, 광화문 광장에서 애국가 4절까지 부르고, 광장을 행진하며, 신나게 놀다 왔습니다.

함께 해주신 "새 청사" 등 연대단체 동지님들과 K파티 회원동지님들께 진심으로 감사드립니다!

광화문 광장은 어느 한쪽의 전유물이 아닙니다.

K파티가 빼앗긴 정부를 되찾기 위해 빼앗긴 광화문 광장부터 되찾아 오겠습니다!

2017년 11월 18일 **제2차**

무능하고 무기력한 정부는 나라를 사랑하는 청년들의 목소리에 응답하라!

11월 4일 창립과 함께 야간에 광화문 광장에서 우파진영 최초로 청년들의 퍼포먼스와 행사를 개최했던 K파티가 11월 11일 첫 워크샵에 이어, 11월 18일 토요일 저녁에 광화문에서 문화제를 진행했습니다.

이 문화제는 이제 계속해서 매주 토요일 저녁에 광화문 광장에서 개최될 예정이며, 참여하시는 분들께서는 준비물 등이 필요 없는 낮 동안 애국 행사와 참여와 활동으로 수고하신 애국 국민께 잔잔한 음악과 함께, 나라 사랑을 위한 여러 퍼포먼스와 청년들이 만들어 가는 소박하지만 새로운 문화제를 선보이게 될 것입니다.

이날에는 정부를 믿고 신뢰하며 살고 싶은, 평범한 대한민국의 학생이라고 소개한 대학생이 공정하지 못한 채무탕감 정책으로 인해, 삶의 의욕을 잃으신 아버지와의 일화를 예로 들며 세금 낭비 정책을 비판하였고, 경제학을 전공하고 있는 대학생은 계속되는 북핵 위협 속에서 오히려 군 인원을 감축하는 정부로 인해, 대한민국의 안보가 심각하게 위협받고 있음을 성토했습니다.

용기 있는 청년들이 진실의 소리를 외친 후에는 광화문 광장에서 대한민국의 새 역사를 만들어 가겠다는 희망의 행진을 하였습니다.

추운 날씨로 인해 스피커가 도중에 멈춰버리는 상황 속에서도 애국심을 가득 담아 애국가 4절, 조국 찬가를 힘차게 불렀습니다.

여러분, 대한민국은 우리가 지켜야 합니다.

대한민국을 위해 우리 청년들이 앞장서겠습니다.

선진강국 통일 대한민국을 이루기 위해 저희 K파티가 앞장서겠습니다.

K파티 화이팅! 대한민국 화이팅!

2017년 11월 4일 **제1차**

광화문 상륙작전!

나라를 사랑하고 감사 할 줄 알며 행동할 줄 아는 청년들이 우파 최초로 밤의 광화문 광장에서 강한 국가안보, 법치 수호, 자유민주주의와 시장경제발전을 위해 선진강국 통일 대한민국을 이루기 위한 첫걸음으로 퍼포먼스와 함께 가슴 뛰는 함성으로 애국가 4절을 불렀습니다.

대한민국이 매우 힘든 상황입니다. 국가안보가 흔들리고 있고 국내외적으로 위협이 오고 있습니다.

북괴와 그 추종세력으로부터 적화되고 있는 대한민국 가운데 우리 청년들이 설 자리는 더욱 없어지고 있습니다.

정치가 여야 할 것 없이 망가지고 있는 가운데 무차별적인 포퓰리즘으로 20년, 30년 후를 책임져야 할 우리 청년들에게 세금으로 더욱 부담을 가중하고 있습니다.

예산 낭비 더 안 됩니다.

이에 저희 청년들이 뜻을 같이하여 일어섰습니다.

청년 중심 정치공동체 K파티가 오늘 창립선언을 했습니다.

여러분 저희들은 많은 걸 바라는 것이 아닙니다.

안전하고 행복한 사회, 무력으로부터 북의 핵 도발로부터 안전한 대한민국을 미래세대의 주역으로써 세금 낭비 없이 세금 부담 없이 미래 세대에게 선진강국 통일대한민국을 잘 물려줄 수 있기를 소망합니다.

여러분 이제 시작입니다.

나라 사랑하는 국민 여러분 뜻을 함께하여 사랑하는 조국 대한민국을 지켜냅시다!

한강의 기적을 이루어내신 어르신들의 DNA를 물려받은 우리는 어떤 난관과 어려움에도 나라 사랑의 마음으로 자유민주주의를 지키고 조국 대한민국을 수호할 수 있습니다!

그 길에 저희 K파티가 앞장서서 힘차게 나아가겠습니다.

감사합니다!

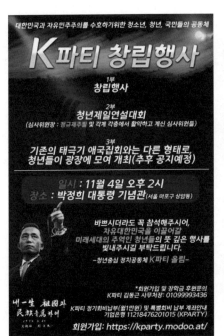

글을 마치며

지금 이 글을 쓰고있는 시간이 모두가 잠든 깊은 새벽이고, 최근 두세시간을 자며 원고와 기록사진들을 마무리하며, 지난 탄핵정변의 진실과 국민 모두가 불의와 거짓에 속아 억울하게 탄핵을 당하시고, 감옥에서 생사의 기로에 계셨다가 나오신 박근혜 자유수호 대통령님의 진실된 업적을 알리고, 아버지이신 박정희 부국강병 대통령님의 업적을 알리기위해, 유튜브 채널 박대통령업적과 광화문광장의 투쟁을 알리고있는 제 채널의 쇼츠 영상들을 한달에 3백개 이상 만들고, 이러한 진실알리기도 부족하다고 스스로를 분발시키며, 아침의 여명이 뜨는 이 시간에, 지금 현재 지나온 8년간 364차의 집회를 마친 제 모습을 돌이켜 봅니다.

51.6%로 당선된 박근혜 대통령님 때, 당의 중앙청년위원장에 임명되고, 막 시작된 탄핵의 한 가운데에서 반대단식도 했었고, 당에서 반대하던 탄기국 태극기 구국의 집회를 1회부터 마지막까지 아이들과 참여했고, 이 후 2017년 11월 4일 청년중심 정치개혁공동체 K파티를 출범하고, 창립행사를 박정희 대통령 기념관에서 개최한 뒤, 저녁에 바로 광화문광장으로 이동해서 첫 K파티 광화문광장 집회를 시작한 후, 여러 많은 우여곡절과 난관과 방해 가운데에서도, 지켜주시고 이끌어주시며 능력주시는 주님께 엎드려 기도하며, 광화문 중심대광장 300차 7년의 기록을 출간하게 된 것은 하나님의 은혜이며, 하나님 없이는 기도 없이는 단 한번의 중단도 끊김도 없이 이어온, 자유대한민국 수호 투쟁이 지금까지 이어질 수 없었을 것임을 이 시간 고백합니다.

빠지거나 부족하거나 위기에 처했을 때마다, 하나님께서 지혜를 주시고 하나님의 용사들을 보내주셔서, 좌우를 통틀어 중공폐렴 기간 중에도 중단되지않은, 유일한 집회이자 투쟁을 허락하시고 역사하신 주님께, 이 모든 영광과 감사와 찬양과 경배를 올립니다.

지난 8년동안 많은 분들이 함께 해주시고 또 힘이 되어주셨는데, 창과 방패로 싸우며 지켜주신 대한민국 최강이자 최고의 법률가 이명규 대표변호사님과 유승수 변호사님, 창립부터 함께 하며 동고동락해주신 새청단의 이지현 대표님, 모두가 놀라고있는 전투력과 하나님께 간구하며 백전백승을 이어가는 5년 넘게 서울시의회 앞 탄핵무효 애국투쟁 집회를 이어가며, 큰 힘이 되어주고 계신 K파티 부대표이신 애국맘님과 귀한 하나님의 자녀들인 정이와 정아, 채널의 운영자들이시며 묵묵히 응원해주시고 K파티를 위해 필요한 여러 역할에서 섬겨주시며, 큰 힘이 되어주고 계시는 황엄마님과 CQ님과 하이손님께 진심으로 감사를 드립니다.

또한, 탄핵정국 때부터 각자의 자리와 단체에서 힘찬 투쟁을 해오시며 지금까지도 K파티와 함께 해주시고 널리 알리는 역할을 맡아주고 계시는, 슬픈보스 전성재 대표님과 국민보호단 김현덕 단장님, 상구아재로 유명한 이상구 대표님, 백년대계TV 백승헌 대표님, 정지훈TV 정지훈 대표님, 종창아재TV 이종창 대표님, 빡싱현장방송 유해천 대표님, 야베스축복방송 이귀영 대표님, 자유세상방송 이은태 대표님, 백TV 백대표님, 무지개소년TV 이조웅 대표님, 갱지노트 김경진 대표님, 해나TV 대표님, 태유도 대표님, 아다미TV 대표님, 곽은경TV 곽대표님, 영우방송 권영우 대표님, 진실방송 정희일 대표님, 천리안TV 대표님, 김병헌 국사 TV대표님, 대한방송 송태호 대표님, 자유롭게살자 김대표님, 왕영근TV 왕목사님, 안동데일리TV 조충열 대표님, 애국희수TV 이대표님, 자유물결TV 대표님, LA시사논평 Alan Kim 대표님,

힘나는 응원과 참여로 큰 힘이 되어주고 계시는 애국자들 이진원 대표님, JY쇼 JY회장님, 빈손 시인님, 김헌갑 선생님, 박순섭 선생님, 정순아님, 선영 가수님, 수월심님, 홍시님, 푸른하늘 정동지님, 강윤석 목사님, 갈매기 여사님, 춘천 여사님, 대림동 여사님, 박진규 교장선생님, 국본의 민중홍 총장님, 애녹부흥방송 곽영민 목사님, 가브리엘님, 김기수 변호사님, 박용일 선생님, 무심사 정선배님, 조원제 동지님, 김창민 동지님, 헬조선보이 나대표님, 정조 동지님, 한대의 기자님, 정정보관님, 이은재 선생님, 강재천 대표님, 김태산 선생님, 이철영 회장님, 백만송이 장선생님, 김동근 대표님, 김희석 위원장

님, 십수년을 함께 동고동락해주신 저희 회사 전본부장님과 김팀장님과 이 PD께도 진심으로 감사드립니다.

K파티 회원이시며 오랜 기간동안 정기적으로 회비납부를 통해 큰 힘이 되어주신, 해외에서 애국활동을 하고 계시는 임하사 홍대표님, Only Jesus 회원님, 친구 김용호 변호사님, 정정림 선생님, 한순남 선생님께도 진심으로 감사드리며, 하나님께 기도하고 성경책 3독을 돌파한 하나님께 사랑과 은혜를 듬뿍 받고있는, 탄기국 초창기부터 함께한 멤버인 사랑하는 아들 성준이에게 믿고 따라줘서 감사하고, 최고의 애국자이시자 함께 아스팔트에서 투쟁해오시며, 이 책이 출간될 수 있도록 수고와 헌신을 해주신 커뮤니케이션열림 박철영 대표님과 사모님, 직원분들께 마음깊이 감사드립니다.

제가 깜빡하고 이름을 남기지못한 많은 애국자분들과, 아스팔트에서 각자의 자리와 역할에서 수고해주시고 헌신하신 활동가분들과, K파티 모든 회원님들께도 진심으로 감사드리며, 계속되는 정통우파 정권창출까지 이어질 앞으로의 쉽지않은 투쟁의 길에, 변함없는 애국심으로 함께 해주시길 소망합니다.

마지막으로, 진실을 깨우쳐주시고 투쟁의 힘이 되어주고 계신 박근혜 자유수호 대통령님께 정말 감사드립니다.

늘 지켜주시고 이끌어주시며 능력주시는 하나님 안에서, 넘치는 은혜와 사랑과 복이 하시는 모든 일과 가정에 늘 가득하시길 기도합니다.

여러분, 감사합니다!

이용원

전. 대통령직 인수위원회 정책자문위원
전. 대통령실 자문위원
전. 중앙청년위원장(박근혜 대통령님 때)
현. K파티 대표, 광화문 중심대광장 집회 주최 및 진행자
현. 사회안전방송, 사회안전신문 대표이사
현. K미디어(총 구독자 2700만 유튜브 MCN) 대표

K파티 자유수호자 명예의 전당 리스트

창과 방패 법률가
유승수 변호사님

새마을청년단
이지현 대표님

공산당 때려잡는 애국가맘
오인실 부대표님

진짜 엄마처럼 섬기시는
황엄마 황인성 운영자님

일당천 가짜보수 때려잡은
하이손 운영자님

묵묵히 섬기시는 대모님
최고커피전문가 운영자님

박근혜 대통령 지킴이
슬픈보스 전성재 대표님

강하고 멋진 오랜 동지
국민보호단 김현덕 단장님

의리의 싸나이 상구아재
자유우파방송 이상구 대표님

K파티 자유수호자 명예의 전당 리스트

집회신고 등 여러가지 섬기시는
백승헌 백년대계TV 백승헌 대표님

정지훈TV
정지훈 대표님

빡싱현장방송
유해천 대표님

야베스축복방송
이귀영 대표님

애국맘님의 귀하고 훌륭한 자녀
이정이 이정아 남매

새마을모자 의리의 아재
종창아재TV 이종창 대표님

선글라스 훈남 청년
백TV 백대표님

퍼포먼스 최강자 미남
무지개소년TV 이조웅 대표님

성경책 3독 매일 15페이지 읽는
사랑하는 아들 성준이